JN028338

会社法

第5版

伊藤靖史・大杉謙一
田中　亘・松井秀征

YUHIKAKU

第５版 はしがき

本書は，会社法の初学者から中級者までを念頭に置いた教科書の第5版である。

今回の改訂の主たる目的は令和元年の会社法改正を本書に反映させることである。また，第４版を上梓してから３年が経過したが，その間に出された重要な裁判例，金商法・上場規則などの動向のうち，初学者・中級者にも重要と思われるものを織り込んだ。近時のコーポレート・ガバナンスに関する行動規範や実務の変化は大きく，本書でどこまで触れるべきか第４版に引き続き頭を悩ませた。

第５版の執筆にあたっても，これまでの版の特徴を維持することに留意した。それは，ひとことでいうと「初学者に分かりやすい叙述を行うこと」である。より具体的には，初版のはしがき（後掲）に記したとおりであるのでご参照いただきたい。そして，本書の利用方法については「序」で詳しく述べているので，特に会社法を独習される方は「序」を参考にしていただきたい。

これまでの版に対して，多くの読者から感想が寄せられた。今回の改訂にあたっても，われわれは読者からの助言を生かすよう心がけたが，それが十分になされているかどうかについては不安なしとしない。本書が版を重ねることができたのは読者からの助言と支持があってのことである。この新しい版についても，読者からの感想をいただくことができれば幸いである。

第５版の執筆にあたり，有斐閣書籍編集部の小野美由紀氏に多大の配慮をいただいた。ここに記して厚く御礼申し上げる。

令和３年１月

伊藤靖史
大杉謙一
田中　亘
松井秀征

初版 はしがき

本書は，会社法の初学者から中級者までを主な読者と想定している。

本書の執筆にあたって，著者たちは，次の３点を心がけた。第１に，初学者のつまずきをなくすためになるべく丁寧な説明を行うこと。第２に，読者が必ず習得すべき基礎的な事項と学習が進んでから取り組むべき発展的な事項を区別できるようにすること。そして第３に，読者が会社実務や経済についての正確なイメージを抱きながらこれらについて興味を持って読み進められるようにすることである。具体的には，Caseとして簡単な事例を適宜用いることで，読者が具体的な状況を思い浮かべながら会社法のルールを学べるようにしている。また，本文とコラムを分けることで，記述にメリハリを与えるとともに，時事の話題などを少し多く盛り込むようにした。図表も多用している。

同時に，本書は，ある程度学習の進んだ読者にも利用してもらえるように，発展的な内容も――主にコラムに――盛り込んでいる。また，発展学習に役立つようにそれぞれの箇所や章末で参考文献を示しているが，その多くは読者にとって入手しやすいものから選んである。

本書の特徴および利用方法は，「序」で詳しく述べている。読者は最初にこの部分を読んでほしい。とりわけ，本書で会社法を独習される方は，折に触れてこの「序」を繰り返し読んでいただきたい。

本書の執筆にあたっては，全執筆者による会合が数度にわたり開催され，執筆方針から具体的な記述内容にいたるまで活発な意見交換が行われた。また，本書の刊行に多大の配慮をいただいた有斐閣書籍編集第一部の伊丹亜紀氏および柳澤雅俊氏に，厚く御礼申し上げる。

平成21年２月

著 者 一 同

著者紹介（五十音順）

伊 藤 靖 史（いとう　やすし）　同志社大学法学部教授
執筆分担：序，第 1 章第 1 節，第 4 章第 7 節，第 5 章，第 10 章
主要著作：『経営者の報酬の法的規律』（有斐閣，2013 年）
「株主総会に関する近年の裁判例」商事法務 2175 号（2018 年）
「責任追及等の訴えへの参加に関する解釈論上の問題」川濵昇先生・前田雅弘先生・洲崎博史先生・北村雅史先生還暦記念『企業と法をめぐる現代的課題』（商事法務，2021 年）

大 杉 謙 一（おおすぎ　けんいち）　中央大学法科大学院教授
執筆分担：第 1 章第 2 節以下，第 2 章，第 4 章第 1 節・第 3 節～第 6 節，第 7 章，第 8 章，第 11 章
主要著作：「株式交付制度」商事法務 2236 号（2020 年）
「日本型取締役会の形成と課題」宍戸善一ほか編『コーポレート・ガバナンス改革の提言』（商事法務，2016 年）
"Directors' Liability and Enforcement Mechanisms in Japan," in HOLGER FLEISCHER ET AL. (EDS.), GERMAN AND ASIAN PERSPECTIVES ON COMPANY LAW (Mohr Siebeck 2016)

田 中　 亘（たなか　わたる）　東京大学社会科学研究所教授
執筆担当：第 3 章，第 9 章
主要著作：『会社法〈第 3 版〉』（東京大学出版会，近刊）
『企業買収と防衛策』（商事法務，2012 年）
『数字でわかる会社法〈第 2 版〉』（編著，有斐閣，近刊）

松 井 秀 征（まつい　ひでゆき）　立教大学法学部教授
執筆分担：第 4 章第 2 節，第 6 章，第 12 章
主要著作：「バーチャルオンリー型株主総会――その理論的基礎と可能性について」ジュリスト 1548 号（2020 年）
『株主総会制度の基礎理論』（有斐閣，2010 年）
『会社法の選択』（共編著，商事法務，2010 年）

略目次

会社法の規定と本書の記述箇所

<table>
<tr><th colspan="3">会社法の規定（編・章・節）</th><th>本書の記述箇所</th><th>備　考</th></tr>
<tr><td colspan="3">第一編　総　則</td><td>第1章で扱う話題を除き，原則として取り扱わない（商法総則に譲る）</td><td>2条（定義）は各所で説明</td></tr>
<tr><td rowspan="38">第二編
株式会社</td><td colspan="2">第一章　設　立</td><td>第2章</td><td></td></tr>
<tr><td rowspan="10">第二章　株　式</td><td>第一節　総　則</td><td>第3章第1節・第4節❷</td><td></td></tr>
<tr><td>第二節　株主名簿</td><td>第3章第3節</td><td></td></tr>
<tr><td>第三節　株式の譲渡等</td><td>第3章第2節・第3節・第4節❸</td><td></td></tr>
<tr><td>第四節　株式会社による自己の株式の取得</td><td>第5章第3節</td><td></td></tr>
<tr><td>第四節の二　特別支配株主の株式等売渡請求</td><td>第9章第2節❹</td><td></td></tr>
<tr><td>第五節　株式の併合等</td><td>第3章第5節・第9章第2節❹</td><td></td></tr>
<tr><td>第六節　単元株式数</td><td>第3章第5節</td><td></td></tr>
<tr><td>第七節　株主に対する通知の省略等</td><td>第3章第3節❹</td><td></td></tr>
<tr><td>第八節　募集株式の発行等</td><td>第6章第2節</td><td></td></tr>
<tr><td>第九節　株　券</td><td>第3章第3節❸</td><td></td></tr>
<tr><td colspan="2">第三章　新株予約権</td><td>第6章第3節</td><td></td></tr>
<tr><td rowspan="15">第四章　機　関</td><td>第一節　株主総会及び種類株主総会等</td><td></td><td rowspan="15">非取締役会設置会社の機関については，第4章第6節でまとめて解説</td></tr>
<tr><td>　第一款　株主総会，第三款　電子提供措置</td><td>第4章第2節</td></tr>
<tr><td>　第二款　種類株主総会</td><td>第3章第1節❻</td></tr>
<tr><td>第二節　株主総会以外の機関の設置</td><td>第4章第1節</td></tr>
<tr><td>第三節　役員及び会計監査人の選任及び解任</td><td>各役員・会計監査人の箇所で説明</td></tr>
<tr><td>第四節　取締役</td><td>第4章第3節❷・❸</td></tr>
<tr><td>第五節　取締役会</td><td>第4章第3節❸</td></tr>
<tr><td>第六節　会計参与</td><td>第4章第3節❼</td></tr>
<tr><td>第七節　監査役</td><td>第4章第3節❹</td></tr>
<tr><td>第八節　監査役会</td><td>第4章第3節❺</td></tr>
<tr><td>第九節　会計監査人</td><td>第4章第3節❻</td></tr>
<tr><td>第九節の二　監査等委員会</td><td>第4章第5節</td></tr>
<tr><td>第十節　指名委員会等及び執行役</td><td>第4章第4節</td></tr>
<tr><td>第十一節　役員等の損害賠償責任</td><td rowspan="2">第4章第7節</td></tr>
<tr><td>第十二節　補償契約及び役員等のために締結される保険契約</td></tr>
<tr><td rowspan="6">第五章　計算等</td><td>第一節　会計の原則</td><td>第5章第1節</td><td></td></tr>
<tr><td>第二節　会計帳簿等</td><td>第5章第1節</td><td></td></tr>
<tr><td>第三節　資本金の額等</td><td>第5章第2節・第4節</td><td></td></tr>
<tr><td>第四節　剰余金の配当</td><td>第5章第2節</td><td></td></tr>
<tr><td>第五節　剰余金の配当等を決定する機関の特則</td><td>第5章第2節</td><td></td></tr>
<tr><td>第六節　剰余金の配当等に関する責任</td><td>第5章第2節</td><td></td></tr>
<tr><td colspan="2">第六章　定款の変更</td><td>第7章</td><td></td></tr>
<tr><td colspan="2">第七章　事業の譲渡等</td><td>第9章第4節</td><td></td></tr>
<tr><td colspan="2">第八章　解　散</td><td>第8章第2節</td><td></td></tr>
<tr><td rowspan="2">第九章　清　算</td><td>第一節　総　説</td><td>第8章第3節</td><td></td></tr>
<tr><td>第二節　特別清算</td><td>第5章第4節❷</td><td></td></tr>
<tr><td colspan="3">第三編　持分会社</td><td>第11章第2節</td><td></td></tr>
<tr><td colspan="3">第四編　社　債</td><td>第6章第4節</td><td>株式会社中心</td></tr>
<tr><td rowspan="3">第五編
組織変更，合併，会社分割，株式交換，株式移転及び株式交付</td><td colspan="2">第一章　組織変更</td><td rowspan="2">第11章第3節</td><td></td></tr>
<tr><td rowspan="2">第二章　合併～第五章　組織変更，合併，会社分割，株式交換，株式移転及び株式交付の手続</td><td>第五章第一節　組織変更の手続</td><td></td></tr>
<tr><td>それ以外の部分</td><td>第9章第3節</td><td>株式会社中心</td></tr>
<tr><td colspan="3">第六編　外国会社</td><td>第12章</td><td></td></tr>
<tr><td colspan="3">第七編　雑　則</td><td>各所に分散</td><td></td></tr>
<tr><td colspan="3">第八編　罰　則</td><td>原則的に扱わない（経済刑法に譲る）</td><td></td></tr>
</table>

＊特に注意を要する箇所（多くの教科書とは記述の場所が異なる場合など）は，ゴシック体にした。

目　次

Column

第1章

第2章

第3章

第 4 章

第 5 章

第11章

第12章

凡　例（本書で用いる略称）

1　法　　令

会社（または条文番号のみ）＝会社法（平成17年法86号）：他の法令との混同を避けるため必要な場合を除き，本書では，会社法の条文は条文番号のみで引用している。

会社則＝会社法施行規則
会社計算＝会社計算規則

商＝商法
改正前商＝平成17年法律87号による改正前（会社法制定前）の商法。本文中では，「改正前商法」という。

民＝民法
信託＝信託法
振替＝社債，株式等の振替に関する法律
商登＝商業登記法
商登則＝商業登記規則
金商＝金融商品取引法（旧証券取引法）。本文中では「金商法」という。
金商令＝金融商品取引法施行令
企業開示＝企業内容等の開示に関する内閣府令

財務規＝財務諸表等の用語，様式及び作成方法に関する規則
連結財務規＝連結財務諸表の用語，様式及び作成方法に関する規則
独禁＝私的独占の禁止及び公正取引の確保に関する法律
民訴＝民事訴訟法
民訴費＝民事訴訟費用等に関する法律
民執＝民事執行法
民保＝民事保全法
破＝破産法
民再＝民事再生法
会更＝会社更生法
法税＝法人税法
法税令＝法人税法施行令

＊図表中で，条文番号を略式表記した箇所がある。たとえば，会社法299条2項1号は「299Ⅱ①」と略記。
＊本書は，令和2年12月末日の法令に基づく。

2　判例集・雑誌

民集＝大審院民事判例集・最高裁判所民事判例集
民録＝大審院民事判決録
集民＝最高裁判所裁判集民事
高民＝高等裁判所民事判例集
下民＝下級裁判所民事判例集
判時＝判例時報

判タ＝判例タイムズ
金判＝金融・商事判例
金法＝金融法務事情
ジュリ＝ジュリスト
商事＝旬刊商事法務
資料版商事＝資料版商事法務
曹時＝法曹時報

法教＝法学教室
法セミ＝法学セミナー
法時＝法律時報
法協＝法学協会雑誌
民商＝民商法雑誌

3　判例等の解説

百選＝岩原紳作＝神作裕之＝藤田友敬編『会社法判例百選〈第3版〉』（有斐閣，2016年）
商判＝山下友信＝神田秀樹編『商法判例集〈第8版〉』（有斐閣，2020年）
商法百選＝神作裕之＝藤田友敬編『商法判例百選』（有斐閣，2019年）
民法百選Ⅲ＝水野紀子＝大村敦志編『民法判例百選Ⅲ　親族・相続〈第2版〉』（有斐閣，2018年）
争点＝浜田道代＝岩原紳作編『会社法の争点』（有斐閣，2009年）
現状と課題＝岩原紳作＝小松岳志編『会社法施行5年　理論と実務の現状と課題』（有斐閣，2011年）

4　教科書・体系書

江頭＝江頭憲治郎『株式会社法〈第7版〉』（有斐閣，2017年）
神田＝神田秀樹『会社法〈第22版〉』（弘文堂，2020年）
鈴木＝竹内＝鈴木竹雄＝竹内昭夫『会社法〈第3版〉』（有斐閣，1994年）
龍田＝前田＝龍田節＝前田雅弘『会社法大要〈第2版〉』（有斐閣，2017年）
田中＝田中亘『会社法〈第2版〉』（東京大学出版会，2018年）
弥永＝弥永真生『リーガルマインド会社法〈第14版〉』（有斐閣，2015年）

5　サブテキスト（資料集，演習書など）

VM＝落合誠一編『会社法 Visual Materials』（有斐閣，2011年）
事例＝伊藤靖史＝伊藤雄司＝大杉謙一＝齊藤真紀＝田中亘＝松井秀征『事例で考える会社法〈第2版〉』（有斐閣，2015年）
数字でわかる会社法＝田中亘編著『数字でわかる会社法』（有斐閣，2013年）

6　会社法の立案担当者による解説等

立案担当＝相澤哲編著『立案担当者による新・会社法の解説』（別冊商事法務295号，2006年）
立案担当省令＝相澤哲編著『立案担当者による新会社法関係法務省令の解説』（別冊商事法務300号，2007年）
論点解説＝相澤哲＝葉玉匡美＝郡谷大輔編著『論点解説新・会社法』（商事法務，2006年）
百問＝葉玉匡美編著『新・会社法百問〈第2版〉』（ダイヤモンド社，2006年）

7　注釈書・コンメンタール（特定の事項について深く調べたいときのために）

注釈＝上柳克郎ほか編集代表『新版注釈会社法（全15巻＋補巻4巻）』（有斐閣，1985〜2000年）

コンメ＝江頭憲治郎＝森本滋編集代表『会社法コンメンタール（全22巻予定）』（商事法務，2008年〜）

逐条＝酒巻俊雄＝龍田節編集代表『逐条解説会社法（全9巻＋補巻1巻予定）』（中央経済社，2008年〜）

序　本書の読み方（使い方）

1 基本的な執筆方針

著者４人は，これから会社法を学ぼうとする，「意欲のある初学者」（法学部の学生や法科大学院の未修者コースの学生）を主なユーザーと想定して，本書を執筆した。執筆の際には，初学者がまずは本書を手に取ることで，会社法の基本的なものの考え方を学ぶことができるよう心がけた。時には事例を交えながら，重要な事柄は重複をいとわず記している。

本書に盛り込む情報（会社法のルール，実務，判例，学説）も，そのような目的に沿って選別された。読者は，本書を読み進めるうちに，「そうはいいつつも難しい議論や先端的な議論が随所に書かれているではないか」と思うかもしれない。しかし，会社法が経済社会でどのように機能しているのかを知ることも，会社法を学ぶ重要な目的である。そのような観点から欠かすことができないと考えた情報は，たとえ通常の「概説書」に書かれていないようなものであっても，本書に盛り込んでいる。会社法の条文について，それが実際にワークしている姿を想像することなく学ぶのは，読者にとっても退屈なことだろう。

他方で，本書は，会社法の内容を，細かなルールに至るまで網羅することはしていない。技術的な性格の強いルールについては，思い切って説明を簡略化したり，省略したりしている。初学者にとって，会社法のすべてのルールを一様に学ぶことに意味はないからである。

以上のような方針で執筆された本書は，同時に，ある程度学習が進んだ（しかし，会社法をいまひとつ理解できた気がしない）中級者（法科大学院の既修者コースの学生など）にも役立つものになっているのではないだろうか。

2 本書を読む順序

本書の記述の順序は，会社法（平成17年法律86号）の規定の順序や，伝統的な概説書・体系書で採用されている順序を基礎にしながら，会社法のルールを読者が機能的に捉える（ルールの機能に着目して捉える）ことができるようなものにしようと，著者4人が話し合った結果である。たとえば，自己株式の取得は，株式の譲渡の部分ではなく，剰余金の配当の後で説明される。

もちろん，本書をそのままの順序で読み進める必要はない。本書の順序と異なる読まれ方をしても不都合がないよう，丁寧なクロス・レファレンスを心がけた。本書の順序とは違う読み方として，たとえば，次の読み方がある：第1章→第3章第1節（5，6以外）→第4章→第5章→第6章（第3章第1節5，6も併せて読む）→第3章第2節以下→第9章→第2章→第7章→第8章→第10章→第11章→第12章。これは，著者のうち1人が実際に大学で教えている講義の順序を念頭に置いたものである。いずれにしても第1章は最初に読む方がよいが，その中には，初学者が理解しておく必要のない記述も含まれるので，難しいと感じた箇所は読み飛ばしてもさしつかえない。

初学者は，本書を一読するだけでは，その内容を十分に理解することはできないかもしれない。読者には，本書を二読三読することを勧めたい。これは，本書に限らず，また，会社法に限らない，法律学の学習について一般的にいえることである。

3 本書を読む際の注意

本書に引用した会社法の条文は，必ず，六法等で実際に参照してほしい。会社法の条文を読めば内容の分かる制度については，本書での説明を切り詰めた箇所もある。また，本書に引用した判例のうち，重要なものは，『会社法判例百選』や『商法判例集』（いずれも有斐閣）で事実関係と判旨を確認してもらいたい。そのため，上記2つの書物に採録されている判例については，その事件番号を記してある。

本書の記述には，本文のほか，〈Case〉と Column がある。Case には，会社法のルールを説明するために有益だと考える事例を載せてある。Case が本文の記述の前提になっていることも多いため，Case は読み飛ばさないでほしい。また，二読目以降は，Case を読んだ後で，その Case についての処理がどうなるのかをぜひ自分で考えてみてほしい。Column には，様々な性質のものがある。やや複雑なルールを説明するためのものもあれば（たとえば⇨ 227 頁 Column 4-35），会社法のルールが機能する実態に触れるもの（たとえば⇨ 281 頁 Column 5-6），理論的に難しい問題を示すもの（たとえば⇨ 259 頁 Column 4-44）もある。これらの Column も，できれば読み飛ばさないでほしい。Column の素材には，読者が会社法や経済社会の実態に興味を持つことができるように選ばれたものも多いからである。

4 難しいと感じた読者へ

本書を読み進めるうち，読者は，ところどころで「難しい」と感じることになるかもしれない。その時に，本書を読むことをあきらめ，より簡単な薄い本を読むことは，勧められない。「難しい」と感じた箇所では，立ち止まってよく考えてもらいたい。会社法の条文を実際に確かめなければならないことも含めれば，本書を初めて読む際には，相応の時間が必要になる。それでも「難しい」と感じるところには，何らかの印を付けた上で，さしあたりは次に進めばよい。本書に限らず法律学の概説書は，ある部分が理解できなければ次の部分は理解できないというようには作られていない。本書のような概説書をじっくり読み，よく考えること。そのことこそが，読者の，会社法に限らない，法律学全般を通じた理解力を高めるだろう。

5 本書の先へ

より高度な学習をしたい者にとっては，本書を読むだけでは十分でないだろう。著者 4 人は，本書が，会社法を学習する際の「窓」の役割を果たすものと考えている。本書を基礎に，必要に応じて詳細な文献を参照できるよう，本書には，定評ある体系書やその他の参考文献を数多く引用している。

会社法を学習する際には，数字を避けて通ることはできない。本書でも，簡単な数値を用いて会社法のルールを説明することがある（たとえば⇨ 325 頁(a)）。会社法のルールを十分に理解するためには，経済学や会計学の知識も必要であり（たとえば⇨91頁 Column 3-9 ），それを学習する端緒となる書物として，田中亘編著『数字でわかる会社法』（有斐閣，2013年）がある。

本書には，議決権行使書面の例（⇨159頁**図表4-5**）など，会社法に関係する資料をいくつか掲載したが，会社法を学習する者に参照してもらいたい資料のすべてを掲載できたわけではない。そのような資料を多数掲載し，それをもとに学習ができるよう配慮された書物として，落合誠一編『会社法 Visual Materials』（有斐閣，2011年）がある。

本書を読んだ上で，事例問題に挑戦したいという読者もいるだろう。そのような読者には，「法学教室」誌の商法の演習欄のうち近年のものや，同誌475号から連載されている伊藤靖史「ケースで探索・会社法――理解を深め，もう少し先へ」，さらに，（内容は高度なものであるが）伊藤靖史＝伊藤雄司＝大杉謙一＝齊藤真紀＝田中亘＝松井秀征『事例で考える会社法〈第2版〉』（有斐閣，2015年）を勧めたい。

第 *1* 章
総　　論

今日では，経済活動を担う企業の大部分は会社とりわけ株式会社である。本章では，会社の特徴，株式会社と持分会社（合名会社，合資会社，合同会社）の特徴，および株式会社法の基礎概念を解説する。

なお，本章の第２節以下の内容は抽象性が高く，特に Column には初学者にとって難易度の高いものが含まれている。「序 ── 本書の読み方（使い方）」の**2**，**4**でも述べたように，初学者には，すべてを理解しようとせずに，ある程度理解できたと感じれば，それ以上に突き詰めることをせずに先へと進んでほしい。

第１節　会社法への招待

1 共同企業と会社

(1) 個人企業と共同企業

会社法の初学者は，「会社」がどのようなものか（法的にどのようなものと考えられているか）も知らないことが通常だろう。会社とは何か，その前提として，共同企業とは何かということから，本書の説明を始めよう。

仮にあなたが，いくらかのお金を持っており，何か事業を行って利益を上げたいと考えているとしよう。あなたが実際に事業を始めれば，それは**企業**と呼ばれる。このように，事業活動から利益を得ることを目的とする主体（単位）

を，企業という。あなた１人がそのための資金（金銭に限られないが，ここでは金銭を考えればよい）を出資するのであれば，その企業（つまり，あなた。以下では企業Ｓと呼ぼう）は，**個人企業**と呼ばれる。仮にあなたが従業員（使用人）を雇ったとしても（つまり，そこで働くのはあなただけではない），企業Ｓは個人企業のままである。また，あなたが事業を行うために自分のお金だけでは足りず，金融機関からお金を借りたとしても，やはり企業Ｓは個人企業のままである。これに対して，あなたとともに友人が，その事業のための資金を出資するのであれば，その企業は**共同企業**になる。つまり，出資者が１人の事業を個人企業，複数の事業を共同企業というわけである。

前記の例から，２つのことが分かる。第１に，事業のための資金を貸し付ける者（金融機関）は，出資者ではない。**出資**とは，事業のための資金を提供し，事業活動によって生じる利益を受け取る地位を得ることをいう（そのような者が**出資者**）。これに対して，会社に貸付けをする者は，会社が利益を上げなくとも，契約によって具体的に定まった額（ここでは元本と利息）を会社から受け取る権利を有する。このような者を会社債権者というが，これは出資者とは異なる（⇨ 72 頁(1)）。第２に，会社と雇用関係にある者（従業員）は，会社が利益を上げなくとも，賃金を会社から受け取る権利を有するのであり（広い意味では従業員も会社債権者），やはり出資者ではない。

Column 1-1　従業員（使用人）の地位

会社や企業といえばそこで働く人の集団を指すというのが，一般的なイメージだろう。しかし，本文に述べたように，従業員は出資者ではなく，従業員と会社ないし企業との関係は，基本的には，会社法によって規律されるものではない。民法の雇用契約に関する規定のほか，労働契約法や労働基準法など，労働法と呼ばれる分野に属するさまざまなルールが，その関係を規律する。もっとも，国によっては，従業員が会社の経営に参加することを法律で保障するところもある（有名なのがドイツの共同決定制度）。なお，会社の使用人については会社法にも規定があるが，それは，主に使用人の代理権についての規定である（10 条～15 条）。

(2)　共同企業と会社

複数の者が共同で事業を行うために使えるフォーマットないし法的な入れ物（共同企業の法的形態）として，さまざまな法律によって，さまざまな種類のものが用意されている（⇨第11章486頁以下）。そのようなフォーマットのうちでも，会社法が定めるものを会社といい，会社には株式会社，合名会社，合資会社，合同会社の4種類がある（2条1号。以下，(2)と(3)の記述は，本書で読者が学ぶことの全体像をも示している。自分が何を勉強しているのかが分からなくなったときに，何度でも読み返してほしい）。

このように，会社は，共同企業の法的形態の一つである。会社の出資者が，株式会社では株主，その他の会社では社員と呼ばれる（株主も含めて，会社の出資者のことを一般的に社員と呼ぶこともある。⇨14頁 Column 1-5 ）。ここでいう社員は，日常用語にいう「社員」（従業員のこと）とは異なる。

「株式会社」として読者の多くが想像するのは，上場会社（⇨19頁 Column 1-9 ）だろう。上場会社の中には，株主が何万人もいる会社もある。そのように多数いる株主が「出資者」であり，上場会社が株主による共同企業であるといっても，現実感はないかもしれない。しかし，次の例を考えてみてはどうだろうか。

あなたは，親しい友人と2人で，ある事業を始めるために出資をし，株式会社を設立した（設立の手続。⇨第2章26頁以下）。事業は順調に拡大し，さらに多くの資金が必要になった。そのため，あなたと友人は，より多くの出資者（株主）を募ることにした（募集株式の発行。⇨第6章第2節320頁以下）。事業の拡大のために，他の会社を買収することもあるだろう（⇨第9章382頁以下）。以上の過程が繰り返され，いつしかあなたと友人が始めた会社は一流企業になった。今では株主は何万人もおり，その会社の株式は取引所に上場されている。あなたは今では多数の株主の1人にすぎない。しかし，あなたの株主としての地位も，後からその会社の株主になった者の地位も，同じくその会社の出資者であることに変わりはない。

以上の例からは，同じ株式会社といっても，株主数が少ない会社（その大部分は非公開会社。⇨23頁(4)）から，上場会社まで，実際の姿が大きく異なるものが含まれていることも分かる。もちろん，非公開会社と上場会社というのは両極端の姿を示すもので，その中間にあたる会社もある。

(3)　株式会社と会社法の規律

(2)の例に沿って，もう少し説明を続けよう。あなたと友人が始めた会社は，どのような事業を，どのように行うか。また，会社についてそのほかさまざまな事柄を，誰が決めるのだろうか。

あなたと友人が2人で会社を始めたときには，2人で決めればよかったかもしれない。しかし，株主が何万人にもなった後で，株主全員の多数決ですべてを決めることは不可能だろう。どうしても，会社の経営を専門的に行う者（もちろんそれは，あなた自身でもよい）に決定を委ねる必要が生じる。同時に，そのような経営者が株主の利益のために会社を経営しているかどうかを監督する必要も生じる。そのために，株式会社については，株主総会や取締役など複数の機関を置くことと，それらの機関の間でどのように権限が分配されるかが定められる（⇨第4章第1節～第6節〔132～221頁〕）。それらの機関が任務を怠ったことで会社に損害が生じれば，会社はその者に対して損害賠償を請求することができる（⇨第4章第7節222頁以下）。

株主は，会社が行う事業によって生じた利益の分配を受けるために，会社に出資をしている。利益を分配するためには，それを計算しなければならないし，そのために会社は取引等を記録しなければならない。会社の内容については，株主や会社債権者に開示しなければならない（業務の内容を一切開示しない会社に出資や貸付けをする者はいないだろう。⇨第5章第1節267頁以下）。また，会社法には，有限責任というルールが定められている。会社財産が少なくなってしまったため会社債権者が債権を全額回収できなくとも，株主に残額を請求することはできない（⇨71頁**3**）。そのため，本当は利益がないのに株主に金銭を分配すれば，会社債権者の利益が害される。会社による利益の分配に一定の限定を付すことも，会社法の役割である（⇨第5章第2節287頁以下）。

株主が出資をやめたいときには，どうすればよいのだろうか。実は，株主が会社に出資をやめることを申し出て，出資額の返還を受けることは，原則としてできない。その代わり，株主は，誰か別の者に出資者としての地位を譲り，その対価を受け取る形で，出資を回収することができる（株式の譲渡⇨第3章第2節93頁以下）。

以上で学んだ「共同企業」「会社」「株式会社」のイメージを頭にとどめつつ，

次に，会社法とは何かを考えよう。

2 会社法とは

本書は，会社法の概説書である。そう書くときの「会社法」は，通常，会社の利害関係者の利害の調整のためのさまざまなルールを指している（**実質的意義の会社法**）。そのようなルールを定める法律のうち，最も重要なのが，会社法（平成17年法律86号）である（**形式的意義の会社法**）。その細目としては，法務省令である会社法施行規則，会社計算規則，電子公告規則がある。さらに，会社に関する特別法として，社債，株式等の振替に関する法律，担保付社債信託法，商業登記法などがある。

実質的意義の会社法に含まれるもの以外にも，会社に関係する法律はいろいろある。たとえば，会社は事業に伴ってさまざまな取引を行うが，その取引には，民法や商法，さらに，消費者契約法などのルールが適用される。会社の行為に競争政策上の考慮から制約を加えるのが，独占禁止法である。会社は国に法人税を支払うが，その根拠である法人税法の定めが，会社の行動に大きな影響を与える。要するに，ほとんどすべての法律のルールが，会社に関係すると考えてよい。

そのようなさまざまなルールの中で，実質的意義の会社法は，次の特徴を有する。すなわち，それは，事業活動の主体（単位）である企業が，会社という法的形態を利用する場合の，その組織や運営について定めるルールである。そして，そのルールは，会社をめぐる利害関係者の利害の調整を主な目的とする（⇨24頁 Column 1-11 も参照）。

利害関係者の利害の調整という点で，すでに挙げた法律以外に重要なのが，金融商品取引法（金商法）である。同法は，株式会社が資本市場から資金を調達する場合に適用され，投資者（すでに株主である者に加えて，そうなる可能性のある者が含まれる）の保護を目的に含む。なお，「投資者」は金商法で用いられる用語だが，一般には「投資家」ということも多い（「機関投資家」など）。本書では，会社法やその法務省令に加えて，金商法のルールにもしばしば言及することになるだろう。

Column 1-2　**利害関係者はさまざま**

株式会社をめぐる利害関係者には，どのような者がいるのだろうか。出資者である株主と，会社債権者が，主な利害関係者である。会社債権者にもさまざまな者がいるが（広い意味では従業員もここに含まれる。⇨315頁 Column 5-16），さしあたりは，金融機関など会社に資金を貸し付ける者を考えればよい。さらに，会社の製品を購入した消費者，会社が工場を操業する地域の住民，その他，さまざまな者が会社の利害関係者に含まれうる。もっとも，会社法は主に①経営者と株主の間，②支配株主と少数株主の間，そして③株主と会社債権者の間の利害調整のためのルールを定めている。その他の利害関係者の利益は，会社法のルールの枠内では，限定的に考慮されるにとどまる。

第2節　会社と会社法

1　会社の特徴

会社には，株式会社・合名会社・合資会社・合同会社の4種類があり，いずれも3つの特徴を有している。法人であること（法人性），営利を目的とすること（営利性），および，社団であること（社団性）である。詳しくは次のとおりであるが，初学者はあまり細部に深入りしないほうがよい。

(1)　法 人 性

(a)　総　論　　会社は法人とされる（3条）。法人とは出資者や構成員から独立した別個の法人格を有する者，法によって自然人と同様に権利能力を付与された存在をいう。会社の住所は，その本店所在地にあるとされる（4条）。

たとえば10人の出資者（S_1〜S_{10}）により設立されたA株式会社がBと取引する場合を考える。Bに対して権利義務を有するのはA社という法人であり，出資者であるSらではないから，法律関係の処理が簡明になる（個々の出資者とBとの法律関係を観念する必要がない）。法人であることは，このように法律関係を簡便にする効果を持つ（このことは，特に構成員の数の多い団体において意義が大きい）。また，後述する構成員の有限責任を認める上で，団体に法人格を認めることは，必須ではないが有力な法律上の手法である。

(b)　法人格と登記　　会社が法人格を取得するのは，商業登記所においてその設立の登記を行ったときである（株式会社につき49条，持分会社につき579条）。登記により，会社に関する一定の事項（株式会社につき911条3項，持分会社につき912条〜914条）が公示され，当該会社と関係を持とうとする利害関係人はこれを参考にすることができる。

会社の法人格の同一性は，登記を基準として判断される。会社はその名称（商号。6条1項）を変更することができるが，それによって法人格の同一性を失うわけではない。

(c)　法人格否認の法理　　会社と出資者（株式会社では株主，持分会社では社員）が別の法人格を持つこと，すなわち会社が有する権利義務と出資者が有する権利義務とが別々であることを強調すると不都合な結果が生じる場合がある。そこで，特定の事例に限り別の法人格であることを否定するという法理論（**法人格否認の法理**）を適用することによって，妥当な結論を得る（たとえば，特定の事案において，会社債権者が会社に対して有する権利を株主に対しても行使できると解する）ことが行われる（詳細は⇨316頁(2)）。

(d)　権利能力　　法人の権利能力（権利・義務の帰属主体となることができる資格）は，定款その他の基本約款で定められた目的の範囲に限られる（民34条）。会社は法人の一種であることから，その権利能力は**定款**に定められた**目的**の範囲に限定される（株式会社も持分会社も，その目的は定款の絶対的記載事項とされている。会社27条1号・576条1項1号。⇨30頁）。

しかし，定款上の目的の範囲外の取引を会社が行い，後にそれが会社にとって不利益である（たとえば購入した物品が値下がりした）と判明すると定款条項を盾にとって会社が相手方に取引の無効を主張することは，相手方に不測の損害を与え，安心して取引を行うことを困難にする。このような主張を認めることは会社やその株主・社員を過度に保護するものであり，取引の安全を著しく害することから，今日では，少なくとも営利法人に関する限り，このような会社側の主張を認めるべきでないことが広く認識されている。裁判所が会社の行為が定款の目的外であるとして無効と判断する可能性は，ほぼ皆無であろう。

Column 1-3　目的の範囲外の行為の効力と政治献金

民法34条は，「法人の権利能力を制限すべきである」というある時期の政治的思潮に起源を有するものであるが（**能力外法理**＝ウルトラ・ヴァイレス），本文で述べたように，今日これをそのままの形で貫くことはほとんどの国では行われていない。

判例は次のように述べている（八幡製鉄事件・最大判昭和45・6・24民集24巻6号625頁〔百選2，商判Ⅰ-3〕)。「会社は定款に定められた目的の範囲内において権利能力を有するわけであるが，目的の範囲内の行為とは，定款に明示された目的自体に限局されるものではなく，その目的を遂行するうえに直接または間接に必要な行為であれば，すべてこれに包含される……。そして，必要なりや否やは，当該行為が目的遂行上現実に必要であったかどうかをもってこれを決すべきではなく，行為の客観的な性質に即し，抽象的に判断されなければならない……」。

この事件は株式会社（上場会社）が特定の政党に政治献金を行ったことについて，株主が代表訴訟を提起して取締役の責任を追及したものであり（結論として，請求棄却），政治献金の効力が争われたものではないが，上記の判示は他の判決においても確認されており，確立した判例ということができる。

(2)　営 利 性

法人は，営利法人と非営利法人とに分類されるが，その区別は，法人がその事業で得た利益を構成員に分配することが予定されているか否かによる（営利性の意義については厳密に考えると難しい問題がある。神作裕之「一般社団法人と会社――営利性と非営利性」ジュリ1328号〔2007年〕36頁を参照)。一般社団法人や公益社団法人においては利益の社員への分配は予定されていないのに対して，会社においては利益が株主・社員に剰余金の配当または残余財産の分配という形で分配されることが予定されているため，会社は営利法人である。

(3)　社 団 性

会社は社団であるといわれるが，その意義については若干の争いがある。

社団という用語は，「人の集合体」という意味で用いられる場合と，「構成員が団体を通じて結合する団体」という意味で用いられる場合とがある。前者の場合，社団の反対語は「財団」（財産の集合体）であり，後者の場合，社団の反対語は「組合」（構成員が直接に契約関係により結合する団体）である。一般社団・財団法人法にいう「社団」は前者の意味であり，「権利能力（法人格）なき社団」という語は後者の意味である。

会社が社団であるというとき，争いはあるが，前者を意味するものと考えるべきである（江頭28頁を参照）。後者の意味で，会社を組合と対立するものとしてとらえることには，実益がなく，混乱を招く弊がある（たとえば，合名会社が民法上の組合と類似する性格を有していることを説明しづらい）。

Column 1-4　一人（いちにん）会社

1人の出資者だけで株式会社・合名会社・合同会社を設立することも認められている（設立時の発起人・社員数に制限はなく，会社の解散事由にも株主・社員数の定めがないため）。合資会社は，無限責任社員と有限責任社員が各々1人以上必要であるため，社員数は最低2人である（⇨**2**(1)）。株主・社員が1人しかいない会社を「一人会社」という。

かつては一人会社は社団性に反するから認められないという議論も主張されたが，これを認める実益が大きく，弊害は大きくないことから，現在では一人会社を認めることに異論はない。よって，今日では社団が「人の集合体」であるというとき，複数人がいることは必要でない（法人の種類によって異なる）と考えることになる。

2　会社の種類

(1)　総　　説

現在の日本法では，会社の種類として株式会社と合名会社・合資会社・合同会社が認められ，後三者は「持分会社」と総称される。

株式会社の出資者（**株主**）は，株主となるに際して会社に対して出資をなす義務を負うだけで，会社債権者に対してなんら責任を負わない（104条，有限責任の一種。⇨71頁**3**）。

持分会社は，出資者（**社員**）が会社債権者に対して負う責任の性質に応じて合名会社・合資会社・合同会社の3種類に分かれる。すなわち，社員がすべて無限責任社員からなるものを合名会社，無限責任社員と有限責任社員とが混在するものを合資会社，有限責任社員のみからなるものを合同会社という（576条2項～4項。⇨492頁(1)）。

図表 1-1　4 種類の会社とその特徴

株式会社	持分会社		
	合名会社	合資会社	合同会社
株主は有限責任	無限責任社員のみ	無限責任社員と 有限責任社員	有限責任社員のみ
所有と経営の制度的分離・機関の分化	所有と経営の未分離		
2,554,582 社	3,371 社	14,170 社	98,652 社

※社数は，平成 31 年 3 月末現在のもので，国税庁長官官房企画課「平成 30 年度分　会社標本調査　調査結果報告　税務統計から見た法人企業の実態」14 頁（令和 2 年 5 月）国税庁ウェブサイト掲載に基づく。上記の株式会社の数には特例有限会社（⇨ 17 頁 Column 1-8 ）が含まれている。

Column 1-5　出資者・構成員・社員

会社や組合の場合，**出資者**とは，会社や組合に金銭その他の経済的価値を提供し，事業活動から生じる利益を受け取る地位を得る者を指す（経済学では，出資者のことを持分権者〔エクイティー・ホルダー〕と呼ぶことが多い）。「経済的価値」として，労務の提供が認められる場合がある。銀行や社債権者など，会社にお金を貸すが（**融資**），事業活動の成否にかかわらず元利金の返済を求める権利を有する者は，出資者にはあたらない（出資と融資は日常用語としても同様に区別して用いられている。学生諸君は留意してほしい）。

構成員という言葉は，出資者のほか団体・法人の運営に一定の発言権を有する者を含めて用いられる。社団法人の構成員は**社員**であり，民法上の組合の構成員は組合員である。

一般社団法人の社員（一般社団・財団法人法 27 条以下）は，法人の運営に参加する権利を有するが，法人の活動から生じる利益を受け取る地位を有する者ではないので，構成員ではあるが出資者ではない。一般社団法人と異なる会社（株式会社・持分会社）の特徴は，社員が出資者でもあることにある。日常の用語法とは異なり，従業員（会社法上の用語では「使用人」）は社員ではないことに注意してほしい（⇨ 6 頁 Column 1-1 ）。なぜ会社法が出資者に特別な権利を与え，従業員にそれを与えていないのかについては⇨ 74 頁 (2)，75 頁 (3)。

株式会社の社員は特に「株主」と呼ばれる。社員は株主の上位概念である（「**親会社社員**」〔31 条 3 項〕は，株式会社の株主と持分会社の社員の両方を含む）。

(2)　会社法の条文構造

平成 17 年に制定された会社法は，次のような条文構造を採用している（詳しくは，六法に掲載されている会社法の目次を参照）。

第一編の総則の規定は，ほとんどは商法の総則規定（商 1 条～31 条）の特別規定である。株式会社・持分会社には商法の総則規定は適用されず，会社法の総則規定が適用されることになる。本書では会社法総則は扱わない（商法総則の教科書を参照されたい）。

会社法の第二編（25条～574条）は株式会社に関する規定であり，第三編（575条～675条）は持分会社に関する規定である。

第四編以下は株式会社と持分会社に共通する規定である。第六編以下に，外国会社に関する規定や各種の雑則（訴訟や登記に関する重要な規定も少なくない），罰則が置かれている。

また，技術的細目にわたる事項は，会社法の本体ではなく，法務省令（会社法施行規則・会社計算規則・電子公告規則）に定めが置かれ，迅速な改正ができるようにされている。

本書では，会社法の条文の順序とは異なる順序で解説をしている。会社法の条文と本書の叙述の対応関係については，本書の目次の後の「会社法の規定と本書の記述箇所」を参照してほしい。

3 商法から会社法へ

かつては，「商法」とその関連法令がわが国の会社に関する一般的規定を定めていた。平成17年に「会社法」が制定され，商法第二編の規定は削除され，関連法令の多くは廃止された。会社法関係の重要判例は，平成17年改正前商法の下でのものが多いので，注意してほしい。

かつての商法は，株式会社・合名会社・合資会社について定め，特別法である有限会社法が有限会社について定めていた。新しい会社法は，有限会社という会社形態を廃止し，合同会社という新しい会社形態を導入した。

なお，会社法は有限会社を廃止したが，株式会社のルールの中に有限会社のルールを大幅に取り入れ，株式会社と有限会社の規律を一体化した。これに関連して，従来は株式会社・有限会社の設立には最低資本金（株式会社は1000万円，有限会社は300万円）の規制があったが，会社法はこれを撤廃して，資本金が1円の株式会社も設立できるようになった。これらの改正によって，現在では小規模・閉鎖的な企業が株式会社を利用することが容易になった。

会社法の施行前に設立された有限会社は，会社法の施行（平成18年5月1日）

図表 1-2　商法から会社法へ

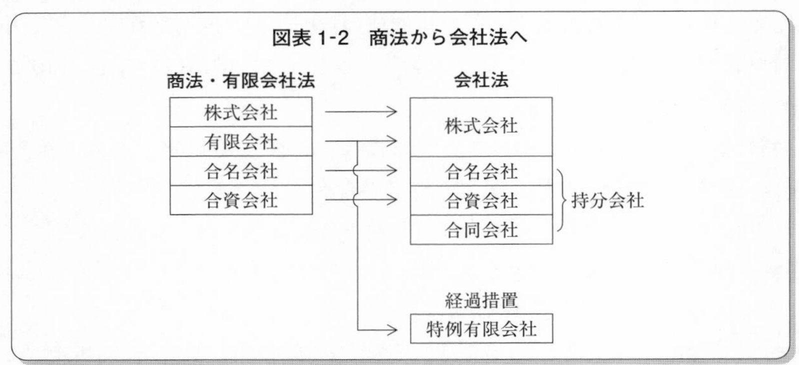

後も存続する旨が経過措置によって定められており，そのような有限会社を**特例有限会社**という。

以上をまとめたのが**図表 1-2** である。

Column 1-6　会社の起源

ローマ時代から民法上の組合形態による共同事業は存在し，これに商人・法人としての特徴を加味したものが現在の合名会社につながっている。他方，中世イタリアの海岸商業都市においては，大規模船舶による航海事業において，事業の主体と多数の資金提供者の間で，事業の成否に応じた分け前（リスクの分配）について契約（コンメンダ）が結ばれ，これが後の匿名組合や合資会社の起源となった（当時は，1回の航海ごとにコンメンダが形成され，航海の成果につき清算が行われるとコンメンダは終了した）。

1600年頃には，イギリス政府やオランダ政府が企画した東インド会社を嚆矢として，多数の出資者を募ってリスクの高い事業（ここでは植民地経営および貿易）を行うための特別な企業体が設立されるようになった。これが現在の株式会社の起源である。これらの会社への出資持分（株式）は取引所で活発に取引され，株価が形成され，投機の対象となった。当時の株式会社には国策としての色彩が濃厚であるが（**特許制**），次第に，国益・公益に関わりの小さな事業についても株式会社の設立が認められるようになった。当初は投資公衆の保護の観点から，設立に国家の許可を要する**許可制**が維持されていたが，会社法の内容が整備されるにしたがって，私人が一定の手続を守れば国家の許可なしに株式会社を設立することが認められる（**準則主義**）ようになった。

以上につき，松井秀征『株主総会制度の基礎理論』（有斐閣，2010年）を参照。

Column 1-7　わが国における商法の制定・改正と会社法の制定

わが国における会社に関する一般的規定は，ドイツ人のヘルマン・レースラーが起草した草案をもとに制定されたいわゆる旧商法（明23法32号）の第一編第六章の規定が最初である（明治26〔1893〕年7月1日施行）。新商法（明32法48号。現在の六法に載っている「商法」の原初形）の第二編がこれにとって代わった（明治32〔1899〕年6月16日施行）。この「商法」の会社法規定は，高い頻度で大改正を受けつつ，平成18（2006）年4月末まで，113年弱にわたってわが国の会社に関する一般的規定として存続した。

「商法」とその関連法令の制定・改正の中で，主なものは次のとおり（改正の内容を概観するには，鈴木竹雄『新版会社法〈全訂第5版〉』〔弘文堂，1994年〕6頁，36頁以下と，神田32頁以下を併せて参照するのが便利である）。昭和13（1938）年には，商法の大改正とともに，有限会社法（昭和13年法律74号）が制定された。昭和25（1950）年には，アメリカ法の制度を大幅に取り入れて，株式会社の基本的制度に関わる大改正が行われた。昭和49（1974）年には，株式会社の監査制度につき大改正がされ，「株式会社の監査等に関する商法の特例に関する法律」（昭和49年法律22号）が制定された。

平成17年6月に「会社法」が国会で成立し（同年7月26日公布，平成17年法律86号），平成18（2006）年5月1日に施行された。これに伴い，「商法」の第二編の規定はすべて削除され，有限会社法や株式会社の監査等に関する商法の特例に関する法律も廃止された。

Column 1-8　特例有限会社

特例有限会社は，会社法上の株式会社の一種であるが，会社法6条の例外として，その商号中に有限会社という文字を用いるものとされている。会社法の適用にあたっては，概念の読み替えや，一定の事項を定款に記載したものとみなされることなどが定められていることから（会社法の施行に伴う関係法律の整備等に関する法律の2条・3条・44条などを参照），実質的にはかつての有限会社法とほぼ同じルールが適用されることとされている。

特例有限会社は，定款変更を行い，その商号中に株式会社という文字を用いることとし，新しい商号を登記することにより，通常の株式会社に移行することもできる（同法45条・46条）。

第3節　株式会社法の基礎

1 株式会社の特徴

株式会社には，次のような特徴がある（株式会社と持分会社の比較について⇨489頁(2)）。

(1) 所有と経営の分離

株式会社では，出資者である株主と業務執行を行う取締役とが概念上，分離されている（**所有と経営の〔制度的〕分離**）。多くの株式会社では，株主が取締役ともなっているが，株主でない者が取締役となりうることが株式会社の制度上の特徴である（⇨132頁 Column 4-1 ）。

(2) 株主の有限責任

株式会社の出資者（株主）は，株主となるに際して会社に対して出資をなす義務を負うだけで，会社が会社債権者に対して負っている債務を会社に代わって弁済する義務を負わない（104条）。このことを株主の有限責任という。株主の有限責任は，株式会社が多数の投資家から薄く広く余剰資金を集め，大規模な事業を営むことに役立つ。他方，有限責任があるため，法は会社債権者が不当に害されることがないように様々なルールを設けている（⇨314頁以下）。

有限責任は株式会社の特徴であるが，持分会社の中にも全社員の有限責任を認めるものがある（合同会社）。

(3) 株式の譲渡性

株主が有する会社に対する資格（地位）のことを**株式**という。

株式会社では，株式を自由に譲渡できるのが原則である（⇨93頁2）。たとえば，甲会社の株主であるAが，その持株のすべてまたは一部をBに譲渡すると，Bは株式を取得し，一定の手続を踏むと甲会社の株主となる。このため，株式会社という会社形態は，多数の投資家の間でその株式が売買されるいわゆる公開企業に適している。

株主が，急にお金が必要となる場合など，投資を回収する（株式を現金化する）ことを望む場合，投資の回収は株式の譲渡によることが一般的である。会社が株主から株式を買い取ることには，会社債権者の保護などの理由から一定の制限がある（⇨ 302 頁**2**）。

もっとも，わが国の株式会社の大多数は，少人数の株主からなる閉鎖的企業であり，信頼関係のない者が株主として登場することに抵抗がある。そこで，法は，株式会社が定款に定めを置くことで，株式の譲渡を制限することを可能としている（⇨ 94 頁**3**）。わが国のほとんどの株式会社が，株式譲渡を制限する定款規定を定めているといわれる。

会社がその株式を取引所に上場するときには，当該株式について譲渡制限の定款条項がないことが上場規則によって要求されていることから，上場株式は譲渡制限株式でないと考えてよい。

Column 1-9　上場会社

日本には，東京証券取引所・名古屋証券取引所・札幌証券取引所・福岡証券取引所の 4 つの証券取引所（金商法の用語でいえば「金融商品取引所」）があり（大阪証券取引所は 2013 年に東証に統合），2020 年 11 月末日現在で 3837 社が上場している（重複上場を除く。大和総研「グラフと表で見る株式市場（2020 年 12 月号）」同社ウェブサイト）。上場会社とは，発行している株式が証券取引所で取引されている会社のことをいう（厳密にいえば，上場するのは会社ではなく株式であるが）。上場するためには，会社は詳細な書類を作成して証券取引所に上場の申請をする必要があり，各取引所は上場審査を行い，その会社が上場させるにふさわしいと判断した場合に上場が認められることになる。上場される株式には，会社の定款で譲渡制限の定めが置かれていないこと（譲渡自由であること）が前提となっている。

上場会社の株式は市場での売買が可能になるため，株主は売りたいときに株式を売却して換金することができる。そのため，上場会社は広く公衆から出資を募ることが容易になる。他方，上場会社は，適時開示制度やコーポレート・ガバナンスのあり方（独立社外取締役など），買収防衛策の導入，株式・新株予約権の発行（特に第三者割当て）などについて，取引所が定めたルールに従うことを求められている（⇨ 182 頁 Column 4-15 ，393 頁 Column 9-7 ）。

日本の上場会社の株式所有構造については，155 頁 Column 4-8 を参照。

(4)　機関の分化

(1)，(3)と関連して，株式会社では，会社の意思決定・運営に関わる機関が分化している（⇨132頁以下）。株式会社は，株主総会・取締役のほか，監査役や会計監査人などさまざまな機関を置くことができ，また公開会社・大会社（⇨23頁(4)，(5)）は一定の機関を置くことを法で義務づけられている。

大規模な株式会社の多くは，「株主総会＋取締役会＋監査役会＋会計監査人」という機関設計を採用している。

図表1-3は，このタイプの会社における機関の関係を示している。枠で囲まれた機関は会議体である。図の矢印は左の機関が右の機関を選任することを示している。平たくいえば，日常的な業務執行は代表取締役（およびその委任を受けた使用人）によって行われ，重要性の高い意思決定は取締役会によって行われる。取締役会は代表取締役らによる業務執行を監視・監督する。監査役（会）は，取締役とは独立の立場から，取締役・取締役会の活動を監査する。会計監査人は，職業的専門家の立場から，取締役の作成した会社の計算書類のチェック（監査）を行う（もう少し詳しい各機関の概観は⇨133頁**3**）。

このように，機関が分化し，各機関の間に役割分担・相互牽制があるのは，そのことが（とりわけ大規模会社においては）会社の利益・株主の利益にかなうと考えられるためである。

図表1-3　大規模会社で一般的な機関設計

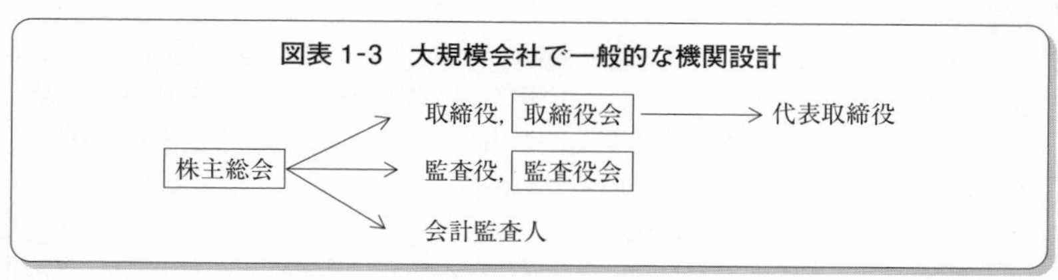

(5)　ま と め

上記で見たように，株式会社のルールの根底には，株主の個性（誰が株主となっているか）は会社経営や他の株主の利益にはあまり影響を与えず，株主は出資によって会社に貢献する，との考えがある。

2 株式会社に関するキーワード

ここで，株式会社の法律を学ぶ際にしばしば登場する重要な概念について解説する。以下の記述は，株式会社法の全体像をつかむ上である程度役に立つと思われるが，中には初学者にとっては理解が難しいものも含まれている。初学者は，以下の解説を読んで理解できなくてもあまり気にせずに読み進めばよい。第2章以降の学習で必要が生じたときに，以下の記述を読み返してほしい。

(1) 定　款

株式会社は**定款**（会社の組織と運営に関する事項を定める根本規則）を作成する。株式会社は設立時に定款を作成することが義務づけられるとともに（26条1項。⇨29頁1），定款条項により会社の組織や内部関係（会社・株主間および株主相互の間の法律関係）を定めることができる（**定款自治**）。「定款」の語は，定款条項の内容を指して使われることも，定款条項を記した書面・電子データを指して使われることもある。会社成立後にも，一定の手続を踏んで定款を変更する（既存の条項を改訂する場合のほか，新たな条項を設けたり，既存の条項を削除する場合ももちろん含まれる）ことができる（466条等。⇨第7章373頁以下）。

法令と定款条項との関係が問題となるが，会社法29条は，株式会社の定款には，①会社法の規定により定款の定めがなければその効力を生じない事項，および②その他の事項で会社法の規定に違反しないものを記載・記録することができると定めている。②は，会社法に定めがない事項について，会社法とは無関係に定款で一定の事項を定めるもの（事業年度の定めなど）を意味する。もっとも，同条の意義は明らかではなく，①②以外の事項を定款に定めることができるのかについては争いがありうる（仮にできないと解するときには，定款に定めても当該条項は無効と解することになる）。

Column 1-10　定款自治が許容される範囲

伝統的には，株式会社についての法規定は強行法規であり，法規定と内容の異なる定款条項は無効であると解釈されてきた。しかし，定款自治のメリットが次第に認識されるようになったため，会社法は，一定の事柄については定款で定めること（機関設計など。⇨135頁4）を定めるほか，個々の規定の中で明文で法規定と異なる内容の定款規定を置くことができる旨や，それが可能な範囲を定めている。そして，株式会社の場合には，（持分会社とは異なり）株主（特に少数派株主）の権利（特に拒否権的な権利）を拡大する方向での定款規定を認める法規定が多い。

会社法の下では，定款条項の有効性はさしあたり個別の法規定（当該定款条項と関連のあるもの）の解釈として判断されることになるが，本文前記の①②以外の定款条項が一律に無効であると解釈するのは行き過ぎであろう（コンメ(1)328頁以下〔森淳二朗〕，逐条(1)276頁以下〔酒井太郎〕を参照）。当該条項の必要性（目的の合理性）と相当性（手段の合理性）を勘案して判断すべきである（⇨76頁 Column 3-3 ）。

(2) 開　示

会社は，一定の事項を**登記**することで，事実関係の明確化を図るとともに，会社外部の利害関係人への情報提供を行っている（⇨46頁(2)）。商業登記の制度の概要・登記申請時の必要書類等については，商業登記法が定めを置いている。商業登記はオンライン化が進み，インターネットにより登記の申請を行ったり，登記情報を閲覧することができる（登記情報提供サービス。有料）。また，登記の典型的な書式例を法務省のウェブサイトでも見ることができる（登記事項の作成例一覧。無料）。これらのURLは巻末ウェブサイト集を参照。

株式会社ではそのほかにも各種の情報開示が義務づけられている。開示の内容は，本書の各箇所で説明されるが，株式会社の特徴として，計算書類の義務的開示（440条）が挙げられる。多数の利害関係人に対する開示の方法として，**公告**が用いられることが多い（⇨32頁 Column 2-4 ）。

上場会社その他一定の要件を充たす会社は，金融商品取引法（金商法）によって，証券（株式・社債など）の発行の際に，また流通している証券の内容について，詳細な開示が義務づけられている。金商法が適用される会社については，同法による開示が実務上は重要である（⇨283頁(3)，322頁(3)）。

(3) 資 本 制 度

株式会社では，株主は有限責任しか負わないことから（⇨18頁(2)，71頁**3**），会社債権者は，会社が債務を弁済できる力（支払能力）を維持することに強い関心を持つ。そこで，会社から株主に剰余金配当や自己株式の取得などによって会社財産が流出することについて，それが無制限になされないようにするため，法は**資本**（資本金・準備金）の制度を設けている（⇨288頁(2)）。

もっとも，会社債権者を保護する制度は資本制度だけではない点にも注意が必要である（⇨314頁以下）。

(4) 公開会社

大まかにいうと，株式の譲渡制限を行っていない会社を「**公開会社**」という。正確にいうと，定款上，複数の種類株式の定めがある会社では，少なくとも1種類の株式について譲渡制限を行っていない会社は公開会社である（2条5号。同号を読むときには，「内容として」の後に読点〔、〕を入れて読むと分かりやすい）。公開会社でない株式会社は，「**非公開会社**」と呼ばれることが一般的である。

会社法では，まず非公開会社を念頭に置いて柔軟な法規制を定めた上で，公開会社について特別規定を置いている。その内容は，公開会社においては所有と経営が分離していることが一般的であることから，規制を上乗せするとともに，必ずしも株主の承認を得なくても取締役（会）限りで迅速な意思決定を行うことを可能とするものが多い。

日常の用語法とは異なり，公開会社は上場会社を意味するものではない（⇨76頁(a)）。もっとも，閉鎖的企業の関係者にとって，株式の譲渡制限の定めを置くことのメリットは大きく，デメリットは小さいことから，会社法上の公開会社のほとんどはすでに上場している会社か，近い将来に上場を予定している会社であろうと推測される。なお，2019年3月末で，株式会社（特例有限会社を含む）の数は255万4582社であるが（⇨14頁**図表1-1**），2020年11月末の上場会社は3837社である（⇨19頁 Column 1-9）。

(5) 大会社

大まかにいうと，資本金が5億円以上であるか，または負債総額が200億円以上である株式会社を「**大会社**」という（最終事業年度にかかる貸借対照表に計上された額が基準となる。厳密には2条6号を参照）。大会社でない株式会社は，「非大会社」「中小会社」と呼ばれることがある。

会社法では，まず非大会社を念頭に置いて柔軟な法規制を定めた上で，大会社について特別規定を置いている（機関設計において会計監査人の設置が義務づけられる〔328条〕など）。令和元年10月の概数で，大会社は約9000社である。

(6) 親会社・子会社，企業グループ

A株式会社がB株式会社の議決権総数の過半数を有しているときなど，A社がB社の経営を支配している場合，A社を**親会社**，B社を**子会社**という（2条3号4号）。株式会社は，子会社や関連会社を有し，企業グループとして事業を行うことが多く，会社法にはこれを前提にしたルールが置かれている（⇨第10章477頁以下）。

Column 1-11　会社法の役割

なぜ会社法が必要なのか。会社法はいかにあるべきか。

会社法の役割として，第1に，経済取引を行う主体としての会社について法律関係・事実関係を明確化し，取引相手となる者を保護することが挙げられる。登記により法人格を認め，一定の事項を開示させることは，そのような役割を果たしている。

第2に，出資者や会社経営者として会社に参加する者にとって，安心して会社に参加できることと，使いやすいこととのバランスのとれたルールを会社法は提供すべきである（この点は内部関係についてのルールで主として問題となる）。「安心できる」とは，不測の事態が生じてもある程度法律による保護を期待できるということである。「使いやすい」とは，法規制が会社に参加する者にとって不要な足かせとなっておらず，会社制度を使って自分たちの希望がかなえやすい仕組みとなっていることである。安心できることと使いやすいこととが矛盾衝突することもあるので，両者のバランスが重要となる。法は，複数の種類の会社を認め，会社以外にもさまざまな組織形態を用意し（⇨第11章486頁以下），利害関係人（とりわけ，経営に参加しない出資者）が安心して会社に参加できるための強行規定を用意している。そして，法は一定範囲で定款自治を認め，会社の種類によって定款自治の範囲に差を設けている（⇨76頁 Column 3-3，491頁(4)，(5)）。株式会社のルールでは，定款に法規定と異なる定めを一定の範囲で許容する旨の規定が多数置かれている。このような規定には利害当事者間の交渉によるルール形成を支援する機能が認められ，安心と使いやすさの両方が配慮されている。

第3に，会社とりわけ株式会社では，長期間の活動によって利害関係人が多数に上ることが少なくないため，集団的な法律関係の処理のためのルールが定められ，また法律関係を早期に明確化させる工夫がなされている。会社法上の訴えの多く（828条～846条の9を参照）が，一定の事項については訴訟によら

なければ法的主張をなしえないものとし，さらに提訴期間を限定しているのは，法律関係の早期安定化のためである。

会社法に求められる以上の役割は，会社法だけによって果たされているわけではない。特に上場会社（⇨ 19 頁 Column 1-9）に関しては，会計基準や金商法による規律が会社法以上に重要であり，加えて証券取引所が策定する自主規制や関係者により形成される実務慣行の影響も大きい。会社法だけで自足的にルールを書き切ることよりも，他の法令や慣行と合わせて「投資家が安心して日本の上場企業に投資できる環境が形成されていること」が，日本の企業経済の活性化のためには重要である。

以上につき，江頭 56〜58 頁，神田秀樹『会社法入門〈新版〉』（岩波書店，2015 年）2〜15 頁，112〜121 頁をあわせて参照。

第2章 設　立

株式会社は一定の手続を経て設立される。定款が作成され，会社の成立後に株主となる発起人・株式引受人は出資を行い，成立後の会社の役員が選任され，設立の登記によって会社が成立する（会社は法人格を取得する)。株式会社の設立には，会社の財産形成を確実にするために，特に厳格な法規制が課されている。

第１節　総　　説

(1)　設立の意義

Case 2-1　ＡとＢは，それぞれ現金を出し合って，スマホ用ゲームアプリの開発・運営に関する事業を営むＰ株式会社を設立することを計画している。Ａ，Ｂがなすべきことは何か。

株式会社は，株主や役員（取締役など）と異なる**法人格**を有する法人である

(3条)。株式会社は，設立の登記をすることによって成立する（49条）。

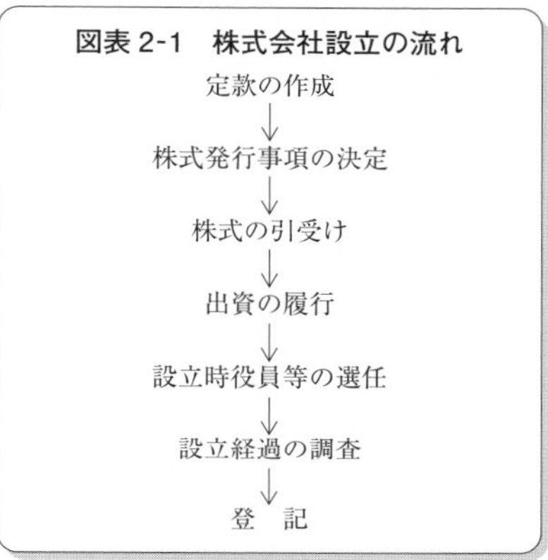

図表 2-1　株式会社設立の流れ

株式会社の設立は，実体の形成と法人格の付与（「付与」は国家の側から見た表現。会社から見ると「取得」）から成る。

実体の形成は，会社法25条以下の規定に従って，①定款（会社の根本的規則）の作成，②株主（出資者）の確定，③株式引受人の出資の履行による会社財産の形成，④機関（会社の運営を行う者）の選任，というプロセスを経て実現される（⇨**図表 2-1**）。

先の〈Case 2-1〉の例では，A，Bは，①P株式会社の定款を作成し，②自分たちだけが株主となるのか（発起設立），それとも他の出資者を募るのか（募集設立）を決定し，③P社設立のために開設された所定の銀行口座に各々が振込みをし，そして，④A，Bの両名（または一方のみ）が設立時取締役となること等を決定する。これらの手続が済めば，Aらは所定の申請書類を持参して商業登記所におもむき，そこでP株式会社の設立の登記を申請する（なぜ①から④がこの順序なのかを考えてほしい）。

法人格の付与については，法定の手続が履行されたときには，国が法人格を付与する**準則主義**が採用されている（これに対して，官庁の免許を得ることによって法人の成立が認められる場合を「免許主義」という。沿革につき⇨16頁 Column 1-6 ）。法定の手続が履行されたか（①から④が適切に行われたか）否かは，書面審査の限度で，商業登記所の登記官によって審査され（商登24条8号および同47条2項を参照），問題がなければ会社設立の登記がなされる。

このほかに，既存の会社が新設合併・新設分割・株式移転を行うことによっても，株式会社を設立することができるが，これらの場合については25条以下の設立の規定のほとんどが適用を除外されている（814条）。これらの組織再編行為による会社の設立については，第9章第3節（404頁以下）で解説する。

(2) 発 起 人

発起人とは，発起人として定款に署名した者（27条5号・26条1項）をいう。発起人は，設立を企画し設立事務を行うとともに，会社が設立の際に発行する株式を引き受けて出資を行い，会社成立時に株主となる。発起人の資格に制限はなく，法人でもよい（既存の会社Aが子会社Bを設立するときには，A社が発起人となる)。発起人の員数は，1人でも複数でもよい。発起人は自ら少なくとも1株は引き受けなければならない（25条2項)。

Column 2-1 「発起人」の定義

会社設立の際に発起人らしい行動をしても，定款に住所・氏名を記載して署名をしなかった者は発起人ではない（大判明治41・1・29民録14輯22頁)。このように，発起人を実質的に（設立事務を執り行う人として）定義するのではなく，定款の記載により形式的に定義するのは，それが法律関係の明確化に役立つからである（発起人には会社の設立に関してさまざまな権限が認められ，52条以下に従い民事責任を負うことがある)。

それでは，発起人として署名していない者が発起人らしく行動した場合に，その者に責任を負わせなくてよいのだろうか。一定の条件を充たした場合，そのような者（**擬似発起人**）は，募集設立において，発起人と同様の責任を負う（103条4項）こととされている（⇨61頁(5))。

(3) 発起設立と募集設立

株式会社の設立には，発起設立と募集設立の2つの方法がある。会社法はこれらの用語をそのままの形では用いていないが，両者を区別して規定を置いていることは明らかなので，これらの用語が使用されている。

発起設立とは，会社成立時に発行される株式の全部を発起人が引き受ける方法（25条1項1号）により行われる設立方法をいう。**募集設立**とは，発起人は会社成立時に発行される株式の一部だけを引き受け，残りについては発起人以外の者による株式引受けを募集する方法（同項2号）により行われる設立方法をいう。募集設立については，投資公衆の保護の観点から，手続や発起人の責任がより厳格なものとされている。

Column 2-2　募集設立は利用されているか？

明治時代には，地域の有力者が発起人となり投資資金を有する公衆が株式の引受人となって，募集設立により鉄道会社などの大規模会社を設立する例があった。しかし，今日では大規模な株式会社を設立する場合であっても，広く公衆からの投資を募ることはほとんど行われない（大規模会社の設立も，既存の大規模会社が1社ないし数社で行う場合がほとんどである）。実務では，発起設立が用いられることが一般的である。もっとも，出資者が少人数であり，お互いに顔見知りである場合であっても，募集設立を用いるニーズがあることから，この制度は維持されている（江頭61頁）。

発起設立には26条から56条が，募集設立には26条から37条，39条，47条から103条が適用される（25条1項）。両者に共通して適用されるのは，26条から37条，39条，47条から56条である。本章では，発起設立のルールを中心に説明し（⇨第2節。Column では募集設立に触れることがある），募集設立のルールについては，発起設立との相違点を中心として，ごく簡単な説明にとどめる（⇨第3節42頁以下）。

第2節　設立の手続――発起設立を中心に

1　定款の作成

定款とは，会社の組織と活動に関する根本規則をいう（**実質的意義の定款**）とともに，そのような規則を記載した書面または電磁的記録を意味する（**形式的意義の定款**）。

株式会社を設立するには，発起人が定款を作成し，その全員が，定款に署名または記名押印することが必要である（26条1項）。

定款に記載される事項のうち，必ず記載しなければならない事項を**絶対的記載事項**といい，定款に記載することは必要でないが定款で定めないとその事項の効力が認められない事項を**相対的記載事項**，定款に記載せず，株主総会決議・取締役会により制定する規則等により定めても効力が生じるが，事項の明確化を図る等の目的で定款に規定されている事項を**任意的記載事項**という。

(1)　定款は公証人の認証を受けなければならない（30条1項）。これは，定款の内容を明確にして，後日の紛争を防止するためである。公証人の認証を受ける対象となる定款を「**原始定款**」と呼ぶことがある。設立の手続中または会社成立後に原始定款を変更することがある（**定款変更**）。定款変更には公証人の認証は要しない。設立手続中の定款変更には制限があり，変態設立事項を変更する裁判所の決定に基づく当該事項の変更や，発行可能株式総数の新設・変更しか行うことができない（30条2項。募集設立については⇨44頁(4)）。

定款に必ず記載しなければならない事項を**絶対的記載事項**といい，その規定を欠くと定款が無効になる。絶対的記載事項は，①会社の目的，②商号，③本店の所在地，④設立に際して出資される財産の価額またはその最低額，⑤発起人の氏名・名称および住所（以上，27条1号から5号），⑥発行可能株式総数（37条）である。

(2)　①**目的**とは，会社の営む事業をいい，たとえば「○○および××の製造および販売」というように定款に記載される。会社が行う可能性のある事業活動を列挙し，最後に「前各号に附帯する一切の事業」と書くことが一般的である。取締役は定款を遵守する義務を負い（355条），定款に記載された目的の範囲外の行為は株主・監査役による差止めの対象となる（360条・385条）。目的の範囲外の行為の効力が会社に帰属するか否かという問題もある（⇨12頁 Column 1-3）。

②**商号**とは，会社の名称をいい（6条1項），会社には必ず1つだけの商号がある。株式会社の商号には，「株式会社」の文字を含めることが必要であり（同条2項），また，他の種類の会社であると誤認されるおそれのある文字を用いてはならない（同条3項）。

③**本店の所在地**は，さまざまな訴えの専属管轄地となる（835条1項等）。すなわち，会社法上の訴えの多くにおいては，会社が被告となり，訴えはその本店所在地を管轄する地方裁判所の管轄に専属する（原告は，該当する地方裁判所に訴えを提起しなければならない）。このため，商業登記所の実務慣行（登記実務）は，日本の会社法に基づいて設立する会社の本店を外国に置くことを認めていない。

④は，設立に際して出資される財産の価額を，たとえば「100万円」と確定額で定めたり，「50万円以上」とその最低額で定めるものである。

⑤発起人の意義は，前述（⇨28頁）のとおり。発起人が自然人の場合にはその氏名，法人の場合には名称を定款に記載し，いずれもその住所をあわせて記載する。

以上の①から⑤は定款の認証に先立ち定められることが必要である（30条1項を参照）。これに対して，⑥**発行可能株式総数**は，会社成立時までに発起人全員の同意で定めることが認められ，原始定款で定めた場合にも発起人全員の同意で変更できる（37条1項2項）。発行可能株式総数とは，会社が発行することができる株式の総数をいう（そのすべてを設立時に発行する必要はない。発行可能株式総数は，定款変更によって増加させるのでなければ，会社が発行することのできる株式数の上限を画することから，特に公開会社で取締役会限りで新株発行が行われる際の取締役会の権限を制約することに意味がある。⇨322頁(2)）。

Column 2-3　「権限」という用語

権限とは，ある法律関係を成立させ，または消滅させることができる地位をいう。権利というと権利者はそれを自己の利益のために行使することができるのに対して，権限というときには権限を有する者はそれを（自己のためではなく）他人の利益になるように行使することが期待されている。たとえば，代理人は代理権を本人の利益のために行使し，取締役はその権限を株式会社の利益のために行使することが期待されている。

定款に記載することは必要でないが，定款で定めないとその事項の効力が認められないような事項を**相対的記載事項**という。相対的記載事項に関する法規定は，会社法の全体に散らばって存在する。

28条の各号が定める①現物出資，②財産引受け，③発起人の報酬その他の特別利益，④設立費用は，会社の財産形成を危うくする危険を持つため，定款に所定の事項を記載させ，検査役の調査を受けさせることが法で要求されている（⇨35頁**3**）。これらは，**変態設立事項**と呼ばれることがある（変態とは，ここでは通常でないこと）。

公告の方法も，定款の相対的記載事項である。定款に定めることができる事柄については29条で制限があるが，同条の解釈については争いがある（⇨21頁(1)および Column 1-10 ）。

Column 2-4　公告方法

会社が株主や会社債権者にある事柄を広く知らせることが必要となる場合がある。会社が用いることができる公告の方法には，①官報に掲載する方法，②新聞（時事に関する事項を掲載する日刊新聞）に掲載する方法，③電子公告の3種類があり，会社はいずれの方法を用いるかを定款で定めることができる（939条1項）。定款に定めを置かない会社では，①が公告方法となる（同条4項）。

定款には，たとえば「官報および東京都において発行する××新聞に掲載してする」と定める。①官報は②新聞に比べて掲載費用がずっと安いといわれる。③電子公告は，法務省電子公告システム（⇨巻末ウェブサイト集を参照）から閲覧することができる。

電子公告の場合，それが適法に行われたか否かを事後に訴訟等で証明することに困難が生じやすいことから，電子公告を行おうとする会社は，専門の調査機関に対し，公告期間中，公告の内容である情報が適法な状態に置かれているか否かにつき調査を行うよう求めなければならないとされている（941条。制度の詳細は942条以下に定めがある。江頭106頁，神田48頁）。

たとえば，株式の譲渡により株主が頻繁に入れ替わる上場会社においては，株主総会で議決権を行使する株主を確定するために基準日（124条）の制度（⇨112頁(4)）を用いることが実務的には避けられない。定時株主総会に関する基準日は通常は定款に定めをおけば足りる。しかし，臨時株主総会を開催するには，会社はそのための基準日を定め，公告により株主に周知を図る必要がある（同条3項を参照）。

資本金を減少する場合や組織再編行為を行う場合には，債権者に異議を述べる機会を与えるために，公告が義務づけられる場合が少なくない（449条2項・789条2項など）。そして，②新聞公告や③電子公告は，周知性および検索性が高いため，これらを用いる場合には，個々の債権者に個別に催告することが不要とされる場合が多い（449条3項など。789条3項には例外も定められている）。

公告が必要となる場合にはさまざまのものがある。株式会社が計算書類を公告する場合（440条）には，一般的な公告とは異なるルールが適用される（⇨281頁(7)）。

Column 2-5　株主間契約・投資契約

ベンチャー企業や合弁会社の設立にあたっては，株式の譲渡制限や設立に関与した当事者間の力関係を，定款に詳細に規定する（⇨84頁 Column 3-7，487頁 Column 11-1）だけでなく，株主間契約・投資契約を締結し，株式の譲渡に関する事項や役員ポストの配分，株主総会・取締役会における議決権の行使，将来の紛争の回避や解消に関する事項を定めることが一般的である（⇨99頁**4**，188頁，374頁**2**。合弁契約の例としてVM 43頁以下）。

参考文献：コンメ(1)246～252頁〔武井一浩〕，磯崎哲也『起業のエクイティ・ファイナンス』（ダイヤモンド社，2014年）68～98頁。

2 株式発行事項の決定と株式の引受け

設立の際に発行される株式を**設立時発行株式**という（25条1項1号）。設立時発行株式に関する事項のうち，設立に際して出資される財産の価額またはその最低額は定款の認証前に定款で定めなければならず（27条4号），発行可能株式総数も会社成立の時までに発起人全員の同意によって定款に定めなければならない（37条1項）。設立時発行株式に関するそれ以外の事項は，定款によらずに定めることができる。そのうち，32条1項各号が定める，①発起人が割当てを受ける株式の数，②株式と引換えに発起人が払い込む金銭の額，③成立後の会社の資本金・資本準備金の額に関する事項の3点は，発起人全員の同意で決めなければならない（実務では，定款に定められることが多いようである）。

③を補足すると，株式と引換えに払い込まれた金額のすべてが会社の資本金として計上されるのが原則であるが，その2分の1を超えない金額は，資本金として計上せず，資本準備金として計上することができるため（445条1項～3項），その決定を行うことになる。

その他の株式発行事項（発起人が出資を履行すべき日，払込取扱機関など）は，原則として発起人の多数決により決定される（発起人組合〔⇨53頁**3**〕の意思決定であり，民法670条が適用されるため）。

発起設立の場合には，設立時発行株式は，発起人がその全部を引き受ける。引受けの時期は，定款作成と同時である必要はなく，その前でも後でもよい。発起人による株式の引受けの方式には，特段の法律上の規制はない。

Column 2-6　株式の引受けとは？

株式の引受けとは，出資を行って株主となることを（設立中の）会社に約束することをいう。発起設立の場合には，定款の作成時またはその後に行われる株式発行事項の決定（32条1項）により引受けが定まる。募集設立の場合には，発起人による「募集」に対して，株主になろうとする者が「申込み」を行い，発起人がこの者に「割当て」を行うことによって「引受け」が確定する（⇨42頁(2)）。

「引（き）受け」の語は25条，33条8項，34条1項，51条などに，「引受人」の語は50条の標題，62条，63条などに登場する。

Column 2-7　株式引受けの無効・取消しの制限

株式の引受けについては，法的安定を確保するために，会社法は民法の意思表示に関するルールの特則を定めている。第1に，心裡留保・虚偽表示があっても株式の引受けは無効とならない（会社51条1項・102条5項＝民法93条1項ただし書・94条1項の適用を除外）。第2に，錯誤を理由とする引受けの取消し（民95条1項）の主張や，詐欺・強迫を理由とする引受けの取消し（民96条）は，会社の成立（＝設立登記時）までは可能であるが，会社成立後は許されず（会社51条2項），さらに，募集設立においては，設立時募集株式の引受人（株式引受人）は創立総会において議決権を行使した後はこの主張ができなくなる（102条6項）。

もっとも，株式引受人に行為能力の制限がある場合や，詐害行為の取消し（民424条）などについては，特則は置かれていない。出資行為が詐害行為にあたるとしてその取消しの請求を認容した裁判例もある（債務者Aが現物出資により株式会社を設立しようとしたところ，債権者BがAの出資行為を詐害行為であるとして取消しを請求した，東京地判平成15・10・10金判1178号2頁）。

Column 2-8　権利株

会社法の条文上の用語ではないが「権利株」という言葉が用いられることがある。①発起人や株式引受人は，出資の履行をすることにより株主となる権利を有している。権利株は通常この権利を指す（もっとも，②すでに出資の履行を済ませているため会社の成立により自動的に株主となる権利を指してこの言葉が用いられる例も見られる）。

①の意味での権利株の譲渡は成立後の会社に対抗できない（発起人につき35条，設立時募集株式の引受人につき63条2項）。つまり，会社は，会社成立前は譲渡人を発起人・株式引受人として，会社成立後は譲渡人を株主として扱えば足りる。また，②の意味での権利株については，発起人がこれを譲渡しても成立後の会社に対抗できない（50条2項）が，設立時募集株式の引受人がこれを行った場合についての規定はない（この点はあまり論じられていないが，両者を異にする理由はないので，株式引受人による譲渡についても50条2項は類推適用されると解すべきであろう）。

①②いずれについても，譲渡を会社に対抗できないとされているのは会社の事務処理の便宜を図る趣旨であり，公益性の観点からの規制ではないので，譲渡の当事者間では譲渡契約は有効である。また，会社の側から任意に譲受人を株主として取り扱うことは可能である。

3 出資の履行

(1)　払込みと給付

発起人は，株式の引受け後，遅滞なく，その引き受けた設立時発行株式につき全額の払込みをし，現物出資（金銭以外の財産の出資）の場合にはその全部の給付をしなければならない（34条１項本文）。金銭の出資の場合は「払込み」，現物出資の場合は「給付」といい，両者を合わせて「出資の履行」と呼ぶ。

金銭の払込みは，発起人が定めた**払込取扱機関**（銀行・信託会社および会社則７条に定められた金融機関）の払込取扱場所においてなされなければならない（34条２項。指定された口座に振り込むなどの方法が採られる）。これは，払込みが確実に行われることを確保するための規制である。株式会社の設立の登記を申請するには，「払込みがあったことを証する書面」が必要となるが（商登47条２項５号），これは設立時代表取締役が払込取扱機関に払い込まれた金額を証明する書面に，払込みが行われた口座の預金通帳の写しまたは取引明細書等を合綴（がってつ）したもので足りる（論点解説28頁。詳細は，法務省民事局長「会社法の施行に伴う商業登記事務の取扱いについて（通達）」〔平成18年３月31日付〕第２部第1-2(3)オ。法務省のウェブサイト〔⇨巻末ウェブサイト集を参照〕で閲覧できる）。

出資の履行を行わない発起人がいるときには，発起人は，未履行の発起人に対して，期日を定めて，その期日までに履行をしなければならない旨を通知しなければならない。期日までに出資の履行がなされないときには，当該発起人は出資の履行によって設立時発行株式の株主となる権利を喪失する（失権。36条）。

失権の手続により，出資が履行された分だけで会社の設立手続を進めることができる。もっとも，失権により，定款で定めた設立に際して出資される財産の最低額（27条４号）が充たされなくなる場合には，設立無効事由（⇨57頁(3)）となると解される。また，発起人は設立時発行株式を１株以上引き受ける義務があるので（25条２項），失権により１株も取得しなくなる発起人が１人でも生じる場合には，設立無効事由となろう。

金銭以外の財産による出資を**現物出資**という。この場合，出資財産が過大評価されると，他の株主や会社債権者が害されるおそれがあるため，定款の記載や検査役による調査などの厳格な規制が課されている（⇨39頁5）。

(2) 出資の履行の仮装

株式を引き受けた発起人（A）が出資の履行を仮装した場合（⇨**図表2-2**）には，会社（P）に対し払込み・給付の義務を負う（払込期日等を経過してもこれらの義務を免れない。52条の2第1項。なお，現物出資の場合，会社は財産の給付に代えてその価額に相当する金銭の支払を請求することもできる）。出資の履行の仮装とは，実質的には出資の履行といえないが，その外観を作出する行為をいう（具体例⇨ Column 2-9 ）。その他の発起人Bも，Aによる出資の履行の仮装に関与した（設立中の会社のためにAの払込金に関する事務を行った等）場合には，同額の金銭の支払責任を負うが，Bは注意を怠らなかったことを証明すれば責任を免れる（同条2項）。Aは，同条1項・2項の支払がされた後でなければ（設立時）株主としての権利（議決権，配当を受け取る権利など）を行使できない（同条4項）。仮装の出資履行に基づく株式の発行が有効か否かは解釈に委ねられる（⇨ Column 2-9 ）。この株式を悪意・重過失なしに譲り受けた者（C）は，（設立時）株主の権利を行使できる（同条5項。以上は，平成26年改正会社法により導入。改正の背景に不公正ファイナンスと呼ばれる悪質な新株発行事例があった。現状と課題85頁以下〔大杉謙一〕を参照。岩原紳作「『会社法制の見直しに関する要綱案』の解説(2)」商事1976号〔2012年〕10頁を参照）。

出資の履行が仮装されると，以上のほかにも，設立無効事由となるか（⇨58頁），刑事責任を生じさせるか等の問題を生じる。

図表2-2 出資の履行の仮装

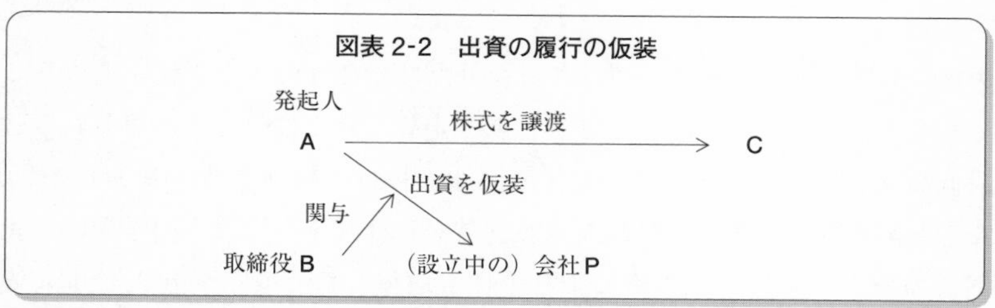

Column 2-9 仮装の払込み —— 預合い・見せ金の私法上の論点

払込みの仮装の代表例が預合い（あずけあい）と見せ金（みせがね）である。もっとも，後述する刑事罰の場合とは異なり，民事上はこれらの概念は厳密に定義されたものではない。

預合いとは，発起人が払込取扱機関の役職員（支店長等）と通謀して，払込取扱機関から借入れをしてそれを払込みに充てるが，借入れを返済するまでは預金を引き出さないことを約束する（＝**不返還の合意**）行為をいう。預合いは通常，現金の移動がなく，帳簿上で資金がやりとりされる。

見せ金とは，発起人が払込取扱機関以外の者から借り入れた金銭を株式の払込みに充て，会社の成立後にそれを引き出して借入金の返済に充てることをいう。会社設立時の見せ金の事例で，最判昭和38・12・6民集17巻12号1633頁〔百選8，商判I-19〕は，①会社設立後借入金を返済するまでの期間の長短，②右払戻金が会社資金として運用された事実の有無，③右借入金の返済が会社の資金関係に及ぼす影響の有無等によっては，払込みは仮装されたものであり，「払込としての効力を有しない」と判示している（①以下の番号は筆者が付加）。この①から③は，見せ金該当性や払込みの仮装性の判断基準というよりも，当該事案における着眼要素を示したものと捉えられよう（久保田安彦『会社法の学び方』〔日本評論社，2018年〕175頁以下も参照）。

預合い・見せ金以外の仮装の払込みとして，**会社資金による払込み**（会社成立後の新株発行において問題となる）がある（新株の引受人が会社から第三者を通じて間接的に融資を受けた資金によってした新株の払込みを無効とした裁判例がある。最決平成17・12・13刑集59巻10号1938頁）。

仮装の払込み（出資履行）については，①株式引受人の出資義務が残っているか，②他の発起人（新株発行の場合は取締役）の民事責任，③その他の関与者（預合いの場合の払込取扱機関）の民事責任，④株式発行の効力，⑤（設立時には）設立の効力，などの問題が生じる。平成17年改正前商法は，②につき発起人・取締役の引受・払込担保責任（無過失責任）を，③につき払込取扱機関が不返還の合意を主張できないこと（＝成立後の会社に出資金の返還義務を負うこと）を規定しており，①④⑤が解釈に委ねられていた（「預合い・見せ金は払込みとして有効か」は①に関する議論である）。同年制定の会社法は，②の規定を廃止し，③の規定は募集設立についてのみ維持した（会社法制定前後の議論につき，本書2版37頁以下，岩原・前掲10頁を参照）。平成26年改正会社法は，①②につき規定を置いた（52条の2第1項2項）。

平成26年改正後は次のように解釈すべきである（久保田・前掲171頁以下も参照）。①②については法規定をそのまま適用すればよい。「預合い・見せ金は払込みとして有効か」を論じるまでもなく，株式引受人は出資義務を免れない。③は，募集設立においては，払込取扱機関は不返還の合意を主張できない（64条2項）ことから，成立後の会社に出資金の返還義務を負うことが明らかである（会社債権者は，会社から弁済を受けられない場合には，債権者代位権〔民423条〕により払込取扱機関に預金の返還を請求することができる）。そして，同様の規定を欠く発起設立の場合にも，同様に考えるべきである。すなわち，仮装の払込みがなされた状況では，株主（発起人・株式引受人）間の公平よりも，会社財産の充実・会社債権者の保護を重視すべきである。また，払込取扱機関の役職員は（預合いの定義によれば）預合いに加功しているのであるから，払込取扱機関は信義則上，会社に対して不返還の合意を主張できず，成立後の会社に出資金の返還義務を負うというべきである。なお，田中572頁を参照。

④については，（設立時は）52条の2第4項5項，（新株発行時は）209条2項3項の文言に照らすと，株式発行を有効と考えるのが素直である。しかし，法制審議会での議論の経緯に照らすと，この点は解釈に委ねられたと考えられる（岩原・前掲11頁。株式発行不存在とされるような場合には改正法の射程は及ばないという）。引受人らが支払義務を履行する前は株式は未成立とする見解もある（江頭112頁。「無効」よりも「解除条件付不存在」と考えることになろうか）。この点は，引受人・関与した発起人（取締役）が責任を果たす見込みのないまま株式が譲渡される可能性がある場合に，これを防ぎたいと考える会社・株主がとりうる手段との関係で，株式発行の効力をどのように理解すべきかを検討することになろう。

最後に，⑤設立の効力については，出資金額から仮装された出資金額を控除した額が「設立に際して出資される財産の価額〔またはその最低額〕」（27条4号）に達しない場合には，設立の無効事由になると考えるべきである。

Column 2-10　仮装の払込みと刑事罰

預合い等については，刑事罰も問題となる。965条は，株式の発行にかかる払込みを仮装するという目的で預合いを行った者を罰し，預合いに応じた者をも罰する（法定刑は5年以下の懲役・500万円以下の罰金〔併科可能〕）。銀行の支店長が預合いに応じたか否かが問題となった事例で，最高裁は，応預合罪が成立するためには払込取扱機関の役職員らと発起人らの間に通謀があったことが必要であるとしている（最決昭和35・6・21刑集14巻8号981頁＝同罪の成立を肯定）。A会社がB銀行から金銭を借り入れて債権者Cへの弁済に充て，Cがその金銭をA社の新株発行の際の払込金に充てた（払込取扱機関はB銀行）という事案で，株式引受人（C）の会社（A）に対する債権が真実に存在し，かつ会社にこれを弁済する資力がある場合には，預合罪・応預合罪は成立しない（最判昭和42・12・14刑集21巻10号1369頁〔百選A40，商判I-191〕＝会社成立後の新株発行の事例。同罪の成立を認めた原判決を破棄差戻し）。

その他の仮装の払込みにつき，会社が取得した新株引受人に対する債権が会社の実質的な資産とは認められないことから，払込みは株式の払込みとしての効力を有しないとして，新株発行による変更登記を申請し商業登記簿の原本に記載をさせた行為が公正証書原本不実記載罪（刑157条1項。法定刑は5年以下の懲役または50万円以下の罰金）にあたるとした判例がある（最決平成3・2・

28刑集45巻2号77頁〔百選103，商判I-192〕)。かつて，見せ金も払込みとして有効だが，払込み後の預金は会社の財産となるから，引き出した金銭を発起人個人の債務の弁済に充てる行為が業務上横領罪や背任罪にあたるとの見解もあったが，これでは法定刑が重きに過ぎるため，判例の見解を支持すべきである（江頭82頁)。

4 設立時役員等の選任

会社の設立に際して取締役となる者を「**設立時取締役**」という（38条1項かっこ書)。発起設立の場合には，出資の履行が完了した後，遅滞なく，設立時取締役を選任しなければならない（同項)。機関設計に応じて，その他の役員等（会計参与・監査役・会計監査人など）の選任も同じ時期に行われる（同条2項3項。合わせて「**設立時役員等**」という〔39条4項第4かっこ書〕)。設立時役員等の選任は発起人の議決権の過半数によって決定し，その際，発起人は1株につき1議決権を有する（40条1項2項)。定款で設立時役員等を定めた場合には，出資の履行が完了した時に選任されたものとみなされる（38条4項)。

設立時役員等の資格や，必要員数，解任の手続，設立時代表取締役の選定・解職について，成立後の会社における役員等の場合とほぼ同内容の規定が置かれている（39条～45条・47条)。

設立時取締役・設立時監査役は，**設立経過の調査**を行い（46条1項各号の事項を調査する)，調査の結果，法令・定款違反または不当な事項があった場合には，各発起人に通知しなければならない（同条2項)。

5 変態設立事項

会社法28条は，現物出資，財産引受け，発起人の報酬・特別利益，設立費用につき，これが会社財産の形成を妨げるおそれの高い行為であることに鑑みて，定款への記載を要求している。これらの事項を変態設立事項という。変態設立事項は，原則として裁判所の選任する検査役の調査を受けなければならない（33条)。

実務では検査役の調査にかかる費用や手続の長期化が嫌われ，変態設立事項は稀にしか用いられない。

(1)　**現物出資**とは，金銭以外の財産による出資をいう。出資の目的物としては，動産・不動産・債権・有価証券・知的財産権などが考えられる。現物出資を行う者は，出資財産の**給付**として，財産の引渡しあるいはその財産の登記・登録に必要な書類の引渡し等をしなければならない。もっとも，会社成立前には，会社名義での登記・登録を行えない場合もあることから，発起人全員の同意を得て，登記・登録等は会社成立後に行うことができる（34条1項ただし書）。募集設立の場合，現物出資は発起人しか行うことができない（⇨ 43頁(3)）。

現物出資においては，目的物を過大に評価して不当に多くの株式が与えられると金銭出資をした他の株主との間で不公平となることや，会社債権者を害するおそれがある。そこで，現物出資を行うには，現物出資者の氏名（名称），出資の目的たる財産，その価額，その者に対して割り当てる株式の数を定款に記載することが必要とされる（28条1号）。その記載の相当性などが，設立時取締役・設立時監査役の調査の対象となる場合がある（46条1項，特に同項1号2号）。

さらに，現物出資を行うには，原則として検査役調査が必要となる。発起人は，公証人による定款の認証の後遅滞なく，裁判所に**検査役**の選任を申し立てなければならない（33条1項）。選任された検査役（実務では弁護士が選任されることが多い）は，出資財産が定款に記載された価額に相当する価値を実際に有するかを調査し，調査の結果を書面等により裁判所に報告する（同条2項4項）。同じ書面等が，発起人にも提供される（同条6項）。裁判所は，現物出資を不当と認めたときには，これを変更する（財産の価額および割り当てられる株式の数を減少させる）決定をする（同条7項）。定款変更の決定に不服のある発起人は，決定の確定後1週間以内に限り，株式の引受けの意思表示を取り消すことができる（同条8項）。そのとき，発起人全員の同意によって，決定の確定後1週間以内に限り，現物出資についての定款規定を廃止する旨の定款変更を行うことができ（同条9項），それにより設立手続を続行することができる（30条2項を参照）。

例外として，33条10項各号に掲げる場合には，検査役調査は不要となる。①現物出資および財産引受けの目的財産の定款記載の価額の総額が500万円を超えない場合，②当該財産が市場価格のある有価証券であって，定款記載の価額が市場価格（会社則6条参照）を超えない場合，③現物出資が相当であることについて，弁護士・公認会計士・税理士等の証明を受けた場合（目的財産が不動産であるときは，不動産鑑定士の鑑定評価も必要）。

現物出資の目的物の価額が定款記載の価額に著しく不足する場合には，発起人等は，不足額を会社に支払う義務を負うことがある（⇨60頁(2)）。現物出資の給付についても，金銭の払込みの場合と同様に，それが適切になされたことを示す書面を，会社設立の登記の申請書類に添付することが要求されている（商登47条2項3号）。

なお，出資の履行ではないが，28条2号以下が定める変態設立事項についても，現物出資と同様に会社の財産形成を危うくする危険があることから，同様の規制（定款の記載と設立時取締役による調査，検査役調査）がされている。

(2)　**財産引受け**（28条2号）とは，発起人が会社のため，会社の成立を条件として特定の財産を譲り受ける旨の契約をいう。通常の売買契約であるが，現物出資と同じ弊害のおそれがあるため，規制されている（会社成立後は，成立後2年までの期間は，多額の財産の譲受けに対して比較的厳格な規制がなされている〔**事後設立**。467条1項5号。詳細は⇨464頁**5**〕。もっとも，事後設立の規制は設立時の財産引受けの規制よりはずっと緩やかで，検査役調査は不要である）。定款には，目的財産およびその価額，譲渡人の氏名（名称）を記載する。定款に記載のない財産引受けの効力について，⇨50頁(3)。

(3)　28条3号の「発起人が受ける報酬」とは，発起人が成立後の会社から受ける利益のうち金額が確定しているものをいい，「その他の特別の利益」とは個々の発起人に人的に帰属する利益である（江頭75頁）。利益の内容およびそれを受ける発起人の氏名（名称）を定款に記載しなければならない。

(4)　**設立費用**（28条4号）とは，会社の設立事務の執行のため必要な費用をいい，設立事務所の賃借料や株式の募集広告費などがその例である。個別の行為（取引）の内容や金額を定款に記載する必要はないが，総額（の上限）を定款に記載することが要求されている。設立費用が定款記載の金額を超過した場合の法律関係については，争いがある（⇨ 49 頁(2)）。なお，定款の認証手数料，払込取扱機関に支払う報酬，登録免許税額等（同号かっこ書および会社則5条を参照）は，金額に客観性があり濫用のおそれがないので，定款の記載は不要であり，定款に記載がなくても当然に成立後の会社に債務が帰属する。

第3節　募集設立の手続

(1) 総　　説

募集設立とは，発起人は設立時発行株式の一部だけを引き受け，残りについては発起人以外の者による株式引受けを募集する方法（25 条 1 項 2 号）により行われる設立方法をいう。募集設立は実務では稀にしか利用されないので，ここでは特に重要なルールに絞って説明する。

発起設立の場合には，発起人間である程度の相互監視が働くことが期待される。これに対して，募集設立の場合には，発起人以外の株式の引受人（設立時募集株式の引受人）には発起人を監視する意志や能力が欠ける場合があることから，投資公衆の保護の観点から，手続や発起人の責任がより厳格なものとされている。

定款の作成については，発起設立の説明（⇨ 29 頁**1**）がそのまま妥当する。

(2) 株式の引受人の募集

募集設立の場合，まず設立時発行株式の一部を発起人が引き受け，残りの株式については，発起人が引き受ける者を募集する（25 条 1 項 2 号・2 項・57 条 1 項）。**募集**とは，株式の取得の申込みを勧誘することをいうが，広く公衆に呼びかける場合だけを指すわけではなく，むしろ縁故者のみに勧誘を行うことが実務上は一般的である。

募集に応じて設立時発行株式の引受けの申込みをした者に対して割り当てられる設立時株式を**設立時募集株式**という（58 条 1 項柱書かっこ書）。募集に対して**申込み**（設立時募集株式の引受けの申込み）をしようとする者があるときには，発起人はその者に対して一定の事項を通知しなければならない（59 条 1 項）。発起人は，申込者の中から設立時募集株式の**割当て**を受ける者を定め，その者に割り当てる設立時募集株式の数を定め，申込者に通知する（60条）。申込みと割当てにより設立時募集株式の**引受け**が確定する（62条）。この一連の手続は，会社成立後に行われる新株発行（募集株式の発行。⇨323頁**2**）とほぼ同様である。

(3) 出資の履行

発起人による出資の履行（34条）については，発起設立の説明（⇨35頁**3**）がそのまま妥当する。

設立時募集株式の引受人は，発起人が定めた**払込期日**または**払込期間**中に，引き受けた株式につき全額の**払込み**をしなければならない。払込みは，発起人の定めた払込取扱機関の払込取扱場所においてしなければならない（63条1項）。引受人が払込期日（払込期間内）に当該払込みをしないときは，当然に（発起人の場合と異なり，失権手続を経ることなく），払込みにより募集株式の株主となる権利（**権利株**）を失う（63条3項）。

権利株の譲渡につき，Column 2-8（34頁）を参照。

募集株式の引受人は，金銭の払込みを行うことしか規定されていないため，**現物出資**は発起人しか行うことができない（63条1項を34条1項と対比）。これは，現物出資者が負う支払責任（52条1項2項を参照）を履行できる資力の有無が不明では困るからである。

発起設立の場合と異なり，募集設立においては，**払込取扱機関**は**払込金の保管証明**の義務を負う（64条。発起人の請求があれば，保管証明書を交付しなければならない）。そして，会社設立の登記の申請書には，この保管証明書の添付が要求されており（商登47条2項5号かっこ書），発起設立の場合のように預金通帳の写しで済ませること（⇨35頁(1)）はできない。これは，募集設立においては，公衆が出資した財産の保管状況を明らかにする必要があるためである。払込金保管証明書を発行してくれる金融機関を探すには実務上ある程度の時間を要し（江頭83頁），手数料がかかるが，やむを得ない。

払込取扱機関は，保管証明を行った金額については，実は払込みがなかったとか，預合いのような返還の制限（**不返還の合意**。⇨37頁）がある等を主張して，会社にその返還（預金の払戻し）を拒むことはできない（64条2項）。

仮装の出資履行につき，発起設立（⇨36頁(2)）と同様，関与者の支払責任などがある（52条の2・102条の2・103条2項以下，なお102条3項4項。平成26年改正）。

(4) 創 立 総 会

設立時株主（出資の履行をした発起人および払込みを行った設立時募集株式の引受人。50条1項・102条2項・65条1項かっこ書）の総会を**創立総会**という。

払込期日（払込期間）が経過すると，発起人は遅滞なく創立総会を**招集**しなければならない（65条1項）。必要があれば，臨時創立総会を招集することもできる（同条2項）。会社成立後の株主総会に類似し，その招集手続・議長・議決権・議事等は株主総会とほぼ同様の規定が置かれているが（67条〜72条・74条〜83条〔なお，297条・303条〜307条・316条に相当する規定は，創立総会にはない〕），権限と決議方法は株主総会とは異なっている。

創立総会の権限は，会社の設立に関する事項に限られる（66条）。創立総会は，発起人が定めた目的事項（報告事項と決議事項＝議題〔たとえば，取締役の報酬の決定〕）に限り決議できるが（株主提案権に相当する制度はない），例外として，定款の変更および会社設立の廃止については，議題として定められていなくても決議することができる（73条4項）。

創立総会では，発起人が設立の経過を報告し（87条），決議により設立時取締役等を選任する（88条）。設立時取締役（および設立時監査役）は**設立経過の調査**を行い（93条1項），調査の結果を創立総会で報告しなければならない（同条2項。1項は，設立時取締役等は，その選任後遅滞なく設立経過を調査する旨を定めているが，実際には，選任されることが予定されている者はあらかじめ調査を行うことになろう）。**変態設立事項**につき87条2項および93条1項・94条を参照。

創立総会によらない定款変更には発起設立の場合と同様の内容的制限があり，変態設立事項を変更する裁判所の決定や発起人による引受けの取消し，発行可能株式総数の新設・変更しかできない（30条2項）。募集設立においてはさらに時間的制限もあり，設立時募集株式についての払込期日または払込期間の初日以後は，発起人だけで行うことはできない（95条）。

他方，創立総会は，その決議により**定款変更**を行うことができる（96条。定款変更に公証人の認証は不要である)。たとえば，変態設立事項を不当と考えたときは，創立総会はこれを変更することができ，その場合には，当該変更に反対した設立時株主は，決議後2週間以内に限り，株式引受けの意思表示を取り消すことができる（97条)。

96条は，定款変更の内容を制限していない。しかし，創立総会がなしうるのは変態設立事項を定めた定款規定の削除・縮小のみであり，新たな変態設立事項を付加したり，既存の事項を拡張することはできない（最判昭和41・12・23民集20巻10号2227頁）と解するのが一般的である。さもないと，当該決議に反対する設立時募集株式の引受人に対して事後の引受条件の変更を強制することが可能となってしまうからである（コンメ(1) i 頁「はしがき（刊行にあたって)」〔江頭憲治郎〕。論点解説20頁と対比)。

発行可能株式総数の定めについて，98条を参照。

創立総会の**決議**は，議決権を行使することができる設立時株主の議決権の過半数であって，かつ出席した当該設立時株主の議決権の3分の2以上にあたる多数をもって行う（73条1項)。これは，会社成立後の株主総会の特別決議の要件（309条2項）よりも厳格である。

設立しようとする株式会社が種類株式発行会社である場合には，種類創立総会が必要となる場合があるが（85条1項)，ここでは解説を省略する。

第4節　設立登記

(1)　登記の手続

株式会社は，その本店の所在地（定款の記載事項である。27条3号）において設立の登記をすることによって**成立**する（49条)。

設立の登記は，代表取締役（指名委員会等設置会社においては代表執行役）が，所定の期間内（911条1項2項）に，登記申請書に所定の添付書類を添えて申請する（商登47条1項2項)。**登記官**は，添付書類によって設立の手続が法に従って行われたか否かを審査する。添付書類には，たとえば払込取扱機関への払込みがあったことを証する書面や検査役の報告に関する裁判があったときはその謄本が含まれるため，登記官の審査を通じて会社財産の形成がなされたことがある程度確保される仕組みになっている（同14条・17条1項2項・24条を参照）。そのため，この規制を回避しようとして，預合いや見せ金などの仮装の払込みを企てる者も現れる（⇨36頁 Column 2-9，38頁 Column 2-10）。

(2) 登記事項

登記される事項は会社法911条3項に定められている。だれでも手数料を納付すれば登記簿に記録されている事項を証明した書面の交付を受けることができるので（商登10条），ある会社とこれから取引をしようとしている者や，すでに取引をしたがまだ債権が未回収であるという者，これからその会社の株式を取得しようと考えている者などは，商業登記所におもむいて，あるいはインターネットで登記情報提供サービス（⇨巻末ウェブサイト集を参照）を利用して，その会社の情報を手に入れることができる。たとえば，会社の資本金の額や発行済株式の種類と数，取締役・代表取締役の氏名，機関設計，公告方法などが登記事項とされている。なお，登記簿の附属書類（定款，株主総会議事録など）を閲覧するには，利害関係を証明する書類が必要である（2016年10月から。商登則21条）。

(3) 登記の効果

設立の登記によって株式会社が成立する（会社49条）とは，すなわち設立中の会社がこれによって**法人格**を取得することを意味する。

そして，設立登記によって，それまでに設立中の会社に生じた法律関係は成立した会社に帰属し，出資を履行した設立時株主は株主となり（50条1項・102条2項），発起人は任務を終え，設立時取締役などが取締役などになり（38条1項かっこ書，同条3項各号のかっこ書を参照），会社は事業活動を開始する。

会社の成立により，錯誤および詐欺・強迫を理由とする株式引受けの取消しは主張できなくなる（51条2項。募集設立においては，設立時募集株式の引受人は創立総会において議決権を行使した後はこの主張ができなくなる〔102条6項〕）。

第５節　設立中の法律関係

1 設立中の会社

会社は設立の登記前はまだ権利能力を有しないので，発起人が会社の設立の過程で取得しまたは負担した権利義務は（形式的には）発起人に帰属し，会社が成立すれば，発起人の権限内で行われた行為の効果はそのまま（特段の権利義務移転手続をしなくても）会社に帰属する。

このことを説明するために**設立中の会社**という概念が使われる。つまり，発起人が会社設立のために取得し負担した権利義務は実質的には設立中の会社に帰属しており，会社が成立すればそれらは会社に帰属すると説明する。この考えは，権利能力のない社団である「設立中の会社」と成立後の会社が同一であるとすることから**同一性説**と呼ばれ，現在ではほぼ異論はない。

もっとも，「設立中の会社」は説明の便宜のための法技術的概念にすぎない。学説の中には，次に2以下で扱う問題について，「設立中の会社は権利能力なき社団であり，その機関である発起人は次の権限を有する……」というように演繹的に論じるものがあるが，疑問である。このような議論からは，会社法が予定する設立における会社財産の充実に反する結論が導かれやすいからである。事案の解決は，2(2)～(4)で後述するように，会社法の規定の文言や趣旨に即して行うべきである（この点につき，江頭74頁，107頁，事例73頁，85頁〔松井秀征〕を参照）。

2 発起人の権限

(1) 総　　説

設立中の会社の**発起人の権限**が及ぶ範囲について争いがある。

〈Case 2-2〉 A株式会社の設立のため，発起人であるBは「A株式会社発起人総代B」の名義で次の行為を行った。次のC，D，E，Fは，A社の成立後，A社に対して代金等の支払を請求することができるか。

(1) A社の定款について，Bは公証人であるCに認証をしてもらったが，認証手数料が未払である。

(2)　D は成立後の A 社が使用する予定の建物を，会社の成立を条件として A 社に売却する契約を締結した（代金は 2500 万円）。

(3)　E は成立後の A 社が使用する予定のマンションの一室を，会社の成立を条件として A 社に賃貸する契約を締結した（賃料は 1 か月あたり 15 万円）。

(4)　A 社は旅行代理店会社であるが，その会社成立前に B は F 航空会社からチケットを購入した（代金は 8 万円）。

発起人が設立中の会社のためになす可能性のある行為は，①設立を直接の目的とする行為，②設立のために必要な行為，③財産引受け（または開業準備行為），④事業行為の 4 つに大別される（筆者は，この分類に疑問を感じているが，ここでは伝統的な立場から説明する。筆者の見解は，⇨ 52 頁 Column 2-11）。

①**設立を直接の目的とする行為**とは，定款の作成（26 条），株式の引受け・払込みに関する行為（36 条参照），（募集設立における）創立総会の招集（65 条 1 項）などをいう。発起人がこれらの行為をなしうることには争いはない。

②**設立のために必要な行為**は，定款認証手数料・印紙税，払込取扱機関に支払う手数料・報酬，検査役の報酬，設立登記の登録免許税と，その他の設立費用に区別される。前者が発起人の権限に含まれる（取引の効果が成立後の会社に帰属する）ことは，会社法 28 条 4 号かっこ書，会社法施行規則 5 条などから明らかである。これらの出費は金額がだいたい定まっており，発起人の権限濫用の危険（会社財産が浪費される危険）が小さいために，法はこれらの行為について特に規制を置いていない。

これに対して，それ以外の設立のために必要な行為（設立事務を行うための事務所の賃借や設立事務のための事務員の雇用など。「**設立費用**」と呼ばれる）は，第 2 節 5 (4)（41 頁）で前述したように，定款にその額の記載が必要である（28 条 4 号）。後述する財産引受けなどとは異なり，個別の取引の記載は不要であるが，総額（上限額）を定款に記載し，検査役の調査（33 条）を受けることが必要となる。設立費用の総額が定款の記載額を超えるとき，法律関係が問題となる（⇨ (2)）。

③会社の成立後に特定の財産を譲り受ける契約を**財産引受け**という。財産引受けを行うには，財産の種類ごとにその価額・譲渡人の氏名を定款に記載する

ことが必要であり（28条2号），さらに原則として検査役調査（33条）が必要である（⇨41頁(2)）。

定款に記載のない財産引受けは無効であり（28条柱書），設立中にこれを発起人が行っても成立後の会社には効果が帰属しないが，成立後の会社がこれを追認できるかについては争いがある（⇨(3)）。

④**事業行為**が成立後の会社に帰属しないことに争いはないが，取引の相手方は誰に履行や賠償の請求をなしうるかが問題となる（⇨53頁**3**）。

先の〈Case 2-2〉では，(1)は設立に必要な行為であるが，定款記載は不要であり（28条4号かっこ書），Cは成立後のA社に認証手数料を請求できる（なお，認証手数料の額は公証人手数料令35条により5万円と定められている）。(2)は財産引受けにあたる（⇨(3)）。(3)は開業準備行為と呼ばれるものである（⇨(4)）。(4)は事業行為に該当し，設立中の会社にその効果は帰属しない。Fが発起人に対して代金を請求できるかについては，**3**（53頁）参照。

(2) 設立費用

判例は**設立費用**につき，定款に記載された額の限度内において，発起人のした取引の効果は成立後の会社に帰属し，相手方は会社に対してのみ支払を請求できる（発起人には請求できない）とする（大判昭和2・7・4民集6巻428頁〔百選7，商判I-18〕）。それでは，定款には設立費用の額として70万円と記載されているのに，発起人が会社のためにAとの間で40万円を支出する契約とBとの間で60万円を支出する契約とを締結しているというときの法律関係はどうなるか。

1つの見解は，①判例の立場を基本的には支持し，上記の設例の場合には行為の時系列によって効果が帰属するか否かを区別するというものである（百問124頁）。すなわち，Aとの取引が先に締結されたとすれば，成立後の会社はAには40万円を，Bには30万円を負担し，Bは残額の30万円を発起人等に対して請求することになる。A，Bのいずれの取引が先になされたかが不明な場合には，債務の額に応じて按分した範囲で会社への請求を認めると解することになる（この点に関連して，⇨55頁 Column 2-12 ）。

これに対して，判例に批判的な学説も有力である。まず，②定款記載等があっても，取引の相手方に支払責任を負うのは発起人のみであり，発起人は定款記載の額を限度として成立後の会社に求償できるとの見解がある。次に，③定款記載の額を超えても設立費用はすべて成立後の会社に帰属し，超過額につき会社は発起人に求償できるとする見解がある。最後に，④相手方はいずれに対しても請求できる（求償については②，③の見解と同じ）とする見解もある。

このうち，③④の見解は，あまりにも設立時の会社財産の形成を軽視しており，妥当でない。会社財産の確保の観点から，近時は②を採用する学説が有力である（江頭76頁，田中593頁も参照）。この説をとっても，成立後の会社が任意に弁済をすれば有効となる（民474条1項。この場合の事後処理は③の帰結とほぼ同じ）。

(3) 財産引受け

先の〈Case 2-2〉の(2)の事例（建物の売買）は，**財産引受け**にあたる。そのため，会社が譲り受ける財産の内容と代金を定款に記載することが必要である。また，33条10項1号2号の例外に該当しないため，検査役の調査を受けるか，価額の相当性につき弁護士等の証明を受けることが必要となる。

定款に記載のない財産引受けは無効である（28条柱書）。このような財産引受けについては，会社成立後に会社が**追認できるか**否かが争われている。判例は追認を認めていない（最判昭和28・12・3民集7巻12号1299頁，最判昭和42・9・26民集21巻7号1870頁）。これに対して，学説には，会社に有利な取引であれば会社成立後の追認を認めることのほうが会社の利益になり，会社の財産的基礎が害されないとの理由で，追認を認める立場もある（この見解をとる場合には，追認は，当該行為が467条1項5号〔事後設立〕の規模を充たす場合には総会特別決議によって〔同号の類推適用〕，そうでない場合であって362条4項に該当するときには取締役会決議によって行われることになろう）。

実務では，時間と費用を要する検査役調査は避けられる傾向がある。仮に追認肯定説をとると，会社法の規定を守って財産引受けにつき定款記載・検査役調査を行う者はいなくなり，制度は空洞化するだろう。追認を否定する判例の立場が正当である。

もっとも，次の事例に見るように，取引後，長期間が経過した後に会社が無効を主張することは信義則に反し許されない場合がある。

〈Case 2-3〉 X会社は，昭和34年3月，有していた工場3つのうち1つにつき，その工場に属する一切の事業を，設立前のY会社に譲渡した。その際に設立前のY社を代表したのは発起人代表のAであったが，Y社の定款には上記譲受けにつき財産引受けとしての記載はなかった。

Y社は，設立登記により成立し，上記工場の事業を承継し，譲渡代金の一部をX社に対して支払ったが，経営は思わしくなく，昭和42年9月頃にY社は事業活動を停止した。

X社はY社に対して残代金の支払を求めて訴えを提起したが，Y社は昭和43年10月の口頭弁論期日において，財産引受けの定款記載を欠くことを理由に本件事業の譲受けの無効を主張した。

(最判昭和61・9・11判時1215号125頁〔百選6，商判I-17〕をベースとした事例)

上記の事案において，最高裁は次のように判示した。①商法168条1項（会社法28条に相当）が定款記載を欠く財産引受けを無効と定めるのは，広く株主・債権者等の会社の利害関係人の保護を目的とするものであるから，本件譲受けは何人（なんぴと）との関係においても常に無効であり，設立後のY社が追認したとしてもこれによって有効となるものではない。よって，Y社は特段の事情のない限り無効をいつでも主張することができる。②しかし，本事件では，X社は事業譲渡に基づく債務をすべて履行済みであり，Y社はこれについて苦情を申し出たことがなく，本件契約が有効であることを前提に譲受代金の一部を弁済し，かつ譲り受けた製品・原材料等を販売または消費しており，財産引受けが定款記載を欠くことを理由とする無効を契約後9年を経て初めて主張するに至ったものであり，このような無効主張は信義則に反し許されない（特段の事情あり），と（百選6解説〔伊藤雄司〕を参照)。

(4)　いわゆる「開業準備行為」

会社法に定めはないが「会社が事業を始める準備として行う行為」「会社が成立後にすぐ事業を行えるように，土地・建物等を取得したり，原材料の仕入れや製品の販売ルートを確立しておくなどの行為」を**開業準備行為**と呼ぶ。

先の〈Case 2-2〉（47頁）の(3)の事例（マンションの賃貸）は，財産の譲受けではないので財産引受けには該当しないが，開業準備行為にあたる。開業準備行為については，財産引受けに関する規定を類推適用すべきかにつき争いがある。判例は財産引受けに関する会社法28条・33条をそれ以外の開業準備行為に類推適用することをしない（最判昭和38・12・24民集17巻12号1744頁〔傍論〕）。

これに対して，学説には，財産引受けは開業準備行為の一種であり，財産引受けに関する規定は開業準備行為に（類推）適用されるとするものがある。しかし，この立場をとると，そもそも定款にどのような記載をなすべきかが明らかでない場合を生じる。また，類推適用を認める学説は，会社成立時に直ちに事業活動を開始できるようにすることが実務の便宜にかなうとの理由を挙げるが，本当に短時間で株式会社による事業を始めたいと思う者は，むしろ時間と費用のかかる検査役調査を避けるべく，金銭出資のみで会社を設立し，会社成立後に事業用事務所の賃借などを行うのが通例であり，この学説の挙げる理由は机上の空論である。また，検査役が財産引受け以外の場合につき取引の相当性を調査・判断できるのかという疑問もある（江頭74頁）。

なお，会社の成立前に会社の名義を使用して事業をした者は，設立の登録免許税の額（登録免許税法別表第1第24号(一)イ）に相当する過料に処される（979条1項）。

Column 2-11　開業準備行為と事業行為を区別できるか

Case 2-2（47頁）の(4)ではサービスの供給契約を例に挙げたため，財産引受けに該当しないことが明らかであったが，これが「Bは，会社がまだ成立していないのに，Gとの間で転売の目的で鉄鋼材1トン（代金は800万円）を購入する契約を締結した」という設例であれば，どのように考えるべきか。

一部の学説のように，開業準備行為を事業行為と区別して，前者を財産引受けに準じて扱う立場からは，この事例は転売目的であるから事業行為にあたり，設立中の会社はこれをなしえないと解するのかもしれない。しかし，転売目的かどうかは相手方には必ずしも分からないので，このような見解は取引の安全を害することとなり妥当ではない。あるいは，事業の立ち上げには一定の在庫の確保が必要であるという状況を考えると，転売目的があっても開業準備行為といえなくもない。しかし，そのように解すれば，開業準備行為の範囲は際限なく広がり，設立時の会社財産の形成が害される危険が大きい。結局，取引の実際に照らすと，開業準備行為と事業行為は区別が困難である。

会社法28条2号は「会社の成立後に譲り受けることを約した財産」とのみ定めており，ここには「事業を始める準備として行う」という限定はない。条文どおりに，開業準備行為か事業行為かを区別することなく，特定の財産の譲受けか否かのみを問うことにすれば，区別は明確となる。すなわち，48〜49

頁で述べた分類を修正して，④は，「事業行為」ではなく，「財産引受け以外の行為（物品の賃貸借やサービス供給契約など）」とすべきであろう。

3 発起人組合と事業行為

会社の設立過程では，発起人が複数の場合には発起人間に（実際に明示の合意がなくても）**発起人組合**という民法上の組合関係が存在すると解されている。すなわち，発起人は，設立手続に入る前に会社の設立を目的とする組合契約を結んでいると意思解釈し，設立に関する行為を当該組合契約の履行として行っていると理解する。

発起人が権限の範囲外の行為を行ったが，当該行為が発起人組合の目的の範囲内に属すると認められる場合には，その効力は発起人組合に帰属すると解されている。

Case 2-4　Y_1ら７名は，石炭の販売などを目的とするＡ株式会社の定款を作成し，設立の準備を始めたが，設立手続が進行しない間に，Y_1らは共同してＡ社名義で石炭売買の事業を営んだ。Y_1らは，かねて取引関係のあったＸ会社から石炭200トンを買い入れた。Ｘ社は，売買代金が支払われなかったのでY_1らを提訴した。
（最判昭和35・12・9民集14巻13号2994頁〔百選A1，商判Ⅰ-15〕をベースとした事例）

上記の事案において，最高裁は，Y_1らはＡ社設立の目的で発起人組合を結成したが，右組合の本来の目的でない石炭売買の事業を「Ａ会社」という名義で営んだと認定した。そして，組合の対外的取引は特に業務執行組合員を定めていない場合については組合員の過半数において行われると判示した。この事件では，Y_1からY_7の７名の発起人のうち，本件売買に関与したのはY_1からY_4の４名にすぎなかったが，過半数の組合員により組合を代理して取引がなされたとして，Y_1ら７名全員に対する請求が認容された（なお，本判決が是認した原審判決は，本件取引はＹら全員にとって商行為であるから，商法511条によりＹら７名は全額につき連帯責任を負うとしている）。

〈Case 2-5〉 YおよびBは，A株式会社の設立を進めていたが，Yは代表取締役と称して会社成立前にA会社名義で営業をしていた。Bは，自分の息子がX社（野球球団）に入団したことや，成立後のA社の宣伝になると考えたことから，X社を招いて試合をしてもらうことを企画した。Yは経緯を知った上でX社を招くことに賛同し，Xとの交渉をBに一任した。Xは，A社がすでに実在し，Yがその代表取締役であると信じて，A社の代表取締役としてのYとの間に野球試合実施に関する契約を締結した。XはYに民法117条1項の類推適用により出場報酬金相当額の支払を求めた（Bは被告となっていない）。
（最判昭和33・10・24民集12巻14号3228頁〔百選5，商判I-16〕をベースとした事例）

上記の事案において，最高裁は次のように判断した。まず，本件契約は会社の設立に関する行為ではないから，設立後のA社には契約の効果は帰属しない。本事件では，「本人」が実在して無権代理行為が行われたという民法117条が本来想定している事例にはあたらない（A社は成立していない）が，それに準じる状況であることから，同条が類推適用され，A社の代表者としてXと契約したYが責任を負う，と（なお，YおよびBは設立中のA社の発起人であったと思われるが，この点は判決文からは明らかではない）。

上記の2つの裁判例はおおむね学説によって支持されているが，ここで問題となるのが〈Case 2-4〉と〈Case 2-5〉の関係である。設立中の会社の名義でなされた取引について，前者では，相手方は発起人全員に対して債務の履行を請求でき（分割債務か連帯債務かは商法511条などに照らして決まる），後者では，相手方は代表取締役と称して契約を締結した者に対して責任を追及できる。

前者の事例では，設立中の会社が締結した契約は事業行為にあたり，後者の事例では開業準備行為にあたるといえるが（もっとも，後者は財産引受けではなく，こちらも事業行為にあたると解するべきかもしれない），この違いが両者の結論を分けたとは考えにくい。また，学説には**行為者**が会社・発起人組合・発起人個人のいずれの**肩書き**においてされたかによって取引の効果が帰属する者を区別するものがあるが，そのような区別は取引の相手方の期待に合致するものではないだろう（百選〈初版〉4解説〔青竹正一〕を参照）。

この点については，次のように解するべきである。①行為者の肩書きが，「発起人総代」であったか，設立中の会社の名であったかを問わず，当該行為が**発起人の権限**内であれば成立後の会社に帰属する（神田61頁）。②当該行為が発起人の権限の範囲外であるが，**発起人組合の目的**の範囲に含まれていると解される場合には，発起人組合に効果が帰属し，発起人全員が責任を負う。〈Case 2-4〉は，石炭の売買を行うことが発起人組合の目的に含まれていたと意思解釈される事例であったため，発起人全員の責任が認められたのであろう。③発起人組合の目的の範囲に含まれない行為であっても，発起人（または会社を代表する肩書きを使用した者）が独断で締結した契約については，発起人は民法117条の類推適用によって相手方に対して責任を負う場合がある。〈Case 2-5〉はこの一例と考えられる（以上につき神田62頁）。

このとき，②で当該行為が発起人組合の目的の範囲に含まれていると解される場合であれば，会社が設立中であることを相手方が知っていた場合でもそうでない場合でも，発起人は相手方に責任を負うと解される。他方，③当該行為は発起人組合の目的の範囲に含まれず，発起人等が独断で行為した場合には，相手方が会社が設立中であることを知っていた場合・知りえた場合には，民法117条2項に照らすと発起人等に責任は生じないと解される。

なお，発起人がその権限を越える取引行為を会社成立前に行った場合であっても，成立後の会社が任意に相手方に支払った場合は，弁済としては有効であり，相手方は受け取ったものを返還する必要はない（民474条1項）。

Column 2-12　払込取扱機関が払込金を返還すべき時期

最高裁判例によると，払込取扱機関は，その証明した払込金額を会社成立の時まで保管し，会社成立後に会社（の代表者）に引き渡すべきであり，会社成立前に発起人・設立時取締役に払込金を返還しても，成立後の会社にこれを対抗できない（最判昭和37・3・2民集16巻3号423頁）。平成17年制定の会社法は，発起設立について払込取扱機関の保管証明の制度を廃止し，募集設立についてのみこの制度を維持した（64条）。現在でも，上記の判例は募集設立については先例としての価値があると考えられる。もっとも，募集設立において会社成立前に払込取扱機関が払込金を発起人に返還したとしても，発起人がこれを成立後の会社に帰属させた場合にはその返還は会社に対しても効力を生じる（民479条）。

それでは，発起設立についてどのように考えるべきか。会社法の立案担当者は，保管証明の制度が廃止されたことにより，発起人は会社成立前に払込取扱機関の口座から払込金の払戻しを受けることができるようになったと述べる

（論点解説5頁，30頁）。この解釈は，払戻金を定款に記載された設立費用（検査役の調査を受けたことが前提であろう）の支払に充てることを認めることが合理的であるとの政策判断に基づくものである。

実務では，金銭のみの出資を行い検査役調査を避けて株式会社を設立することが一般的であり，払込みから会社成立までの期間は通常短期であるから，払込金の返還時期を論じる意義は小さくなっている。

第6節　違法な設立・会社の不成立

1　会社の不成立

会社の設立が途中で挫折し，設立の登記にまで至らなかった場合を**会社の不成立**という。この場合には，すでに履行された払込金の返還，設立手続に支出した費用の負担などの，後始末の問題が生じる。

会社が不成立となった場合には，発起人は連帯して，株式会社の設立に関してした行為について責任を負う（56条）。この責任は無過失責任である。発起人は設立時募集株式の引受人に対して，払込金の返還について責任を負うことになる。また，定款の認証手数料など会社の設立に関して支出した費用は，発起人の負担となる（同条）。

2　会社設立の無効

(1)　設立無効の訴えの意義

株式会社が設立登記により成立しても，設立の手続などに不備（「**瑕疵**（かし）」という）が存在するために，その効力を認めることが適切でない場合がある。もっとも，無効の一般原則により，いつでも誰でもこれを主張できるならば，会社をめぐる法律関係を混乱させる。そこで，会社法は，一定の原告適格を持つ者だけが，設立無効の訴えという訴訟の形式によってのみ，一定の期間（提訴期間。出訴期間ともいう）に限り，設立の無効を主張できることにしている。

(2) 提訴期間・提訴権者・認容判決の効力

設立無効の訴えは，設立登記から2年以内に（828条1項1号），株主等（＝取締役，監査役などを含む。同条2項1号）だけが提起することができる。提訴権者（出訴権者ともいう）に会社債権者（設立中の会社と取引した者など）は含まれていない。債権者の保護は発起人の対第三者責任（53条2項）によって図られる。

設立を無効とする判決が確定すると，その判決の効力は民事訴訟の一般原則（訴訟当事者間にだけ及ぶ。民訴115条1項）とは異なり，第三者に対しても及ぶ（**対世効**（たいせいこう）という。会社838条）。これは，会社を中心とする多数の法律関係を画一的に確定する要請に基づくものである。

無効判決の効力は将来に向かってのみ生じる（遡及（そきゅう）しない。839条）。よって，すでに会社・株主および第三者の間に生じた法律関係は影響を受けない。無効判決が確定すると，会社の清算手続が開始され（475条2号），このことによって利害関係人の救済が図られる（⇨378頁**1**）。

設立無効の訴えで原告が敗訴した場合には，判決の効力は当事者間にしか及ばない（民訴115条1項）。

なお，設立のほかにも，会社法は（特に株式会社に関しては），一定の事項について特別の訴えの制度を設け，法律関係の早期安定等に配慮している。その主なものをまとめると**図表2-3**の通りである。

(3) 無 効 事 由

設立無効の訴えがいかなる場合に認容されるか（**無効事由**・**無効原因**などという）は，828条1項1号などの規定を見ても明らかにされておらず，解釈によって定まることになる。

設立が無効となるのは，設立に重大な瑕疵がある場合に限られる（「瑕疵」とは一般的にはキズ・欠陥のことをいうが，会社法の議論では法令定款違反や，それがなくても実質的な違法性が認められる場合を指す）。具体的には，①定款の絶対的記載事項が欠けていたり重大な瑕疵がある場合，②設立時発行株式を1株も引き受けない発起人がいる場合（⇨35頁(1)），③公証人による定款の認証がない場合，④株式発行事項につき発起人全員の同意（32条）がない場合，⑤設立に際して出資される財産の価額（の最低限）として定款に定められた金額（27条4

図表 2-3　会社法上の訴え（主なもの）

	提訴期間の制限	原告適格の制限	訴えによってしか主張できない（形成訴訟）	対世効	遡及しない（将来効）
設立無効	○	○	○	○	○
新株発行無効 ⇨342 頁(3)	○	○	○	○	○
新株発行不存在の確認 ⇨346 頁(4)	制限なし	制限なし	確認訴訟	○	遡及する
総会決議取消し ⇨166 頁1	○	○	○	○	遡及する
総会決議の無効・不存在の確認 ⇨171 頁2，172 頁3	制限なし	制限なし	確認訴訟	○	遡及する
資本金減少の無効 ⇨312 頁(c)	○	○	○	○	○
合併等の無効 ⇨451 頁3	○	○	○	○	○

号）に相当する出資がなされていない場合，⑥募集設立において創立総会が適法に開催されていない場合，⑦設立登記が無資格者の申請に基づくなどの理由で無効である場合などが，無効事由の例として挙げられる。

発起人が株式を一切引き受けないという設立手続を認めていないと解さざるを得ないことから（25 条 2 項参照。立案担当 17 頁），上記の②は無効事由と解さざるを得ない。発起人が引き受けた株式の一部について払込みをせずに失権したにすぎない場合には，**出資財産の最低額**（27 条 4 号）が充たされていれば無効原因とはならず，通常，発起人全員の同意をもって，その設立手続を続行することができる（32 条 1 項）が，失権の結果，1 株も引き受けない発起人が生じる事態が生じた場合，それでも他の発起人が会社を設立しようとするのであれば，定款の作成・公証人の認証の時点に遡って設立手続をやり直すことになろう（江頭 84 頁。定款の発起人の記載を認証後に変更することができないから〔30 条 2 項〕）。

出資の履行が仮装された場合に，引受人・関与した発起人は会社に支払責任を負うが（52 条の 2 第 1 項 2 項・102 条の 2・103 条 2 項），口頭弁論終結時までにこの義務が履行されない場合には，株式引受人間の公平・会社財産の確保が大きく害されていると推認されるので，たとえ定款記載の出資財産の最低額に相当する出資はなされている場合であっても，設立は無効と解すべきであろう。

Column 2-13　設立無効事由の解釈

本文の記述は伝統的（教科書的）なものであるが，その意味するところは次のように理解すべきである。

事案を離れて設立の無効事由を一般的に論じること（無効となる場合とそうでない場合との区別を明確化すること）には困難がある。また，事前に無効事由を明確にできるのであれば法はそのような定めを置いているはずである（株主総会決議の取消しや無効確認の訴えについては，条文上，取消事由や無効原因が明らかにされており〔831条・830条2項〕，具体的事案への当てはめも比較的明確である）。法が設立の無効事由を定めていないのは，事前にこれを定めることが難しいからにほかならない。そこで，大まかには，設立無効判決の効力（＝会社の清算）によって得られる発起人・株式引受人の救済の効果が，そこから生じる会社の利害関係人の不利益（法律関係の混乱を含む）よりも大きな場合が設立無効事由にあたると考え，事案に応じて判断することになる（「設立手続の瑕疵が軽微であれば設立は無効とはならず，瑕疵が重大であれば無効となる」という考え方は――資格試験の答案で用いる分には便利であるが――実際の事例の解決には役に立たない）。

設立無効以外の他の会社法上の訴えについても，前述した株主総会決議の取消しや無効確認の訴えを除けば，条文上，無効事由は明らかにされていないものが多く，利益衡量に基づく判断が必要になる。

3　会社の不存在

会社の設立手続の瑕疵がはなはだしく，そのことが外観上も明らかな場合には，2で説明したように訴訟によってのみ設立無効を主張できると解することが不適切な場合もある。そのような場合は，「会社は不存在である」と表現され，誰でもいつでも会社が存在しないこと，およびそれを前提とする法的主張を行うことができると解されている。もっとも，会社の不存在が認められる場合は狭く限られる（江頭117頁）。

第7節　設立に関する責任

(1) 総　　説

設立に関する違法行為や不正行為について，会社法は発起人などに対して**罰則**を定め（960条1項など），また**過料**（976条など）によりその抑止を図っている。

また，会社が成立した場合（⇨(2)以下）と不成立の場合（⇨56頁**1**で前述）の両方につき，会社法は設立に関与した発起人等の民事賠償責任を定めている。

(2) 財産価額の塡補（てんぽ）責任

現物出資・財産引受けの目的財産の価額（会社成立時を基準とする）が定款に定めた価額に著しく不足するとき，発起人および設立時取締役は，会社に対して，連帯して，その不足額を支払う義務を負う（52条1項。**不足額支払義務**ともいう）。ただし，発起設立の場合には，①検査役の調査を経たとき，または，②当該発起人・設立時取締役が無過失を証明したときには，これらの者は責任を免れる（もっとも，現物出資者・財産の譲渡人である発起人は，①②の場合にも責任を免れることができない。同条2項）。この責任を免除するには，総株主の同意が必要である（55条）。募集設立の場合には，②の無過失の証明による免責は認められていない（103条1項）。設立時募集株式の引受人は自衛能力が十分でないことから，特にその保護を図るためである。

現物出資・財産引受けにあたって検査役調査がなされず，専門家による証明・鑑定評価がなされた場合には，証明・鑑定評価をした者も財産価額の塡補責任を負うが，無過失を立証した場合にはこの責任を免れる（52条3項）。

(3) 仮装の出資履行についての責任

株式引受人が出資の履行を仮装した場合には，会社に対し所定の額の金銭を支払う責任を負う（52条の2第1項・102条の2第1項）。出資の履行の仮装に関与した発起人も同額の金銭の支払責任を負うが，注意を怠らなかったことを証明すれば責任を免れる（52条の2第2項・103条2項）。両者の責任は連帯債務である。この場合の法律関係（株主権の行使の可否，株式発行・設立の効力）については，

⇨36頁および同頁 Column 2-9 。

株式引受人・関与した発起人の対会社責任は，総株主の同意がなければ免除できない（55条・102条の2第2項・103条3項）。

(4) 会社・第三者に対する責任

発起人・設立時取締役・設立時監査役は，その任務懈怠（けたい）から会社に生じた損害を賠償する責任を負う（53条1項）。この責任を免除するには，総株主の同意が必要である（55条）。

また，これらの者は，職務を行うについて悪意・重過失によって第三者（会社以外の者）に生じた損害を賠償する責任を負う（53条2項）。

これらは，会社成立後に役員等が会社・第三者に対して賠償責任を負う旨の規定（423条・429条）に相当するものである。責任を負う発起人等が複数いるときには，連帯責任となる（54条）。

(5) 擬似発起人の責任

発起人とは，定款に発起人として署名した者だけをいう（⇨28頁(2)）。しかし，募集設立においては，募集の広告その他募集に関する書面に創立委員などとして自己の氏名，および会社の設立を賛助する旨を記載することを承諾した者（**擬似**（ぎじ）**発起人**と呼ばれる）は，発起人でなくとも，発起人とみなして52条～56条，103条1項2項の責任を負う旨が定められている（103条4項）。

(6) 民事責任の実現

以上の(2)から(5)の民事責任については，株主代表訴訟による責任追及が認められている（847条1項）。

参 考 文 献

＊設立中の会社の概念や，定款記載のない財産引受けの追認などに関して，

□森本滋「会社設立中の会社のためになされる行為の法的取扱い」法学論叢92巻4～6号（1973年）253～277頁

□百問122～130頁

＊会社法制定の前後の会社設立規制の異同について，
□争点7〔青竹正一〕

第3章 株　式

株式会社の構成員（社員）を株主といい，構成員たる資格を株式という。本章では，株式の意義とその内容について述べた後，株式の譲渡と権利行使の方法について説明する。また，株式の併合や分割など，投資単位の調整の方法についても説明する。

第１節　株式と株主

1 総　説

会社は社団法人であり，構成員すなわち社員が存在する。株式会社の社員は，特に**株主**と呼ばれる。そして，株式会社の社員たる資格（地位）のことを**株式**という。

ある株式会社の株主になるには，主として２つの方法がある。１つは，**出資**による方法である。すなわち，会社が発行する株式を引き受け，所定の引受価額に相当する財産を会社に拠出するのと引き換えに，会社から株式の発行を受けることである（⇨33頁**2**，35頁**3**，第6章第2節320頁以下）。もう1つの方法は，他の株主からその保有株式を**承継取得**することである。承継取得には，譲渡等によって当該株式を個別的に承継する場合と，相続や合併といった**一般承継**の際に，承継財産の一部として株式を取得する場合がある。

株式会社の特徴は，その社員すなわち株主の地位が，株式という，**細分化された割合的単位**の形をとることである。たとえば，発行済株式総数1万株の株式会社において，2000株を有する株主は，その会社の5分の1の**持分**を有しているといわれる。なぜならこの株主は，たとえば株主総会では総議決権の5分の1の議決権を有するし，会社が剰余金の配当を行うときは，総配当金額の5分の1を受領するからである。また，もしもこの株主が，保有株式のうち1000株を他人に譲渡したとすれば，以後はこの株主と譲受人とは，それぞれ会社に対して10分の1ずつの持分を有することになる。

もっとも，以上に述べたことは原則にすぎない。会社は定款の定めにより，2以上の異なる種類の株式を発行することができる。たとえば，ある種類の株式の株主は，議決権がない代わりに，他の種類の株式の株主に優先して配当を受けられる，といった定めができる。そうした会社では，「発行済株式1万株のうち2000株を有する株主は，会社に対して5分の1の持分を有している」といった単純なことはいえなくなる。このように，会社は法律が認める範囲内で，株主の権利内容に一定のヴァリエーションを設けることができる。

本節では，株主の権利と義務（責任）の内容について説明した後（⇨**2**，**3**），株主の地位についてやや理論的に考察する（⇨**4**）。次に，定款で株式の内容について特別の定めを設けること（⇨**5**），および種類株式の制度（⇨**6**）について説明する。その後，株主平等の原則（⇨**7**）について論じ，最後に株式の評価方法について述べる（⇨**8**）。

2　株主の権利

株主は，株式会社との関係でさまざまな権利を有している。それらの権利の詳細は，本書の該当箇所で説明するとして，ここでは，株主の権利には大別して自益権と共益権とがあること，および単独株主権と少数株主権の区別について述べる。また，本章でしばしば登場する株式買取請求権について，ここで手続を説明しておく。

(1)　自益権と共益権

(a)　**自益権**　　株主が株式会社から経済的利益を受ける権利を**自益権**という。自益権の中心は，**剰余金の配当を受ける権利**（105条1項1号・453条）である。また，会社が解散・清算するときは，会社の債務一切を弁済した後でなお残る会社財産の分配を受ける権利，すなわち**残余財産の分配**を受ける権利がある（105条1項2号・502条）。会社は定款の定めにより，これらの権利を制限した株式を発行することができるが（⇨79頁(a)），その場合でも，これら2つの権利のいずれも一切与えないということは許されない（105条2項）。これは，わが国の法制上，株式会社という組織形態が，基本的には**営利目的**，すなわち，対外的事業活動で利益を上げ，それを構成員（株主）に分配することを目的として利用されることを想定していることの現れである。もっともこれらの権利は，それ自体は抽象的な権利にすぎず，会社が剰余金の配当や会社の解散を決定してはじめて，具体的な請求権となるものである（⇨72頁(b)）。

後述する取得請求権付株式（⇨77頁(b)，81頁(d)）の株主を除き，株主は，会社の存続中は，原則として会社に対して出資の払戻しを請求する権利を有しない。ただし，一定の場合には，株主は会社に対し，自己の有する株式を公正な価格で買い取ることを請求することができる（株式買取請求権。⇨69頁(3)）。これも自益権の一種である。

(b)　**共益権**　　株主が会社の経営に参与し，あるいは会社の経営を監督・是正する権利を**共益権**という（主な共益権として，⇨**図表3-1**）。株主の会社経営への参与は原則として株主総会を通じて行われるから（295条），株主総会における**議決権**（105条1項3号・308条）が，共益権の中心である。また，議決権に関連する共益権として，株主総会における質問権（314条）や提案権（303条～305条），総会招集権（297条）などがある（⇨**図表3-1**）。

共益権にはまた，株主が会社経営を監督し，必要な場合は是正を求める権利（**監督是正権**）も含まれる。たとえば，各種の訴訟の提訴権（828条・831条・847条等）や，各種**書類等の閲覧等請求権**がある（⇨**図表3-2**）。

図表 3-1　主な共益権とその行使要件(*1)

	議決権数・株式数の要件	保有期間の要件(*2)	権利の内容
単独株主権		要件なし	議決権（308Ⅰ），議案提案権（304），非取締役会設置会社株主の議題提案権・議案の要領記載請求権（303Ⅰ・305Ⅰ本文），会社の組織に関する行為の無効の訴え・株主総会決議取消しの訴えの提起権（828・831），各種行為の差止請求権（171 の 3・179 の 7・182 の 3・210・247・784 の 2・796 の 2・805 の 2・816 の 5），各種書類等の閲覧等請求権（⇨**図表 3-2**），取締役会招集請求権（監査役設置会社，監査等委員会設置会社および指名委員会等設置会社を除く。367Ⅰ）
		行使前 6 か月	責任追及等の訴え［株主代表訴訟］提起権（847），取締役・執行役の違法行為差止請求権（360・422）
少数株主権	総株主の議決権の 1% 以上または発行済株式（*3）の 1% 以上	行使前 6 か月	最終完全親会社等の株主による特定責任追及の訴え（847 の 3）
	総株主の議決権の 1% 以上または 300 個以上	行使前 6 か月	取締役会設置会社株主の議題提案権・議案の要領記載請求権（303Ⅱ・305Ⅰただし書）
	総株主の議決権の 1% 以上	行使前 6 か月	総会検査役選任請求権（306）
	総株主の議決権の 3% 以上または発行済株式の 3% 以上	要件なし	会計帳簿閲覧等請求権（433 ⇨**図表 3-2**）・検査役選任請求権（358）
	総株主の議決権の 3% 以上または発行済株式の 3% 以上	行使前 6 か月	役員・清算人解任の訴えの提起権（854・479Ⅱ）
	総株主の議決権の 3% 以上	要件なし	役員等の責任免除に対する異議権（426Ⅶ）
	総株主の議決権の 3% 以上	行使前 6 か月	株主総会招集権（297）
	総株主の議決権の 10% 以上または発行済株式の 10% 以上	要件なし	解散請求権（833Ⅰ）

(*1) 要件は定款で緩和することが可能（加重は不可）。
(*2) 非公開会社では保有期間の要件は不要（847 条 2 項等参照）。
(*3) 発行済株式には自己株式を含まない（433 条 1 項・847 条の 3 第 1 項等参照）。

図表 3-2　各種書類等の閲覧等請求権

書類等の内容		閲覧等請求権者（主な行使要件）（*1）（*2）	備　考
定款（31）		発起人（会社成立前），株主・債権者（営業時間内いつでも）・親会社社員（裁判所の許可）	
株主名簿（125）		株主・債権者（営業時間内いつでも，拒絶事由あり），親会社社員（裁判所の許可）	新株予約権原簿（252），社債原簿（684，会社則 167）も同様
代理権を証明する書面等（310 Ⅶ）		議決権を行使できる株主（営業時間内いつでも，拒絶事由あり）	
議事録	株主総会議事録（318）	株主・債権者（営業時間内いつでも），親会社社員（裁判所の許可）	種類株主総会の議事録も同様（325）
	取締役会議事録（371）	株主（監査役設置会社，監査等委員会設置会社および指名委員会等設置会社＝裁判所の許可，それ以外＝営業時間内いつでも），債権者・親会社社員（裁判所の許可）	
	監査役会議事録（394）	株主・債権者・親会社社員（裁判所の許可）	監査等委員会設置会社および指名委員会等設置会社の委員会議事録も同様（399 の 11・413）
計算（会計）に関する書類等	計算書類等（442）	株主・債権者（営業時間内いつでも），親会社社員（裁判所の許可）	
	会計帳簿（433）	総株主の議決権の 3% 以上の議決権または発行済株式の 3% 以上の株式を有する株主（営業時間内いつでも，拒絶事由あり），親会社社員（裁判所の許可）	債権者には権利がない（営業秘密保護の要請が強いため）
株式の併合・全部取得条項付種類株式の取得・株式等売渡請求に関する書類等	事前開示書面等（171 の 2・179 の 5・182 の 2）	株主（*3）（営業時間内いつでも）	
	事後開示書面等（173 の 2・179 の 10・182 の 6）	株主または効力発生日に株主であった者（*3）（営業時間内いつでも）	キャッシュ・アウトされた者を含む
組織再編に関する書類等	事前開示書面等（782・794・803・816 の 2）	株主・債権者（営業時間内いつでも）	当該組織再編について利害関係を持たない債権者には権利なし（*4）
	事後開示書面等（791・801・811・815・816 の 10）		

（*1）「親会社社員」とは，親会社（2 条 4 号）の株主その他の社員をいう（31 条 3 項）。
（*2）「債権者」には，新株予約権者も含まれる（立案担当 66 頁）。
（*3）株式等売渡請求の場合は，売渡株主等（事前開示の場合）または取得日に売渡株主等であった者（事後開示の場合）。
（*4）株式移転完全子会社の新株予約権者以外の債権者のように，当該組織再編に対して利害関係を持たない債権者は閲覧等請求権を有しない（803 条 3 項等）。

Column 3-1　共益権の性質

かつては，共益権は個々の株主がもつ「権利」というよりは，むしろ会社ひいては株主全体の利益のために行使すべき「権限」であるとし，自益権との差異を強調する見解が有力に主張された。しかし今日では，共益権も自益権と同様，基本的には株主自身の利益のために行使できる権利であるとの立場が一般的である。総会決議取消訴訟（831条参照）が原告株主の死亡により相続人に承継されることを認めた，最大判昭和45・7・15民集24巻7号804頁（百選13，商判I-21）も，理由中で後者の立場を明らかにしている。
参考文献：鈴木竹雄「共益権の本質」『商法研究Ⅲ』（有斐閣，1971年）。

(2)　単独株主権と少数株主権

株主の権利は，単独株主権と少数株主権に大別することもできる。**単独株主権**は，1株でも株式を保有する株主であれば行使できる権利である（ただし，単元未満株主や，一定の権利が制限された種類株式の株主等の例外はある。また，一定期間の株式保有が要件とされることがある）。**少数株主権**とは，行使のために一定数の議決権，または総株主の議決権の一定割合の議決権もしくは発行済株式の一定割合の株式を有することが必要とされる権利である。

自益権は，単独株主権である（454条3項・504条3項等）。共益権について見ると，まず議決権は単独株主権である（308条）。その他の共益権には，単独株主権と少数株主権とがある（⇨**図表3-1**参照）。ある共益権を単独株主権とするか少数株主権とするか，少数株主権にするとしてその行使要件をどれほど厳しくするかは，微妙な政策判断を要する問題である。単独株主権をあまり広く認めると，零細株主によって濫用され，会社ひいては他の株主の利益を害するおそれがある。逆に，あまり多くの権利を少数株主権とし，かつその行使要件を厳しくすると，多数派株主や取締役の権限濫用に対して少数派株主がとりうる手段がなくなり，ひいては会社に少数派として出資しようとする者がいなくなってしまうおそれがある。会社法は，代表訴訟の提起権（847条）や差止請求権（210条・360条等）などは単独株主権とし，株主総会の招集権（297条）や役員の解任の訴えの提起権（854条）などは少数株主権としている（⇨**図表3-1**）。しかし，それは論理必然的なものというわけではなく，上記のような政策判断のとりあえずの結果として決まっているものであり，今後の立法でそれが変えられるとしてもおかしくないものであると理解しておいた方がよい。

図表3-1に示した共益権について，詳しくは本書の該当箇所で説明するが，ここでは一般的に知っておくべき点を3点述べておこう。第1に，共益権の行使要件は，定款で緩和することができるが，加重はできない（たとえば，303条2項参照）。第2に，保有議決権・株式数の要件については，複数の株主が共同して権利行使すれば，各株主が有する議決権・株式数を合算することができると解されている。第3に，非公開会社（⇨76頁(a)）では，多くの共益権について要求されている行使前6か月間の株式保有要件が課されない（たとえば，847条2項）。これは，非公開会社の株式を譲渡により取得する際には会社の承認が必要になるため（⇨94頁**3**），会社を困らせる意図で株式を取得し共益権を行使するといった濫用的行為を会社は未然に防止できるからである。

Column 3-2　株主権の濫用

少数株主権を含めた株主権も，権利の一種である以上，その濫用が許されないことは当然である（民1条3項）。最高裁の判例としては，従前，新聞等の購読料名目で会社から金員をせしめていた総会屋（⇨163頁 Column 4-11）が，購読を打ち切った会社に対し，株主名簿の閲覧および謄写請求をした事例において（125条2項参照。なお，本件の当時は，申立ての拒絶事由を定めた同条3項にあたる規定はなかった），当該請求は「株主としての権利の確保等のためではなく，右新聞等の購読料名下の金員の支払を再開，継続させる目的をもってされた嫌がらせであるか，あるいは右金員の支払を打ち切ったことに対する報復としてされた」との原審の認定に基づいて，当該請求は「その権利を濫用するものというべく，これが許されるべきものでないことは明らかである」としたものがある（最判平成2・4・17判時1380号136頁）。株主提案権（303条～305条。⇨第4章第2節**2**(3)）の行使が権利濫用にあたるとした事例として，東京高判平成27・5・19金判1473号26頁参照（会社を困惑させる目的で100個以上の議案を提案した事例。なお，令和元年改正により，このような多数の議案の提案は明文で制限されることとなった〔305条4項〕。⇨149頁(b)）。また，株主による株主総会決議の無効確認の訴えを訴権の濫用と認めた事例もある（最判昭和53・7・10民集32巻5号888頁〔百選42，商判I-91〕）。

(3)　株式買取請求権

(a)　**意　義**　　株主は，一定の場合に，自己の有する株式を**公正な価格**で買い取ることを株式会社に請求することができる（**株式買取請求権**）。これには大別して，①会社が株主の利益に重大な影響を及ぼす一定の行為を行うときに，反対株主に認められる株式買取請求権と，②単元未満株主の株式買取請求権（192条以下）がある。なお，初学者は，以下の記述が分かりにくければ，本節の**6**までを読んだ後で読み返すとよい。

①の株式買取請求権が認められるのは，会社がⓐ事業の譲渡等をする場合（469条），ⓑ合併・会社分割・株式交換・株式移転・株式交付（これらを総称して組織再編という）をする場合（785条・797条・806条・816条の6），ⓒ株式の併合をする場合（併合により端数となる株式の株主に限る。182条の4），ⓓ株式の譲渡制限をする場合（116条1項1号2号），ⓔ株式に全部取得条項を付す場合（同項2号），ⓕある種類の株式の種類株主に損害を及ぼすおそれのある一定の行為を行う場合であって，種類株主総会の決議が定款で排除されている場合（同項3号）である。以下では，反対株主の株式買取請求権のうち，本章で後に説明するもの（ⓓ〜ⓕ）に関する手続（116条・117条）を概説する。ⓐとⓑは第9章（426頁5，463頁(2)），ⓒは第5節**2**(2)(c)（125頁），②は第5節**5**(3)（130頁）で説明する。

(b)　権利を行使できる株主　　会社が116条1項各号の行為をする場合には，**反対株主**は，会社に対して株式買取請求権を行使できる（116条1項）。ここで「反対株主」とは，当該行為をするために株主総会（種類株主総会を含む）の決議を要する場合には，①当該総会に先立って当該行為に反対する旨を会社に通知し，かつ，②当該総会において当該行為に反対の議決権を行使した株主を指す（同条2項1号イ）。①の要件は，あまり多くの株式買取請求権が行使されると会社の財産的基礎を危うくするので，どの程度の請求が行われそうなのかを会社の取締役が事前に予測し，場合によっては当該行為の提案を取り下げる機会を与えようという趣旨である。

もっとも，株主が当該総会で議決権を行使できないときは（議決権制限株式の株主など。⇨80頁(b)），以上の要件を満たさなくても株式買取請求権を行使できる（116条2項1号ロ）。当該行為にそもそも総会決議を要しない場合も，同様である（同項2号）。

(c)　手　続　　会社が116条1項所定の行為をするときは，株主に株式買取請求権を行使する機会を与えるため，当該行為の効力発生日の20日前までに，当該行為をする旨を株主に通知し，または公告しなければならない（116条3項4項）。反対株主は，同条5項所定の期間内に株式買取請求権を行使する必要がある。株券発行会社では，行使に際し株券を提出しなければならない（同条6項）。株式買取請求をした株主が，第三者に株式を譲渡してしまうことを防ぐ趣旨である。なお，非株券発行会社の場合は，第三者への譲渡がされる可能性があるが，その場合，譲受人は株式名簿の書換請求をすることはできない（同条9項）。反対株主がひとたび請求権を行使すると，会社の承諾なしには撤回できない（同条7項）。とりあえず請求しておいてその後に株価が上がったら撤回する，といった投機的行動を防止する趣旨である。なお，会社が株式買取請求の原因となる行為を中止したときは，株式買取請求も効力を失う（同条8項）。

買取価格は，原則として株主と会社との間の協議で決めるが（117条1項），協議が調わないときは，一定期間内に株主または会社が申立てをすれば，裁判所が価格を決定する（同条2項。買取価格の評価方法については⇨90頁8）。期間内に申立てがなされなかった場合，株主は買取請求を撤回できるようになる（同条3項）。会社は，たとえ裁判所が価格を決定していなくても，株式買取請求の原因となった行為が効力を生ずる日（**効力発生日**。116条3項参照）から60日経過後は，利息の支払をしなければならない（117条4項）。会社が代金の支払を引き延ばす目的で不当に価格について争うことを防止する趣旨である。もっとも，その結果として，株主が利息獲得目的で買取請求をする恐れがあるため，会社は，価格の決定の前であっても，自己が公正な価格と認める額を株主に支払うこと（**仮払い**）ができるものとされている（同条5項）。会社が同項に基づき株主に支払の提供をした額については，提供時以後の利息の支払を免れることになる（民492条参照）。

株式の買取りは，効力発生日に，その効力を生じる（117条6項）。

3 株主の義務と責任：株主有限責任の原則

株主の責任は，その有する株式の引受価額を限度とし，それを超えて会社あるいは会社債権者に対して責任を負わない（104条）。これを，**株主有限責任の原則**という。もっとも，出資により株主になろうとする者は，株式発行の効力発生前に，引き受けた株式について引受価額の全額を会社に拠出しなければならないから（34条・36条・63条・208条・281条参照），株主となった後は，もはや何の義務も責任も負わないのが原則となる。

いま仮に，会社が解散し，清算手続（475条以下）に入ったところ，会社の債務は1億円だが，資産はその全部を換価しても6000万円にしかならないことが判明したとしよう。この場合，会社は通常，破産手続に入ることになるが（484条1項参照），破産手続では，6000万円は会社の債権者に対して債権額に応じて按分され（破194条2項参照），差額4000万円については，株主は責任を負わず，債権者が損失を負担することになる。

株主有限責任は，多数の一般投資家から出資を募り，大規模な事業活動を可能にする点にメリットがあるといわれる（有限責任のメリットのより厳密な分析として，藤田友敬「株主の有限責任と債権者保護(1)」法教262号（2002年）81〜90頁，田中72〜73頁参照）。

4 株主の地位についてのコメント

(1) 株主の特徴――債権者との比較

(a) 株主と債権者　ここでは，株主という存在についてより深く理解するため，株主と会社の債権者とを比較してみよう。会社に対して資金を提供する者の中には，会社に出資をして株主になる者もいれば，会社にお金を貸し付けて債権者になる者もいる。また，会社の従業員や取引先も，会社に対して賃金債権や売買契約による代金債権等を有する債権者である。それでは，株主と債権者の違いはどこにあるだろうか。

(b) 権利内容の未確定性　第1の違いは，債権者が有する権利，とりわけ，会社から受ける経済的利益の内容は，通常は契約により具体的に定められているのに対し，株主の場合はそうでないことである。会社に資金を貸し付けた債権者は，元利金の返済期限や貸付利率といった権利内容につき，消費貸借契約で具体的に定めているはずである。これに対し，株主は，確かに会社から剰余金の配当を受ける権利を有するとされてはいるが（105条1項1号），いつ，どれだけの額の配当を受けられるかについて，あらかじめ契約で決められているわけではない。そうした事項は，事後的に株主総会の決議によって定められる

(454条。一定の要件を満たせば，取締役会で定めることも可能。459条)。そうした決議がない限り，株主は会社に対して何らの配当も請求することはできない一方，決議をすれば，決議した額だけの配当を受け取ることができる（ただし，上限がある。⇨(c))。

(c)　**劣後性**　第2の違いは，株主が会社から経済的利益を受ける権利は，一般に，債権者の権利に対して**劣後**するということである。それがとりわけ明確に現れるのは，会社が解散し，清算するときである（詳しくは，⇨第8章第2節376頁以下，同章第3節378頁以下)。この場合，会社はまず債権者に対して弁済をする必要があり，弁済後になお財産が残る場合に限り，株主は分配（残余財産分配）を受けることができる（502条)。また，会社の存続中に行われる株主への分配（たとえば剰余金の配当）の場面でも，会社法の定める**分配可能額規制**（461条・462条）により，株主の権利の債権者の権利に対する劣後化が図られている。ごく大まかにいうと，会社の資産の額から負債（債務）の額を差し引いた額（純資産額）が，その会社の資本金の額（445条1項）を下回るときは，会社は剰余金の配当その他の株主への分配を行ってはならない（資本金の額を上回っていても常に分配できるわけではないが，ここでは立ち入らない)。そして，資本金の額は決してマイナスにはならない。つまり，株主は資産の額が負債の額を上回らない限り，会社財産の分配を受けられないわけである（資産，負債や資本金の額を具体的にどのように決めるかなど，分配可能額規制の詳細は後述する。⇨295頁**3**〕)。

(d)　**残余権者としての株主**　未確定性と劣後性という特徴により，株主の会社に対する取り分は，大まかには，「会社の資産の額から，契約であらかじめ定められた債権者の取り分（会社にとっては債務の額）を差し引いた残り全部」ということになる。会社の資産の額が債務の額を下回る限り，株主には何の取り分もない半面，資産の額が債務の額を上回って増大すれば，それだけ株主の取り分は大きくなる。経済学では，このような株主の地位を指して，株主は会社の**残余権者**だと表現する。

(e)　**会社経営に対するコントロール**　株主と債権者の違いの第3は，株主は，共益権（⇨65頁(b)）を通じて会社経営をコントロールできることである。とりわけ，株主は株主総会で議決権を行使し，取締役を選任・解任する（329条1

項・339条1項)。そして会社を経営するのは，基本的に取締役の役割であるから（⇨178頁3），株主は取締役の選解任を通じ，会社経営を間接的にコントロールしうる立場にいるといってよい。このことを指して，株主は会社の実質的な所有者だといわれることがある。

(2)　なぜ株主にコントロール権があるのか，それは本当に望ましいのか

(a)　残余権者がコントロール権を有することの合理性　　それではなぜ，債権者ではなく株主に，会社経営に対するコントロールの権利が与えられるのか。なぜ，取締役を選任・解任するのは株主の権利であり，従業員その他の債権者の権利ではないのか。これに対する一応の解答は，それが通常は，社会の富を増大させるという意味で**効率的**な経営につながるということである。残余権者である株主の取り分は，会社の資産から債務を除いた残り全部であるから，株主には会社の資産を増加させる強い動機（インセンティブ）がある。これに対し，債権者は，契約で確定している自分の取り分さえ確保すれば，それ以上に会社の資産を増加させることには無関心であろう。

今たとえば，資産は3億円で債務は2億円の会社があるとしよう。会社がこのまま通常の事業を続けていれば，債務の弁済期まで資産の額と債務の額は変化せず，債務は確実に弁済されるとしよう。しかし会社には，ある新規事業の計画があり，もし当該事業を行えば，弁済期には会社の資産は99%の確率で100億円になり，1%の確率で1億円になるとしよう。当該事業は社会にとって有益であり，行うべきだと考えられる（本当にそう考えてよいかは，厳密には議論の余地がある。しかしここでは，読者のほとんどはそう考えてくれると期待して，話を進める)。株主が会社をコントロールしていれば，確実にこの事業を行うだろう。しかし債権者が会社をコントロールするとすれば，自分の債権が完済されなくなる確率が1%でも存在する事業の遂行には同意しないだろう。

(b)　問題の複雑化　　もっとも，社会の現実はいま述べたことよりも複雑であり，株主の望むように会社が経営されることが常に望ましいとは言い切れない。第1に，株主は有限責任であり（⇨71頁3），そのことから，株主の利益にはなるが社会にとっては望ましくないような経営が行われる可能性がある。上の例を変更し，会社の資産は1億円で債務は2億円であるとし，そして新規

事業を行うと，99% の確率で弁済期に会社の資産は0円となり，1% の確率で3億円になるとしよう。債権者はもちろん社会にとっても，この事業は行うべきでないことに異論はあるまい。しかし株主は，事業の遂行を望むだろう。有限責任であるから，債務超過の状態では資産がいくら減っても株主には関係ない。逆に，わずかの確率でも資産超過になれば，超過分はすべて株主のものである。こうした問題については，会社法は一定の対処をしている（⇨第5章第5節 314 頁以下）。

第2の問題は，会社が債務超過に陥る可能性をひとまず無視したとしても，果たして「債権者の取り分はあらかじめ契約で決まっている」と言い切ってよいかどうかである。会社に原材料を納入する取引先は，確かに現在の納入分については，契約で確定的な代金債権を有しているだろう。しかし，取引先は，1回限りではなく継続的に会社と取引することを予定していることが多い。けれども，そういう将来の取引数とか代金額までが，契約で全部確定していることはないだろう。また，上場会社の正規従業員は，長期間，会社に雇用されることを期待しているだろうが，採用時の契約で，定年退職までに受け取る賃金や賞与がすべて決まっているわけではない。

人々が契約の締結時に，先々起きることを予想してそれに対応する契約を結ぶことには限界があるのであり，それゆえどうしても，契約は**不完備**（これも経済学の用語）になりがちになる。その場合，従業員や取引先の取り分は，後日の会社との間の交渉により改めて決められるが，それは会社の事業が成功すれば増え，失敗すれば減るのが通常だろう。その意味で，株主だけでなく従業員や取引先も，ある程度は，会社の残余権者の地位にあるといってよい。そして，これらの者の取り分が契約で確定していない場合，株主の望むように会社が経営されることの望ましさは自明ではなくなる。株主が会社をコントロールすることによって株主の取り分は増えるが，従業員や取引先の取り分は減り，トータルで見ると社会全体の富は減少する，ということが起こりうるからである。

(3) 現実の問題にとっての重要性

以上に述べたことは理論の上だけの話ではなく，現実の法律問題においても重要性を持ちうるものである。たとえば，上場会社の株式を全部買い取ろうとする買収者が現れたとして，現在の株主はみな，高い買収価格のゆえに買収に賛成しているが，買収者は，買収後に賃上げ抑制や人員整理を行うことが予想されているため，従業員は買収に反対しているとする。このとき，取締役は買収に対して「防衛策」を行使できるだろうか（⇨第9章第5節，特に474頁**5**）。本書は会社法の入門書であり，このような問題について立ち入った議論をする余裕はない。しかし読者は，株主が会社経営をコントロールするという会社法の原則が一定の経済的合理性を持っていること，しかし，それは自明に正しいポリシーとまではいえないということを，念頭に置いていてほしい（**4**で扱った問題についての私見は，田中・章末参考文献68〜80頁）。

5　株式の内容についての特別の定め

(1)　特別の定めの内容

株式会社は，その発行する全部の株式の内容として，定款に次の(a)〜(c)のような定めを置くことができる（107条1項。登記につき，911条3項7号）。特に広く利用されているのは，(a)の譲渡制限である。

(a)　**譲渡制限**　　譲渡による当該株式の取得について，会社の承認を要するものとする定めである（107条1項1号）。定款による株式の譲渡制限については，後で詳しく説明する（⇨94頁**3**）。

その発行する株式の全部または一部について譲渡制限をしていない会社を，**公開会社**という（2条5号。「一部」でも譲渡制限をしていない株式があれば，他の株式については譲渡制限をしていてもその会社は公開会社になるという意味。なお，「一部」の譲渡制限は，種類株式発行会社であれば行える。⇨81頁(c)）。公開会社でない株式会社，すなわち，発行する株式の全部について譲渡制限をしている会社を，本書では**非公開会社**という。

Column 3-3　**公開会社・非公開会社の区別と定款自治の範囲**

会社法の「公開会社」（2条5号）は，日常用語としての公開会社とは意味が違っていることに気づいただろう。日常用語では，公開会社とは，上場会社など，その発行する株式が広く一般投資家の間に流通している会社を指すことが多い。しかし，会社法では，定款で株式の譲渡を制限していなければ，たとえ現実にはほとんど株式が流通していなくても，その会社は公開会社になる。会社法は，株式が広く流通する可能性のある会社は，実際に流通しているか否かを問わず，公開会社として規律する方針をとっているのである。

非公開会社は，公開会社に比べて強行法規により規律される事項が少なく，株主の権利内容や機関設計等について，より広い範囲で定款自治が認められる。たとえば，公開会社は取締役会を設置する必要があるが（327条1項1号），非公開会社は取締役会を設置してもよいし，設置せずに株主総会が日常的な経営判断を行ってもよい（295条1項。2項と対比）。また，クラス・ボーティング制度（108条1項9号）や，株主ごとに異なる取扱いをする定款の定め（109条2項）のように，非公開会社にしか許されない仕組みもある。

非公開会社の方が公開会社よりも定款自治が認められる理由としては，非公開会社では株主が入れ替わることは少ないため，気心の知れた株主が自分たちの望むように会社のあり方を決めることは基本的に認めてよいのに対し，公開会社の株式は広く流通する可能性があるので，株式の取得者に不測の損害を与えないように，強行法規によって会社のあり方を画一的に定める必要性が高い，ということが挙げられる。

もっとも，公開会社においても，その会社に適した組織のあり方を定めたいというニーズはありうるところであり，強行法規がそのニーズを抑圧している可能性は意識すべきである。上に述べた株式取得者の不測の損害についても，画一的なルールを法が定める代わりに，定款自治を広く許容した上で，会社法と異なる仕組みを採用した会社はそれを明確に開示させれば足りるのではないか，といった主張もありうる。現行法のあり方は自明に正しいものではなく，定款自治をどこまで広く認め，どこから法律による画一的な規制が必要になるかについては，慎重な検討が必要である。

参考文献：神田秀樹＝藤田友敬「株式会社法の特質，多様性，変化」三輪芳郎ほか編『会社法の経済学』（東京大学出版会，1998年）第15章。

(b)　取得請求権　　当該株式について，株主が会社に対してその取得を請求することができるという定めである（107条1項2号）。

(c)　取得条項　　一定の事由の発生を条件にして，会社が株主から当該株式を取得できるという定めである（107条1項3号）。取得請求権付株式の株主は，保有株式を会社に取得してもらうかどうか選択できるが，取得条項の場合は株主に選択権がない点で異なる。

取得請求権や取得条項は，発行するすべての株式の内容についての定めとしてよりは，むしろ種類株式発行会社において，ある種類の株式の内容として定められることが多いので，詳しい説明はそちらに譲る（⇨81頁(d)）。

(2)　特別の定めをする方法

107条1項の定めをするには，同条2項各号所定の事項を定款で定める必要がある。

会社が定款変更（466条。⇨第7章373頁以下）により，株式の譲渡制限をするときは，既存株主の投下資本回収の機会に重大な変更を及ぼすことや，定款自治が大幅に認められる会社形態になることに鑑み（⇨ Column 3-3 ），通常の定款変更に必要な株主総会の特別決議（466条・309条2項11号）以上に厳格な決議（**特殊の決議**）を必要とする（株主総会の決議要件については，⇨164頁(b)）。具体的には，議決権を行使できる株主の半数以上であって，かつ当該株主（＝議決権を行使できる株主）の議決権の3分の2以上の賛成が必要である（309条3項1号〔要件は定款で加重可能〕）。さらに，反対株主には株式買取請求権が与えられる（116条1項1号）。

会社が定款変更によって取得条項を定めるときは，それが強制的に株主としての地位を奪うものとなることに鑑み，株主全員の同意が必要とされる（110条）。取得請求権を定めることは，株主総会の特別決議（466条・309条2項11号）で可能である。

6　種類株式

(1)　総　　説

(a)　意　義　　株主の中には，会社を経営支配することに強い意欲を持つ者もあれば，配当等を通じた経済的利益の獲得を主たる目的とし，会社の経営にはあまり関心のない者もいる。会社法は，そうした多様なニーズに配慮して，会社が一定の事項につき，内容の異なる2以上の種類の株式（**種類株式**）を発行することを認めている（108条）。2以上の種類の株式を発行する会社を**種類株式発行会社**という（2条13号。登記につき911条3項7号）。

(b)　種類株式を発行するには　　会社が種類株式を発行するためには，発行する株式の内容について，定款で所定の事項を定める必要がある（108条2項）。もっとも，一定の重要事項を除き，定款には**内容の要綱**のみを定め，より具体的な内容については，実際に当該種類の株式を発行する時までに，株主総会または取締役会で定めることとしてもよい（同条3項，会社則20条1項）。機動的な種類株式の発行を可能にするための措置である。なお，定款の変更により，すでに発行している株式の内容を変更することもできるが，それは当該株式の株主に不測の損害を与えるおそれがあるから，後述する一定の規制に服す（⇨86頁(**d**)）。

(2)　各種の種類株式

株式会社がどのような事項について内容の異なる種類株式を発行できるかに関しては，108条1項に規定がある。以下，それらの事項の概要を説明する。複数の事項が組み合わさった種類株式を発行することも可能である（⇨84頁 Column 3-7）。なお，初学者は，以下，この項（**6**）の説明は読み飛ばし，学習が進んだ段階（おおむね，第6章まで読了した段階）で，あらためて読み直すことにしてもよいだろう。

(a)　剰余金の配当・残余財産の分配　会社は剰余金の配当あるいは残余財産の分配について，内容の異なる2以上の種類の株式を発行することができる（108条1項1号2号）。この場合，定款で剰余金の配当あるいは残余財産の分配に関する取扱いの内容を定める必要がある（同条2項1号2号。同条3項，会社則20条1項1号2号も参照）。

実務上よく使われるのは，（配当）**優先株式**，すなわち，他の株式に先んじて剰余金の配当を受けられる株式である。たとえば，会社は優先株式と普通株式という2種類の株式を発行することにし，優先株式は1株につき10円だけ，普通株式に先んじて剰余金の配当を受けられることとする，といったことが行われる。優先株式の株主（優先株主）も株主である以上，会社が剰余金の配当を決定しない限り（453条・454条），会社に対して配当の支払を請求することはできない。しかし，会社が剰余金を配当する以上は，所定の優先配当金額（上の例では1株10円）までは，まず優先株主に対して配当しなくてはならず，その配当がなされてはじめて，普通株主は配当を受けられるわけである。

Column 3-4　**優先株式のヴァリエーション**

優先株式を発行するときは，剰余金の配当に関する取扱いの内容として，1株あたりの優先配当金額のほか，参加型・非参加型の区別や累積型・非累積型の区別等の事項を定款で定める。ここで**参加型**とは，優先株主が，所定の優先配当金額の配当を受けた後，残余の配当金額について普通株主と同一の条件で配当を受けられるタイプの優先株式である。これに対し，所定の優先配当金額を超えては配当に与れないものを，非参加型という。また，**累積型**とは，ある事業年度に所定の優先配当金額全額の配当が行われなかったときに，不足額が翌事業年度に繰り越されるものをいい，そうでないものを非累積型という。非参加型かつ累積型の優先株式は，株式投資から得られるリターンがかなり固定的になる点で，その経済的性質は社債（⇨第6章第4節360頁以下）に近づく。

(b)　**議決権制限**　　会社は定款により，株主総会で議決権を行使することができる事項について，内容の異なる2以上の種類の株式を発行することができる（108条1項3号。定款で定めるべき事項につき，同条2項3号・3項，会社則20条1項3号）。たとえば，ある種類の株式（普通株式）は，株主総会の決議事項一切について議決権を有するが，もう1つの種類の株式（議決権制限株式）は，役員の選任決議（329条1項）に関しては議決権がない，といった定めができる。株主総会のすべての決議事項について議決権のない株式（**無議決権株式**）を発行することも可能である。

議決権制限株式は，会社経営にあまり関心のない投資家や，法令によって一定以上の議決権の保有が制限されている金融機関（独禁11条等）に対して発行される例が見られる。そうした株式は，議決権が制限されているのと引き換えに，配当や残余財産の分配に関しては優先されている（108条1項1号2号）ことが多いが，これは法律の要請ではない。会社法上は，議決権が制限されていながら配当等については優先権がない株式を発行することも可能である。もっとも，そうした株式の引受け手が現実にいるかどうかは，また別の問題であるが。

Column 3-5　**複数議決権株式**

会社法が認めているのは，「議決権を行使することができる事項」について内容の異なる株式を発行することだけであり，たとえば，「A種株式は1株につき1議決権，B種株式は1株につき10議決権を有する」といった定め（複数議決権株式と呼ばれ，欧米では実際に使われている）は認められない。もっとも，会社法のもとでは，株式の種類ごとに異なる単元株式数（⇨129頁**5**）を定めることができるため（188条3項），配当等の権利についてごくわずかの違いのある2種類の株式を発行するものとし，「A種株式は10株1単元，B種株式は1株1単元」と定めることにより，複数議決権株式と実質的に同じ仕組みを作ることが可能である。創業経営者の能力がその会社の業績にとってきわめて重要な会社であれば，創業経営者が大きな議決権を有することに，他の株主（投資家）も同意するということはあるであろう。（実質的な）複数議決権株式の発行会社についての分析として，太田洋ほか「米国および我が国における複数議決権株式の設計と複数議決権株式発行会社に係るM＆A(上)(下)」金判1509号（2017年）2頁，1510号2頁（同年）。

公開会社（2条5号）では，議決権制限株式の数が発行済株式の総数の2分の1を超えた場合には，会社は直ちにそれを2分の1以下にするための措置（新株の発行等）をとらなければならない（115条）。多数の投資家が株主となりうる公開会社において，経営者が議決権制限株式を利用して，少額の出資で会社を支配することに歯止めをかける措置である。

(c)　**譲渡制限**　譲渡制限は，発行する全部の株式の内容として定めることもできるが（⇨76頁(a)），種類株式発行会社が，ある種類の株式の内容としてそうした定めをすることもできる（108条1項4号）。会社法で**譲渡制限株式**（2条17号）というときは，その双方を含んでいる。種類株式発行会社が発行する種類株式のうち，一種類でも譲渡制限株式でない株式があれば，その会社は公開会社になる（2条5号。⇨76頁(a)）。

(d)　**取得請求権・取得条項**　取得請求権および取得条項も，譲渡制限と同様，発行する全部の株式の内容として定めることもできるが（⇨77頁(b)，(c)），種類株式発行会社が，ある種類の株式の内容としてそうした定めをすることもできる（108条1項5号6号）。会社法で，**取得請求権付株式**（2条18号）あるいは**取得条項付株式**（同条19号）というときは，その双方を含んでいる。

取得請求権付株式を発行するには，定款で，取得請求権の行使期間や，取得の対価の種類・内容等の事項を定める（108条2項5号・107条2項2号。108条3項，会社則20条1項5号も参照）。種類株式発行会社では，取得の対価として他の株式を交付するという定めもできる（108条2項5号ロ）。取得請求権付株式の取得の手続については，166条・167条参照。

取得条項付株式を発行するには，定款で，取得事由や取得の対価の種類・内容等の事項を定める（108条2項6号・107条2項3号。108条3項，会社則20条1項6号も参照）。種類株式発行会社では，取得の対価として他の株式を交付するという定めもできる（108条2項6号ロ）。一部の株式のみを取得するという定めもできる（同号イ・107条2項3号ハ）が，その場合の取得の方法は，持株数に応じた按分取得や抽選など，株主平等の原則（109条1項）に則ったものでなくてはならないという見解が有力である（江頭155頁注26）。取得条項付株式の取得の手続については，168条〜170条参照。

(e)　**全部取得条項**　　会社は定款により，当該種類の株式について，会社が株主総会の決議によってその全部を取得する旨の定めのある株式を発行することができる（108条1項7号。定款で定めるべき事項につき，同条2項7号・3項，会社則20条1項7号参照）。これを**全部取得条項付種類株式**（171条1項）といい，会社法により初めて発行が認められることになった種類株式である（⇨ Column 3-6 ）。

Column 3-6　全部取得条項付種類株式の利用法

会社法の立案過程では，全部取得条項付種類株式の制度は，債務超過に陥った会社の円滑な事業再建のために，株主総会の特別決議によって発行済株式全部を会社が無償取得することを可能にする仕組みとして創設された（この目的による利用については，⇨ 313頁 Column 5-15 ，田中亘「事業再生から見た会社法の現代化(2・完)」NBL 823号〔2005年〕22頁，VM 114〜117頁参照）。

もっとも，成立した会社法では，会社の債務超過は全部取得のための要件ではなくなり，また，無償だけでなく有償の全部取得もありうるものとなった。そのため全部取得条項付種類株式は，債務超過会社における利用にとどまらず，とりわけ**キャッシュ・アウト**（少数派株主全員に金銭を交付し会社から退出させること）の手段として，盛んに利用されるようになった。この目的による利用については，他の方法によるキャッシュ・アウトと併せて，第9章第2節4（394頁）で詳しく解説する。

会社が全部取得条項付種類株式の全部を取得するには，株主総会の特別決議により，取得の対価の内容やその数額，取得日等の事項を定める（171条・309条2項3号）。決議された取得対価に不満な株主は，裁判所に対し，**取得価格の決定の申立て**をすることができる（172条1項）。反対株主の株式買取請求の場合（116条2項。⇨ 69頁(3)）と同様，申立てをするためには，事前に全部取得に反対する旨を会社に通知し，かつ，株主総会で反対する必要がある（同項1号）。ただし，株主総会で議決権を行使することができない株主の場合は不要である（同項2号）。無議決権株式の株主や，株主総会の基準日（124条。⇨ 112

頁(4)）後に株式を取得した株主（東京地決平成25・9・17金判1427号54頁）がその例である。価格決定をめぐる問題については，第9章第3節2 5(4)以下（428頁以下）で詳しく解説する。なお，利息の支払および仮払いの制度につき，172条4項5項参照。

全部取得が法令または定款に違反する場合に，それによって株主が不利益を受けるおそれがあるときは，株主は全部取得の**差止め**を請求することができる（171条の3）。株主に全部取得に関する情報を与え，必要に応じて価格決定の申立てや差止請求をする機会を与えるため，会社は，取得日の20日前までに全部取得をする旨を株主に通知または公告しなければならない（172条2項3項）。また，全部取得に関する事項を記載した書面等を一定期間，会社の本店に備え置き，株主の閲覧等請求に供さなければならない（**事前開示**。171条の2，会社則33条の2）。

会社は取得日に，全部取得条項付種類株式の全部を取得する（173条）。会社は，取得日後一定期間，全部取得に関する事項を記載した書面等を本店に備え置き，株主または取得日に株主であった者（キャッシュ・アウトされた者など）の閲覧等請求に供さなければならない（**事後開示**。173条の2，会社則33条の3）。

(f)　**拒否権**　　会社は定款により，株主総会または取締役会において決議すべき事項の全部または一部について，その決議のほかに，当該種類の株式の種類株主を構成員とする種類株主総会の決議を必要とする旨の定めのある株式を発行することができる（108条1項8号。定款で定めるべき事項につき，同条2項8号・3項，会社則20条1項7号）。こうした種類株式の株主は，当該決議事項についていわば拒否権を有することから，このような株式は，一般に**拒否権付株式**と呼ばれる。

(g)　**クラス・ボーティング**　　非公開会社は，当該種類の株式の種類株主を構成員とする種類株主総会において，取締役または監査役を選任するという定めのある株式を発行することができる（108条1項ただし書・9号。定款で定めるべき事項につき，同条2項9号，会社則19条）。たとえば，A種株式とB種株式という2種類の株式を発行し，それぞれの種類株主総会で，取締役を2名ずつ選任する，といった仕組み（クラス・ボーティング）を採用できる。合弁会社やベンチャー企業で利用されている（⇨Column 3-7）。

この種類の株式は，指名委員会等設置会社でない非公開会社に限って発行が認められる（108条1項ただし書）。議決権制限株式の発行制限の場合と同様（⇨80頁(b)），公開会社の経営者支配のために濫用されるおそれがあると考えられたためである。

Column 3-7　種類株式の利用例

ここでは具体的な場面を想定して，種類株式の利用法を説明しよう。

今，企業家が投資家（ベンチャー・キャピタル：VC）の出資を得て，株式会社ベンチャー社を設立し，事業を始めるとしよう。企業家はA種，VCはB種という株式の発行を受けるものとする。VCの出資を促すには，事業がうまくいかなかったときにはVCが企業家に優先して投資の回収ができるような仕組みにした方がよさそうである。その目的のためには，B種株式を，残余財産の分配に関してA種株式に優先するものとすればよい（108条1項2号）。また，企業家は，VCよりも出資額が少なく持株数も少ないが，経営に対する主導権は確保したいと考えている。そのような場合は，A種株式の種類株主総会で3人，B種株式の種類株主総会で2人の取締役を選任するというクラス・ボーティングを採用することが考えられる（同項9号）。もっともそうした仕組みにすると，取締役会でVCの望まない決定が行われてしまう可能性がある。これを防ぐには，B種株式に対し，一定の取締役会の決議事項については拒否権を付与しておくことがよいであろう（同項8号）。

ベンチャー社は将来的に株式の上場を目指しているが，上場後は以上のような種類株式の仕組みは不要であり，何ら特別の定めのない株式（普通株式）のみを発行するものとしたい。そのためには，A種株式とB種株式を，ベンチャー社が上場を決定することを取得事由とする取得条項付株式とし（108条1項6号），取得の対価（同条2項6号ロ）は普通株式としておけばよい。首尾よく上場できた暁には，企業家とVCは，普通株式を市場で売却し，キャピタル・ゲインを得ることができるだろう。

※ベンチャー事業における種類株式の利用の実態については，保坂雄＝小川周哉「種類株式を利用したスタートアップ・ファイナンス」商事2126号（2017年）48～58頁参照。

(3)　株式の種類ごとの異なる取扱い

会社は，①株式の併合・分割（180条2項3号・183条2項3号），②株式・新株予約権の無償割当て（186条1項3号・278条1項4号），③株主割当てによる募集株式・募集新株予約権の発行（202条1項1号・241条1項1号），④合併・株式交換・株式移転における株主への対価の割当て（749条2項・753条3項・

768条2項・773条3項）に関し，株式の種類ごとに異なる取扱いをすることができる。

たとえば，非参加型の優先株式と普通株式の2種類の株式を発行している会社は，普通株式についてのみ，従前の2株を1株にする株式の併合（⇨124頁**2**）をすることができる（180条2項3号参照）。もしもこの場合に，優先株式についても株式の併合を行うとすれば，優先株主に与えられる優先配当金額が半分になってしまい，不合理である（実際に株主総会で，優先株式についても併合するという決議がされたら優先株主はどうすればいいのかという疑問が生じるかもしれない。それについては，⇨(4) (b)）。

(4)　種類株主総会：種類株主間の利害調整

(a)　**意　義**　　**種類株主総会**とは，ある種類の株式の種類株主を構成員とする会議体である。種類株主総会の決議は，定款の定めに基づいて行われる場合（任意種類株主総会）と，種類株主間の利害調整のため，法律の規定に基づいて行われる場合（法定種類株主総会）とがある（321条）。前者の例としては，拒否権付種類株式（⇨83頁(f)）やクラス・ボーティング株式（⇨83頁(g)）の種類株主総会が挙げられる。後者については後述する（⇨(b)〜(d)）。なお，決議要件と手続に関し，324条・325条参照。

会社法は，議決権を有するすべての株主を構成員とする**株主総会**（⇨第4章第2節138頁以下）と，ある種類の株式の種類株主を構成員とする種類株主総会とを区別しており，特に断りがない限り（たとえば，116条2項1号），前者が後者を包含することはない。たとえば，議決権制限株式は，あくまで「株主総会において議決権を行使することができる事項」が制限された株式であるから（108条1項3号），議決権制限株式の株主といえども，種類株主総会では完全な議決権を有することに注意しなければならない。

(b)　**法定種類株主総会：一定の行為によりある種類の株式の種類株主に損害を及ぼすおそれがある場合**　　種類株式発行会社が，一定の定款変更，株式の併合・分割，合併など，322条1項に列挙する行為をする場合において，ある種類の株式の種類株主に損害を及ぼすおそれがあるときは，当該種類の株式の種類株主総会の特別決議（324条2項の決議）による承認がなければ，その行為の効力は生じない（322条1項・324条2項4号）。

たとえば，定款を変更して優先株式の優先配当金額を削減することは，株式の内容の変更（322条1項1号ロ）にあたり，しかも明らかに優先株主に損害を及ぼすおそれがあるから，定款変更に必要な株主総会の特別決議（466条・309条2項11号）に加えて，当該優先株式の種類株主総会の承認が必要である。前に挙げた，優先株式2株を1株に併合する場合も（⇨(3)），株式の併合に必要な株主総会の特別決議（180条2項・309条2項4号）に加えて，当該優先株式の種類株主総会の承認を得る必要がある（322条1項2号）ため，不合理な株式の併合を優先株主は拒否できる。

(c)　**定款による法定種類株主総会の排除**　　法定種類株主総会は，会社の行為から種類株主の利益を守る制度であるが，その半面，何が「損害を及ぼすおそれがあるとき」に該当するかの判断が不明確であり，とりわけ合併等の組織再編（322条1項7号～14号）では，実務上は大事をとって常に種類株主総会を開くために，事実上，これらの行為について各種類の種類株主が拒否権を有するようになるという批判があった。そこで会社法は，ある種類の株式の内容として，322条1項の規定による種類株主総会の決議を要しない旨を定款で定めることができるものとした（同条2項。4項も参照）。その代わり，当該種類の株式の種類株主には株式買取請求権が与えられる（116条1項3号。なお，同号は322条1項2号～6号の行為しかカバーしていないが，これは，同項7号以下の組織再編については，反対株主は損害のおそれの有無にかかわらず，株式買取請求権を行使できるためである。⇨426頁5）。

ただし，種類株主の利害に最も重大な影響を及ぼすと考えられる，322条1項1号の定款変更については，種類株主総会を排除できない（322条3項ただし書）。

(d)　**一定の重大な変更についての特則**　　すでに発行されている株式につき，その権利の内容に特に重大な変更を加える場合，特別の規制が存在する。

①ある種類の株式に譲渡制限を付すときは，当該種類の株式の種類株主総会の**特殊の決議**（324条3項の決議をいう）による承認を要し（111条2項1号〔2号3号も参照〕・324条3項1号），かつ，反対株主は株式買取請求権を有する（116条1項2号）。なお，この場合，定款変更のための株主総会の決議は，原則どお

り特別決議によれば足りる（466条・309条2項11号）。種類株式発行会社が，発行するすべての種類の株式に譲渡制限を付すときも，各種類の株式ごとに種類株主総会の特殊の決議を要する一方，株主総会の決議は特別決議でよい（発行する全部の株式に譲渡制限を付すときに株主総会の特殊の決議を要求する規制〔⇨78頁(2)〕は，種類株式発行会社には適用されない。309条3項参照）。

②ある種類の株式に全部取得条項を付すときは，当該種類の株式の種類株主を構成員とする種類株主総会の特別決議による承認を要し（111条2項1号〔2号3号も参照〕・324条2項1号），かつ，反対株主は株式買取請求権を有する（116条1項2号）。

③ある種類の株式に取得条項を付すときは，当該種類の**株主全員の同意**を必要とする（111条1項）。つまり，種類株主総会の多数決ではできない（この場合も①と同様，定款変更のための株主総会の決議は特別決議でよい。110条参照）。②と③になぜ違いがあるかであるが，その種類の株式全部が平等の条件で取得されることになる全部取得条項付株式（171条2項参照）と異なり，取得条項付株式は，一部の株式の取得も認められる結果（108条2項6号イ・107条2項3号ハ），当該種類の株主間でも異なる取扱いがされる場合があるため（一部の株式の取得は株主平等原則に則った方法，たとえば抽選による必要があるとの見解が有力であるが〔⇨81頁(d)〕，仮にその見解に立つとしても，結果的には取得されるかどうかで違いが生じることは避けられない），より厳しい規制が課されていると理解しうる。

7　株主平等の原則

(1)　意　　義

株式会社は，株主を，その有する株式の内容および数に応じて平等に取り扱わなければならない（109条1項）。これを，**株主平等の原則**という。

同原則は，各株式の「内容……に応じて」平等に取り扱うように求めているため，種類株式発行会社が，株式の内容の違いに応じて，種類株主間で異なる取扱いをすることは同原則に反しない。また，株主の平等といっても頭数の平等ではなく，「その有する株式の……数」に応じた平等であるから，保有株式数に応じて，株主総会の議決権は増大するし（308条1項），受け取れる剰余金の配当額も増加することになる（454条3項）。

実際に，株主平等の原則の違反が認められた事例を見てみよう。

〈Case 3-1〉 Y会社の業績が悪化したため，同社の取締役は当事業年度に剰余金の配当をしないことにしたが，大株主のXがそれに反対した。そこでY会社は，Xの支持をとりつけるため，毎月80万円，中元・歳末には50万円の支払を約束し，定時株主総会で，無配当を内容とする剰余金の処分議案に賛成してもらった。その後，Y会社が約束した金額の支払を拒否したので，Xが契約の履行を求めて裁判を起こした。認められるか。

もしもXの訴えが認められるなら，事実上は大株主のXだけに配当が行われるに等しい。最高裁は，〈Case 3-1〉の元になった事件において，当該約束は「株主平等の原則に違反し，商法293条本文〔会社法454条3項に相当〕の規定の趣旨に徴して無効である」と判示した（最判昭和45・11・24民集24巻12号1963頁〔商判I-19〕）。なお，このような支払は，株主の権利の行使に関する利益供与にあたり（120条。⇨163頁 Column 4-11），今日では刑事罰の対象にもなる（970条1項。本件当時は，120条の前身である改正前商法294条の2は制定されていなかった）。

(2) なぜ株主平等の原則が必要か

従来，株主平等の原則は，「正義・衡平の理念からすべての団体に当然に認められる原則である」などと説かれてきた。しかし，正義とか衡平とかいってもその内容は曖昧であり，同原則がどういう社会的機能を果たすかについて，もっと分析的に論じる必要がある。

同原則の機能は，「株式投資の収益の予測可能性を高め，株式投資を促す」ことにあると考えるべきである。もしも同原則が存在せず，〈Case 3-1〉のような形で，多数派株主が持株比率以上に会社の利益の分配を受けることが事実上可能になるとすれば，他の株主は，株式投資からほとんど収益を期待できないことにもなりかねない。仮にそこまではいかなくても，株式投資の収益予測はきわめて困難になってしまうだろう。また，株式投資の時点ではその会社に多数派株主がいなかったが，後に大量の株式取得により多数派株主が出現した場合，他の株主の保有株式の価値が急激に低下することも考えられる。株主平等の原則は，以上のようなリスクを軽減し，株式投資を促す機能がある。

(3) 株主平等の原則の限界

株主平等の原則は，(2)で述べたように合理的な理由があるが，しかしあまりこの原則を厳格に要求すると，実際上の不都合が生じうる。たとえば，株主総会の会場に出席した株主に対して会社がお土産を渡すことも，総会に欠席した株主や書面により議決権を行使した株主（298条1項3号参照）との間で不平等な取扱いをした，ということにもなりかねない。しかし，わざわざ当日会場まで足を運んでくれた株主に対して，社会的儀礼の範囲を超えない程度の品物を渡すことまで，違法ということはないだろう。

今日の学説は，株主平等の原則も絶対のものではなく，（憲法14条の平等原則のように）合理的な理由に基づく一定の区別をすることがすべて禁じられるわけではない，という見解が有力である。もっとも，どの程度の区別なら許容されるのかはなかなか困難な問題である（⇨ Column 3-8 ）。特に，買収防衛策と株主平等の原則に関する問題については，後で詳しく説明する（⇨472頁**4**）。

Column 3-8　株主優待制度

上場会社の多くは，株主優待制度といって，毎事業年度一定の時期に，株主に対して金品（会社の店舗を利用するための優待券など）を交付している。これは株主への贈与であって剰余金の配当（453条）ではないという扱いなので，株主総会の承認（454条）も得ていないし，厳密に持株数に応じた割当てにもなっていない（たとえば，保有株式数1000株までの株主には商品券5枚，1万株までの株主には商品券10枚，といった条件にしていることが多い）。それでも，学説の多くは，同制度が株式投資（とりわけ，優待制度目当ての個人投資家による投資）の促進という合理的な目的を有していること，金額も比較的少額であること，制度の内容が相当程度に周知されていること，といった理由から，株主平等の原則には違反しないという立場をとっている。

参考文献：松井秀樹「会社法下における株主優待制度」新堂幸司＝山下友信編『会社法と商事法務』（商事法務，2008年）29～57頁。

(4) 株主ごとに異なる取扱いをする旨の定め

非公開会社では，剰余金の配当を受ける権利，残余財産の分配を受ける権利，あるいは議決権につき，株主ごとに異なる取扱いをする旨を定款で定めることができる（109条2項）。これは，法律が明文で認めた株主平等の原則の例外である。

種類株式（108条1項）の場合は，異なる種類の株式の間で異なる権利内容を定めるものであるのに対し，109条2項の定めは，保有株式の種類とは無関係な，属人的な特別扱いを認めるものである。たとえば，特定の株主の保有株式を複数議決権としたり，各株主は株主総会で「一人一議決権」を有するものとすると定めることができる。

このような定款の定めが非公開会社だけに認められる理由は，非公開会社にはより広い定款自治が認められるべきだという一般的な理由（⇨76頁 Column 3-3 ）に加えて，非公開会社では株主の個性に重きが置かれており（ある株主がいなければおよそ事業が立ちゆかない，といったことがある），このような定めに合理性があることが多いためである。

定款を変更してこの定めを置くときは，株主総会の特殊の決議が必要である（309条4項）。また，特殊の決議を経た場合にも，特別の取扱いの目的が正当性を欠いていたり，手段の必要性や相当性を欠く場合には，定款変更は無効であるとした裁判例がある（東京地立川支判平成25・9・25金判1518号54頁〔商判I-27〕）。

株主ごとに異なる取扱いをする定めは，種類株式とは異なるが，会社法第二編・第五編の適用においては，こうした異なる取扱いをされる株主は，それぞれが異なる種類の株式の種類株主であるとみなされる（109条3項）。たとえば，その株主を構成員とする「種類株主総会」（⇨85頁(4)）が開催される。

8 株式の評価

(1) 評価の必要性

株式買取請求権の価格決定（⇨69頁(3)）や，譲渡制限株式の買取価格の決定（⇨97頁(c)）など，会社法上，裁判所が，株式の価値を評価しなければならない場面は多い。上場株式のように市場価格が存在する場合は，裁判所はそれを参照することができるが，市場価格をどこまで決定的なものとしてよいかは，意見が分かれうるところである（たとえば，株式買取請求事件において，取引直前の市場価格が，株式の客観的価値を適切に反映しているか疑問とされた事例として，東京高決平成20・9・12金判1301号28頁〔百選89〕参照）。また，非上場株式の多くは，そもそも市場価格が存在しない。もしも市場価格によることができない場合，裁判所はどのようにして株式の価値を評価すべきであろうか。

(2)　DCF 法

株式の評価手法を考える上では，そもそも株式がなぜ価値をもつのかに遡って考えることが有益である。それは突き詰めれば，会社が事業活動を通じてお金を稼ぎ，そして株主が，剰余金の配当等を通じてその分配に与れる（⇨第5章第2節287頁以下）からだろう。そうだとすれば，会社が将来どれだけのお金を稼ぐかを予測し（専門的には，将来の**フリー・キャッシュ・フロー**を予測する。この言葉の正確な意味については，企業財務の教科書，たとえば，Column 3-9 引用の文献を参照），そしてその金額を，投資のリスクを加味した適切な割引率で割り引くことにより（⇨ Column 3-9 ），当該会社の現在価値（**企業価値**）を求め，そこから会社の負債の額を差し引いて株主価値を求める（これを発行済株式数で割れば，1株の価値が得られる），という方法が，理論的にはもっとも合理的な評価手法といえるだろう。この方法は，ディスカウント・キャッシュ・フロー法（**DCF 法**）と呼ばれる（DCF 法を採用した近時の裁判例として，東京高決平成22・5・24金判1345号12頁〔カネボウ事件〕参照）。

Column 3-9　DCF 法の概略

ある会社（話を簡略にするため，負債は0円とする）は，今後，毎事業年度，1株あたりC円のフリー・キャッシュ・フローを稼ぐと予想されているとしよう。するとこの会社の1株の価値は，$C+C+C+\cdots\cdots=\infty$（円），と計算することは，もとより正しくない。第一に，いますぐ得られる1円と，1年後に得られる1円は同じ価値ではない。前者はすぐに消費に回して満足を得ることができるが，後者は1年先まで待たなくてはならないから，後者の価値は前者より低いはずである（10年後に得られる1円なら，さらに価値は低い）。第二に，将来得られる金額はあくまでも予想（期待値）にすぎず，実際に得られる金額には幅（リスク）があることも，価値を下げる要因になる。いま仮に，50%の確率で2000万円あたり，50%の確率で外れる（0円になる）くじがあるとしよう。読者はおそらく，このくじを1000万円では買わず，もっと低い価格でしか買おうとしないだろう。25%の確率で4000万円あたり，75%の確率で外れるくじに対してつける価格は，もっと低いだろう。

このように，将来のキャッシュ・フローの価値は，①それが得られるまでに時間がかかることと，②実際に得られる金額に幅（リスク）があるという2つの要因により，その価値を減価する（割り引く）必要がある。いま，1年あた

りの割引率をr（たとえば7%）としよう。すると，評価時点におけるこの株式の価値（現在価値）は，

$$\frac{C}{1+r}+\frac{C}{(1+r)^2}+\frac{C}{(1+r)^3}+\cdots\cdots=\frac{C}{r}$$

と評価できる。実務では，今後数事業年度のフリー・キャッシュ・フローについては具体的に予測し，それ以後は，予測を行った最後の事業年度のフリー・キャッシュ・フローの額がその後も続くといった仮定を置いて，評価を行うことが多い。また，割引率は，無リスク資産の金利に株式投資のリスクに応じたプレミアムを足して求めるが，適切なプレミアム（ひいては割引率）がいくらであるかは議論の的になることも多い（前掲・東京高決平成22・5・24〔⇨(2)〕でも争点になった）。

参考文献：数字でわかる会社法第2章〔久保田安彦〕，鈴木一功『企業価値評価［入門編］』（ダイヤモンド社，2018年）。

(3)　DCF法以外の株式評価手法

株式の価値評価の方法としては，DCF法の他に，配当還元方式，収益（利益）還元方式，類似会社比準方式，純資産額方式といったものもある（日本公認会計士協会編『企業価値評価ガイドライン〈改訂版〉』〔日本公認会計士協会出版局，2013年〕38～80頁）。

ここで，配当還元方式とは，株主に対して将来支払われる配当の額を予測し，それを株式投資のリスクを反映した割引率で割り引いて，1株あたりの株式の価値を算出するものである。収益（利益）還元方式とは，将来の1株あたりの利益を一定の割引率で割り引く方法である（フリー・キャッシュ・フローの代わりに会計上の利益を用いる点で，DCF法と異なる）。類似会社比準方式とは，評価対象会社と事業内容等において類似する上場会社の株式につき，その市場価格が，当該上場会社の1株あたり純利益や純資産額といった会計上の数値の何倍程度であるかを調べ，これを評価対象会社に当てはめて株式の価値を推定する手法である。純資産額方式とは，評価対象会社の1株あたりの純資産額（保有資産から負債を引いた額）をもって株式の価値とするものである。そのうち，保有資産を貸借対照表（⇨272頁(3)）の計上額（簿価）によって評価するものを簿価純資産額方式といい，評価時の時価に評価し直すものを時価純資産額方式という。

(4) 株式評価の裁判例

実際の裁判例では，以上に説明したような評価方式を複数併用して，株式の価値を評価することが多い（DCF法を3，純資産方式を7の割合で併用したものとして，福岡高決平成21・5・15金判1320号20頁，収益還元法を8，配当還元法を2の割合で併用したものとして，大阪地決平成25・1・31判時2185号142頁〔百選19，商判I-37〕）。学説上は，DCF法が理論的に最も合理的な評価方式であるという立場から，他の方式の使用（併用）に批判的な立場が有力である（数字でわかる会社法〔久保田〕）。ただ，DCF法を使用する場合に必要な将来キャッシュ・フローの予測や適切な割引率の決定には困難が伴う上，評価の実践には専門的知見も要するため，特に専門家による鑑定のために高額の費用をかけられない中小規模の会社の株式価値評価が争われる事例では，裁判所がDCF法以外の方法を使用することも，一概に否定できない面はあると思われる。

最高裁は，非上場株式の価格の算定のために，「どのような場合にどの評価手法を用いるかについては，裁判所の合理的な裁量に委ねられている」とし，特定の評価手法の採用を強制することなく，裁判所の裁量による選択を許容している（最決平成27・3・26民集69巻2号365頁〔百選90，商判I-38〕。収益還元法のみを用いた株価算定を是認。ただし，非流動性ディスカウントを行ったことは違法とし，原決定を破棄した。⇨第9章第3節**2** 5 (6)(d)）。

第2節　株式の譲渡自由の原則および譲渡の制限

1 総　　説

株式は自由に譲渡できることが原則であるが，定款や契約，あるいは法律の規定により，株式の譲渡が制限されることがある。本節では，株式譲渡自由の原則について述べた後（⇨**2**），株式の譲渡制限について説明する（⇨**3**～**5**）。

2 株式の譲渡自由の原則

株主は，その有する株式を譲渡することができる（127条）。

株主は，会社の存続中は，取得請求権付株式の株主（⇨77頁(b)，81頁(d)）や株式買取請求権を行使できる場合（⇨69頁(3)）を除き，原則として会社に対して出資の返還を求める権利を有しない。そのため，投下資本の回収は株式の譲渡によることが原則である。出資の返還に対する制約と株式譲渡自由の原則とは，一方で会社の財産的基盤を確保しつつ，他方で株主に投下資本回収のルートを保障する，合理的な仕組みである。

3 定款による株式の譲渡制限

(1) 意　　義

株式の譲渡を自由にすることは一般には合理性があるが，会社によっては，株主間の個人的な信頼関係が重視され，好ましくない者が株主になることを排除したいというニーズが存在する。そこで会社法は，会社が定款により，株式の譲渡による取得は会社の承認を要するという形で**株式の譲渡制限**をすることを認める（107条1項1号・108条1項4号。なお，条文は「譲渡による……取得」の承認という言い方をしているが，単に「譲渡の承認」ということが通常であり，以下でもその表現を用いる）。株式の譲渡制限は，非上場会社では広く行われている。定款で譲渡を制限された株式を，**譲渡制限株式**という（2条17号）。譲渡制限株式を発行する方法や，発行済株式に譲渡制限を付す方法については，すでに述べた（⇨76頁(a)，78頁(2)，81頁(c)，86頁(d)）。

(2) 譲渡の承認機関

譲渡制限株式の譲渡を承認するか否かを決定する機関は，取締役会設置会社（2条7号）では取締役会，それ以外の会社では株主総会であるのが原則だが（139条1項），定款で別段の定めをすることができる（同項ただし書）。たとえば，取締役会設置会社において株主総会を承認機関としたり，代表取締役を承認機関としたりすることができる。

(3) みなし承認規定

定款により，一定の場合には会社が株式の譲渡の承認をしたものとみなす旨を定めることができる（107条2項1号ロ・108条2項4号）。たとえば，株主間の譲渡とか，一定数未満の株式の譲渡については会社の承認があったとみなすものとすれば，株主はこれらの譲渡については，会社に対して承認を求めるまでもなく，なしうることになる。

(4)　譲渡制限の公示

定款による株式の譲渡制限は，登記するとともに（911条3項7号），株券発行会社では株券にも記載する必要がある（216条3号）。登記がなければ，会社は善意の株式譲受人に対して譲渡制限の効果を対抗することはできない（908条1項）。登記はしたが，必要な株券の記載がないときも，同様に善意者に対抗できないと解すべきである（908条1項後段の「正当な事由によってその登記があることを知らなかったとき」にあたる。江頭235頁）。

(5)　譲渡制限株式の譲渡の方法

次に，譲渡制限株式の譲渡に係る承認手続を説明する（⇨**図表3-3**）。ポイントは，譲渡制限株式といえども，究極的には，株主は当初意図した譲渡先か，さもなければ会社の指定した買取人または会社自身に対し，株式を譲渡する道が確保されているということである。

(a)　**譲渡等承認請求**　　譲渡制限株式を譲渡しようとする株主は，会社に対し，当該譲渡を承認するか否かの決定をすることを請求できる（136条）。もっとも株主は，当該請求をしないまま株式を譲渡することもでき，譲渡の当事者間ではその譲渡は有効である（⇨**(6)**(a)）。その場合，取得者が会社に対して当該譲渡を承認するか否かの決定を請求することも認められる（137条1項）。ただし，取得者はこの請求を，原則として株主名簿上の株主と共同でしなければならない（同条2項〔例外につき，会社則24条〕。株主名簿については，⇨第3節101頁以下）。さもないと，譲渡制限株式を取得したと偽る者が現れ，真の株主が害されるおそれがあるからである。136条・137条による請求を，併せて**譲渡等承認請求**といい（138条柱書），その請求をした者を，**譲渡等承認請求者**という（139条2項）。

譲渡等承認請求は，請求の対象である株式の種類・数，および誰が譲受人になるのかを明らかにして行わなくてはならない（138条1号イロ・2号イロ）。その際，会社が譲渡を承認しないときは，会社または会社の指定する買取人が当

図表 3-3　譲渡等承認請求手続の流れ

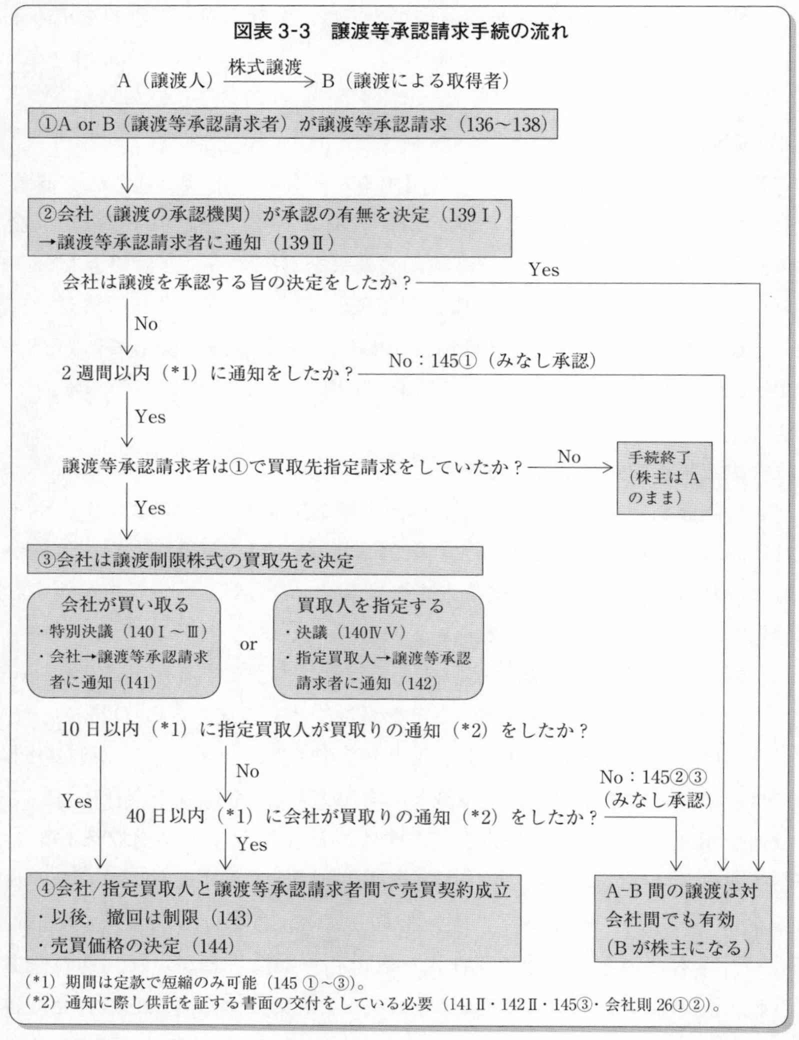

該株式を買い取ることを併せて請求すること（以下，この請求を「買取先指定請求」という）もできる（同条1号ハ・2号ハ）。譲渡等承認請求を受けた会社は，承認機関が承認の有無を決し，譲渡等承認請求者に通知する必要がある（139条）。2週間以内に通知しないと，会社は譲渡を承認したとみなされる（145条

1号〔期間は，定款で短縮のみが可能。以下に出てくる期間も同様〕)。会社が譲渡を承認すれば，会社との関係でも株式の譲渡の効力が生じる。

(b)　**会社が譲渡を承認しない場合**　　会社が譲渡を承認しない場合，譲渡等承認請求者が買取先指定請求をしていなかったときは，単に譲渡を承認しない旨の通知をすれば足りる。これに対し，譲渡等承認請求者が買取先指定請求をしていたときは，会社は自ら当該株式を買い取るか（140条1項），または別に買取人を指定しなければならない（同条4項)。当該株式の一部につき買取人を指定し，残りを会社が買い取ることもできる（同項)。

会社が株式を買い取るときは，株主総会の特別決議による必要があり（同条2項・309条2項1号)，かつ，譲渡等承認請求者は株主総会で議決権を行使できない（140条3項)。これは，会社が不当な高値で株式を買い取ること等によって他の株主が害されることを防ぐためであり，会社が特定の者から自己株式を買い取る場合に共通の規制である（⇨304頁(b))。これに対し，買取人の指定は，取締役会設置会社では取締役会の決議，それ以外の会社では株主総会の特別決議で行うが，定款で別段の定めをすることも可能である（同条5項・309条2項1号)。

会社自身が株式を買い取るときは，139条2項による承認拒絶の通知から40日以内に（必ず株主総会を開催しなければならないことから，期間が長めにとられている)，譲渡等承認請求者に通知する必要がある（141条1項・145条2号)。これに対し，会社が買取人を指定したときは，承認拒絶の通知から10日以内に，指定買取人が買取りの通知を行う必要がある（142条1項・145条2号)。通知に際しては，1株あたり純資産額に買取株式数を乗じて計算した金額を供託し，それを証する書面を交付しなければならない（141条2項・142条2項，会社則25条)。これらの規制に従った通知がなされない場合も，会社は譲渡を承認したとみなされる（145条2号3号，会社則26条1号2号)。

(c)　**会社または指定買取人による株式の買取り**　　会社または指定買取人が適法な買取りの通知をしたときは，これらの者と譲渡等承認請求者との間で，価格未決定のまま売買契約が成立し，以後，譲渡等承認請求者はこれらの者の承諾がない限り，請求を撤回することはできなくなる（143条)。売買価格は，両当事者の協議によって定めるが（144条1項7項)，協議が調わないときは，一定期間内に当事者が申立てをすれば，裁判所が売買価格を決する（同条2項〜4項・7項)。申立てをしなければ，1株あたり純資産額に買取株式数を乗じた額が売買価格になる（同条5項7項)。買取りの通知に際して供託した金銭（141条2項・142条2項）は，売買代金の支払に充当する（144条6項7項)。

(6)　譲渡制限株式についての法律問題

(a)　承認のない譲渡の法律効果　株主が，会社の承認を得ずに譲渡制限株式を譲渡したときも，譲渡の当事者間ではその譲渡は有効である（したがって，たとえば譲渡人は，譲受人に交付した株券の返還を求めることはできない。最判昭和48・6・15民集27巻6号700頁〔百選18，商判I-36〕)。問題は，譲渡の会社に対する効力である。譲渡制限株式が譲渡されたが，譲渡等承認請求がなされない場合，会社はどういう処理をすべきだろうか。

> 〈Case 3-2〉 A会社は定款で，株式の譲渡には取締役会の承認を要する旨を定めている。A会社の株主Xは，保有株式全部をBに譲渡したが，XもBも，A会社に対し譲渡等承認請求をしていない。A会社の代表取締役Yは，Xはもはや株主ではないとして，株主総会に際してXに対して招集通知を発送せず，Xの出席を認めなかった。Yの措置は，適法か。

最高裁は，会社の承認を得ない譲渡制限株式の譲渡は，「譲渡の当事者間においては有効であるが，会社に対する関係では効力を生じないと解すべきであるから，会社は，……譲渡人を株主として取り扱う義務がある」という立場をとる（最判昭和63・3・15判時1273号124頁)。この立場からは，Yの措置は違法である（〈Case 3-2〉と同種の事案でYの任務懈怠を認めた，最判平成9・9・9判時1618号138頁とその差戻審，大阪高判平成11・6・17判時1717号144頁〔百選A21，商判I-59〕参照)。

これに対し，学説の中には，株式の譲渡人はもはや株主としての法的保護に値しないとして，会社は譲渡人を株主として扱うことはできるが，その義務まではない，と説く見解もある。しかし，譲渡人を株主として扱うか否かの裁量権を会社（その代表者）に与えることは濫用の危険が大きい。〈Case 3-2〉の元になっている前掲・最判平成9・9・9も，株主がX・B派とY派に分かれて対立している中で，YがXを排除した事案である。判例を支持すべきだろう（江頭240頁注14。なお，⇨109頁 Column 3-12 参照）。

(b)　**承認のない株式譲渡が会社との関係でも有効になる場合**　定款による株式の譲渡制限の目的は，会社にとって好ましくない者が株主になることを排除し，もって譲渡人以外の株主の利益を保護するためである。したがって，いわゆる一人（いちにん）会社（株主が1人しかいない会社）の株主が，その保有する株式を譲渡するときは，他の株主の利益保護の必要はない以上，定款上の譲渡の承認機関による承認がなくても，その譲渡は会社との関係でも有効と解してよい（最判平成5・3・30民集47巻4号3439頁〔商判I-35〕）。一人会社以外の会社で，譲渡人以外の全株主が譲渡に同意している場合も，同様である（最判平成9・3・27民集51巻3号1628頁，東京高判平成2・11・29判時1374号112頁）。

(7)　一般承継人に対する売渡請求

定款による株式の譲渡制限は，「譲渡」による取得について会社の承認を要求するにとどまり，相続や合併といった一般承継によって譲渡制限株式を取得することについては，会社の承認は必要ない（134条4号参照）。しかし，一般承継人が会社にとって好ましい者でなく，その者が株主になることを排除したいと他の株主が考える場合があることも否定しがたい。そこで，定款で定めをすれば，会社が譲渡制限株式の一般承継人に対して，当該株式を売り渡すことを請求できるものとしている（174条〜177条）。相続により株式の共有が生じた場合，会社が175条1項により，共同相続人の1人に対して共有持分の売渡しを請求することも可能であると解されている（東京高判平成24・11・28資料版商事356号30頁〔上告棄却・上告受理申立不受理・最決平成25・10・10商事2013号50頁〕）。

4　契約による株式の譲渡制限

(1)　意　　義

株主間の契約によって，株式の譲渡に一定の制限（契約の一方当事者が株式を譲渡するには他方当事者の同意を要するものとしたり，譲渡先や譲渡対価の算定方法について定めること）を加えることがある。たとえば，2つの企業が共同出資して株式会社を設立し，合弁事業を行う場合，合弁事業契約の中で**先買権**（さきがいけん）条項が付されることがよくある。これは，当事者企業の一方（A社とする）が株式の売却を望むときは，他方の企業（B社とする）に通知しなくてはならず，通知を受けたB社はその株式を優先的に買い取る権利を与えられる，とするものである。こうした契約に違反して株式が第三者に譲渡された場合にも，契約の相対効の原則から譲渡自体は有効であるが，A社はB社に対し，債務不履行の責任（民415条）を負うことになる。民法420条により，損害賠償額の予定をすることも可能である（東京地判平成23・6・7判時2134号68頁）。合弁事業においては，こうした株式の譲渡制限の他，役員構成や議決権の行使方法などさまざまな事項が**株主間契約**により定められることが多い（コンメ(1)246～252頁〔武井一浩〕）。

(2)　契約による株式の譲渡制限の有効性――定款による株式の譲渡制限との違い

定款による株式の譲渡制限は，定款変更によって，すなわち株主総会の多数決によって定めることもできることから（466条・309条2項11号），反対する株主をも拘束し，また，定款による定めをした後に株式を取得した者に対しても効力が及ぶ。そこで，反対する株主の利益にも配慮し，また株式の取得者に不測の損害を与えないように，譲渡制限の内容はある程度法律で画一的に定める必要がある。会社法が，定款による譲渡制限の方法について詳細に規制し（136条以下），それ以外の方法による譲渡制限を認めていないのはそのためである。これに対し，契約による株式の譲渡制限は，契約当事者間にしか拘束力が及ばないから，契約の自由の原則に従い，株主同士がさまざまな態様の譲渡制限を約すことは基本的に認められてよい。

ただし，第1に，契約による株式の譲渡制限が，株主の投下資本回収の機会を著しく制約する場合には，公序良俗違反（民90条）を理由に無効とされる可能性がある。もっとも，当事者が契約内容を了解の上で譲渡制限に同意したのである限り，これを理由に無効とされることは例外的であろう。裁判例によく現れるものとしては，**従業員持株制度**における株式の譲渡制限がある。従業員持株制度は，従業員の士気高揚や福利厚生の目的で，従業員が会社の資金的援助を受けて，従業員持株会（民法上の組合または信託の形式をとる）を通じて自社の株式に投資する仕組みであるが（百選 20 解説〔前田雅弘〕参照），従業員が会社を退職する際は，保有株式を取得価額と同額で，持株会または会社の指定した者に譲渡することを契約上義務づけていることが少なくない。学説は，このような，従業員が株価上昇の利益（キャピタル・ゲイン）を享受できない契約の有効性を疑問視するものがあるが，判例は，契約の自由を広く認めている（最判平成 7・4・25 集民 175 号 91 頁〔百選 20，商判 I-45〕，最判平成 21・2・17 判時 2038 号 144 頁〔商判 I-46〕）。

第 2 に，株式の譲渡について会社（代表取締役，取締役会等）の同意を要求するタイプの譲渡制限は，取締役が株主を選ぶこととなり，経営者支配に利用される恐れがあることから，それが締結された状況や内容しだいでは，会社法の趣旨に反して無効と解すべき場合もあると考える（事例 480 頁〔田中亘〕）。

5 法律の規定による株式の譲渡制限

会社法上，いくつかの場面で株式の譲渡に制限が課されることがあるが，これらはそれぞれ，関連する箇所で説明する（株券発行前の株式の譲渡に関し，⇨ 106 頁(d)。子会社による親会社株式の取得に関し，⇨ 308 頁4）。

第3節　株式の譲渡・担保化と権利行使の方法

1 総　　説

株式は，譲渡によって不特定人間で流通する可能性があるため，会社が現在の株主を把握し，その権利行使を円滑に処理できるようにするための制度が必要になる。本節は，株式の譲渡（担保化も含む）と権利行使の方法に関する制度を説明する。まず，本節の説明を理解するためのキーワード（株券・振替制度・株主名簿）を挙げておこう。

(1)　株券および振替制度

かつては，すべての株式会社は**株券**の発行が義務づけられ，株式の譲渡は，その株式に係る株券の交付により行うものとされていた。歴史的には，株券は，元来目に見えない権利である株式を，証券（紙）という可視的な存在にすることにより，株式の流通を容易にする機能を持っていた。しかし，上場会社以外の会社では，株式の譲渡はそれほど頻繁でないため，あえて株券を発行する必要性が意識されず，違法に株券を発行しない会社も多く，それが後日の紛争の原因にもなっていた。他方，上場会社については，情報技術の進展に伴って，**口座振替**の方法によって株式を譲渡する仕組みが国際的にも主流となり，証券の発行・保管・移転に費用を要し，紛失・盗難のおそれもある株券の利用の強制は，むしろデメリットの方が大きくなった。

平成16年の商法改正で，会社は定款で定めれば株券を発行しなくてもよいものとされたが，会社法はさらに進んで，会社は定款で定めた場合のみ，株券を発行するものとした（214条）。また，上場会社については，平成21年1月の「社債，株式等の振替に関する法律」の施行に伴って株券が廃止され，上場株式の譲渡は，すべて同法の下での**振替制度**によって行われることになった（⇨113頁**5**）。

定款で株券を発行する旨を定めた会社を，**株券発行会社**という（117条7項。登記につき，911条3項10号）。株券発行会社でない会社を，本書では**非株券発行会社**という。

(2)　株主名簿

株式会社は，現在の株主を把握・管理するため，株主の氏名・名称および住所や持株数等を記載・記録した**株主名簿**を作成しなければならない（121条）。株式の譲渡を会社に対抗するには，譲受人は会社に請求して，株主名簿の名義を自己の名義に書き換えてもらう必要がある（詳細は後述）。日々変動しうる株主の権利行使を円滑に処理するための制度である。

(3)　説明の順序

本節では，まず，非株券発行会社（振替制度利用会社は除く）と株券発行会社のそれぞれにつき，株式の譲渡と株主の権利行使の方法を概説する（⇨**2**，**3**）。次に，株主名簿に関するルールをやや詳しく説明した後（⇨**4**），振替株式の譲渡と権利行使の方法について解説する（⇨**5**）。最後に，これらの株式の担保化の手段について説明する（⇨**6**）。

2 非株券発行会社の株式（振替株式を除く）の譲渡と権利行使の方法

非株券発行会社の株式（振替株式を除く）は，民法の一般原則により，当事者の意思表示（契約）のみによって譲渡することができる。しかし，会社その他の第三者に譲渡を対抗するには，会社に請求して，譲受人の氏名・名称および住所を株主名簿に記載・記録させる必要がある（130条1項）。これを，株主名簿の**名義書換え**という（⇨**図表3-4**）。名義書換えがされない間は，会社は原則として（例外は後述。⇨111頁(3)），当該株式の株主として株主名簿に記載・記録されている者（株主名簿上の株主あるいは**名義株主**という）を株主として扱えば足りる。また，株式が二重譲渡されたり，差し押さえられた場合も，譲受人が名義書換えをしていなければ，第二譲受人や差押債権者に対し，株式の譲渡を対抗できない。

株式の譲受人が株主名簿の名義書換えを会社に請求するときは，原則として，当該株式についての名義株主またはその一般承継人（名義株主が死亡した場合の相続人等）と共同でする必要がある（133条2項）。さもないと，株式を譲り受けたと偽って名義書換請求をする者が現れ，真の株主を害するおそれがあるからである。名義株主が名義書換請求に協力しないときは，譲受人は名義株主に対して訴えを提起し，名義書換請求をするように命じる確定判決を得れば，単独で会社に対して名義書換えを求めることができる（会社則22条1項1号。その他，例外的に譲受人が単独で名義書換請求できる場合につき，同項各号参照）。

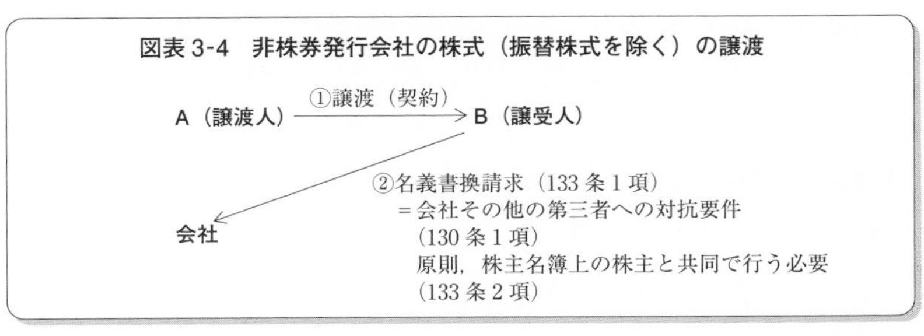

3 株券発行会社の株式の譲渡と権利行使の方法

(1) 譲渡の方法――株券の交付

株券発行会社（214条・117条7項）の株式の譲渡は，当該株式に係る株券を交付しなければ効力を生じない（128条1項。対会社間だけでなく譲渡の当事者間でも効力を生じない）。株券が発行されると，株式は株券という証券（紙）の上にいわば「付着」した状態になり，株式を譲渡するには，それに係る株券と一緒にしなくてはならなくなるのである。このような性質を持つ株券は，**有価証券**の一種である。

Column 3-10　有価証券の話

一般に，財産上の権利を表章した証券であって，その権利の移転および行使に当該証券が必要になるものを，講学上，有価証券と呼んでいる。たとえば，約束手形・為替手形や小切手は，権利の移転と行使の双方について当該証券が必要であり，典型的な有価証券である。株券も，講学上は有価証券の一種だとされるが，株式の譲渡には株券が必要であるものの，株主としての権利行使は原則として株主名簿の記載・記録に従って行われ，株券は必ずしも必要でない点で（⇨(3)），典型的な有価証券とは異なる。そのため，株券を上記の定義の例外だと説明する学説や，株券をも包含するように上記の定義自体を修正する学説もある。もっとも，株式の譲受人が株主名簿を書き換えてもらうには株券を提示する必要があるので，株券も上記の意味での有価証券に含まれるという見方もある。

(2) 譲渡の会社への対抗――株主名簿の名義書換え

株券の交付は株式譲渡の効力要件であるとともに，会社以外の第三者に対する対抗要件にもなる。しかし，譲渡を会社に対抗するには，株主名簿の名義書換えが必要である（130条2項）。ただし，非株券発行会社の場合と異なり，譲受人は株券を会社に提示すれば単独で名義書換請求ができ，名義株主と共同でする必要はない（133条2項，会社則22条2項1号）。これは，株券の占有者は適法な権利者であると推定されるからであり（131条1項），会社はその者が真の権利者ではないことを証明しない限り，名義書換請求を拒むことはできない。他方，会社が株券の提示に応じて名義書換えをすれば，たとえその者が真の株主でなくても（たとえば盗取者であっても），悪意・重過失がない限り会社は免責

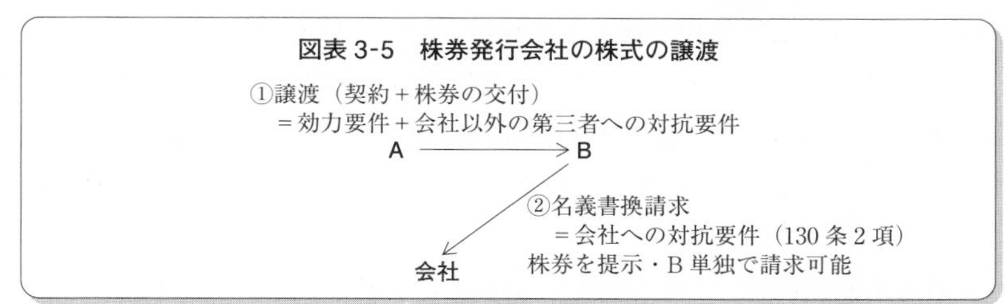

される（明文の規定はないが，131条1項の権利推定効により，手形法40条3項と同様の効果が認められると解されている）。

(3) 権利行使の方法

譲受人がひとたび株券を提示して株主名簿の名義を書き換えてもらえば，以後の権利行使（株主総会への出席や配当金の受領など）のたびにいちいち会社に株券を提示する必要はない。ただし，株式の併合（⇨124頁**2**）など，元の株券と引き換えに他の株券その他の金銭等が交付されるときは，株券の会社への提供が必要になる（219条1項2項）。

(4) 善 意 取 得

株券の占有者は真の権利者と推定されるため（131条1項），株券の占有者から株券を交付された譲受人は，悪意・重過失がない限り，当該株券に係る株式を善意取得する（同条2項）。これは，有価証券としての株券の取引の安全を，動産（民192条）の場合以上に保護するものであり，たとえ株券が盗品または遺失物であったとしても，元の株主に回復請求権は与えられていない（民193条と対比）。

(5) 株券の発行に関する諸ルール

(a) 株券発行の時期　株券発行会社は，原則として，株式の発行日以後遅滞なく，当該株式に係る株券を発行しなければならない（215条1項。2項3項も参照）。ただし，株券発行会社が非公開会社であるときは，株主の請求がない限り株券を発行しなくてよい（同条4項）。非公開会社では株式の譲渡は頻繁でないため，必要もないのに株券を発行させる理由に乏しいからである。また，公開会社であっても，当面譲渡する意思がないのに株券の発行を受けることを株主が望まないこともありうる（紛失・盗難にあい善意取得される危険もあるため）。そこで株主は，会社に対して株券の不所持を申し出ることができ，その場合は，会社は当該株主の請求があるまで株券を発行しなくてよい（**株券不所持制度**。217条）。

(b)　**株券の記載事項**　　株券には，株券発行会社の商号，当該株券に係る株式の数，定款による譲渡制限をしているときはその旨，種類株式発行会社では当該株券に係る株式の種類と内容，および株券番号を記載し，代表者が署名する（216条）。所持人たる株主の氏名を記載する必要はない。

(c)　**株券の成立時期**　　判例・学説上，争われている問題として，株券が法律上，いつの時点で成立するのかという問題がある。次の設例を見てみよう。

〈Case 3-3〉 Xは，Y会社の発起人の1人として，一定数の設立時発行株式を引き受け，Y会社の設立に伴い同社の株主となった。そこでY会社は，Xの株式に係る株券を作成し，X宛に郵送したが，郵送中にAにより盗取されてしまった。AはY会社の株主であると偽って，この株券を善意・無重過失のZに譲渡した。

判例は，株券はこれを作成して株主に交付してはじめて，法律上，株券として成立すると解している（最判昭和40・11・16民集19巻8号1970頁〔百選25，商判Ⅰ-33〕）。この立場では，〈Case 3-3〉ではいまだ株券は成立しておらず，Zは紙切れを買ったにすぎないことになる。学説の中には，それでは株式の流通の安全が害されるとして，株券はその作成時（証券に必要事項を記載し，代表者が署名したとき）に成立するとする見解もある。この見解によれば，〈Case 3-3〉ではすでに株券は成立しており，善意・無重過失でその交付を受けたZは，当該株券に係る株式を善意取得する（131条2項）。その半面，Xは自分の支配・管理の及ばないところで起こった紛失・盗難を契機にして，権利を失うことになる。上場株式については，平成21年以後，株券は廃止されているため（⇨113頁(1)），現在この問題が起きるのは非上場会社だけである。非上場株式の流通の安全を図る必要性は乏しく，元の株主を保護する判例法理を支持すべきである（江頭179頁注2）。

(d)　**株券発行前の株式の譲渡**　　株券の発行前は，株式はいまだ株券に「付着」していないから，株式の譲渡は株券により行わなくてはならないという有価証券法理（⇨104頁(1)，Column 3-10）の適用はなく，民法の一般原則により，当事者間では意思表示（契約）のみによって有効に株式を譲渡できる（神田95頁，龍田＝前田260頁）。しかし，当該譲渡は会社との関係では効力を生じない（128条2項）。これは，会社は譲渡人に株券を発行すれば足りるものとすることにより，株券発行を円滑・正確に行えるようにするためである。

Column 3-11　会社法128条の解釈

(d)の説明は，128条2項は1項の特則であり，株券発行前は1項の適用が排除されると解するものである。これに対し，株券発行前の株式譲渡にも1項が適用され，譲渡の当事者間でも効力を生じないとする説もある（論点解説66頁，江頭231頁注1)。しかしそれでは，同条1項に加えて，会社に対する効力のみを定める2項をあえて設ける趣旨が説明しがたいし，有価証券法理の適用のない株券発行前の株式譲渡を当事者間でも禁じる理由もない。

(e)　**会社が不当に株券発行を遅滞する場合**　株券発行前の譲渡が会社との関係で効力を生じないというルールは，会社が適時に（株券の発行時期については⇨(a)）株券を発行することを前提にしたものである。会社が不当に株券の発行を遅滞し，信義則に照らしても株式譲渡の効力を否定するのを相当としない状況に至った場合は，株主は意思表示のみにより，会社に対する関係でも有効に株式を譲渡することができる（最大判昭和47・11・8民集26巻9号1489頁〔百選A4，商判I-34〕)。会社が譲受人に対して株券を発行し，あるいは譲受人による株主権の行使を認めた場合も，その後に会社が譲渡の効力を否定することは，信義則（禁反言の原則）上，許されないと解すべきだろう。

(6)　株券の喪失

株券発行会社の株主が保有株券を喪失すると，株式を譲渡することができなくなるし，第三者に株式を善意取得（131条2項）されてしまう危険もある。そこで会社法は，一定の手続を経た上で喪失株券を失効させ，株主が会社から新株券の発行を受ける制度を用意している（**株券喪失登録制度**。221条～232条)。有価証券の喪失一般に関する制度である公示催告・除権決定の制度は，株券には適用されない（233条)。

株券の喪失者は，会社に請求して，株券喪失登録簿（221条・222条）に登録してもらうことができる（223条。この者を，株券喪失登録者という〔224条1項〕）。会社は株券喪失登録簿を一般の閲覧に供する（231条。224条も参照）。喪失登録された株券を所持する者がいる場合，その者は会社に対し，喪失登録の抹消を申請することができる（225条。230条1項も参照）。この場合，抹消申請者と株券喪失登録者との間で，真の株主は誰かが裁判等で争われることになろう。抹消申請がされることなく，喪失登録後1年を経過したときは，株券は失効し，株券喪失登録者は新株券の発行を受けることができる（228条）。

4 株主名簿

本項では，株主名簿に関するルールをやや詳しく説明する。以下の説明は，基本的に株券発行会社・非株券発行会社の双方に妥当するが，振替制度利用会社では，以下で説明するルールの一部は変容を受けている。それについては後述する（⇨115頁(3)，116頁(4)）。

(1) 株主名簿に関するルール

(a) 記載・記録事項　会社は株主名簿を作成し，次の事項を記載または記録しなければならない。①株主の氏名・名称および住所，②当該株主の保有株式数・種類，③当該株主の株式取得日，④株券発行会社の場合は当該株式に係る株券の番号（121条）。株主名簿は書面（帳簿，カード等）の形式でなく，電磁的記録の形式で存在していてもよい（会社法の規定が，「記載し，又は記録しなければならない」といっているのはそのため）。

(b) 株主名簿記載事項証明書の交付請求　非株券発行会社の株主は，会社に対して株主名簿記載事項を記載した書面等の交付を請求できる（122条1項～3項）。株主が保有株式を譲渡しようとするときに，自己の権利を相手方に証明できるようにすることが主な目的である。株券発行会社では，株券に権利推定効（131条1項）があるため，こうした書面等の交付請求権を認める必要はない（122条4項）。

(c) 株主に対する通知等　株主総会の招集通知などの各種の通知や催告は，株主名簿上の株主の住所（株主が別に連絡先等を通知したときはその場所）に発すれば足りる（126条1項。配当財産の交付についても同様〔457条〕。⇨294頁(5)）。

当該住所等に対して発信された通知・催告が5年以上継続して到達しない場合には，会社は以後，当該株主に対し通知・催告しなくてよい（196条1項。2項3項も参照）。また，このように長期間連絡のない株主の有する株式は，競売またはそれに代わる一定の手続に従って売却することができる（197条・198条）。

(d)　**株主名簿管理人**　　会社は，自社に代わって株主名簿の管理をする者（株主名簿管理人）を置くこともできる（123条）。上場会社は，信託銀行を株主名簿管理人にすることが多い。

(2)　株主名簿の名義書換えに関する法律問題

(a)　**一　般**　　すでに説明したとおり（⇨103頁**2**，104頁(2)），株式の譲渡は，株主名簿の名義書換えをしなければ会社に（非株券発行会社では，会社以外の第三者にも）対抗できない（130条1項2項）。名義書換請求がなされない限り，会社はたとえ譲渡の存在を知っていても，依然として名義株主を株主として扱えば足りる（名義書換未了の株式譲受人による株主権の行使を会社は拒むことができる。たとえば，名古屋地一宮支判平成20・3・26金判1297号75頁〔百選A35，商判I-29〕参照）。これにより，日々変動しうる株主の権利行使を円滑に処理することが可能になる。

もっとも，名義書換えは譲渡の対抗要件にすぎないから，会社の方から名義書換未了の譲受人を株主として扱い，名義株主はもはや株主として扱わないものとすることは可能である（最判昭和30・10・20民集9巻11号1657頁）。これに対しては，会社の代表者の恣意的な裁量を認めることにつながるとして，会社は一律に名義株主を株主として扱わなくてはならないとする反対説もある。しかし，実質的権利の帰属に応じた柔軟な処理を会社が行うことを一律に禁ずる理由はない（江頭212～213頁）。

Column 3-12　名義書換未了の株式譲受人の取扱い：譲渡の承認未了の場合との比較

判例は，譲渡制限株式が譲渡されたが譲渡の承認が未了の場合には，会社は譲渡人を株主として扱わなくてはならない（裁量の余地なし）と解する一方（前掲・最判昭和63・3・15。⇨98頁(a)），名義書換未了の場合は，会社は譲受人を株主として扱うことができるとしており（⇨(a)），首尾一貫しないようにも見える。しかし，譲渡制限株式の譲渡は会社の承認を「要する」（2条17号）

とされているのに対し，名義書換未了の場合は会社に譲渡を「対抗」できない（130条1項2項）だけであり，条文の文言が異なる。また，会社法は，譲渡制限株式の譲渡の効力を生じさせるかについては，譲渡人または譲受人の譲渡等承認請求（136条～138条）と，それを受けての承認機関の判断（139条以下）という一定の手続にかからせており，その手続に代替するような裁量権の行使を会社の代表者に認めるべきではないのに対し，株主名簿の名義書換えは，単に会社の事務処理の便宜を図るものにすぎず，その趣旨も異なる。判例の区別にも合理性があるのではないか。

(b) 譲渡制限株式の場合　譲渡制限株式を譲り受けた者が会社による譲渡の承認を受けていないときは，会社との関係で譲渡の効力は生じていないため（⇨98頁(a)），もとより名義書換えを請求することはできない（134条本文）。この場合は，会社も譲受人を株主として扱ってはならない。

Column 3-13 失念株の法律問題

株式の譲受人が名義書換えを失念している間に，会社が剰余金の配当（453条）や株式の分割（183条）を行ったらどうなるか。名義書換えをしないと会社に譲渡を対抗できないから，会社は名義株主である譲渡人に対して，配当財産や分割株式を交付すれば足りる。しかし，譲渡の当事者間ではすでに譲渡の効力が生じており，譲受人が株主というべきであるから，譲受人は譲渡人に対し，不当利得（民703条・704条）として当該の配当財産（最判昭和37・4・20民集16巻4号860頁）や分割株式（譲渡人が分割株式を売却した場合は売却金額。最判平成19・3・8民集61巻2号479頁〔百選16，商判I-32〕）の返還を請求できる。

ところが判例は，株主割当てで募集株式の発行がされた場合（202条。⇨321頁 Column 6-1 ）には，名義株主である譲渡人に対して募集株式の割当てを受ける権利が与えられたのであり利得に法律上の原因がないとはいえないとして，譲受人からの不当利得返還請求を認めない（最判昭和35・9・15民集14巻11号2146頁〔百選A5，商判I-31〕）。しかし，譲渡当事者間では譲受人が株主であるという原則をこの場合だけ変える理由はなく，不当利得の成立を認めるべきである（千葉地判平成15・5・28金判1215号52頁，神田112～113頁等）。問題は，譲受人は不当利得として何を請求できるかである。学説の多くは，発行株式それ自体は譲渡人自身の払込みにより得られたもので不当利得とはいえないとして，むしろ募集株式の発行がなされた時点の株式の時価と1株の払込金額との差額を不当利得と解する（竹内昭夫『判例商法I』〔弘文堂，1976年〕86頁）。しかしこれに対し，譲受人は払込金額を譲渡人に償還するのと引き換えに，発行株式それ自体の交付を請求できるとする見解もある（前掲・千葉地判平成15・5・28）。

なお，今日では上場株式の譲渡は振替制度によって行われ（⇨113頁5），株式の譲渡はされたが名義書換え失念のため会社には譲渡を対抗できないという事態は，制度上，生じなくなっている。そのため，今日では失念株の問題は，非上場株式についてのみ生じる。

(3) 名義書換えの不当拒絶

株主名簿の名義書換えがなければ，株式の譲受人は譲渡を会社に対抗できないが，それは会社が適法に名義書換えの事務を行うことを前提にしている。譲受人が適法に名義書換請求をしたにもかかわらず，会社が不当に名義書換えを拒絶したり，あるいは過失により名義書換えをしないときは，譲受人は名義書換えなしに，自己が株主であることを会社に対抗できると解されている（最判昭和41・7・28民集20巻6号1251頁〔百選15，商判I-28〕）。次の設例を見てみよう。

Case 3-4 株券発行会社Yの株主Aから株式を譲り受けたXは，Y会社に対して当該株式に係る株券を提示して名義書換えを請求したが，Y会社は，Aが一緒に請求してこなければ譲渡が本当になされたか確認できないとして，名義書換えを拒絶した。そうこうしているうちに，Y会社の株主総会が開催されたが，Y会社は名義株主であるAに対して株主総会の招集通知を発し，Xの総会への出席は認めなかった。

株券の占有者は真の権利者と推定され，Xは株券を提示すれば単独で名義書換請求ができるから（⇨104頁(2)），Y会社の名義書換え拒絶は不当である。もしもこの場合にも，130条を形式的に解して，Xは名義書換えなしには会社に譲渡を対抗できないとすれば，XはY会社を被告にして名義書換請求訴訟を提起し，必要なら強制執行もして，名義書換えを完了した後でなければ，株主としての権利行使はできないことになる。しかし，Y会社の違法な措置に対してXにそのような手間をとらせるのは不公平である。判例の立場では，Xは名義書換えなくして自己が株主であることをY会社に対抗できるから，Xの総会出席を認めなかったY会社の措置もまた違法と評価され，Xは株主総会決議の取消訴訟を提起することができる（831条1項1号。⇨166頁1）。

(4) 基準日制度

株式が広く流通し，頻繁に譲渡が行われる会社では，誰が株主名簿上の株主であるかを会社が確定するだけでも相当な時間を要する場合がある。そこで，会社は一定の日を基準日として，その日時点の株主名簿上の株主を，後日における権利行使ができる者と定めることができる（124条1項）。たとえば，6月25日に株主総会を開催する予定の会社が，5月31日をもって，当該総会への出席および当該総会で決議予定の剰余金の配当の受領（これが同条2項にいう「権利の内容」にあたる）に関する基準日と定めることができる。基準日以後も株式の譲渡は可能であるし，株主名簿も書き換えられるが，当該総会に出席し，配当を受領するのは，5月31日時点の株主名簿上の株主となるわけである。基準日株主と権利行使時における真の株主とがあまり乖離するのは好ましくないため，基準日は権利行使日の前3か月以内の日でなくてはならない（同条2項）。基準日を定款で定めた場合を除き，当該基準日の2週間前までに公告を要する（同条3項）。

基準日後に株主になった者は，当該基準日に係る権利を行使できないのが原則である。ただ，基準日後に募集株式の発行（199条）等によって新たに株主になった者は，会社が認めれば株主総会（または種類株主総会）における議決権行使はできる（124条4項）。しかし，基準日後に他の株主から株式を譲り受けた者の議決権行使を会社が認めることは，基準日時点の株主の権利を害するため，許されない（同項ただし書参照）。

なお，わが国の基準日に関する慣行とその問題点につき，Column 4-4（144頁）。

(5) 株主名簿の備置きと閲覧等請求

会社は，株主名簿を本店（株主名簿管理人がある場合はその営業所）に備え置き（125条1項），株主・債権者・親会社社員の閲覧等請求に供さなくてはならない（同条2項～5項）。会社は，一定の拒絶事由に該当する場合を除き，株主・債権者からの閲覧等請求を拒絶できない（同条3項）。たとえば，いわゆる総会屋であった株主が，会社に対する利益供与の要求を拒絶されたことへの報復として閲覧等請求をする場合は，株主が「その権利の確保又は行使に関する調査以外の目的」(同項1号) あるいは「株主の共同の利益を害する目的」(同項2号) で閲覧等請求を行ったものとして，会社は当該請求を拒絶できよう (最判平成2・4・17判時1380号136頁。⇨ Column 3-14)。他方これに対し，会社を敵対的に買収しようとする株主 (⇨第9章第5節464頁以下) が，他の株主に公開買付け (⇨ 388頁 2) に応じるよう勧誘する目的および委任状勧誘 (⇨ 150頁 Column 4-7) をする目的で閲覧等請求をすることは，株主の権利の確保または行使に関する調査の目的があるといえ，会社は当該目的を理由にして閲覧等請求を拒絶できない (東京地決平成24・12・21金判1408号52頁)。

Column 3-14　株主名簿閲覧等請求の拒絶事由と委任状勧誘戦

会社法制定前 (平成17年改正前商法の時代) は，株主名簿等の閲覧請求拒絶事由を定めた規定がなかったが，裁判所は，株主権の濫用を根拠に，現行法の125条3項1号2号に該当する目的での閲覧等請求を会社が拒絶することを認めていた (前掲・最判平成2・4・17。⇨69頁 Column 3-2)。会社法制定に際し，会計帳簿閲覧等請求の場合 (433条2項。⇨284頁(1)) と同一の拒絶事由が定められ (平成26年改正前125条3項)，とりわけ，閲覧等請求者が会社と競業関係にある場合が拒絶事由とされた (同項3号)。しかし，競業者に株主名簿の閲覧等をされたからといって，会社にどのような不利益が生じるのか明白でない。また，会社を買収する目的で，たとえば現取締役を入れ替えるために委任状勧誘戦を仕掛けようとする者は，その会社と同種事業を営む者 (つまり競業者) であることが多く，そうした者による株主名簿の閲覧等請求が否定されるとすれば，敵対的買収 (⇨第9章第5節464頁以下) が封殺されることにもなりかねない。そこで，平成26年改正で，同号の拒絶事由は削除された。

5 株式振替制度――上場株式の譲渡と権利行使の方法

(1) 経　　緯

伝統的に，上場株式の譲渡は株券の交付によって行われていた。株券の権利推定効 (131条1項) や善意取得の制度 (同条2項) は，株式の流通の安全を保護する機能を有していた。しかしその半面，株主は株券の紛失・盗難により容易に権利を失うリスクに晒される。また，証券の発行・管理・移転にも多額の費用を要する。そこで昭和59年に，「株券の保管及び振替に関する法律」(保振法) が制定され，口座振替の方法により株式を譲渡する制度が導入されたが，伝統的な株券の交付による譲渡も認められており，2つの譲渡方式の併存は，コスト増大の要因となっていた。

一方，社債や国債については，「社債等の振替に関する法律」による別の振替制度が存在していたところ，平成16年に同法が全面改正され，株式をも含めた総合的な振替制度として，「社債，株式等の振替に関する法律」（**振替法**）が成立し，平成21年1月に施行された（これに伴い保振法は廃止された）。上場会社はすべて同制度に参加するとともに，株券を廃止したため（平成16年法律88号改正附則6条1項参照），現在，上場株式の譲渡は，すべて同法の振替制度によって行われている。

(2)　振替機関・口座管理機関・振替口座簿

振替法の下で，**振替機関**（振替3条1項により主務大臣の指定を受けた株式会社〔振替2条2項〕。現在，(株)証券保管振替機構〔ほふり〕が唯一の振替機関である）が取り扱う株式を**振替株式**という（振替128条1項）。振替株式を取引しようとする投資家は，振替機関または**口座管理機関**（証券会社等，他人のために口座の開設

図表3-6　振替株式の譲渡方法

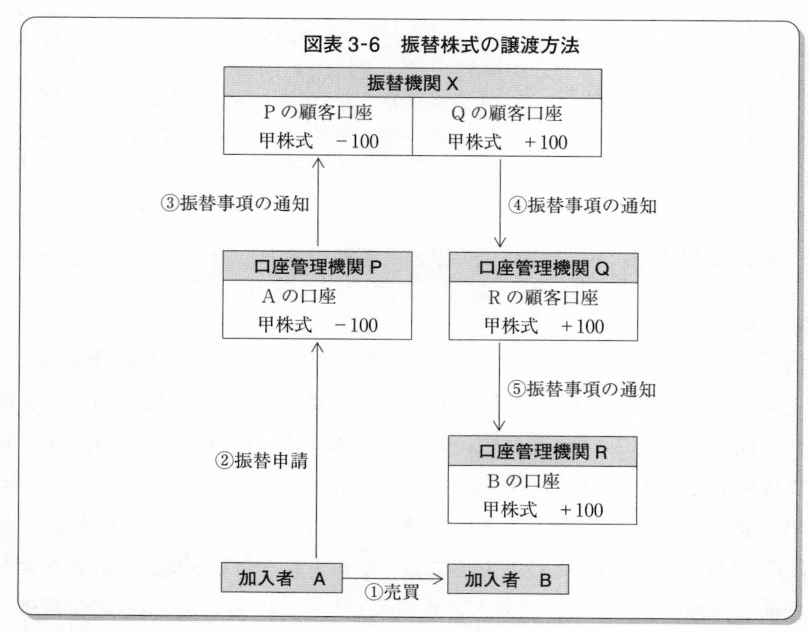

を行う一定の金融機関。振替2条4項・44条参照）に，自己の口座を開設する必要がある。口座の開設者を**加入者**という（振替2条3項）。口座管理機関は，直接，振替機関に口座を開設している場合もあるが（⇨**図表3-6**のP，Q），他の口座管理機関に口座を開設することを通じて間接的に振替機関に連なっている場合もある（⇨**図表3-6**のR）。

振替機関および口座管理機関（両者を併せて振替機関等という。振替2条5項）は，各加入者の口座ごとに区分された**振替口座簿**を備えなくてはならない（振替12条3項・45条2項・129条1項）。口座管理機関の口座は，口座管理機関自身が権利を有する振替株式についての口座（自己口座）と，加入者が権利を有する振替株式の口座（顧客口座）に区分される（振替129条2項）。各口座には，加入者の氏名（名称）・住所や保有株式の銘柄・数等の事項が記載・記録される（同条3項4項）。

(3)　振替株式の譲渡の方法

加入者Aが加入者Bに対し，甲会社の発行する振替株式100株を売却する契約をしたとしよう（⇨**図表3-6**）。この場合，Aは自己が口座を開設している口座管理機関Pに対して振替の申請を行い，そしてPはそれに応じ，Aの口座の保有欄に甲社株式100株の減少を記載・記録する。そして，当該振替に関する事項は，振替制度の階層構造を通じてP→X→Q→Rの順に各振替機関等に通知されていき，その過程で，各振替機関等の顧客口座における甲社株式の増減が記載・記録される（振替132条）。最終的に，Rに開設されたBの口座（振替先口座）の保有欄に，甲社株式100株の増加が記載・記録されることで，振替株式の譲渡の効力が生じる（振替140条）。またそれにより，会社以外の第三者に譲渡を対抗できる（振替161条3項参照。会社との関係については，⇨(4)）。

加入者の口座における保有株式の記載・記録は，株券と同様の権利推定効があり（振替143条），口座振替によって善意取得も生じる（振替144条）。もしも振替機関等の過誤により，譲渡人の保有株式数が真実よりも多く記載・記録され（超過記載），これが譲受人により善意取得されたときは，当該銘柄の振替株式総数が増加する事態が生じる。その場合，超過記載をした振替機関等が，超過数と同数の振替株式を自ら取得してこれを放棄することにより，調整がなされる（振替 145 条・146 条）。

Column 3-15　振替株式の相続の場合の権利関係

(3)の説明は，振替株式の譲渡の場合についてのものである。振替株式の株主が死亡し，相続が生じた場合には，相続人は，振替株式を当然に承継するとともに，口座開設者としての地位も当然に承継する（民 896 条）。それゆえ，改めて相続人名義の口座への振替手続をするまでもなく，当該振替株式は，相続人の所有（共同相続の場合は，共同相続人の共有⇨第 4 節 2）となり，相続人の債権者は，当該振替株式（共同相続の場合は，当該振替株式に対する共有持分）に対して強制執行をすることができる（最決平成 31・1・23 民集 73 巻 1 号 65 頁［商判 I-25］）。

(4)　振替株式の権利行使の方法

振替株式については，株式の譲渡のたびに株主名簿の名義書換えが行われるわけではなく，会社は次のような振替機関による通知に基づいて，株主の権利行使を処理する。

まず，会社が株主総会の開催や剰余金の配当等を行うため，権利行使者を決めるための一定の日（基準日〔124 条〕や効力発生日〔180 条 2 項 2 号〕等）を定めたときは，振替機関は会社に対し，当該一定の日の振替口座簿に記載された株主の氏名（名称）・住所や保有株式の種類・数等を速やかに通知しなければならない（振替 151 条 1 項。**総株主通知**）。総株主通知を可能にするため，各口座管理機関は，その直近上位機関に対して自己または下位機関の加入者に関する事項を報告しなければならない（同条 6 項）。総株主通知を受けた会社は，通知事項を株主名簿に記載・記録する。これにより，当該一定の日に株主名簿の名義書換えがされたとみなして（振替 152 条 1 項），株主の権利行使が行われる。

また，株主が会社に対して少数株主権等（振替 147 条 4 項参照）を行使しようとするときは，自己が口座を有する口座管理機関を通じて振替機関に申出をすることにより，保有振替株式の種類・数等の事項を会社に通知してもらうことができる（振替 154 条 3 項〜5 項。**個別株主通知**）。この場合，当該株主は株主名簿の記載・記録に関わりなく（同条 1 項），当該通知の後 4 週間以内に少数株主権等を行使できる（同条 2 項，同法施行令 40 条）。個別株主通知は，株主たることを会社に対抗する手段として株主名簿の名義書換え（会社 130 条 1 項）に代わるものである。それゆえ，会社が少数株主権等を行使した株主の株主資格を争った場合には，当該株主は，個別株主通知を経なければ，会社に対し少数株主権等を行使できない（個別株主通知を経ずに行われた全部取得条項付種類株式の取得価格決定の申立て〔172条〕が却下された事例として，最決平成22・12・7民集64巻8号2003頁〔百選17，商判I-44〕）。

(5) 株主への通知・公告に関する特則

会社法上，株主に対する通知が必要な場合（116条3項・181条1項・469条3項・776条2項等）には，振替株式の発行会社は，通知に代えて公告をしなければならない（振替161条2項）。振替株式は，譲渡のたびに株主名簿の名義書換えが行われることはなく，株主名簿上の株主（名義株主）と真の株主は一般に一致しないため，名義株主に通知することはむしろ不適当であるからである。

6 株式の担保化

(1) 総　説

株式を担保とした金融は盛んに行われている。以下では，株式の担保化の手段として，株式の質入れと株式の譲渡担保について説明する。

(2) 株式の質入れ

(a) 総　説　株主は，その有する株式に質権を設定することができる（146条1項）。これは，権利質（民362条以下）の一種であるが，質権設定の対抗要件については民法の適用は排除され（会社147条3項），(b)以下で述べる会社法の規定が適用される。株式質の実行は，民事執行法の担保権実行の手続に従って行うのが原則であるが（民執190条・122条〔株券発行会社の株式質の場合〕，193条・167条・161条〔非株券発行会社の場合〕），商行為によって生じた債務を担保するために設定した質権については，流質契約も可能である（商515条）。

(b) 株券発行会社の株式の質入れ　株券発行会社の株式については，株券の交付が質権設定の効力要件であり（146条2項），質権者による株券の継続占有が，会社および第三者に対する対抗要件である（147条2項）。さらに，質権設定者は，株主名簿に質権者の氏名等を記載・記録することを会社に請求することもできる（148条）。このような株主名簿への記載・記録をしたものを**登録株式質権**（149条参照）または登録質といい，株券を交付するだけで株主名簿の記載・記録をしないものを，**略式株式質権**または略式質という。

株式質も質権である以上，物上代位権が認められる（民350条・304条）。それゆえ，質権の目的である株式の発行会社が剰余金の配当や株式の分割等を行ったときは，当該行為によって質権設定者である株主が受けるべき金銭等（配当金や分割株式など）にも，株式質の効力が及ぶ（151条）。ただし，略式株式質権者が物上代位権を行使するためには，質権設定者への払渡し・引渡しがなされる前に差押えをしなければならないのが原則である（民350条・304条1項ただし書）。これに対し，登録株式質権者は，会社から直接に，物上代位の目的物である金銭等の交付を受けることができる（152条～154条）。

(c)　非株券発行会社の株式（振替株式を除く）の質入れ　　非株券発行会社の株式（振替株式を除く）の質入れは，当事者間の契約のみで効力を生じる（146条1項。2項対比）。しかし，会社および第三者に質権を対抗するには，質権設定者の会社に対する請求により，株主名簿に質権者の氏名等を記載・記録させる必要がある（147条1項・148条）。

(d)　振替株式の質入れ　　振替株式の場合には，質権者がその口座における質権欄（振替129条3項4号参照）に当該質入れに係る数の増加の記載・記録を受けることが，質権設定の効力要件であり（振替141条），かつ，それにより会社その他の第三者に質権を対抗できる（振替161条1項による会社147条1項の適用除外）。総株主通知（⇨116頁(4)）の際には，振替機関は加入者（質権者）の申出があったときのみ，発行会社に対して質権者の氏名・住所等を会社に通知する（振替151条3項4項）。このような申出による通知があるものが登録質にあたり，通知のないもの（質権者の存在が会社に知られないもの）が略式質にあたる。

(3)　株式の譲渡担保

(a)　総　説　　譲渡担保とは，譲渡という法形式を用いて実質的には目的物を担保に供することをいい，民法に明文の規定はないものの，判例・学説により認められた非典型担保の一種である。株式の譲渡担保は広く利用されている。

(b)　**株券発行会社の株式の譲渡担保**　株券発行会社の株式に譲渡担保を設定するためには，株券の交付を要する（128条1項参照）。単に株券の交付だけを行うものを**略式譲渡担保**といい，それに加えて，株主名簿の名義を譲渡担保権者の名義に書き換えるものを**登録譲渡担保**という。もっとも，譲渡担保について会社法に明文の規定があるわけではないため，名義書換えは通常の譲渡と同様の手続で行われる（133条）。その結果，会社との関係では，譲渡担保設定者ではなく，登録譲渡担保権者が株主として扱われることになる。議決権の行使等につき，登録譲渡担保権者と譲渡担保設定者との間で何らかの取り決め（議決権の行使は設定者の指図により行うなど）があるとしても，それは当事者間の内部関係を定めるにすぎず，会社には対抗できない。

略式譲渡担保であっても，株券の交付を受けている限り会社以外の第三者に権利を対抗することはでき（130条2項），被担保債務が弁済されないときは，譲渡担保権者は株券を換価して弁済に充当できるから，担保の目的は達成できる。株式を担保にしたことを会社に知られないですむこともあり，実務上は，略式譲渡担保がよく利用されるようである。

(c)　**非株券発行会社の株式（振替株式を除く）の譲渡担保**　非株券発行会社の株式（振替株式を除く）については，当事者間の契約によって譲渡担保を設定できるが，株主名簿の名義書換えをしなければ，会社その他の第三者に対抗できない（130条1項）。

(d)　**振替株式の譲渡担保**　振替株式に対する譲渡担保の設定は，通常の譲渡と同じく，振替口座簿の記載・記録によって効力を生じる（振替140条）。またそれにより，会社以外の第三者に譲渡担保の設定を対抗できる（振替161条3項参照）。総株主通知の際には，①加入者（譲渡担保権者）から申出がなければ，譲渡担保権者が株主として会社に通知されるが，②加入者が申出をすれば，譲渡担保設定者の方を株主として会社に通知してもらうことができる（振替151条2項1号）。①が，株券発行会社における登録譲渡担保に相当し（譲渡担保権者が会社から株主として扱われるという意味で），②が，株券発行会社における略式譲渡担保に相当する（譲渡担保設定者が会社から株主として扱われるという意味で）。株式を担保に供したことを会社に知られないようにするというニーズに応えるため，②の仕組みが設けられた。

Column 3-16 譲渡制限株式に対する譲渡担保の設定

判例は，譲渡制限株式を譲渡担保に供することも，会社法136条以下の承認を要する「譲渡」にあたると解している（最判昭和48・6・15民集27巻6号700頁〔百選18，商判I-36〕）。これに対しては，譲渡担保の設定を譲渡と解すると，設定者が後に被担保債務を弁済して当該株式を受け戻すときに，再度会社の承認を求める必要がある（承認を得られない可能性もある）として，批判する学説が多い（神田100頁，龍田＝前田279頁）。

しかし，譲渡担保の設定を譲渡と解しても，設定者または譲渡担保権者が譲渡等承認請求（136条・137条）をしない限り，会社は引き続き譲渡人（設定者）を株主として扱わなければならないから（前掲・最判昭和63・3・15。⇨98頁(a)），設定者が被担保債務を弁済して株式の返還を受ける際にあらためて会社の承認を得る必要はない。逆に，もしも譲渡担保設定時に譲渡等承認請求が行われたなら，139条以下の規定に則り，会社が譲渡の承認の有無を判断するのは当然である。株式の譲渡が承認されれば譲受人はいつでも株主名簿の名義書換えを求め（133条・134条1号2号），株主としての権利を行使することが可能になるのであり，それは譲渡担保であっても同様であるため，会社としては譲受人（譲渡担保権者）が会社にとって好ましい者であるかどうかを判断する必要があるからである。また，このように譲渡担保設定の段階で譲渡の承認を得た場合には，設定者が被担保債務を弁済して株式を受け戻すことは，会社から見れば一度株式を手放した者が再度株式を取得するのと同じであるから，あらためて会社の承認を要することもまた当然といえる。

そもそも，ある譲渡が譲渡担保なのかそれとも通常の譲渡なのかについては，譲渡の当事者間でも争いがある場合もありえ，まして外部者である会社には判断ができないから，譲渡担保であるか通常の譲渡であるかによって，会社が取扱いを変えることを強いる解釈は疑問である。

以上を要するに，判例は首尾一貫したルールを提供しており，何の不都合も生じない。判例を支持すべきである。

第4節 特殊な株式保有の形態

1 総 説

本節では，特殊な株式保有の形態として，株式の共有（⇨2），および信託を通じた株式保有（⇨3）について説明する。いずれも，広く存在し，経済的重要性の高い保有形態である。

2 株式の共有

(1) 意　　義

数人が株式を共同で保有すること（株式の共有）も認められる（準共有ともいう。民264条参照）。株式の共有関係は，とりわけ，共同相続によって頻繁に生じる（民898条，最判平成26・2・25民集68巻2号173頁〔民法百選Ⅲ67〕）。

(2) 共有株式の権利行使の方法

(a) 原　則　会社法は，共有株式の権利行使を会社が円滑に処理できるようにするため，一定のルールを定めている。具体的には，株式の共有者は，当該株式についての権利行使者を1人定めて会社に通知しなければ，当該株式についての権利を行使できない（106条本文。なお，126条3項4項も参照）。権利行使者は，自己の判断で株主権を行使することができ，たとえ共有者内部における合意に反していたとしても，その権利行使は有効とされる（最判昭和53・4・14民集32巻3号601頁）。

共有者がどのようにして権利行使者を定めるかについては，明文の規定がない。学説上は，権利行使者の定めは，それが共有物の処分（民251条）にも準ずる行為であるとして，共有者の全員一致を要するという見解も有力である（江頭123頁）。しかし判例は，共有持分の過半数による多数決（民252条本文）での指定を認める（最判平成9・1・28判時1599号139頁〔百選11，商判Ⅰ-22〕）。共有者の1人でも権利行使者の指定に反対する限り，共有株式全部の権利行使が妨げられるという帰結は一般には妥当といえず，判例を支持すべきであろう（事例122頁〔田中亘〕）。

(b) 例　外　権利行使者の指定・通知をしなければ株式の共有者は株主権を行使できないのが原則であるが，会社の同意があれば例外とされる（106条ただし書）。この例外規定の意味は，株式の共有者が，民法の規定（民251条・252条）に従って，共有株式の権利の行使の仕方を決めた場合には，共有者がその決定に従って株主権を行使する限り，権利行使者の指定・通知がなくても，会社が同意すればその株主権行使は有効になる，ということである。権利行使者の指定・通知は会社の事務処理上の便宜のためであり，会社がその方法によらずに共有者が権利行使をすることに同意したのであれば，これを禁じる理由はないためである。たとえば，株式の共有者が，株主総会における議決権の行使（当該総会決議が株式の処分につながるものでない限り，民252条本文の管理行為になると解される）の仕方について，共有持分の過半数（民252条本文）により決定した場合は，共有者は，権利行使者の指定・通知をしなくても，会社が同意すれば，当該決定に従った議決権の行使ができる。しかし，そうした共有持分の過半数による決定がないのに，共有者の1人が，独断で共有株式全部について議決権を行使した場合にまで，会社が同意すればその議決権行使が有効になるわけではない（最判平成27・2・19民集69巻1号25頁〔百選12，商判I-23〕）。

なお，株主権の行使について会社の同意がない場合であっても，権利行使者の指定・通知がないことを理由に会社が株主権の行使を拒否することが信義則に反するといえるような特段の事情があるときは，共有者の1人による株主権の行使が認められる（最判平成2・12・4民集44巻9号1165頁〔百選10，商判I-24〕）。

3 信託財産に属する株式

(1) 意義および利用法

特定の者（**受託者**）が，一定の目的に従い財産の管理・処分等をする仕組みを**信託**という（信託2条1項）。典型的には，受託者は**委託者**との契約（信託契約）によって財産を譲り受け，当該財産を，信託契約の定めに従い**受益者**の利益のために管理・処分する義務を負う（同3条1号）。

株式も，信託の対象とすることができる。株式の信託は，特に株式投資の仕組みとして盛んに活用されている（⇨ Column 3-17）。

また，複数の株主が議決権を統一的に行使する目的で，保有株式を1人の受託者に信託する場合もある（**議決権信託**と呼ばれる）。こうした信託も原則として有効であるが，契約内容や当事者間の関係等に照らし，株主権の不当な制限になると認められる場合は，無効とされる（大阪高決昭和58・10・27高民36巻3号250頁〔百選33，商判I-47〕。信託を用いた従業員持株制度〔⇨100頁〕において，従業員は信託契約を解除できない上，議決権は受託者である持株会理事の判断により行使され，委託者兼受益者である従業員には議決権その他の共有権行使の指図権が与えられていない場合に，株主の共有権を侵害するとして無効とした）。

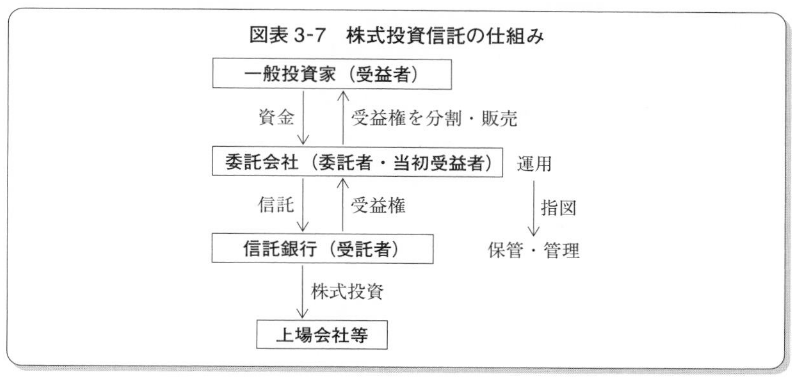

Column 3-17　**信託を用いた株式投資の一例：株式投資信託**

広く普及している**株式投資信託**（投資信託及び投資法人に関する法律2条1項にいう委託者指図型投資信託の一種）は，委託会社が一般投資家から資金を集め，これを信託銀行（受託者）に信託し，引き換えに取得した受益権を小口に分割して，資金の出し手である一般投資家に取得させる（⇨**図表 3-7**）。受託者は信託契約の定めにより，委託会社の指図に従って信託財産を上場株式等に投資する。投資先の会社の株主になるのは受託者（信託銀行）であるが，議決権などの権利の行使は，委託会社の指図に従って行うことになる。そして株式投資の損益は，受益者である一般投資家に帰属する。この仕組みにより，株式投資の運用面と管理面とを分離し，それぞれについて，一般投資家は専門業者（運用面は委託会社，管理面は信託銀行）のサービスを受けることができるようになる。

株式投資信託の委託会社のように，業として他人のための資金を運用する投資家を**機関投資家**という（⇨161頁 Column 4-10 ）。

(2)　信託財産に属する株式についての対抗要件

会社法は，信託財産に属する株式についての対抗要件について規定している。

非株券発行会社の株式（振替株式を除く）が信託財産に属する場合，その旨を株主名簿に記載・記録しなければ，会社その他の第三者に対抗できない（154条の2第1項）。たとえば，受託者自身の債権者が当該株式を差し押さえた場合，株主名簿の記載・記録がなければ，受託者または受益者が当該差押えを排除すること（信託23条1項5項）はできない。これに対し，株券発行会社では，株主名簿の記載・記録がなくても，株式が信託財産に属することを対抗できる

(会社154条の2第4項)。株券発行会社では，株主名簿への記載・記録は，会社以外の第三者に対する株式移転の対抗要件ではないこと(130条2項)からすると，株式が信託財産に属することの対抗要件としても，株主名簿への記載・記録を要求する合理性は乏しいためである(コンメ(3)493頁〔森下哲朗〕)。

振替株式については，振替口座簿の記載・記録が，信託財産に属することの対抗要件になる(振替142条・161条1項)。

第5節　投資単位の調整

1 総　　説

ある上場会社の株式の時価総額が100億円程度だとすると，もしもその会社が100万株の株式を発行していれば，1株の価格は1万円程度になり，もし1億株発行していれば100円程度になる。会社がどの程度の数の株式を発行するか，そしてそれに伴って，株式投資の単位である1株の価格をどの辺りにもっていくかは，各会社にとって重要な問題である。1株の価格が高すぎると，特に個人投資家は手を出しにくくなり，株式の需要が減ってしまうかもしれない。しかし逆に，1株の価格が低すぎると，極端に多くの零細株主が生まれ，会社の事務処理の費用がかさむだろう。会社法は，各会社がこれらの事情を考慮の上で，株式の併合や分割によって，発行済株式数，ひいては1株あたりの価値を調整する自由を認めている。また，一定数の株式を一単元とし，単元に満たない株式については限定的な権利のみを認める制度(単元株制度)を採用することもできる。本節は，これらの株式投資の単位の調整手段を説明する。

2 株式の併合・分割

(1) 意　　義

株式の併合(180条1項)とは，数個の株式(たとえば10株)を合わせてそれよりも少数(たとえば1株)の株式にすることである。**株式の分割**(183条1項)とは，その逆に，既発行の株式を分割してそれよりも多い数の株式にすることである。どちらの行為も，各株主の保有株式数を一律・按分比例的に減少または増加させる行為であり，会社財産には変動を生じさせない。

株式の併合・分割は，投資単位の調整の手段として用いられるほか，特に株式の併合は，少数株主のキャッシュ・アウトのためにも用いられる（⇨第9章第2節4 2〔396頁〕(1)）。

(2) 株式の併合の手続

(a) **株主総会の特別決議**　株式会社が株式の併合をするには，株主総会の特別決議により，併合の割合（たとえば，100株を1株にする場合，併合の割合は100分の1）や効力発生日等を定める必要がある（180条2項・309条2項4号）。たとえば，併合割合が10分の1の株式の併合をすれば，9株以下しか株式を持たない株主は株主の地位を失ってしまう（併合により端数となる株式は金銭処理される。⇨4）というように，株式の併合は，株主の利害に重大な影響を与えるため，株主総会の特別決議を要求したものである。取締役は，株主総会で株式の併合を必要とする理由を説明しなければならない（180条4項）。

(b) **発行済株式総数に関する規制**　株主総会決議においては，効力発生日における発行可能株式総数（113条参照）を定める必要がある（180条2項4号）。公開会社では，当該総数は，効力発生日における発行済株式の総数の4倍を超えることができない（同条3項）。たとえば，従前の発行可能株式総数1万株，発行済株式の総数3000株の公開会社が，2株を1株にする株式の併合をする場合，効力発生日における発行可能株式総数を6000株（効力発生日の発行済株式の総数1500株の4倍）以下に定める必要がある。公開会社では，取締役会の決議によって新株の発行をすることができるが，既存株主の持株比率の低下の限界を画すため，発行可能株式の総数は発行済株式の総数の4倍を超えてはならないものとされており（37条3項・113条3項。⇨322頁(2)），その規制を株式の併合の場面にも及ぼすものである。

(c) **株主の保護**　株式の併合は株主の利害に重大な影響を与えるため，次のような株主保護の手続がとられる。ただし，この項で説明する規制は，単元株制度（⇨5）をとる会社が，単元株式数に併合割合を乗じると1未満の端数が生じないような株式の併合をする場合（たとえば，100株を1単元とする会社が，10分の1の割合の株式併合をする場合）は，適用されない（182条の2第1項）。この場合，併合により1株未満の端数となるのは従前の単元未満株式に限られることから，株主の利害に与える影響が小さいためである。

①端数株式の買取請求権。株式の併合により端数となる株式の株主は，会社に対し，自己の有する株式を**公正な価格**で買い取ることを請求することができる（182条の4）。買取請求の要件や買取価格の決定の手続は，116条の反対株主の株式買取請求の場合と同様である（⇨69頁(3)）。価格決定に関する問題については，第9章第3節**2** 5 (4)以下（428頁以下）で詳しく説明する。

②差止請求権。株式の併合が法令または定款に違反する場合において，株主が不利益を受けるおそれがあるときは，株主は，会社に対し，当該株式の併合をやめることを請求することができる（182条の3）。

③事前の情報開示。会社が株式の併合をする場合には，効力発生日の2週間前までに，株主に対し，株式の併合に関する株主総会の決議事項（180条2項各号）を通知または公告しなければならない（181条）。また，株式の併合に関する事項を記載した書面（または電磁的記録）を会社の本店に備え置き，株主の閲覧等請求に供さなければならない（**事前開示**。182条の2，会社則33条の9）。株主に対して株式の併合に関する情報を開示し，必要に応じて，端数株式の買取請求（182条の4）や差止請求（182条の3）をする機会を株主に与える趣旨である。

④事後の情報開示。株式の併合をした会社は，効力発生日後遅滞なく，株式の併合に関する事項として法務省令に定める事項を記載した書面（または電磁的記録）を会社の本店に備え置き，株主および効力発生日に株主であった者（併合により株式の地位を失った者）の閲覧等請求に供さなければならない（**事後開示**。182条の6，会社則33条の10）。

(d)　株式の併合の効力発生　　株式の併合は，会社の定めた効力発生日（180条2項2号）に，効力を生じる（182条1項）。会社は効力発生日に，発行可能株式総数についての定め（180条2項4号。⇨(b)）に従い，定款の変更をしたとみなされる（182条2項）。

(3)　株式の分割の手続

(a)　分割の決議　　会社が株式の分割をするには，分割の割合，基準日および効力発生日等の183条2項各号に定める事項について，非取締役会設置会社では株主総会の決議（普通決議），取締役会設置会社では取締役会の決議によって，それぞれ定めなければならない（183条2項）。株式の併合と異なり，株主総会の特別決議は必要ない。株式の分割の場合も，端数の発生によって株主の持株比率が変化しうる（たとえば，1株を1.5株とする株式の分割を行えば，分割前に2株を有していた株主は3株の株主になる一方，1株のみ有していた株主は1株のままであり〔端数は金銭処理される。⇨**4**〕，持株比率が変化する）ため，株主の利害に影響しないとはいえないが，株式の併合と違い，株主の地位を失う株主はいない点で，株主の利害に与える影響は相対的に小さいと考えられたものであろう。

(b)　**発行可能株式総数に関する規律**　　会社が株式の分割をする場合，会社の発行済株式の総数は増加するが，それにより，会社の発行可能株式総数（37条・113条）が当然に増加することはない。もっとも，株式の分割をする際には，その割合の限度で，定款変更に本来必要な株主総会の特別決議（466条・309条2項11号）を経ずに，発行可能株式総数を増加することができる（184条2項）。たとえば，1株を2株にする株式の分割をする際には，発行可能株式総数を2倍まで増加できる。

(c)　**公　告**　　会社は，分割に係る基準日の2週間前までに，分割の決議事項を公告しなければならない（124条3項）。株主に株式の分割について知らせるとともに，株主名簿の名義書換えをしていない株主に名義書換えの機会を与える趣旨である。

(d)　**効力の発生**　　株式の分割は，会社の定めた効力発生日に効力を生じ，基準日において株主名簿に記載・記録された株主は，分割前の株式に分割の割合を乗じて得た数の株式を取得する（184条1項）。

Column 3-18　違法・不公正な株式の分割の差止め・無効

株式の分割については，併合の場合（182条の3）と異なり，株主の差止請求権を認める旨の明文の規定は存在しない。裁判例は，株式の分割をしても既存株主は持株比率の低下等の不利益を受けることはないことを理由に，募集株式の発行等の差止めの規定（210条）は類推適用されないとしている（東京地決平成17・7・29判時1909号87頁）。しかし，株式の分割も，必要な機関の決議（183条2項）を欠くなどの違法がある場合や，買収防衛策のための利用などその手法によっては「著しく不公正」なものとなる場合もあるから，同条の

> 類推適用を認めるべきである（田中亘「判批」野村修也＝中東正文編『M＆A判例の分析と展開』〔経済法令研究会，2007年〕116頁）。
> また，株式の分割がいったんなされた後は株式取引の安全に配慮する必要があるから，その無効の主張については，新株発行無効の訴えの規定（828条1項2号・840条）を類推適用すべきであろう（江頭297頁）。

3 株式無償割当て

株式無償割当て（185条）とは，株式会社が株主に対し，保有株式数に応じて，当該会社の株式を無償で交付することである。たとえば，株主に対し，保有株式1株につき0.5株を無償で交付するといったことである（1株未満の端数が生じたときは金銭処理する。⇨4）。これは，既存の株式1株を1.5株にする株式の分割（183条）と経済実質を同じくする。ただし，種類株式発行会社が株式の分割をする場合，各株主の有する株式の種類は従前と同じでただ株式数だけが増えるのに対し，株式無償割当ての場合には，各株主が従前有していた種類株式とは異なる種類株式を割り当てることも可能である。また，株式の分割の場合は，会社の有する自己株式（⇨302頁1）も当然分割されるのに対し，株式無償割当ての場合は，自己株式は株式の割当てを受けない点も異なる（186条2項）。

株式無償割当てをするときは，株主総会（取締役会設置会社では取締役会）で，割当株式数・種類や効力発生日等の事項を定める（186条〔決定機関については定款で別段の定めが可能〕）。効力発生日に，株主は無償割当てを受けた株式の株主になる（187条）。

4 端数の処理

株式会社が株式の併合・分割あるいは無償割当て等を行うことにより，1株未満の端数が生じる場合には，会社はその端数の合計数に相当する数の株式を売却し，売却金を株主に交付する（234条・235条）。たとえば，100株を保有する株主が1名，5株を保有する株主が10名いる会社が，10株を1株とする株式の併合を行うと，従前の100株の株主は10株の株主になるが，従前5株を保有していた10名の株主の保有株式は，いずれも0.5株の端数になる。この端数を合計すると，0.5×10＝5株となるから，会社は5株の株式を売却した上，売却金を10等分して従前の5株株主に分配する，ということである。売却方法は，原則として競売であるが（234条1項・235条1項），市場価格のある株式については市場価格により，市場価格のない株式は裁判所の許可を得て競売以外の方法（相対の取引）による売却も認められる（234条2項3項・235条2項）。また，会社が買い手となることもできる（234条4項5項・235条2項）。

5 単元株制度

(1) 意　義

単元株制度（188条以下）とは，会社が定款により，一定数（たとえば100株）の株式を一単元とし，単元株主には完全な権利を認めるが，単元に満たない数の株式しか有しない株主（単元未満株主）に対しては限定された権利のみを認める制度をいう。単元未満株主には議決権がないため（189条1項），会社は株主総会の招集通知を発しなくてよく（298条2項かっこ書・299条1項参照），費用を節約できる。他方，単元未満株主も，最低限，会社から配当等の経済的利益を受ける権利は有する。会社が投資単位を現在よりも大きくしたいが，株式の併合によって多数の株主の地位を奪うことに抵抗があるときなどは，単元株制度の採用が有効である。単元株制度は，特に上場会社で広く利用されている。

単元株制度を採用するには，定款で一単元の株式の数を定めなくてはならない（188条1項。手続に関して，190条・191条・195条参照）。一単元の株式数は，1000および発行済株式の総数の200分の1にあたる数を超えてはならない（188条2項，会社則34条）。種類株式発行会社では，一単元の株式数は種類ごとに定める（188条3項）。これを利用して複数議決権に近い制度を採用できることは，すでに述べた（⇨80頁 Column 3-5）。

(2) 単元未満株主の権利

単元未満株主には議決権がない（189条1項。「一単元一議決権」になる。188条1項・308条1項ただし書）。株主提案権など，議決権を前提にした権利も有しない（303条等）。

それ以外の権利は，原則としてすべて有するが，定款で排除することができる（189条2項）。ただし，残余財産分配請求権（同項5号）や配当請求権（同項6号，会社則35条1項7号ニ）等の一定の自益権は，定款によっても排除できない（189条2項各号）。他方，単元未満株式を譲渡により取得した場合の株主名簿の名義書換請求権（133条）は，定款で排除可能である（会社則35条1項4号参照）。さらに，株券発行会社は，単元未満株主には株券を発行しないことを定款で定めることができる（会社189条3項）。このような定款の定めにより，会社は単元未満株式の流通を阻止できる。

(3)　単元未満株主の投下資本回収方法

(2)の最後に述べたような定款の定めがある場合はもちろん，定めがなくても，単元未満株主の権利は制限されていることから，その譲渡は実際上困難となるおそれがある。そこで会社法は，単元未満株主はいつでも会社に対して保有単元未満株式の買取りを請求することができるものとしている（192条）。上場株式のように，株式に市場価格があるときは，その価格を基準に買取価格が決まる（193条1項1号，会社則36条）。そうでないときは，当事者間の協議により決し（会社193条1項2号），協議が調わないときは申立てにより裁判所が買取価格を決する（同条2項以下）。単元未満株主の権利が制限されているからといって，買取価格を割り引くようなことはしない。

なお，会社が定款で定めれば，単元未満株主は会社に対し，自己の保有株式と併せて単元株式になるために必要なだけの株式（それだけの自己株式を会社が有している場合に限る）の売渡しを請求することができる（194条）。

参考文献

□田中亘「会社法制と企業統治――企業所有の比較法制度分析」中林真幸＝石黒真吾編『企業の経済学――構造と成長』（有斐閣，2014年）67～100頁

第4章
機　関

株式会社の意思決定をし，株式会社の運営に関わる者を「機関」という。会社法は，各種の機関の間の役割分担を定め，相互の牽制を可能としている。会社法は各機関の権限について規制を置くが，会社の事業の規模や特性によって望ましい分業のあり方は異なるため，各会社がどのような機関を置くかについて会社の自治を広く認めている。

本章では，まず機関の分化および機関設計について解説した後に，株主総会，取締役会設置会社（ここでは指名委員会等設置会社，監査等委員会設置会社でないもの），指名委員会等設置会社，監査等委員会設置会社，非取締役会設置会社の順序で，機関に関する法規制の内容とその理由を見ていく。機関設計により各機関の権限や機関に関するルールの内容が異なるので，まず取締役会設置会社を念頭に置いて各機関のルールを押さえ，その上で他の機関設計の会社ではどのようにルールが異なるのかを学ぶことが効率的だからである。なお，本章では指名委員会等設置会社と監査等委員会設置会社とを合わせて「委員会型（会社）」と呼ぶことがある。最後に，機関の活動が適正に行われなかった場合に生じる問題として，役員等の義務と責任を取り上げる。

第1節　機関総説

1 総　　説

法人の意思決定をし，あるいは法人の運営に携わる者を**機関**という。株式会社においては，株主総会・取締役・取締役会・会計参与・監査役・監査役会・会計監査人・監査等委員会・指名委員会等および執行役が機関とされている（会社法第二編第四章）。このうち株主総会と取締役はすべての株式会社が必ず設置しなければならない機関である（295条1項・326条1項）。その他の機関を設置するためにはその旨の定款規定を置くことが必要になる（326条2項）。法律は，株式会社の経営が効率的に行われることと，会社の利害関係者（株主・会社債権者など）の利益を守って適正に行われることの両方に配慮して，機関の設置につき各会社の自治をある程度認めつつ，機関設計のパターンに一定の制約を加えている（⇨4）。

各会社は，法律の規制の枠内で，会社の資産・事業の規模や，公開性，適切な人材を得られるか否かなどの事情を勘案して，最もふさわしいと思われる機関設計を工夫することになる。

あるポストが機関にあたるか否かによって法律要件・効果に違いが生じることはないため，「機関」概念の定義を論じることには実益はない（同旨，田中140頁）。機関に類似するものとして，臨時に設置される各種の検査役があるが，本書では，変態設立事項についての検査役（33条）は第2章第2節5(1)（40頁）で，株主総会検査役（306条）は本章第2節4(3)(c)（165頁）で，業務・財産状況調査のための検査役（358条）は第5章第1節5(2)（286頁）で，募集株式の発行で現物出資財産の価額調査を行う検査役（207条）は第6章第2節23(2)（335頁）で扱う。

Column 4-1　所有と経営の分離・経営者支配

持分会社では出資者（社員）しか経営者（業務執行者）になれないのに対して，株式会社では出資者（株主）でない者が取締役ないし執行役として会社経営にあたることが制度上可能となっている。このことを「**所有と経営の分離**」

（または「所有と経営の制度的分離」）という。この言葉は，機関の分化した株式会社の法制度上の特徴を指すものである。

上場会社のような大規模・公開企業においては，所有者である株主が会社の経営に携わることはほとんどなく，専門経営者が経営を行い，会社を支配している。このような現象は「**所有と支配の分離**」（または「経営者支配」）と呼ばれる。この状況においては，経営者は，株主の利益の最大化以外の目標（経営者個人の利益や企業組織の存続・規模拡大）を追求する危険がある（江頭49～51頁）。この問題について，会社法は経営者を監視するメカニズムの整備と，経営者に株主利益に連動した報酬を与えるメカニズムを用意することなどによって対処している（⇨181頁 Column 4-14，222頁 Column 4-32）。

2 本章の構成

株式会社においては，どのような機関を設置するか（機関設計）によって適用されるルールが異なる場合がある。たとえば，取締役会を設置すると株主総会の権限が縮小する（⇨140頁(2)）。また，監査役を設置すると，株主が有する取締役を監視・監督する権限が縮小する（⇨202頁 Column 4-24）。

株式会社が必ず設置しなければならない機関は株主総会と取締役だけであるが，本書では，取締役会を設置している会社で，かつ委員会型会社（監査等委員会設置会社・指名委員会等設置会社）でないものをまず解説する。

具体的には，第3節「取締役会設置会社」では，取締役・取締役会（および代表取締役）・監査役・監査役会・会計監査人・会計参与の順序で，会社法のルールを説明し，その後で第4節「指名委員会等設置会社」・第5節「監査等委員会設置会社」・第6節「非取締役会設置会社」でこれらの会社に異なるルールが適用される場合について解説する。また，第2節「株主総会」においても，取締役会設置会社のルールを中心として解説する（非取締役会設置会社のルールとの対比は，⇨148頁 Column 4-6）。

また，取締役などの役員等の義務については，一般的な教科書とは異なり，役員等の損害賠償責任をあわせて後でまとめて取り扱う（⇨第7節221頁以下）。

3 各種機関の概観

大会社かつ公開会社（⇨23頁(4)(5)）である株式会社の多くが（≒上場会社の

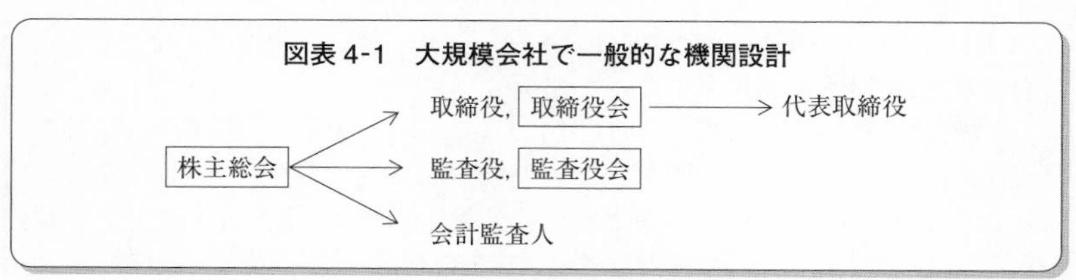

図表 4-1　大規模会社で一般的な機関設計

約68%が)，株主総会＋取締役会＋監査役会＋会計監査人，という機関設計を採用している（⇨**図表 4-1**。⇨211頁 Column 4-30 ）。しかし，中小企業の多くはより簡易な機関設計を採用するものが多い。

機関のうち，取締役・会計参与・監査役を「**役員**」(329条1項)，これに執行役・会計監査人を加えたものを「**役員等**」(423条1項）と呼ぶ。

ここでは，取締役会設置会社を念頭に置いて，各機関の主な任務・機能を見ていく。**株主総会**は，議決権を有する株主が決議に参加して（309条)，役員・会計監査人を選任する（329条1項）ほか，株式会社の組織・運営などに関する重要事項について決定する機関である。会議体としての性格上，総会自らが業務を執行することはできない（⇨第2節138頁以下)。

取締役会設置会社においては，**取締役会**は業務執行の決定を行うとともに，取締役の職務の執行を監督する（362条2項)。重要性が大きくない（日常的な）事項については，取締役会は業務執行の決定を個々の取締役に委任することができる（同条4項参照)。取締役のうち取締役会の決議によって選定された者が，会社を代表する権限や会社の業務を執行する権限を有する（362条2項3号・363条1項。⇨179頁(b))。

会計参与とは，取締役と共同して株式会社の計算書類などを作成する機関であり（374条1項)，公認会計士・税理士の資格を持つ者しか就任できない（厳密には333条1項)。主として中小企業の計算の適正化を促進するための制度である（⇨207頁**7**)。

監査役は，株式会社の運営・計算書類の作成が適法・適正になされているかを監査する（業務監査・会計監査）機関である。なお，一定の場合には，定款規定によって監査役の権限を会計監査に限定することが認められている（389条。⇨196頁**4**)。

一定の場合には，株式会社は監査役会を置くことが義務づけられる。監査役会設置会社においては，監査役は3人以上で，そのうち半数以上は社外監査役でなくてはならず（335条3項），監査役会は，監査役の中から常勤監査役（1人以上）を選定しなければならない（390条3項。⇨203頁5）。

一定の場合には，**会計監査人**の設置が義務づけられる（328条）。会計監査人は，株式会社の計算書類の作成が適正になされているかを監視監督する（会計監査）機関であり，公認会計士の資格を持つ者しか就任できない（厳密には337条1項。⇨205頁6）。

4 機関設計

機関設計のパターンは，**図表4-2**の通りである。

平成26年の会社法改正により，従来の「委員会設置会社」（指名委員会・監査委員会・報酬委員会の三委員会を置く機関設計）が「指名委員会等設置会社」と名を変え，新たに「監査等委員会設置会社」という機関設計が導入された（両者の「等」の位置の違いに注意）。後者の「監査等委員会」は，前者の「監査委員会」と機能は類似するが，委員の選任方法が異なること，監査以外の監督権限をも与えられている（399条の2第3項3号）ことから，異なる名称を与えられた。本書では，両者がほぼ同じ権限を有することから，まとめて「監査（等）委員会」と表記することがある。

指名委員会等設置会社と監査等委員会設置会社は機関設計のパターンが同じである。本書では両者を合わせて「委員会型（会社）」と呼ぶことがある。**図表4-2**では簡便化のために，「取締役会」とあるとき取締役を設置していること，「監査役会」とあるとき監査役を設置していることは当然のこととして省略している。24通りのパターンのうち**4**以外の23通りについては，会計参与を置くことも置かないことも認められるので，置く場合・置かない場合を個別にカウントすると全部で47通りのパターンがあることになる。

①（非公開会社で非大会社）はいわゆる中小企業の多くが該当するもので，社数ではわが国の株式会社のほとんどがこれにあたる。機関設計の選択肢が広いのは，法は厳重な機関設計を義務づけることをせず，各会社が自主的にさまざまな機関を置くことを認めているためである。

②（非公開会社で大会社）は上場会社の非上場子会社などのイメージで，社数

図表 4-2　機関設計のパターン

	非公開会社	公開会社
非大会社	① 1. 取締役 2. 取締役＋監査役 3. 取締役＋監査役＋会計監査人 4. 取締役会＋会計参与 5. 取締役会＋監査役 6. 取締役会＋監査役会 7. 取締役会＋監査役＋会計監査人 8. 取締役会＋監査役会＋会計監査人 9. 取締役会＋三委員会＋会計監査人 10. 取締役会＋監査等委員会＋会計監査人	③ 16. 取締役会＋監査役 17. 取締役会＋監査役会 18. 取締役会＋監査役＋会計監査人 19. 取締役会＋監査役会＋会計監査人 20. 取締役会＋三委員会＋会計監査人 21. 取締役会＋監査等委員会＋会計監査人
大会社	② 11. 取締役＋監査役＋会計監査人 12. 取締役会＋監査役＋会計監査人 13. 取締役会＋監査役会＋会計監査人 14. 取締役会＋三委員会＋会計監査人 15. 取締役会＋監査等委員会＋会計監査人	④ 22. 取締役会＋監査役会＋会計監査人 23. 取締役会＋三委員会＋会計監査人 24. 取締役会＋監査等委員会＋会計監査人

は約9000社と推測される。会計監査人の設置が必要であるが，取締役会・監査役会を置くことは必須ではない（**図表 4-2** の 11）。

③（公開会社で非大会社）は，新規上場企業の一部や，実態は中小企業であるが定款に株式譲渡制限の定めを置くことを失念している会社などがこれにあたる。

④（公開会社で大会社）は，上場会社（⇨ 19 頁 Column 1-9）のほとんどがこれにあたり，社数は4000前後と推測される。機関設計の選択肢は3つしかない。

機関設計は各会社が完全に自由に選べるというものではなく，会社法327条・328条が一定の規制を置いている。その内容は**図表 4-3** のとおりである。実線の矢印は，ある機関を置くと例外なく別の機関を置くことが必要となることを示しており，破線の矢印は，原則としてはそのような関係が成立するが例外が存在することを示している（例外の内容は破線矢印の横のかっこの中に記されている）。

公開会社（2条5号。⇨ 23 頁(4)）では，株式の譲渡を通じて株主が頻繁に交

図表 4-3　機関設計の義務づけ

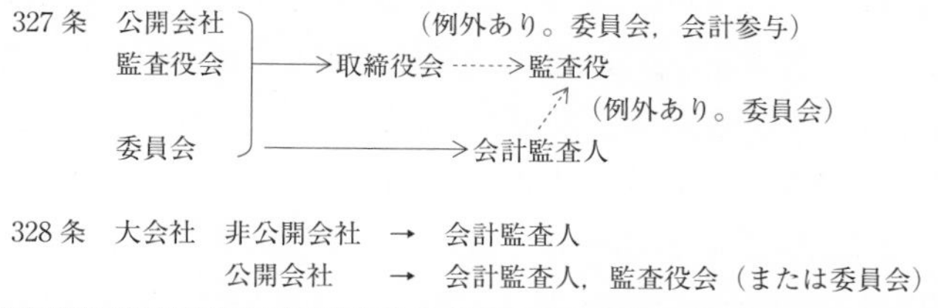

327条　公開会社
　　　　監査役会　──→取締役会 ------→監査役（例外あり。委員会，会計参与）
　　　　委員会　　──→会計監査人（例外あり。委員会）

328条　大会社　非公開会社　→　会計監査人
　　　　　　　　公開会社　　→　会計監査人，監査役会（または委員会）

代することが予定され，個々の株主が業務執行者を十分に監視することが期待しにくいため，業務執行を監視するために取締役会の設置が義務づけられている（327条1項1号）。監査役会設置会社について，仮に取締役会の設置義務がないものとすると，取締役は1人しかいないが監査役が3人以上存在する（335条3項）というアンバランスな状態が生じるし，そのように業務執行者よりも監視者の数が多い機関設計のニーズも存在しないと考えられるため，法は監査役会設置会社に取締役会の設置を義務づけている（327条1項2号）。また，指名委員会等設置会社では，委員会の委員の選定・解職が取締役会によって行われるものとされ（400条2項・401条1項），指名委員会等（指名委員会・監査委員会・報酬委員会）は取締役会の機能の一部を代行するという制度設計になっていることから，法は指名委員会等設置会社に取締役会の設置を義務づけている（327条1項4号）。監査等委員会設置会社は，監査等委員である取締役が3人以上いて（331条6項），取締役会の監督機能を高めることを意図した制度であるため，取締役会の設置が義務付けられる（327条1項3号）。

取締役会設置会社は，原則として監査役を置かなければならない。例外として，指名委員会等設置会社・監査等委員会設置会社では，それぞれ監査委員会・監査等委員会が置かれるため，監査役は置くことができない。公開会社でない取締役会設置会社では，会計参与を設置すれば監査役の設置義務を免れる（327条2項）。非公開会社では監査役の監査範囲を会計監査に限定することができるため（389条1項），その場合とのバランス上，資格の限定された会計参与（333条）が計算書類の作成に関与している会社で重ねて監査役の設置を義務づけることは過剰規制だからである。

会計監査人設置会社は，監査役を置くか，委員会型会社となることが必要である（327条3項）。これは次の理由による。経営者と会計監査人の癒着を予防するとともに，経営者が廉直な会計監査人を不利益に扱うことから会計監査人を保護するため，会計監査人の選解任や報酬決定については監査役（会）または監査（等）委員会に一定の権限が与えられている（344条・404条2項2号・399条の2第3項2号・340条・399条）。また，監査役（会）・監査（等）委員会は，会社と会計監査人の接点と位置づけられており，会計監査人が不正等を発見したときにはこれを監査役（会）・監査（等）委員会に報告しなければならない（397条）。

委員会型会社は監査役を置いてはならない（327条4項）。さもなければ，監査委員会と監査役では機能が重複し，責任の所在が不明確になるからである。また，指名委員会等設置会社は必置の三委員会が監査・監督の機能を分担するため，機能の重複する監査等委員会を置いてはならない（同条6項）。

委員会型会社は会計監査人を置かなければならない（327条5項）。これらの機関設計では，監査（等）委員会による組織的な監査の前提となる内部統制システムの構築にあたって，計算書類の適性性・信頼性の確保の観点から会計監査人が重要な役割を果たすと考えられるからである。

大会社（2条6号。⇨23頁(5)）は，会計監査人を置くことを義務づけられる（328条1項2項）。これは，大会社では会社債権者を保護するため計算書類の適正化を図る要請が大きく，また会計監査人設置に伴う費用を負担する力があると考えられるからである。大会社でかつ公開会社という会社は，監査役会か監査（等）委員会の設置も義務づけられる（同条1項）。業務執行者を監視監督する必要性が大きく，また個々の株主に監視監督を期待できないからである。

第2節　株主総会

1　総　　説

(1)　株主総会の意義

(a)　一　般　　株主総会とは，会社の構成員である株主によって構成され，会社としての意思を決定するための機関である。より具体的には，そのような意思決定を行うための株主による会議体も指す。

株主総会は，株式会社がいかなる機関設計を採用する場合でも設置しなければならない。この点を正面から規定した条文は存在しないが（ただし295条・326条参照），株式会社が株主を構成員として成立し，その利潤追求動機に基礎づけられた団体であるとする限り，その動機を自ら実現できるよう，株主が会社意思決定に関与する必要性が導かれる（この点につき，松井秀征『株主総会制度の基礎理論』〔有斐閣，2010年〕293頁以下参照）。

(b)　種類株主総会　　会社法は，種類株主総会という制度を認める。その手続は，便宜上一般の株主総会制度のそれを準用するが，制度趣旨自体は，異なる種類株主間の権利調整にあり，一般の株主総会制度とまったく別のものである（したがって，本節では基本的に扱わない。⇨85頁(4)）。

Column 4-2　バーチャル株主総会

わが国において，株主総会における意思決定が会議体で行われるという場合，その会議体は，特定の日時，特定の場所に株主が参集し，そこで議論の機会が与えられることを想定している（いわゆるリアル株主総会。この用語も含め，以下の用語は基本的に経済産業省「ハイブリッド型バーチャル株主総会の実施ガイド（2020年2月26日策定）」による⇨巻末ウェブサイト集参照）。しかし会議体というのは，適切に意思決定を行う，という目的のために設けられた手段である（この「適切な意思決定」自体の意味もなかなか難しい問題である。ここではひとまず，各株主において会社意思決定に影響を与える機会が用意されていたこと，としておこう）。したがって，以上の目的が別の手段で果たされうるのであれば，株主総会が会議体である必然性はない。そこまで極端な話をしないまでも，リアル株主総会と同程度の仕組みが用意できるのであれば，現実の特定の場所に株主が参集するリアル株主総会であるべき必要はない。つまり，バーチャル空間で株主総会を開催することも可能なのではないか（いわゆるバーチャル株主総会），ということになる。バーチャル株主総会であれば，株主は，株主総会によりアクセスしやすくなるだろう。また，もし後に述べるバーチャルオンリー型株主総会が実現すれば，会社としても，株主総会の開催にかかるコストを大きく引き下げることができる。

バーチャル株主総会を構想する場合，いくつかの可能性が想定できる。第1に，会社は特定の場所でリアル株主総会を開催しつつ，その場所に存在しない株主がインターネット等の手段を通じてこれを傍聴できるようにする，という方法がありうる（いわゆるハイブリッド参加型バーチャル株主総会）。この場合，インターネット等を通じて傍聴している株主は，株主総会に出席しているわけではないので，質問等（会社314条参照）は基本的に行えない。ただ，この方式であれば，法的にはあくまでもリアル株主総会を開催しているだけであるから，現在の会社法でも可能であるし，現に少なからぬ会社で実施されている。

第2に，会社は同じくリアル株主総会を開催しつつ，その場所に存在しない株主がインターネット等の手段を通じて出席し，質問等も行えるようにする，ということが考えられる（いわゆるハイブリッド出席型バーチャル株主総会）。この場合，インターネット等を通じて出席している株主（バーチャル出席株主）にも，リアル株主総会に出席している株主と同等の機会（たとえば情報伝達の即時性や双方向性の確保）が与えられる必要がある。ただ，バーチャル出席株主には，リアル株主総会に出席する機会も与えられていたわけであるから，インターネット等を通じて提供される「同等の機会」は，あくまでも必要かつ合理的な範囲で用意されればよいだろう。この方式も，リアル株主総会という会社法の用意する仕組みが開催されていることから，現在の会社法でも可能であると解されている（実例もわずかながら存在する）。

そして第3に，リアル株主総会を開催せず，会社は，インターネット等の手段のみをもって株主が株主総会に出席する方式を認める，ということもありうる（いわゆるバーチャルオンリー型株主総会）。この場合，株主においてリアル株主総会に出席する機会が存在した，とはいえない。したがって，ハイブリッド出席型バーチャル株主総会の場合以上に，リアル株主総会との同等性が用意される必要があるという考え方もあるかもしれない。もっともわが国の場合，会社法がリアル株主総会を前提として規定されているため，法改正をしない限りバーチャルオンリー型株主総会はできないと解されている（以上の議論については，北村雅史「株主総会の電子化」商事2175号〔2018年〕5頁を参照されたい）。

2020年には，新型コロナウイルス感染症の大流行もあり，世界的にバーチャルオンリー型株主総会の開催が一気に進んだ。しかしわが国においては，この点に関する本格的な議論がようやく緒に就いたばかりであり，技術的な対応，法改正の問題等はこれからの課題である。この問題に関する詳細な議論は，澤口実編著『バーチャル株主総会の実務』（商事法務，2020年），「【特集】これからの株主総会――デジタル化への課題」ジュリ1548号（2020年）13頁以下を参照。

(2)　株主総会の権限

株主総会の決議事項は，取締役会設置会社とそれ以外の会社とで大きく異なる。この差異は，会社法制定時，株式会社の規律にかつての有限会社に関する規律が取り込まれたことに由来する。会社法上，株主総会決議事項とされているものについて，これを株主総会以外の機関が決定すると定款で定めても無効である（295条3項）。

(a)　**取締役会設置会社の場合**　取締役会設置会社の株主総会においては，会社法が規定する事項のほか，特に会社が定款において定めた事項に限って，決議をすることができる（295条2項）。取締役会設置会社においては，会社の規模が相対的に大きくなることを想定しなければならない。この場合，経営の意思や能力に乏しい株主の集合体に会社の意思決定を委ねるよりは，取締役会，さらには代表取締役にこれを委ねた方が合理的である。もとよりこれには例外もありうることから，会社法は，定款により特定の会社意思決定事項を株主総会決議事項として留保することを認める（非公開会社である取締役会設置会社において，取締役会決議のほかに株主総会決議によっても代表取締役を定めることができる旨の定款規定を有効としたものとして，最決平成29・2・21民集71巻2号195頁〔商判Ⅰ-101〕。その他，敵対的企業買収に対する防衛策との関係での問題について，⇨472頁4参照）。

取締役会設置会社の株主総会の決議事項は，大別して，以下の4種類に分けられる。第1に，取締役をはじめとする機関の選任・解任に関する事項（選任につき329条，解任につき339条参照）。第2に，定款変更，あるいは事業譲渡や合併といった会社の基礎的変更に関する事項（定款変更につき466条，事業譲渡につき467条1項，合併につき783条1項・795条1項等参照）。第3に，剰余金の配当をはじめとする株主の重要な利益に関する事項（剰余金配当につき454条1項参照）。そして第4に，取締役の報酬の決定のように，他機関の決定に委ねては株主の利益を害する可能性が高い事項（取締役報酬の決定につき361条1項参照）である。以上のほか，何が株主総会の決議事項にあたるかについては，それぞれの該当箇所で必ず触れるので，その都度確認されたい。

(b)　**非取締役会設置会社の場合**　非取締役会設置会社の株主総会においては，会社法に規定する事項はもとより，株式会社の組織，運営，管理その他，一切の事項について決議することができる（295条1項）。これは，所有と経営の分離していない相対的に小規模な会社を想定した規律であり，かつての有限会社の規律を引き継いだものである。

Column 4-3 勧告的決議

実務的には，会社法の定める決議事項ではなくとも（会社法が株主総会の権限として定めているものではなくとも），会社の政策的事項に関する一定の判断を株主総会に仰ぐ例がある。たとえば買収防衛策について，その内容によっては，会社法上必ずしも株主総会決議を必要としないものであっても（⇨469頁**3**），会社として株主の意思を確認することが望ましいとの判断から，株主総会の議題として付議する例がある。あるいは，アメリカの各州会社法のように役員報酬の決定権限が株主総会にない場合において，高額となりがちな上場会社の役員報酬につき，株主総会における承認を求める（say on pay と呼ばれる）例もある（いわゆるドッド＝フランク法による。詳細については，伊藤靖史『経営者の報酬の法的規律』〔有斐閣，2013年〕237頁以下参照）。このようにしてなされる決議は，一般に勧告決議，あるいは勧告的決議と呼ばれる。

勧告的決議は，個別の会社における個別の案件の判断にあたり，株主の承認を得ることで，その判断の事実上の正当化を図るという機能を有している。これによって，各会社における経営上の判断に関する安定性を高める（株主からの批判を和らげる）ことがあるならば，その実際的な機能は無視できない。

他方，勧告的決議を法的な観点から見た場合，その法的効果をどう考えるかについては議論のあるところである。たとえば，勧告的決議を求めることは会社法が想定しないものであるとして，株主総会の議題にはできないし，すべきものでもないという考え方もありうるところである。しかし，以上に述べたような実際的な機能を狙って，各会社があえて勧告的決議を得ようとするのであれば，それをことさらに否定するまでの必要はない。法的にも取締役が行う経営判断について，勧告的決議を得たことが善管注意義務を尽くしたかどうかの判断に影響することはあり得る。また，先も述べた買収防衛策（⇨第9章第5節464頁以下）の導入が争われた場合（たとえば募集新株予約権の発行差止めの仮処分申請が行われた場合）にも，勧告的決議を得ていることが「著しく不公正な方法」（247条2号）ではないと判断するに当たっての一考慮要素とすることもあり得るだろう。

では，勧告的決議の成立に至る手続に瑕疵があった場合，これを株主総会決議を争う訴えの方法によって争えるか。これは，当該決議が会社法の想定していない決議であることからすれば，原則として，会社法が用意する株主総会決議を争う訴えの対象とはならないというべきである。ただ，勧告的決議にかかる手続的な瑕疵が，法定決議事項にかかる議案の判断に影響を及ぼしているような場合は別に考える必要がある（なお，東京地判平成26・11・20判時2266号115頁〔百選A39，商判Ⅰ-95〕は，295条2項所定の事項に関する決議かどうかに関わらず，決議の法的効力を確定することが紛争を解決し，当事者の法律上の地位ないし利益が害される危険を除去するために必要であるならば，株主総会決議の無効確認の訴えにかかる訴えの利益が肯定されるとの一般論を提示する）。

2 招　　集

(1) 招集手続の意味

招集の一般的な意味は，人に集合するよう求める行為，といったところである。しかし，単に株主を集合させて，会社に関する物事を決めさせても，それが会社としての意思を決定しているかどうか当然には分からない。そこで，株主が会社としての意思を決定していることを明確にするための手続が必要となり，これこそ会社法の定める株主総会に関する厳格な招集手続なのである。

Case 4-1 A会社は，株主数5人の株式会社であり，取締役会は設置されていない。令和2年6月，BがA会社株主総会の招集を行ったが，Bはすでに A会社の取締役を退任しており，その招集権限を有していなかった。しかし，株主総会のあることを知らされた5人の株主は，全員，通知された期日に通知された場所に集合し，新たな取締役の選任を決定した。この取締役選任にかかる決議は，有効に成立するだろうか。
(最判昭和60・12・20民集39巻8号1869頁〔百選30，商判I-71〕を基礎とした事例)

会社法の定めた招集手続の実質的な意味は，株主に総会出席の機会を与え，議事・議決に参加する準備の機会を与える点にある。したがって，株主が1人だけのいわゆる**一人会社**において，会社法の厳格な招集手続を求めることは無意味である（この場合，招集手続なしに株主総会は成立する。最判昭和46・6・24民集25巻4号596頁)。これを推していくと，一人会社以外の場合で，招集権者による適法な招集手続がなくとも，株主全員が開催に同意して出席したいわゆる**全員出席総会**で一定の決議がなされているならば，これも適法と認めるべきではないか，ということにもなる。なぜなら，株主全員が開催に同意し，出席していることから，以上の出席と準備の機会は与えられていたと考えられるからである。最高裁も，このような全員出席総会による決議が有効に成立することを認める（前掲・最判昭和60・12・20)。出席株主の中に委任状に基づく代理人の出席が含まれていても，株主が会議の目的事項を了知している限り，出席と準備の機会が与えられたといえるから，結論を左右しない。

なお会社法は，株主全員の同意がある場合，招集手続を経ることなしに株主総会を開催することを認める（300条。この場合は全員が出席していなくともよい。ただし，書面，もしくは電磁的方法〔以下，「書面等」という〕による議決権行使を認める場合を除く）。また，取締役または株主が議題についてなした提案について，株主の全員が書面等により同意した場合，当該提案を可決する株主総会決議があったものとみなされ（319条1項），総会そのものを開催する必要がない。

Column 4-4　株主総会が6月下旬に集中する理由

わが国の上場会社の多くは，年度の区切りに合わせて，決算期末を3月末日としている。このような3月決算の会社については，その定時株主総会を6月下旬に開催することが通常である（VM 55頁。なお，その中で特に開催が集まる特定の日を集中日と呼ぶことがある）。

かつて集中日に株主総会が開催された理由として，総会屋の問題（⇨163頁 Column 4-11 参照）が存在したことが大きい。総会屋の活動に悩まされていた会社が一斉に同じ日に株主総会を開催すれば，少なくとも1人の総会屋が複数の株主総会に出席することはない。会社としては，これにより総会屋の活動をある程度限定することができるし，警察としても，ある特定の日だけ警備のための警察官を大量動員すればよい。その意味では，特定の日に集中して株主総会を開催するのは合理的であり，また警備の面でも効率的だった。しかし，総会屋の活動が沈静化している今日，総会屋対策として集中日に株主総会を開催する必要性はほとんどない。

現在の問題は，なぜ株主総会は6月下旬という時期に集中して開催されるのか，という点にある。なぜなら，開催時期が集中することで，株主は議案の精査等に困難を来すことになるからである。ある研究によれば（田中亘「定時株主総会はなぜ6月開催なのか」江頭憲治郎先生還暦記念『企業法の理論(上)』〔商事法務，2007年〕415頁以下参照），一方で，利益配当は決算期現在の株主になされるべきだとの通念に基づき，決算期末に基準日を設定するという慣行が存在し（124条2項参照。基準日から3か月以内に株主権は行使されなければならない），他方で，法人税法や金融商品取引法の規制の存在したことが原因だという。しかし，こと前者の問題についていえば，決算期と基準日が同一でなければならない理由はない。利益配当が何時なされるかさえ決まっていれば，株主はこれを織り込んで株式の取引ができるからである。しかも，この慣行は基準日後に株式を売却した株主に，総会において利益配当を増額させるインセンティブを与え，非効率な配当政策を要求されるおそれすらある。そうであれば，会社法上は3月の決算期と切り離して基準日を設定し，株主総会を6月より遅い時期に開催することも可能だと考えるべきだということになる。その他の法規制も，6月総会を強制するような規定は，今日，ほとんど存在しなくなっている。開催時期に余裕ができれば，株主の総会への出席や議案の精査がより容易になり，ひいては議決権行使の促進にもつながることが期待できるだろう。

(2) 招集手続の流れ

定時総会は，毎事業年度の終了後，一定の時期に招集される必要がある(296条1項)。これに対して臨時総会は，必要がある場合にいつでも招集できる（同条2項)。

(a) 招集権者　招集手続は，会社法に定められた招集権者によって開始される。招集権者は，大別して，取締役・取締役会と少数株主である（なお，裁判所が取締役に招集を命ずる場合につき307条1項1号，清算株式会社につき491条参照)。

会社法上，株主総会を招集するのは，原則として取締役である（296条3項)。招集にあたって取締役が決定すべき事項は，株主総会の日時・場所，会議の議題（株主総会の目的となる事項)，書面等による議決権行使を認める場合にはその旨（この場合，株主総会参考書類を通じて，株主に議案も通知される。301条1項，会社則73条1項1号参照)，そしてその他法務省令で定める事項である（298条1項，会社則63条参照)。取締役会設置会社の場合は，以上の事項について取締役会において決定する必要があり（298条4項)，代表取締役がこれを執行するものと解すべきである。なお，取締役会設置会社の場合，会議の議題とされた事項以外の事項は決議することができないため（309条5項)，招集権者が何を議題として決定し，これを通知するかは，重要な意味を持つ。

株主総会は，株主が招集することもできる。とりわけ中小規模の会社では，取締役が株主総会の開催を怠ることもあり，制度上，取締役以外の者に招集権限を認めておく必要がある。まず，総株主の議決権の100分の3以上を有する株主は，取締役に対して，会議の議題と招集の理由を示して，株主総会の招集を請求することができる（297条1項2項。公開会社の場合は，株式を請求の6か月前から保有している必要がある。持株要件，および保有期間要件は定款の定めにより引き下げることが可能である)。以上の請求を行ったにもかかわらず，取締役が遅滞なく招集の手続をとらない，もしくは請求日から8週間以内の日を株主総会の日とする招集通知が発せられない場合には，当該請求を行った株主が，裁判所の許可を得て自ら総会を招集することができる（同条4項)。この場合，当該請求を行った株主が，株主総会の日時・場所等を決定する（298条1項柱書）。

(b)　招集の方法　　招集は，株主に総会出席の機会と，議事・議決に参加する準備の機会を与える点に実質的な意味があるから，これが確保される限り，いかなる方法で招集の通知がなされてもよい。とりわけ株主数の少ない小規模の会社などでは，たとえば口頭による通知などの方法もありうる。

これに対して，一定規模の株式会社においては，適宜の方法による招集を認めてしまうと，以上の出席と準備の機会が確保される保証はない。そこで会社法は，取締役会設置会社について，書面等による招集通知の発出を求め，以上の機会確保を制度的に担保している（299条2項2号・3項）。そして書面等により招集通知が発せられる場合，(a)に述べた取締役・取締役会による決定事項をこれに記載する必要がある（同条4項。なお，株主総会資料の電子提供措置をとる会社については，298条1項5号の法務省令規定事項の記載が不要となる。325条の4第2項⇨ Column 4-5 ）。

なお，取締役・取締役会が株主総会の招集を決定するにあたって，書面等による議決権行使を認めた場合，取締役会設置会社であるか否かにかかわらず，招集通知は書面等により発する必要がある（299条2項1号）。これは，以上の議決権行使を認める場合，後に述べるように株主総会参考書類と議決権行使書面を交付する必要があるので（⇨158頁 4 (2)(b)），招集通知のみ様式を要求しないことに特に利点がないからである。

(c)　招集通知の発送期限　　招集通知の発出・発送，あるいは株主総会参考書類・議決権行使書面の交付は，株主総会の日の2週間前までに行わなければならない（299条1項）。これは，株主が議案について検討するための期間を確保する趣旨である。ただし，株主総会資料の電子提供措置をとる会社においては，株主総会参考書類及び議決権行使書面について，株主総会の日の3週間前（あるいは株主総会招集通知を発した日のいずれか早い日）に提供する必要がある（325条の3⇨ Column 4-5 ）。

非公開会社（⇨76頁(a)参照）の場合，この発送期限が株主総会の日の1週間前とされている。そして，このような会社においては迅速な株主総会開催の必要もありうることから，定款においてより短い期間を定めることも認める（299条1項かっこ書）。ただし，株主総会資料の電子提供措置をとる会社においては，以上のような例外はなく，非公開会社であっても，一律，2週間前までに招集通知を発する必要がある。

Column 4-5　**株主総会資料の電子提供制度**

株主総会招集通知，ないしこれと併せて株主総会参考書類および議決権行使書面を交付する場合，これを電磁的方法で行うことは可能である。だが，それには個別の株主の承諾が必要であり（299条3項・301条2項・302条2項），多数の株主からこの承諾を獲得することは容易ではないから，現実には書面によって交付されるのが通常である。

以上の問題点を克服すべく，株主総会招集通知とともに送られる書面について個別の承諾なしに電子化できるようにしたのが，令和元年会社法改正による株主総会資料の電子提供制度である。当該制度の概要は，以下のとおりである。

① 株式会社において，株主総会参考書類，議決権行使書面，計算書類および事業報告，そして連結計算書類（以上を併せ，「株主総会参考書類等」という）について，電子提供措置（電磁的方法により，株主において，情報の提供を受けることができる状態に置く措置）をとることを認める（325条の2。なお，「電子提供措置をとる」旨の定款の定めを置くことが必要となる）。

② 電子提供措置をとる旨の定款の定めがある株式会社においては，総会の日の3週間前（あるいは株主総会招集通知を発した日のいずれか早い日）から総会の日後3か月が経過する日までの間，電子提供措置をとり続けなければならない（325条の3）。

③ 電子提供措置をとる場合，株主総会招集通知には，株主総会の日時および場所，株主総会の目的事項，書面・電磁的方法による議決権行使を認める場合はその旨を記載または記録するほか，電子提供措置をとっていること等を記載すれば足りる（325条の4第2項参照）。そして，電子提供措置の対象となっている株主総会参考書類等は，交付ないし提供する必要はない（同条3項）。

他方，電子提供措置に対応できない株主がなお存在しうるのも事実である（いわゆるデジタルデバイドの問題）。そこで当該制度の下においても，株主は，電子提供措置の対象事項を記載した書面の交付を請求することができる（325条の5第1項。電磁的方法による株主総会招集通知の発出を承諾した株主を除く）。会社の側からすると，書面交付請求への対応は相応のコストを生じさせることになるから（書面を用意する負担から解放されない），株主による書面交付請求日から1年を経過したときは，その交付を終了する旨の通知を行うことができる。この通知を行う際には，株主において異議がある場合には一定期間（1か月以上の期間）内に異議を述べるよう催告を行い，株主からの異議がなければ，催告期間の終了後に書面交付請求の効力は失われる（同条4項5項）。

Column 4-6　非取締役会設置会社の株主総会

会社法の株主総会に関する規律は，非取締役会設置会社を基準としてこれを行い，取締役会設置会社については必要に応じて修正を加える，という構造になっている。会社法は，以上のほかに公開会社と非公開会社との間で規律を違えている部分もあり，構造上きわめて分かりにくい。そこで，非取締役会設置会社の株主総会に関する原則をここであらためてまとめておこう。

株主総会の招集には（300条に該当する場合を除いては）招集通知が必要であるが，非取締役会設置会社では，株主に書面投票や電磁的方法による議決権行使を認める場合を別にして，招集通知は書面でなされる必要はない（299条2項)。つまり，口頭による通知でも足り，通知には総会の目的である事項（報告事項と議題）の記載は不要である（同条4項参照)。その場合でも，総会の日時・場所は通知される必要があろう（さもないと，招集通知としての意味を持たない。江頭330頁)。また定款規定により，総会の招集期間を1週間未満に短縮することができる（同条1項かっこ書)。なお，非取締役会設置会社では，招集通知にあたって，計算書類および事業報告の提供は義務づけられていない（437条と対比。そもそも招集通知を口頭でも行いうるとしているためであろう)。

株主総会の決議事項は，法令・定款に定められたものに限られない。すなわち株主総会は，会社に関する一切の事項について決議をすることができ（295条1項。同条2項と対比)，このことを指して，株主総会が「万能の機関」であるといわれることがある。また，非取締役会設置会社では，招集通知に掲げられた議題でなくとも決議をすることができる（309条5項と対比)。

そのほか，議決権の不統一行使（313条1項2項参照）や株主提案権の行使要件（303条1項2項および305条1項2項を参照）についても，取締役会設置会社とそうでない会社との間にルールの違いがある。すなわち非取締役会設置会社では事前通知なしに議決権の不統一行使が可能であり，また株主提案権は単独株主権とされている。以上のような規律の違いは，非取締役会設置会社に関するルールの多くが会社法制定前の有限会社に関するルールを引き継いだという沿革によるものである。

(3)　株主提案権

少数株主は，株主総会の招集権を行使して**議題**（会議の目的事項）の提案，もしくは**議案**（会議の目的事項に関する具体的な提案）の提出が可能である。しかし，そのための要件は総議決権の100分の3と厳しく（297条1項)，大規模な会社においてはその行使が事実上閉ざされている。そこで，このような会社における少数株主の意向をより容易に反映させるために設けられているのが，**株主提案権**の制度である。

〈Case 4-2〉 A 会社は，発行済株式総数が 1 万株の株式会社であり，取締役会は設置されていない。その普通株式を 1 株保有し，かつ 1 個の議決権を有する B が，次年度の株主総会との関係で，次の提案をなすことは会社法上可能か。また，仮に A 会社が取締役会設置会社であった場合，その結論は変わるだろうか。

(1)　B が実際に株主総会の場に出席して，会議の目的事項となっていない取締役の解任の件について，新たに会議の目的事項として追加するよう請求すること

(2)　B が実際に株主総会の場に出席して，すでに会議の目的事項となっている剰余金の配当の件について，会社が提案している年 1000 円ではなく，年 2000 円とする提案を行うこと

(a)　**議題提案権**　　非取締役会設置会社の場合，株主は，取締役に対して，一定の事項を総会の会議の目的とすること（議題とすること。たとえば「取締役選任の件」というものである）を請求できる（303 条 1 項）。これは議決権を有する株主であれば認められ，事前に請求しても，総会の議事の中で請求してもよい。

しかし，このような権利を一般的に認めると濫用のおそれもある。そこで取締役会設置会社の場合，原則として，6 か月前から総株主の議決権の 100 分の 1 以上，もしくは 300 個以上の議決権を保有する株主に限り，この議題提案の権利が認められる（303 条 2 項前段。取締役会設置会社であっても非公開会社の場合には，6 か月という株式の保有期間要件が排除される。同条 3 項）。そして，株主総会の日の 8 週間前までに会社に対して請求することが求められる（したがって取締役会設置会社の場合，結論として，総会の議事の中で議題の追加請求をすることはできないことになる）。なお，取締役会設置会社の場合，株主総会の決議事項には限定があるので（295 条 2 項），提案できるのはその決議事項に限られる。

〈Case 4-2〉の設問(1)に照らすと，A 会社が非取締役会設置会社であれば，株主である B は取締役解任の件に関する議題を提案することができる。しかし，取締役会設置会社であった場合，持株要件をみたさない B は，当該議題を提案することはできない（かりに持株要件をみたしていても，総会の日の 8 週間前までに請求していないので，やはり提案はできない〔303 条 2 項後段〕）。

(b)　**議案提出権・議案通知請求**　　株主は，取締役会が設置されているか否かを問わず，すでに株主総会の議題とされている事項について，賛成ないし反対の判断の対象となる具体的な提案を提出すること（議案を提出すること。たと

えば「甲を取締役に選任する件」というものである）を請求できる（304条。これは，一般に**動議**，ないし**修正動議**と呼ばれる。これに対して議事運営に関する動議は，手続的動議と呼ばれる）。また，当該議案の要領を株主に通知するよう請求することもできる（305条1項）。ただし，この議案通知請求に関しては，(a)の議題提案権と同じく，取締役会設置会社の株主について持株要件および株式の保有期間要件が設けられている（305条1項ただし書・2項）。

〈Case 4-2〉の設問(2)に照らすと，A会社が取締役会設置会社か否かを問わず，株主であるBは，すでに議題となっている剰余金配当の件について，その増額の提案を行うことができる。

なお，議案が法令・定款に違反する場合，あるいは実質的に同一の議案が3年以内に総株主の議決権の10分の1の賛成票を得られていなかった場合，議案提出，および議案の通知請求は認められない（304条ただし書・305条6項）。また，濫用防止の観点から，取締役会設置会社の株主の提出しようとする議案の数が10を超えるときは，10を超える部分の議案について，会社は議案通知請求の対象としないことができる（305条4項前段。どの部分の議案を議案通知請求の対象から外すかは，株主の側で議案相互間の優先順位を設けていない限り，取締役限りで判断することができる。同条5項）。この場合，議案の数え方に関しては，役員等の選任・解任に関する議案，ないし会計監査人の不再任に関する議案は，複数の議案が提出されていたとしても，一括して1つの議案として数える。また，定款変更に関する議案が2つ以上提出されている場合，議決の内容によって相互に矛盾する可能性のある議案について，1つの議案として数えることとされている（以上，同条4項後段）。

Column 4-7　株主提案権をめぐる問題

株主提案権について，以前は，原子力発電所に反対する株主，もしくは環境保護を求める株主によって，電力会社に対する株主提案のなされる例が圧倒的に多かった（定款に「地球温暖化防止の章」や「プルトニウム混合燃料不使用の章」などを設けよ，といったものである。今でも少なくない）。また現実問題として，株主提案に対する賛成票はきわめて少なく，これが通るような事態も考えられなかった。このような実態をふまえて，当該制度の主眼は，株主に意見表明の機会を付与する点にあるともいわれてきた。

これに対して近年は，取締役報酬の個別開示，経営組織の改革，あるいは増配要求などの提案など，その提案内容も多様化している（株主提案の動向については，商事法務研究会編「株主総会白書 2019 年版」商事 2216 号〔2019 年〕21 頁以下参照）。また実際にも，ファンドによる上場株式の大量取得という現象が見られる中，株主提案権の行使と**委任状勧誘**（⇨ 158 頁 Column 4-9 ）を組み合わせて，株主提出による議案が多くの賛成票を集める例もある（場合によっては会社提案が否決され，株主提案が可決される例もある。VM 64 頁参照）。そこまでいかなくとも，会社として株主提案の内容を無視できない場合もあり，当該提案をふまえて会社が自主的に提出議案を修正することもある。

また，取締役の選任・解任に関する株主提案と委任状勧誘を組み合わせれば，経営権の取得を目指すことも可能となる。つまり敵対的企業買収との関係でも（⇨第 9 章第 5 節 464 頁以下参照），株主提案権は一定の意味を有し，今日では，当初の制度趣旨よりも幅広く利用される可能性が存在している。

他方で，定款変更を通じて経営上の裁量を過度に制約しようとする提案がなされる場合は，その合理性に疑問も生じうる。仮に会社にとって最善の経営判断が定款規定によって禁じられたような場合，取締役としてはその選択ができなくなる（取締役には定款の遵守義務がある。355 条）。その意味で，株主提案により提案できる内容としてその限界がどこにあるのか，解釈論および立法論としてなお議論の余地はある（解釈論としては，株主権濫用という枠組み（東京高判平成 27・5・19 金判 1473 号 26 頁）がありうる〔⇨ 69 頁 Column 3-2 〕。この点については，立法論も含め，松井秀征「株主提案権の動向」ジュリ 1452 号〔2013 年〕45 頁以下参照）。

3 議　　事

(1) 議事運営

株主総会の議事を掌るのは，議長である。誰が議長になるかについては，定款に定めが置かれることが多く，通常は取締役社長とされる。会社法は，株主総会の議長について，その秩序維持と議事整理を行うものとし（315 条 1 項），そのための命令を出すことを認める。そして，これに従わない者，その他株主総会の秩序を乱す者を退場させる権限を有する（同条 2 項）。これは，いわゆる総会屋（⇨ 163 頁 Column 4-11 参照）による議事混乱を想定して設けられた規定である。

もっとも，株主総会の議事運営のあり方は，それぞれの会社によって工夫が施され，異なりうるものである。したがって会社法は，次の (2) に述べる取締役等の説明義務を除き，これ以上の詳細な規律は置いていない。そして多くの場合，定款の規定や慣習に従って議事運営が行われる。

〈Case 4-3〉 A会社は，電力業を営む株式会社である。A会社には，原子力発電に反対する株主Bとその仲間が多数おり，数年前から会社の内外において示威行為を行ってきたほか，議事において議長に暴言を吐いたり物を投げたりしてこれを妨害してきた。令和2年の株主総会においても，Bらにおける議事妨害の可能性が想定されたことから，A会社としては屈強な体格の従業員のうち，A会社株式を保有している者に休暇をとらせた上，一般株主が入場する前に彼らを入場させた。その結果，前から5列目までの座席はすべて従業員株主が着席することとなった。会社によるこれらの扱いは，議事運営のあり方として適法だろうか。
（最判平成8・11・12判時1598号152頁〔百選A8，商判I-80〕を基礎とした事例）

議事運営は，定款の規定や慣習に則りつつ，あくまでも会社の裁量の問題として行われるのが原則である。ただし最高裁は，同じ株主総会に出席する株主に対しては，合理的な理由のない限り同一の取扱いをすべきことを明らかにしている。そして，従業員株主を一般株主よりも先に入場させ，前列に座らせた会社の措置は合理的な理由がなく，適切ではないと述べた（前掲・最判平成8・11・12）。しかし最高裁は，あくまでも「適切ではない」と述べたにとどまり，ただちに当該措置の違法を導いたわけではない。議事運営が違法となるか否かは，株主権の行使が妨げられ，株主としての法的利益の侵害があったか否かによって決せられるというのである。その意味では，この判例が議事運営における株主間の同一取扱いを述べた部分の有する先例的価値は，きわめて限定されている。

(2)　取締役等の説明義務

取締役，会計参与，監査役および執行役（以下，「取締役等」という）は，株主総会において，株主から特定事項についての説明を求められた場合，当該事項について必要な説明をなすべき義務を負う（314条本文）。会議において，その参加者がその審議事項について質問をなしうるのは当然のことであり，これを法的に保障し，明文化したのが**取締役等の説明義務**の規定である。この義務が尽くされることにより，株主においては，議案に対する賛否の判断を行うために必要な情報が充実することになる。

取締役等の説明義務は，以上の趣旨からしても，また規定の構造からしても，株主総会の場において株主から説明を求められてはじめて発生する。したがって，会社が株主から事前の質問状を送付されていても，総会の場で具体的な質問がない限り説明義務は発生しない。また取締役等が，総会の冒頭でこの質問状に一括して回答しても，これはさしあたり説明義務の履行とは関係ないから，一括回答自体について違法の問題は生じない（以上について，東京高判昭和61・2・19判時1207号120頁〔百選35，商判I-78〕）。株主が質問をした場合でも，当該事項が議題に関しないものであるとき，説明により株主の共同の利益や株式会社その他の者の権利を害するとき，説明のために調査を要するとき，あるいはその質問が実質的に同一の事項について繰り返されたものであるとき等は，説明をしなくともよい（314条ただし書，会社則71条）。

〈Case 4-4〉令和2年に開催されたP会社の株主総会においては，取締役の退職慰労金贈呈に関する議案が提出された。当該議案にかかる退職慰労金の総額や支払方法等について，株主総会招集通知に付された株主総会参考書類には，「当社所定の基準に従い相当の範囲内で支給することとし，贈呈の金額，時期，方法等は取締役会にご一任願いたいと存じます」と記されていた。株主Qは，退職慰労金に関する内容がまったく明らかでない点に立腹し，株主総会に出席して，退職慰労金の総額，および各退任取締役への支給額について質問した。これに対して議長を務めた代表取締役Rは，「金額についてはプライバシーに関わる問題ですのでご了承ください」と答え，その後も額を答えるよう求めるQに対して「お答えする慣例がございません」とだけ述べて，議案の採決を行った。Qの質問によりRに説明義務が発生しているとして，Rはその義務を尽くしたことになるだろうか。
（東京地判昭和63・1・28判時1263号3頁を基礎とした事例）

しばしば問題となりうるのは，株主の質問により取締役等に説明義務が発生した場合に，取締役等がどの程度の説明をすればこの義務を尽くしたことになるのかである。一般論としていえば，株主が議題を合理的に判断するのに客観的に必要な範囲での説明をすれば足り（前掲・東京高判昭和61・2・19），またそこで基準となる株主は平均的な株主である（東京地判平成16・5・13金判1198号18頁〔商判I-79〕）。

ただ実際に何を説明すべきかは，問題となっている具体的な議題および議案の内容，そして現に株主総会においてなされた株主の質問の内容によって決まってくる。つまり問題となっている議題および議案は，会社法がそれを株主総会において決定するよう求めた事項であるから，説明義務の範囲や内容を考えるにあたっても，それが株主総会決議事項とされた趣旨を考慮すべきである。たとえば，〈Case 4-4〉の退職慰労金議案との関係でいえば，会社法361条1項が会社から取締役に流出する額をコントロールしようとしている点を考慮すべきことになる。したがって，少なくとも確定した支給基準の存在，当該基準の株主への公開，そして当該基準から支給額を算出できることについて説明すべきであり，取締役Rには説明義務違反があるというべきである（前掲・東京地判昭和63・1・28。退職慰労金一般については，⇨233頁(2)参照）。

4 決　議

(1) 議決権

(a) 一株一議決権原則　株主は，株主総会においてその有する株式1株につき，1個の議決権を有する（308条1項）。単元株式数を定款で定めた場合には，1単元の株式につき，1個の議決権を有する（同項ただし書）。つまり株式会社においては，出資額に応じて会社意思決定に参加する権利が与えられる。

株主の頭数ではなく，出資額に応じて議決権が付与される仕組みがとられる理由の一つは，次のようなものである。それは，各自が負担する経済的リスクに応じて慎重に意思決定に参加することが期待できるから，最も意思決定のゆがみが生じにくく，経済的に合理的な意思決定が導かれる，というものである（以上については，畠中薫里「企業の資金調達と議決権および利益の配分」三輪芳朗ほか編『会社法の経済学』〔東京大学出版会，1998年〕291頁以下参照。なお，株主だけに議決権〔コントロール権〕が与えられる理由については，74頁(2)参照）。

(b) 議決権が認められない場合　議決権制限株式（108条1項3号・2項3号），および単元未満株式（189条1項）には，株式の議決権が認められない。前者は，会社の支配関係や資金調達の便宜から，後者は，株主管理コストの節減から，議決権に対する制約を法が認めたものである。

また以下の株式は，その全部または一部につき，株式の議決権が認められない。すなわち，**相互保有株式**（308条1項かっこ書）と会社の保有する自己株式（同条2項）である。相互保有株式については，たとえばA株式会社がB株式

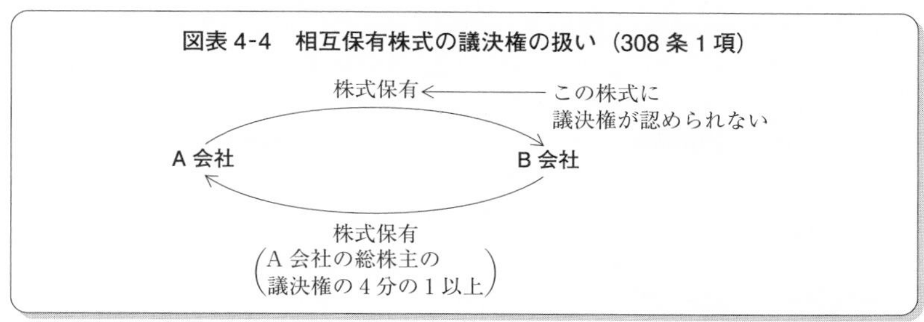

図表 4-4　相互保有株式の議決権の扱い（308 条 1 項）

会社の株主であるところ，B 会社も A 会社の総株主の議決権の 4 分の 1 を保有しているという場合，A 会社保有の B 会社株式に議決権が認められない（⇨**図表 4-4** 参照）。これは，保有されている相手方（先の例では A 会社株式を 4 分の 1 以上保有している B 会社）からの影響力の強さゆえ，公正な議決権行使が期待できないからである。また，自己株式については，その議決権を認めると経営者が自己の地位を強化するおそれがあるからである。

その他，会社が自己株式を取得する場合，その売主となる株主は，当該自己株式取得を承認する株主総会において議決権が認められない（140 条 3 項・160 条 4 項）。当該株主については，当該議案についてやはり公正な判断をすることが期待できないからである。

Column 4-8　わが国の上場会社における株式保有構造

日本の上場会社の株式所有構造については，株式所有が比較的分散していること，親子会社がともに上場する例が多く見られること，最近では金融機関による保有割合が減少し外国人等の保有が増加していることなどの特徴が挙げられる（この点に関する詳細は，VM 7～19 頁）。直近の 2019 年の統計を見ると，金融機関（信託銀行の国内機関投資家からの受託分を含む）約 30%，事業法人約 22%，個人投資家約 17%，外国法人約 30% といった数字が導かれる（株式会社東京証券取引所ほか「2019 年度株式分布状況調査の調査結果について」〔2020 年 7 月 3 日〕）。

かつて，第二次世界大戦後しばらくしてからのわが国の上場会社では，いわゆる安定株主工作のために**株式持合い**の実務がとられた。すなわちグループ企業相互間，あるいは取引関係にある事業会社・金融機関相互間において，相手方の株式の一定数（発行済株式総数の数% 程度で，独占禁止法や業法の規制に抵触しない範囲）を持ち合うことが行われた。これは当初，財閥解体による市場放出株式を買い集めて乗っ取りを講ずる者への対策として 1950 年代に始められたが，60 年代には資本自由化に際しての外資対策としても行われた（この点については，宮島英昭＝新田敬祐「株式所有構造の多様化とその帰結」宮島英昭編著『日本の企業統治』〔東洋経済新報社，2011 年〕105 頁）。この慣行は経営者たる取締役において，大株主や株式市場からの圧力を受けない経営を可能とし，取引先企業との関係強化や経営の自立性確保につながった（かつてわが国企業が内部留保を積み上げ，安定配当政策をとれたのも，この経営の自立性に由来する。この点も含め，松井秀征『株主総会制度の基礎理論』〔有斐閣，2010 年〕351 頁参照）。

この株式持合いが本格的に崩れるのは，バブルが崩壊した 90 年代以降，とりわけ取引所の相場ある株式の時価評価が求められるようになってからである（松井・前掲 360 頁以下）。その反面で 2000 年代半ばには敵対的企業買収が現実味を帯び，上場企業は改めて戦略的に株式持合いへの動きを見せるようにもなった。

この株式持合いに対して，会社法がどのような態度で臨むべきかは難しい問題である。取引先関係の強化や企業価値を損なう敵対的企業買収の阻止という点を重視するならば，株式持合いには肯定的になる（会社法としては放置する）。他方で，株主ないし市場の経営監督機能を重視するならば，これに否定的になる（持合株式に契約により譲渡制限を設けた場合において，当該契約の有効性や利益供与規制との関係を検討した文献として，事例 480 頁以下〔田中亘〕がある）。なお，コーポレートガバナンス・コード（⇨ 182 頁 Column 4-15）は，上場会社が他の上場会社株式を保有する場合（いわゆる政策保有株式を保有する場合），政策保有の方針についての開示を求めている（原則 1-4）。これは株式持合いについて，経営政策上の合理性を厳格に求めるものであり，かなり否定的な態度をとっているとも理解できよう。

(2)　議決権の行使方法

議決権は，実際に株主が株主総会に参加し，挙手，拍手その他適宜の方法で自らの全議決権を統一的に行使するのが原則である。ただし，それが困難な場合に備えて，会社法はいくつか原則と異なる選択肢を認めている。

(a)　議決権の代理行使　　株主は，代理人によってその議決権を行使することができる（310 条 1 項前段）。これは，株主総会に出席することのできない株主に対して，議決権行使の機会を保障する趣旨である。具体的には，株主が株主総会ごとに代理人に代理権を授与し（同条 2 項。通常は委任状を交付する。委任状勧誘について⇨ 158 頁 Column 4-9 を参照），当該代理権を証明する書面を会社に提出することにより議決権の行使が認められる（同条 1 項後段。なお，議決権の代理行使書面は，閲覧・謄写請求が可能である。この点については，その拒絶事由も含め，同条7項8項参照)。

他方で代理人による議決権行使を認めることは，株主ではない者が株主総会に参加する可能性を認めることにもなる。そこで会社としては，このような者が株主総会を攪乱することを防止するため，代理人資格を株主に限る旨の定款を置くことが多い。会社法310条は，株主の議決権行使の機会を保障する観点から議決権の代理行使を認めているから，当該定款規定が会社法の規定に照らして有効か否か問題となりうる（29条参照)。この点について最高裁は，株主総会の攪乱防止の趣旨で置かれた当該定款規定は，合理的理由による相当程度の制限であるとして，有効であるとしている（最判昭和43・11・1民集22巻12号2402頁〔百選32，商判I-76〕)。

〈Case 4-5〉 A会社には，その大株主として銀行Bがいる。A会社では，令和2年の株主総会において，その発行する株式の譲渡による取得について，A会社の承認を要する旨の定款変更議案の提出を予定していた。B銀行は，当該議案に賛成の意向を示し，株主総会の当日は自らの従業員甲を出席させ，代理人として議決権行使をさせる旨，A会社に伝えてきた。

ところでA会社の定款には，株主総会における議決権行使の代理人資格を株主に限る旨の規定がある。甲は，A会社の株主ではないが，その議決権行使を認めた場合，定款違反の議決権行使となるだろうか。

（最判昭和51·12·24民集30巻11号1076頁〔百選37，商判I-84〕を基礎とした事例）

仮に法人（団体）がある会社の株主となっている場合，株主総会で自ら議決権行使をするためには，その代表者が議決権行使すべきことになる。しかし，これは多くの場合現実的ではなく，法人としては，職員や従業員を代理人とすべき場合が生じる（なお，代理と代表の異同については，179頁 Column 4-13 参照)。この場合に先の定款規定を厳格に適用すると，当該代理人が株主でなければ議決権を行使できないことになり，過度に株主の議決権行使の制約となってしまう。このように定款規定が相当程度の制限にとどまらない場合には，効力を制限する必要が生じるだろう。最高裁も，〈Case 4-5〉と類似の事案で，当該職員や従業員を代理人として株主総会に出席させ，議決権を行使させても総会を攪乱させるおそれはなく，またその行使を認めないと事実上議決権行使の機会を奪うに等しく，不当であるとして，定款違反の問題を生じないとした（前掲・最判昭和51・12・24）。

Column 4-9　**委任状勧誘**

委任状勧誘とは，一般に上場株式の議決権について，自らまたは第三者が代理行使できるよう，株主に対して勧誘することである（これに対する規制として金商194条，および上場株式の議決権の代理行使の勧誘に関する内閣府令参照。なお，当該規制に違反してなされた株主総会決議について，取消事由がないとした下級審裁判例として，東京地判平成17・7・7判時1915号150頁がある）。委任状勧誘は，会社側から行われることもあるし，あるいは会社提案に反対する株主によって行われることもある。

現在の経営陣に批判的な株主が，取締役の選任・解任に関する株主提案と委任状勧誘を組み合わせて行えば，経営権の取得を目指すことも可能となる。つまり委任状勧誘は，支配権争奪のための手法として用いることが可能であり，広い意味では敵対的企業買収の一形態（⇨第9章第5節464頁以下参照）として理解することもできる。

(b)　**書面による議決権行使**　　株主総会に出席しない株主のため，会社は，株主総会の招集を決する際，**書面による議決権行使**を認めることができる（298条1項3号）。また，株主数が1000人以上である会社は，これを認めなければならない（同条2項）。株主数が多い会社においては，株主が地理的に分散する等，自ら株主総会に出席することを期待できない場合が多いことから，このような株主のために議決権行使の便宜を図ったものである（なお，書面による議決権行使と委任状勧誘の双方を利用することは可能である。この場合の両者の調整については，争点51〔荒谷裕子〕参照）。

会社が書面による議決権行使を認める場合，招集通知に際して，株主に**株主総会参考書類**と**議決権行使書面**を交付する（301条1項。議決権行使書面については，⇨**図表4-5**参照）。株主総会参考書類とは，議決権行使に参考となるべき事項を記載した書面であり（同項参照），議案に関する詳細が記されたものである（会社則65条1項・73条以下参照。例について，⇨巻末ウェブサイト集参照）。これは，株主総会に出席しない株主が書面等により議決権行使を行うにあたって，その判断のための情報を提供する趣旨である。その上で株主は，議決権行使書面に必要事項を記載し，会社にこれを提出する（通常は郵送する）ことで，議決権を行使する（311条1項，会社則69条。議決権行使書面の閲覧・謄写請求，およびその

図表 4-5　議決権行使書面の例

議決権行使書

株主番号　00000000　　議決権行使個数　　1個

リーガルクエスト株式会社　御中

私は、令和2年6月29日開催の貴社第19回定時株主総会（継続会または延会を含む）における各議案につき、右記（賛否を○印で表示）のとおり議決権を行使します。

令和2年　6月　　日

議案	第1号議案	第2号議案	第3号議案	第4号議案（下の候補者を除く）		第5号議案	第6号議案
賛否表示欄	賛	賛	賛	賛		賛	賛
	否	否	否	否		否	否

各議案につき賛否の表示をされない場合は、賛成の表示があったものとして取り扱います。

リーガルクエスト株式会社

000-0000
○○市○○区○○○○○
○○○○○○

○○　○○

（ご押印）

0000　00000-000　0　000　0000000＃　00　00

株主総会にご出席の際は、この用紙の右片を切り離さずにそのまま会場受付にご提出ください。

（切　取　線）

お　願　い

1. 株主総会にご出席願えない場合は、議決権行使書用紙に賛否をご表示、ご押印のうえ、令和2年6月28日までに到着するようご返送ください。
2. 第4号議案の賛否をご表示の際、一部の候補者につき異なる意思を表示される場合は、「議決権の行使についての参考書類」に記載の当該候補者の番号をご記入ください。
3. 賛否のご表示は、黒のボールペンを使用され、はっきりと○印をご記入ください。
4. 議決権をインターネットで行使される場合は、下に記載のウェブサイトに議決権行使コードとパスワードによりアクセスのうえ、令和2年6月28日までにご投票ください。この場合、議決権行使書を返送される必要はありません。

議決権行使ウェブサイト
http://www.
議決行使コード
0000-0000-0000-0000
パスワード
00000000

リーガルクエスト株式会社

拒絶事由については，311条4項5項参照)。

もっともわが国の上場会社株式について，機関投資家による保有が進展する中，株主総会の議案を吟味する時間が限られている，との指摘が以前からなされていた。しかし，株主総会招集通知をはじめとする資料が書面によることを前提とする限り，これを印刷し，郵送するための時間を考えると，総会の日の2週間前という法定のスケジュール(299条1項)を前倒しすることはなかなか難しかった。そこで令和元年の会社法改正では，株主総会資料の電子提供制度(⇨147頁 Column 4-5)が導入され(325条の2以下)，これによって株主総会招集通知にあたって交付されるべき書面を大幅に削減し，招集通知の前倒しを可能にしようとしている(上場会社等のように振替株式を発行する会社については，電子提供制度の利用が義務づけられる。振替159条の2第1項)。

(c)　電磁的方法による議決権行使　株主総会に出席しない株主のため，会社は，株主総会の招集を決する際，**電磁的方法による議決権行使**を認めることもできる(298条1項4号)。書面による議決権行使とは異なり，その採用はあくまでも会社の任意である。電磁的方法による議決権行使を認めるためのシステム構築には一定の資本投下が要求されることから，その必要を感じている会社だけが採用すればよいという制度となっているのである。むろん書面による議決権行使と併せて採用することは可能である。

会社が電磁的方法による議決権行使を認める場合，株主に議決権行使書面に記載すべき事項と同様のものを電磁的方法により提供する(株主総会参考書類も交付する。これは，電磁的方法により提供してもよい。302条1項2項。なお，株主総会資料の電子提供制度について，147頁 Column 4-5)。まず株主が，招集通知を電磁的方法により発することに承諾している場合には，招集通知とともにこれが提供される(同条3項・299条3項)。他方，株主がこれに承諾していない場合，株主が株主総会の日の1週間前までにその提供を請求すると，会社がただちにこれを提供する(302条4項)。株主は，議決権行使書面に記載すべき事項について，これを電磁的方法により会社に提供する(通常は会社の設置するウェブサイトにアクセスして提供する)ことで，議決権を行使する(312条1項。議決権行使にかかる電磁的記録の閲覧・謄写請求，およびその拒絶事由については，同条5項6項参照)。

(d)　議決権の不統一行使　1人の株主が複数の議決権を有している場合，

通常はこれを統一的に行使することが期待される。しかし，信託会社が複数の委託者のために株式を保有しており，議決権行使について各委託者から異なる指図を受けるなど，統一的な議決権行使を期待できない場合もある（たとえば，機関投資家は株式を信託銀行名義で保有し，信託銀行に指図を行ってその議決権行使を行う。この点については，VM 61頁参照）。そこで会社法は，株主がその有する議決権を統一しないで行使することを認める（313条1項）。

議決権の不統一行使は，以上のような合理的な理由に基づいてなされるもののみを認めれば足りる。したがって会社は，他人のために株式を有するのではない株主に対しては，議決権の不統一行使を拒むことができる（313条3項）。また，取締役会設置会社においては，株主が議決権の不統一行使をなすにあたり，株主総会の3日前までに不統一行使をする旨，およびその理由を通知しなければならない（同条2項）。これは，株主数が相当数に達することも想定されるので，議決権の集計等，会社の事務処理の便宜のためである。

Column 4-10　機関投資家

近年，わが国の上場会社の株式については，機関投資家（institutional shareholder）により保有される割合が高くなっている（⇨155頁 Column 4-8 の株式保有構造に関する記述を参照）。機関投資家とは，簡単にいえば，株式等の証券投資によって資産運用を行い（業として他人のために資産運用を行う），常時資本市場に参加する法人の投資家である。情報の獲得や分析についての能力に乏しく，適切な投資先を探し出すことが決して容易ではない個人の投資家にとって，そのような能力を有する他人に資金の運用を委ねることは合理的といえる。その意味で，ある程度成熟した資本市場において，株式投資の主体が機関投資家中心となっていくことは不可避な流れである。

このような機関投資家の有する意味の大きさゆえ，国の内外を問わず，機関投資家には特別な期待が寄せられることが多い。たとえばわが国でも，2000年前後から，機関投資家は資金の提供者である顧客との関係で受託者責任を負うとの考え方から，議決権行使のガイドラインなどを策定して積極的な議決権行使が求められてきた（VM 62頁）。さらに近時は，機関投資家が投資先企業やその事業環境等に深い理解を有し，建設的な「目的を持った対話」を行うことで，当該企業の企業価値向上や持続的成長を促すこと，ひいては顧客・受益者等の中長期的な投資リターンの拡大を図ることが期待されている。機関投資家に対する以上のような期待は，「責任ある機関投資家」としてスチュワードシップ責任を負うべきだとの考え方に由来するものである（このような考え方はイギリスにおけるそれを参考にしたもので，**「日本版スチュワードシップ・コー**

ド」として文書化されている。このコードを受け入れた機関投資家は，議決権行使結果の開示〔指針 5-3〕が求められる。なお，日本版スチュワードシップ・コードについては，182 頁 Column 4-15 参照)。

なお，わが国の上場会社の中には，機関投資家の中でもとりわけ外国人投資家により株式を保有される割合が高くなっているものもある。このような場合，会社側としても，株主総会の定足数確保，あるいは議決権行使促進の観点から，外国人株主を意識した方策を用意しなければならない（招集通知送付をIT化したり，英語版の招集通知を作成したりする例がある。外国人株主に対する対応については，商事法務研究会編「株主総会白書 2019 年版」商事 2216 号〔2019 年〕120 頁以下参照)。ただ，外国人株主の株式保有形態というのは，分業形態をとっており（⇨**図表 4-6** 参照)，誰が本当の資金拠出者であり，誰が真の株主なのかが分からないことも多い。そのため，専門的な会社に依頼して，株主が誰なのかを特定するための調査をしている場合も少なくない。

図表 4-6　アメリカの機関投資家による株式保有形態

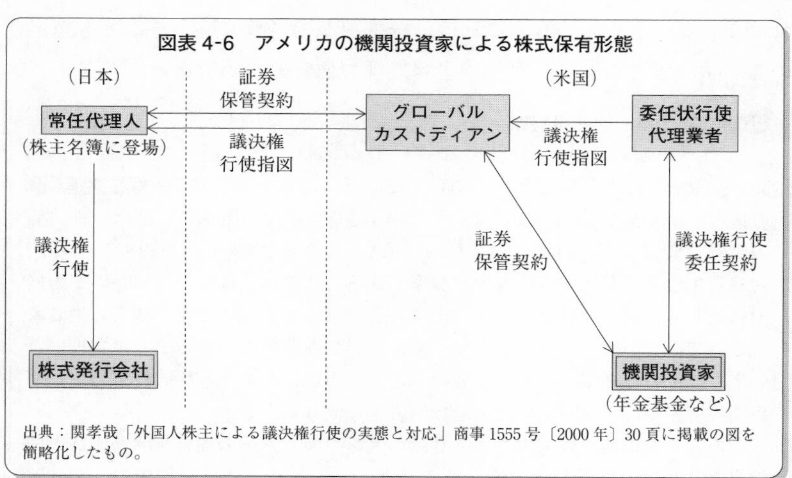

出典：関孝哉「外国人株主による議決権行使の実態と対応」商事 1555 号〔2000 年〕30 頁に掲載の図を簡略化したもの。

(e)　**補論・株主の権利行使に関する利益供与**　株式会社は，何人に対しても，「当該株式会社又はその子会社の計算において」，「株主の権利の行使に関し」，「財産上の利益の供与」を行うことを禁じられる（120 条 1 項。なお，刑事責任につき 970 条)。この規定は，もともとは総会屋対策として設けられたものであるが（⇨ Column 4-11)，現在では，その趣旨を広く会社運営の健全性ないし公正の確保に求めるのが一般的である（田中亘「会社による株式の取得資金の援助と利益供与(上)」商事 1904 号〔2010 年〕7 頁)。

120条1項の定める要件のうち，解釈上問題となることが多いのが「株主の権利の行使に関し」の要件である（なお，通常の株主のほか，株式交換等がなされるまで株主であった者〔会社847条の2第9項にいう適格旧株主〕等の権利の行使も同様に問題となる）。これは，財産上の利益の供与が株主の権利行使に影響を与える趣旨であるか否かを問う要件である。ただ実際上は，会社が財産上の利益を提供した場合において，そのことに会社運営上の合理性があるか否かを判断するための要件として機能している（合理性がなければ株主の権利行使に影響を与えることが目的であると判断される）。たとえば，会社から見て好ましくないと判断される株主が議決権等の株主の権利を行使することを回避する目的で，当該株主から株式を譲り受けるための対価を何人かに供与する行為は，「株主の権利の行使に関し」，利益を供与する行為にあたる（最判平成18・4・10民集60巻4号1273頁〔百選14，商判I-131〕）。あるいは，株主総会において現経営陣の経営方針に賛成するよう求めつつ，投票を行った株主に対して金品を提供する行為が，「株主の権利の行使に関し」，利益供与にあたるとされた例もある（東京地判平成19・12・6判タ1258号69頁〔百選34，商判I-81〕。なお，この要件に関して詳しくは，伊藤靖史「株主総会：株主の権利の行使に関する利益の供与」法教477号〔2020年〕99頁も参照）。

なお，特定の株主に対する無償の財産上の利益の供与（有償でも会社の受けた利益が著しく少ない場合は同様である）は，株主の権利の行使に関して財産上の利益の供与を行ったものと推定される（120条2項）。

以上の規定に違反して利益の供与を受けた者は，株式会社に当該利益を返還しなければならない（120条3項）。また，当該利益供与に関与した取締役等は，供与額を返還すべき責任を負う（同条4項。なお，利益供与を行った取締役等は無過失責任である）。

Column 4-11　**総会屋と利益供与**

株主総会を手がかりとして企業に対するゆすり行為をなすいわゆる「**総会屋**」の存在は，わが国に特殊な現象であった。たとえば，株主総会において会社提出議案を積極的に支持する発言を行い，会議を迅速に終了させる総会屋。不祥事を抱えている会社の株主総会において，不規則発言を繰り返して会議を混乱させる総会屋。あるいは株主総会を混乱させる可能性を示唆して，自らの発行する雑誌への広告掲載や観葉植物のレンタルを迫るといった総会屋もいた。

これら総会屋に共通しているのは，株主総会における言動を梃子として，会社から金員を獲得するという点である。このゆする行為は，株主総会を可能な限り平穏に終わらせたいという経営者の心理を巧みについたものでもあった（総会屋に関する分析として，マーク・ウェスト〔大杉謙一訳〕「なぜ総会屋はなくならないのか」ジュリ 1145〜47号〔1998年〕参照）。

会社による総会屋に対する金員の支払は，およそ合理的な経済活動に伴う支出ではなく，会社法上是認できるものではない。また，総会屋に供与された資金が反社会的勢力に流れる例もあり，その意味でも強く禁圧される必要がある。そこで，昭和56年の商法改正において**利益供与の禁止**に関する規定が導入され，これが現在の会社法120条および970条に引き継がれている。総会屋を念頭においた利益供与の規定は，その厳正な執行が図られる中で，ひとまずその活動の沈静化に寄与したと評価できる。

(3)　決議の成立

(a)　採　決　　採決の方法は，会社法上，特に定めが置かれていない。賛成の議決権が，議案の成立に必要なだけ投じられていることが判定できるのであれば，挙手，拍手，その他いかなる方法を採用するかは，議長の合理的な裁量に委ねられる（東京地判平成14・2・21判時1789号157頁）。

また，賛成が圧倒的多数であることが明らかな場合など，採決の際に必ずしも賛成票と反対票の数を確定しなければならないわけではない。もっとも近年は，株主提案権と委任状勧誘の利用により（⇨150頁 Column 4-7，158頁 Column 4-9 参照），賛成票と反対票が拮抗する例も少なくない。このような場合には，賛成票，反対票それぞれの数を確定する必要があるし，事後の紛争に備えるために総会検査役を選任しておくことが好ましい（306条。総会検査役については(c)にて後述する。なお金融商品取引法上，有価証券報告書を提出しなければならない会社は，臨時報告書で議決権行使結果を開示する必要がある。金商24条の5第4項，企業開示19条2項9号の2。この点については，VM 66頁も参照）。

(b)　決議の成立要件　　株主総会の決議は多数決によって成立するのが原則であるが，その成立のための具体的な要件は，決議事項の軽重によって異なる。会社法は，**普通決議**による場合，**特別決議**による場合，そしてその他の場合（いわゆる**特殊の決議**による場合）に分けて規定を置いている（309条）。

普通決議とは，法令や定款に特に定めがない場合である。普通決議事項について株主総会の決議を成立させるためには，以下の要件をみたす必要がある。まず**定足数**として，株主総会に出席した株主の有している議決権の合計が，行使可能な議決権の過半数に達している必要がある（309条1項）。この定足数に関しては，定款で引き下げることができる（ただし役員の選任・解任決議にかかる定足数は，議決権の3分の1までしか引き下げることができない。341条参照）。そして多数決要件として，その出席株主の議決権の過半数が賛成した場合，決議が成立する（309条1項）。

特別決議とは，309条2項に列挙された重要な決議事項に関してなされるべき決議であって，定足数要件と多数決要件が加重される。定足数に関しては，原則として普通決議の場合と同様，株主総会に出席した株主の有している議決権の合計が，行使可能な議決権の過半数に達している必要がある。ただし，普通決議の場合と異なり，定款による引下げは，これを行使可能な議決権の3分の1までしか認めない（309条2項）。多数決要件としては，普通決議のような単純多数決ではなく特別多数決によるものとされ，その出席株主の議決権の3分の2が賛成した場合，決議が成立する（同条同項。多数決要件を定款によって加重してもよい）。

特殊の決議とは，その決議事項の重大性ゆえ，全体の圧倒的な多数による賛成が要求され，定足数要件はないが，多数決要件が特に加重される場合をすべて含む概念である。たとえば，株式会社が発行する株式の全部に譲渡制限を設ける旨の定款変更をする場合，あるいは合併・株式交換・株式移転において公開会社の株主であった者に譲渡制限株式が交付される場合，議決権を行使できる株主の半数以上（議決権数ではなく頭数が基準となる），かつその株主の議決権の3分の2が賛成した場合，決議が成立する（309条3項。この要件を加重してもよい）。あるいは，非公開会社において，剰余金配当，残余財産分配，ないし議決権について株主ごとに異なる取扱いをする旨の定款変更をする場合（109条2項参照），総株主（議決権の有無を問わない）の半数以上，かつその株主の議決権の4分の3が賛成した場合，決議が成立する（309条4項。この要件を加重してもよい）。

(c)　**総会検査役**　　株主提案権や委任状勧誘が利用され，賛成票と反対票が拮抗しうる場合などには，株主総会の招集手続や決議方法に混乱が生じる可能性がある。このような場合に備えて，会社，または総株主の議決権の100分の1以上の議決権を有する株主は，当該招集手続および決議方法を調査させるため，問題となる株主総会に先立って，裁判所に**検査役**選任の申立てをすることができる（306条1項。公開会社においては，株主に対して6か月の株式保有期間要件が課される。同条2項）。

検査役選任の申立てがあった場合，裁判所は原則として検査役を選任しなければならない（306条3項）。通常，検査役には弁護士が選任され，この者が委任状の取扱いや議事運営の適正さなどを調査する。そして，この調査結果は書面等により裁判所に報告され（同条5項），また会社に対しては写しが提供される（同条7項）。これにより，会社や株主等の当事者は，問題となる株主総会に関する証拠を保全し，事後の紛争に備えることが可能となる。

(d)　**議事録**　　株主総会の議事については，その結果も含めて，**議事録**を作成する必要がある（318条1項，会社則72条）。この議事録は，本店に株主総会の日から10年間（支店に5年間）備え置かれ，株主と債権者にはその閲覧，謄写の請求が認められる（318条2項～4項）。

5　株主総会決議の瑕疵を争う訴え

株主総会決議に至るまでの手続，または決議の内容そのものに瑕疵（かし）がある場合，その決議の効力は否定されるべきである。しかし，瑕疵があるとはいえ，決議が成立したとの外観が形成された場合，これを前提として会社の利害関係者に法律関係が構築されていくのも事実である。それにもかかわらず，事後的にその効力を一般原則に従って争わせた場合，訴えの利益ある限り誰でもいつでも無効を主張できるし，訴訟の結果は当事者しか拘束しないなど，法的安定性を害する可能性は高い。そこで会社法は，設立無効の訴えの場合と同様，事後的に株主総会決議を争う場合について，その法的安定性を確保するための制度を用意している（⇨設立無効の訴えにつき，56頁2参照）。

1　株主総会決議取消しの訴え

会社法は，手続や内容における瑕疵が相対的に軽微な場合，**株主総会決議取消しの訴え**によることを求め（831条），決議の効力が否定される場合を限定する。株主総会決議により新たな法律関係が構築されているにもかかわらず，軽微な瑕疵によって決議の効力を否定することは，法的安定性の観点から妥当ではないからである。

(1) 取消事由

会社法831条1項は，取消事由として，第1に，招集手続・決議方法の法令定款違反・著しい不公正（1号），第2に，決議内容の定款違反（2号），そして第3に，特別利害関係人の議決権行使による著しく不当な決議（3号）の3つを挙げる。

(a) 招集手続・決議方法の法令定款違反・著しい不公正　株主総会の招集手続または決議の方法が，法令もしくは定款に違反する場合，決議の取消事由となる（831条1項1号）。たとえば，招集通知もれや招集通知期間の不足は招集手続の法令違反の例であり，説明義務違反のある決議や定足数不足でなされた決議は決議方法の法令違反の例である。

また，形式的に法令や定款に違反していなくとも，招集手続や決議の方法に明らかに不当な目的が看取できる場合には，それが著しく不公正であるとしてやはり取消事由となる（831条1項1号）。たとえば，事実上，株主が参加できないような時間や場所で総会を開催するといった場合がその例である。

Case 4-6　Y株式会社は，取締役会設置会社である。Y会社では，令和2年の株主総会を開催するにあたってその準備に手間取り，当該招集の決定は取締役会では行われず，代表取締役限りで行われた。また，招集通知の発送自体も，法定の招集期間より2日遅れた。しかし，Y会社の取締役は，誰も株主総会の招集について異論がなく，また招集通知発送の遅れも2日だけなので株主に対する影響は小さいと考えている。それでも，当該招集手続にかかる以上の法令違反に基づき，当該株主総会においてなされた決議は取り消されるべきだろうか。
（最判昭和46・3・18民集25巻2号183頁〔百選40，商判I-88〕を基礎とした事例）

招集手続や決議方法の法令定款違反という瑕疵は，あくまでも手続上の問題である。しかも，実際にはその瑕疵が軽微なものであって，実質的に決議にはほとんど何らの影響を及ぼさない場合も考えられる。そこで会社法は，形式的に招集手続や決議方法の法令定款違反が認められる場合でも，その違反する事実が重大でなく（瑕疵の重大性），かつ決議に影響を及ぼさない（決議への影響）と認められるならば，裁判所において請求を棄却することを認める（**裁量棄却**。831条2項）。〈Case 4-6〉では，法定の機関決定がない点で瑕疵が重大であるし，機関決定が行われていた場合，あるいは法定の招集通知期間が遵守された場合，決議にどう影響したかは検証しようがなく，裁量棄却は認められるべきではない（百選40解説〔岩原紳作〕参照）。

(b)　**決議内容の定款違反**　株主総会決議の内容自体が定款に違反する場合，取消事由となる（831条1項2号）。たとえば，取締役の上限員数に関する定款規定が存在し，当該員数を超えて取締役選任決議を行った場合はその例である。内容の瑕疵という点では，重大な瑕疵があるようにも見えるが，定款違反というのは会社内部での自治規範に対する違反にすぎない。そこで会社法は当該違反を取消事由とするにとどめ，これを争うことに制約をかけている。

(c)　**特別利害関係人の議決権行使による著しく不当な決議**　株主総会決議における特別利害関係人とは，問題となる議案の成立により他の株主と共通しない特殊な利益を獲得し，もしくは不利益を免れる株主を指す。このような株主でも，株主総会において議決権を行使することは妨げられないが，決議の成立によって他の株主に著しい不利益が及ぶのであれば著しく不当な決議であるとして，取消事由となる（831条1項3号）。たとえば，親子会社間の合併において，大株主たる親会社が自己に有利な合併比率を定める場合，あるいは株主であり役員でもあった者に対して退職金を支給する場合（浦和地判平成12・8・18判時1735号133頁参照）などが挙げられる。

(2)　訴 訟 要 件

株主総会決議の取消しは，訴えをもってのみ主張できる（831条1項）。すなわち当該訴えが認容され，決議取消しの判決（**形成判決**）が確定してはじめて，決議は効力を失う。それまでは決議が一応有効であることを前提とするため，その限りにおいて法的安定性が確保される。その他，訴訟要件も厳格に定められ，この観点からもその取消しの主張に対する制約がかけられている。なお，ある議案を否決する決議の取消請求は，不適法であり，却下される（最判平成

28・3・4民集70巻3号827頁〔商判Ⅰ-87〕)。ある議案を否決した場合，これにより新たな法律関係を生ずるものではなく，またこの決議を取り消すことにより新たな法律関係を生ずるものでもないからである。

(a) **原告適格** 株主総会決議取消しの訴えを提起し，原告となりうる者は，株主，取締役，または清算人に限られる(株主は，他の株主に対する招集手続の瑕疵につき，自ら原告となって訴えを提起することができる。最判昭和42・9・28民集21巻7号1970頁〔百選36，商判Ⅰ-82〕)。その効力を争おうとする株主総会決議を通じて株主の地位を失った者も，自らの不利益を救済するための機会が与えられるべきであるから，原告となりうる(831条1項柱書後段。たとえば，全部取得条項付種類株式の仕組みにより株主の地位を奪われた者が，当該種類株式を設ける定款変更やこれを強制取得するための株主総会決議を争おうとする場合)。その他，監査役設置会社においては監査役，そして指名委員会等設置会社においては執行役も原告となりうる(831条1項柱書・828条2項1号。決議の取消しにより取締役，監査役，または清算人となる者を含む)。以上は，当該訴えを提起することについて，強い利害を有している者にのみこれを認める趣旨として理解できる。

(b) **被告適格** 株主総会決議取消しの訴えは，会社を被告として提起する(834条17号)。法律上は，会社が決議の有効性を正当に主張すべき利害関係者として位置づけられているわけである。

(c) **提訴期間** 株主総会決議取消しの訴えは，株主総会決議の日から3か月以内に提起される必要がある(831条1項)。これは，決議の効力を早期に確定して，法的安定性を確保するためである。

〈Case 4-7〉 A株式会社の株主であるBは，A会社における令和2年6月の定時株主総会につき，一部の株主に対して招集通知の発送が行われていない点を取消事由として，同年7月，A会社を被告として株主総会決議取消しの訴えを提起した。Bは，同年11月，以上の瑕疵に加えて，当該株主総会における取締役選任議案に関する質問につき，取締役から十分な説明が行われていないとして，説明義務違反を取消事由として追加したいと考えている。この主張の追加は認められるか。
(最判昭和51・12・24民集30巻11号1076頁〔百選37，商判Ⅰ-84〕を基礎とした事例)

株主総会決議取消しの訴えが提起された後，仮に決議の日より3か月を過ぎてから取消事由を追加して主張することを認めた場合，当該主張にかかる決議はいつまでも法的に不安定な状態に置かれる。これでは，結局のところ，決議の早期確定を目指した法の趣旨が貫徹されない。そこで最高裁も，提訴期間を経過した後に取消事由を追加することは，仮に訴えそのものが提訴期間内に提起されていたとしても認めない（前掲・最判昭和51・12・24参照）。もっとも，決議取消事由を決議無効事由として主張して，株主総会決議無効確認の訴えを取消しの訴えの提訴期間内に提起していた場合，提訴期間経過後に決議取消しの主張をなすことは認められる（最判昭和54・11・16民集33巻7号709頁〔百選43，商判Ⅰ-94〕）。

(d)　**訴えの利益**　　株主総会決議取消しの訴えは，形成の訴えであることから，原告適格が認められる者には，原則として**訴えの利益**（決議を取り消すだけの必要性と実効性）がある。ただし，これまでの判例を見ると，たとえば次のような場合には訴えの利益が失われる。役員選任決議取消しの訴えの係属中に，当該決議によって選任された役員が任期満了により退任した場合（最判昭和45・4・2民集24巻4号223頁〔百選38，商判Ⅰ-85〕。だが，当該決議（先行決議）で選任された取締役が構成する取締役会で選定された代表取締役が招集する株主総会において，新たに取締役を選任する決議が行われた場合（後行決議），先行決議が取り消されれば後行決議は瑕疵を帯びることとなる（**瑕疵の連鎖**）。したがって先行決議の取消しを求める訴えの係属中に後行決議の瑕疵を争う訴えが併合されている場合，先行決議の取消しを求める訴えの利益は失われないと解すべきである。最判令和2・9・3裁時1751号1頁)。あるいは，決議取消請求がなされている株主総会決議について再決議がなされ，前者の取消しが確定した場合には当該再決議がさかのぼって効力を生じるとされた場合（最判平成4・10・29民集46巻7号2580頁）などである。

(3)　判決の効力

会社法は，株主総会決議を取り消す判決の効力についても，可能な限り決議をめぐる法律関係を安定させるため，特別の規定を置いている。

(a)　**片面的対世効**　　株主総会決議を取り消す判決が確定した場合，これは第三者に対しても効力を有する（838条）。民事訴訟における判決効は，本来，訴訟当事者にのみ及ぶのが原則であるが（民訴115条1項参照），会社法はその範囲を拡張し，法律関係の画一的な確定を図っている。これにより，決議の効力について異なる利害関係者の間で異なる結果が導かれることが防止されるし，また登記の嘱託によるその抹消が可能となる（937条1項1号ト）。

(b)　**遡及効をめぐる問題**　株主総会決議を取り消す判決については，その他の会社の組織に関する訴えに基づく判決とは異なり，判決の遡及効を制限する規定が存在しない（839条参照。その他の会社訴訟について，⇨58頁**図表2-3**参照）。最高裁も，計算書類承認決議を取り消す判決について，その効力がさかのぼることを前提とした判断をなしている（最判昭和58・6・7民集37巻5号517頁〔百選39，商判I-86〕は，昭和46年以降の計算書類承認決議がなされたとしても，昭和45年の決議が取り消されることによって，以後の計算書類は未確定となるため，昭和45年の決議を取り消すべき訴えの利益は失われないとする）。

以上の計算書類承認決議に関する最高裁の立場とは異なり，株主総会決議を取り消す判決については，遡及効を制限すべきだとの議論もある。とりわけ取締役選任決議のように会社内部問題として完結しない場合について（選任された取締役が会社を代表して対外的取引を行う場合を想定されたい），取引の安全の観点からこのような議論がなされてきた。しかし，会社との取引関係に立った善意（無過失）の第三者は，不実登記の規定（908条2項），あるいはその他の外観保護規定（民109条）によって保護されるから，あえて法文にない遡及効制限をする必要はない。

2　株主総会決議無効確認の訴え

株主総会決議の内容が法令に違反する場合，重大な瑕疵があるものとして，その決議は無効となる（830条2項）。たとえば，欠格事由に該当する取締役を選任する決議を行った場合などは（331条1項参照），決議内容に法令違反がある例である。

この決議の無効は，株式会社を被告として無効確認を請求する訴えを提起してもよいし（830条2項・834条16号），訴訟中の抗弁その他，訴え以外の方法で無効を主張してもよい。また原告適格や提訴期間についても，会社法上制約はなく，確認訴訟の一般原則に従う。

通常の確認訴訟とほとんど変わらない株主総会決議無効確認の訴えについて，

会社法が特に規定を置いている理由は，判決効の点にある。すなわち，株主総会決議の無効を確認する確定判決は，第三者に対しても効力を有する（838条。これにより，登記の嘱託によるその抹消が可能となる）。したがって，このような強い効力を欲する利害関係者は，訴えを提起し，無効確認判決を獲得すればよいという制度設計になっているのである。

3 株主総会決議不存在確認の訴え

株主総会決議が存在しない場合についても，決議無効の場合と同様，株式会社を被告として，決議不存在確認を請求する訴えを提起してもよいし（830条1項・834条16号），それ以外の方法で決議不存在を主張してもよい。たとえば，代表取締役が招集したのではない株主総会の決議は，不存在の例である（最判平成2・4・17民集44巻3号526頁〔百選41，商判I-93〕）。この場合に原告適格や提訴期間について，会社法上の制約がなく確認訴訟の一般原則に従うこと，また不存在を確認する判決の効力が第三者に及ぶこと（838条）も無効確認の訴えの場合と同様である（その他，訴えの利益について，最判平成11・3・25民集53巻3号580頁参照。取締役を選任する先行株主総会決議不存在確認訴訟の係属中に，当該総会で選任されたとする取締役によって構成される取締役会で選任された代表取締役が招集した後行株主総会決議の不存在確認訴訟が提起され，これらが併合された事案。後行決議の存否の判断が先行決議の存否にかかっており〔瑕疵の連鎖〕，双方の決議について訴えの利益が認められた）。

株主総会決議不存在確認の訴えは，決議無効確認の訴えに準ずる形で規定が置かれている。だが，実際の運用としては，むしろ決議取消しの訴えとの連続性が強いことに注意する必要がある。それは，不存在とされる場合として，著しい手続的瑕疵ゆえに決議が存在したと法的に評価できず，決議取消しの訴えに存する提訴期間の制限などを課すのが妥当ではない，という場合も含められてきたことによる（たとえば最判昭和33・10・3民集12巻14号3053頁参照。株主数において3分の2，株式数において約4割について，招集通知を欠く事案）。

第3節　取締役会設置会社

1 総　　説

本節では取締役会設置会社であり，かつ委員会型会社（指名委員会等設置会社・監査等委員会設置会社）でない株式会社につき，各機関についての基本的ルールを解説する。ときおり委員会型会社に触れることがあるが，指名委員会等設置会社の監査委員会と監査等委員会設置会社の監査等委員会はほぼ同じ権限を与えられていることから，両者をまとめて「監査（等）委員会」と表記することがある。

2 取締役

(1) 資　　格

取締役となることができるのは自然人だけであり，法人は取締役となれない（331条1項1号）。そのほか，会社法・金融商品取引法・破産法等の罪を犯した者，その他の法律上の罪により禁固以上の刑に処せられた者は取締役となることができない（**欠格事由**，厳密には同条1項3号4号を参照）。他人（会社≒全株主）の財産を預かるのにふさわしくないためである。欠格事由のある者を取締役に選任しても，その総会決議は訴えによるまでもなく無効である（830条2項参照）。

令和元年改正前は，成年被後見人・被保佐人も取締役の欠格者と定められていた（改正前331条1項2号）。しかし，成年後見制度は社会的包摂（ソーシャル・インクルージョン）を基本理念とするにもかかわらず，この制度を利用することで逆に会社の経営等から排除されてしまうことは適切でないし，また欠格事由の定めがあることで当事者が成年後見制度の利用を躊躇するおそれがある。そのため，改正時にこの規定は削除された。同年改正により，成年被後見人・被保佐人も一定の規律の下に取締役・監査役などに就任することができるようになった（331条の2）。

公開会社では，取締役となることのできる者を株主に限る旨の定款規定は無効である（331条2項。非公開会社では有効）。これは，（公開）株式会社は広く適材を求めるべきという理念から昭和25年改正商法で導入された規定であるが，観念的な規定であり実定法的にあまり意味のある規定ではない（株主である者を取締役に選任することが禁止されるわけではない）。

(2) 員数・任期

取締役会設置会社では取締役は3人以上必要である（331条5項）。定款で取締役数の上限・下限などを定めることができる。なお，監査役会設置会社（公開会社かつ大会社であるものに限る）で有価証券報告書の提出義務のある会社は，社外取締役を置かなければならない（327条の2。令和元年改正⇨183頁(e)）。

取締役の**任期**は，原則として2年（正確には，選任後2年以内に終了する事業年度のうち最終のものに関する定時総会の終結の時まで）である（332条1項本文）。たとえば，毎年3月を決算期末とする株式会社で2020年6月下旬の定時総会で選任された取締役の任期は，この原則に従えば2022年6月頃に開催される定時総会の終結時までとなる。

定款または選任の総会決議によって任期を短縮する（たとえば1年とする）ことができる（332条1項ただし書）。非公開会社では，定款規定によって任期を伸長することができる（ただし10年を上限とする。同条2項）。

(3) 選　　任

取締役は，株主総会決議によって選任される（329条1項・309条1項）。決議要件は普通決議であるが，定款による定足数の引下げは総株主の議決権の3分の1を限度とする（341条。定足数や多数決比率を定款規定で引き上げることは可能）。役員が欠けた場合または法律・定款で定めた役員の員数を欠くこととなるときに備えて，**補欠取締役**を選任することができる（329条3項）。

2人以上の取締役を同じ総会で選任する場合，通常は，1人ずつ選任が行われる（1回の採決でまとめて総会決議が行われる場合でも，法的には選任される取締役の数の決議が存在する〔会社則66条1項1号イ参照〕）。この方法では，株主が議決権にして6割の多数派グループと4割の少数派グループに分かれている場合には，多数派がすべての取締役ポストを占めることになる。そこで，少数派株主が取締役を選出する可能性を与える制度として，累積投票の制度と役員選解任に関する種類株式の制度が用意されている。

2人以上の取締役を同じ株主総会で選任する場合，定款に別段の定めがない限り，各株主は，会社に対して累積投票により取締役を選任すべきことを請求できる（342条）。**累積投票**は，全取締役の選任を一括して行い，各株主に1株（単元株制度採用会社では1単元）につき選任すべき取締役の数と同数の議決権を与え，各株主にはその議決権を全部1人に集中して投票するか，または数人に分散して投票するかの自由を認め，投票の結果，最多数を得た者から順次その員数までを当選者とする投票の方法である。この方法によれば，比例代表制度に類似した効果が得られる。しかし，多くの会社では累積投票制度を完全に排除する旨の定款規定（同条1項を参照）が置かれている。

また，取締役・監査役の選解任についての**種類株式**（108条1項9号）を発行している会社（非公開会社のみ。同項柱書ただし書）では，取締役の選任・解任は（全体の）株主総会によってではなく，各種類の株主の総会において行われる（347条1項により読み替えられる329条。普通決議〔324条1項〕。⇨83頁(g)）。

取締役の選任がなされると，選任の登記がされる（911条3項13号）。

(4) 終　任

(a) **一　般**　取締役がその地位を失うことを**終任**といい，任期の満了・辞任・解任・死亡の場合などがある。取締役は定められた**任期の満了**により終任となるが，再任は妨げられない。

取締役と会社との関係は**委任**の規定（民643条以下）に従う（330条）ため，取締役はいつでも自己の意思で辞任することができ（民651条1項。辞任の意思表示が会社に到達することが必要），またその者の死亡・破産も終任事由となる（民653条）。民法653条は任意規定であるため，取締役の破産が終任事由とならない旨の特約は有効であり，特約のない場合にも欠格事由（331条1項）に該当しない限り会社は同じ者を取締役に選任しなおすことができる。他方，委任者たる会社が破産した場合には，取締役は破産手続開始によりその地位を当然には失わず，役員の選任・解任のような会社組織に係る行為等については取締役としての権限を行使しうるというのが判例の立場である（最判平成16・6・10民集58巻5号1178頁，最判平成21・4・17判時2044号74頁〔百選A13，商判I-96〕。

破産財団についての管理処分権限は破産管財人に帰属する)。

(b) **解　任**　　取締役は，いつでも株主総会の決議によって**解任**することができる(339条1項。原則として普通決議である。309条2項7号のかっこ書に注意。定足数の下限につき341条)。取締役の解任には理由は必要とされないが，正当な理由なしに解任をする場合には，取締役は会社に損害賠償を請求できる(339条2項)。最高裁判例には，持病の悪化のため療養に専念するとして代表取締役を辞任したXにつき，Y会社が株主総会決議で取締役を解任したという事例につき，正当な理由を認めたものがある(最判昭和57・1・21判時1037号129頁〔百選44，商判I-97〕)。そのほか，職務の能力・職務への適性が客観的かつ明確に欠けていることも，正当な理由に該当するが，経営判断の失敗を直ちにこれに含めるべきではないだろう(江頭400頁。やはり正当の理由を認めた裁判例として，東京地判平成30年3月29日金判1547号42頁〔商判I-98〕を参照)。正当な理由がない場合，通常は，残存任期で得られたはずの報酬等の額が賠償額となろう(上記最判事件でも原告は残存任期の報酬額を請求している)。

取締役の職務執行に関し不正の行為または法令・定款に違反する重大な事実(会社財産を私的に使い込む場合など)があったにもかかわらず，株主総会が解任議案を否決した場合には，少数株主権として株主は**解任の訴え**を提起できる(854条)。ここでの「重大な事実」は，総会決議で解任する場合の「正当な理由」よりも狭いと解される。原告となりうるのは総株主の議決権の100分の3以上または発行済株式の100分の3以上の株式を有する株主である。解任の訴えは，会社と解任されるべき取締役の両方を被告として提起されなければならない(855条)。

上記の例外として，累積投票によって選任された取締役の解任には，株主総会の特別決議を要する(309条2項7号)。種類株主総会によって選任された取締役の解任は，種類株主総会の普通決議による(347条1項によって読み替えられる339条)。

(c) **欠員の場合の処置**　　取締役会設置会社では3人以上の取締役が必要であるが(331条5項)，A，B，Cの3名のうちAが辞任したという場合，どうなるか。

取締役が欠けた場合または法令・定款所定の取締役の員数が欠けた場合(**欠**

員）には，任期の満了または辞任により退任した取締役は，後任者が就任するまで引き続き取締役としての権利義務を有する。この規定は，取締役が解任により終任した場合には適用されない（346条1項）。先の例では，Aは後任者が就任するまでは取締役としての権利義務を有し（負い）続ける（**取締役権利義務者**）。中小企業では，株主総会がほとんど開催されないために，「取締役」と呼ばれている者が厳密にいうと取締役の権利義務者であるという場合がある。

取締役の欠員が生じた場合（解任による場合を含む），裁判所は，必要があると認めるときは，利害関係人の申立てにより，**仮取締役**（「一時取締役」と呼ばれることもある）を選任することができる（346条2項）。仮取締役の権限は，本来の取締役と同じである。

取締役権利義務者に不正行為等があった場合に，解任の訴え（854条）によりこの者を排除することは許されず，株主は必要があると認めるときには仮取締役の選任を申し立てる（346条2項）べきである（仮取締役の選任によって取締役権利義務者の地位を失わせることができる。同条1項第2かっこ書参照），というのが判例の立場である（最判平成20・2・26民集62巻2号638頁〔百選45，商判I-99〕）。

Column 4-12　職務執行停止・職務代行者

取締役の選任決議について不存在・無効確認の訴えや取消しの訴え（830条・831条）または取締役解任の訴え（854条）が提起されても，取締役の地位に影響はない。しかし，訴えの提起があったにもかかわらず，その取締役にそのまま職務の執行を認めることは適切でない場合がある。そこで，民事保全法上の仮の地位を定める仮処分（民保23条2項）として，本案訴訟の提起後または提起前でも急迫な事情がある場合には，裁判所は，当事者の申立てにより，取締役の職務の執行を停止し，さらにその職務を代行する者を選任することができる（同56条参照）。職務代行者には弁護士が選任されるのが通例である。

取締役の職務代行者の権限は，仮処分命令に別段の定めがある場合を除き，会社の**常務**（当該会社として日常行われるべき通常の業務）に限定され，常務に属しない行為をするには裁判所の許可を要する（会社352条1項）。取締役の解任を目的とする臨時総会の招集は常務にあたらない（少数株主による招集の請求に基づく場合であっても同様。最判昭和50・6・27民集29巻6号879頁〔百選47，商判I-102〕）。

取締役の職務執行停止，職務代行者選任の仮処分がなされている場合に，職務執行を停止された取締役が辞任し，株主総会が新たに後任の取締役を選任しても，そのことによって仮処分決定が失効したり，代行者の権限が消滅することはなく，後任取締役の選任等により事情の変更があるとして仮処分決定の取消し（民保38条1項）がなされてはじめてこれらの効果が生じる（最判昭和45・11・6民集24巻12号1744頁〔百選46，商判I-100〕。取締役の職務執行停止，職務代行者選任の仮処分がなされている場合に，被停止者の辞任・後任取締役の選任があっても，会社の取締役の職務は原則として職務代行者が行い，その限度で後任取締役は職務の執行を制限されるが，代表取締役が欠けている場合には，これらの取締役が構成する取締役会の決議で代表取締役を定めることができる，という）。

3 取締役会・代表取締役――業務の執行と監督

(1) 総　　説

取締役会は，すべての取締役で組織される機関であり（362条1項），会社の業務執行の決定を行い，取締役の職務の執行を監督し，代表取締役の選定・解職を行う（同条2項）。

(a) 業務（の）執行と業務執行の決定　業務執行とは会社の業務に関する事務を処理することをいうが，会社法は，意思決定である「業務執行の決定」と，その実行行為である「業務の執行」とを区別している。

取締役会設置会社では，**業務執行の決定**は取締役会が行うのが原則であるが（362条2項1号），取締役会は，重要事項以外については，これを個々の取締役に委任することができる（同条4項参照。⇨185頁(a)）。委任は明示に（たとえば取締役会決議によって）なされる必要はない。取締役間の職務の分掌により黙示の委任が認められる場合が少なくないだろう。また，取締役は，軽微な事項であれば決定をさらに使用人（日常用語でいう従業員）に委任することもできる（一般にも行われている）。

これに対して，実行行為としての**業務の執行**は，会議体である取締役会は行うことはできず，権限（⇨31頁 Column 2-3）のある個々の取締役（⇨(b)）がこれを行うことになる（以上につき，論点解説358頁を参照）。たとえば，会社が重要財産を譲渡しようとする場合には，取締役会による決定が必要であるが（362条4項1号），相手方との交渉や契約書の作成（事実行為），契約の締結（法律行為）といった行為は代表取締役などによって行われる。

(b) 業務執行と会社代表

〈Case 4-8〉P 株式会社には，代表取締役社長 A，専務取締役 B，常務取締役 C および従業員の D がいる。P 社では，業務の執行は誰が行うことになるか。

業務執行には，①対外的なもの（会社を代理・代表して取引を行うこと）と，②対内的なもの（予算の編成，帳簿の作成など）がある。

①は代理と代表とをいう。会社の代表は，**代表取締役**によって行われる。代表取締役は，取締役会によって取締役の中から選定される（362 条 2 項 3 号）。代表取締役は，会社の業務に関する包括的な代表権限を有する（349 条 4 項）。また，会社は――具体的には，取締役会や代表取締役は――特定の事項について（代表取締役でない）取締役に代理権を与えることもできる（江頭 414 頁，427 頁）。さらに，使用人に代理権を与えて対外的業務執行を委任することも可能である（11 条・14 条・15 条を参照）。

Column 4-13　代理と代表

伝統的な法人理論（法人は機関を通じて行為する）では，代表（代表権限を有する機関による）と代理とは区別され，代理人の行為の効果は本人に帰属するが，代表権のある機関による行為は本人（法人）の行為そのものである（みなされる），と説明される。

もっとも，両者が経済的には類似することから，代理に関するルールの多く――たとえば，無権代理人の責任（民 117 条），表見代理（民 109 条以下），代理人の権限濫用（民 107 条）――は代表の場合にも（類推）適用される。

②は代表取締役，および取締役会の決議によって選定された取締役（**選定業務執行取締役**）によって行われる（363 条 1 項。後者を「業務担当取締役」と呼ぶことがある）。②についても，業務執行権を持つ取締役の間で業務の分担や上下の関係を定めること，業務執行権を持たない取締役に特定の事項につき業務執行を行わせることは許される。さらに，使用人に特定の事項につき業務執行を委任することもできる。

よって，〈Case 4-8〉の例では，特に定めがなければ，対外的な業務執行（代理・代表）・対内的な業務執行はともに代表取締役の A によって行われることになるが，B，C，D に対外的業務執行権（代理権）を与えることは可能である。また，対内的業務執行についても，A に権限があり，取締役会の決議で B

やCを業務執行を行う取締役に選定することができ，また，特定の事項について，B，CまたはDに対して権限を与えることもできる。

なお，業務を執行する取締役は，使用人を兼務する場合もある（**使用人兼務取締役**）。この場合には報酬の決定につき問題を生じる（⇨234頁）。

実務では，会長，社長，副社長，専務，常務などの肩書きを取締役に付けることが多い（「役付取締役」と呼ぶことがある。なお，この言葉は，代表権を持たないが取締役会により業務執行権限を与えられた取締役という意味で，つまり前記の「業務担当取締役」と同義で用いられることもある）。これらの肩書きと代表権の所在は必ずしも一致しない（⇨194頁）。

(c)　**業務と職務**　　会社法は，「**業務**（の執行）」と「**職務**（の執行）」とを使い分けている。法務省の立案担当者によると，前者は会社の目的である具体的事業活動に関与することであるのに対して，後者はより広く，監査行為や意思決定への関与（取締役会の招集，議決権の行使等）も含まれるという（論点解説290頁，429頁）。

代表取締役および取締役会により選定された取締役（363条1項）のほか，それらには該当しなくても事実上業務執行を行った取締役をあわせて**業務執行取締役**といい，この者は社外取締役となることができない（2条15号。なお，⇨184頁以下）。**社外取締役**は，業務執行はできないが，行うべき職務はある。社外取締役は業務執行取締役への助言や監督を期待され（⇨(e)），委員会型会社において特に重要な役割を持つ（⇨213頁3，218頁2）。

(d)　**取締役会による監督機能**　　取締役会は，取締役の職務の執行を監督する（362条2項2号）。これは，個々の取締役が，他の取締役の職務の執行（使用人に委任したものを含む）につき監督の権限を持つことを意味する。このように，取締役会は，会社の意思決定を行うとともに，取締役の職務の執行を監督する場でもある。

取締役（会）による監督は職務執行の適法性のみならず**妥当性**にも及ぶ（次段落で述べる監査役による監査と対比。詳細は⇨196頁(1)，199頁(a)参照）。この監督機能に資するため，会社法は，代表取締役・選定業務執行取締役に3か月に1回以上の頻度で職務執行の状況を取締役会に**報告**する義務を課している（363条2項）。取締役会の監督権限の中では，代表取締役を解職できる（362条2項3

号）ことが特に重要である（また，363条1項2号の「選定」の内容として，取締役会は，選定業務執行取締役を解職〔業務執行権限を剥奪〕できると解される）。

監査役は取締役会の構成員ではないが，取締役会に出席し，必要があるときには意見を述べる義務を負う（383条1項）。また，取締役の不正行為，そのおそれ，法令・定款違反の事実，著しく不当な事実があると認めるときには，監査役は遅滞なくこれを取締役会に**報告**しなければならない（382条）。そのために必要があれば，監査役は，招集権者に対して取締役会の**招集**を求め，招集されないときは自ら招集することもできる（383条2項3項）。これらの権利義務は，監査役が業務の**適法性**の監査を行うためのものである（監査範囲が会計事項に限定されている監査役はこれらの権限を持たない〔389条7項〕）。

取締役は，会社に著しい損害を及ぼすおそれのある事実を発見したときは，その事実を株主に（監査役〔会〕設置会社では監査役〔会〕に）**報告**しなければならない（357条）。報告を受けた株主・監査役は，必要に応じて**差止め**（360条・385条を参照）などの措置を講じることになる。

Column 4-14　経営者の監視と「取締役会による監督」

業務執行に携わる者は，必ずしも会社・株主の利益を最大化する行動をとるとは限らず，自己の利益を会社の利益に優先する行動をとる可能性もある。それを防ぐために，経営者の監視（モニタリング）が問題となる。

監視を行う主体としては，（大）株主・（社外）取締役・監査役・会計監査人などが考えられるが，これらの者が業務執行者の傍らに常駐して，その挙動を観察することは現実的ではない。監視とは，通常は，①会社経営に関する情報を収集し，②その情報を分析し，③会社経営や経営者に問題があると判断するときにはなんらかの是正措置をとる，というような活動を指す。会社法は，主に①と③について株主・役員等の権限を定めることで，経営者への監視を促進している。

ところで，大規模会社に関して，「取締役会による監督」の語は伝統的には，取締役会での具体的な意思決定の場面で取締役（≒経営者）の相互の牽制が機能し，経営トップの専横を防止するとの趣旨で用いられてきた。これに対して，近時では，経営戦略の決定（経営資源の配分），（選解任・報酬の決定を通じての）経営者の業績の測定とフィードバックに比重を置いて，この語が用いられることが一般的になってきた。後者の意味では，社外取締役が中心となって取締役会がこの役割を果たすことが期待されている（⇨183頁(e)）。

Column 4-15 **ソフトローによるコーポレート・ガバナンス改革**

コーポレート・ガバナンスとは，会社経営の適法性を確保し，収益性を向上させるために，会社経営者に適切な規律づけを働かせる仕組みをいう。

裁判所等の国家機関によるエンフォースメント（法の執行・強制・実現）が保証されていないにもかかわらず，企業や私人の行動を事実上拘束している規範を，**ソフトロー**と呼ぶ。コーポレート・ガバナンスの分野では，会社法・金商法などの制定法（ハードロー）だけでなく，上場規則や各種の行動規範などソフトローが重要性を増している（以下の叙述と神田181頁以下をあわせて参照）。

2014年2月には，金融庁の設置した有識者会議が「『責任ある機関投資家』の諸原則：日本版**スチュワードシップ・コード**」を公表し（⇨161頁 Column 4-10），上場会社と機関投資家の間の対話のあるべき姿を提案している。同コードは，2017年5月に改訂され，20年3月に再改訂された（金融庁のウェブサイト登載）。

金融庁と東京証券取引所が中心となって策定した「**コーポレートガバナンス・コード**」（日本取引所グループのウェブサイト登載）は，委員会型以外の上場会社であっても社外取締役が経営者を監視するというモニタリング・モデル（⇨209頁 **1**）に近い取組みを推奨している（2018年6月に改訂）。

これらの2つのコードは，名宛人（前者では採択を宣言した機関投資家，後者では上場会社）に対して一律の義務付けは行わず，コードが示す行動規範を名宛人が自発的に採用することを期待している。いずれのコードも，名宛人が行動規範に従わない場合には，その旨と理由を開示させるという仕組み（遵守または説明 comply or explain）を採用している（その効用について，野田博「コーポレート・ガバナンスにおける規制手法の考察」商事2109号〔2016年〕14頁を参照）。

上記のほかに，「遵守または説明」の形式を採るものではないが，上場会社の実務に影響を及ぼしている公的なソフトローとして，経済産業省「コーポレート・ガバナンス・システムに関する実務指針」（CGSガイドライン）改訂版，同「グループ・ガバナンス・システムに関する実務指針」（グループガイドライン）（いずれも同省のウェブサイトを参照）がある。

Column 4-16 **取締役会の実態**

上場会社の取締役会については，東京証券取引所に上場する企業のアンケート調査が「東証上場会社 コーポレート・ガバナンス白書」として2年ごとにまとめられており，取締役の任期・人数・報酬制度などについて現状を知ることができる（⇨巻末ウェブサイト集を参照）。

この白書の最新版（2019年）73頁以下によると，取締役の人数は，東証上場会社全体で1社あたり平均8.28人である（2000年頃は，20人を超える企業も少なくなかったが，2000年代，2010年代前半に減少した）。

大規模会社では，取締役会とは別に，経営会議などの名称の会議体が普及している。上記白書67頁以下によると，経営会議を設けている会社がいずれの機関設計においても50％弱である。これは，取締役会に付議される前に審議事項を取り扱い，意思決定をスムーズに行うために設けているようである。また，「コンプライアンス」「リスクマネジメント」等の内部統制関連の委員会を設置している会社が，いずれの機関設計においても20％弱である。

やはり法律上の制度ではないが，実務上の工夫として，**執行役員制度**を導入する企業が少なくない（名称の類似する「執行役」とは異なることに注意。執行役は法律上の制度である。⇨215頁**4**）。これは経営幹部に執行役員の肩書きを与えることで，取締役会の規模を縮小し意思決定のスピードアップを図り，意思決定機能と業務執行機能を分離し責任の明確化を図るものである（江頭417頁）。東証の調査では，執行役員制度の導入に言及する会社はいずれの機関設計においても50％前後であった。

上場会社の取締役会の変遷について，大杉謙一「日本型取締役会の形成と課題」宍戸善一＝後藤元編著『コーポレート・ガバナンス改革の提言』（2016年）181頁を参照。

他方，小規模の閉鎖的会社では，取締役会が設置されていても，ほとんど開催されないなど十分に機能していない場合が少なくないといわれる（江頭381頁）。

(e)　**社外取締役**　　社外取締役は，**業務執行取締役等**（業務執行取締役，および支配人その他の使用人。2条15号イ）でない取締役であり，かつ一定の独立性を有する者をいう（正確な定義は後述）。

監査役会設置会社（公開会社かつ大会社であるものに限る）で有価証券報告書（有報）の提出義務のある会社は，社外取締役を置かなければならない（令和元年改正327条の2。厳密には⇨ Column 4-17 ）。

改正前の同条は，そのような会社が事業年度の末日に社外取締役を置いていない場合には，取締役は，当該事業年度に関する定時株主総会で，社外取締役を**置くことが相当でない理由**を説明しなければならない（平成26年会社法改正による）としていた。コーポレートガバナンス・コード（⇨ Column 4-15 ）が，2015年6月から適用を開始し，本則（1部・2部）市場に上場する株式会社は独立社外取締役を2人以上選任することを原則と定めた。機関投資家の圧力，平成26年改正および同コード等により上場会社で社外取締役を置くことが一般的になり（⇨ Column 4-18），また，委員会型以外の会社においても取締役会の監督機能を高める上で社外取締役の存在が有益であるとの考えが2010年代に一般的になった。もっとも，そのことから有報提出会社に一律に社外取締役の設置を義務づけることが直ちに正当化されるわけではない。令和元年改正の背景について，白井正和「社外取締役の選任義務づけと業務執行の委託」商事2234号4頁（2020年）を参照。

Column 4-17　有報提出会社

有価証券報告書を内閣総理大臣に提出する義務を負う会社（金商24条1項）の大部分は上場会社であるが（⇨284頁），そのほかに過去に株式・社債の発行により多額の資金を調達した会社なども有報の提出義務を負う（詳細は，たとえば山下友信＝神田秀樹編『金融商品取引法概説〈第2版〉』〔有斐閣，2017年〕136頁以下〔久保大作〕を参照）。

会社法327条の2の文言によれば，発行する社債についてのみ有報提出義務を負う会社は，社外取締役を置く義務を負わない。

具体的には，「**社外**」取締役は，次のいずれにも該当するものをいう（平成26年改正で変更。厳密には2条15号参照）。①現在，その会社または子会社で業務執行取締役等でなく，かつ，その会社の取締役に就任する前10年間，その会社または子会社で業務執行取締役等であったことがないこと，②社外取締役に就任する前10年間のいずれかの時点で，その会社または子会社で取締役・会計参与・監査役であったことがある者の場合には，その役職への就任の前10年間，その会社または子会社で業務執行取締役等であったことがないこと，③現在，その会社の大株主（自然人），親会社の取締役・執行役・支配人その他の使用人でないこと，④現在，その会社の兄弟会社の業務執行取締役等でないこと，⑤その会社の｛取締役・執行役・支配人その他の重要な使用人・大株主（自然人）｝の｛配偶者・2親等内の親族｝でないこと。

このうち，③の「大株主」という表記を用いたのは，「**親会社等**」は親会社のほかにその会社の経営を支配している自然人を含むが（2条4号の2），2条15号ハかっこ書は自然人に限っているからである。④の**兄弟会社**とは，その会社の親会社の子会社などをいう。

以上の①②は，経営トップからの独立性が不十分な者を除外する趣旨である。その会社で過去に業務執行を主導し，あるいは経営トップの指揮命令を受ける立場にあった者は，一定の期間が経過するまでは，人的関係や心情面で独立性が不十分である。また③④は，親会社の出身者・大株主に近しい者は会社よりも親会社・大株主の利益を優先させる（たとえば親子会社間の取引で親会社に有利な価格が設定された場合に，この問題点を指摘しない）おそれがあるため，そのような者を除外する趣旨である。⑤には，両方の趣旨が混在している（社長の配偶者は前者，大株主の長男は後者）。

前記①によれば，社外取締役が業務執行を行えば，社外取締役ではなくなる。しかし，このルールが社外取締役の活用を妨げているという意見があったことから，令和元年改正法348条の2は次の定めを置いた。すなわち，会社と取締役の間に利益の相反する状況があるなど，取締役（主として経営に従事する取締役〔いわゆる社内取締役〕を念頭に置いている）が会社の業務を執行することにより株主の利益を損なうおそれがあるときは，会社は，その都度，取締役の決定（取締役会設置会社においては，取締役会の決議）によって，当該業務執行を社外取締役に委託することができ，社外取締役がこの委託を受けて業務を執行しても社外性を失わない。

この新ルールが念頭に置いているのは，敵対的買収に対抗して買収防衛策を維持・発動するか否かを決定する際（464頁**1**，470頁を参照），あるいは，経営者による企業買収（MBO）（⇨391頁 Column 9-6 を参照）において，買収条件の交渉や当該買収を会社が一般株主に推奨するか否かの決定を，社外取締役に委託する場合などである。

Column 4-18　社外取締役をめぐる近時の動向

社外取締役を選任する会社は2013年頃から増加した。2020年8月14日時点では，東証1部上場会社で独立社外取締役を選任していない会社は6社（0.3%）まで減少し，1社あたりの社外取締役の平均人数は約2.9人となっている（「東証上場会社における独立社外取締役の選任状況及び指名委員会・報酬委員会の設置状況（2020年9月7日）」日本取引所グループウェブサイト）。

(2)　取締役会の権限と運営

(a)　権　限　　取締役会は，業務執行の決定，取締役の職務執行の監督，代表取締役の選定・解職を職務とする（362条2項）。

このうち業務執行の決定については，重要でないものは取締役に委任することができる（委任は黙示でよい）が，①重要な財産の処分・譲受け，②多額の借財，③支配人その他の重要な使用人の選任・解任，④支店その他の重要な組織の設置・変更・廃止，⑤社債の募集，⑥内部統制システムの概要，⑦定款規定に基づく取締役等の責任の一部免除，⑧その他の重要な業務執行の決定は，必ず取締役会で決定しなければならない（362条4項)。業務執行者の専横を防止し，取締役相互のけん制を働かせるためである。⑥は，子会社を含む**企業集団の業務の適正**を確保するために必要な体制の整備についてのものであることが，平成26年改正で（かつてのように会社法施行規則ではなく）会社法本体に明記された。

会社財産の売却が①にあたるか否かは，当該財産の価額，その会社の総資産に占める割合，当該財産の保有目的，処分行為の態様および会社における従来の取扱い等の事情を総合的に考慮して判断される（最判平成6・1・20民集48巻1号1頁〔百選63，商判I-117〕。会社の保有する他社の株式の売却が重要財産の処分に該当しうるとして，反対の判断をした原審を破棄・差戻し〔百選解説（中東正文）を参照〕)。①の「重要」，②の「多額」に該当するか否かの判断は不明確であり，上場会社などでは，各会社の（単体の）総資産額の1%相当額を目安として付議基準を定めることが一般的であった。最近では，取締役会で戦略策定などを審議する時間を確保するため，決議事項のスリム化を図るべく，付議基準の数値を引き上げる企業も現れている（コーポレート・ガバナンス・システムの在り方に関する研究会「法的論点に関する解釈指針」経済産業省ウェブサイト登載は，このような実務を後押ししている)。なお，①②について取締役会全体の決議を不要とする特別取締役の制度（⇨191頁(e)）もある。

大会社では⑥を定めることが義務づけられる（362条5項。⇨ Column 4-19)。

取締役会の決議が必要であるのに，決議を経ずに代表取締役が行った行為の効力については⇨194頁(c)。

Column 4-19　内部統制システム

従業員が少ない会社では，取締役が人的組織の活動につき隅々まで目を光らせることも必ずしも不可能ではないが，一定規模以上の会社では，取締役が直接に個々の従業員を監視することは不可能であり，現実的でもない。そこで，そのような会社では，会社の計算および業務執行が適正かつ効率的に行われることを確保する（不適切な計算・業務執行を完全に予防するのではなく，その確率を費用対効果の観点において合理的な程度にまで引き下げることを意味する）ため，取締役および各現場の長が業務執行の手順を設定するとともに，不祥事の兆候を早期に発見し是正できるように人的組織を組み立てることが一般的である。このような仕組みのことを**内部統制システム**という（**リスク管理体制**と呼ばれることもある。両者は通常，ほぼ同じ内容を指す）。

内部統制システムとは，特定の組織・部署を指す概念ではなく，全社的な（経営トップから従業員の末端に至るまでの組織全体による）仕組み・工夫をいう。すなわち，会社の業務執行が適正に行われることを確保するため，取締役は業務執行の手順を合理的に設定し，会社の方針が組織の末端にまで共有され実行されるように努めるとともに，現場で生じつつある不祥事の兆候が早期に発見され，これが現場または上位の階層によって是正されるように情報伝達の制度・ルールを設定する。たとえば，契約書の作成，伝票・領収書等の作成・保管の手続や，社内の決裁権限の定め，内部通報窓口の設置や運用は，内部統制システムの重要な構成要素である。もう少し（だけ）詳しい説明として，事例340頁以下〔大杉謙一〕を参照。

内部統制システムの概要の決定（構築または整備と呼ばれる）を個々の取締役に委任することはできず，取締役会決議で決する（非取締役会設置会社では取締役の過半数で決定する）ことが必要である（362条4項6号・348条3項4号）。また，大会社においては，内部統制システムについて決議を行うことが義務づけられている（362条5項・348条4項）。指名委員会等設置会社・監査等委員会設置会社では，大会社でない場合にも内部統制システムの概要を取締役会で決定することを義務づけられる（416条1項1号ホ・2項，399条の13第1項1号ハ・2項）。会社則100条1項等に，決定すべき項目が示されているが，具体的な体制の形は各会社において取締役が善管注意義務に従い決定する。体制の概要の決定と運用につき，現状と課題46頁以下〔佐藤丈文〕，藤田友敬「取締役会の監督機能と取締役の監視義務・内部統制システム構築義務」上村達男先生古稀記念『公開会社法と資本市場の法理』（商事法務，2019年）357頁を参照。

平成26年改正を受けて法務省令が改正され，内部統制システムに関し，監査を支える体制や監査役による使用人などからの情報収集の体制について規定の充実・具体化が図られ（会社則100条3項等），その運用状況の概要が事業報告の記載事項に追加された（同118条2号）。

金融商品取引法は，平成20年4月1日以後に開始する事業年度から，上場会社等に対して，財務計算に関する書類その他の情報の適正性を確保するために必要な体制（財務報告上の内部統制システム）が会社に整っているかを評価した**内部統制報告書**を提出することを義務づけ（金商24条の4の4第1項），この報告書は利害関係のない公認会計士または監査法人の監査証明を受けなければならないとしている（同193条の2第2項）。監査証明のための基準・手続は内閣府令により比較的詳細に定められている（争点74〔青木浩子〕）。

(b)　招　集　取締役会は，各取締役が**招集**できる。ただし，招集権者を定款または取締役会で定めることができる（366条1項）。この場合には，招集権を持たない取締役は，招集権者に招集を請求することができ，それでも招集権者が招集手続を行わない場合には，請求者が取締役会を招集できる（同条2項3項。監査役設置会社・委員会型会社以外の会社，すなわち監査役の監査権限が会計事項に限定されているか，会計参与のみを置いている非公開会社では，株主にも一定の場合に招集の請求権が与えられている。367条）。

取締役会を招集する者は，会日の1週間前までに各取締役および各監査役（業務監査権限を有する場合に限る）に招集通知を発するのが原則である。**招集期間**は定款の定めで短縮できる。また取締役（および監査役）の全員の同意があるときには，招集手続を省略できる（368条）。したがって，あらかじめ取締役（および監査役）全員の同意で定めた定例日に開催する場合には，その都度の招集手続は不要である。**招集通知**は書面である必要はなく（口頭，電話等でよい），招集通知には議題を示す必要はない（株主総会の招集通知の場合〔取締役会設置会社の場合。⇨146頁(b)〕とは異なる）。取締役にとって，取締役会への出席・討議は権利ではなく義務であり，会議にさまざまな事項が付議されることは当然予想されるべきだからである。

(c)　議事・決議　取締役会の議事は，定款・取締役会規程（⇨374頁2）などの内部規則および慣行に従って行われる。

取締役は各自の経営専門家としての能力を信頼して選任されることから，取締役会の決議では頭数多数決が行われる（一人一議決権）。代理人に出席・議決権行使を委任することは認められないと解されている（異論の余地はないではない）。取締役が一堂に会して意見交換を行った上で意思決定を行うことが原則であるが，電話会議システムによる参加も合理的な議事運営がなされるのであれば認められよう。また，定款で定めれば，**書面決議**が認められる。具体的には，取締役の全員が書面（電磁的記録）により提案に同意する意思表示をしたときは，当該提案を可決する旨の取締役会決議があったものとみなされる（370条）。

取締役会の**決議**は，議決に加わることができる取締役の過半数が出席し（定足数），出席取締役の過半数の賛成により成立する（369条1項）。定款の定めによりこの要件を加重できるが，緩和することはできない。

決議について**特別の利害関係を有する取締役**は，決議の公正を期すため，議決に加わることができないものとされている（369条2項）。たとえば，甲会社の財産を同社の取締役Pに譲渡することを取締役会決議で承認するとき（365条・356条），甲社（高く売りたい）とP（安く買いたい）は反対の利害関係を有するから，Pは当該決議に参加できない（定足数の算定でも除外される）。決議に先立つ審議においても，特別利害関係人が影響力を行使することは適切ではないから，退席を要求されれば指示に従わなければならないと解される（江頭422頁）。また，他の取締役全員の同意がある場合に限り意見を述べることが許される，と解すべきであろう。

代表取締役を選定する取締役会決議において，候補者が特別利害関係人にあたらないことについては争いがない。他方，代表取締役を解職する場合に，判例は当該取締役が公正に議決権を行使することが期待しがたいことから，特別利害関係人にあたるとしている（最判昭和44・3・28民集23巻3号645頁〔百選66，商判I-121〕）が，学説には閉鎖型の会社について反対の見解もある（江頭421～422頁）。

Case 4-9　(1)　AはX株式会社の代表取締役であったが，取締役会においてAを代表取締役から解職する議案が付議され，出席した4名の取締役（A，B，C，D）のうちC，Dがこれに賛成し，A，Bはこれに反対した。Aを解職する取締役会決議は有効か。
（前掲・最判昭和44・3・28を題材にした事例）

(2)　甲会社の財産を取締役Pに譲渡することが取締役会で付議され，甲社の取締役はPを含め4人全員が取締役会に出席し，全員が決議に賛成した。この決議は有効か。

(1)に関して，上記の最判昭和44年判決の原判決（東京高判昭和43・4・26民集23巻3号666頁）は，決議に参加できないAを除いて賛否の数を計算し，取締役会におけるAを解職する議案は「賛成2，反対1で可決されたものというべきである」と判示し，最高裁もこれを支持している。議案がAに不利な内容であることから，事案の処理として妥当であり，学説にも異論はない。

他方，議案の内容がＰに有利である可能性のある(2)の場合はどうか。最判平成28・1・22民集70巻1号84頁は，取締役会の議決が，当該議決について特別の利害関係を有する取締役が加わってされたものであっても，当該取締役を除外してもなお議決の成立に必要な多数が存するときは，その効力は否定されないと判示した（漁業協同組合の事例）。この判示に従うと，(2)の場合，決議に参加できる取締役3人がすべて賛成していることから，決議は有効となる。

もっとも，Ｐの参加が他の取締役に意に沿わぬ議決権行使（賛成）を強いた可能性を否定できないことから，最判平成28年の立場に反対する学説もある（田中231頁以下を参照）。私見としては判例に賛成したいが，Ｐの参加が他の取締役の議決権行使を歪めた場合には，決議方法が著しく不公正であるから，決議を無効と解すべきであろう（立証責任は決議の無効を主張する側が負担する。本書第4版までの見解を修正）。

実務では，株主間で（代表）取締役の地位の得喪・待遇（報酬など）を約定することがあり（**株主間契約**），その中には株主総会・取締役会における議決権の行使についての合意（**議決権拘束契約**）と解されるものもある。そのような約定の法的拘束力は個別具体的に判断される（一例として，東京高判平成12・5・30判時1750号169頁〔百選A14，商判Ⅰ-120〕を参照）。

(d)　取締役会決議の瑕疵　　株主総会の場合と異なり，取締役会については瑕疵のある決議の効力について会社法は特別の規定を置いていない。一般原則に従い，**瑕疵**のある決議は原則として無効であり，その無効はいつでも，誰から誰に対しても主張でき，（訴えの利益が認められる限り）決議の無効（または不存在）確認の訴えを提起することも，他の請求を行う訴え（代表取締役の地位の不存在の確認の訴えなど）の中で理由として決議の無効を主張することもできると解されている。なお，取締役会決議の**無効確認の訴え**が認容され，判決が確定したとき，明文の規定はないが画一的確定の要請があることから，838条の類推適用により，判決には対世効があると解すべきである（東京地方裁判所商事研究会編『類型別会社訴訟Ⅱ〈第3版〉』（判例タイムズ社，2011年）549頁。江頭425頁は，代表取締役選定決議のように，画一的確定の要請がある決議について対世効を肯定する）。

瑕疵の例として，招集ルール（招集権者・招集期間等）の違反，定足数不足，特別利害関係人の参加などがある。もっとも，無効（不存在）な決議に基づく代表取締役の行為が当然に無効となるわけではない（⇨194頁(c)）。また，軽微な瑕疵の場合には，決議を有効と解すべき場合もあろう。

判例は，一部の取締役に対する招集通知が欠けていた場合であっても，その取締役が出席してもなお決議の結果に影響がないと認めるべき**特段の事情**があるときは，右の瑕疵は決議の効力に影響がないとする（最判昭和44・12・2民集23巻12号2396頁〔百選65，商判I-119〕）。この事件では，**名目的取締役**――取締役としての選任手続は経ているが，本人も株主・会社経営者もその者が取締役として職務を果たすことを期待・予定していない者――に対する招集通知が漏れたという事例であった（特段の事情の有無につき審理を尽くさせるため，破棄差戻し）。特段の事情をあまり広く認めることについては，学説は批判的である（百選解説〔山田純子〕を参照）。

(e)　**特別取締役による決議**　　指名委員会等設置会社でない取締役会設置会社では，あらかじめ選定した3人以上の取締役（**特別取締役**）が重要財産の処分・譲受け，多額の借財について決定（決議）を行うことができる旨を定めることができる（373条1項2項）。「重要な財産の処分」等に該当するか否かは不明確である（法的リスク）ため（⇨185頁(a)），これらの決定に全体の取締役会の開催を不要とし，迅速な意思決定を可能としたものであるが，実務での利用例は少ない。

この制度を利用するためには1人以上の社外取締役を置いていることが必要であるが（373条1項2号），社外取締役が特別取締役に選定されることは不要である。その他のルールの詳細（366条から369条までの適用の細目・読替え等）につき，373条を参照（同条4項は370条を適用除外しているから，特別取締役による取締役会の決議では書面決議ができない）。

(f)　**議事録**　　取締役会の議事については，**議事録**を作成し，出席した取締役・監査役は署名または記名押印しなければならない（369条3項）。議事録は，10年間本店に備え置かれる（371条1項）。会社の外部にいる株主・債権者が会社内部の情報を入手することは通常難しいが，取締役会議事録の閲覧・謄写の請求（同条2項以下）により情報の劣位をある程度補うことができる。

決議に反対した取締役は，議事録に異議をとどめておかないと決議に賛成したものと推定される（369条5項）。異議をとどめなかった取締役も反対の（決議に反対したことの）証明をすることは可能であるが，証明に失敗して不利益を受けることをおそれるのであれば，自己が反対したことが明記されていない議事録への署名（同条3項）を拒み，記述の訂正を求めるべきである。

(3)　代表取締役

(a)　代表取締役の地位　　**代表取締役**とは株式会社を代表する取締役をいう（47条1項）。員数は1人でもよい。代表取締役の氏名・住所は登記される（911条3項14号）。

取締役会設置会社においては，代表取締役は，取締役会によって**選定**され，**解職**される（362条2項3号。⇨178頁(1)）。最高裁判例によると，取締役会設置会社である非公開会社における，取締役会の決議によるほか株主総会の決議によっても代表取締役を定めることができる旨の定款の定めは，有効である（最決平成29・2・21民集71巻2号195頁〔商判Ⅰ-101〕。このような規定を有効と解しても，代表取締役の選定・解職に関する取締役会の権限〔362条2項3号〕が否定されるものではなく，取締役会の監督権限の実効性を失わせるとはいえない，との理由を挙げる）。この判例の射程が，公開会社に及ぶか，もっぱら株主総会が代表取締役を定めるとする定款規定に及ぶかは，明らかではない（大杉謙一「判批」私法判例リマークス56号〔2018年〕90頁を参照）。

代表取締役が取締役の地位を失えば当然に代表取締役の地位も失うが，代表取締役を辞めても当然には取締役の地位は失わない。取締役会が代表取締役を解職すると，解職された取締役は代表権のない取締役となる。

欠員の場合の処置が351条に規定されている（346条類似。⇨176頁(c)）。

代表取締役がその職務を行うについて第三者に損害を加えたときは，会社も不法行為責任を負う（350条）。同条の「その他の代表者」とは349条1項ただし書にも登場する概念であるが，これには仮代表取締役（351条2項）や代表取締役の職務代行者（352条1項），代表執行役（420条）が含まれる（論点解説287頁を参照）。学説上は，代表権がなくても対内的な業務執行権限を持つ選定業務執行取締役が職務上不法行為をした場合にも350条の適用があるとの見解が少なくない（注釈(6)158頁〔山口幸五郎〕〔平成17年改正前商法の下での見解〕）。

(b)　**代表取締役の代表権**　代表取締役は，会社の業務に関する一切の裁判上または裁判外の行為をする権限を有する（349条4項）。会社の定款に書かれた目的を超える取引を代表取締役が行った場合の効力については，Column 1-3（12頁）。

Case 4-10　次の取引は有効か。

(1)　A会社の取締役会規程には，代表取締役が会社のために1億円を超える金銭を他から借り入れるには取締役会の承認が必要であるとの定めがあった。A社の代表取締役であるPは，取締役会の承認を得ずにB銀行からA社のために1億5000万円を借り入れた。

(2)　C会社の取締役会規程には，代表取締役が会社のために1億円を超える金銭を他から借り入れるには取締役会の承認が必要であるとの定めがあった。C社の代表取締役であるQは，C社の名義でD銀行から7000万円の借入れを行ったが，これはQ個人の住宅ローンを返済するためであり，借入金は直ちに同ローンの返済に充てられた。

(3)　RはE会社の取締役であり「専務取締役」という肩書きをE社から与えられていたが，代表取締役ではなかった。RはE社を代表して，E社の財産をF社に譲渡する契約を締結した。

実務では，事例(1)の取締役会規程（⇨374頁**2**）のように**内規**により取締役の権限を制限することがあるが，このような制限は善意の第三者に対抗することができない（349条5項）。よって，取引の効力はB銀行がPの内規違反につき善意であったか否かによって決まる。

(2)の事例では，代表取締役Qは権限の範囲内で取引を行っているので取引は原則として有効である。しかし，Qは代表権限を自己の利益のために濫用している（**権限濫用**）。相手方（D）がQの真意を知っていたか知ることができた（悪意または過失）場合には，取引を有効とする（法律行為の効果をC社に帰属させる）ことはためらわれる。そこで，かつての最高裁判例は，相手方に悪意または過失があった場合には，民法93条ただし書の類推適用により，取引は無効となるとした（最判昭和38・9・5民集17巻8号909頁）。この法理は，平成29年改正民法107条で明文化された。これに対して，商法学説には，代表取締役の代表権濫用については，349条5項の類推適用などの法律構成により相手方が悪意（または重過失）の場合に限って取引を無効とするものもある（江頭431頁，神田234頁を参照）。

代表権のない取締役に会社が社長，副社長その他会社の代表権を有すると認められる名称を付した場合には，その取締役（**表見代表取締役**）のした行為は本来は会社には帰属しないはずであるが，会社は善意の第三者に対して責任を負うと定められている（354条）。平成17年改正前商法は，専務取締役・常務取締役という名称を表見代表取締役に含めていたが，同年の会社法によりこれらの名称が条文の文言から削除された。

それでは，(3)の事例ではRはE社の表見代表取締役であるといえるか。専務取締役等に代表権が与えられなかった場合には，一般社会通念および当該会社における通常の肩書きの使用状況を考慮して，その肩書きが「会社を代表する権限を有するものと認められる名称」か否かによって354条の適用の可否が決せられることになろう（論点解説323頁，田中238頁）。

判例によると，取締役でない者（使用人など）に会社が代表取締役と認められる肩書きを与えていた場合にも，354条は類推適用される（最判昭和35・10・14民集14巻12号2499頁）。第三者は善意であれば軽過失があっても同条により保護されるが，重過失がある場合には悪意の場合と同視され，会社は表見代表取締役の行為について責任を負わない（最判昭和52・10・14民集31巻6号825頁〔百選48,商判I-104〕）。

(c)　**取締役会決議を欠く行為の効力**　取締役会決議を必要とする取引が決議なしに行われた場合の効力はどうか。このような場合でも，**株主全員の同意**が認められる場合——たとえば，**一人会社**（いちにん）（全株式を1人の株主が保有する株式会社）の株主の同意がある場合——には，行為が有効となる場合がある。判例は，譲渡承認を欠く譲渡制限株式の譲渡（最判平成5・3・30民集47巻4号3439頁〔商判I-35〕〔一人会社の事例〕），承認を欠く利益相反取引（最判昭和49・9・26民集28巻6号1306頁〔百選56，商判I-106〕）について，取締役会決議を欠くこれらの取引を有効としている。

全株主の同意のない場合であっても，取締役会決議を欠く代表取締役の行為が直ちに無効となるわけではない。取締役会決議を欠く競業取引（⇨231頁(4)），利益相反取引（⇨228頁(6)），新株発行（⇨343頁(a)）の効力はそれぞれの箇所に譲ることにして（個別に検討する必要がある），ここでは重要財産の処分，多額の借財（362条4項1号2号）などが取締役会決議なしに行われた場合について検討する（決議が無効のときも決議がない場合と同視できるから，下記の議論が妥当する）。

このような場合につき，判例は，これらの行為も原則として有効であるが，相手方が決議を経ていないことを知りまたは知りえたときは無効であるとする（最判昭和40・9・22民集19巻6号1656頁〔百選64，商判I-103〕）。学説では，取引が無効となる場合を相手方が悪意・重過失の場合に制限する見解もある（江頭432頁。中小企業の実態に鑑みると，ふだん取締役会を開催したことがない会社がたまたま損失の出た取引について機会主義的に無効主張をなす可能性が高い，との理由から）。

〈Case 4-11〉 A社はY社に対する金銭債権を有しており，また当該債権以外にA社に価値のある財産はほとんどなかった。A社は当該債権をX社に譲渡したが，当該譲渡につきA社の取締役会の決議はなく，X社はこれらの事情を知っていた。X社はY社に対して金銭債権の支払いを求めることができるか。
（最判平成21・4・17民集63巻4号535頁〔商判I-118〕）を題材にした事例）

法が重要な業務執行の決定を取締役会の決議事項と定めたのは会社の利益を保護する趣旨であるから，取締役会の決議を経ていないことを理由とする取引の無効は原則として当該会社のみが主張することができ，それ以外の者は特段の事情（会社の取締役会が無効を主張する旨の決議をしている等）がない限り取引の無効を主張できないと解すべきである（前掲・最判平成21・4・17）。

上記の事例では，A社の債権譲渡は「重要財産の処分」に該当し，同社で取締役会決議が欠けていたことにつきX社は悪意であるため，A・X間では当該譲渡は無効である。しかし，この事例ではY社に無効主張を認めるに足る特段の事情は認められず，X社の請求は認容されよう。

Column 4-20　**取引の安全とは**

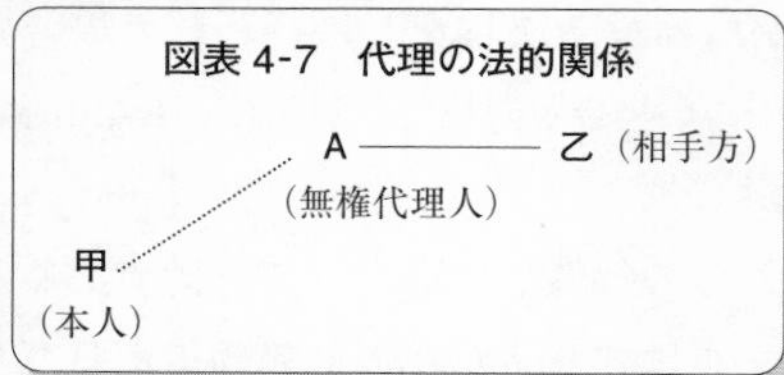

図表 4-7　代理の法的関係

甲と乙の間で，甲がその所有物を1万円で乙に売却するという契約が締結されるとき，通常は，甲にとってはその物よりも1万円のほうが，乙にとっては1万円よりもその物のほうが，価値が高いはずである。つまり，売買という取引によって双方の経済主体の満足度（効用）が増加している。法が売買契約の効力を認め，これを保護するための法制度（裁判制度など）を用意している理由の1つは，経済活動を通じた効用の増加を促進することにある。

Aが甲の代理人として乙と取引をしたが，実はAには代理権がなかった場合や，取引がAの有する代理権の範囲を超えていたというとき（⇨**図表 4-7**），取引を有効とし乙の期待を保護すべきという考え方は，「**取引の（動的）安全の保護**」と呼ばれる。これに対して，取引を無効とし（契約の効力が甲に帰属することを否定し）甲の期待を保護すべきという考え方を「**静的安全の保護**」と呼ぶ。

代表取締役（上の例ではAに相当する）が取締役会決議なしに行った取引の効力を論じるとき，ポイントとなるのは，そのような不規則な行為を行う者を取締役に選任し，代表取締役に選定したことの不利益を会社（ひいてはその株主。甲に相当）に負わせるべきと考えるか，相手方（乙に相当）は取締役会決議がなされたことについて調査すべきであると考えるか，である。乙の保護要件を善意・無重過失とする（軽過失があるにすぎない場合には取引を有効として相手方を保護する）か，それとも善意・無過失とする（軽過失がある場合にも取引は無効として会社を保護する）かという議論の意義は小さく，判例がどのような事実に着目して（重）過失の有無を判断しているかの分析が重要である。

興味深い裁判例として，東京高判平成11・1・27金判1062号12頁（過失なしと判示）およびその原審である東京地判平成10・6・29判時1669号143頁（過失を認定しつつ，取引的不法行為の理論に基づき，民法715条・会社法350条による損害賠償請求を認容〔過失相殺〕）がある。以上の議論と関連して，法と経済学における最安価費用回避者の議論を参照（スティーブン・シャベル〔田中亘＝飯田高訳〕『法と経済学』〔日本経済新聞出版社，2010年〕217頁）。

4 監査役

(1) 総　　説

監査役は，取締役（および会計参与設置会社では会計参与）の職務執行を**監査**する（381条1項）。 監査とは，①行為者（取締役等）とは別の者（ここでは監査役）が，②一定の基準（法令・会計基準など）に照らしてその行為の適否を判断することをいう（会計監査人による会計監査〔⇨205頁**6**〕も同じ）。これに対して，取締役会は「監督」を行う（362条2項2号）。監督においては，①´監督される者（行為者）と監督する者との区別はやや不明確であり（互いに監視することがある），②´経営上の合理性という主観的なモノサシにより行為の適否が判断される。このように，監査（監査役・会計監査人）と監督（取締役会）は異なるが，その区別は絶対的なものではない。

監査役による監査の対象となる「取締役の職務の執行」には，取締役が自ら実行するもののほか，取締役から委任を受けた使用人が行う業務執行も含まれる（⇨179頁(b)）。監査役は原則として**会計監査**および**業務監査**を行うが（会計の監査を含む会社の業務全般の監査を「業務監査」と呼ぶこともあるが，ここでは会計監査を除いた部分を「業務監査」と呼んでいる），非公開会社では定款規定により監査役の監査範囲を会計に関するものに限定することができる（389条1項）。

「**監査役設置会社**」とは，監査役を置く株式会社または会社法により監査役を置かなければならない会社をいうが，監査役の監査範囲を会計事項に限定する定款の定めのある会社は監査役設置会社にはあたらない（2条9号）。非監査役設置会社に関するルールについては，Column 4-24（202頁）参照。

なお，常設の機関である監査役とは別に，業務執行に不正がある場合などには，株主は裁判所に検査役の選任を申し立て，業務・財産状況を調査させることができる（358条。少数株主権。⇨286頁(2)）。

(2) 資格・任期

監査役の**欠格事由**等について，取締役と同じ規制がなされている（335条1項・331条1項2項・331条の2）。

監査役は業務執行者を監視監督することを主たる任務とすることから，監査役が業務執行者を兼ねたり，業務執行者の指図を受ける地位を兼任することが禁止されている（**兼任禁止**）。監査役を設置しようとする会社を甲社，その子会社を乙社とすると，甲社の監査役は，

・｛甲社・乙社｝の｛取締役・支配人その他の使用人｝や，
・乙社の｛会計参与・執行役｝

を兼ねることができない（335条2項。甲社の監査役は同社の会計参与となることができない〔333条3項1号〕。甲社が監査役を置こうとする以上，甲社には執行役〔指名委員会等設置会社のみ〕は存在しない）。

なお，弁護士の資格を有する監査役が特定の訴訟事件について会社から委任を受けてその訴訟代理人となることは禁止されない（最判昭和61・2・18民集40巻1号32頁〔百選74，商判I-123〕。株主・会社間の訴訟において監査役が会社の訴訟代理人となった事例）と解されている。

Column 4-21　**なぜ監査役は取締役を兼任できないのか**

兼任が認められないのは，自己監査（監査の主体と客体〔監査対象の行為〕が同一人であること）が適切でないためである。しかし，効果的な監査を行うには情報が必要であることから（⇨181頁 Column 4-14），業務執行の決定と監査を厳格に分離することにはデメリットもある。監査役が非業務執行取締役を兼任することを認めることで，監査役が取締役会において議決権を行使することを可能とすべきとする立法論があった。平成26年の会社法改正により導入された「監査等委員会設置会社」は，このアイデアを別の法律構成により実現するものである（⇨217頁）。

監査役会設置会社における監査役の資格については，203頁(1)参照。

監査役の**任期**は，4年（選任後4年以内に終了する事業年度のうち最終のものに関する定時株主総会の終結の時まで）である（336条1項）。独立性を保障するためのものなので，定款・総会決議によりこれを短縮することはできない。非公開会社では，取締役の場合と同様，定款で任期を10年まで伸長することが認められている（同条2項）。**補欠監査役**につき，336条3項参照。

(3)　選任・終任

監査役は株主総会の普通決議で**選任**される（329条1項）。定足数等について，取締役と同様のルールがある（341条）。取締役と異なり累積投票の制度はないが，非公開会社は定款の定めにより種類株主総会による選任の制度を用いることができる（108条1項柱書ただし書・同項9号・347条2項）。

監査役の独立性を高めるために，**監査役の選任議案**に監査役が関与できるルールが定められている。監査役の選任議案は取締役会により決定されるのが原則であるが（298条1項5号，会社則63条7号イ），これを株主総会に提出するには監査役（2人以上ある場合にはその過半数，監査役会設置会社では監査役会）の同意が必要である（つまり，監査役は拒否権を行使できる。343条1項）。監査役は，取締役に対して監査役選任を議題とすること，（特定の者を候補者とする旨の）監査役選任議案を株主総会に提出することを請求できる（同条2項）。株主総会に付議された監査役選任議案について監査役会の同意を欠くことは，原則として監査役選任決議の取消事由に当たる（東京地判平成24・9・11金判1404号52頁〔百選A28，商判I-90〕）。

監査役の**終任**（任期満了・辞任・解任等）については，取締役の場合とほぼ同じルールが適用される（330条〔委任の準用〕・339条〔解任〕・346条〔欠員の措置〕・854条〔解任の訴え〕は両者に共通して適用される）。ただし，株主総会による**解任**は特別決議による（309条2項7号。343条4項は念のために置かれた規定）。

取締役と意見が対立して監査役が再任されない場合や，解任されたり辞任する場合を想定して，次のルールが置かれている。監査役は，監査役の選任・解任または辞任について株主総会で**意見**を述べることができる（345条4項1項）。他の監査役の選任について賛成・反対の意見を述べる場合のほか，自己が再任されないことについて意見を述べることも可能である。また，辞任した元監査役は，辞任後最初に招集される株主総会に出席して，辞任した旨およびその理由を述べることができる（345条4項2項）。監査役の独立性を高め，監査役と取締役とのパワーバランスを前者に有利な方向で改善するためのルールである。

(4)　権　　限

(a)　総　説　　**会計監査**については，278頁(3)で述べることとし，以下では主として**業務監査**について述べる。

伝統的な理解によると，監査役による「監査」とは，取締役の職務の執行が法令・定款に適合しているかどうかをチェックし指摘すること（**適法性監査**。監査役が監視権限を行使する対象は取締役には限定されず，必要があれば会社の使用人や子会社に対しても及ぶ〔381条2項以下〕）である。そして，取締役による業務執行のビジネス上の妥当性をチェックすること（**妥当性監査**）には，監査役の権限は及ばないと考えられている。なお，形式的に法令に違反しなくとも著しく不当な場合は，監査役の監査権限が及ぶことに争いはない（382条参照。少数学説は，監査役の監査権限は妥当性にも及ぶと解しており，また大企業の監査役の実務においては妥当性も監査対象となるとの理解が最近では一般化している。なお，取締役が他の取締役の行動を監視するとき〔⇨242頁(b)〕には，適法性のみならず妥当性についてもチェックする権限を有する〔⇨180頁(d)〕）。

もっとも，多数説においても，取締役に善管注意義務違反があれば違法であり，監査役はその点も監査すると考えられているため（神田258頁），多数説と少数説の違いは大きなものではない。たとえば，取締役会が重要な業務執行を決定する際には（362条4項），十分な判断材料に基づき十分な討議を行った上で決定を行うことが取締役の善管注意義務から要請されるが，判断材料・討議が不十分な状態で取締役らが拙速な決定を行おうとしているときには，監査役はそのような決定手続に反対の意見を述べる権限を有している（**取締役会への出席・意見陳述の義務**〔383条1項〕⇨181頁）。また，違法な業務執行を早い段階で防止することは必要であるから，監査役が業務執行の妥当性について取締役会で発言することが制約されてはならない（江頭533頁）。

Column 4-22　**監査役の権限・義務の細目**

監査役は，会社に対して善管注意義務を負う（330条，民644条）。監査役は，善管注意義務の具体的内容として以下の義務を負うほか，善管注意義務を果たすために以下の権限（⇨31頁 Column 2-3 ）を適切に行使することが期待されている。

監査役は，監査の結果の要約である**監査報告**を作成しなければならない（381条1項後段，会社則105条）。監査役が複数いる場合には，各監査役が監査報告を作成する。

監査役は，いつでも，取締役・会計参与・支配人その他の使用人に対して事業の**報告を求め**，自ら会社の**業務・財産の状況の調査をする権限**を有する（381条2項）。子会社に対する調査権について，381条3項4項を参照。

監査役は，その職務を行うに際して取締役の職務執行に関して不正の行為または法令・定款違反の事実を発見したときは，遅滞なくこれを取締役会に**報告**しなければならない（382条）。取締役と監査役は協調して経営者の監視監督を行うことが期待されているといえる（357条1項参照）。監査役は，取締役会について出席義務・意見陳述義務を負い，招集請求権を有する（383条1項〜3項。

⇨181頁)。

監査役は，取締役が株主総会に提出しようとする議案・書類などを調査する義務を負い，法令違反等があると認めるときは，調査結果を株主総会に報告する義務を負う（384条)。

監査役は，取締役が会社の目的の範囲外の行為その他法令・定款違反の行為をし，またはこれらの行為をするおそれがある場合であって，その行為によって会社に著しい損害が生じるおそれがあるときは，その取締役に対し，その行為の**差止め**を請求することができる（385条1項)。株主の違法行為の差止権（360条。⇨257頁[3]）よりも緩やかな要件で行使が認められている（⇨ Column 4-24)。

監査役の権限行使事例につき，VM 83頁，現状と課題38頁以下〔山口利昭〕を参照。監査役監査の実務を平易に解説するものとして，大杉泉『ベンチャー企業・中小企業のための監査役・監査等委員の教科書』（税務経理協会，2020年)。

(b)　**会社代表**　　取締役と会社が反対当事者となって訴訟をする場合（たとえば，会社が取締役に対して貸金返還請求の訴えを提起するとき)，当該訴えについては監査役が**会社を代表**する（386条1項1号)。この場合に代表取締役が会社を代表するという規定（349条4項）の適用が排除されているのは，たとえ当該代表取締役が訴えの当事者である取締役とは別人であっても，取締役間で同情心理が働き代表取締役による訴訟遂行に手心が加えられるおそれがあるからである。

同様の趣旨から，株主が代表訴訟（⇨251頁[2]）を提起した場合にも，監査役が会社を代表すべき場合がいくつか定められている（⇨ Column 4-23)。このような監査役の会社代表権は，業務監査権限の一部と位置づけられており，監査役の監査範囲が会計事項に限定されている場合には適用されない（389条7項。⇨ Column 4-24)。

Column 4-23　株主代表訴訟と監査役

次の場合などにも監査役が会社を代表する（386条2項1号2号。受働代理の一種)。①株主が会社に取締役の責任追及の訴えを提起するよう請求する（株主代表訴訟の提起に先立つ手続。847条1項）とき，②株主から株主代表訴訟の訴訟告知（849条4項）を受けるとき，および，③代表訴訟の和解につき通知・催告（850条2項）を受けるとき。①は，旧株主等についての847条の2第1項3項，847条の3第1項においても同様である。

①の場合，請求を受けた監査役は，会社が責任追及の訴えを提起する（386

条1項1号）か否かを判断する（⇨ 251 頁[1]）。

なお，会社が監査役を相手取って損害賠償請求を提起する場合には，代表取締役が会社を代表する。株主が監査役を被告として代表訴訟を提起しようとする場合に，まず株主が提訴請求を行う相手は代表取締役である。

(c)　費用等の会社への請求

監査役は，その職務の執行について会社に対して，費用の前払，支出した**費用の償還**などを請求することができる。会社は，その費用が監査役の職務の執行に必要でないことを証明した場合を除き，これを拒めない（388 条）。

(5)　報 酬 等

監査役の**報酬等**（定義は 361 条 1 項柱書）は，定款または株主総会の決議で定める（387 条 1 項。取締役〔361 条〕と別の規定になっているのは，監査役の報酬を取締役の報酬額との合計額として定めることが許されないことを示している）。監査役が2人以上ある場合で定款・総会決議が各自の金額を定めていないときは，その報酬は，定款・総会決議の範囲内で，監査役の協議によって定める。

このルールの理由は，取締役の場合（お手盛りの防止。⇨ 232 頁(1)）とは異なり，監査役の独立性を保持することにある（監視される取締役が監査役の報酬を決定するのでは，監査役が適正に職責を果たすことを期待するのは難しい。最判平成 17・2・15 判時 1890 号 143 頁）。監査役が株主総会において監査役の報酬等について意見を述べることができる（387 条 3 項）のも，この趣旨による。

Column 4-24　**非監査役設置会社のルール**

監査役の**監査範囲を会計事項に限定する定款の定め**のある会社では，監査役の権限のうち業務監査権限に関する規定の適用が除外される（389 条 7 項）。このような会社は，「監査役設置会社」に該当しないため（2 条 9 号），会社代表に関して，先に本文で述べたところとは異なり 353 条・364 条が適用される。

「**監査役設置会社**」の概念から監査役の監査範囲を限定する会社が除かれているのは，監査役設置会社では監査役に与えられる業務監査権限の多くを，非監査役設置会社（かつ委員会型でない会社）では株主に与えるためである。たとえば 357 条 1 項・367 条 1 項・371 条 2 項 3 項を参照。また，取締役（会）による役員等の責任の一部免除（426 条 1 項）は，業務監査機関を置かない会社では認められていない。

最も分かりやすい例が，株主の違法行為の差止権である（360 条。⇨ 257 頁

> 3)。監査役設置会社の監査役は，「回復することができない損害」でなくとも「著しい損害」であれば差し止めることができ（385条1項。360条3項と対比），裁判所が差止めの仮処分を命じるときに監査役に担保を立てさせないことが法定されており（385条2項），株主の有する差止権よりも強い権限が監査役に与えられている（委員会型会社における監査〔等〕委員の権限も同じ）。他方，業務監査機関を置かない会社の株主は，著しい損害があれば差止めを請求できる（360条1項2項）ので，監査役設置会社の監査役に近い権限を与えられている。

5 監査役会

(1) 総説・権限等

公開会社でかつ大会社である会社では，監査役会設置会社・指名委員会等設置会社・監査等委員会設置会社のいずれかを選択しなければならない（⇨135頁4。328条1項）。監査役会設置会社（2条10号）では，監査役は3人以上で，かつその半数以上は**社外監査役**でなければならない（335条3項）。監査役が4人の会社では2人以上，5人の会社では3人以上の社外監査役が必要となる。

「社外」監査役は，次のいずれにも該当するものをいう（平成26年改正で変更された。厳密には2条16号参照）。①監査役に就任する前10年間，その会社または子会社で取締役・会計参与・執行役・支配人その他の使用人であったことがないこと，②社外監査役に就任する前10年間のいずれかの時点で，その会社または子会社で監査役であったことがある者の場合には，その就任の前10年間，その会社または子会社で取締役・会計参与・執行役・支配人その他の使用人であったことがないこと，③現在，その会社の大株主（自然人），親会社の取締役・監査役・執行役・支配人その他の使用人でないこと，④現在，その会社の兄弟会社の業務執行取締役等でないこと，⑤その会社の取締役・支配人その他の重要な使用人・大株主（自然人）の配偶者・2親等内の親族でないこと。

ここでの「大株主」「業務執行取締役等」の語，およびこのような制限を定める趣旨については，社外取締役についての説明（⇨183頁(e)）を参照。

監査役会は，すべての監査役で組織し（390条1項），監査報告の作成，常勤監査役の選定・解職，監査の方針等に関する事項の決定を行う（同条2項）。1人以上の**常勤監査役**を置くことが必要であるが（同条3項），会社法は常勤の概念を定義していない（フル・タイムという意味で，たとえば平日の午前9時から午後

5時までを当該会社で監査役としての職務に従事しているようなイメージ)。

Column 4-25　監査役制度の変遷とコーポレート・ガバナンス

戦後，大企業の不祥事が話題となるたびに，監査役制度が改正され，強化されてきた。昭和49年改正では，大会社に会計監査人の設置が義務づけられ，昭和56年改正では複数監査役・常勤監査役の制度が設けられた。平成5年改正では，それまで2年であった監査役の任期が3年に伸長され，大会社については監査役を3人以上とし，1人以上の社外監査役の設置を強制するとともに，監査役会の制度が法制化された。平成13年12月改正では，任期が4年に伸長され，社外監査役の員数が監査役の半数以上とされるとともに，監査役の地位・権限の強化が図られた（神田185頁以下を参照)。

平成14年には，現在の指名委員会等設置会社にあたる制度が導入され，大会社は監査役会制度と委員会制度を選択することになった。これは，望ましい機関設計は会社ごとに異なるため，法で一定の型を強制するのではなく，ある程度の選択の幅の中で企業間の競争を認めることが会社経営の改善に寄与する，という発想に基づく（江頭555〜557頁)。

コーポレート・ガバナンス（⇨182頁 Column 4-15）について，かつては**適法性**確保が強調され，法律で監査役制度を強化することが重視された。これに対して，平成13，14年改正の頃から，適法性と**効率性**がともに重視されるようになり（これは，バブル経済崩壊後の日本企業の業績悪化と関係がある)，ガバナンス向上のための法的仕組みとしても法規制以外の多様な仕組みが論じられるようになってきている（ストック・オプションなどの業績連動型報酬，監査役制度と委員会制度の選択，開示の充実と株式市場による経営者への圧力，株主代表訴訟や敵対的買収が経営者に与える圧力など。⇨222頁 Column 4-32)。

平成23年の大王製紙，オリンパスの企業不祥事の発覚は，監査役制度を機能させる周辺的な仕組み（サポートスタッフの充実や内部監査部門・会計監査人との連携，その状況の開示，監査役と社外取締役との協力等）を整備すべきとの議論を喚起した。平成26年改正を受けた法務省令の改正も同じ趣旨である⇨186頁 Column 4-19 。

監査役制度の理念と実効性をいかに架橋すべきかは，難問である。現状と課題40頁以下〔山口利昭〕，松中学「監査役のアイデンティティ・クライシス」商事1957号（2012年）4頁を参照。

(2)　監査役会の運営

招集権者につき391条，**招集の手続**につき392条を参照。

監査役会の**決議**は，監査役の過半数で決定する（393条1項。取締役会の場合〔369条1項〕と異なる)。一人一議決権であり，他人を代理人とすることが認められない点は取締役会と同じである。**議事録**について393条2項以下参照。

(3) 独任制

複数の監査役がいる場合であっても，各自が独立して監査権限を行使することを**独任制**という（このことは，監査役会が置かれる場合・置かれない場合に共通するが，便宜上ここで解説する）。

たとえば，監査役会で，会社の業務・財産状況の調査の方法その他の監査役の職務の執行に関する事項として，各監査役の職務の分担・所掌が決定されることがあるが（390条2項3号），この決定は個々の監査役の権限の行使を制約するものではない（同項柱書ただし書）。

監査役会設置会社では，監査役会が**監査報告**を作成するが（390条2項1号），個々の監査役が監査報告を作成すること（381条1項後段）も必要である（会社則130条1項および会社計算123条1項を参照）。

6 会計監査人

(1) 総説・資格

大会社および指名委員会等設置会社・監査等委員会設置会社は，会計監査人を置かなければならない（それ以外の会社では任意。328条・327条5項）。

会計監査人は，**公認会計士**または**監査法人**（5名以上の公認会計士を社員として設立される法人。公認会計士法を参照）でなければならない（337条1項）。監査法人が選任される場合には，その社員の中から当該会社の会計監査人の職務を行うべき者を選定し，これを会社に通知する（同条2項）。被監査会社からの独立性を維持する等の目的で，一定の欠格事由が定められている（同条3項）。

Column 4-26　会計監査人の法規制の経緯

昭和23年に制定された証券取引法により，上場会社等は**財務諸表**について公認会計士または監査法人の**監査証明**を受けなければならないことが定められた（現在の金融商品取引法193条の2）。昭和40年の山陽特殊製鋼の倒産の際に同社の経営陣による粉飾決算が明らかになったことなどを受けて，昭和49年に「株式会社の監査等に関する商法の特例に関する法律」が制定され，会計監査人の選任・解任に監査役が関与することなどが定められた。同法は数次の改正を経て，平成17年の会社法制定時に会社法に吸収された。

上場会社等が，金商法により義務づけられる監査人と会社法上の会計監査人とを別に定めることは可能であるが，通常は同一の者が選任される。公認会計士法の平成15年改正により，大会社等に対する監査証明業務について，一定の非監査証明業務との同時提供の禁止，継続的監査の制限（7年，インターバル2年），および単独監査の禁止という業務制限が法定され，公認会計士の独立性の強化（監査先企業の経営者との癒着の予防）が図られた。同法の平成17年改正により，主任会計士の継続監査期間を5年に短縮し，インターバル期間を5年に伸長するなどの対処が進められた。一定期間を超えると監査法人の交代を義務付けるべきとの意見も有力である。

(2) 選任・終任

会計監査人は株主総会の普通決議で**選任**される（329条1項）。会計監査人の独立性を確保するため，株主総会に提出する**会計監査人の選任・解任議案**は監査役（2人以上ある場合にはその過半数，監査役会設置会社では監査役会）が決定する（344条1項。平成26年改正により，同意権から決定権に変更。監査〔等〕委員会による場合＝404条2項2号，399条の2第3項2号）。

会計監査人の**任期**は，1年（選任後1年以内に終了する事業年度のうち最終のものに関する定時株主総会の終結の時まで）である（338条1項）。翌年の定時総会で別段の決議がされなかったときは，その総会において再任されたものとみなされる（同条2項）。

会計監査人の**終任**（任期満了・辞任・解任等）については，330条（委任の準用），339条（総会の普通決議による解任）が取締役のルールと共通する（欠員の処置については，346条の1項ではなく4項が適用される。854条〔解任の訴え〕は適用されない）。さらに，監査役（監査〔等〕委員）全員の同意による**解任**の制度が設けられている。すなわち，職務上の義務に違反する場合，職務を怠ったとき，会計監査人としてふさわしくない非行があったとき，心身の故障のため職務執行に支障があるか職務執行に堪えられないときには，監査役（監査〔等〕委員会）は会計監査人を解任することができる（340条）。

会計監査人は，監査役の場合（⇨198頁(3)参照）と同様，会計監査人の選任・解任または辞任について株主総会で**意見**を述べることができる（345条5項）。

Column 4-27　会計監査人の権限・義務

会計監査人は，会社の計算書類（435条2項）およびその附属明細書などを監査し（396条1項前段），**会計監査報告**を作成する（同項後段）。

会計監査人は，会社に対して善管注意義務を負う（330条，民644条）。会計監査人は，善管注意義務の具体的内容として以下の義務を負うほか，善管注意義務を果たすために以下の権限を適切に行使することが期待されている。

会計監査人は，**会計帳簿の閲覧権**および取締役などに対する**報告聴取権**（396条2項6項）を有する。調査権は子会社にも及ぶ（同条3項4項）。会計監査人は，職務を行うにつき欠格事由のある者を使用することはできない（同条5項）。

会計監査人は，不正行為等を発見したときは，遅滞なく監査役（会）・監査（等）委員会に報告しなければならない（397条）。

計算書類等が法令・定款に適合するかどうかについて会計監査人が監査役（会）・監査等委員（会）・監査委員（会）と意見を異にするときは，会計監査人は，定時株主総会に出席して意見を述べることができる（398条）。

(3)　報酬等

会計監査人の**報酬等**（定義は361条1項柱書）は，定款・株主総会決議によって定める必要はない。しかし，取締役がこれを定める場合には，監査役（2人以上いる場合はその過半数，監査役会設置会社では監査役会，委員会型会社では監査〔等〕委員会）の同意を得なければならない（399条）。監査を受ける側の会社経営者には，会計監査人が十分に職責を果たす場合に低い報酬を，手抜き監査をする場合には高い報酬を与えるインセンティブが存在することに鑑み，監査役（会）・監査（等）委員会に同意権（すなわち，拒否権）を与えているのである。

7　会計参与

(1)　総　説

会計参与はほとんどの場合には任意に設置される機関である（136頁の**図表4-2**で①4の場合のみ会計参与の設置が必要になる）。税理士等の資格を持つ職業的専門家（333条1項）が会計参与となり，取締役と共同で**計算書類**を作成する（374条1項）ことにより，株式会社とりわけ中小規模の会社の計算の適正化を促進するという趣旨の制度であり，平成17年会社法制定に伴い導入された。

Column 4-28　会計参与制度の導入の背景

中小企業においては，経理の専門的人材を雇用することが費用の点から難しいこともあり，従来から法人税納付のための書類を作成する税理士等が商法上の計算書類の作成を支援することが行われてきた。税理士を会計参与に選任せずに，計算書類の作成につき税理士の支援を受けることは，今後も可能である。

特に会計参与に選任すれば，その者に任務懈怠等があれば会社・第三者に対して賠償責任を負い（423条・429条），対会社責任は株主によって追及されることがある（847条）ことから，会計参与に就任しない場合と比較して税理士等はより注意を尽くして計算書類の作成を行うことが期待される（リスクが高い分だけ，報酬も事実上の支援にとどまる場合より高額となろう）。そのことにより，中小企業の計算書類の信憑性が高まるのであれば，中小企業が銀行等から融資を受けるときに，会計参与をおかない場合よりも有利な条件での与信を受けられる可能性がある。

会計参与制度がこの期待通りに機能するか否かは現時点では明らかではないが，中小企業に強行法的になんらかの監査制度を強制するのではなく，自発的に会計参与の採用を可能にするという法制度が設けられたことは注目される。

(2)　資格・任期

会計参与は，**公認会計士・監査法人**または**税理士・税理士法人**（2名以上の税理士を社員として設立される法人。税理士法を参照）でなければならない（333条1項）。P株式会社が会計参与を設置しようとするとき，P社やその子会社Q社の取締役・監査役・執行役・支配人その他の使用人はP社の会計参与となることができない（333条3項1号）。その他の**欠格事由**については，333条3項2号3号を参照。

会計参与の**任期**については，取締役についてのルール（⇨174頁(2)）がほぼそのまま妥当する（334条1項）。

(3)　選任・終任

選任・終任に関するルールも，取締役の場合と類似する（329条〔選任〕・330条〔委任の準用〕・339条〔解任〕・341条〔選解任決議の定足数の下限〕・346条〔欠員の処置〕・854条〔解任の訴え〕は両者に共通して適用される）。ただ，取締役の場合と異なり，累積投票や種類株主総会により会計参与を選任することはできない（2人以上の会計参与を置くことも可能だが，実務上は稀であろう）。

会計参与は，監査役・会計監査人の場合（⇨ 198頁(3)，206頁(2)）と同様に，会計参与の選任・解任または辞任について株主総会で**意見**を述べることができる（345条1項2項）。

Column 4-29　会計参与の権限・義務

株式会社の計算書類は，通常は取締役によって作成されるが，会計参与を置くと会計参与が取締役と共同して計算書類を作成する（374条1項）。担当取締役と会計参与の意見が一致しない場合（たとえば取締役の作成した計算書類を会計参与が妥当と考えない場合）には，計算書類は作成できない。どうしても両者の意見が一致しない場合には，辞任・解任等によりいずれかを交代させるか，または会計参与を置く旨の定款の定めを廃止する（この場合，定款変更の効力発生時に会計参与の任期が終了する。334条2項）ほかない。

会計参与は，会社に対して善管注意義務を負う（330条，民644条）。会計参与は，善管注意義務の具体的内容として以下の義務を負うほか，善管注意義務を果たすために以下の権限を適切に行使することが期待されている。

会計帳簿の閲覧権および取締役などに対する**報告聴取権**（374条2項6項。子会社に対しても〔同条3項〕)。職務を行うにつき欠格事由のある者を使用することはできない（同条5項)。

不正行為等を発見したとき，遅滞なく株主（監査役〔会〕設置会社では監査役〔会〕，委員会型会社では監査〔等〕委員会）に報告する義務（375条)。

取締役会への出席・意見陳述（376条)。

計算書類等の作成に関する事項について会計参与が取締役と意見を異にするときは，会計参与は，株主総会で意見を述べることができる（377条)。

会計参与による計算書類等の備置き等（378条)。費用等の請求（380条)。

株主総会における会計参与の**報酬等**についての意見申述権（379条3項)。

第4節　指名委員会等設置会社（取締役会・三委員会・執行役）

1 総　　説

取締役会の主たる機能を，経営の意思決定ではなく，経営者を監督することに求める考え方を，**モニタリング・モデル**という。具体的には，取締役の一定数（比率）を社外（独立）取締役が占め，その社外（独立）取締役が取締役会において，または取締役会の内部に設置される各種の委員会において，経営者を評価するという形をとる（神田188頁，藤田友敬「『社外取締役・取締役会に期待される役割――日本取締役協会の提言』を読んで」商事2038号〔2014年〕4頁)。モニタリング・モデルは1970年代の後半にアメリカで生まれ，1990年代以降にヨーロッパ諸国に広がった（大杉謙一「コーポレート・ガバナンスと日本経済」金融研究32巻4号〔2013年〕122頁)。

指名委員会等設置会社とは，このような欧米の上場会社の実務にヒントを得て，平成14年改正商法で導入された比較的新しい制度である。この制度は，**社外取締役**を中心として構成される3つの委員会を設け，これらの委員会に会社経営の適法性・効率性の根幹に関わる意思決定を行わせるものである。具体的には，①取締役候補の人選を**指名委員会**が，②会社の業務執行の監査を**監査委員会**が，③取締役・執行役の報酬の決定を**報酬委員会**が，それぞれ決定する(404条)。法は，三委員会を合わせて「指名委員会等」と呼んでいる（2条12号かっこ書)。

伝統的な機関設計（監査役制度）においては，理論上は，会社の重要な業務執行は取締役会により決定され，取締役は他の取締役の職務執行を監督し（妥当性・適法性のチェック)，監査役は取締役の職務の執行を監査する（適法性監査。⇨180頁(d)，196頁(1)，199頁(a))。しかし，多くの大企業では，取締役のほとんどが業務執行を担当することから，取締役の間に上下関係が存在し，上位者である経営トップが取締役・監査役の人事や報酬について事実上の決定を行っており，取締役・監査役による経営トップの監視が十分に機能していないとの懸念がある（江頭381頁，50頁，久保田安彦『会社法の学び方』〔日本評論社，2018年〕57頁以下)。

そこで，指名委員会等設置会社（定款にその旨を記載し〔326条2項〕，登記される〔911条3項23号〕）では，上記の①～③についての決定を過半数が社外取締役からなる委員会で決定することにより，社内の人間関係（上下関係）に束縛されずに監督機能が働くことを企図している。

もっとも，多くの欧米諸国では，委員会の設置は監査委員会を除いて法律上は任意であり，各委員会の権限などの細目はソフトローと各社の工夫に委ねられている。アメリカでは，ほとんどの上場会社で取締役会の過半数を経営トップから独立した社外の取締役が占めるという実務が確立している。他方，日本では社外取締役の候補者が不足しているため，少数の社外者でも経営者を監督できるように，三委員会をワンセットで設置すること，各委員会の過半数を社外者が占めること（400条3項），各委員会に強い権限を与えること（404条）が，法律で定められた。

指名委員会等設置会社は，上場会社の2% 強にすぎず（⇨ Column 4-30 ），多くの会社は監査役会を設置する伝統的な組織機構を採用している。もっとも，監査役会設置会社であっても任意に指名委員会・報酬委員会に類似する委員会を設けている会社が近時増加している（この場合には，指名委員会等設置会社に特有のルールの適用はない。たとえば指名委員会の決定した取締役の選任議案を取締役会でくつがえすことができる。報酬委員会が各取締役の報酬額を決定しても，株主総会による取締役報酬についての決議〔361条〕が〔たとえ総額の上限で足りるにせよ〕必要となる)。このように任意の委員会を設ける会社が少なくないのは，法が法定の指名委員会・報酬委員会の権限を強くし過ぎているためであろう（大杉謙一「上場会社はどのように機関設計を選択しているのか」商事2229号〔2020年〕20頁以下)。そこで，平成26年改正会社法は，監査役会設置会社と指名委員会等設置会社の中間的な仕組みとして，監査等委員会設置会社を導入した（⇨217頁**1**)。上場会社などが3つの制度から自社のガバナンス体制を選択できるという法制の意義や，取締役会の役割に関する会社法の在り方は，難問である（飯田秀総「監査役設置会社の取締役会による重要な業務執行の決定の委任」商事2234号〔2020年〕16頁)。

指名委員会等設置会社の基本的なルールは次のとおり。取締役が（取締役としての資格で）業務執行を行うことは許されず（415条），業務執行は**執行役**により行われる（418条。代表行為は**代表執行役**〔420条〕により行われる)。指名委員会等設置会社は監査役や監査等委員会を設置することができない（327条4項6項)。指名委員会等設置会社では，取締役会で決定しなければならない事項は限られ，その分，執行役に決定を委任することができる範囲が広くなっている（416条1項3項4項を362条2項4項と対比)。

Column 4-30　上場会社の機関設計（委員会型会社の利用状況）

日本監査役協会，日本取締役協会は，ウェブサイトで「委員会設置会社リスト」「指名委員会等設置会社リスト」を公表している（⇨巻末ウェブサイト集を参照)。

平成26年改正による制度導入後わずかの期間に，多くの上場会社が監査等委員会設置会社へと移行している。東京証券取引所の「コーポレート・ガバナンス情報サービス」ウェブサイトで検索すると，2020年12月12日時点で東証1部・2部，マザーズ，JASDAQに上場する3688社のうち，監査役会設置会社は2497社（67.7%），指名委員会等設置会社は78社（2.1%），監査等委員会設置会社は1113社（30.2%）である。

2 取締役・取締役会

指名委員会等設置会社では，取締役の**任期**は1年（選任後1年以内の最終の事業年度に関する定時株主総会の終結の時まで）である（332条6項）。

法令に別段の定めがある場合を除いて，取締役は業務執行をすることができない（415条）。**監督と執行を分離**する趣旨である。もっとも，社外取締役でない取締役は，執行役を兼任し，執行役としての資格で業務執行を行うことができる（402条6項・2条15号を参照）。このことは，監督と執行の分離を骨抜きにするようにも見えるが，監督には現場の情報が必要であり，過度の分離は監督に必要な情報が監督者に流れなくなるおそれがあることから，同一人が取締役と執行役を兼任することを法で禁止する必要はない。

取締役は，執行役を監視・監督する立場にあるから（416条1項2号），執行役の指揮命令を受ける支配人その他の使用人を兼任することは認められない（331条4項）。

指名委員会等設置会社の取締役会は，各委員会の**委員を選定・解職**し（400条2項・401条1項），**執行役を選任・解任**し（402条2項・403条1項），**代表執行役を選定・解職**する（420条1項2項）。また，取締役会は，**会社の経営の基本方針**や**内部統制システム**にかかる事項その他の重要事項を決定し，執行役等（執行役・取締役および設置されていれば会計参与をいう。404条2項1号かっこ書）の**職務の執行を監督**する（416条1項）。

指名委員会等設置会社においても，業務執行の決定は取締役会で行うのが原則であるが（416条1項1号），決定を執行役に委任できる場合がある（委任するには取締役会の決議が必要であり〔同条4項柱書〕，黙示の委任は認められない。実務では付議基準の決定により行う）。指名委員会等設置会社でない会社において決定を取締役に委任できない事項（362条4項）と比較すると，指名委員会等設置会社において決定を**執行役に委任できない事項**（416条4項各号）は狭い（たとえば，取締役・執行役の競業・利益相反取引の承認〔同項7号・419条2項〕や，責任の一部免除の決定〔416条4項13号〕は取締役会で決定することが必要であるが，新株発行〔公開会社の場合〕や重要財産の譲渡の決定〔201条1項および362条4項1号を参照〕は執行役に委任できる）。そのため，指名委員会等設置会社では，執行役による迅速・機動的な経営が可能となる。

指名委員会等設置会社では，会社に関わる権限の多くが各委員会や執行役に委ねられることから，取締役会の存在意義が不明確になるおそれがある。取締役会は，各委員会や執行役を実効的に監視・監督するために，これらの機関の持つ情報や意見の交換の場としても機能することが期待される。取締役会の招集や取締役会への報告などにつき，特別な定め（417条）を参照。

3　3つの委員会

(1)　各委員会の構成と運営

各委員会（定義は400条1項かっこ書）の委員は，取締役の中から，取締役会の決議によって選定される（同条2項）。各委員会は，3人以上の委員で組織され，各委員会の委員の過半数は**社外取締役**でなければならない（同条1項3項）。ある委員会の委員を3人とするときにはそのうちの2人が，4人とするときにはそのうちの3人が，社外取締役（⇨183頁(e)）でなければならない（「半数以上」ではない）。そして，監査委員会においては，社外取締役でない委員も，業務執行取締役などとの兼任が禁止される（同条4項。331条4項もあわせて参照）。

各委員会の委員には別の取締役を充てなければならないわけではない。よって，各委員会を3人ずつとし，2名の社外取締役をすべての委員会の委員とすれば，最少2人の社外取締役を置けば指名委員会等設置会社になることができる（もっとも，各委員会の委員の職責の重さに照らすと，あまり現実的ではない）。

各委員会の委員の氏名は，登記によって公示される（911条3項23号ロ）。

各委員会の運営については，**招集や決議・議事録**について，取締役会と類似のルールが定められている（410条〜413条）。各委員会の活動が妨げられることのないように，**費用の償還請求**などの権利が定められている（404条4項）。

(2) 指名委員会

指名委員会は，株主総会に提出する取締役（および会計参与）の選任・解任に関する議案の内容を決定する権限を有する（404条1項）。取締役会には，これらの議案の内容の決定権限はない（416条4項5号かっこ書）。

(3) 監査委員会

監査委員会は，執行役等の職務の執行を監査する権限を有する。「**執行役等**」とは，執行役・取締役（および会計参与）をいう（404条2項）。

監査委員は取締役であり，取締役会のメンバーとして執行役の選任・解任に関与することから，監査委員会の監査権限は，適法性監査に限られず，**妥当性監査**にも及ぶと解されている（江頭570頁以下。監査役の監査権限が，通説によると適法性監査に限られることと対比。もっとも，199頁で述べたように両者の差をあまり強調すべきではない）。

Column 4-31　監査委員会と監査役（会）の類似と相違

監査委員会による監査は，監査役（会）による監査と趣旨・目的において共通する。たとえば，監査委員会の監査報告の内容（会社則131条1項，会社計算129条1項）は，監査役（会）の監査報告の内容と類似する（会社則129条1項・130条1項および会社計算127条・128条1項と対比）。

しかし，監査の方法は同じでない。監査役制度は独任制であり，監査役は自ら会社の業務・財産の調査等を行うことが期待されている。取締役会が構築する内部統制システムに対して監査役は指揮命令を行うことができない。これに対して，監査委員会では，独任制は採用されておらず（たとえば監査報告の内容は多数決で定められる〔会社則131条2項，会社計算129条2項。少数意見の付記は可能〕。⇨205頁(3)と対比），取締役会が設ける内部統制部門を通じて監査を行うことが予定されている（そのため，大会社でなくても指名委員会等設置会社は内部統制システムの構築に関する取締役会決議を行うことが義務づけられている〔会社416条1項1号ホ〕。江頭568～569頁を参照）。

監査委員会が選定する監査委員には，**報告聴取権**，**業務財産状況調査権**などが認められるが，この権限の行使は監査委員会の多数決によって制約を受ける（405条。この点でも，監査委員会の制度は監査役制度〔独任制。390条2項柱書ただし書〕とは異なっている）。もっとも，執行役・取締役の違法行為の**差止め**は緊急を要することから，この差止めの権限は各監査委員に与えられ，選定監査委員に限らないものとされている（407条）。

会社と執行役・取締役の間の訴えにおいては，次の者が会社を代表する。訴訟当事者である取締役が監査委員である場合には，取締役会で定めた者が会社を代表する（株主総会で定めれば，その決定が取締役会の決定に優先する。408条1項1号）。訴訟当事者である取締役が監査委員でない場合には，監査委員会が選定する監査委員が会社を代表する（同項2号）。会社と執行役等との利害衝突に鑑みて設けられた規定で，監査役設置会社における386条に相当する。

また，監査委員会は，株主総会に提出される会計監査人の選解任議案および会計監査人を再任しないことに関する議案の内容の決定を行う（404条2項2号）。

(4)　報酬委員会

報酬委員会は，執行役等（執行役・取締役・会計参与〔404条2項参照〕）の個人別の報酬等の内容を決定する。執行役が支配人その他の使用人を兼ねているときには，その使用人としての報酬等の内容についても報酬委員会が決定する（404条3項）。

報酬委員会は，執行役等の個人別の報酬等の内容を決定する方針を定めた上で，それに従って，報酬の種類（確定額の報酬，不確定額の報酬，株式報酬，ストック・オプション，その他の金銭でない報酬）ごとに一定事項を決定する（409条）。このように，指名委員会等設置会社では，社外取締役が中心になって（400条3項），執行役等の個人別の報酬を，監督の一環として決定するのである。

4　執 行 役

(1)　選任・終任

指名委員会等設置会社においては，取締役会の決議により1人または2人以上の**執行役**が選任される（402条1項2項）。執行役の氏名は登記により公示される（911条3項23号ロ）。なお，執行役は，（指名委員会等設置会社でない会社などで）任意に置かれる「執行役員」（⇨182頁 Column 4-16）とは異なり，指名委員会等設置会社の必要的機関である。

執行役は自然人でなければならず，取締役と同様の**欠格事由**が定められている（402条4項・331条1項・331条の2）。執行役は取締役を兼ねることができるが（同条6項），監査委員を兼ねたり会計参与となることはできない（400条4

項・333条3項1号)。

執行役の**任期**は，1年（選任後1年以内に終了する事業年度のうち最終のものに関する定時株主総会の終結後最初に招集される取締役会の終結の時まで）である（402条7項)。執行役の解任等については，403条を参照。

(2) 権 限 等

執行役は，取締役会決議によって委任を受けた会社の**業務執行の決定**（416条4項）を行い，会社の**業務の執行**を行う（418条。「業務執行の決定」と「業務の執行」の区別については，⇨178頁(a))。執行役が2人以上いる場合の各執行役の職務の分掌および指揮命令関係その他の執行役相互の関係は，取締役会が決定する（416条1項1号ハ)。

会社と執行役との関係は，**委任**に関する規定に従うため（402条3項)，執行役は会社に対して善管注意義務（民644条）を負う。また，会社に対して忠実義務を負い，競業取引・利益相反取引につき取締役会の承認を求めなければならない（419条2項)。

執行役は，取締役会の招集権を有し，取締役会への**報告義務**を負い，取締役会の要求があったときには取締役会に出席し説明をする義務を負う（417条2項4項5項)。また，執行役は，会社に著しい損害を及ぼすおそれのある事実を発見したときには，監査委員に報告しなければならない（419条1項)。

執行役の違法行為の**差止**請求権は，各監査委員が有するとともに（407条)，より厳しい要件の下で株主にも与えられている（422条)。

(3) 代表執行役

執行役が2人以上いる場合には，取締役会の決議により，**代表執行役を選定**することが必要である。執行役が1人のときは，同人が当然に代表執行役となる（420条1項)。取締役会は，決議によっていつでも代表執行役を**解職**することができる（同条2項)。

代表執行役は，会社の業務に関する一切の裁判上・裁判外の行為に及ぶ包括的な代表権を有する（420条3項。ただし，会社と執行役・取締役との間の訴えにおける会社代表権について408条1項を参照)。表見代表執行役につき421条を参照。

第５節　監査等委員会設置会社

1 総　　説

監査等委員会設置会社は，監査役会設置会社と指名委員会等設置会社の中間的なガバナンスの仕組みとして，平成26年改正会社法によって導入された。

指名委員会等設置会社の利用社数の伸び悩みは，強力な権限を有する指名委員会・報酬委員会の設置が強制されるからといわれる。そこで，新制度はこれらの委員会を置かなくてもよいものとされた（この点では監査役会設置会社に類似。任意に類似の委員会を設けて諮問（しもん）機関とすることは可能。岩原紳作「『会社法制の見直しに関する要綱案』の解説(1)」商事1975号〔2012年〕5頁）。他方，取締役の一部が**監査等委員**となり，取締役会で経営の妥当性をチェックし，議決権を行使するという点では，新制度は指名委員会等設置会社における監査委員（会）と類似し，監査役とは異なっている（監査役会設置会社では，監査役は取締役会に出席し意見を述べる義務を負うが〔383条１項〕，議決権を持たないためオブザーバー的な地位にとどまる。⇨**図表4-8**）。

指名委員会等設置会社では取締役と執行役が区別されるのに対して，監査等委員会設置会社では，執行役という機関が置かれることはなく，取締役のうち代表取締役および選定業務執行取締役が業務を執行する（363条１項）。

指名委員会等設置会社では３つの委員会の委員を務める取締役（特に社外取締役）の**独立性**は指名委員会によって確保されるのに対して，監査等委員会設置会社には指名委員会が置かれていないため，監査等委員の独立性は監査役制度と類似のルールによって確保しようとしている（⇨2と198頁(3)を参照）。そのため，新制度を機能的に見れば，監査役に取締役としての地位を与え，取締役会における議決権と妥当性監査権限を付与するものととらえることもできる。

監査等委員会設置会社の制度の特徴は，指名委員会等設置会社ほど法律で縛ることをせず，経営者の監督のやり方を各社の工夫に任せようとする点にある。（この点を積極的に評価するものとして，大杉謙一「平成26年会社法改正の背景とシンポジウムの企画趣旨」商事2109号〔2016年〕4頁）。制度導入後の比較的短期間

図表4-8　監査役と監査（等）委員

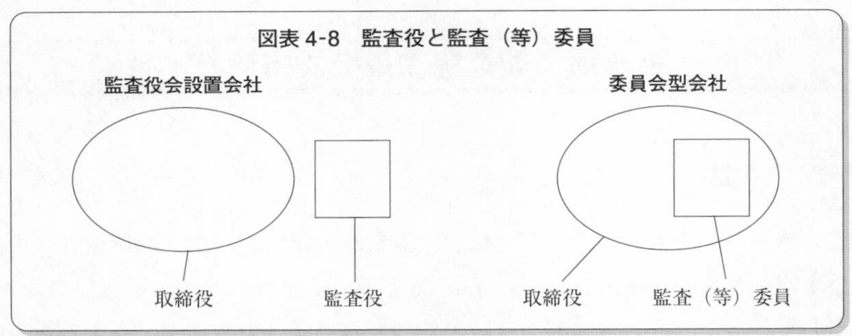

に，多くの上場会社が監査等委員会設置会社へと移行している（⇨211頁 Column 4-30）。マザーズやジャスダックなどのベンチャー市場に上場している会社では社外役員の数をあまり増やさないためにこの機関設計を利用する傾向があるが，東証一部上場会社ではこの機関設計を使って本格的なモニタリング・モデル（⇨209頁）を志向する例もある。

2　監査等委員（選任・独立性確保）

監査等委員は取締役でなければならない（399条の2第2項）。監査等委員となる取締役はその他の取締役とは区別して株主総会決議で**選任**され（329条2項），監査等委員となる取締役の**任期**は2年（その他の取締役は1年）である（332条3項4項）。監査等委員である取締役は，会社・子会社の業務執行取締役や使用人などと兼任できず（331条3項），また，3人以上で，その過半数は**社外取締役**でなければならない（同条6項）。常勤者を置く必要はない（この点の法制審議会での議論につき，岩原・前掲商事1975号6頁）。

監査等委員の地位の独立性を図るため，監査等委員の**報酬**は監査等委員でない取締役とは区別して（定款・株主総会決議によって）定められ，個別の報酬額が定められていない場合には監査等委員の協議によって定められる（361条2項3項。監査役の387条1項2項に相当）。また，監査等委員の選任・解任・辞任等について株主総会で**意見**を述べる権利（342条の2第1項～3項。監査役の345条4項に相当），監査等委員である取締役の**選任議案の同意権**（344条の2。監査役の343条に相当），監査等委員の報酬等について総会で意見を述べる権利（361条5項。監査役の387条3項に相当）が，監査等委員に与えられている。

3 取締役会

監査等委員会設置会社の取締役会は，経営の基本方針の決定，内部統制システムの概要，その他の業務執行の決定を行うとともに，取締役の職務の執行を監督し，代表取締役の選定・解職を行う（399条の13第1項～3項）。

取締役会は原則として重要な業務執行の決定を取締役に委任することができない（同条4項。362条4項に相当）。例外として，取締役の過半数が社外取締役である場合や，その旨の定款規定を置いている場合には，多くの事項について（取締役会の決議によって）その決定を取締役に委任することができる。このとき，取締役への委任が禁止される事項は，指名委員会等設置会社における執行役への委任が禁止される事項（416条4項各号）とほぼ同じである（399条の13第5項6項。委任できる範囲をめぐる法制審での議論につき，岩原・前掲商事1975号9頁を参照）。

上記の例外に該当しない場合には，特別取締役による取締役会の決議の制度（⇨191頁(e)）を利用することができる（373条）。

4 監査等委員会

監査等委員会はすべての監査等委員からなる（399条の2第1項）。

監査等委員会の職務は，指名委員会等設置会社における監査委員会（404条2項），監査役（会）の職務（381条1項）とほぼ同じである（399条の2第3項1号2号）。取締役・使用人などに対して**報告聴取権・業務財産状況調査権**を有することは監査役制度と委員会型会社で共通である（399条の3・381条2項以下・405条）。他方，委員会が選定する委員のみがこの権限を有すること，選定された委員は委員会の決議（多数決）に従わなければならないという点は，監査等委員会と監査委員会に共通し，そのような制約がない監査役制度とは異なる（⇨214頁 Column 4-31，205頁(3)と対比）。

費用の償還等の請求権（399条の2第4項），取締役会への報告義務（399条の4），違法行為の差止め（399条の6）は，監査委員会・監査役と共通する（404条4項・406条・407条；388条・382条・385条）。株主総会に対する報告義務（399条の5）は監査役と共通（384条。岩原・前掲商事1975号7頁を参照）。

会社と取締役との間の訴えにおける会社の代表権（399条の7。408条・386条と類似）。

ところで，選定監査等委員は，株主総会において，監査等委員でない**取締役の選任等**について，また監査等委員でない**取締役の報酬等**について，監査等委員会の**意見を述べる**ことができる（342条の2第4項・361条6項）。これらの権限は，監査等委員会の職務と位置付けられている（399条の2第3項3号）。このような権限は監査役には与えられていない。これは，指名委員会等設置会社では指名委員会・報酬委員会によって果たされる機能（経営評価機能）を，監査等委員会では，監査等委員（会）と株主総会との共同によって代替するものである（岩原・前掲商事1975号8頁，江頭592頁以下）。

また，監査等委員でない取締役と会社との利益相反取引について，監査等委員会の承認があったときには任務懈怠の推定（423条3項）が生じない（同条4項）。このルールは，理論的なものというよりも，新制度の利用推奨という政策的なものと考えられる（岩原・前掲商事1975号8頁）。

第6節　非取締役会設置会社

1 総　　説

公開会社・監査役会設置会社・委員会型会社のいずれにも該当しない会社は，取締役会を設置しないことができる（327条1項）。本書では，取締役会設置会社に関するルールを本章の第3節で解説したが，ここでは非取締役会設置会社に適用されるルールについて，設置会社と異なる点に重点を置いて解説する。これらのルールの多くは，会社法制定前の**有限会社**に関するルールを引き継いだものである（⇨15頁3。その中には，沿革上の理由で取締役会設置会社とのルールの違いが生じたにすぎず，立法論としては合理性を説明しにくいルールの違いも含まれている）。

2 株主総会

非取締役会設置会社では，株主総会が，取締役会設置会社における取締役会と同等の機動性を有する（株主がある程度は会社の経営に通じていて，株主総会への参加の心の準備ができている）という想定の下に，取締役会設置会社とは異なるルールが定められている（⇨148頁 Column 4-6）。

3 取締役

非取締役会設置会社では，取締役の最少員数は1人である（326条1項）。取締役が2人以上いる場合にも，各取締役に業務執行と会社代表の権限があるのが原則であるが（348条1項・349条1項本文。**各自執行・各自代表**），定款等により異なる定めをすることは妨げられない。

業務（執行）の決定（「業務の執行」と区別される。⇨178頁(a)）は，取締役が2人以上いる場合には，定款で別段の定めがある場合を除いて，過半数で決定するのが原則である（348条2項）。業務執行の決定を各取締役に委任することは，348条3項各号に掲げられた事項以外については可能である（黙示の委任も可能）。大会社では，内部統制システムに関する決定を行うことが義務づけられる（同条4項）。なお，各取締役への委任が禁じられる事項として，348条3項（非取締役会設置会社）と362条4項（取締役会設置会社）はおおむね共通のものを定めているが，重要財産の処分等については前者には定めがない（昭和56年改正時に，株式会社については重要財産の処分等について明文化がされたが，有限会社法には同様の改正が行われなかったため）。

取締役が2人以上いる場合には，各自が会社を代表するが，特に代表者を定めた場合には代表者とされなかった取締役は代表権限を持たないことになる（349条2項1項）。**代表取締役**とは，会社を代表する取締役をいうから（47条1項第3かっこ書），A，B2名を取締役に選任し，代表権につき別段の定めをしていない会社ではA，B両人が代表取締役に該当し，特にAを代表者に定めた会社ではAのみが代表取締役に該当する。取締役が1人のときは，同人が当然に代表取締役となる。取締役の中から代表取締役を定めるには，定款，定款規定に基づく取締役の互選，総会決議という3つの方法がある（349条3項）。

取締役会設置会社では競業取引・利益相反取引は取締役会により承認されるが（365条1項），非取締役会設置会社では，これらの取引を承認するのは株主総会である（356条）。

第7節　役員等の義務と責任

1 総　説

取締役，会計参与，監査役，執行役，会計監査人（以下ではこれらをまとめて役員等という。423条1項かっこ書参照）は，会社のためにさまざまな職務を行う(⇨第3節173頁以下)。役員等がそのような職務を適切に行わなければ，会社の業績が低迷するばかりか，会社に損害が生じる可能性もある。

役員等がその職務を適切に行うことを確保するための仕組みには，さまざまなものがある。たとえば，株主総会が役員等を選任・解任すること（⇨174頁(3)）や，取締役会・監査役による監督・監査（⇨180頁(d)・199頁(a)）を，そのような仕組みと捉えることもできる。適切に職務を行わなかった役員等は，社会的な評判の低下など，法律には定められていない不利益を受けることもある。

役員等が会社に対して一定の義務を負うことも，以上のような仕組みの1つといえる。また，取締役・執行役については，会社との利益衝突が生じる場面を規律するルールが，会社法に置かれている。役員等がその義務に違反し，職務を適切に行わなかったときには，会社や第三者に対して損害賠償責任を負うことがある。以下では，このような役員等の義務と責任に関連する会社法のルールを説明していく。

Column 4-32　経営者を規律付ける仕組みはさまざま

経営者を規律付けるものは，法律の規定だけではない。たとえば，さまざまな市場が，規律を働かせることがある。経営者の経営判断の失敗によって，会社の作りだす製品が売れなくなることがある（製品市場）。業績の悪化した会社は有利な条件で事業資金を調達することができなくなるし（資金調達市場），会社の株価が低迷すれば会社が買収される可能性もある（会社支配権の市場）。経営者は，そのような事態が起こらないように，懸命に職務を行おうとするはずである。このように，経営者はさまざまなものに規律付けられながら会社を経営するのであり，損害賠償責任もその1つにすぎない。重要なのは，それらが全体として適切な水準の規律を与えているかどうかである。伊藤靖史「インセンティブ報酬（ストック・オプション）および市場による規律」法セミ648号（2008年）26頁参照。

2 役員等の義務

(1) 注意義務と忠実義務

役員等は，その職務を，善良な管理者の注意をもって行わなければならない（**注意義務**。善管注意義務ないし善管義務と呼ばれることもある。330条・402条3項，民644条）。これに加えて，取締役・執行役は，法令・定款ならびに株主総会決議を遵守し，会社のために忠実にその職務を行わなければならない（**忠実義務**。355条・419条2項）。判例によれば，忠実義務は，注意義務を敷衍して一層明確にしたにとどまり，注意義務とは別個の高度な義務なのではない（最大判昭和45・6・24民集24巻6号625頁〔百選2，商判I-3〕）。もっとも，Column 4-33 に述べるように，用語法としての「忠実義務」は，学界で定着している。本書も，以下ではそのような用語法を用いる。

> **Column 4-33　注意義務と忠実義務**
>
> 昭和25年の商法改正の際に，わが国の会社法に，米国法の制度がまとめて継受された（取締役会制度など）。忠実義務の規定もその1つである。米国では，会社と取締役の利益が衝突する場面（⇨3 1(1)）で取締役が自己の利益を図ってはならないという義務を忠実義務（duty of loyalty）と呼ぶ。これは，職務を行うにあたって注意を尽くすべき義務である注意義務（duty of care）とは別個の義務と捉えられている。いずれの義務が問題になるかで，訴訟において責任が認められやすいかどうか，また，会社の救済方法に違いがある。かつてわが国で有力だった学説も，米国と同様に両者を別個の義務と捉え，解釈論として忠実義務について特別の要件や効果を付すことを主張していた（忠実義務異質論）。しかし，本文に述べたように，判例は両者を別個の義務ではないとする。現在の通説も，忠実義務異質論のような発想はとらない。もっとも，これを前提に，利益衝突の場面で問題となる義務を「忠実義務」と呼ぶ用語法自体は，学界で定着している。

(2) 注意義務と役員等の責任

役員等が会社に対して注意義務を負う（⇨(1)）といっても，それが問題になる場面や，役員等の職務の内容に応じて，役員等にどのような行為が求められるかは異なる。また，役員等が義務に違反したかどうかは，実際には，役員等が会社や第三者に対する損害賠償責任を追及される際に問題になる。そこで，注意義務の内容については後で損害賠償責任とまとめて説明することにして（⇨238頁**4**），その前に，会社と取締役・執行役の利益衝突を規律するルールについて説明しよう（⇨**3**）。

3 会社と取締役・執行役の利益衝突

1 利益衝突と会社法

(1) 利益衝突についての特別の規定

他人から事務を委ねられた者(A)と，委ねた者(B)の利益が衝突する場面を，**利益衝突**ないし利益相反と呼ぶ。ＡとＢが取引をすることが，その典型である。そのときに取引の条件がＡにとって有利に定められることは，Ｂにとっては条件が不利に定められることを意味する。人間は弱いものであり，そのような場面に置かれたＡは，たとえそう意識しなくとも，自己の利益を図る危険がある。会社法に限らず，このような場面については一定のルールが定められることが多い（民108条・826条，信託31条・32条など）。

株式会社の場合，役員等が前記のＡ，会社がＢにあたる。会社法は，利益衝突のうちでも，取締役・執行役が自己の利益を図る危険が高い場面を取り出して，特別の規定を置く。競業取引（356条1項1号・419条2項），利益相反取引（356条1項2号3号・419条2項），報酬等の決定（361条1項）である。2〜4では，それらの規定について説明していく。

(2) 忠実義務による規律

利益衝突を規律するルールが，(1)に挙げた規定に限られないということに，あらかじめ注意してもらいたい。利益衝突の場面で役員等が自己の利益を図ることは，注意義務（330条・402条3項，民644条）・忠実義務（355条・419条2項）に違反する。それによって会社に損害が生じれば，役員等は任務懈怠責任を負う（423条1項）。競業取引，利益相反取引，報酬等の決定のいずれにも当てはまらなくとも，また，取締役・執行役でなくとも，役員等は，利益衝突の場面で会社法の規律に服するのである。

2 利益相反取引

(1) 総　　説

会社と取締役が取引をすることは，会社と取締役の利益衝突の最も単純な場面といえる。たとえば，取締役が会社に財産を譲り渡す場合に，その価格を不当に高く定めれば，その分，会社は不利益を被る。取締役が別の会社を代表して会社と取引する場合なども同様である。そのため，会社法は，取締役が自己または第三者のために会社と取引をするときや，これと同様の危険を有する取引（356条1項2号3号）について規定を置く。同規定は執行役に準用される(419条2項)。これらの取引は，利益相反取引と総称される。

利益相反取引には前記のような危険がある一方で，会社がその取引を必要とする場合もある（たとえば，小規模な会社の取締役が，会社の事業にとって不可欠な不動産を会社に賃貸するとき）。そのため，利益相反取引を禁止するというルールは採用されていない。

(2) 直接取引

〈Case 4-12〉 P会社の取締役Aは，Q会社の取締役でもある。P会社を取締役Bが代表し，Q会社をAが代表して，P・Q間で売買契約を締結しようとしている。

取締役が自己または第三者のために会社と取引をしようとするときには（このような取引を**直接取引**という），(4)の承認を受けなければならない（356条1項2号・365条1項)。売買のほか，金銭の貸付け等もそのような取引にあたる。ここで自己または第三者のために取引をするとは，通説によれば，自己または第三者の名で（名義で）取引をする，つまり，自己が取引当事者となるか，第三者を代理・代表して取引をするという意味である（名義説)。〈Case 4-12〉では，AがQ会社を代表するので，P会社の取締役AがQ会社のためにP会社と取引することになり，P会社において承認が必要となる（これに加えてAがP会社も代表すれば，Q会社の取締役AがP会社のためにQ会社と取引することにもなり，Q会社においても承認が必要になる)。

以上に対して，自己または第三者のために取引をするとは，自己または第三者の計算で取引をする，つまり，自己または第三者に取引の損益（経済的な効果）を帰属させるように取引をするという意味だとする見解もある（計算説）。しかし，直接取引の範囲は名義説によって形式的に確定した上で，実質的な損益の帰属は(3)に述べる間接取引において考慮する方が，問題の処理として簡明であろう。名義説に立つとしても，会社法428条1項を柔軟に類推適用することで（⇨247頁(b)），計算説が主張するのと同様の結論を導き出すことができる。

(3) 間接取引

〈Case 4-13〉 P会社の取締役Aは，Q銀行から金銭を借り入れた。P会社は，Q銀行との間で，Aの当該貸金債務を保証する契約を締結した。これについて，Aは，P会社において承認を受けていない。

会社が，取締役以外の者との間で，会社と取締役の利益が相反する取引（このような取引を**間接取引**という）をしようとするときにも，(4)の承認を受けなければならない（356条1項3号・365条1項）。これは，判例（最大判昭和43・12・25民集22巻13号3511頁〔百選58，商判I-108〕）のルールを明文化した規制である。356条1項3号には，〈Case 4-13〉のように会社が取締役の債務を保証することが例示される。〈Case 4-13〉で，P会社はAと取引するわけではない。しかし，Aが債務を履行しなければQはP会社に保証債務の履行を請求することができ，保証債務を履行したP会社はAに求償できる（民446条1項・459条）。これは，P会社がAに金銭を貸し付けたのと同様の結果といえる。このように，直接取引には該当しないが，経済的な損益の帰属からして，取締役または第三者の利益のために会社の利益を犠牲にするような取引を，会社が行う場合はある。その場合を直接取引と同様の規制に服させようとするのが，間接取引の規制である。

間接取引について重要な問題は，その外延がどこまでかということである。前記の債務保証のほか，会社が取締役の債務を引き受けること，取締役の債務について担保を提供することが間接取引に含まれることに争いはない。また，判例は，A社とB社の代表取締役を兼ねる者が，A社の第三者に対する債務を，B社を代表して保証する場合に，間接取引としてB社で承認が必要であるとする（最判昭和45・4・23民集24巻4号364頁）。

Column 4-34　間接取引の範囲

本文に述べた以外に，どのような場合が間接取引にあたるか。抽象的には，会社と第三者の間の取引であって，外形的・客観的に会社の犠牲で取締役に利益が生じる形の行為が規制の対象になるとされる（江頭446頁）。しかし，論者によって利益衝突を示す要素として重視するものが異なることもあり，一致した見解はない。たとえば，①〈Case 4-12〉でQ会社をA以外の取締役が代表する場合や，②前掲最判昭和45・4・23の事案でB社を代表するのが別の取締役であったとすればどうか。また，会社の取引相手方が，③取締役が株式の全部（あるいは，過半数）を保有する会社である場合や，④取締役の配偶者や未成年の子である場合はどうか。さらに，〈Case 4-13〉でQ銀行から金銭を借り入れるのが，⑤取締役が株式の全部（あるいは，過半数）を保有する会社である場合や，⑥取締役の配偶者や未成年の子である場合はどうか（久保田安彦『会社法の学び方』〔日本評論社，2018年〕68〜71頁参照）。少なくとも，③・⑤のうち，取締役が株式の全部を保有する会社の場合は，取締役自らが取引・借入れをしているのと同等の利益衝突があるといえ，類型としても明確であるから，間接取引にあたると考えるべきだろう。

Column 4-35　承認を要しない利益相反取引

利益相反取引について会社法が規制を加えるのは，前記(1)のような危険があるからである。したがって，そのような危険がない場合にまで，規制を課す必要はない。たとえば，会社が取締役から無利息・無担保で貸付けを受けることや（最判昭和38・12・6民集17巻12号1664頁），普通取引約款にもとづく取引（運送契約，預金契約など）は，定型的に会社を害するおそれがなく，(4)の承認を要しない。また，利益相反取引の規制は会社ひいては株主の利益を保護するためのものであるから，会社とその一人株主（でありかつ取締役である者）との取引（最判昭和45・8・20民集24巻9号1305頁）や，取引について株主全員の同意がある場合（最判昭和49・9・26民集28巻6号1306頁〔百選56，商判I-106〕）には，(4)の承認を要しない。

(4)　承　　認

利益相反取引において会社と利益が衝突する取締役（直接取引の相手方，間接取引で債務を保証される取締役等）は，当該取引について重要な事実を開示し，承認を受けなければならない。取締役会設置会社では取締役会，非取締役会設置会社では株主総会（普通決議）がこの承認を行う（356条1項2号3号・365条1項。356条2項も参照）。開示が求められるのは，承認の可否を判断する前提となる情報を与えるためである。他方で，そのような情報が十分に与えられるのであれば，繰り返し同種の取引が行われる場合について，包括的な承認を行うこともできる（たとえば，〈Case 4-12〉でP・Qが関連会社であり，当該取引が継続的な取引である場合）。取締役会の決議の際に，会社と利益が衝突する取締役は，決議に特別の利害関係があるため，議決に加わることはできない（369条2項）。「しようとするとき」という文言（356条1項2号3号）から，承認は事前に受けなければならないが，事後の承認には取引を有効にする効果を認めてよい。

(5)　事後の報告

取締役会設置会社では，利益相反取引をした取締役は，当該取引の後遅滞なく，それについての重要な事実を取締役会に報告しなければならない（365条2項。976条23号も参照）。この報告は，取引について承認を受けたかどうかに関わりなく，行われなければならない。報告を受けた会社は，たとえば，取締役の任務懈怠責任（⇨(7)）を追及するかどうかを判断する。

(6)　承認を受けない取引の効力

(4)の承認を受けずに利益相反取引が行われた場合，その法的効力についてどう考えるかが問題になる。取引が有効でも会社は取締役の任務懈怠責任を追及できるが（⇨(7)），会社が取締役の債務を保証した場合（任務懈怠責任が認められても，会社は，取締役に求償する場合以上の賠償は得られない）など，取引を無効にすることが会社にとって重要なこともある。

判例は，承認を受けない直接取引の相手方に対して会社は取引の無効を主張できるが，間接取引については，取引の安全の見地より，その取引について承認を受けなかったことを相手方が知っていたこと（悪意）を主張・立証してはじめて，その無効を相手方に主張できるものとする（最大判昭和43・12・25民集22巻13号3511頁〔百選58, 商判I-108〕）。この考え方は相対無効説と呼ばれ，会社が取締役を受取人として振り出した約束手形の譲受人についてもとられる（最大判昭和46・10・13民集25巻7号900頁〔百選57, 商判I-107〕。なお，手形行為が利益相反取引として規制を受けるかがかつて争われたが，同最大判は，規制を受けるとした）。〈Case 4-13〉で，P会社がQに対して保証契約の無効を主張するためには，Qの悪意を主張・立証しなければならないわけである。このような相対無効説は，直接取引の第三者（会社が取締役に譲り渡した財産の転得者等）についても，同様に妥当すると考えられている。以上を前提に，重過失のある第三者は保護されないとする見解もある（田中249〜250頁）。

利益相反取引規制は会社の利益を保護するためのものであるから，相手方の側から取引の無効を主張することはできない（最判昭和48・12・11民集27巻11号1529頁）。

(7) 利益相反取引と取締役の責任

利益相反取引によって会社に損害が生じた場合，(4)の承認を受けたかどうかに関わりなく，利益相反取引に関係した取締役は，任務懈怠責任を負うことがある（⇨246頁(4)）。

3 競業取引

(1) 総　説

取締役はその地位から，会社の営業秘密（ノウハウ，顧客情報等）を知ることも多いだろう。取締役が，会社の事業と競合する事業（市場が重なり，顧客を取り合う関係にある事業）を，会社の業務外で行う場合，取締役は会社で得た営業秘密を，競合事業のために用いる可能性がある。そのような行為は，取締役が会社の利益を犠牲にして，会社以外の者の利益を図るものといえる。そのため，会社法は，競業取引（356条1項1号）について規定を置く。同規定は執行役に準用される（419条2項）。

競業取引には前記のような危険がある一方で，取締役が会社の職務以外に事業を行うことを過度に制限することも妥当ではない。そのため，競業取引を禁止するというルールは採用されていない。

(2) 競業取引の範囲

〈Case 4-14〉 パンの製造・販売を業とするP会社の取締役Aは，①パンの製造・販売を業とするQ会社の取締役になった。また，②P会社の定款には，会社の目的として「調理器具の製造・販売」も記載されているが，そのような事業をP会社が行う予定はないため，Aは，自分でそのような事業を始めた。さらに，③P会社が，来年には出版事業に乗り出す予定で，すでにその準備を進めているにもかかわらず，Aは，自分でそのような事業を始めた。

取締役が自己または第三者のために会社の事業の部類に属する取引をしようとするときには，(3)の承認を受けなければならない（356条1項1号・365条1項）。会社の事業の部類に属する取引とは，会社が実際にその事業において行っている取引と，目的物と市場（地域，流通段階など）が競合する取引である。したがって，〈Case 4-14〉の②は，規制の対象にはならない。他方で，〈Case 4-14〉の③のように，会社が現に行っていなくても，進出のための準備を進めている事業の取引は，規制の対象になる（東京地判昭和56・3・26判時1015号27頁〔百選55, 商判I-105〕）。

ここで自己または第三者のために取引をするとは，通説によれば，自己または第三者の計算で取引をするという意味である（計算説）。これに対して，自己または第三者の名で取引をするという意味だとする見解もある（名義説。「計算で」「名で」について⇨225頁(2)）。しかし，(3)の承認を受けない取引によって取締役・第三者が利益を得た場合，取締役が第三者を代理・代表したかに関わりなく423条2項（⇨246頁(a)）を適用すべきであるし，競業取引については間接取引（⇨226頁(3)）にあたる規定もないのであるから，計算説を支持すべきであろう。裁判例として，A社の取締役が，同社の事業と競合する事業を行うB社の株式のほとんどを買い取った後，B社の取締役には就任しなかったものの，事実上の主宰者としてB社を経営したことは，競業取引にあたるとしたものがある（前掲・東京地判昭和56・3・26）。この場合，計算説なら取締役の計算で行われた競業取引といえるし，名義説からしても取締役自身が競業取引を行ったのと同視できる。なお，計算説による場合も，ここで規制されるのは「取引をしようとすること」であるから，〈Case 4-14〉の①は，AがQ会社を代表してその事業における取引をしようとしない限り，規制の対象にならない。

複数の会社が同じ企業グループに属しており，それらの会社の事業が一部重なり合う場合に，両社の取締役を兼ねる者が取引を行うと，競業取引に該当する場合がある。

Column 4-36　企業グループと利益相反取引・競業取引の規制

企業グループ内の取引について，利益相反取引・競業取引が問題になることが多い。同じ企業グループに属しており，同じ人物が取締役を兼任する会社の間で取引が行われる場合などである。利益相反取引・競業取引の規制が適用されることで，ある程度は，企業グループ内の取引が公正に行われることが確保されるかもしれない。もっとも，企業グループについて，より重要な問題は，むしろ別のところにある。たとえば，子会社が2つ事業を行っており，片方の事業(A)は競争力・将来性があり，もう片方(B)はそうではない。そして，B事業は，親会社の製品のために不可欠な部品を供給する事業であるとしよう。子会社は，A事業に会社の資源を集中して会社の価値を高めるという決定を，実際に行うことができるだろうか。この問題は，子会社が上場会社である場合（つまり，子会社には一般投資家も投資している）に，より深刻な問題になる（⇨第10章第3節483頁以下も参照）。

(3)　承 認 等

競業取引をしようとする取締役は，当該取引について重要な事実を開示し，承認を受けなければならない。取締役会設置会社では取締役会，非取締役会設置会社では株主総会（普通決議）がこの承認を行う（356条1項1号・365条1項）。「しようとするとき」という文言（356条1項1号）から，承認は事前に行われなければならず，事後の承認があっても423条2項（⇨246頁(a)）は適用される。承認等に関連したその他のルールは，利益相反取引と同様である（⇨227頁(4)，228頁(5)）。

(4)　競業取引と取締役の責任

(3)の承認を受けずに競業取引が行われた場合，利益相反取引とは異なり，その効力は無効ではない。競業取引は会社以外の者と取締役の間の取引だから，これが無効になっても，会社にとっては救済にならない。

競業取引によって会社に損害が生じた場合，承認を受けたかどうかに関わりなく，競業取引に関係した取締役は，任務懈怠責任を負うことがある（承認の有無は，423条2項が適用されるかどうかに影響する。⇨246頁(a)）。

(5)　競業取引と隣接した利益衝突事例

(a)　**会社の機会の奪取**　　会社が関心を持つはずの新規事業の機会や，会社の事業そのものではないが事業のために必要な取引（土地の取得など）の機会がある場合に，取締役が自分でその事業や取引をすることは，**会社の機会**の奪取と呼ばれる。そのような行為は競業取引にはあたらないが，忠実義務違反にあたる場合もある（江頭441～442頁参照）。

(b)　**従業員の引抜き**　　退任後に会社と競合する事業を行うつもりの取締役が，在任中に，部下にも退職と自分の事業への参加を勧誘するということも，しばしば起こる。このような従業員の引抜きについては，①これがただちに忠実義務違反になるという見解と，②従業員と取締役の関係（自ら教育した部下かどうか）を含めて様々な事情を考慮し，不当な態様のものだけを忠実義務違反とすべきだという見解が対立する（伊藤靖史「取締役：競業取引・従業員の引き抜き」法教479号〔2020年〕94頁参照）。①の見解は，従業員の引抜きが，それ自体として，会社とその取締役の間の従業員獲得をめぐる競争の場面で，取締役が会社の利益を犠牲にして自己の利益を図る行為といえるということを根拠とする。これに対して，②の見解は，取締役が会社に対する義務として本来要求される以上に部下に対して仕事上のノウハウの伝授等をしている場合もあり，そのような子飼いの部下の引抜きを当然に忠実義務違反とすることは取締役に酷であることなどを根拠とする。裁判例には，引抜きの目的や会社への影響の大きさを考慮した上で引抜きを忠実義務違反とするものが多い（東京高判平成元・10・26金判835号23頁〔百選A16，商判I-140〕，東京高判平成16・6・24判時1875号139頁など）。

4　報酬等の決定

(1)　総　　説

取締役は会社のために業務の執行などの職務を行う者であり，会社からその対価を支払われることが多いだろう。会社と取締役との関係は委任に関する規定に従い（330条），委任契約は無償を原則とする（民648条1項）とはいえ，そもそも今日では有償の委任がほとんどである。

取締役が会社から受ける**報酬等**（報酬その他の職務執行の対価）については，定款または株主総会の決議（普通決議）によって一定の事項を定めなければならない（361条1項）。このルールは，もともと，取締役が自分の報酬等を自分で好きに決めてしまうこと（お手盛り）を防ぐために置かれたものである。報酬等の決定には，このように一種の利益相反取引の側面があることもたしかだが，それに加えて，近年では，取締役にインセンティブ（動機，誘因）を付与する手段としての機能も重視される（⇨(3)(4)）。

監査役，監査等委員，指名委員会等設置会社の執行役・取締役の報酬等については，以上とは趣旨・内容の異なる規定が置かれる（⇨202頁(5)，218頁**2**，215頁(4)）。

(2)　報酬等の種類と規制

〈Case 4-15〉 ①Ｐ会社の株主総会は，10人いる取締役の基本報酬の総額の最高限度額を１億円（月額）と決議した。②また，退任する取締役Ａに支払う退職慰労金について，「Ｐ会社が定める支給基準に従って，その具体的な金額，支給期日，支給方法を，取締役会の決定に一任する」旨を決議した。

取締役の報酬等については，定款または株主総会の決議によって，以下の事項を定めなければならない（361条1項）。すなわち，ⓐ額が確定しているものについては，その額（同項1号），ⓑ額が確定していないものについては，その具体的な算出方法（同項2号），ⓒその会社の募集株式・募集新株予約権（また，これらと引換えにする払込みに充てるための金銭）については，当該募集株式・募集新株予約権の上限等（同項3〜5号⇨(3)，募集株式・募集新株予約権の意義⇨323頁(1)・349頁(1)），ⓓ金銭でないもの（その会社の募集株式・募集新株予約権を除く）については，その具体的な内容（同項6号）である。同じ報酬等がⓐ〜ⓓのうち複数に該当するのであれば，いずれの事項も定めなければならない。これらの事項を定款で定めれば変更に手間がかかる（466条・309条2項11号）ため，総会決議によって定めることが多い。これらの事項を定め，またはこれを改定する議案を株主総会に提出した取締役は，当該事項を相当とする理由を説明しなければならない（361条4項）。

取締役が職務執行の対価として会社から財産上の利益を受ける場合，その名目を問わず，すべてが「報酬等」として以上に述べた規制の対象になる。通常，取締役は定期的に確定額の報酬（基本報酬）を受け取るほか，賞与（ボーナス）や退職慰労金を受け取る。さらに，株式報酬などの業績連動報酬（インセンティブ報酬）が付与されることもある（⇨(3)）。

基本報酬は前記ⓐの確定額の報酬として支払われる。実務では，各取締役の報酬額を知られたくないという考え方が強く，〈Case 4-15〉の①のような決議が行われる。そのような決議があればお手盛りの弊害は防げるため，これは適法と考えられている。いったん最高限度額が定められれば，それは改定されるまで効力を有する。最高限度額内での各取締役の報酬額は，取締役会の決定に委ねられるが（最判昭和60・3・26判時1159号150頁），取締役会から代表取締役に決定を一任すること（**再一任**）もできると考えられている（名古屋高金沢支判昭和29・11・22下民集5巻11号1902頁）。しかし，そのような再一任は，取締役会が監督（362条2項2号）の対象である代表取締役に自らの報酬の決定権を与えるに等しく，適切な実務とはいえない。賞与は，前記ⓐまたはⓑの報酬として支払われる。

退任した取締役に対して，**退職慰労金**が支払われることもある。これも前記ⓐの報酬であるが，実務上，株主総会では最高限度額も定められず，〈Case 4-15〉の②のような決議が行われる。同時に退任する取締役の数は多くなく，最高限度額を決議しても事実上金額が分かってしまうからである。判例は，そのような決議も，明示的または黙示的に支給基準を示した上で，具体的な金額，支給期日などをその基準に従って定めることを取締役会に一任する趣旨で行われたのであれば，会社法の規制の趣旨に反するものではないとする（最判昭和39・12・11民集18巻10号2143頁〔百選61，商判Ⅰ-113〕。現在の支給基準の公示方法として，会社則82条2項参照）。

使用人兼務取締役（⇨180頁）には，取締役としての報酬に加えて，使用人としての給与が会社から支払われる。このような使用人分給与について，会社法361条は適用されない（前掲・最判昭和60・3・26）。

(3)　業績連動報酬

取締役に**業績連動報酬**（会社の業績に応じて報酬額が変動するもの）を付与する会社が増えている。取締役の報酬等としてその会社の募集株式を付与すれば（**株式報酬**），取締役はその会社の株主にもなるわけだから，その限りで取締役と株主の利害は一致する。また，その会社の募集新株予約権を付与すれば（**ストック・オプション**），取締役は，どれだけ会社の株価が上昇しても，当初定められた行使価格で新株予約権を行使し，株式を取得できる。したがって，会社の株価が上昇するほど儲けが増えることになり，取締役には会社の業績を向上させ株価を上昇させようとするインセンティブが与えられる。取締役に支払われる賞与の額を，業績指標に連動させる会社もある。

(2)ⓒの事項は，業績連動報酬を念頭に置くものである。業績連動報酬が既存の株主に持株比率の低下・希釈化による経済的損失を生じさせる可能性もあるし，インセンティブの付与として適切かを株主が判断する必要があるため，定款または株主総会の決議で，次の事項を定めなければならない。報酬等のうちその会社の募集株式（株式報酬）・募集新株予約権（ストック・オプション）については，当該募集株式・募集新株予約権の数の上限その他法務省令で定める事項を定めなければならない（361条1項3号4号，会社則98条の2・98条の3）。募集株式・募集新株予約権を直接付与するのではなく，取締役には金銭を報酬等として付与し，その金銭を募集株式・募集新株予約権の払込みに充てることにする場合も，実質的には募集株式・募集新株予約権を付与するのと変わらないため，同様の事項を定めなければならない（361条1項5号，会社則98条の4）。他方で，上場会社がこのような決議にもとづいて募集株式・募集新株予約権の発行等をする場合には，募集株式について出資を要しないものとすること，また，付与される新株予約権の行使の際に出資を要しないものとすることができる（⇨323頁(b)，349頁(a)）。

これらの報酬等を付与する場合，(2)ⓒの事項に加えて，ⓐまたはⓑの事項も定めなければならないものと考えられる。たとえば，株式報酬については，ⓒの事項に加えて，当該募集株式の公正価値の最高限度額またはその算定方法をⓐまたはⓑの事項として定めなければならないだろう。

Column 4-37　報酬によるインセンティブの付与

欧米では，上場会社の経営者の報酬として，確定額の報酬よりも業績連動報酬が多く用いられる。業績連動報酬が積極的に用いられる背景には，次の考え方がある。すなわち，経営者は，もともと，株主とは異なる利害を有する。株主は分散投資をすることで投資のリスクを下げることができるが，経営者が複数の会社に分散して勤務することは難しい。そのため，経営者は，自らの地位を保持することを望み，すすんでリスクのある事業に乗り出そうとしないかもしれない。業績連動報酬を与えることは，そのような利害の衝突を緩和し，株主の利益のために職務を執行するインセンティブを経営者に与える。

わが国でも，報酬の多様化が徐々に進んでおり，株式報酬やストック・オプションを用いる上場会社が増えている。退職慰労金は，業績に連動せず，決議方法が株主にとって不透明であるとして，これを廃止した上場会社も多い。業績連動報酬には，会社の業績や取締役・執行役の貢献度をどのような指標で測るのかなど問題もあるが，それぞれの会社で自社に適した報酬の種類とそれぞれの割合が検討され，適切に設計された報酬が付与されることが理想であろう。伊藤靖史「取締役報酬に関する規律の現状と課題」ジュリ 1495 号（2016 年）33 頁。

(4)　個人別の報酬等の決定

取締役の報酬等を取締役にインセンティブを付与するための手段と捉える場合，報酬等の総額が株主総会によって画される（⇨(2)）だけではなく，個人別の報酬等の内容が適切に決定されることが重要である。そこで，次に掲げる株式会社の取締役会は，取締役の個人別の報酬等の内容が定款または株主総会の決議によって定められている場合を除いて，**取締役の個人別の報酬等の内容についての決定に関する方針**として法務省令で定める事項（会社則 98 条の 5）を決定しなければならない。そのような会社は，監査役会設置会社（公開会社かつ大会社であるものに限る）で有価証券報告書の提出義務のある会社，および，監査等委員会設置会社である（361 条 7 項）。このような方針の決定を取締役・執行役に委任することはできない（362 条 4 項・399 条の 13 第 5 項 7 号）。

従来，361 条 1 項を守って報酬等が支払われた場合，その金額の相当性は問題にならない（たとえば，報酬額が不当に高いことを理由に取締役の責任を追及することはできない）と考えられてきた。しかし，前記のように取締役の個人別の報酬等の内容の決定が重要であることからしても，これを決定する者は善良な管理者の注意（会社330条，民644条）を尽くしてその決定をしなければならないはずであり，相当でない報酬額の決定によって任務懈怠責任が生じることはあると考えるべきである（結論として責任は否定されたが，東京高判平成30・9・26金判1556号59頁参照）。もっとも，報酬を決定する取締役には広範な裁量が認められるべきであり，取締役が実際に任務懈怠責任を負うことはまれであろう（以上について，伊藤靖史『経営者の報酬の法的規律』〔有斐閣，2013年〕109〜111頁）。

(5)　総会決議を経ない報酬の支払，報酬の変更

定款と総会決議のいずれの定めもないのに取締役に報酬等が支払われても，それは無効である。その場合，取締役から会社に対して支払を求めることもできない（最判平成15・2・21金判1180号29頁〔百選A17，商判I-112〕）。他方で，当初はそのように無効な報酬等の支払であっても，事後的に株主総会で追認をすることができる（最判平成17・2・15判時1890号143頁）。

株主全員の同意には，総会決議に代わる効果が認められる（前掲・最判平成15・2・21）。会社の実質的な意思決定者が支払を約束したなど，例外的な事情があれば，定款・総会決議にもとづかない報酬等の決定も有効とされることがある（総会決議を経ずに支払われた退職慰労金について会社からの不当利得返還請求を認めなかった判例として，最判平成21・12・18判時2068号151頁〔百選A18，商判I-115〕）。また，退職慰労金について総会決議があったが取締役会が支給を決議しなかった場合に，不法行為責任や429条1項の責任を認めた裁判例もある（以上の問題について一般的には，伊藤靖史「取締役報酬の『不支給・低額決定』について」森本滋先生還暦記念『企業法の課題と展望』〔商事法務，2009年〕305頁参照）。

定款または総会決議（および一任を受けた取締役会の決定）によって取締役の報酬が具体的に定められた場合，その報酬額は，会社・取締役間の契約内容となり，両者を拘束する。そのため，その後で株主総会がその取締役を無報酬とする旨の決議をしても，取締役は，それに同意しない限り，報酬請求権を失わない（最判平成4・12・18民集46巻9号3006頁〔百選62，商判I-114〕。最判平成22・3・16判時2078号155頁〔商判I-116〕も参照）。

5 利益衝突の開示

会社と取締役・執行役の利益衝突に関連して，株主総会参考書類（⇨158頁(b)）や事業報告（⇨277頁(c)）に次の事項を記載しなければならない。取締役候補者と会社の利害関係等（会社則74条2項2号3号・3項），取締役の兼職状況・報酬（同121条4号〜6号の3・8号・128条2項），利益相反取引による債権・債務等（会社計算103条7号8号），関連当事者との取引（同112条）。

Column 4-38　取締役の報酬の開示

近年では，取締役の報酬等の開示が詳細になってきている。たとえば，有価証券報告書（⇨283頁(3)）では，連結報酬等（主要な連結子会社の役員としての報酬等を含むもの）の総額が1億円以上である役員については，報酬額を個別に開示することが要求される。有価証券報告書提出会社の役員等のうち報酬額が高額な者については，その会社の株主のみならず一般公衆も，個別の報酬額を知ることができるのである。

また，令和元年改正は，公開会社における事業報告における報酬等に関する情報開示の充実を図った。業績連動報酬等，非金銭報酬等，それ以外の報酬等に区分した取締役の報酬等の総額または個人別の額のほか，業績連動報酬等に関する事項（業績指標の内容等），361条7項の方針，取締役会から委任を受けた取締役その他の第三者による取締役の個人別の報酬等の内容の決定（再一任〔⇨233頁(2)〕を含む）に関する事項など，従来よりも詳細な事項の開示が要求されることになった（会社則121条4号〜6号の3)。

取締役の報酬等の開示は，その会社の取締役の報酬等が，取締役にインセンティブを付与するための手段として適切に用いられているかを，株主や投資者が判断するための情報を提供するために行われる。このような観点からすれば，取締役の個人別の報酬等の内容の開示を要求する範囲を拡張するなど，開示をさらに充実させる必要がある。伊藤靖史「役員の報酬」江頭憲治郎編『株式会社法大系』（有斐閣，2013年）295頁以下参照。

4 役員等の会社に対する責任

1 総　　説

会社法は，いくつかの規定で，役員等（取締役，会計参与，監査役，執行役，会計監査人。423条1項かっこ書）の行為によって会社に損害が生じた場合や，会社財産が流出した場合に，役員等がその賠償等をする責任を負うと定める。そのうちでも基本的なものが，**任務懈怠責任**である。すなわち，役員等は，その任務を怠ったとき（任務懈怠）は，会社に対して，これによって生じた損害を賠償する責任を負う（423条1項）。

任務懈怠責任は，債務不履行責任（民415条）とは別に会社法が定める特別の責任である。そのような特別の責任が定められたのは，役員等の任務が委任契約によるだけでなく，法律上当然に生じる場合もあるからだと説明される（立案担当117頁）。しかし，そうであるとしても，役員等の任務の多くは委任契約によって生じるのであり，任務懈怠責任は債務不履行責任としての法的性質を有していると考えてよい。

以下では，2～4で任務懈怠責任について説明し，5でその他の責任について説明する。

2 任務懈怠責任が問題になる事案

(1) 総　　説

423条1項の規定上，任務懈怠責任が発生する要件は，①役員等が任務を怠ったこと（任務懈怠），②会社に損害が生じたこと，および，③任務懈怠と損害の間の因果関係（「これによって生じた」）である。①～③についての証明責任は，責任を追及する側が負う。さらに，役員等は，自己に帰責事由（故意または過失。最判平成12・7・7民集54巻6号1767頁〔百選49，商判I-128〕参照）がないことを証明すれば，任務懈怠責任を免れることができる（⇨244頁(d)）。つまり，④役員等の帰責事由も要件と考えられる。

役員等に任務懈怠があるとされる場合は，大きく，ⓐ役員等が注意義務・忠実義務（⇨223頁(1)）に違反した場合と，ⓑ具体的な法令に違反した場合に区別することができる。ⓐとⓑでは，任務懈怠の捉え方が異なる。ⓐの場合，注意義務・忠実義務からして役員等に一定の行動が求められていたにもかかわらず，役員等がそれを怠った（～すべき義務があったにもかかわらず，それを怠った）こと，つまり，注意義務・忠実義務違反が任務懈怠と評価される。これに対して，ⓑの場合，法令に違反したことが任務懈怠と評価される。以上に伴って，帰責事由についても違いが生じる。

以下では，任務懈怠責任の成否がどのように判断されるのかを，具体的に見ていこう。(2)ではⓐの場合，(3)ではⓑの場合について検討する。利益相反取引・競業取引による責任については，423条2項以下に特別のルールが置かれることから，(4)で別個に検討する。

(2) 注意義務・忠実義務違反

(a) 経営判断

〈Case 4-16〉 A会社は，B会社をはじめとする多数の子会社を有し，A企業グループとして，不動産賃貸あっせんのフランチャイズ事業等を営んでいた。B会社の株式の3分の2はA会社が保有し，残り3分の1は，Aグループの事業にとって重要なフランチャイズ加盟店等が保有していた。Aグループは，機動的なグループ経営を行うために事業再編計画を作り，これにもとづいて，B会社の残りの株式もA会社が取得することにした。A会社の代表取締役Yは，このB会社株式を，A会社とB会社の株式交換（2条31号。⇨412頁(1)）によって取得するのではなく，株主との合意にもとづいて買い取ることにした。また，Yは，B会社株式の買取価格を1株あたり5万円とした。このような取得方法・買取価格が決定されたのは，B会社が設立されてから5年しか経っておらず，前記の加盟店は，B会社設立時にA会社から依頼されて1株5万円を出資してB会社株式を取得した者だったことから，A会社が加盟店との関係を良好に保ち，事業を円滑に進めるために，そのような方法・価格での取得をする必要があると考えられたことによる。以上の買取りは，Aグループの主要な取締役が出席する経営会議において検討され，その席上で弁護士の意見も聞きながら，承認された。なお，その後で，Yは監査法人にB会社株式の価値の算定を依頼したが，算定結果は，1株あたり1万円程度というものであった。A会社の株主Xは，以上のようなB会社株式の買取りについて，Yの任務懈怠責任を追及する訴えを提起した。

〈Case 4-16〉のYの行為のように，業務執行の決定（362条2項1号・4項）や業務の執行（363条1項）について，取締役・執行役に注意義務違反があったといえるのは，どのようなときか。取締役・執行役の行為の結果として会社に損失が生じれば，ただちに取締役・執行役には注意義務違反があったと評価されるわけではない。最判平成22・7・15判時2091号90頁〔百選50，商判I-129〕は，〈Case 4-16〉のような事案について，「本件取引は，……事業再編計画の一環として，……〔B会社〕を……〔A会社〕の完全子会社とする目的で行われたものであるところ，このような事業再編計画の策定は，完全子会社とすることのメリットの評価を含め，将来予測にわたる経営上の専門的判断にゆだねられていると解される。そして，この場合における株式取得の方法や価格についても，取締役において，株式の評価額のほか，取得の必要性，……〔A 会社〕の財務上の負担，株式の取得を円滑に進める必要性の程度等をも総合考慮して決定することができ，その決定の過程，内容に著しく不合理な点がない限り，取締役としての善管注意義務に違反するものではないと解すべきである」とした。このように，判例は，経営判断については取締役・執行役に裁量が認められ，判断の過程，内容に著しく不合理な点がない限り注意義務違反にはならない，という判断枠組みを採用する。これは，（いわゆる）**経営判断**（の）**原則**と呼ばれる。

ここでいう「過程」とは，判断に至るまでの情報収集や検討の過程をいうものと考えられる。どの程度の情報収集や意思決定の慎重さが求められるのか，また，判断の内容について取締役・執行役に認められる裁量の幅は，判断を求められる事柄の性質にも依存する。

同原則が用いられる場合，「著しく不合理」かどうかが問題とされ，注意義務違反があったとは容易には認められない。前掲・最判平成 22・7・15 でも，注意義務違反はないとされた（そのほか，たとえば，百貨店の海外出店のための貸付けが問題となった事例として東京地判平成 16・9・28 判時 1886 号 111 頁，不動産賃貸業等を営む会社がベンチャー企業に対して出資をしたこと，および，業務提携のために関連事業を行う他社の株式を取得したことが問題となった事例として東京高判平成 28・7・20 金判 1504 号 28 頁〔商判 I-130〕，赤字の続く事業部門を存続させたことが問題となった事例として名古屋地判平成 29・2・10 金判 1525 号 50 頁）。

故意の法令違反行為（⇨(3)）や，利益衝突が問題になる場合（⇨(4)）には，同原則は適用されないと考えられている。会社の事業の性質からして重要な法令に違反したことについて「公表しない」という方針をとることは，ひとつの経営判断とも考えられるが，注意義務違反とされる可能性もある（義務違反があるとしたものとして，大阪高判平成 18・6・9 判時 1979 号 115 頁）。

Column 4-39　経営判断原則

経営判断原則（business judgment rule）は，もともと米国で判例法として発達したルールである。米国での同原則は，同国の訴訟制度において正式事実審理（トライアル）とそれ以前の手続が分かれていること等を前提に，経営判断の内容について裁判所による審査を排除する役割を有する。これに対して，わが国の裁判所は，同原則を適用する際にも，詳細な事実認定の上で，経営判断の内容についても審査を行う。

同原則が必要とされる理由は，次のことにある。すなわち，株式会社の存在意義は，リスクのある事業を行うことにあり，株式会社の活動を通じて資本主義経済が発展する。しかし，裁判官は，経営についての知識・経験を有するわけではなく，後知恵でもって取締役に注意義務違反があったと評価する可能性がある。経営判断への事後的な介入が安易に行われれば，経営者はリスクを伴う意思決定をためらい，前記のような株式会社の存在意義も損なわれるだろう。また，株式会社では，株主ではなく取締役・執行役が業務執行を担うのであり（所有と経営の分離。⇨18頁(1)），株主による責任追及を容易に認めれば，そのような権限の分配が覆される。さらに，取締役・執行役は，もともと責任追及以外に様々な規律に服している（⇨222頁 Column 4-32）。

なお，整理回収機構が原告として破たん金融機関の役員等に対して提起する訴訟など，任務懈怠責任が肯定されやすい事例もある（最判平成20・1・28判時1997号148頁〔百選51，商判I-126〕。金融機関の取締役の注意義務については，最決平成21・11・9刑集63巻9号1117頁〔商判I-127〕，東京高判平成29・9・27判時2386号55頁も参照）。個別の訴訟の結果は，結局は，それぞれの事案に依存するのである。同原則については，コンメ(9)239頁以下〔森本滋〕，伊藤靖史「アパマンショップ判決とわが国の経営判断原則」民商153巻2号（2017年）203頁参照。

(b)　監督・監査　　取締役会は，取締役の職務の執行を監督する（362条2項2号）。このことから，判例は，個々の取締役は，取締役会に上程された事柄についてだけ監視すればよいわけでなく，代表取締役の業務執行一般について監視する職務を有するものとする（最判昭和48・5・22民集27巻5号655頁〔百選71，商判I-149〕）。個々の取締役は，注意義務の一内容として，他の取締役の職務の執行を監視する義務（**監視義務**）を負うわけである。取締役が善良な管理者の注意をもって監視を行わなければ，任務を怠ったことになる。

監査役，監査等委員会，監査委員会は，監査を職務とする（381条1項・399条の2第3項1号・404条2項1号）。会計監査人は，会計監査を職務とする（396条1項）。これらの機関（の構成員）は，善良な管理者の注意をもって監査を行わなければ，任務を怠ったことになる。

監督や監査については，ある役員等が別の役員等の違法行為等を疑わせる事実を知ったときに，どこまでの行動をとるべきかが，重要な問題になる。たとえば，代表取締役が会社の資金を不正に流出させる可能性があることを具体的に予見できた場合に，監査役は，これに対処するための内部統制システムの構築と（⇨(c)），代表取締役の解職を，助言・勧告すべき義務があったとする裁判例がある（大阪高判平成27・5・21判時2279号96頁〔百選A29，商判I-124〕。問題となった監査役が公認会計士であり，代表取締役がそれまでに行った任務懈怠行為の内容を熟知していたこともあわせて考慮されている）。

監督・監査（また，内部統制システム）に関する任務懈怠責任は，子会社についても問題になることもある（⇨480頁 Column 10-2 ）。

> **Column 4-40 因果関係の否定，損害賠償額の減額**
>
> 監督や監査に関する任務懈怠責任の事例では，取締役が監視義務を果たしたとしても代表取締役はそれを無視した可能性が高いといったことを理由に，任務懈怠と損害の間に因果関係がないといえるかが問題になる。取締役の第三者に対する責任の事例では，そのような理由で**因果関係**を否定した裁判例もある（⇨262頁(a)）。
>
> 監督や監査に関する任務懈怠責任の事例に限らないことだが，役員等の損害賠償額を減少させる事由として，様々なものが問題になる（コンメ(9)281頁以下〔森本滋〕参照）。たとえば，監督や監査の対象である代表取締役等にも過失があったことを会社の過失と評価し，それとの**過失相殺**（民418条）が認められるだろうか（会計監査人の責任に関連して過失相殺を認めたものとして，大阪地判平成20・4・18判時2007号104頁〔百選75，商判I-158〕）。また，役員等の任務懈怠によって会社が利益をも受けた場合に，**損益相殺**の可能性がある（損益相殺を認めなかったものとして，最判平成5・9・9民集47巻7号4814頁〔百選21，商判I-48〕）。さらに，複数の取締役の行為が任務懈怠とされた場合に，個々の取締役について寄与度に応じた**因果関係の割合的認定**を行い，損害の一部についてだけ責任を認めた裁判例がある（東京地判平成8・6・20判時1572号27頁〔商判I-139〕）。

(c)　**内部統制システム整備義務（構築義務）**　取締役・執行役は，職務を行う際に，法令を遵守し（355条・419条2項），また，リスクの高い取引等によって会社が大きな損失を被ることのないようにしなければならない。会社の業務の多くは従業員に委ねられるため，結局，取締役・執行役は，従業員の行為を含めて，会社の業務全体が適法に行われ，リスクが適切に管理されるよう注意しなければならない。そのため，違法行為やリスクの高い取引等によって会社が損失を被った場合には，実際に行為をした者が別であっても，取締役・執行役について任務懈怠責任が問題になる。

しかし，特に上場会社では，取締役・執行役が個々の従業員の行為を監視することは現実的ではない。取締役会は，会社の業務が法令を遵守して行われるための体制（法令遵守体制）や，その他のリスク管理体制を含めて，適切な**内部統制システム**を整備（構築ともいわれる。いずれにせよ，そこには，構築されたシステムが有効に機能しているかを継続的に監督することが含まれる）しなければならない（⇨186頁 Column 4-19 ）。そのため，前記のような場合，通常はそのような義務の違反があったかどうかが問題とされ，義務違反があれば取締役は任務を怠ったことになる（義務違反を肯定したものとして，大阪地判平成12・9・20判時1721号3頁〔商判I-132〕，名古屋高判令和元・8・22判タ1472号88頁，否定したものとして，最判平成21・7・9判時2055号147頁〔百選52，商判I-134〕，東京地判平成28・7・14判時2351号69頁〔商判I-133〕，東京地判平成30・3・29判時2426号66頁〔商判I-135〕）。内部統制システムの整備についても経営判断原則（⇨240頁(a)）が適用されるかについては争いがあるが，少なくとも，取締役にある程度の裁量が認められるべきであろう（コンメ(9)256頁〔森本滋〕参照）。

監査役は取締役の職務の執行を監査する（381条1項前段）のであるから，取締役会による内部統制システムの整備についても監査をしなければならない。

(d)　注意義務違反と帰責事由　役員等は，任務を怠ったことが自己の責に帰することができない事由によるものであること（自己に帰責事由がないこと）を証明すれば，任務懈怠責任を免れることができる（428条1項参照）。伝統的な民法理論では，債務不履行責任における帰責事由は故意または過失を指すが，そこでいう過失とは客観的過失（結果発生を予見・防止すべき具体的な行為義務違反）であるとされてきた。それを前提に，会社法の学説では，役員等の注意義務違反が証明されれば，役員等の側が無過失を証明して責任を免れる余地はないと考えられている。注意義務違反があった（善良な管理者の注意を尽くさなかった）ことは，前記の意味での過失があったことと実質的に異ならないからである（注意義務違反も過失も，役員等が「なすべきであったこと」を現実にはしなかったということ）。これまでの裁判例でも，役員等に注意義務違反があったとされたときは，過失の有無は特に問題とはされてこなかった（神田277頁注3）。

Column 4-41　民法改正と任務懈怠責任

平成29年の民法改正によって，債務不履行責任の免責事由が，債務の不履行が契約その他の債務の発生原因および取引上の社会通念に照らして債務者の責めに帰することができない事由と定められることになった（民415条1項ただし書）。これは，帰責事由が過失を意味するものではないことを明らかにするものといわれる。同改正が任務懈怠責任をめぐる議論にどのような影響を与えるかは，なお明らかではない（潮見佳男『新債権総論Ⅰ』〔信山社，2017年〕381～383頁も参照）。任務懈怠責任は会社法が定める特別の責任であり，同責任について問題となる「帰責事由」の意味は，必ずしも民法415条1項ただし書と同様に解釈しなければならないわけではない。そのため，本文に述べた従来の議論は，そのまま維持される可能性もある。また，任務懈怠責任について民法415条1項ただし書と同様の「免責事由」を問題にするとしても，注意義務違反が証明されればそのような免責事由は通常は認められないと説明することになるだけであり，結論は変わらないように思われる。

(3)　具体的な法令の違反

Case 4-17　A証券会社は，大口の顧客に対して，証券取引から生じた損失を補塡した。当時，金融商品取引法には損失補塡を禁止する規定はなかったが，その後，このような行為は証券市場への信頼を損なうものとして，同法によって禁じられるに至った。さらに，A会社は，損失補塡が独占禁止法19条（不公正な取引方法の禁止）に違反するとして，公正取引委員会から排除措置を命じられた。A会社の株主Xは，前記の損失補塡について，取締役Yの任務懈怠責任を追及する訴えを提起した。Xは，YがA会社を代表して損失補塡という違法行為を行ったことから生じた損害（補塡された額）について，Yは責任を負うと主張した。

取締役・執行役は，職務を行う際には，法令を遵守しなければならない（355条・419条2項）。**法令違反行為**（会社に法令違反をさせるような業務執行）をすれば，取締役・執行役は任務を怠ったことになる（法令違反行為をしたことが任務懈怠）。会社や株主の利益を保護するための会社法の規定を遵守しないことは，もちろん任務懈怠である。たとえば，承認を受けずに利益相反取引・競業取引をする場合（⇨246頁(a)）や，総会決議を経ずに新株の有利発行をする場合（⇨262頁 Column 4-46）がこれにあたる。しかし，それだけでなく，会社が事業を行う際に遵守すべき法令すべてについて，それを遵守しないことは任務懈怠になる（最判平成12・7・7民集54巻6号1767頁〔百選49，商判Ⅰ-128〕）。このような具体的な法令違反の事例では，任務懈怠責任が認められやすい。

取締役・執行役が，ある行為を法令違反であると認識しつつ，発覚のおそれは少ないと考えて法令違反行為をした場合（たとえば運送会社が過積載〔道交57条参照〕を運転手に指示），任務懈怠責任を免れないだろう。脅迫されて行ったことであるから責任がないといった主張も，認められにくい（最判平成18・4・10民集60巻4号1273頁〔百選14，商判I-131〕）。

他方で，取締役・執行役が，ある行為が法令違反であると認識せずに行った場合，法令違反の認識を有するに至らなかったことにやむをえない事情があったと証明すれば，帰責事由がないとされる。判例は，〈Case 4-17〉のような事案で，そのような理由から取締役の責任を否定した（前掲・最判平成12・7・7）。また，ある行為が法令違反かどうか専門家の意見も分かれるときに，そのような行為による会社の利益の方が大きいと考えた場合にも，取締役・執行役に帰責事由がないとする余地はあるだろう（事例176～177頁〔伊藤靖史〕参照）。

Column 4-42　法令違反行為と取締役・執行役の責任

判例によれば，取締役・執行役は，会社が遵守すべきあらゆる法令について，それに違反した場合に任務を怠ったことになる。最高裁はその理由を，「会社が法令を遵守すべきことは当然であるところ，取締役が，会社の業務執行を決定し，その執行にあたる立場にあるものであることからすれば，……その職務遂行に際して会社を名あて人とする右の規定を遵守することもまた，取締役の会社に対する職務上の義務に属する」と説明する。しかし，問題なのは，会社や株主の利益を保護することを目的としない法令（たとえば独占禁止法）の違反について，なぜ取締役・執行役に対する責任追及を許すのか（会社に科された罰金等を取締役・執行役に負担させるのか），である。その理由は，あらゆる法令を遵守して経営を行うことが，取締役・執行役を選任する株主の合理的な意思であることに求めるほかないだろう（神田276～277頁注2）。また，刑事法が会社に罰金を科す場合に（両罰規定），任務懈怠責任の追及という形で取締役・執行役に実質的に罰金を負担させることには，両罰規定の目的からして問題があると指摘されている（松井秀征「会社に対する金銭的制裁と取締役の会社法上の責任」江頭憲治郎先生還暦記念『企業法の理論(上)』〔商事法務，2007年〕549頁）。

(4)　利益相反取引・競業取引

(a)　利益相反取引・競業取引による責任　　利益相反取引・競業取引によって

会社に損害が生じた場合，会社法が要求する承認（356条1項・365条1項・419条2項）の有無に関わりなく，取締役・執行役は任務懈怠責任（423条1項）を負うことがある。この任務懈怠責任については，以下のように，要件の一部について法律上の推定等のルールが設けられる（(4)の詳細について，伊藤靖史「取締役：競業取引・従業員の引き抜き」法教479号〔2020年〕88頁，同「取締役：利益相反取引」法教480号〔2020年〕74頁参照）。

利益相反取引によって会社に損害が生じた場合には，承認の有無に関わりなく，会社と利益が衝突する取締役・執行役や取締役会の承認決議に賛成した取締役等は任務を怠ったものと推定される（423条3項。監査等委員会の承認を受けた場合，このルールは適用されない。同条4項）。このように任務懈怠が推定される場合，証明責任が転換され，取締役等の側が自らが任務を怠っていないことの証明責任を負う。承認を受けた競業取引についても，競業取引をした取締役・執行役や取締役会の承認決議に賛成した取締役は，注意義務に違反したことを理由に任務懈怠責任を負うことがある（この場合に任務懈怠を容易に認定すべきではないとする見解として，江頭440頁）。

承認を受けない利益相反取引・競業取引については，会社法の規定に違反したことが任務懈怠になる（⇨245頁(3)）。承認を受けない競業取引については，それによって取締役・執行役（自己のためにした場合）または第三者（第三者のためにした場合）が得た利益の額が，任務懈怠によって生じた損害の額と推定される（423条2項。利益の算定について，名古屋高判平成20・4・17金判1325号47頁〔商判Ⅰ-141〕）。

(b)　**自己のための直接取引**　自己のために直接取引をした取締役・執行役は，承認の有無に関わりなく，任務を怠ったことが自己の責めに帰することができない事由によるものであることをもって任務懈怠責任を免れることができない（428条1項）。取締役・執行役が，利益相反取引によって会社に損害を与えつつ利益を享受することを防ぐためである。そのような取締役・執行役には，（423条3項の文言上は可能に見える）自らが任務を怠っていないことの証明も，許されないと解するべきだろう（これと異なる見解として，田中280～281頁コラム4-58）。

前記のような428条1項の趣旨からすれば，第三者のための直接取引において当該第三者の全株式を取締役・執行役が保有する場合や，間接取引であってもその利益が取締役・執行役自身に帰属したといえる場合には，同項を類推適用すべきである。

3 任務懈怠責任についてのその他の問題

(1) 責任を負う者，責任の連帯

役員等の行為が任務懈怠責任の要件を充たす場合，その役員等が責任を負う。そのような行為が取締役会の決議にもとづくのであれば，決議に賛成した者が，そのことが任務懈怠になる場合に，責任を負う。取締役会の決議に参加した取締役は，議事録に異議をとどめなければ，決議に賛成したものと推定される（369条5項）。

複数の役員等が任務懈怠責任を負う場合，それらの者の責任は，**連帯責任**である（430条）。

(2) 消滅時効，遅延損害金の利率

任務懈怠責任の**消滅時効**期間や**遅延損害金**の利率については，民法の原則（民166条1項・404条）が適用される（消滅時効・法定利率に関する平成29年の民法・商法改正前の判例として，最判平成20・1・28民集62巻1号128頁，最判平成26・1・30判時2213号123頁。時効の起算点について，江頭481頁注16参照）。

4 任務懈怠責任の免除

(1) 免　　除

役員等の任務懈怠責任は，総株主（議決権のない株主も含む）の同意がなければ，**免除**することができない（424条）。そうでなければ，株主は単独でも株主代表訴訟を提起できること（⇨252頁(a)）に意味がなくなるからである。

任務懈怠責任以外の責任（⇨5）についても，個々の規定で免除が制限されることがある（たとえば，120条5項）。

(2) 一部免除

責任の免除に総株主の同意を要するということは，上場会社など，株主数が

多い会社では，免除が事実上はできないことを意味する。それでは，取締役・執行役が責任をおそれて思い切った経営判断をできないことにもなりかねない。また，社外取締役や社外監査役への就任をためらう人が増えるかもしれない。そのため，会社法は，役員等の任務懈怠責任の一部を免除するための方法として，次の(a)〜(c)の3種類を定める。ただし，これらの一部免除は，役員等が職務を行うについて善意でかつ重大な過失がないときに限ってできる（425条1項・426条1項・427条1項。(c)の方法に関連して重過失がないとされた裁判例として，大阪高判平成27・5・21判時2279号96頁〔百選A29，商判Ⅰ-124〕）。また，任務懈怠責任のうちでも，自己のために直接取引をした取締役・執行役の責任は，一部免除の対象にできない（428条2項）。

(a)　**株主総会決議による一部免除**　　役員等が任務懈怠責任を負うべき事情が生じた後で，株主総会の特別決議（309条2項8号）によって，賠償額から**最低責任限度額**を控除した額を限度として，任務懈怠責任を免除することができる（425条1項）。このような手続をとれば，役員等が賠償しなければならない額を最低責任限度額までは引き下げることができるわけである。

最低責任限度額は，「役員等の数年分（何年分かは役職等によって異なる）の報酬等の額（退職慰労金も含む。425条1項1号，会社則113条）＋有利発行を受けた新株予約権を行使したことによる利益（425条1項2号，会社則114条）」と計算される。

取締役（監査等委員・監査委員を除く）・執行役の責任の一部免除のための議案を株主総会に提出する際には，濫用を防ぐため，各監査役等の同意を要する（425条3項）。株主総会では，株主が判断をできるよう，一部免除について一定の事項を開示しなければならない（同条2項）。

(b)　**取締役による一部免除**　　取締役が2人以上いる監査役設置会社，監査等委員会設置会社，または指名委員会等設置会社は，特に必要と認めるときには取締役（一部免除が問題になっている取締役を除く）の過半数の同意（取締役会設置会社であれば取締役会の決議）によって(a)と同じ限度で役員等の任務懈怠責任を免除することができる旨を，定款で定めることができる（426条1項）。この定款規定にもとづいて，実際に役員等が任務懈怠責任を負うべき事情が生じた後で，一部免除が行われる。

(a)の一部免除と同様に，各監査役等の同意について定められる（426条2項）。株主が異議を述べる手続も定められる（同条3項4項7項）。前記の定款規定は，登記事項である（911条3項24号）。

(c)　**責任限定契約**　　業務執行に携わらない役員等（**非業務執行取締役等**。427条1項）は，会社と**責任限定契約**を締結することができる。責任限定契約は，定款で定めた額の範囲内であらかじめ会社が定めた額（最低責任限度額〔⇨(a)〕の方が高ければ，そちら）を限度として，非業務執行取締役等が責任を負う旨の契約であり，社外取締役や社外監査役と上場会社の間でしばしば締結される。責任限定契約を締結することができる旨は，定款で定めなければならない（同項)。この方法による場合，契約の効果として賠償責任額が縮減する。

責任限定契約について，監査役等の同意，事後の報告に関する定めがある（427条3項4項)。また，責任限定契約については，株主総会参考書類や事業報告に一定の事項を記載しなければならない（会社則74条1項4号・121条3号)。前記の定款規定は，登記事項である（911条3項25号)。

5　その他の責任事由

以上に説明してきた任務懈怠責任（423条1項）のほか，会社法はいくつかの箇所で，役員等の会社に対する責任について定める。

たとえば，会社が120条1項の規定に違反して**利益供与**をした場合（⇨162頁(e))，利益供与に関与した取締役・執行役（会社則21条）は，会社に対して，連帯して，供与された利益の価額に相当する額を支払う義務を負う（120条4項)。利益供与への関与が任務懈怠にあたるかという判断は経由せずに，支払義務が課されるのである。取締役・執行役は，利益の供与をした者（会社則21条1号所定の者）を除き，職務を行うについて注意を怠らなかったことを証明すればこの義務を免れる（120条4項ただし書)。この義務は，総株主の同意がなければ免除することができない（同条5項)。

さらに，現物出資や，仮装の払込み，剰余金の配当，自己株式の取得等に関連して，取締役・執行役が会社に対して責任を負うことが，会社法に定められる（⇨298頁(3)，341頁(b)，359頁(2)）。

設立の際の発起人等の責任（⇨第2章第7節60頁以下）や，清算の際の清算人の責任（⇨ 381 頁(5)）については，任務懈怠を理由とするものを含め，以上とは別に定められている。

5 役員等の責任の追及

1 会社による追及

役員等が会社に対して任務懈怠責任（423 条）等を負う場合，これを逆にみれば，会社は役員等に対して損害賠償請求権等を有しているということである。役員等の責任の追及（会社の権利の行使）は，本来なら，権利者である会社が行うべきことだといえる。実際，会社法には，会社が役員等の責任を追及する場合について定めがある。取締役・執行役と会社の間の訴訟において会社を代表するのは，監査役等である（386 条 1 項 1 号・399 条の 7 第 1 項・408 条 1 項。⇨ 201 頁 Column 4-23 ）。それ以外の役員等の責任を追及する場合は，原則どおり代表機関（⇨ 179 頁(b)・216 頁(3)）が会社を代表する。役員等の責任を会社が追及する訴えについて，専属管轄，訴訟参加等のルールが定められる（848 条・849 条 1 項 5 項 9 項・853 条）。

2 株主代表訴訟

(1) 総　　説

不正行為の発覚によって会社の経営陣が辞任した後で，新経営陣に率いられる会社が旧経営陣の責任を追及するなど，会社が実際に役員等の責任を追及することもある。しかし，役員等の責任を追及する際に会社を代表するのは（別の）役員等であり，役員等の間の同僚意識などから，本来追及すべき責任の追及がされない可能性もある（提訴懈怠可能性）。そのため，会社法は，個々の株主に，会社のために役員等の責任を追及する訴えを提起することを認める。このような訴訟を**株主代表訴訟**（または単に代表訴訟）という。

(2) 対　　象

代表訴訟として提起できるのは，①役員等のほか，発起人，設立時取締役，設立時監査役，清算人の責任を追及する訴え，②株式の引受人，新株予約権者に対して支払や給付を求める訴え（102条の2第1項・212条1項・285条1項・213条の2第1項・286条の2第1項），および，③利益供与を受けた者から利益の返還を求める訴え（120条3項）である（847条1項。①〜③の訴えは**責任追及等の訴え**と総称される）。

①の「責任」について，847条1項は特定の条文を挙げない。たとえば，任務懈怠責任（423条1項），利益供与についての責任（120条4項），剰余金の配当に関する責任（462条1項・465条1項）がこれに含まれることに争いはないが，それを超えてどこまでのものが含まれるのかが問題になる。これについて，従来，役員等が会社に対して負担する一切の債務が含まれるとする見解（全債務説）と，会社法に規定された役員等の責任に限られるとする見解（限定債務説）が対立していた。そのような中で，判例（最判平成21・3・10民集63巻3号361頁〔百選67，商判I-142〕）は，取締役の地位にもとづく責任のほか，取締役が会社との取引により負担した債務についての責任も，代表訴訟の対象になるとした。具体的には，会社が所有権にもとづいて真正な登記名義を回復するために所有権移転登記手続を求めることは①に含まれないが，所有名義の借用契約の終了にもとづいて登記手続を求めることは含まれるとされた。もっとも，これら2つの場合に実質的な違いがあるのか，疑問も残る。

役員等が任務懈怠責任（423条1項）の理由となる行為をした後で退任しても，当該役員等に対して代表訴訟を提起できる（東京地判平成6・12・22判時1518号3頁。同人が死亡した場合には相続人を被告にする）。他方で，あくまで「役員等」の責任が問題とされるから，役員等であった者が退任後に会社に負担することになった債務についての責任は，これには含まれない（東京高判平成26・4・24金判1451号8頁〔百選A20，商判I-144〕）。

(3)　手　　続

(a)　提訴請求　　6か月前（定款で短縮可能）から引き続き株式を有する株主は，会社に対して，責任追及等の訴えの提起を請求（**提訴請求**）することができる（847条1項，会社則217条）。提訴請求によって，会社は，自ら訴えを提起する機会を与えられる。提訴請求をし，(b)の訴えを提起する権利は単独株主権であるが，単元未満株主については定款でこの権利を排除することができる

(847条1項かっこ書)。非公開会社では，保有期間の要件はない（同条2項)。

取締役・執行役の責任を追及する訴えの提訴請求を受け，会社が責任追及等の訴えを提起するかどうかを判断するのは，監査役等の権限である（386条2項1号・399条の7第5項1号・408条5項1号⇨201頁(b))。監査役等は，合理的に知りえた情報を基礎として，この権限を会社のために最善となるよう行使したのであれば，注意義務違反にはならない（東京高判平成28・12・7金判1510号47頁〔商判Ⅰ-125〕)。

株主が提訴請求の宛先を誤った場合，訴えがただちに不適法とされるわけではない（最判平成21・3・31民集63巻3号472頁〔百選A19，商判Ⅰ-143〕)。代表訴訟の被告となった役員等の側に会社が補助参加しているなど，会社が訴えの提起の機会を放棄しているとみることができる場合には，提訴請求を欠くとして訴えが不適法とされることはない（東京高判平成26・4・24金判1451号8頁〔百選A20，商判Ⅰ-144〕)。

責任追及等の訴えが，当該株主や第三者の不正な利益を図り，または，会社に損害を加えることを目的とする場合，株主は，提訴請求ができず，(b)の訴えも提起できない（847条1項ただし書・5項ただし書)。

(b)　**訴えの提起**　提訴請求の日から60日以内に会社が責任追及等の訴えを提起しない場合，提訴請求をした株主は，会社のために責任追及等の訴えを提起することができる（代表訴訟。847条3項。専属管轄について848条)。また，その場合，提訴請求をした株主，または，被告にすべきものとされた者が請求すれば，会社は，その者に対して，遅滞なく，訴えを提起しない理由を通知しなければならない（**不提訴理由の通知**。847条4項，会社則218条)。会社に回復することができない損害が生じるおそれがある場合（責任の消滅時効が成立してしまうなど）には，提訴請求をせずに代表訴訟を提起することができる（847条5項)。

代表訴訟は，訴訟の目的の価額の算定については，財産権上の請求でない請求に係る訴えとみなされる（847条の4第1項)。その結果，**提訴手数料**は，請求の額に関わりなく一定になる（民訴費4条2項・別表第1第1項。現在は1万3000円。これに対して，通常の訴訟では請求の額に比例して提訴手数料も高くなる。民訴8条1項，民訴費4条1項・別表第1第1項)。

(c) **判　決**　　代表訴訟の本案判決の効果は，勝訴・敗訴を問わず，会社に及ぶ（民訴115条1項2号）。勝訴の場合，損害賠償金は会社に支払われる。代表訴訟で実現されるのは，役員等に対する会社の権利だからである。もっとも，勝訴の場合，株主は，支出した必要費用と弁護士報酬のうち相当額の支払を会社に請求することができる（852条1項）。逆に，敗訴の場合も，株主に悪意があったときを除き，株主は会社に対して（不法行為にもとづく）損害賠償責任を負うことはない（同条2項）。

(4)　代表訴訟をめぐる利害関係と会社法のルール

代表訴訟については，これを提起した株主だけではなく，他の株主や会社も，重要な利害関係を有する。また，訴訟を提起した株主と，他の株主や会社の利害が，常に一致するわけでもない（⇨255頁 Column 4-43）。以下では，このことを念頭に置きながら，代表訴訟についてのその他のルールを見ていこう。

(a) **訴訟参加**　　株主または会社は，代表訴訟に共同訴訟参加・補助参加することができる（849条1項本文。ただし書も参照）。このような参加を可能にするため，代表訴訟を提起した株主は，遅滞なく，会社に対して訴訟告知をしなければならない（同条4項・386条2項2号・399条の7第5項2号・408条5項2号）。訴訟告知を受けた会社は，遅滞なく，その旨を公告または株主に通知しなければならない（849条5項。9項も参照）。

原告が役員等のためにわざと負けてやるような訴訟を，なれ合い訴訟という。これに対処するために，他の株主や会社は，849条にもとづいて原告側に**共同訴訟参加**することができる。また，なれ合い訴訟によって不当な判決が下された場合に備えて，**再審の訴え**の制度が用意されている（853条）。

849条によれば，会社は，被告である役員等の側に**補助参加**することもできる。訴訟を提起した株主と会社の利害は，一致しないこともあるからである。この場合に補助参加の利益（民訴42条）を要する（最決平成13・1・30民集55巻1号30頁〔百選69，商判Ⅰ-145〕）かどうかについては，争いがある（伊藤靖史「責任追及等の訴えへの参加に関する解釈論上の問題」川濱昇先生・前田雅弘先生・洲崎博史先生・北村雅史先生還暦記念『企業と法をめぐる現代的課題』（商事法務，2021年）386頁以下参照）。取締役（監査等委員・監査委員を除く）・執行役やこれらの者であった者を補助するための参加には，濫用を防ぐため，各監査役等の同意を得なければならない（849条3項）。

(b)　**濫用的訴訟**　　代表訴訟は，嫌がらせの目的で提起されるおそれも大きい。そこで，株主や第三者の不正な利益を図り，または，会社に損害を加えることを目的とする代表訴訟は，提起することができないものとされる（⇨252頁(a)）。また，代表訴訟の被告となった役員等が，訴えの提起が悪意によるものであることを疎明すれば，裁判所は，相当の担保の提供（**担保提供**）を原告株主に命じることができる（847条の4第2項3項）。訴えの提起が悪意によるとは，請求に理由がないことを知って訴えを提起した場合，または，制度の趣旨を逸脱し，不当な目的をもって被告を害することを知りながら訴えを提起した場合をいう（東京高決平成7・2・20判タ895号252頁〔百選68，商判Ⅰ-146〕）。

(c)　**和　解**　　通常の訴訟と同様に，代表訴訟も訴訟上の**和解**によって終了することがあり，そのために総株主の同意を要しない（850条4項）。もっとも，和解によって会社や他の株主の利益が害されることもある（なれ合いによって不当に低い責任額で和解がされるなど）ため，会社法は，会社が和解の当事者でない場合について，和解内容の通知・承認等のルールを定める（同条2項3項・386条2項2号・399条の7第5項2号・408条5項2号）。会社が和解を承認すれば，会社が和解の当事者でなくとも，和解は確定判決と同一の効力を有する（850条1項，民訴267条）。補助参加の場合と同様に，和解への各監査役等の同意について定められる（849条の2）。

Column 4-43　代表訴訟の存在意義

提訴手数料のルール（⇨253頁(b)）は，平成5年の商法改正の際に，法律で明確に定められた。それを1つのきっかけとして，代表訴訟が提起される事例が急増した。任務懈怠責任の一部免除（⇨248頁(2)）は，そのような事情を背景に，平成13年の商法改正で設けられた。

株主が代表訴訟で勝訴しても，損害賠償金は会社に支払われる。これによって会社の損害が回復されても，そのうちで自己の持株比率に応じた分しか，株主は利益を得ない。提訴手数料が高くないとはいえ，必要費用や弁護士報酬も，全額を会社に請求できるとは限らない（⇨254頁(c)）。他の株主が代表訴訟を提起してくれるのであれば，わざわざ自分が訴訟を提起する面倒を引き受けるまでもない（フリー・ライダー問題）。このように，代表訴訟はもともと経済的に割に合わず，原告株主やその訴訟代理人である弁護士は，それ以外の考慮に動かされている可能性もある。

会社法のルール上，提訴請求の日から60日待てば，会社が責任追及等の訴えを提起しない理由を問わず，株主は代表訴訟を提起することができる。そのような代表訴訟は，必ずしも，会社の利益になるとは限らない。嫌がらせ等の目的がある訴訟は却下されるが（⇨255頁(b)），そのような目的はないものの会社の利益にならない訴訟（勝訴したとしても賠償金を回収することが実際上難しく，かえって費用がかかる場合など）を排除することは難しい。他方で，代表訴訟の存在が役員等に規律付けを与えることはたしかである（とりわけ，法令違反の事例では責任が認められやすい。⇨245頁(3)）。代表訴訟によって役員等の責任が追及される事例が増えたからこそ，注意義務の内容など，役員等の責任に関する議論が発展してきたともいえる。代表訴訟の存在意義については，数字でわかる会社法93頁以下〔田中亘〕参照。

(5)　組織再編・親子会社と代表訴訟

(a)　組織再編によって株主でなくなった場合　　株主は，代表訴訟を提起した後，原則として訴訟係属中は株主であり続ける必要がある。ある会社Aの役員等についての代表訴訟係属中に，Aが株式交換・株式移転によって完全子会社になったり（ある会社が別の会社の発行済株式の全部を有する場合，前者を**完全親会社**，後者を**完全子会社**という。⇨478頁(2)），合併によって消滅すれば，原告株主はAの株主ではなくなる。しかし，その者が，①Aの完全親会社（株式交換・株式移転の場合），②設立会社，③存続会社または④存続会社の完全親会社（②～④は合併の場合）の株式を取得したのであれば，訴訟を追行することができる（851条1項。このような過程が繰り返されるときも同様。同条2項3項）。

さらに，前記①④の場合，株式交換等の効力発生日までに(3)(a)の提訴請求の要件を充たしていたAの株主（旧株主）は，株式交換等が行われた後でも，株式交換等の以前に生じたAの役員等の責任について，原則として提訴請求を経て，責任追及等の訴えを提起することができる（**旧株主による責任追及等の訴え**。847条の2）。847条の2第1項は前記②③の場合を挙げないが，それらの場合には，設立会社・存続会社が消滅会社の権利を承継することから，旧株主は訴えを提起することができる。

(b)　特定責任追及の訴え　　子会社の役員等が子会社に対して任務懈怠責任等を負う場合，親会社は，当該役員等の責任追及のために行動することができる（子会社に指図をする〔⇨479頁(1)〕，また，子会社の株主として代表訴訟を提起するなど）。しかし，親会社と子会社の役員等の間の人的関係によって，親会社が子会社の役員等の責任追及を怠るおそれもある。そのため，以下のように，親会社の株主には子会社の役員等の責任を追及する訴えの提起が認められる（**特定責任追及の訴え**。847条の3。多重代表訴訟とも呼ばれる）。

具体的には，最終完全親会社等A（完全親子会社関係が多層にわたる場合には，最上位の株式会社。完全親会社等の意味。⇨478頁(2)）の総株主の議決権の100分の1以上の議決権または発行済株式の100分の1以上の数の株式を6か月前（定款で短縮可能）から引き続き有する株主が，原則として完全子会社Bに対する提訴請求を経て，この訴えを提起することができる（同条1項～3項・6項7項9項）。完全親子会社関係がある場合に限られるのは，子会社に少数株主がいればその者が責任追及をすることが期待できるからである。少数株主権とされているのは，Aの株主とBの役員等との関係が間接的なものだからだといわれる。さらに，この訴えの対象になるのは，Bの役員等（条文では「発起人等」）の責任原因となる事実が生じた日において，AにおけるB株式の帳簿価額がAの総資産額の5分の1を超える場合における当該役員等の責任である（同条4項5項。そのような責任を，**特定責任**という）。つまり，企業グループに占める規模が大きな完全子会社の役員等の責任についてだけ，この訴えが認められる。そのような責任については，最終完全親会社自身の役員等の場合と同程度に，責任追及が懈怠される可能性があるからである。

(c)　**責任の免除等**　旧株主による責任追及等の訴え・特定責任追及の訴えの対象になる責任についても，免除・一部免除のルールが定められる（425条・426条5項～7項・427条4項・847条の2第9項・847条の3第10項）。これらの訴えについても，代表訴訟について説明した様々なルールが規定されている（847条の2第7項・847条の3第8項・847条の4～850条・852条・853条）。

3 差止め

取締役・執行役が任務を怠り，会社に損害を生じさせる事態は，事前に防止されることが望ましい。監督・監査（362条2項2号・381条1項・399条の2第3項1号・404条2項1号）には，そのような行為の事前防止も含まれる。また，監査役等は差止請求をすることができる（385条・399条の6・407条。⇨200頁 Column 4-22）。しかし，この差止請求が必ず行われるとも限らないので，会社法は，株主が，以下のような差止請求をすることを認める（360条・422条）。事後に代表訴訟が認められるのと同様の趣旨で（⇨251頁(1)），事前に**株主による差止請求**が認められるのである。

取締役・執行役が会社の目的の範囲外の行為その他法令・定款に違反する行為をし，それによって会社に著しい損害（監査役設置会社，監査等委員会設置会社，指名委員会等設置会社では，回復することができない損害）が生じるおそれがある場合，6か月前（定款で短縮可能）から引き続き株式を有する株主は，その取締役・執行役に対して，行為をやめることを請求することができる（360条1項3項・422条）。非公開会社では，保有期間の要件はない（360条2項）。360条1項にいう「法令若しくは定款に違反する行為」には，個別の法令（すべての法令が含まれる）・定款に違反する行為のほか，取締役・執行役の注意義務違反にあたる行為も含まれる（差止めが請求された事案として，たとえば，東京高判平成11・3・25判時1686号33頁〔商判I-110〕，東京地決平成16・6・23金判1213号61頁〔百選60，商判I-111〕）。

差止請求は裁判外で行うこともできるが，株主は取締役・執行役を被告として差止めの訴えを提起することもできる。また，差止請求の対象である行為をしないよう命じる**仮処分**の申立てを行うこともできる（民保23条2項）。このようにして，通常は，仮処分が認められるかどうかというレベルで，差止めの可否が争われることになる。もっとも，たとえ仮処分が命じられても，それに反する取締役・執行役の行為の効力には影響しない（江頭505頁注16）。

6 役員等の第三者に対する責任

(1) 総　　説

429条は，一定の場合に，役員等が第三者（会社以外の者）に対して損害賠償責任を負うと定める（**役員等の第三者に対する責任**）。まず，役員等が職務を行うについて悪意または重大な過失があったときは，これによって第三者に生じた損害を賠償する責任を負う（429条1項）。また，計算書類などの虚偽記載や虚偽の登記・公告についても，役員等は第三者に対して責任を負う（同条2項）。

複数の役員等がこれらの責任を負う場合，それらの者の責任は，連帯責任である（430条）。

429条1項は，倒産した会社の債権者が債権の満足を（一部だけでも）図るために用いられることも多い（⇨315頁(b)）。また，429条1項の要件は包括的に定められているため，様々な事例で同項にもとづく責任が追及される。たとえば，詐欺的商法や不当な投資勧誘によって被害を受けた者が同項にもとづく責任を追及する事例や，取締役を退職した者が退職慰労金を支給されなかったことについて同項にもとづく責任を追及する事例もある（⇨237頁(5)）。

(2) 職務を行うについての悪意・重過失による責任

判例は，429条1項の責任について，次のように述べる（最大判昭和44・11・26民集23巻11号2150頁〔百選70，商判Ⅰ-147〕）。①役員等の任務懈怠の行為と第三者の損害の間に相当因果関係がある限り，会社がこれによって損害を被った結果，ひいて第三者に損害を生じた場合（**間接損害事例**）か，直接第三者が損害を被った場合（**直接損害事例**）かを問わず，役員等はこの規定にもとづく責任を負う（**両損害包含説**。⇨ Column 4-44 ）。②この規定は，役員等が職務を行うにつき故意・過失により直接第三者に損害を加えた場合に，一般不法行為の規定によってその損害を賠償する義務を負うことを妨げるものではない。③第三者は，任務懈怠について役員等の悪意・重過失を証明しさえすれば，自己に対する加害について悪意・重過失を証明するまでもなく，この規定による損害賠償を求めることができる。

Column 4-44　429条1項の問題点

判例が両損害包含説をとることを明らかにした後，学界でもこれが通説になった。しかし，同説には，以下のことをどう説明するかという点で，なお難しい問題が残っている（争点81〔伊藤雄司〕）。

間接損害事例で，役員等に第三者に対して責任を負わせるべき実質的な理由はどこにあるのだろうか。会社財産が会社債権者の債権の引当てであり，役員等がそれを減少させたからだというだけでは，理由にならないだろう（それだけでは，役員等は，会社が損害を被れば常に第三者にも責任を負わなければならないことになってしまう）。

直接損害事例では，役員等に第三者に対して責任を負わせるべき実質的な理由は，役員等がその行為によって第三者に直接に損害を生じさせたことにある。しかし，そのような行為が，会社に対する任務懈怠と評価できるのはなぜだろうか。また，直接損害事例については，任務懈怠が安易に認められることで，不法行為法が与えるものを超えた保護が与えられてしまう可能性も指摘される（事例17頁以下〔齊藤真紀〕）。

さらに，近年では，429条1項のルールの存在意義そのものについて，根本的な疑問も提示される（田中359～360頁コラム4-79）。

(3)　直接損害事例と間接損害事例

以下では，(2)の①に述べた2つの事例について，具体的に見ていこう。

(a)　間接損害事例

〈Case 4-18〉 A会社の代表取締役Yは，友人が経営するB会社に対して，A会社を代表して5億円を貸し付けた。しかし，この貸付金の回収見込みがないことを，Yは知っていた。その後，A会社はこの貸付金を回収できず，そのためにA会社も債務超過に陥った。これによって，A会社の取引先であるXがA会社に対して有していた債権が回収不能になった。

間接損害事例は，役員等の悪意・重過失による任務懈怠行為によって会社が損害を被り，その結果，第三者も損害を被った事例である。この場合の任務懈怠行為の有無については，任務懈怠責任（423条1項）の場合（⇨239頁[2]）と同様に考えればよく，かつ，役員等に悪意・重過失があったことが必要である。〈Case 4-18〉では，B会社への貸付けについてYには少なくとも重過失があったといえ，これによってA会社が損害を被り，債務超過に陥った。その結果，A会社の債権者であるXも債権の回収不能という損害を被ったのであり，429条1項にもとづいてYに対して損害賠償を請求できる。

間接損害事例では，役員等の任務懈怠行為によって会社が損害を被っている。その場合に，株主は，持株価値の減少分を間接損害ととらえ，「第三者」として役員等の責任を追及することはできない（裁判例として，東京高判平成17・1・18金判1209号10頁〔百選A22，商判Ⅰ-151〕）。株主がそのように自己への賠償を請求できるとすれば，会社が有していた損害賠償請求権を株主が奪ったのと同じ結果になり，会社債権者を害する。むしろ株主は，この場合には，代表訴訟（⇨ 251 頁 2）を提起すべきである。もっとも，間接損害事例でも，株主を「第三者」に含めることが不当ではないことがある（⇨ 262 頁 Column 4-46）。

Column 4-45　429 条 1 項の責任と経営判断原則

429 条 1 項の責任は，役員等の任務懈怠行為について悪意・重過失がある場合に発生する。「任務懈怠」について 423 条 1 項と別に考える必要はないし，役員等には少なくとも重過失がなければ 429 条 1 項の責任は生じない。429 条 1 項の責任が問題になる際にも，役員等には広い裁量が認められるべきであり，経営判断原則が適用されると考えてよいであろう。会社がすでに債務超過に陥っていたとしても，廃業するかどうか，また，廃業の時期や方法をどうするかという判断は，経営判断であり，判断の過程，内容に著しく不合理な点がない限り任務懈怠にはならない（高知地判平成 26・9・10 金判 1452 号 42 頁〔商判 I-148〕）。

もっとも，直接損害事例では，取締役の第三者に対する加害行為の有無が主な問題であることから，この場合に経営判断原則を用いるべきではないという見解もある（争点 76〔近藤光男〕，福岡高宮崎支判平成 11・5・14 判タ 1026 号 254 頁）。

(b)　直接損害事例

〈Case 4-19〉 A 会社の代表取締役 Y は，代金支払の見込みがないことを知りつつ，X から仕入れを行い，X を受取人として約束手形を振り出した。A 会社は程なく倒産し，約束手形は不渡りになった。

直接損害事例は，役員等の悪意・重過失による任務懈怠行為によって第三者が直接に損害を被った事例である。たとえば，取締役が，代金支払義務の履行の見込みがないのに会社を代表して契約を締結したり，〈Case 4-19〉のように支払の見込みがないのに約束手形を振り出し，その相手方が会社の不履行によって損害を被った場合がこれにあたる。このような場合，429 条 1 項によって，取締役は相手方に生じた損害（〈Case 4-19〉では手形金額）を賠償する責任を負う。退職慰労金が支給されなかったことについて同項の責任を認めた事案（⇨ 237 頁(5)）や，従業員の過労死について同項の責任を認めた事案（大阪高判平成 23・5・25 労判 1033 号 24 頁〔百選 A23，商判 I-150〕）も，直接損害事例といえる。

直接損害事例では，その会社の株主も「第三者」に含まれるとするのが通説である。そうではないと解する理由がないからである。たとえば，企業買収の対象会社の取締役が株主の利益を図る義務に違反する場合（⇨403頁**5**），株主は第三者として直接損害を被るといえる。

Column 4-46　「第三者」としての株主，有利発行による429条1項の責任

間接損害事例において，株主を「第三者」に含めてよい場合があるとする見解も有力である。非公開会社で少数株主を救済するためにその必要があるといわれ，利益相反取引が行われる場合や，次に述べる有利発行の場合が念頭に置かれる（江頭513頁注3，裁判例として前掲・東京高判平成17・1・18）。

会社が株主総会決議を経ずに株式の有利発行をした場合について（⇨325頁(3)），伝統的には，会社は損害を被っており（株式の払込金額が低く定められたため，本来払い込まれるべき資金が払い込まれなかった），取締役は任務懈怠責任（423条1項）を負うと考えられてきた。このような捉え方を前提にすれば，既存株主が有利発行による持株価値の低下分について429条1項の責任を追及する場合，そこで主張される損害は間接損害だということになる。前記の見解は，この場合に既存株主が「第三者」に含まれるとする。

他方で，近時は，この場合に会社は損害を被っておらず（本来会社が調達できる資金は変わらず，より高い払込金額・より少ない発行数で，株式が発行されるはずだった），既存株主は持株価値の低下により直接に損害を被っている（直接損害）とする見解も有力である。そのように捉えれば，この場合に既存株主が「第三者」に含まれることは無理なく説明できる。もっとも，任務懈怠責任の追及の可能性を否定することも適切ではなく，既存株主は，429条1項の責任と任務懈怠責任のいずれを主張することもできると考えればよいだろう。実際，裁判例ではいずれの主張も認められてきた（田中亘「募集株式の有利発行と取締役の責任」新堂幸司＝山下友信編『会社法と商事法務』〔商事法務，2008年〕143頁）。

(4)　責任を負う取締役

(a)　名目的取締役と監視義務　中小企業では，代表取締役以外の取締役は，実質上は従業員にすぎないこともあるし，頼まれて名前を貸しているだけの場合もある。そのような，取締役の職務を実際には行っていない者（**名目的取締役**）について，業務執行の監視をしていなかったことを理由に，429条1項の責任が追及されることも多い。名目的取締役も取締役として選任されたことに変わりはないから，監視義務違反を理由に429条1項の責任を負うこともある（最判昭和48・5・22民集27巻5号655頁〔百選71，商判I-149〕。また，会社の取引先の代表者が非常勤の取締役に就任していた事例として，最判昭和55・3・18判時971号

101頁)。しかし，近時の裁判例には，名目的取締役が監視義務を尽くしたとしても代表取締役の専横を抑えることはできなかったため，任務懈怠と第三者の損害の間に因果関係がないとして，責任を否定するものも多い（江頭515頁)。

(b)　**登記簿上の取締役**　　かつては株式会社に取締役が3人以上必要であった（平成17年改正前商255条）こともあって，正式に取締役に選任されていない者を，取締役として登記するという事例が見られた。判例は，そのような**登記簿上の取締役**について，不実登記の効力に関する908条2項を類推適用し，不実の就任登記に承諾を与えた者は自分が取締役でないことを善意の第三者に対抗できず，取締役としての責任を免れないとした（最判昭和47・6・15民集26巻5号984頁〔商判I-154〕)。しかし，その後の裁判例は，取締役として登記されることを承諾したというだけでその者の責任を認めることには慎重である（江頭516頁注7)。

正式な取締役であり登記もされていた者について，辞任後に辞任登記が済んでいなかった場合にも，登記と事実の不一致が生じる（**辞任登記未了の取締役**)。しかし，そのような事例では，辞任した者が，それにもかかわらずなお積極的に取締役としての行為をあえてした場合を除いて，不実の登記を残存させることについて明示的な承諾を与えていたといった特段の事情がある場合にはじめて，908条2項が類推適用される（最判昭和62・4・16判時1248号127頁〔百選72，商判I-155〕，最判昭和63・1・26金法1196号26頁)。

(c)　**事実上の取締役**　　正式に取締役に選任されていないが，実際には取締役と同様の職務を行っていた者を，**事実上の取締役**ということがある（たとえば，取締役ではないものの，「会長」と呼ばれ会社の経営を主宰していた者。高松高判平成26・1・23判時2235号54頁)。そのような者について，429条1項を類推適用し，第三者に対する責任を認めた裁判例もある（江頭516頁参照)。

(5)　虚偽記載等による責任

役員等は，計算書類などの**虚偽記載**や虚偽の登記・公告をしたときは，これによって第三者に生じた損害を賠償する責任を負う。ただし，役員等が注意を怠らなかったことを証明したときは，この限りではない（429条2項)。このような事例は(2)の①に記した区別からすれば直接損害事例といえるが，429条2

項の責任は，次の点で同条1項の責任よりも役員等にとって厳しいものである。すなわち，同条2項によれば，役員等は軽過失でも責任を負い，かつ，役員等の側が無過失の証明責任を負う。これは，虚偽の情報開示が，第三者にとって特に大きな危険をもたらすからである（計算書類に虚偽記載があったとして，会社に融資をした銀行等に対する取締役の責任を肯定する一方で，会計監査人の責任は否定したものとして，東京地判平成19・11・28判タ1283号303頁〔百選73，商判Ⅰ-157〕）。

7 補償契約と役員等賠償責任保険契約

(1) 総　説

役員等がその職務の執行に関して会社や第三者に対する責任を追及される場合（⇨56）などに，これに対処するための費用や賠償金等を会社が負担することを，（会社）**補償**という。また，そのような費用や賠償金等をカバーするための責任保険（会社役員賠償責任保険。**D&O保険**ともいう）が上場会社を中心に普及している。これらの仕組みは，役員等に優秀な人材を確保するとともに，責任を負うことへのおそれから役員等の職務の執行が委縮することを防ぐために有益である。その一方で，これらの仕組みは役員等と会社の利益相反を含むものであり，内容によっては役員等の職務の適正性を損なうおそれもある。そのため，会社法は，以下の規制を定める。

(2) 補償契約

役員等と会社の関係は委任に関する規定に従うのだから（330条），民法650条にもとづいて会社が補償をする義務を負うことはある。これとは別に，令和元年改正によって，会社が役員等と締結した契約にもとづいて補償をする場合についてのルールが整備された。具体的には，役員等に対して，次に掲げる費用等の全部または一部を会社が補償することを約する契約が，**補償契約**と呼ばれる。ここで問題となる費用等には，①役員等が，その職務の執行に関し，法令の規定に違反したことが疑われ，または責任の追及に係る請求を受けたことに対処するために支出する費用（防御費用），および，②役員等が，その職務の執行に関し，第三者に生じた損害を賠償する責任を負う場合における損失（損害賠償金・和解金）が含まれる（430条の2第1項）。

Column 4-47 **補償契約によるカバー範囲**

補償契約によってカバーされる範囲には，様々な限定が付されている。規定の文言上，前記①は刑事事件や課徴金事件についての費用を含むが，②は罰金や課徴金を課されたことによる損失を含まない。罰金や課徴金を定める規定の趣旨を損なわないためである。①は通常要する費用の額までとされ（430条の2第2項1号），①の補償をした会社が，役員等が自己もしくは第三者の不正な利益を図り，または当該会社に損害を加える目的で職務を執行したことを知ったときは，補償に相当する金銭の返還を当該役員等に請求することができる（同条3項）。②の補償も，役員等に職務を行うにつき悪意・重過失があれば認められない（同条2項3号）。

さらに，規定の文言上，②は，会社に生じた損害についての賠償金・和解金を含まない。②の補償は，会社が第三者の損害を賠償すれば役員等に求償することができる部分についても認められない（同条2項2号）。これらは，任務懈怠責任の免除・一部免除のルール（⇨248頁④）との衝突を避けるために補償の範囲から除かれたものである。以上のルールによって，補償が実際に用いられる場合は限られる可能性がある。髙橋陽一「会社補償および役員等賠償責任保険（D&O保険）」商事2233号（2020年）20〜21頁参照。

(3) 役員等賠償責任保険契約

会社法は，株式会社が保険者との間で締結する保険契約のうち，役員等がその職務の執行に関し責任を負うことまたは当該責任の追及に係る請求を受けることによって生ずることのある損害を保険者が塡補することを約するものであって，役員等を被保険者とするもの（役員等の職務の執行の適正性が著しく損なわれるおそれがないものとして法務省令で定めるものを除く）を，**役員等賠償責任保険契約**と呼ぶ（430条の3第1項）。その中に，D&O保険やそれに準じる保険契約が含まれる。法務省令によって役員等賠償責任保険契約から除かれるのは，PL保険などである（会社則115条の2）。そのような保険でも役員等が被保険者とされるが，利益相反性が低いため，会社法の規律を適用しないものとされた（430条の3第2項3項によって，そのような保険には利益相反取引に関する規定・民法108条も適用されない）。

(4) 手続等

補償契約・役員等賠償責任保険契約の内容を決定するには，取締役会設置会社では取締役会，非取締役設置会社では株主総会の決議（普通決議）によらなければならない（430条の2第1項・430条の3第1項）。取締役会のこの決定を取締役に委任することはできない（362条4項・399条の13第5項12号13号・416条4項14号15号）。補償契約・役員等賠償責任保険契約の締結には，利益相反取引に関する規定・民法108条は適用されない（430条の2第6項7項・430条の3第2項3項）。取締役会設置会社で実際に補償契約に基づく補償が行われた後には，補償をした取締役・執行役および補償を受けた取締役・執行役は，遅滞なく，当該補償についての重要な事実を取締役会に報告しなければならない（430条の2第4項5項）。補償契約・役員等賠償責任保険契約について，株主総会参考書類や事業報告に一定の事項を記載しなければならない（会社則74条1項5号6号・121条3号の2〜3号の4・121条の2）。

Column 4-48　**D＆O保険**

従来，役員等が会社に対して負担する損害賠償金についてD&O保険によって保険金が支払われることは，責任免除に等しいとも考えられたことから，基本契約（役員等が第三者から訴訟を提起された場合と，代表訴訟で勝訴した場合をカバー）と特約条項（代表訴訟で敗訴した場合をカバー）が区別され，後者は役員等が個人で保険料を負担するという実務が一般的であった。これに対しては，後者の場合にも保険金が支払われることで会社の損害は填補されるし，犯罪行為や故意の法令違反はもともと約款上の免責事由に該当して保険金は支払われないため違法行為の抑止という点でも問題はないのであるから，取締役会決議など一定の手続を経れば，会社が保険料を負担してもよいという解釈が，経済産業省「コーポレート・ガバナンス・システムの在り方に関する研究会」の「法的論点に関する解釈指針」(2015年）によって示された。現在では，D&O保険の保険料を全額負担する会社も増えている。令和元年改正では，法的安定性を確保するために，(4)に述べたような契約の締結のための手続に関する規定が設けられた。前記のような保険料負担についても，(4)の手続を経て，会社が決定することになる。会社法研究会「会社法研究会報告書」(2017年)，東京海上日動火災保険株式会社「会社役員賠償責任保険（D&O保険）の加入実態等に関する調査結果について」(2017年7月12日）参照。

第5章 計　算

会社は，自らの財政状態や経営成績を数字で把握する。そのような情報は，株主や会社債権者に開示される。こういった活動を，会計ないし計算という。会計上の利益を基礎に，株主に対して会社の利益が分配される。利益の分配は株主と会社債権者の利害が対立する場面でもあるので，それを調整するためのルールが会社法に置かれる。本章では，以上の点に関するルールを説明していく。

第1節　会計と開示

1 会計と法規制

(1) 総　説

会社が自らの財政状態（⇨273頁(a)）や経営成績を定期的に把握し，利害関係者に開示することを，**会計**，あるいは**計算**という。株式会社は，事業を行い，その利益を出資者である株主に分配することを基本的な目的とする（105条2項参照）。株式会社は，期限を定めずにいつまでも事業を行うことを前提とする存在（**継続企業** going concern）であるから，事業による利益を計算するためには，一定の期間を区切る必要がある。この期間が**事業年度**であり，1年以内で定められなければならない（会社計算59条2項）。日本の会社では，4月1日から翌年3月31日までを事業年度とすることが多い。

会社の利益は，大きく2つの段階を経て計算される。①会社は，日々の取引等を逐一記録していく。そのための帳簿が会計帳簿（⇨**2**）である。②会計帳簿をもとに，各事業年度について，計算書類とその附属明細書（⇨**3** 1）が作成される。②の段階での書類の作成・承認等のプロセスが，決算と呼ばれる（⇨**3** 2）。以上の帳簿・書類を記録・作成する際には，複式簿記という方法が用いられる。以上の帳簿・書類の内容は，一定の要件の下で，株主や会社債権者といった利害関係者に開示される（⇨**4**，**5**）。

(2) 会社法の会計規制の目的

会社は，合理的に経営を行うため，進んで自らの財政状態や経営成績を把握しようとするだろう。しかし，会社法は，会計についてルールを定め，会社に強制する。それは，次の目的からである。①株主，会社債権者などの利害関係者への情報提供のため，情報開示が強制される。会社間の比較を容易にするため，開示の様式も統一される。②会社から株主への利益の分配（剰余金の配当）が規制される（⇨第2節）。これは，株主と会社債権者の利害を調整するためである。

(3) 会計を規律するルール

会計については，会社法第二編第五章「計算等」に定められるほか，多くのルールが法務省令に委任される。会計に関する帳簿・書類については会社計算規則に定められるが（会社則116条），会計について定めるべき具体的なルールは膨大なものになり，ルールの変化も速いため，これを法令ですべて定めることは難しい。そこで，株式会社の会計は，**一般に公正妥当と認められる企業会計の慣行**（公正な会計慣行）に従うものとされる（431条。会社計算3条も参照。会社の行った会計処理が公正な会計慣行に反したかどうかが争われた事例として，最判平成20・7・18刑集62巻7号2101頁〔百選76，商判Ⅰ-159〕）。これによって，特段の事情がないにもかかわらずそのような慣行に従わないことは，会社法に違反することになる。企業会計審議会が定めた企業会計原則等の会計基準は，基本的にはそのような慣行にあたる（争点 86〔久保大作〕参照)。現在は，公益財団法人財務会計基準機構の企業会計基準委員会が，会計基準を設定している。

以上の会計ルールによって，1つの事実について複数の会計処理のいずれかを会社が選択できる場合もある（たとえば，減価償却の方法。⇨ 274 頁 Column 5-2)。この場合に，原則として会社は選択した会計処理方法を継続して適用しなければならず，正当な理由なくみだりにこれを変更してはならない（**継続性の原則**。企業会計原則第一の五)。

Column 5-1　金商法・租税法上の会計ルール

会計についてルールを置くのは，以上のものだけではない（以下の詳細について，江頭 602 頁以下参照)。金融商品取引法（金商法）は，同法が情報開示を要求する会社について，会計に関する詳細なルールを定める（⇨ 283 頁(3))。金商法は投資者を保護するためにさまざまな開示を要求しており，同法上の会計ルールの目的もそこにある。また，法人税を計算するための会計ルールが，法人税法やそれにもとづく政省令によって定められる。課税上の取扱いは，会社が現実に行う会計処理に大きな影響を与える。会社法，金商法，租税法の定める会計ルールは，内容をまったく異にするわけではないが，それぞれの法の目的に応じて異なる取扱いを定めることがある。

2 会 計 帳 簿

株式会社は，適時に，正確な**会計帳簿**を作成しなければならない（432 条 1 項)。会計帳簿には，元帳，仕訳帳，伝票といったものがあり，書面または電磁的記録として作成される。会計帳簿に記載する各項目の計算方法等については，会社計算規則に定められる（会社計算 4 条～56 条)。

会社は，会計帳簿の閉鎖（事業年度末にその年度の計算を締め切ること）の時から 10 年間，その会計帳簿およびその事業に関する重要な資料を保存しなければならない（432 条 2 項)。会計帳簿は，訴訟における提出命令の対象になる（434 条。提出命令の対象になる会計帳簿の範囲が争われた裁判例として，東京高決昭和 54・2・15 下民 30 巻 1～4 号 24 頁〔商判Ⅰ-164〕)。

3 計算書類・事業報告・附属明細書

1 計算書類・事業報告・附属明細書の内容

(1) 総　　説

株式会社は，各事業年度について，計算書類，事業報告，これら附属明細書を作成しなければならない。**計算書類**として作成されるのは，貸借対照表，損益計算書，株主資本等変動計算書，および，個別注記表である（435条2項，会社計算59条1項）。計算書類とその附属明細書は，当該事業年度にかかる会計帳簿にもとづき作成しなければならない（会社計算59条3項。**誘導法**）。

(2) 貸借対照表と損益計算書の基礎

以下の記述を理解するために必要な会計についての知識を，あらかじめまとめておこう（⇨**図表5-1**。各自で簿記や会計学を学習することを勧める。数字でわかる会社法101頁以下〔小出篤〕参照）。ある会社が，事業年度Ⅰの末日に有している資産の一覧表を作るとする。次の事業年度Ⅱの末日にも同様の一覧表を作り，2つの一覧表を比べれば，どれだけ資産が増えたかが計算できる（ここではひとまず，事業年度Ⅱにその会社は株式を発行しないとする）。資産が増えた分は，事業年度Ⅱの利益のように見える。しかし，資産が増えた原因が，金銭の借入れ（負債）であれば，どうだろうか。その分資産が増えるとしても，それは事業による利益とはいえない。資産から負債を差し引いた分（純資産）こそが株主に帰属する（株主持分）といえ，利益を計算する際には純資産を比べる必要がある。そこで，毎事業年度末の資産・負債を対照して，純資産がどれだけかを示すものが，貸借対照表である。このように，貸借対照表は，事業年度末という一定時点で静止させた会社の状態（ストック）を示す。

貸借対照表に示された事業年度末のストック同士を比べれば，その会社がどれだけの利益を上げたかは分かる。しかし，それだけでは，その利益がどのようにして生じたのかは分からない。これを知るためには，どのような原因でどれだけ純資産が増え，または減ったかを，示す必要がある。ある事業年度における純資産の増加要因（これを収益という）と減少要因（これを費用という）を一

図表 5-1　貸借対照表と損益計算書の基礎

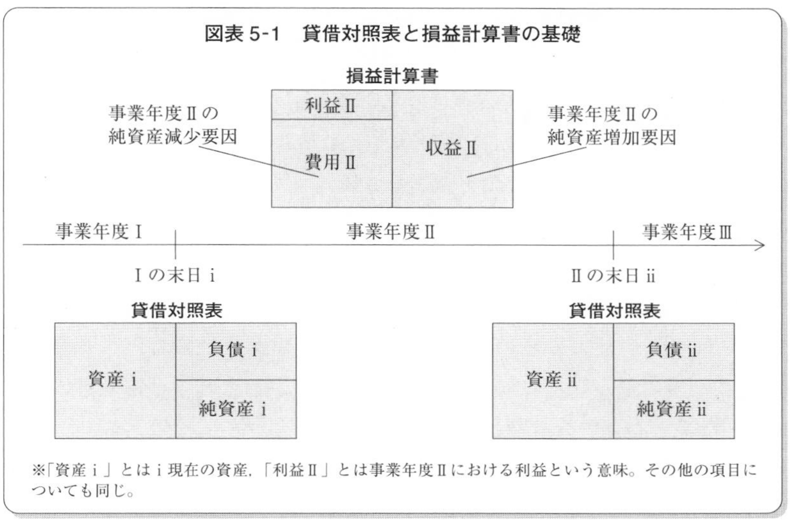

※「資産ｉ」とはｉ現在の資産，「利益Ⅱ」とは事業年度Ⅱにおける利益という意味。その他の項目についても同じ。

覧にして，両者を対照すれば，どのようにして利益が生じたのかが分かるだろう。このように純資産の増加分と減少分（フロー）から利益が生じた過程を示すものが，損益計算書である。

以上に述べたように，貸借対照表と損益計算書は，一方がストック，他方がフローという側面から，会社の状態や利益を示す。そして両者は，密接に連携している。損益計算書に表示される収益とは純資産の増加要因であり，費用とは純資産の減少要因だからである（純資産が増加〔減少〕するとともに収益〔費用〕が発生し，その分利益も増加〔減少〕する）。

ここまで，会社は株式を発行しないことにしていた。会社が株式を発行すれば，どうなるだろうか。株主が払込みをした額だけ純資産は増えるが，これも事業による利益とはいえない。そのため，**収益・費用**とは，純資産の増加・減少要因のうち，株式の発行や資本金の減少（これらを会計学では資本取引と呼ぶ）によるものを除いたものとされている。

以下では，計算書類，事業報告，附属明細書の内容を概観する。これらの書類については本書にも例を掲載するが，EDINET（⇨巻末ウェブサイト集参照）で開示されている実際の書類をぜひ参照してもらいたい。

(3) 貸借対照表

(a) 意　義　**貸借対照表**は，会社の財政状態を明らかにするため，一定の時点（435条2項による場合，事業年度の末日）における資産，負債，純資産を記載する計算書である（企業会計原則第三の一，会社計算73条1項）。財政状態とは，会社がどのような源泉から資金を調達し，調達した資金をどのように運用しているかということである。貸借対照表は，左側（借方と呼ばれる）に資産の部，右側（貸方と呼ばれる）に負債の部と純資産の部を掲げる方式（⇨**図表5-2**）で作成されることが多い。この場合，右側に資金の調達源，左側に資金運用の様子が示される。会社の資産のうち，どれだけの額が会社債権者に帰属し（負債），どれだけの額が株主に帰属する（純資産）かが示されているともいえる。左側の合計額と右側の合計額は一致する。

(b) 記載区分　資産の部は，大きく流動資産，固定資産，繰延資産に区分される（会社計算74条1項）。**流動資産**は，事業取引に関係する資産や，比較的短期間で入れ替わる性質の資産である（同条3項1号）。**固定資産**は，長期間継続的に事業のために用いられる資産である（同条2項3項2号～4号）。**繰延資産**は，すでに支出された費用を将来の収益に対応させるために資産として計上されるものである（同条3項5号。⇨274頁 Column 5-2 ）。

負債の部は，大きく流動負債と固定負債に区分される（会社計算75条1項）。**流動負債**は，事業取引から生じた負債や，1年以内に履行期が到来する負債である（同条2項1号）。**固定負債**は，長期の負債である（同項2号）。

純資産の部は，大きく，株主資本，評価・換算差額等，株式引受権，新株予約権に区分される（会社計算76条1項1号）。株主資本の項目は，資本金，資本剰余金，利益剰余金，自己株式等に区分される（同条2項）。**資本金**と**資本剰余金**は，設立や株式の発行の際に（つまり出資の際に）株主が会社に払い込んだ金額（払込資本）に相当する。資本剰余金は，資本準備金とその他資本剰余金に区分される（同条4項）。**利益剰余金**は，会社が上げた利益に相当し，利益準備金とその他利益剰余金に区分される（同条5項）。その他利益剰余金の額は，損益計算書に当期純利益金額が生じれば増加し，当期純損失金額が生じれば減少する（会社計算29条1項2号・2項3号）。会社が保有する自己株式は，株主資本の控除項目として表示される（同76条2項柱書後段・5号）。

図表 5-2　貸借対照表

リーガルクエスト株式会社　貸借対照表
(2021年3月31日現在)

資産の部		負債の部	
	百万円		百万円
流動資産	**1,727,916**	**流動負債**	**1,797,423**
現金預金	23,795	支払手形	1,644
受取手形	2,254	買掛金	496,035
売掛金	530,226	未払金	38,389
有価証券	45,020	未払費用	389,980
未収入金	114,529	賞与引当金	55,159
預け金	398,436	未払法人税等	2,095
短期貸付金	261,357	前受金	2,745
繰延税金資産	114,373	預り金	763,418
製商品・半製品	125,594	得意先預り金	3,561
原材料・仕掛品・貯蔵品	84,665	製品保証等引当金	19,000
その他	28,895	販売促進引当金	24,999
貸倒引当金	△ 1,228	その他	398
固定資産	**2,864,654**	**固定負債**	**333,123**
有形固定資産	**(319,502)**	社債	100,000
建物	121,697	退職給付引当金	22,544
構築物	4,672	長期預り金	205,171
機械装置	65,873	リース資産減損勘定	5,408
車両運搬具	210	**負債合計**	**2,130,546**
工具器具備品	15,177		
土地	83,977	**純資産の部**	
建設仮勘定	27,896	**株主資本**	**2,404,686**
無形固定資産	**(54,163)**	**資本金**	**256,640**
特許権	21,302	**資本剰余金**	**570,082**
ソフトウェア	28,068	資本準備金	568,212
施設利用権等	4,793	その他資本剰余金	1,870
投資その他の資産	**(2,490,989)**	**利益剰余金**	**2,177,430**
投資有価証券	472,046	利益準備金	52,749
関係会社株式	1,360,515	その他利益剰余金	2,124,681
出資金	15	圧縮記帳積立金	18,464
関係会社出資金	394,523	配当準備積立金	81,000
投資損失引当金	△ 46,137	別途積立金	1,918,680
長期預け金	7,616	繰越利益剰余金	106,537
繰延税金資産	139,794	**自己株式**	**△ 599,466**
その他	162,617	**評価・換算差額等**	**55,429**
繰延資産	**312**	**その他有価証券評価差額金**	**55,429**
社債発行費	312	**株式引受権**	**1,100**
		新株予約権	**1,121**
		純資産合計	**2,462,336**
資産合計	**4,592,882**	**負債・純資産合計**	**4,592,882**

資本金・準備金についての詳細は，第2節**1**(2)(3)（290頁）で説明する。

(c)　**資産・負債の評価**　　貸借対照表の資産の部には，会社が有する資産がいくつかの種類に区分され，会計帳簿に付されたそれぞれの価額の合計が記載される。しかし，物の価値は，時に応じて変動する。会計帳簿には，資産について，いつの時点の価額が付されるべきなのだろうか。会社計算規則は，取得価額（その資産を取得するために要した金額）を付すことが原則だとする（**原価主義**。会社計算5条1項）。ただし，資産の種類を問わず，時価が取得原価より著しく低下し，回復の見込みもないものには，時価を付さなければならない（同条3項1号）。また，市場価格のある資産（上場株式など）については，時価を付すことができる（**時価評価**。同条6項2号。以上を含めて，同条3項～6項を参照）。資産を取得価額で評価すれば，その金額は変動しないが，実際の価値と帳簿上の価額に差が生じる（前者の方が高い場合，その差が含み益と呼ばれる）。

機械，装置などは，資産価値の低下に応じて，事業年度ごとに減額していく（同条2項。**減価償却**。⇨ Column 5-2）。減額された部分は，損益計算書に費用（減価償却費）として計上される。

負債についても，どのような価額を付すかが問題になる。債務額（契約金額）を付すのが原則であるが，時価を付すことができる場合もある（会社計算6条）。

Column 5-2　期間損益計算と資産

製造業を営む会社を考えよう。会社の収益は，製品が販売された時点で生じたものとされる（実現主義）。逆にいえば，その代金が回収されていなくとも，損益計算書には収益が記載される。費用はどうか。会社が現実に支出をしたかどうかではなく，収益に対応する費用がいくらかを考えなければならない（費用収益対応の原則。以下の詳細について，数字でわかる会社法118頁以下〔小出篤〕参照）。

たとえば，会社がある製品を製造するための機械を，ある事業年度に1億円で購入したとしよう。この機械は5年間だけ使用でき，5年後の価値はゼロになるとする。1億円をすべてその事業年度の費用にすれば，機械の購入年度に多くの費用が計上される。他方で，その後は，機械が使用されているのに，費用としては何も計上されない。機械を資産として計上し，減価償却をするのは，このような事態を避けるためである。減価償却をすれば，5年間にわたって，1億円のうちの一部が減価償却費として費用計上され，残額は資産として計上される（5年目が終了すれば資産として計上された機械の価額はゼロになる）。こうすれば，その機械が生み出す収益に対応して，購入費用を計上することができる。減価償却の方法には，一定額ずつ減額する方法（定額法）や，一定率ずつ減額する方法（定率法）などがある。

繰延資産が計上される仕組みも，前記と同様である。たとえば，会社が新規の市場を開拓するために，ある事業年度に市場調査費として2千万円を支出したとしよう。これをすべてその事業年度の費用にすることもできる。しかし，2千万円を繰延資産（開発費）としていったんは資産に計上し，数年かけて償却（一部ずつ費用計上）すれば，その市場の開拓で生み出される収益に対応して，費用を計上することができる。もっとも，繰延資産のように換価性のない資産が自由に計上されることは，会社債権者の保護という点では問題がある。そのため，繰延資産として計上できるものは，会計基準で限定される（江頭648頁以下）。

(4)　損益計算書

損益計算書は，会社の経営成績を明らかにするため，一定の期間（435条2項による場合，一事業年度）における収益とそれに対応する費用を記載する計算書である（企業会計原則第二の一）。収益と費用をいくつかの項目に分けて（会社計算88条1項），一定の順序で区分・記載する（⇨**図表5-3**）。これによって，その事業年度の最終的な利益・損失の額だけでなく，それがどのような理由で生じたのかが表示される。

会社の本来の事業活動によって生じた収益が①売上高として記載され，それに対応する費用として，②売上原価（原材料費など）が記載される。「①－②」が売上総利益金額である（会社計算89条。マイナスなら売上総損失金額。以下，マイナスの場合について同様）。ここから③販売費及び一般管理費（広告宣伝費など）を引いたものが営業利益金額であり（同90条），本来の事業活動によって会社が上げた利益を示す。ここに営業外収益（受取利息など）を加え，営業外費用（支払利息など）を引いたものが，経常利益金額であり（同91条），一時的な収益・費用を除いて会社が上げた利益を示す。ここに，臨時に発生した収益・費用である特別収益（固定資産売却益など）・特別損失（固定資産売却損など）を加減したものが，税引前当期純利益金額である（同92条）。ここから法人税を減じるなどして，当期純利益金額が計算される（同93条・94条）。当期純利益金額が生じた場合，その金額分だけ，貸借対照表のその他利益剰余金の額が増加

図表 5-3　損益計算書

リーガルクエスト株式会社　損益計算書

(2020年4月1日から
2021年3月31日まで)

	百万円
売上高	4,862,220
売上原価	3,931,596
売上総利益	**930,624**
販売費及び一般管理費	797,852
営業利益	**132,772**
営業外収益	141,396
(受取利息及び配当金)	(84,237)
(その他)	(57,159)
営業外費用	63,025
(支払利息)	(6,814)
(その他)	(56,211)
経常利益	**211,143**
特別利益	7,777
(投資有価証券売却益)	(4,574)
(関係会社株式売却益)	(562)
(固定資産売却益)	(2,127)
(抱合せ株式消滅差益)	(514)
特別損失	84,556
(関係会社株式評価損)	(32,320)
(減損損失)	(41,050)
(事業構造改革特別損失)	(10,577)
(その他)	(609)
税引前当期純利益	**134,364**
法人税，住民税及び事業税	14,708
法人税等調整額	19,356
当期純利益	**100,300**

する（同29条1項2号）。

(5)　その他の書類

(a)　**株主資本等変動計算書**　　**株主資本等変動計算書**は，事業年度における純資産の部の変動を示す計算書である（会社計算96条）。同計算書によって，当期純利益による利益剰余金の増加，剰余金の配当による利益剰余金の減少，株式の発行による資本金・資本準備金の増加など，株主持分（⇨ 270 頁(2)）の増減の明細が示される。

(b)　**個別注記表**　**個別注記表**は，(3)，(4)，(5)(a)の書類によって会社の財産・損益の状態を正確に判断するために必要な注記事項を，まとめて表示するものである。各書類に関連した注記に加えて，継続企業の前提（会社の事業継続について疑義があるかどうか）や，重要な会計方針に係る事項に関する注記がされる（会社計算 97 条〜116 条）。

(c)　**事業報告**　**事業報告**は，事業年度中の会社の状況を説明する報告書である。会社の状況に関する重要な事項，内部統制システムの運用状況の概要，会社を支配する者の在り方に関する基本方針（買収防衛策の内容など）や，公開会社については株式会社の現況に関する事項，会社役員に関する事項，株式に関する事項，新株予約権に関する事項などが説明される（会社則 117 条〜126 条）。事業報告は会計に関する事項を含まないため計算書類ではなく，会計監査人の監査の対象にはならない（⇨ 278 頁(3)）。

(d)　**附属明細書**　**附属明細書**は，計算書類・事業報告の内容を補足する重要な事項を表示するものである（会社則 128 条，会社計算 117 条）。補足事項を記す点では個別注記表と同様であるが，こちらは招集通知には添付されない（⇨ 280 頁(5)）。

Column 5-3　**キャッシュ・フロー計算書**

金融商品取引法上の開示書類（⇨ 283 頁(3)）では，**キャッシュ・フロー計算書**の開示が要求される（財務規 110 条〜119 条）。これは，会社の資金収支と資金残高をまとめたものである。間接法といわれる作成方法をとる場合，損益計算書項目のうちキャッシュ・フロー（資金の増減）を伴わない項目（たとえば減価償却費）を戻し入れるなどの調整が行われる。キャッシュ・フロー計算書は，他のデータとも併せて，会社の将来のキャッシュ・フローを予測し，企業価値を評価することに役立つ（⇨ 90 頁**8**参照）。

2　決　　算

(1)　総　　説

1に説明した書類は，作成された後で監査・承認され，株主に剰余金の配当をする際の計算（⇨ 295 頁**3**）の基礎になる。また，これらの書類の内容は，利害関係者に公開される。作成から公開に至るこのような過程が，一般に，**決算**と呼ばれる。

(2) 作成と保存

会社は，各事業年度に係る計算書類，事業報告，これらの附属明細書を作成（電磁的記録も可）しなければならない（435条2項3項）。計算書類とその附属明細書は，計算書類作成時から10年間保存しなければならない（同条4項）。

会計参与が設置された会社では，会計参与も計算書類の作成に関与する（⇨209頁 Column 4-29 ）。

(3) 監　　査

監査機関を設置する会社では，監査機関が次の①②のように監査をする。

①会計監査人設置会社を除く監査役設置会社では，計算書類，事業報告，これらの附属明細書について，監査役の監査を受けなければならない（436条1項）。もっとも，監査役の監査の範囲を会計に関するものに限定する旨の定款の定め（⇨202頁 Column 4-24 ）がある会社では，監査役に事業報告を監査する権限はないと解されている（会社則129条2項参照）。

②会計監査人設置会社では，事業報告とその附属明細書について，監査役（監査等委員会設置会社では監査等委員会，指名委員会等設置会社では監査委員会）の監査を受けなければならない（436条2項2号）。また，計算書類とその附属明細書については，監査役等と会計監査人の監査を受けなければならない（同項1号）。計算書類とその附属明細書の監査は基本的に会計監査人が行い，監査役等は，会計監査人の監査の方法または結果が相当でないと認めたときはその旨および理由を監査報告に記載する（⇨ Column 5-4 ）。

以上にいう「監査」とは，対象となる書類が会社の状況を適正に表示しているかどうかについて意見を形成し，その意見を監査報告の形で表明することである（会社計算121条2項も参照）。そのために，書類が作成された後でこれをチェックするだけでなく（期末監査），事業年度途中でも調査等が行われる（期中監査）。

計算書類とその附属明細書を含む会計に関する書類（法務省令では**計算関係書**

類と呼ばれる。会社則2条3項11号・会社計算2条3項3号）の監査は，一般に，**会計監査**と呼ばれる。会計監査は，会社が公開する会計情報の適正性を担保するために行われる。これによって，株主だけでなく，会社債権者や，投資者の利益の保護も図られる。たとえば，会社が計算書類に架空の利益を計上し（粉飾決算），それをもとに株主に多額の剰余金の配当を行えばどうなるだろうか。会社財産が違法に流出したことによって会社債権者の利益は害されるし，会社の状態が実際には悪いことを知らずに会社の株式を購入した投資者は，後で粉飾決算の事実が明らかになれば，株価の低下による損失を被るだろう。このようなことを防ぐためにも，会計監査は重要な役割を果たす。

Column 5-4　監査報告と会計監査報告

監査の結果は，**監査報告**（監査役，監査役会，監査等委員会，監査委員会が作成）と**会計監査報告**（会計監査人が作成）にまとめられる。前記①の会社の監査報告では，監査役と監査役会が，計算書類，事業報告，これらの附属明細書が適正であるかどうかについて意見を表明する（それ以外の内容を含め，会社則129条・130条2項，会社計算122条・123条2項）。②の会社では，会計監査人が，会計監査報告で，計算書類とその附属明細書が適正であるかどうかについて意見を表明する（それ以外の内容を含め，会社計算126条）。監査役，監査役会，監査等委員会，監査委員会は，監査報告で，事業報告とその附属明細書が適正であるかどうかについて意見を表明するとともに（それ以外の内容を含め，会社則129条1項・130条2項・130条の2第1項・131条1項），会計監査人の監査の方法または結果が相当でないと認めたときはその旨および理由を記す（それ以外の内容を含め，会社計算127条・128条2項・128条の2第1項・129条1項）。

監査報告（監査役会設置会社では監査役会の監査報告だけ）・会計監査報告の内容は，一定の期限までに一定の会社機関に対して通知しなければならない（会社則132条，会社計算124条・130条・132条）。事業報告についての監査報告と，計算書類・連結計算書類（⇨281頁[3]）についての監査報告とで，通知期限・通知先が別に定められているが，実務上，これらは一体として作成される。

(4)　取締役会の承認

取締役会設置会社では，計算書類，事業報告，これらの附属明細書は，取締役会の承認を受けなければならない（436条3項）。会計参与設置会社について，376条も参照。

(5) 株主等への提供

取締役会設置会社では，取締役は，定時株主総会の招集の通知に際して，取締役会の承認を受けた計算書類・事業報告と，監査報告・会計監査報告を，株主に提供しなければならない（437条）。

会社は，計算書類，事業報告，これらの附属明細書，監査報告，会計監査報告を，定時株主総会の日の2週間前（非取締役会設置会社では1週間前）から一定期間，会社の本店・支店（写し）に備え置かなければならない（442条1項2項）。株主，会社債権者，親会社社員は，一定の要件の下で，これらの閲覧や，謄本・抄本の交付等を請求することができる（同条3項4項）。

(6) 定時株主総会

取締役は，（(3)(4)の監査・承認を要する場合はそれを受けた）計算書類・事業報告を定時株主総会に提出（非取締役会設置会社では提供。そのような会社では437条の提供が行われないため）し，計算書類の承認を受け，事業報告の内容を報告しなければならない（438条）。

ただし，会計監査人設置会社では，(4)の承認を受けた計算書類が法令および定款に従い会社の財産および損益の状況を正しく表示しているものとして法務省令で定める要件に該当する場合，定時株主総会の承認は不要であり，取締役は，計算書類の内容を定時株主総会に報告しなければならない（439条）。この要件には，①会計監査報告に無限定適正意見が付されていること，②会計監査人の監査の方法または結果を相当でないと認める監査役，監査役会，監査等委員，監査委員の意見がないこと等が含まれる（会社計算135条）。計算書類の内容は複雑で，特に上場会社では株主総会で承認するのに適していないとも考えられるし，前記の要件が充たされる場合，会計監査人の監査によって計算書類の内容の適正性が担保されているといえるからである。

Column 5-5　計算書類を承認する決議の無効と取消し

定時株主総会で承認された計算書類の内容が会社計算規則に違反する場合，その決議は内容が法令に違反しており（830条2項参照），無効である。特段の事情がないにもかかわらず，企業会計原則等の一般に公正妥当と認められる企業会計の慣行（⇨268頁(3)）に従わずに作成された計算書類が承認された場合も，同様である。ただし，継続性の原則（⇨ 268 頁(3)）に違反した場合については，争いがある（江頭 615 頁注 9 参照）。

会社法が要求する監査を受けない計算書類を定時株主総会が承認した場合，その決議には取消事由（決議方法の法令違反。831 条 1 項 1 号）がある（最判昭和 54・11・16 民集 33 巻 7 号 709 頁〔百選 43，商判 I-94〕）。

内容が適法な計算書類を承認する定時株主総会決議に何らかの取消事由があり，決議が取り消された場合（831 条 1 項），計算書類はどうなるか。この場合，当該決議は遡って無効になり，承認された計算書類は未確定なものになるから，それを前提とする次期以降の計算書類の記載内容も不確定なものになる（最判昭和 58・6・7 民集 37 巻 5 号 517 頁〔百選 39，商判 I-86〕）。決議が取り消された期の計算書類の承認のための決議を改めて適法に行えば（再決議），後続年度の計算書類も確定したものになる。

(7) 公　　告

会社は，定時株主総会の終結後遅滞なく，貸借対照表（大会社では損益計算書も）を公告しなければならない（440 条 1 項）。公告方法が官報または日刊新聞紙である会社は，貸借対照表の要旨を公告することで足り（同条 2 項），貸借対照表の内容である情報（要旨ではない）をインターネット等で公開することもできる（同条 3 項，会社計算 147 条）。有価証券報告書提出会社（⇨ 283 頁(3)）は，以上の公告等を免除される（440 条 4 項）。

Column 5-6　計算書類の公告は行われているか

貸借対照表・損益計算書の公告義務は，すべての株式会社によって遵守されているわけではない。会社法制定当時，小規模な会社の多くがこれを遵守していなかった。そのため，公告を義務づける会社の範囲を限定することや，公告義務を廃止することも検討された。しかし，最終的には，会社の規模や機関設計を問わず，公告義務が残されることになった。長期的には小規模な会社も含めて開示を推進すべきであり，遵守されていないにせよ，公告義務を定めておくことが望ましいと判断されたためである。

3 連結計算書類

ここまで説明してきた計算書類は，1 つの会社が，その会社自身について作成する計算書類である（単体計算書類）。しかし，現実には，親会社と子会社から成る企業グループとして事業を行っている会社が多い（⇨第 10 章第 2 節 **1** (1)）。

その場合，企業グループ全体の財政状態・経営成績を知らなければ，グループを構成する個別の会社についても，意味のある理解をすることが難しい。そこで，ある会社とその子会社から成る企業集団について作成されるのが，**連結計算書類**である（444条1項かっこ書）。連結貸借対照表，連結損益計算書，連結株主資本等変動計算書，連結注記表が，これにあたる（会社計算61条1号。同62条～69条に詳細な定めが置かれる）。国際会計基準等に準拠して連結計算書類を作成することも認められる（同61条2号～4号・120条～120条の3）。連結計算書類では，企業グループ全体をいわば1つの会社に見立てて，グループ内の株式保有関係や債権債務関係が相殺消去される。子会社がそのような計算に含まれることに加え，親会社が保有する関連会社（当該会社が財務および事業の方針の決定に対して重要な影響を与えることができる会社等。⇨479頁**2**）の株式について，持分法（関連会社の純資産・損益の変動に応じて，関連会社への投資の金額を事業年度ごとに修正する方法）が適用される。

会計監査人設置会社は，連結計算書類を作成（電磁的記録も可）することができる（444条1項2項）。事業年度の末日において大会社でありかつ有価証券報告書提出会社（⇨283頁(3)）である会社は，当該事業年度に係る連結計算書類を作成しなければならない（同条3項）。連結計算書類についても，監査，取締役会の承認，株主への提供，定時株主総会での報告が行われなければならない（同条4項～7項）。

4 開　　示

(1) 総　　説

会社は，その情報を株主や会社債権者といった利害関係者に開示することを，法律等によって強制される。これを**開示制度**という。

開示制度の機能として，利害関係者への情報の提供，利害関係者の権利行使の実質化（合理的な判断にもとづく行使を可能にする），不正の抑止といったことを挙げることができる（龍田＝前田43頁）。

開示の方法として，関係者に情報を直接提供する方法（**直接開示**）と，一定の場所で情報を提供する方法（**間接開示**）が区別される。前者の例として，公告や，株主等に書類を直接送付する方法，後者の例として，登記や，会社の本店・支店に書類を備え置く方法，公衆縦覧（⇨(3)）がある。かつては間接開示の方が多くの情報を提供できるものだったが（紙に印刷して送付できる情報の量には限界がある），電子開示の発達（登記について⇨22頁(2)，公告について⇨32頁 Column 2-4 ，株主総会資料の電子提供制度について⇨147頁 Column 4-5 ）によって，このような区別は意味を失いつつある。

(2)　会社法上の開示

会社法上，たとえば，次の開示が定められる。①計算書類，事業報告などが，定時株主総会の招集の通知の際に提供され，また，会社の本店・支店に備え置かれる（⇨280頁(5)）。書面等による議決権行使が認められる場合には，株主総会参考書類が株主に交付される（⇨158頁(b)）。さらに，合併等の組織再編の承認に関連して，以上と同様の開示が定められる（⇨422頁[3]，425頁(a)，449頁(3)）。②貸借対照表の公告等がなされる（⇨281頁(7)）。③会社に関する一定の事項が登記される（911条。⇨第2章第4節45頁以下）。

(3)　金商法上の開示

金融商品取引法（金商法）は，上場会社等に，会社法が要求するよりもはるかに詳細な開示を要求する。同法による開示は，会社が発行する証券の価値に関する情報を提供させることで，市場がそのような情報を迅速・正確に反映し，市場を通じた効率的な資源配分が達成されることを目的とする。これによって，投資者の保護が，同時に達成されることが期待される（山下友信＝神田秀樹編『金融商品取引法概説〈第2版〉』〔有斐閣，2017年〕7頁以下〔山下友信〕参照）。

金商法上の開示は，大きく，次の2つに区別することができる。

①証券発行の際に，発行者は開示を要求される（**発行開示**）。証券発行の場面は発行市場と呼ばれ，そこで証券を取得しようとする投資者の投資判断に役立つために開示が強制されるのである。発行開示は，**有価証券届出書**の公衆縦覧（金商5条・25条）と，投資者への**目論見書**（もくろみしょ）の交付（同13条・15条）によって行われる。

②証券の発行者には，定期的な開示が要求される（**継続開示**）。これは，流通市場（取引所）で取引される証券について，投資判断に役立つために開示を強

制するものである。たとえば，上場会社や，資本金5億円以上かつ株主数1000名以上の会社は，事業年度ごとに，**有価証券報告書**を提出しなければならない（金商24条1項，金商令3条の6）。上場会社等にはそのほかにも様々な書類の提出が義務付けられ，提出された書類は公衆縦覧に供される（金商25条）。

金商法上の開示書類に含まれる貸借対照表等（**財務諸表・連結財務諸表**）は，財務諸表規則・連結財務諸表規則に従って作成されなければならない（金商193条，財務規1条，連結財務規1条）。

金商法上の開示書類については，電子開示制度（EDINET）が整備されている（⇨巻末ウェブサイト集）。

以上の開示に虚偽記載があった場合等について，金商法は，発行者（会社）やその役員など一定の者に刑事責任や民事責任を課すほか，課徴金制度を設けている（金商17条～22条・24条の4・172条の2・172条の4・197条1項1号・207条など）。

(4)　取引所が要求する開示

金融商品取引所は，上場規則で，上場会社に対して，投資判断にとって重要な会社情報が生じた場合には，ただちにその内容を開示することを要求する（適時開示，**タイムリー・ディスクロージャー**）。また，上場会社は，取引所が定めた様式によって，決算の内容を速報として開示することを義務付けられる（決算短信）。

5　会計帳簿の閲覧，会社財産の調査

(1)　帳簿閲覧請求権

(a)　意　義　　計算書類や附属明細書は，一定の方法で株主に開示される（⇨280頁(5)）。これに対して，それらの書類を作成するもとになった会計帳簿（⇨2）については，次のように閲覧等が認められる。

総株主の議決権の100分の3以上の議決権または発行済株式の100分の3以上の数の株式を有する株主（いずれの割合も定款で引き下げることができる）は，会社の営業時間内に，いつでも，会計帳簿またはこれに関する資料の閲覧または謄写を請求することができる（433条1項）。この権利を**帳簿閲覧請求権**という。

この権利は，株主が権利を行使するために情報を収集する手段として認められる。自益権（⇨65頁(a)）を行使するためであっても請求は認められる（譲渡承認手続に適切に対処するために，株式の適正な価格を算定する目的でした請求が問題になった事例として，最判平成16・7・1民集58巻5号1214頁〔百選77，商判I-160〕）。

親会社社員（親会社の株主その他の社員。31条3項。親会社には株式会社以外の形態も含まれる。⇨478頁 Column 10-1 ）は，その権利を行使するために必要があるときは，裁判所の許可を得て（868条2項・869条参照），子会社の会計帳簿・資料について閲覧・謄写を請求することができる（433条3項）。この場合，親会社社員は，433条1項と同様の要件を親会社との間で充たさなければならない（立案担当123頁）。

433条1項・3項の請求（以下では閲覧請求という）の対象になる会計帳簿とは，通常は仕訳帳，元帳，補助簿を指し，それに関する資料とは，会計帳簿作成にあたって直接の資料になった書類，その他会計帳簿を実質的に補充する書類を意味すると述べた裁判例がある（横浜地判平成3・4・19判時1397号114頁〔百選A30，商判I-161〕）。これに対して，ここでの会計帳簿・資料とは，会社の会計に関する一切の帳簿・資料を指すとする見解も有力である（江頭708頁）。

閲覧請求をする際には，その理由を明らかにしなければならない（433条1項柱書後段・3項後段）。請求の理由は具体的に述べなければならないが（最判平成2・11・8判時1372号131頁），その請求の理由を基礎付ける事実が客観的に存在することを証明する必要はない（前掲・最判平成16・7・1）。閲覧請求は，そのような証明をこれから行うためにこそ，するものだからである。

(b)　**請求の拒絶**　　会計帳簿の閲覧は，会社の業務を阻害する危険や，営業秘密（たとえば，製品の原価や原材料の仕入れに関する情報）の漏洩の危険を伴う。他方で，取締役が自己の利益のために閲覧請求を拒絶することを防止する必要もある。そのため，閲覧請求を拒絶できる事由が433条2項に列挙され，そのいずれかに該当することを会社が証明した場合に限って，閲覧請求を拒絶することができる（433条2項4項）。

Case 5-1　Xは，Y会社の株式を5%保有している。XはN市の卸売市場の青果仲卸業者であり，専ら果実類を取り扱っている。Y会社は同じ市場の青果仲卸業者であり，専ら野菜類を取り扱っている。Xは，Y会社の代表取締役の責任を追及するための資料を収集するため，Y会社の会計帳簿の閲覧・謄写を請求した。Y会社は，XがY会社の業務と実質的に競争関係にある事業を営むこと（433条2項3号）を理由に，閲覧・謄写を拒絶した。これに対して，Xは，Xが近い将来に野菜類を取り扱う予定はなく，閲覧・謄写によって知ることができる事実を自己の競業に利用する主観的意図はないため，閲覧・謄写が認められるべきだと主張した。

433条2項3号は，実質的に競争関係にある事業を請求者が営み，またはこれに従事するものであることを，拒絶事由とする。判例（最決平成21・1・15民集63巻1号1頁〔百選78，商判I-163〕）は，同項3号の拒絶事由があるというためには，同号を充たす客観的事実が認められれば足り，請求者に会計帳簿の閲覧・謄写によって知りうる情報を自己の競業に利用するなどの主観的意図があることを要しないとする。このような立場からすれば，〈Case 5-1〉のXの主張も認められない。会計帳簿には会社の営業秘密にかかる情報が含まれること，閲覧・謄写によって取り出された情報がその後消滅することはなく，不正利用の危険は残ることからすれば，判例の立場が不当とはいえないだろう。また，請求者がその親会社と一体的に事業を営んでいると評価できる場合には同項3号の実質的な競争関係の有無を判断するにあたって親会社の事業内容もあわせて考慮すべきであるし，近い将来において競争関係に立つ蓋然性が高い場合も同項3号にいう「競争関係」に含まれるとする裁判例がある（東京地判平成19・9・20判時1985号140頁〔商判I-162〕）。

(2)　検査役による調査

会社法には，株主自らが会社の業務・財産の状況を調査する権利は定められていない。その代わり，このような調査を**検査役**に行わせる制度がある。すなわち，会社の業務の執行に関して，不正の行為または法令・定款に違反する重大な事実があることを疑うに足りる事由があるときは，総株主の議決権の100分の3以上の議決権または発行済株式の100分の3以上の数の株式を有する株主（いずれの割合も定款で引き下げることができる）は，会社の業務・財産の状況を調査させるため，裁判所に対して，検査役の選任の申立てをすることができる（358条1項〜3項。申立てが認められた事案として，大阪高決昭和55・6・9判タ

427号178頁〔百選A27，商判I-165〕)。持株要件は，申立ての後も維持されなければならない（最決平成18・9・28民集60巻7号2634頁〔百選59，商判I-166〕)。

検査役は，その職務を行うために必要があるときは，子会社の業務・財産の状況を調査することもできる（358条4項)。検査役は必要な調査を行い，その結果を裁判所に報告し，会社・申立株主に提供しなければならない（同条5項～7項)。検査役の報告を受けて，裁判所は，必要があると認めるときには，株主総会の招集等を命じる（359条)。

第2節　剰余金の配当

1 剰余金の配当と資本金・準備金

(1) 総　　説

株式会社は，事業による利益を株主に分配することを目的とする（105条2項参照)。利益の分配の基本的な方法が，剰余金の配当である（453条)。この方法による場合，株主には，持株数に応じて（ただし⇨294頁(4)），金銭等の会社財産が分配される。剰余金の配当の原資は，利益に相当しないものを含むことがあるが（⇨296頁**図表5-7**），通常その大部分が利益に相当する。そのため，「剰余金の配当」はおおむね株主への利益の分配だと考えればよい。

利益がある場合にも，会社は，そのすべてを株主に分配しなければならないわけではない。むしろ，利益の一部だけを分配し，残りはそのまま残しておくことが多いだろう（**内部留保**，留保利益)。

剰余金の配当は，株主と会社債権者の利害が対立する場面である。株主は，自己の有する株式の引受価額を超えて，会社債権者に対して責任を負うことがない（**株主有限責任の原則**。104条)。そのため，たとえ会社が破綻して，残った資産が債権の額に満たないとしても，会社債権者は残額の支払を株主に請求することができない（⇨71頁**3**)。会社債権者にとっては会社財産だけが頼りであり，会社財産が自由に株主に分配されれば，会社債権者の利益が害されるかもしれない。会社債権者がこのことを見越して，会社への貸付けの際にその分だけ高い利息を求めれば，会社にとっても借入れを通じた資金調達の費用がかさむことになる。そこで，会社法は，剰余金の配当の手続や限度について規制を置く。法令や定款に違反した剰余金の配当については，刑事罰も課される(会社財産を危うくする罪。963条5項2号)。

なお，会社債権者にはさまざまな者が含まれるが（⇨315頁 Column 5-16），さしあたりは，会社に貸付けを行う者（貸付債権者）を念頭に置けばよいだろう。

Column 5-7 個人商人・持分会社と利益の分配

個人商人について，出資者有限責任の原則といったものはない。個人商人は，事業用の財産だけで債務を完済することができなければ，個人財産をもって残額を弁済しなければならない（無限責任）。だからこそ，個人商人については，利益の引出しの限度についての法的な規制も存在しない。

持分会社の無限責任社員は無限責任を負い（580条1項），有限責任社員は有限責任を負う（同条2項）。合名会社・合資会社には少なくとも1人は無限責任社員がいるため（576条2項3項），個人商人と同様に，利益の配当の限度について法的な規制は基本的には存在しない（ただし623条）。他方で，合同会社には無限責任社員がいないため（576条4項），利益の配当が規制される（628条～631条。以上について⇨497頁(2)）。

(2) 資本制度

剰余金の配当ができる限度額の計算方法は複雑だが（⇨295頁(2)），その基礎には，資産の額が「負債＋資本金・準備金の額」を超えた分だけを株主に分配できるという考え方がある（⇨**図表5-4**）。仮に，会社をただちに清算するとしよう。資産の額が負債の額以上であれば，会社債権者は債権全額について満足を得ることができる。ところが，会社法は，資産の額が，負債に加えて資本金・準備金の額をも超えなければ，剰余金の配当を許さない。会社の資産の額は急激に減少することもあるため，資産を負債よりも多めに維持すべきものとされるのである（債権者保護のためのクッションないしバッファー）。なお，資本金・準備金の額は，計算上の数字にすぎないことに注意しよう。その額に対応する会社の資産が，どのような形態をとっているかは問題ではない（会社の金庫に資本金・準備金という名目の現金が保管されているわけではない）。

このように，会社は，（負債の額に加えて）資本金・準備金の額に相当する財産を維持することを要求される（**資本維持の原則**）。また，その前提として，出

図表 5-4　資本制度

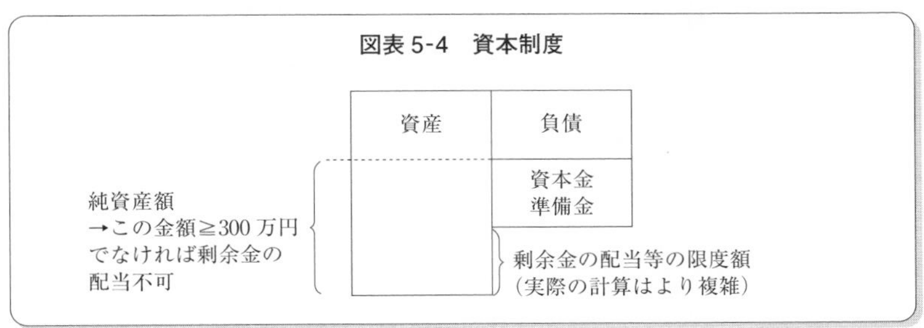

資が行われる場面で，出資者が資本金・準備金の額に相当する財産を確実に拠出することが要求される（**資本充実の原則**）。現物出資について検査役の調査が行われることは（⇨39頁**5**，335頁(2)），この表れである。さらに，資本金・準備金の額は，会社債権者を保護するためのものであるから，これを会社が自由に減少することは許されない（**資本不変の原則**）。

もっとも，会社法は，資本金・準備金の最低額を規定しておらず（会社法制定前には最低資本金の規制があった。⇨15頁**3**），資本金・準備金の額が低すぎれば，会社債権者の保護のために十分とはいえない。そこで，**純資産額**（資産額から負債額を引いた額）が300万円を下回る場合には，剰余金の配当をすることができないものとされる（458条。⇨**図表5-4**，294頁(3)）。

Column 5-8　**資本制度はなくなった？**

以上に挙げた3つの原則は，資本金・準備金の額を基準として会社財産の充実・維持を要求することで，会社債権者を保護しようとするものである。このようなシステムは，**資本制度**といわれる。会社法の立案担当者は，資本充実の原則については，その表れとされる規定の多くが廃止されたし，現物出資等の規制は会社債権者を保護するためではなく，株主間の利害調整を図るための制度だとする。また，資本維持の原則・資本不変の原則も，用語法として適切ではないと批判される（立案担当278〜286頁）。しかし，学界では，伝統的な考え方を維持し，資本充実の原則が会社債権者の保護と関係があるとする見解もなお有力である（コンメ(1)307頁〔江頭憲治郎〕）。本書の著者も皆，前記の立案担当者の見解に決定的な説得力はないし，伝統的な議論にはなお意味があると考え，伝統的な発想にもとづく記述を行っている。

(3)　資本金と準備金

(a)　**意義等**　　(2)に述べたように，資本金・準備金（資本準備金と利益準備金）の額は，剰余金の配当ができる限度を画する役割を果たす。資本金・準備金の額は，会社債権者を保護するために設定される数字であり，株式の発行など一定の場合に増加する。他方で，資本金・準備金の額は，（特に会社債権者を保護するための）所定の手続をとらない限り減少しない（⇨310頁(b)）。資本金・準備金の額は，会社の貸借対照表に計上され，それを通じて公示される（⇨283頁(2)）。また，資本金の額は登記される（911条3項5号）。

(b)　**金　額**　　**資本金**の額は，次のように定める。すなわち，設立または株式の発行に際して，株主となる者が会社に対して払込みまたは給付をした財産の額は，資本金の額とされる（445条1項）。ただし，そのうちの2分の1を超えない額は，資本金とせず，**資本準備金**として計上することができる（同条2項3項）。これらの額の計算方法の詳細については，法務省令に定められる（会社計算13条・14条・43条等）。

会社が剰余金の配当をする場合には，「減少する剰余金の額×1/10」の額を資本準備金または**利益準備金**として計上しなければならない。このような準備金の計上は，準備金の額が「資本金の額×1/4」の額になるまで行えばよい（445条4項，会社計算22条）。

募集株式について出資を要しないものとする場合（⇨323頁(b)）にも，一定の額が資本金・準備金として計上される（445条6項，会社計算2条3項34号・42条の2・42条の3・54条の2）。

会社が合併等を行った際にも，一定の額が資本金・準備金として計上される（445条5項，会社計算35条以下）。

(c)　**資本金・準備金と資本維持**　　資本金・準備金の額は会社債権者を保護するための計算上の数字である（⇨288頁(2)）と説明されても，よく分からない読者が多いだろう。詳細を無視すれば，次のように説明することもできる。(b)に述べたように，資本金・資本準備金の額は，設立や株式の発行の際に株主が会社に払い込んだ金額（払込資本）に相当する。したがって，資本維持の原則は，ごく大まかには，「負債の額＋株主からの払込額」によって調達した資産を元手として，会社が利益を上げた場合に初めて，その利益だけを株主に分配することを許すルールだということができる。出資の際に株主が払い込んだ金額を中心として，会社債権者を保護するためのクッション（バッファー）の金額が設定されるというわけである。

> **Column 5-9　資本金・準備金の額の増加**
> 資本金・準備金の額は，(b)に述べたように株式の発行，剰余金の配当，合併等の際に増加する。そのほかに，会社は，その他資本剰余金・その他利益剰余金の額を減少して，資本金・準備金の額を増加することができる（資本金・準備金への振替え）。会社法はこれを「資本金の額の増加」「準備金の額の増加」と呼ぶ（450条・451条。⇨311頁**図表5-11**⑦〜⑩）。資本金・準備金の額の増加は，株主総会決議（普通決議）によらなければならない（450条2項・451条2項）。減少するその他資本剰余金・その他利益剰余金の額は，資本金・準備金の額の増加が効力を生ずる日における剰余金の額（446条）を超えてはならない（450条3項・451条3項）。一度振り替えられた金額を再び剰余金に戻すためには，資本金・準備金の額の減少の手続（⇨309頁(2)）によらなければならない。振り替えられた金額について，拘束性が増す（株主に配当しにくくなる）のである。

(d)　**任意積立金**　　会社は，株主総会の決議（普通決議）によって，**任意積立金**を計上することができる（452条）。これは，法律上は株主に配当できる剰余金の額の一部を，会社が自発的に「○○積立金」といった名称を付して取り置くものである。貸借対照表上は，純資産の部のその他利益剰余金を繰越利益剰余金と任意積立金に細分する形で記載される（会社計算141条5項。⇨273頁**図表5-2**）。株主総会の決議によって，任意積立金を取り崩す（繰越利益剰余金に振り替える）こともできる。

2　剰余金の配当手続等

(1)　総　　説

剰余金の配当（会社財産が流出する）と，剰余金の額について項目の振替えをすること（会社財産は流出しない）をあわせて，**剰余金の処分**という。会社は，株主総会の決議によって，資本金・準備金の額の増加（⇨ Column 5-9 ）と，剰余金の配当その他会社の財産を処分するものを除く，剰余金の処分をすることができる（452条）。452条が定める剰余金の処分は，会計慣行が許す限りで可能であり，同条が例示する損失の処理（⇨309頁(a)），任意積立金の計上のほか，

図表 5-5 剰余金の処分

会社の財産を処分	剰余金の配当	453 条以下
	その他（剰余金の処分としての賞与など）	×
会社の財産を処分せず （項目の振替え）	資本金・準備金の額の増加のためのもの	450 条・451 条
	その他（会計慣行が許すものに限る）	452 条

任意積立金の取崩し（⇨ 291 頁(d)）がこれに含まれる。452 条所定の剰余金の処分によって会社の財産を処分することはできないため（同条かっこ書），剰余金の処分として役員に賞与を支給することはできない（⇨**図表 5-5**）。以下では，剰余金の処分のうちでも最も重要な，剰余金の配当の手続と要件等について説明しよう。

(2) 手　続

(a) 原　則　会社は，その株主（当該会社自身を除く。⇨ 307 頁(1)）に対して，**剰余金の配当**をすることができる（453 条）。会社は，剰余金の配当をしようとするときは，そのつど，株主総会の決議（普通決議）によって，配当財産の種類と帳簿価額の総額，株主に対する配当財産の割当てに関する事項，および，剰余金の配当の効力が生じる日を，定めなければならない（454 条 1 項）。

取締役会設置会社は，1 事業年度の途中に 1 回に限り，取締役会の決議によって剰余金の配当（金銭配当に限る）をすることができる旨を定款で定めることができる（454 条 5 項）。このような配当を**中間配当**という。

Column 5-10　現物配当

配当される財産は金銭に限らないが，金銭以外の財産が配当される場合（**現物配当**）については，特別の規制がある。すなわち，株主に対して金銭分配請求権（その配当財産に代えて金銭を交付することを会社に請求する権利。454 条 4 項 1 号）を与えない場合には，現物配当は特別決議によらなければならない（309 条 2 項 10 号）。株主は金銭に比べて流動性の低い財産の受領を強いられるからである。実際に現物配当に用いられる財産として，たとえば子会社株式が考えられる（⇨ 411 頁 Column 9-17 ）。その会社自身の株式等（107 条 2 項 2 号ホ）は，配当財産とすることができない（454 条 1 項 1 号かっこ書）。これを株主に交付するには，募集（199 条以下・238 条以下・676 条以下）または無償割当て（185条以下・277条以下）によって交付しなければならない（現物配当については，454条4項2号・455条・456条も参照）。

(b)　取締役会への権限の付与　次のⓐ〜ⓒを充たす会社は，剰余金の配当（金銭分配請求権を株主に与えない現物配当を除く）について取締役会が定めることができる旨を定款で定めることができる（459条1項4号）。ⓐ会計監査人設置会社であること。ⓑ取締役（監査等委員会設置会社では監査等委員以外の取締役）の任期が1年を超えないこと。ⓒ監査役会設置会社，監査等委員会設置会社または指名委員会等設置会社であること。このような定款の定めは，第1節**3** 2 (6)①②（280頁）と同様の要件を充たす場合に限って，その効力を有する（同条2項，会社計算155条）。要するに，剰余金の配当の基礎になる計算書類が信頼に足りるものであり，かつ，年に一度は取締役への株主の信任を確認する機会がある場合にかぎって，剰余金の配当権限を一般的に取締役会に与えることが認められるのである。以上の定款の定めを置く場合，剰余金の配当について株主総会決議では定めない旨を定款で定めることができる（460条）。

以上と同様の要件の下で，自己株式の有償取得（⇨304頁(a)），欠損填補のための準備金減少（⇨309頁(2)），452条所定の剰余金の処分（⇨(1)）についても，取締役会の権限事項とすることができる（459条1項1号〜3号）。

Column 5-11　剰余金の配当の決定権限

会社は，通常，利益の一部だけを剰余金の配当として株主に分配する（⇨287頁(1)）。どれだけ内部留保をし，どれだけ株主への分配をするかは，会社に有利な投資機会があるか，また，課税上の扱いなども考慮して決定される。会社は利益を株主に分配するための仕組みであるとはいっても，剰余金の配当についてどの会社機関に決定させることが望ましいかは，別の問題である。

以上の記述からも，剰余金の配当額の決定は，高度な経営上の決定といえることが分かるだろう。そのことからすれば，特に上場会社では，剰余金の配当の決定を，取締役会に委ねる方が望ましいかもしれない。他方で，剰余金の配当を受けることは，株主の最も基本的な利益ともいえる。そこで会社法は，(b)に述べた要件を充たす会社について剰余金の配当権限を取締役会に付与することを認めることで，バランスをとっている。

(c)　手続に違反する剰余金の配当　以上の手続に違反する剰余金の配当は，無効である。

(3)　配当額の制限等

会社の純資産額が300万円を下回る場合，剰余金の配当はできない（458条。⇨288頁(2)）。剰余金の配当によって株主に対して交付する金銭等の総額は，分配可能額を超えてはならない（461条1項8号。⇨**3**）。剰余金の配当をする場合には，会社法・法務省令が要求する準備金の計上をしなければならない（445条4項，会社計算22条。⇨290頁(b)）。

(4)　回数と基準

(2)の手続を踏み，(3)のルールに従う限り，会社は1事業年度に何度でも剰余金の配当をすることができる。多くの会社は，事業年度の末日を基準日として剰余金の配当をする（期末配当）とともに（⇨112頁(4)，144頁 Column 4-4 も参照），その半年後の日を基準日として中間配当をする。また，**四半期配当**（3か月ごとの配当）をする会社もある。四半期配当をするためにそのつど株主総会を開催すること（454条1項柱書参照）は現実的ではないので，剰余金の配当権限を取締役会に移すことになる（459条。⇨(2)(b)）。

株主に対する配当財産の割当ては，株主の有する株式の数に応じて行わなければならない（454条3項）。ただし，自己株式（同項かっこ書。⇨307頁(1)），配当について内容の異なる種類株式を発行する場合（454条2項・3項かっこ書。⇨79頁(a)），109条2項の定款規定（⇨89頁(4)）がある場合は別である。

(5)　配当金の支払等

剰余金の配当の効力が生じれば，**配当金支払請求権**が発生する。いったん発生した同請求権は独立した権利であり，株式が譲渡されても当然には移転しない。配当は，株主名簿上の株主の住所または株主が会社に通知した住所において交付しなければならない（457条）。

会社が剰余金の配当をする場合，①株主に配当された額をその他資本剰余金またはその他利益剰余金の額から減じ（いずれからいくら減じるかは会社が定める），さらに，②445条4項にしたがって準備金に計上される額（⇨290頁(b)）を，①の割合に応じてその他資本剰余金またはその他利益剰余金の額から減じる（会社計算22条・23条）。

3 分配可能額

(1) 総　　説

剰余金の配当は，**分配可能額**の限度内で行わなければならない（461条1項8号。⇨**2**(3)）。会社による自己株式の取得の一部も，同様のルールに服する（同条1項1号～7号。⇨303頁**図表5-9**）。分配可能額は，剰余金の額を基礎に計算される（⇨(2)）。分配可能額の規制に違反して剰余金の配当等が行われた場合や，期末に分配可能額がマイナスになった場合について，特別の責任が定められる（⇨(3)(4)）。

(2) 分配可能額の計算

会社法・会社計算規則が定める分配可能額の計算方法は複雑なので，以下では，基本的な部分だけを説明する（⇨**図表5-6**。詳細については，数字でわかる会社法124頁以下〔小出篤〕参照）。

ある事業年度Ⅱに剰余金の配当をする際の分配可能額を計算するとしよう。まず，剰余金の額が，最終事業年度の末日におけるその他資本剰余金・その他利益剰余金の額を基礎に（⇨**図表5-7**（*2）），さまざまな金額を加減して計算さ

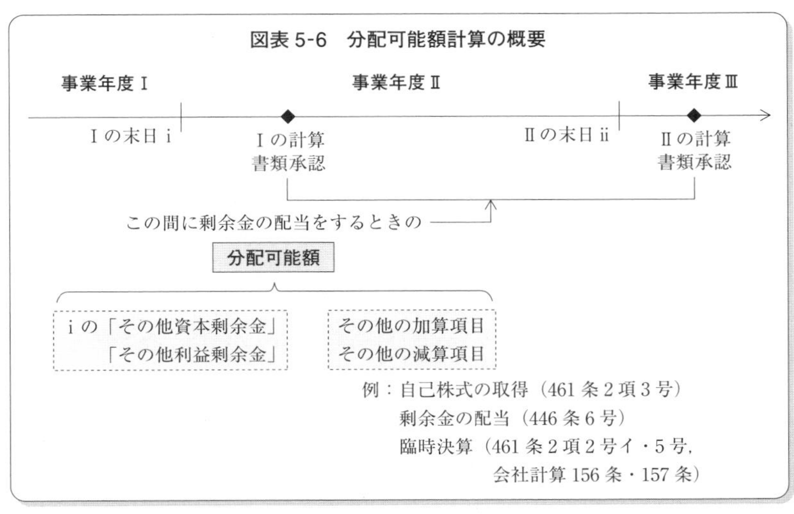

図表 5-7　分配可能額

剰余金の額	分配可能額
[＋項目] ・最終事業年度の末日における「その他資本剰余金の額＋その他利益剰余金の額」(*2) (446①，会社計算 149) ・自己株式処分差損益（*3）(446②) ・資本金減少差益（446③) ・準備金減少差益（446④)。 ・吸収型再編受入行為による剰余金の増減額（446⑦，会社計算 150 I ⑤) ・不公正額引受けの責任の履行額（446⑦，会社計算 150 I ⑥) [－項目] ・自己株式消却損（446⑤) ・剰余金の配当をした額（446⑥) ・資本金・準備金繰入額（446⑦，会社計算 150 I ①) ・剰余金の配当による準備金計上額（446⑦，会社計算 150 I ②) ・吸収型再編受入行為に係る自己株式処分差損益（446⑦，会社計算 150 I ③) ・会社分割の際の剰余金減少額（446⑦，会社計算 150 I ④)	[＋項目] →・剰余金の額（461 II ①) ・臨時決算益（461 II ②，会社計算 156) ・株式を対価とする自己株式取得（461 II ⑥，会社計算 158⑨) ・吸収型再編受入行為等に係る自己株式処分対価額（461 II ⑥，会社計算 158⑩) [－項目] ・自己株式の帳簿価額（*3）(461 II ③) ・自己株式処分対価額（*3）(461 II ④) ・臨時決算損（461 II ⑤，会社計算 157) ・のれん等調整額（461 II ⑥，会社計算 158①) ・負のその他有価証券評価差額金額（461 II ⑥，会社計算 158②) ・負の土地評価差額金額（461 II ⑥，会社計算 158③) ・連結配当規制適用会社の控除項目（461 II ⑥，会社計算 158④) ・2 度以上臨時決算をした場合（461 II ⑥，会社計算 158⑤) ・純資産 300 万円不足額（*4）(461 II ⑥，会社計算 158⑥) ・吸収型再編受入行為等に係る臨時決算自己株式処分対価額（461 II ⑥，会社計算 158⑦) ・不公正額引受けの責任の履行額（461 II ⑥，会社計算 158⑧)

(*1) ローマ数字は各条文の項数，丸囲み数字は各条文の号数。[＋項目] [－項目] とは加算項目・減算項目という意味。

(*2) 会社法 446 条 1 号所定の金額は，[A 式]＝(イ：資産の額＋ロ：自己株式の帳簿価額の合計額)－(ハ：負債の額＋ニ：資本金および準備金の額の合計額＋ホ：法務省令で定める合計額) によって算出される。ところが，ホについて定める会社計算規則 149 条によれば，その金額は，[B 式]＝(上記イ＋上記ロ)－(上記ハ＋上記ニ＋その他資本剰余金の額＋その他利益剰余金の額) によって算出される。[B 式]の内容を，[A 式]のホの部分に代入して計算をするわけだから，結局，差し引きして残るのは，「その他資本剰余金の額＋その他利益剰余金の額」である。

(*3) 会社が自己株式を処分した場合，通常は，分配可能額は変動しない。その場合の分配可能額の増加額（461 条 2 項 3 号の額〔自己株式の帳簿価額が減少した分〕＋446 条 2 号の額）と減少額（461 条 2 項 4 号の額）が同じだからである。

(*4) 458 条は，純資産額が 300 万円未満のときに剰余金の配当を禁止するだけであり，剰余金の配当等によって純資産額が 300 万円を下回ることになる剰余金の配当等が禁止されるわけではない。本号があることで，純資産額が 300 万円に不足する額が分配可能額から控除され，その結果，上記のような剰余金の配当等も認められないことになる。

れる（446条，会社計算149条・150条）。この剰余金の額を基礎に（461条2項1号），さまざまな金額を加減して，分配可能額が計算される（同項2号以下，会社計算156条〜158条）。

最終事業年度とは，計算書類についての株主総会の承認（それが不要な場合は取締役会の承認）を受けた（⇨279頁(4)，280頁(6)）事業年度のうち最も遅いものと定義される（2条24号）。そのため，事業年度Ⅱの前事業年度Ⅰの計算書類について承認を受ければ，それ以降，事業年度Ⅱの計算書類について承認を受けるまで，事業年度Ⅰが最終事業年度であり，その末日ｉにおけるその他資本剰余金・その他利益剰余金の額を基礎にした計算が行われる。

剰余金の額・分配可能額の計算の際の加算項目・減算項目には，ｉ現在の数値によるものもあれば，ｉよりも後に生じた事柄からくるものもある（⇨**図表5-7**）。たとえば，自己株式（⇨第3節302頁以下）の帳簿価額は分配可能額から減じられる（461条2項3号）。これは分配可能額を計算する際の帳簿価額を意味するので，ｉ以後に会社が自己株式を取得した場合には，その分だけ分配可能額から減じる額も増え，分配可能額は減少する。また，剰余金の配当が行われれば，剰余金の額が減少し，分配可能額も減少する（446条6号・461条2項1号）。

以上のように，分配可能額は，実際に剰余金の配当が行われる事業年度よりも前の事業年度（前記の例では事業年度Ⅰ）の末日の数値を出発点として，一定の額を加減しながら計算されるのであり，事業年度中に変動していく。実際に剰余金の配当が行われる事業年度（前記の例では事業年度Ⅱ）に生じた利益は，臨時決算を行わなければ分配可能額に加えられない（⇨Column 5-12）。

Column 5-12　臨時計算書類と臨時決算

会社法の定める手続・要件を充たせば，事業年度のうち何度でも剰余金の配当ができる（⇨294頁(4)）。前述のように，剰余金の配当を行うたびに，分配可能額は減少していく。ただし，会社法は，**臨時計算書類**の制度を設けている（441条）。これは，最終事業年度の直後の事業年度に属する一定の日を臨時決算日として貸借対照表・損益計算書を作成することを認めるものである。臨時決算日までに利益が生じていれば，その額は分配可能額に加えられ，分配可能額はその分だけ増える（461条2項2号イ，会社計算156条）。分配可能額の多くが最終事業年度やそれ以前に生じた留保利益であることからすれば，臨時計算書類の制度は，今の事業年度の利益（本来は次の事業年度以降の剰余金の配当に使われるはずだったもの）からの「前借り」を認めるようなものである。

(3)　分配可能額の規制に違反する剰余金の配当等

〈Case 5-2〉 A 会社は業績不振にあえいでおり，事業年度終了後に試算をしたところ，分配可能額がマイナスになった。A 会社の代表取締役であり株式を 40% 保有する大株主でもある Y_1 は，架空の利益を計上し，分配可能額が存在するように粉飾した計算書類を作成することを部下に指示した。会計監査人 Y_2 は粉飾の事実を発見したが，Y_1 から「このままでは会社がつぶれてしまうから見逃してくれ」と言われ，違法な計算書類について無限定適正意見を付した会計監査報告を作成した。A 会社の取締役会では，剰余金の配当を定時株主総会の議案とすることが決定された。その際には，Y_1 以外にも，Y_3（株主ではない）をはじめすべての取締役が前記の粉飾の事実を知りながらそれに賛成した。定時株主総会では計算書類が承認され，前記の剰余金配当議案が可決された。これに従って，総額 1 億円（そのうち Y_1 には 4000 万円）の金銭が配当として支払われた。

会社法は，会社債権者の利益を保護するために分配可能額を定め（⇨ 295 頁 (2)），剰余金の配当等をその限度内でしか許さない（461 条）。このような規制の実効性を確保するために，これに違反する剰余金の配当等が行われた場合，一定の者に会社に金銭を支払う義務が負わされる（⇨**図表 5-8**。図表の矢印は支払請求のできる方向）。

図表 5-8　分配可能額規制違反の責任

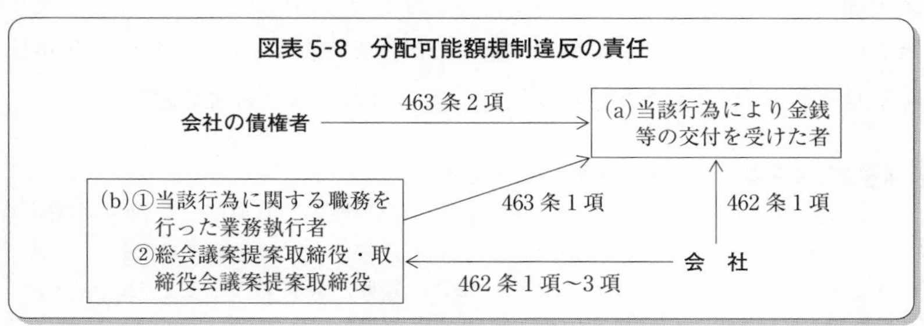

(a)　金銭等の交付を受けた者の責任　　まず，当該行為により金銭等の交付を受けた者（たとえば，剰余金の配当を受けた株主）は，自分が交付を受けた金銭等（分配可能額を超える部分だけではなく，交付を受けたものすべて）の帳簿価額に

相当する金銭を，会社に対して支払う義務を負う（462条1項柱書）。この義務は過失の有無を問わず発生するが，免除について制限はない（⇨(b)と対照）。〈Case 5-2〉では，配当を受けたA会社株主が（Y_1であれば4000万円について）この義務を負う。

会社の債権者は，自己の債権額の範囲内で，以上の義務を負う株主に対して，当該債権者への支払を請求することができる（463条2項）。このルールは，民法の債権者代位権（民423条）の特則であり，異論はあるが（江頭687頁注9参照），会社が無資力でなくとも債権者はこの請求をすることができると解すべきであろう（そう解さなければ，このルールが特に定められていることに実質的な意味がなくなる）。株主から支払を受けた債権者は，民法の債権者代位権の場合と同様に，その金銭を会社に返還する債務と，会社に対する債権とを相殺することで，自己の債権について優先弁済を得ることができる。

(b)　業務執行者等の責任　(a)の義務は，履行させることが難しいこともある（株主数の多い会社など）。そこで，会社法は，①当該行為に関する職務を行った業務執行者（462条1項柱書）と，②総会議案提案取締役・取締役会議案提案取締役（同項各号，会社計算160条・161条）に，次の責任を負わせる。すなわち，①②の者は，461条に違反して配当された剰余金等の帳簿価額の総額に相当する金銭（条文からは分かりにくいが，(a)の者とは支払うべき額が違う。〈Case 5-2〉では1億円）を，連帯して会社に支払う義務を負う。①にいう業務執行者には，業務執行取締役（2条15号イ）やその他の取締役・執行役（会社計算159条）が含まれる。②の者には，たとえば株主総会に提出される剰余金の配当議案を取締役会で決議する際にこれに賛成した取締役も含まれる（462条1項1号イかっこ書・6号イ，会社計算160条3号）。〈Case 5-2〉では，Y_1が（代表取締役として）①の者，Y_3らが②の者として，この義務を負う。

①②の者は，その職務を行うについて注意を怠らなかったことを証明すれば，義務を免れる（462条2項）。また，①②の者の義務は，行為時の分配可能額を限度として，総株主の同意によって免除することができる（同条3項）。会社債権者を保護するため，分配可能額を超える部分については，義務の免除が許されないのである。

①②の者が義務を履行すれば，前記(a)の義務を負う者に対して，求償をする

ことができる。本来義務を負うべきなのは(a)の者であり，①②の者が義務を履行したとしても(a)の者が義務を免れる理由はないからである。ただし，分配可能額の規制に違反する剰余金の配当等であることについて善意であった株主は，求償の請求に応じる義務を負わない（463条1項。他方で，(a)の義務を負うのは悪意の株主に限られないとするのが通説である)。①②の者も461条に違反する職務を行ったこと等にもとづいて義務を負うため，善意の株主への求償を認めることは適切ではないからである。〈Case 5-2〉では，Y_3が義務を履行すれば，Y_1（株主でもあり，悪意）に対して求償をすることができる。

(c)　**その他の者の責任**　461条に違反する剰余金の配当等について責任を負うのは，以上の者に限られない。〈Case 5-2〉では，会計監査人であるY_2は善良な管理者の注意をもって会計監査をしたとはいえず，会社に対して任務懈怠責任を負う（423条1項。⇨242頁(b))。

Column 5-13　分配可能額の規制に違反する剰余金の配当等の効力

会社法の立案担当者は，前記(a)のルールが，分配可能額の規制に違反する剰余金の配当等が有効であることを前提に，株主等に義務を負わせるものだとする（有効説。461条1項の「効力を生ずる」という文言は，これを前提とするものだといわれる。立案担当135頁)。これに対して，学界では，会社法制定前と同様に，そのような剰余金の配当等は無効だとする見解も有力である（無効説。会社法制定前は(a)のルールが定められていなかったこともあり，これが通説だった)。

有効説と無効説の差が生じるのは，分配可能額の規制に違反する自己株式の取得が行われた場合である。A会社がBから自己株式を取得したが，それは461条に違反していたとしよう。有効説は，その場合に，Bは462条1項にもとづく義務を負い，それを履行すれば，民法422条の類推により，A会社に譲渡した株式の返還を請求することができるとする。その上で，無効説に対して，次のように批判をする。①無効説に立てば，BはA会社に対してⓐ譲渡した株式についての不当利得返還請求権を有する。他方で，A会社は，Bに対して，ⓑ取得対価についての不当利得返還請求権とⓒ462条1項にもとづく請求権を有し，ⓐとⓑⓒは同時履行の関係に立つ（民533条類推)。そのため，A会社に譲渡した株式の返還があるまで，Bは金銭の返還を拒否できて不都合である。②また，A会社が株式を第三者に処分していてBに返還できない場合，株式の時価相当額の金銭をBに返還しなければならず，自己株式の取得後に株価が高騰したときに困る（葉玉匡美「財源規制違反行為の効力」商事1772号〔2006年〕33頁参照)。

しかし，①については，無効説に立っても462条の趣旨から同時履行の抗弁権は排除されると考えることもできるし（神田326〜327頁注3），ⓑとⓒの請求権が併存すると考える必要もない。②については，次のことを指摘できる。最判平成19・3・8民集61巻2号479頁（百選16，商判I-32）は，名義書換未了の間に株式分割が行われ名義株主に株式が交付されたが，名義株主がそれを売却した場合に，実質株主は名義株主に対して売却代金相当額について不当利得返還請求ができるとした（⇨110頁 Column 3-13）。これと同様の考え方をとれば，前記の例でA会社はBに処分代金相当額の金銭を返還すればよいことになる。要するに，無効説をとったとしても，決定的な不都合はない。

(4) 期末の欠損塡補責任

会社が分配可能額の限度内で剰余金の配当等をしたとしても，その事業年度の末に分配可能額がマイナスになる場合がある。会社が急に大きな損失を被ったときなどに，このようなことが起こる。分配可能額のマイナス分の額を，**欠損**という。その場合，剰余金の配当等に関する職務を行った業務執行者は，欠損の額（ただし，会社が交付した額を限度とする）を，連帯して会社に支払う義務を負う（**期末の欠損塡補責任**。465条1項。条文は分かりにくいが，分配可能額を計算する際の減算項目の額が加算項目の額を超えるということだから，欠損が生じたということである）。業務執行者は，その職務を行うについて注意を怠らなかったことを証明すれば，この義務を免れる（同項柱書ただし書）。このルールは，業務執行者に，事業年度の末に欠損が生じる可能性のある剰余金の配当等を行わない義務を課すものであり，資本維持の原則の1つの表れとされる。もっとも，この義務は，総株主の同意があれば免除できる（465条2項）。

この義務が生じるのは，465条1項各号の列挙する行為を会社がした場合に限られる。たとえば，剰余金の配当をした場合すべてについてこの義務が生じるのではなく，定時株主総会で決議をした剰余金の配当については，この義務は生じない（同条1項10号イ）。

第3節　自己株式

1 総　説

会社が，自らの発行した株式を取得し，保有すること，また，保有するそのような株式を再び譲渡（処分）することは，論理的に不可能なわけではない。会社が有する自己の株式を**自己株式**といい（113条4項），会社が自己の株式を株主から取得することは，一般に，自己株式の取得と呼ばれる（会社法はこのような取得の前のものを自己株式とは呼ばないが，以下では，一般の用語法に従って，取得前も含めて自己株式という）。自己株式の取得は，剰余金の配当と並んで，株主に金銭等を分配する手段としても用いられる（自己株式の取得による場合，譲渡株主にだけ，譲渡の対価として金銭等が分配される）。また，自己株式の取得には，シグナリングや株式の需給調整という機能もあるといわれる（田中亘「自己株式規制の過去・現在・未来 —— 需給調整のための自己株式取得を真剣に考える」吉本健一先生古稀記念『企業金融・資本市場の法規制』〔商事法務，2020年〕57頁）。

他方で，自己株式の取得は，次のような弊害をもたらす可能性もある。①株主への出資の返還と同様の結果を生じる（会社債権者の利益が害される）。②株主間に不平等を生じる。③会社支配の公正を害する（②と③の具体的な意味について⇨304頁(b)）。④相場操縦やインサイダー取引など不公正な証券取引に用いられる。

このようなことから，かつて，自己株式の取得は，原則として禁止されていた。これに対して，会社法は，自己株式の取得を禁止するのではなく，これを原則として認めつつも弊害に対処する規制を設ける（争点32〔岩原紳作〕参照）。

2 自己株式の取得

(1) 総　説

155条と会社法施行規則27条は，自己株式の取得ができる場合として，株主との合意によって自己株式を有償で取得する場合（155条3号）のほか，いくつかの場合を列挙する（⇨**図表5-9**）。

図表 5-9 自己株式の取得

取得事由(丸囲み数字:155条の号数)	分配可能額の規制	欠損てん補責任
①取得条項付株式の取得	170条5項(*3)	465条1項5号
②譲渡制限株式の取得	461条1項1号(*1)	465条1項1号
③株主との合意によって自己株式を有償で取得	461条1項2号3号(*1)	465条1項2号3号
④取得請求権付株式の取得	166条1項ただし書(*3)	465条1項4号
⑤全部取得条項付種類株式の取得	461条1項4号(*1)	465条1項6号
⑥相続人等に対する売渡請求にもとづく取得	461条1項5号(*1)	465条1項7号
⑦単元未満株式の買取請求にもとづく取得	なし	なし
⑧所在不明株主の株式の買取り	461条1項6号(*1)	465条1項8号
⑨端数処理のための買取り	461条1項7号(*1)	465条1項9号
⑩他の会社の事業の全部の譲受けに伴う取得	なし	なし
⑪合併後消滅する会社からの承継	なし	なし
⑫吸収分割をする会社からの承継	なし	なし
⑬会社則27条所定の取得(同条5号が掲げるもののうち会社法116条・182条の4所定の株式買取請求権が行使された場合)	464条(*2)	なし
⑬会社則27条所定の取得(それ以外)	なし	なし

(*1) 違反の場合,462条の責任。
(*2) 違反の場合,464条の責任。
(*3) 違反の場合,一般法理。

株主との合意による有償取得の手続を定める156条以下では,自己株式を取得する目的について限定が付されていない。会社は,同条以下の手続を踏めば,目的を問わず自己株式を取得できるのである。その他の場合には,目的が限定される代わり,より簡易な手続が定められる(156条2項参照。たとえば取得条項付株式の取得について,168条~170条参照)。手続等について規制がない場合もある(たとえば,自己株式の無償取得。会社則27条1号)。

会社の計算で不正に自己株式を取得したときには,刑事罰が課される(会社財産を危うくする罪。963条5項1号)。

会社が自己株式を取得・保有する数量や,保有期間について制限はない。会社が自己株式を担保として取得することについても,規制はない。

(2) 株主との合意による有償取得

会社が株主との合意によって自己株式を有償で取得する場合（155条3号）について，会社法は，どの範囲の株主からどのような方法で取得するかによって，異なる手続を定める。

(a) すべての株主に申込機会を与える取得　この場合，まず，ⓐ株主総会の決議によって，取得する株式の数・種類，取得対価の内容と総額，取得期間（最長1年）を定めなければならない（156条1項。普通決議）。剰余金の配当と同様に，一定の要件を充たす会社は，この決定を取締役会の権限とすることができる（459条1項1号。ただし下記(b)の場合については取締役会の権限にできない）。ⓑ会社は，以上の決定に従い株式を取得しようとするときは，そのつど，取得する株式の数・種類，株式1株あたりの取得対価，取得対価の総額，申込期日を（取締役会設置会社では取締役会決議で）定めて（157条1項2項。3項も参照），株主に通知しなければならない（158条。公開会社では公告も可）。ⓒこの通知を受けた株主が会社に株式の譲渡しの申込みをすれば，会社はその株式を取得する。申込総数が取得総数を超えれば，按分取得する（159条。取得総数100株のところ申込総数が150株であれば，30株の申込みをした者からは20株を取得）。以上の手続は，株主間の公平を確保するためのものであり，ミニ公開買付けとも呼ばれる。

(b) 特定の株主からの取得　この場合，ⓘ株主総会の決議によって，(a)ⓐの事項に加えて，特定の株主から自己株式を取得する旨を定める（160条1項）。ⓘⓘ会社は，取得のつど，(a)ⓑと同様の決定と（157条），特定の株主への通知を行う（158条・160条5項）。ⓘⓘⓘこの通知を受けた株主が会社に株式の譲渡しの申込みをすれば，会社はその株式を取得する（159条）。

特定の株主からの自己株式の取得には，株主間の公平を害するおそれや（非公開会社では，特定の株主だけに投下資本の回収を認めることになる），グリーンメーラー（⇨465頁(2)）から高値で株式を買い取ることに用いられるおそれがある。他方で，特定の株主から自己株式を取得する必要がないともいえない。そこで会社法は，ⓘの決議要件を特別決議にする（309条2項2号）ほか，次のルールを定める。すなわち，特定の株主以外の株主も，自己を特定の株主に加えることを会社に請求できる（売主追加請求権。160条2項3項，会社則28条・29条。159

条2項も参照)。また，ⓘの決議の際に，特定の株主は，議決権を行使できない(議決権の排除。160条4項)。ここでいう「特定の株主」は，売主追加請求権を行使した株主を含む。皆がこの請求権を行使すれば，議決権の排除は行われない（同項ただし書)。

市場価格のある株式について一定の要件を充たす場合と（161条，会社則30条)，一般承継人からの株式の取得の場合（一定の場合を除く）には（162条)，売主追加請求権は与えられない。前者の場合には前述のような問題が生じるおそれがないからであり，後者の場合には会社の閉鎖性を維持するためにそのような取得を用いることが政策的に促進されているのである。また，会社は，売主追加請求権を定款で排除することができる（164条。全株主の同意が必要)。

(c)　**子会社からの取得**　この場合，(a)ⓐの事項を株主総会（取締役会設置会社では取締役会）の決議によって定めるだけでよい（163条)。子会社が親会社株式を保有する場合，それを相当の時期に処分しなければならない（⇨308頁**4**)。子会社による処分が困難な場合もあるため，親会社による簡易な取得が認められるのである。

(d)　**市場取引等による取得**　市場取引または公開買付け（金商27条の2第6項）の方法（市場取引等）で会社が自己株式を取得する場合には，(a)ⓐの事項を株主総会の決議によって定めるだけでよい（165条1項)。市場取引等による場合，すべての株主に売却機会があり，取得価格も公正に形成されると考えられるからである。取締役会設置会社では，市場取引等により自己株式を取得すること（また，その際の(a)ⓐの事項）を取締役会の決議によって定めることができる旨を定款で定めることができる（同条2項3項)。これは，会社が機動的に自己株式を取得できるように特に認められた手続である。

(c)(d)の場合の具体的な取得については，その業務を執行する者が適宜に定める。

(e)　**手続に違反した取得**　会社が以上の(a)〜(d)の手続に違反して自己株式を取得した場合，その効果は無効であるが，違法な取得であることについて相手方が善意であれば，会社は無効を主張できないと解されている。相手方からの無効主張の可否については争いもあるが，主張を認めるべきである（江頭258頁。特段の事情がない限り相手方からの無効主張が認められないとする裁判例として，東京高判平成元・2・27 判時 1309 号 137 頁)。会社が市場で自己株式を買い付けた場合，買付けは金融商品取引業者の名で行われ，相手方は善意であろうから，その無効を主張することは難しい（龍田＝前田 301 頁)。

手続に違反した自己株式の取得については，役員等の任務懈怠責任（423 条 1 項）も問題になる（法令違反行為。⇨ 245 頁(3))。取得価格と取得時の時価との差額が会社の損害であるとする裁判例（大阪地判平成 15・3・5 判時 1833 号 146 頁〔商判 I-49〕）や，子会社による親会社の株式の取得（⇨ 308 頁 4 ）の事例について，完全子会社が親会社株式を取得し処分した場合の親会社の損害は子会社による取得価格と処分価格との差損であるとする判例（最判平成 5・9・9 民集 47 巻 7 号 4814 頁〔百選 21，商判 I-48〕）がある。

(3)　分配可能額の規制等

自己株式の取得は，剰余金の配当と同様の機能を有する（⇨ 302 頁 1)。そのため，自己株式の取得の一部は，分配可能額の限度内で行わなければならず（461 条 1 項 1 号～7 号)，違反の場合の責任も剰余金の配当と同様に定められる（462 条。⇨ 298 頁(3))。また，組織再編以外の場面で株式買取請求権が行使された場合について（116 条 1 項・182 条の 4 第 1 項)，当該株式の取得に関する職務を行った業務執行者の責任が定められる（464 条)。株主は権利としてこの請求権を行使するため，株主の責任は定められていない。取得請求権付株式・取得条項付株式の取得も分配可能額の限度内で行わなければならないが（166 条 1 項ただし書・170 条 5 項)，これに反する取得は一般ルールによって処理される（取得は無効)。さらに，自己株式の取得の一部について，期末の欠損塡補責任が定められる（465 条 1 項。以上について⇨ 303 頁**図表 5-9**)。

自己株式の取得には，以上の規制に服さないものもある。その理由はさまざまである（立案担当 34～36 頁，136 頁参照)。たとえば，単元未満株式の買取請求にもとづく取得については，単元未満株主の投下資本の回収の機会を，債権者の保護よりも優先した結果だと説明される。

3 自己株式の保有・処分・消却

(1) 自己株式の地位

会社が保有する自己株式は，法律用語ではないが，金庫株と呼ばれることもある。会社は，自己株式について議決権を有しない（308条2項）。自己株式について剰余金の配当は受けられないし（453条），株式・新株予約権の株主割当てや無償割当ても受けられない（186条2項・202条2項・241条2項・278条2項）。合併の消滅会社が有する自己株式・存続会社が有する消滅会社株式（**抱合わせ株式**）に存続会社・設立会社の株式を割り当てることはできない（⇨421頁(a)）。株式併合・株式分割は自己株式にも効力を生じるとする見解が有力だが，異論もある（江頭266頁参照）。

自己株式は，貸借対照表では純資産の部に控除項目として計上される（会社計算76条2項柱書。⇨273頁**図表5-2**）。自己株式の帳簿価額は，分配可能額から減じられる（⇨295頁(2)）。

(2) 自己株式の処分

会社が処分する自己株式を引き受ける者の募集をする場合，募集株式の発行と同様の規制に服する（199条1項・828条1項3号・829条2号参照。⇨第6章第2節320頁以下）。会社は，保有する自己株式を，新株予約権の行使に応じて交付すること（2条21号参照）や，組織再編対価として交付すること（749条1項2号イ・758条4号イ・768条1項2号イ参照）もできる。

(3) 株式の消却

(a) **意　義**　**株式の消却**とは，会社が自己株式を消却する（消滅させる）こと（178条1項）をいう。これによって，会社の発行済株式総数は減少するが，発行可能株式総数（37条1項）は減少しない。たとえば，発行可能株式総数が1000株である会社の現在の発行済株式総数が500株（会社は残り500株を発行できる），そのうち100株が自己株式だとしよう。自己株式をすべて消却した場合，発行済株式総数は400株に減少するが，発行可能株式総数は変わらないため，会社が株式を発行できる数は600株に増える。このように，発行可能株式総数の範囲内で，自己株式の消却と株式の発行を繰り返すことはできる（⇨ 322 頁(2)も参照）。

(b) 手　続　会社は，消却する自己株式の数・種類を定めなければならない（178 条 1 項）。取締役会設置会社では，この決定は取締役会決議によらなければならない（同条 2 項。非取締役会設置会社では取締役の決定で足りると考えられるが，異論もある）。消却の効力はこの決定によって生じるが，その後，消却する株式に関する事項を株主名簿から抹消したり，株券発行会社では消却する株式に係る株券を廃棄する必要がある（以上の詳細について，コンメ(4)135 頁以下〔伊藤雄司〕参照）。

Column 5-14　自己株式の取得・処分と，自己株式の消却・株式の発行

自己株式を処分する場合，その手続は，株式の発行と同様である（⇨ 307 頁(2)）。また，①自己株式を取得してそれを処分することと，②取得した自己株式を消却して株式の発行をすることは，経済的には同様のものといえる。もっとも，両者には，会計等の上で違いもある。①の場合，発行済株式総数は変わらないが，②の場合，消却によって発行済株式総数は減少し，株式の発行によって増加する。また，①の場合，自己株式の処分によって資本金・資本準備金は増加せず，処分差益はその他資本剰余金に計上される（会社計算 14 条 2 項 1 号。分配可能額に含まれる）。②の場合は，払い込まれた金額が，資本金・資本準備金とされる（445 条 1 項～3 項）。自己株式の会計上の取扱いの詳細については，数字でわかる会社法 115 頁以下〔小出篤〕参照。

4 子会社による親会社株式の取得

子会社による親会社株式の取得は，原則として禁止される（135 条 1 項）。このルールは，かつて自己株式の取得が原則として禁止されていた（⇨ 302 頁 1）時に，子会社による親会社株式の取得もそれと同様の効果を有するため定められた。現在では，子会社による親会社株式の取得だけを禁止することに合理性は見出し難いが，分配可能額の規制を設けることが法技術的に難しいため，規制が残されている。子会社が親会社株式を取得できるのは，135 条 2 項・会社法施行規則 23 条が列挙する場合に限られる。

子会社は，保有する親会社株式を相当の時期に処分しなければならない（135 条 3 項。⇨ 305 頁(c)も参照）。子会社が保有する親会社株式について，子会社は議決権を有しない（⇨154頁(b)）。

第4節　損失の処理

1 損失と欠損

(1) 総　　説

ある事業年度の損益計算書に，当期純損失金額が計上されたとしよう。これは，その事業年度の費用と，会社の支払う税が，収益を上回ったことを意味する（会社計算94条1項2項参照）。こうした損失が計上される理由は様々であり，それも損益計算書に表示される（⇨275頁(4)）。当期純損失金額が生じる場合，貸借対照表では，その他利益剰余金の額が減少する（同29条2項3号）。

分配可能額は，その他資本剰余金・その他利益剰余金の額を基礎に計算される（⇨295頁(2)）。会社が何年にもわたって当期純損失金額を計上すれば，その他利益剰余金の額が減少し続ける。そのようなことから，その他利益剰余金の額・分配可能額がマイナスになることもある（⇨**図表5-10**の左側の状態）。分配可能額のマイナス分の額を，**欠損**という。

(2) 資本金・準備金の額の減少

(a) 意義と目的　資本金・準備金の額は，会社債権者を保護するために設定される計算上の数字である（⇨288頁(2)）。**資本金・準備金の額の減少**は，そのような数字を減少させるものであり，それによって会社の資産は変動しない。資本金・準備金の額の減少は，次の目的で行われることが多い。

欠損（⇨(1)）が生じたとき，会社は，それをそのままにしておくこともできる。しかし，早期に剰余金の配当を再開するため，次の方法で欠損を解消することも多い（**欠損の塡補**）。①欠損に対応する額だけ，資本金・準備金の額を減少する。資本金・資本準備金の額を減少した場合はその他資本剰余金（会社計算27条1項1号2号），利益準備金を減少した場合はその他利益剰余金を（同29条1項1号），減少分だけ増加させる。②その他利益剰余金がマイナスになっていた場合には，①の処理と同時に，452条にいう**損失の処理**として，その他

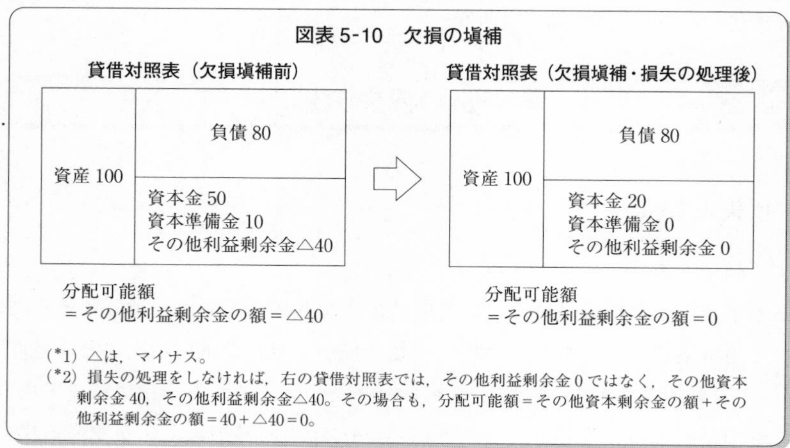

資本剰余金からその他利益剰余金への振替えをして，その他利益剰余金のマイナスを解消することもできる（会社計算 27 条 2 項 3 号・29 条 1 項 3 号）。①によって欠損に対応する額だけ分配可能額が増加し，分配可能額はゼロになる。その後で利益が生じれば，分配可能額はただちにプラスになり，剰余金の配当ができる。**図表 5-10** は，資本金 30 と資本準備金 10 を減少して欠損 40 を塡補し，同時に損失の処理を行った場合を示す。

会社は，その他の目的で資本金・準備金の額を減少することもできる。欠損の塡補のために行われる場合も含め，資本金・準備金の額の減少に伴い，**図表 5-11** ①〜⑥のように，資本金・準備金から他の項目へ金額が振り替えられる。同図表のうち②④⑥の場合には，分配可能額が増加する。その増加分を，ただちに株主に配当することもありうる（会社の事業規模を縮小する場合など）。

(b)　手　続　資本金・準備金の額を減少するためには，一定の事項を株主総会決議によって定めなければならない（447 条 1 項 2 項・448 条 1 項 2 項。株主総会決議がいらない場合として 447 条 3 項・448 条 3 項）。決議要件は，資本金の額の減少では原則として特別決議だが，欠損塡補のためだけに定時株主総会で行う資本金の額の減少は普通決議でできる（309 条 2 項 9 号）。準備金の額の減少は，普通決議でできる。

資本金・準備金の額の減少は会社債権者の利害に関係するため，**債権者異議**

図表 5-11　資本金・準備金の額の減少・増加

資本金・準備金の額の減少（447条・448条）	
資本金	①資本準備金（会社計算25条2項・26条1項1号） ②その他資本剰余金（同25条2項・27条1項1号）
資本準備金	③資本金（同25条1項1号・26条2項） ④その他資本剰余金（同26条2項・27条1項2号）
利益準備金	⑤資本金（同25条1項1号・28条2項） ⑥その他利益剰余金（同28条2項・29条1項1号）
資本金・準備金の額の増加（450条・451条）	
その他資本剰余金	⑦資本金（会社計算25条1項2号・27条2項1号） ⑧資本準備金（同26条1項2号・27条2項2号）
その他利益剰余金	⑨資本金（同25条1項2号・29条2項1号） ⑩利益準備金（同28条1項・29条2項2号）

※左列のものが減少，右列のものが増加

手続が定められる。すなわち，会社が資本金または準備金の額を減少する場合，当該会社の債権者は，これについて異議を述べることができる（449条1項柱書本文）。会社は，資本金・準備金の額の減少の内容等と，債権者が一定の期間（1か月以上）内に異議を述べることができる旨を，官報に公告し，かつ，知れている債権者には各別に催告しなければならない（同条2項，会社計算152条）。「知れている債権者」には，会社と係争中の債権者も含まれる（大判昭和7・4・30民集11巻706頁〔百選79，商判I-167〕）。会社が官報に加えて定款所定の日刊新聞紙または電子公告で公告をするときには，各別の催告は不要である（449条3項）。債権者が期間内に異議を述べなければ，資本金・準備金の額の減少について承認したものとみなされる（同条4項）。債権者が異議を述べたときには，会社は，弁済，担保の提供，相当の財産の信託のいずれかをしなければならない。ただし，その債権者を害するおそれがない場合，その必要はない（同条5項。「債権者を害するおそれ」の有無は，資本金の額の減少によって抽象的に剰余金の配当の可能性が高まるということではなく，債権者に不当に付加的なリスクを負わせることがないかという観点から判断すべきであるとする裁判例として，大阪高判平成29・4・27判タ1446号142頁〔商判I-168〕）。なお，準備金を減少してその全額を資本金にする場合，または，定時株主総会で準備金の額だけを欠損塡補のためだけに減少する場合には，債権者異議手続を踏まなくてもよい（同条1項，会社計算151条)。

資本金・準備金の額の減少は，効力発生日として定められた日か，以上の手続がすべて終了した時の，いずれか遅い時点に効力を生じる（449条6項)。

(c) **無　効**　資本金の額の減少の手続等に瑕疵がある場合，**資本金の額の減少の無効**は，訴えをもってのみ主張することができる（828条1項5号)。提訴期間，提訴権者，無効判決の対世効，さらに，無効判決に遡及効がないことが定められる（828条1項5号・2項5号・838条・839条)。そのほか，「会社の組織に関する訴え」に共通した定めが置かれる（835条〜837条・846条。以上について⇨57頁(2))。準備金の額の減少については，このような規制はなく，無効の主張方法に制限はない。

2 倒　産

(1) 総　説

会社は，業績の悪化によって，**倒産**に至ることもある。一般に，会社が経済的に破綻することを，倒産という。そのとき，会社は**債務超過**（資産＜負債）に陥っていることも多い。倒産した会社は，弁済期にある債務を一般的に弁済することができず，経済活動の続行が難しくなっている。破産等の手続の申立てが行われた場合のほか，会社が振り出した手形が不渡りになって銀行取引停止処分を受けた場合なども，その会社は倒産したといわれる。

会社の倒産状態を放置すれば，会社債権者は自らの債権を可能な限り回収するために互いに争うことにもなる（債権が回収できなければ会社債権者自身も倒産することがある。連鎖倒産)。時間をかけて財産を処分したり，債権の大部分を放棄して会社を再建することが会社債権者全体の取り分を大きくする場合であっても，会社債権者間の行動の調整ができないかもしれない。以上のことから，会社の倒産状態を整理する必要がある。

(2) 私的整理と倒産手続

倒産状態の整理のために，会社債権者と経営者が任意に協議し，会社の今後を決める場合も多い（**私的整理**)。私的整理は時間，費用，融通性の点で有利な場合もあり，現実の倒産事例の多く（特に中小企業の場合）が私的整理で処理さ

図表 5-12　倒産手続

	清算型	再建型
債務者の属性を問わない	破産（破産法）	民事再生（民事再生法）
株式会社たる債務者だけ利用可	特別清算（会社法 510 条～574 条）	会社更生（会社更生法）

※かっこ内は，手続についての規定が置かれる法律。

れる。しかし，私的整理の場合，同意しない債権者に処理の内容を強制することができないし，債権者が公平に扱われる保証もない。

以上のことから，株式会社については 4 種類の倒産手続が法で定められている。**破産**，**特別清算**，**民事再生**，**会社更生**である（⇨**図表 5-12**）。これらは，手続の目的に応じて，**清算型**（破産，特別清算）と**再建型**（民事再生，会社更生）に分類される。前者は，債務者のすべての財産を金銭化して，債務の弁済に充てること（債務者の清算）を目的とする。後者は，債務者が経済活動を継続しつつ収益を上げ，そこから債務の弁済を行うこと（債務者の再建）を目的とする。

(3)　倒産と会社法

倒産手続において，役員等の会社に対する損害賠償責任（任務懈怠責任など）について簡易な手続で迅速に判断するため，**責任の査定**の制度が定められる（破 178 条，会社 545 条，民再 143 条，会更 100 条）。特別清算では，役員等の責任の免除の禁止や取消しが行われることもある（会社 543 条・544 条）。

私的整理や倒産手続の過程で，会社債権者や株主の地位に変動が生じることもある。たとえば，デット・エクイティ・スワップ（⇨ 336 頁 Column 6-4 ）によって，会社に対する債権が，株式に変更されることがある。また，債務超過会社が新たな出資を受ける前提として，全部取得条項付種類株式を用いて，発行済株式全部を無償取得することがある（**100% 減資**。実例として，福岡高判平成 26・6・27 金判 1462 号 18 頁〔百選 A3，商判 I -39〕）。

Column 5-15　100% 減資は減資か，「株主責任」はあるか

ある会社が債務超過であるが，債務超過を解消して事業を再生する方が望ましいとしよう。債務超過を解消するためには，新たな出資を受ける必要がある。しかし，仮に既存の株主を残したままで新たな出資を受け，事業が再生されれば，それによる企業価値の増加には既存株主も与ることができる。これでは，新たに出資をしようというスポンサーは現れないかもしれない。そのため，既存株主の地位をあらかじめ消去する必要がある。全部取得条項付種類株式を用いれば，倒産手続によらずにこれを実現できる（⇨82頁 Column 3-6）。既存株主の多数決によって株式に全部取得条項を付し，これを会社が無償で取得するのである（会社が債務超過であり，既存株主の持分の価値がゼロであることを前提に，対価が無償とされる。その他の詳細について，事例257頁以下〔松井秀征〕参照）。

以上のように，債務超過の会社が新たな出資を受ける前提として既存株主の地位を消去することは，従来，「100％減資」と呼ばれてきた。減資という語が用いられたのは，会社法制定前にこれを行うためには必ず資本金の額の減少（かつ株式消却）をする必要があったからである。これに対して，現在では，全部取得条項付種類株式を会社が取得したからといって，その株式を消却し資本金の額を減少させる必要はない。そのため，100％「減資」という用語自体が，妥当でないものになっている（論点解説91頁）。

なお，100％減資が行われることを含めて，事業再生の際に「株主責任」なるものが追及されるといった（誤った）言葉の用い方が報道等でなされることがある。しかし，そのような法的責任は存在しない（森田果「日本航空の事業再生と株主の地位」ジュリ1401号〔2010年〕29頁）。

第5節　会社債権者の保護のためのルール

(1)　事前と事後の債権者保護

(a)　事後の債権者保護の必要性　　第2節で説明したように，分配可能額を超える剰余金の配当等は許されない。負債の額に加えて，資本金・準備金の額まで，会社財産を維持することが求められる（⇨290頁(c)）。このルールは，実際に会社債権者が（債権を回収できないという）損害を被ったかどうかに関わりなく，損害を被る前の時点で会社に課される（**事前の債権者保護**）。債権者異議手続（⇨309頁(2)，439頁[8]）も，会社債権者の利益が害されやすい行為について，会社債権者が実際に損害を被るかどうかに関わりなく踏まれなければならない手続であり，事前の債権者保護ということができる。

しかし，以上のルールだけでは，会社債権者を保護するために十分とはいえない。資本金・準備金の額は計算上の数字にすぎず，業績の悪化等によって会社財産が減少すること自体を防止するものではないからである。そのため，会社債権者が実際に損害を被った後で，それを塡補するためのルールが必要になる（**事後の債権者保護**）。

(b)　事後の債権者保護として機能するルール　　事後の債権者保護として機能するルールは，さまざまな法分野に存在する。会社法のルールとしては，①役員等の第三者に対する責任（429条1項）が，従来から，倒産した会社の債権者が債権の満足を得る手段として機能してきた。その他，②詐害的な会社分割・事業譲渡の場合の直接請求権（23条の2・759条4項・764条4項），③事業譲受会社の責任（22条1項）や，判例で認められてきた④法人格否認の法理が，事後の債権者保護として機能する。さらに，⑤詐害行為取消権（民424条）や，⑥否認権（破160条以下，民再127条以下，会更86条以下）も，会社法以外の分野に存在するが，同様の機能を果たす。①～③については本書の別の箇所で説明することとして（⇨258頁**6**，442頁(d)，462頁 Column 9-37 ），以下では④について説明する（債権者の保護手段について詳細は，数字でわかる会社法39頁以下〔後藤元〕参照）。

Column 5-16　会社債権者の属性と債権者間の利害調整

一口に会社債権者といっても，いろいろな者が含まれる。①銀行等の金融機関は，会社に貸付けを行う（貸付債権者）。会社に対しては，元本・利息債権を有する。②社債権者（⇨第6章第4節360頁以下）も，会社に対して元本・利息債権を有する。③原材料供給者等，会社と事業上の取引を行う者も，売買代金債権等を会社に対して有する（取引債権者）。④会社の従業員も，会社に対して賃金債権を有する。⑤会社の従業員が行った不法行為の被害者なども，会社に対して不法行為債権（民709条・715条）を有する。

債権者は，ⓐ担保権を有する者（担保債権者）とⓑそうでない者（一般債権者）に区別することができる。たとえば，前記①②の債権者は，会社財産（土地等）の上に抵当権等を有することがある。会社の総財産が社債の担保になることもある（企業担保権。企業担保1条参照）。③の債権者は，動産売買の先取特権（民311条5号・321条）や商人間の留置権（商521条）を有することがあるし，契約で解除特約や所有権留保を定めることもある（江頭憲治郎『商取引法〈第8版〉』〔弘文堂，2018年〕40頁以下）。④の従業員も，雇用関係の先取特権を有する（民306条2号・308条）。また，ⓐⓑの区別とも関連するが，ⓘあらかじめ契約によって自衛手段をとることができる債権者と，ⓘⓘそうではない債権者（⑤の債権者）を区別することができる。

「会社債権者の保護」が事後的に問題になる場面というのは，典型的には会社が倒産している場面である。そこでは，単なる「会社債権者の保護」というよりは，会社債権者の間の利害調整が問題になる。個々の会社債権者をどのようなルールでどの程度保護するかということよりは，むしろ，その者が前記ⓐⓑおよびⓘⓘⓘのいずれにあたるかを考慮しながら，他の債権者との利害の調整をどのように図るかが，重要な問題ともいえるのである。

(2) 法人格否認の法理

(a) 総　説　会社は法人であり（3条），会社自身が権利・義務の主体になる（法人格の独立性。⇨10頁(1)）。逆にいえば，会社が負担した義務を他の者が負うことはない。ところが，この原則を守ることで，かえって，正義・公平に反する結果が生じることもある。そのため，判例では，例外的な状況の下で，その事案に限って，会社の法人格の独立性を否定し，会社とその株主や他の会社を同一視することによって，妥当な処理を図るルールが発達してきた。これを，**法人格否認の法理**という（会社の法人格の独立性を否定することを，「法人格を否認する」という）。

(b) 形骸化事例と濫用事例　判例は，法人格がまったくの形骸にすぎない場合（**法人格の形骸化**），または，法人格が法律の適用を回避するために濫用される場合（**法人格の濫用**）に，法人格を否認すべきものとする（最判昭和44・2・27民集23巻2号511頁〔百選3，商判I-4〕）。

Case 5-3　Y会社は，株式会社とは名ばかりで，実質的には代表取締役Aの個人企業である。Y会社は，Xから店舗用建物を賃借していたが，その後Xから建物の明渡しを請求された。Aは，Xとの間で，明渡しを認める和解を成立させた。その後，Xが建物の明渡しを求めたのに対して，Y会社は，和解の当事者はY会社ではなくA個人であって，Y会社が使用する部分について明渡義務はないと主張した。

法人格の形骸化とされるのは，会社の実質が個人企業であるような場合であり，会社の取引相手からすればその取引が会社としてされたのか個人としてされたのか明らかではないような場合である。法人格の形骸化を示す事実として，株主総会が開催されていないこと，会社と株主の業務・財産が混同されていることなどが挙げられる（江頭45頁以下）。前掲・最判昭和44・2・27は，

〈Case 5-3〉の事案で法人格の形骸化を理由にY会社の法人格を否認して，Y会社とAを同一視し，Y会社に建物の明渡しを命じた。

〈Case 5-4〉 A会社は，Xから賃借していた事務所について，賃料不払によって賃貸借契約を解除され，延滞賃料支払と事務所明渡しを請求された。A会社の株主であり取締役であるBは，新たにY会社を設立した。Y会社は，A会社の資産や従業員をそのまま用いて，A会社とまったく同じ事業を開始した。

法人格の濫用とされるのは，法人格を意のままに利用している株主が，違法・不当な目的のために法人格を濫用する場合である。たとえば，強制執行を免れまたは財産を隠匿する目的で別会社を用いる場合（最判平成17・7・15民集59巻6号1742頁〔百選4，商判I-5〕），一部の労働者を解雇するために会社を解散する場合，競業避止義務を負う者がそれを免れるために別会社を用いる場合がこれにあたる（江頭44頁以下）。最判昭和48・10・26民集27巻9号1240頁は，〈Case 5-4〉の事案で法人格の濫用を理由にY会社の法人格を否認して，Y会社とA会社を同一視し，Y会社はXに延滞賃料支払と事務所明渡しの義務を負うとした。

(c)　**法人格否認の法理への批判**　　学界では，法人格否認の法理は慎重に用いるべきだとする見解が有力である。とりわけ，判例が「法人格の形骸化」「法人格の濫用」という包括的な要件を用いることに対しては，批判が強い（争点4〔後藤元〕参照）。

第6章 資金調達

本章は，会社法の規定する株式会社の資金調達方法について扱う。もちろん，株式会社の資金調達方法は会社法の規定するものに限定されるわけではない。また，われわれの身の回りの経済活動を見た場合，資金調達を行う主体が株式会社に限られるわけでもない。そこで，株式会社の資金調達方法について，最初に若干の概括的な説明を行い，その後，会社法の規定する方法を見ていくこととしよう。

第１節　総　　説

1 企業の資金調達とその供給源

企業が必要とする資金を供給する主体は，海外からの資金流入をひとまず考慮の外に置くと，究極的には家計である。たとえば，個人が当座は支出するあてのない余剰資金を有しているとしよう。この資金を将来の支出にまわすために貯蓄する場合，通常，その資金は将来の収益を期待して，金融投資にまわされる。この金融投資の対象としては，銀行預金，債券，株式といった基本的な**金融商品**から，投資信託（これも金融商品の一種である）や住宅投資に至るまで，多様な選択肢がある。

では，金融商品の購入に回された家計の余剰資金は，どのように企業に提供されるのだろうか。その金融の方法は，大きく分けて２つある。第１は，いわゆる**直接金融**と呼ばれるものである。これは，証券会社などを利用して，家計自らが，資金需要のある企業が提供する金融商品を直接に購入する場合である。そして第２は，いわゆる**間接金融**と呼ばれるものである。これは，家計が，預金や投資信託といった銀行等の金融仲介機関の提供する金融商品を購入し，資金を受け取った当該金融仲介機関が，さらに資金需要のある企業が提供する金融商品を購入する場合である。

2 株式会社の資金調達

(1) 資金調達方法の多様性

図表6-1　株式会社における資金調達方法

1. 内部資金によるもの
   - 内部留保
   - 減価償却
2. 外部資金によるもの
   - 株式の発行 ⟶ 会社法が規律
   - 社債の発行 ⟶ 会社法が規律
   - 金融機関等からの借入れ
   - 取引先等からの信用供与

会社法の用意する株式会社のための金融商品は，大きく分けると，第３章において説明した株式，そして債券の一種である社債である。つまり会社法の資金調達に関する制度は，家計の余剰資金が株式もしくは社債という金融商品の購入――直接購入の場合もあれば，金融仲介機関を経る場合もある――に充てられ，会社の資金需要を満たすことを念頭において作られている。

もっとも株式会社に用意された資金調達手段は，株式や社債といった金融商品の発行という方法に限られない（⇨**図表6-1**参照）。たとえば外部から資金を調達するのであれば，金融機関等から借り入れることも可能である。他の企業との取引に際して支払を猶予してもらえば，他から資金を調達して支払をするのと同じ効果が得られる。あるいは内部資金として，それまでの企業活動で得た利益を留保しておき，これを必要なときに新たな事業活動のための投資にまわすことも可能である（任意積立金。⇨291頁(d)）。

(2) 会社法による規律とその理由

株式会社において実際に利用できる資金調達手段は多様であるが，会社法は，このうち，なぜ株式と社債という金融商品，およびその発行手続についてのみ，特に規定を置いているのだろうか。この問いは難問であって，理論的に完璧に答えることはおそらく不可能である。ただし沿革的には，わが国において株式会社制度が導入された当時，巨額の長期資金が必要であったことと関連する。裏返していえば，そのような性格の資金を結集するための仕組みとして，株式会社制度がヨーロッパから導入された（⇨16頁 Column 1-6）。このような経緯ゆえ，特に巨額の長期資金を調達するのに適した金融商品である株式と社債，およびその発行手続についての規定が会社法に存在していると考えられる。

本章では，会社法の規定する株式会社の資金調達方法を前提として，株式，その派生商品である新株予約権，社債，およびその発行手続に関する説明を行う。ただし株式の具体的内容については，すでに第3章で詳細な説明を行ったので，本章ではその発行手続についてのみ説明を行う。また，新株予約権と社債との複合的な金融商品である新株予約権付社債については，第4節の社債の節において，適宜触れる。

第2節　募集株式の発行

1 総　　説

(1) 募集株式発行に対する規律

株式会社は，具体的な資金需要に応じ，設立後に新たな株式を発行することにより，つまり株式という金融商品を新たに販売することにより，資金調達を行うことが可能である。会社法は，この資金調達の手続につき，199条以下において詳細な規律を置いている。なお，この199条以下の募集株式発行に関する規定は，処分する自己株式を引き受ける者の募集をしようとする場合についても適用される（199条1項柱書）。これは，募集株式の発行と自己株式の処分とが，いずれも株式の引受けを募集し，また引き受けた者から金銭等の払込みを受けて，株式を交付するという点で実質的に同一に取り扱うべき行為だと会社法が評価しているからである。

株式とは，第3章第1節 1（63頁）において説明したとおり，株式会社の社員としての地位を割合的単位として表したものでもある。したがって，設立後に新たに株式を発行するということは，新たな社員の地位を創設することでもある。特に，この新たな社員の地位を創設することとの関係では，第三者に対して株式を発行する場合に，既存株主と当該新株主との間での利害調整を必要とする。

たとえば，第三者に対して発行される株式の価額が安価であると，既存株主が保有する株式の経済的価値が希釈化され，既存株主から新株主にいわば利益の移転が起こる。そこで，会社法は第三者に対する**有利発行**の規制を設け，株主総会特別決議によって既存株主からの同意を得ることで，この利害調整を行っている（309条2項5号。⇨325頁(3)参照）。

あるいは，第三者に対して株式を大量に発行すると，既存株主の持分比率が大幅に低下することから，既存の支配にかかる利益の保護が問題となる。そこで会社法は，公開会社を除き，その決定に株主総会特別決議を要求する（同号）。また，会社の機関設計を問わず，当該株式発行が著しく不公正な方法によるものか否かという要件の下（210条2号），これを差し止める途を認めて利害調整を行っている（⇨337頁(1)参照）。

Column 6-1　募集株式の発行・通常の株式発行・特殊の株式発行

会社法は，その第二編第二章第八節において，**募集株式の発行**等について規定している。募集株式の発行等とは，より具体的に見ると，先もふれたように，株式会社が発行する株式を引き受ける者の募集をする場合，およびその処分する自己株式を引き受ける者の募集をする場合の2つを含む概念である（199条1項。以下では，処分する自己株式を引き受ける者の募集をする場合を含めて，単に「募集株式の発行」という）。会社法は，募集という概念についてその定義を置いていないが，厳密にいえば株式引受けの申込みの誘引ということになる。ただ形式的には，会社法第二編第二章第八節の手続に従う場合が「募集」による株式発行なのだ，と理解すれば足りるだろう。

募集には，一般に**株主割当て**，**第三者割当て**，および**公募**の方法がある。株主割当てとは，すべての株主にその持株割合に応じて株式を割り当てる場合，第三者割当てとは，特定の第三者（既存株主でもよい）に対して株式を割り当てる場合，そして公募とは，不特定の者に株式引受けの勧誘をしてこれを割り当てる場合を指す（ただし，わが国で一般に公募と呼ばれるものは，一度，証券会社が株式の総数を引き受けてから投資家に販売しており〔205条。**買取引受け**ともいう〕，厳密には第三者割当ての一種である）。会社法は，株主割当ての場合に特別の規定を置くほか（202条参照），第三者割当ての場合にもいわゆる有利発行に関する規定を置くなど（199条3項参照），規律を違えている。

講学上は，以上の手続に基づいて株式を発行し，発行済株式総数を増加させる場合を通常の株式発行と呼んできた。これは，現物出資の場合も含め，外部資金の出資を受けて新たに株式を発行する場合を標準的な形態として考えてきたことによるものである。しかし，株式会社が設立後に新たな株式を発行する場合，あるいはより一般化して株式数が増加する場合というのは，以上の場合に限られるものではない。たとえば，取得請求権付種類株式や取得条項付種類株式の対価としての株式発行，株式分割（通常，これは単に数が増加するだけだと説明される），株式無償割当てに伴う株式発行，新株予約権の行使に伴う株式発行，あるいは吸収合併・吸収分割・株式交換に伴う株式発行などがその例である。講学上は，このような株式の発行の場合について，募集の手続を経る場合と区別して，特殊の新株発行と呼ぶことがある。

(2) 授権資本制度

会社法の定める株式発行にかかる制度は，原則として，会社の資金調達の便宜を中心に整えられている。すなわち，いわゆる**授権資本（授権株式）制度**を採用し，定款には会社の発行する株式の総数を掲げ（37条1項2項。「**発行可能株式総数**」という），かつ設立時にはその定款に掲げた株式総数の最低4分の1が発行されていればよい（同条3項。設立後に定款変更する場合につき，113条3項参照）。これにより，設立後に株式を発行しようとする場合，定款に記載された株式総数に至るまで，定款変更の必要なしに株式発行を行うことが可能になる。

非公開会社については，4分の1発行という規制も排除される（37条3項ただし書）。授権資本制度には，既存株主の持分比率低下の限界を画する機能があるが，全株式に譲渡制限がある場合，株主総会決議が法定され（199条2項・309条2項5号。⇨324頁(a)），持分比率の低下により生ずる問題はこの決定手続の中で解決できることから，以上のような規律になっている。

(3) 金融商品取引法との関係

金融商品取引法によれば，発行価額が1億円以上であって（金商4条1項5号参照），多数（50人以上）の者（同2条3項1号）に対する募集株式（株券）の発行には，内閣総理大臣に有価証券届出書を提出する必要がある（同4条1項本文・5条1項）。また，投資家のために目論見書を作成する必要もある（同13条1項。以上については，⇨283頁(3)も参照）。

金融商品取引法上，一定の開示が行われる場合，これに重ねて会社法上の情報提供を会社に求めることは，二重の負担を強いることになる。そこで会社法は，金融商品取引法上の開示により，会社法上の情報提供が尽くされていると判断される場合，前者の開示をもって会社法上の要件を満たすものとして調整を図っている（たとえば201条5項・203条4項参照）。

2 発行の手続

1 募集事項の決定

(1) 募集事項

株式会社が募集株式の発行等を行う場合，まず募集株式について，募集事項として次の(a)から(e)までの事項を定める（199条1項各号。ここにいう募集株式とは，当該募集に応じて株式引受けの申込みをした者に割り当てられる株式を指す。同項柱書かっこ書）。募集事項は，その募集ごとに均等に定めなければならない（同条5項）。なお株主割当ての方法による場合，募集事項のほか，株主割当てを行う旨，および割り当てられるべき株式の引受けの申込期日も定める（202条1項）。

(a)　**募集株式の数（1号）**　種類株式発行会社においては，種類も定める。

(b)　**募集株式の払込金額またはその算定方法（2号）**　払込金額とは，募集株式1株と引換えに払い込む金銭，または給付する金銭以外の財産の額を指す。公開会社では，その決定方法を定めることでもよい（201条2項）。その趣旨は，市場価格ある株式を発行する場合，効力発生にできる限り近い時点で払込金額を決定することを認める点にある。決定方法の具体例として，たとえば証券会社が機関投資家へのヒアリングや需要の積上げ等を通じて金額を決定するという，ブック＝ビルディング方式が挙げられる。

なお，上場会社（自らの発行する株式が金融商品取引所に上場されている会社）が取締役の報酬等として募集株式の発行等を行う場合（361条1項3号参照），本号の内容を定める必要はない（202条の2第1項前段）。その代わり，取締役の報酬等として募集株式の発行等をするものであり，募集株式と引換えにする金銭の払込み，または金銭以外の財産の給付を要しない旨を定める必要がある（同項後段・1号）。

(c) **現物出資に関する事項（3号）** 金銭以外の財産を出資の目的とするときはその旨，ならびに対象となる財産の内容と価額を定める。現物出資に関しては3(2)（335頁）で後述する。

(d) **出資の履行に関する事項（4号）** 出資の履行（募集株式と引換えにする金銭の払込み・現物出資財産の給付）の期日，またはその期間を定める。

なお，上場会社が取締役の報酬等として募集株式の発行等を行う場合（361条1項3号参照），本号の内容も定める必要はない（202条の2第1項前段）。その代わり，募集株式の割当日を定めることを要する（同項後段・2号）。

(e) **資本金および資本準備金に関する事項（5号）** 募集株式を発行した場合，会社法の定める方法により資本金および資本準備金を増加させる必要があるが（445条1項～3項。ただし自己株式の処分の場合には資本金が増加しない），これについてあらかじめ決定しておくことを求めるものである（⇨第5章第2節 1 (3)(b)〔290頁〕）。

(2) 決定機関

募集事項を決定すべき機関について，会社法は，公開会社か否かによりその規律を違えている。また，株式の割当方法によってもその規律が異なるため，若干，規律が複雑である。なお，種類株式発行会社において，募集株式の種類が譲渡制限株式である場合には，当該種類の株式に関する募集事項の決定につき，以下に説明する機関決定のほか，当該種類株主総会の決定を要する（199条4項・200条4項参照。ただし，当該決議を要しない旨の定款規定がある場合，あるいは当該種類株主総会において議決権を行使できる株主がいない場合を除く）。

(a) **非公開会社** 非公開会社において，募集株式の発行を決定するのは株主総会であり（199条2項），その決議は特別決議による（309条2項5号）。非公開会社においては，株主の持分比率維持の要請が存することから，常に当該決議を要するものとされている。ただし株主総会は，募集株式数の上限と払込金額の下限を定めれば，その特別決議によって募集事項の決定を取締役（取締役会設置会社の場合は取締役会）に委ねることができる（200条1項・309条2項5号）。また，株主割当ての場合，定款に規定をおけば，募集事項および株主割当てに関する事項について，取締役の決定（取締役会設置会社の場合は取締役会の決議）

に委ねることができる（202条3項1号2号。それ以外の場合は，株主総会特別決議による。同項4号・309条2項5号）。

(b)　**公開会社**　　公開会社の場合，株主割当て以外の方法による有利発行の場合を除き，取締役会がその決定機関となる（201条1項。株主割当ての場合につき，202条3項3号。また，指名委員会等設置会社の場合，取締役会決議に基づきその決定を執行役に委任できる。416条4項参照）。

ただし，支配権の変動につながりうる大量の株式を発行する場合，これを取締役会だけの判断で行えるとなると，経営権の所在を経営者限りで決められる，ということにもなりかねない（この点に関する証券取引所の対応等については，Column 9-7〔393頁〕のほか，VM 99頁参照）。そこで会社法は，募集株式の発行後に当該募集株式の引受人が保有することになる株式数が総株主の議決権数の2分の1を超える場合，以下の特則を設けている（当該引受人を「特定引受人」という）。すなわち会社は，まず払込期日または払込期間の初日（取締役の報酬等として発行される場合には割当日。205条4項）の2週間前までに，特定引受人に関する事項について，株主に対して通知しなければならない（206条の2第1項。なおこの通知は，公告で代替してもよいし〔同条2項〕，金融商品取引法上の開示がなされていればそれで足りる〔同条3項〕）。そして，当該通知日から2週間以内に，総株主の議決権の10分の1以上を有する株主が会社に対し当該株式引受けに反対する旨の通知を行った場合，会社は，当該特定引受人に対する株式割当てについて，株主総会普通決議による承認を受けなければならない（同条4項本文。これは払込期日の前日までに行う必要がある）。ただし，当該会社の財産状況が著しく悪化している場合であって，当該会社の事業の継続のために緊急の必要がある場合，この株主総会普通決議を経る必要はなくなる（同項ただし書）。

(3)　有利発行をめぐる問題

(a)　**総　説**　　株主割当て以外の方法で募集株式の発行を行う場合，払込金額が株式を引き受ける者に特に有利な金額であれば，公開会社か否かを問わず，株主総会特別決議によらなければならない（いわゆる有利発行）。有利発行に該当する場合，取締役は，当該総会で当該払込金額により募集を行うことを必要とする理由を説明しなければならない（199条3項・201条1項。200条2項も同趣旨の規定であるが，ここでは既存株主にとって不利益となる範囲を示した上で，取締役〔会〕が委任を受けるという形式をとる)。

Case 6-1 A会社は，PおよびQの2人の株主からなる株式会社であり，PおよびQは，それぞれ1000万円ずつ出資をして，10株ずつの株式を保有している。そして，A会社の純資産はなお2000万円が確保されており，A会社株式1株の時価は100万円であるとする。つまりPとQは，それぞれ1000万円分の株式を保有していることになる。

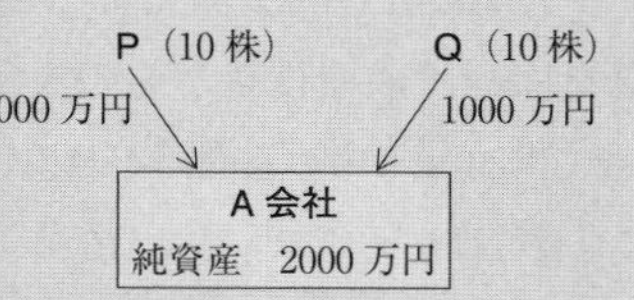

仮にA会社において新たな資金が必要となり，新たに株式1株40万円で10株を発行するとしよう。以上の株式について，次の場合にPおよびQに経済的な不利益は発生するだろうか。

(1)　既存株主であるPおよびQが5株ずつ引き受ける場合

(2)　新たにRが10株すべてを引き受ける場合

(1)は，株主割当てが行われた場合である（⇨**図表6-2**参照)。この場合PとQは，200万円ずつ払込みを行って新たに5株の株主となるから，株式発行後はそれぞれ15株の株式を保有する。またA会社には，もともと2000万円の純資産があったところに新たに400万円の資金が入ってくることから，株式発行後には2400万円の純資産がある。すると，株式発行後のA会社株式1株の価格を単純に計算すると，2400万（円）÷30（株）で，1株80万円となる。もともとは1株100万円であったものが80万円になるとすると，一見PおよびQにとって不利益がありそうである。だが，そもそもPとQは，総額でそれ

図表6-2　株主割当ての場合

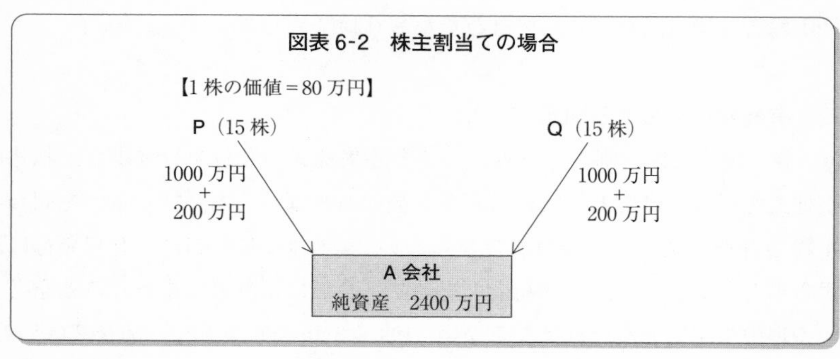

図表 6-3　第三者割当ての場合

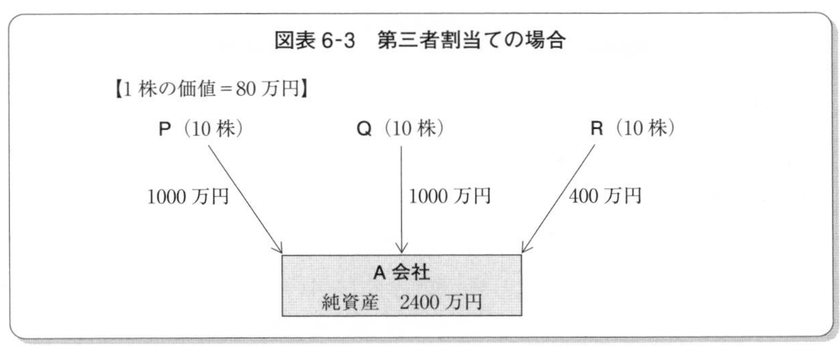

ぞれ1200万円（最初に1000万円，次に200万円）しか出資していないのであり，1200万円分（80万円×15株）の株式をなお保有している以上，実は不利益は生じていない。株主割当ての場合，株式の発行価額がいくらであっても，発行後の株価変動の結果は各株主に平等に帰属するので，経済的な不利益の問題は生じないのである。

これに対して(2)は，第三者割当てが行われた場合である（⇨**図表6-3**参照）。この場合Rは，400万円の払込みを行って新たに10株の株主となる。この場合も，株式発行後のA会社株式1株の価格を単純に計算すると，1株80万円である。するとPおよびQが保有する株式は，800万円（80万円×10株）になり，当初の1000万円の価値から目減りしている。他方でRは，400万円の払込みしか行っていないにもかかわらず，株式発行後にはやはり800万円（80万円×10株）の株式を保有することになる。このように株主割当て以外の方法により有利発行が行われる場合，既存株主から新株主にいわば利益移転が起こる。

株主割当て以外の方法でなされる有利発行に対して，常に理由の説明をふまえた株主総会特別決議を要求するのは，以上のとおり，既存株主の株式価値が希釈化されて経済的な不利益を被ることによるものである。つまり既存株主に対して，それが会社経営上必要であることを理解してもらった上で，既存株主から同意を得てこれを行うよう求める趣旨である。

(b) **「特に有利な金額」の判断**　以上のとおり有利発行の問題というのは，既存株主と新株主との間の経済的利害調整の問題として現れるが，その該当性を具体的に判断するのは決して容易ではない。一般的に，払込金額が特に有利な金額に該当するか否かは，公正な金額を基準として，著しく低い金額で発行されているか否かにより判断される。ここにいう公正な金額とは通常は株式の時価を指し，この点に関する判断の方法は，市場価格の有無によって分かれる（公開会社でも，上場をしていない会社のように，市場価格の存在しない場合があることに留意する必要がある）。

市場価格のない株式の場合，時価の算定を行うためには，株式の評価を行う必要がある。この場合，どのような評価手法を用いるかは裁判例によってさまざまである（たとえばDCF法を基礎とした近時の裁判例として，東京高判平成25・1・30判タ1394号281頁。その他，株式の評価手法については，⇨90頁8参照）。ただ，このような株式の評価には幅があることにも鑑みると，客観的資料に基づく一応合理的な算定方法によって発行価額が決定されていたといえる場合には，その発行価額は，特別の事情がない限り，有利発行とはしないというのが最高裁の考え方である（最判平成27・2・19民集69巻1号51頁〔百選23，商判Ⅰ-60〕）。

これに対して市場価格のある株式であれば，公正な金額とは，募集株式の効力発生日に最も近接した日の当該株式の市場価格を指すことになる。しかし市場価格のある株式の場合，募集株式の発行を行うと，市場における需要と供給のバランスが崩れて，価格が多少下がる可能性がある。このことから，実務的に払込金額を定める場合には，時価を基準として払込金額を定める場合でも，数％のディスカウントを行う（日本証券業協会の自主ルールでは，決議前日の市場価格に0.9を乗じた額以上の額であることを求める）。やや古い最高裁判例であるが，公正な払込金額を定めるにあたっては，払込金額決定前の株価，この株価の騰落習性，売買出来高の実績，会社の資産状態，収益状態，配当状況，発行済株式数，新たに発行される株式数，株式市況の動向，そしてこれから予測される新株の消化可能性等の諸事情を総合して決定することを認めている。そして，既存株主の利益と会社が有利な資本調達を実現するという利益との調和を求めている（最判昭和50・4・8民集29巻4号350頁〔商判Ⅰ-53〕）。

Case 6-2　A会社は，その発行する株式を証券取引所（金融商品取引所）に上場する公開会社である。A会社株式の市場価格は，CらによるA会社買収を目指した買占めにより半年前から上がっており，令和元年5月20日の証券市場におけるA会社株式の終値は1000円，またこの日から6か月前までの平均価格に0.9を乗じた額は650円であった。

A会社の取締役会は，同月21日，募集株式の発行を行う旨，そしてB会社に対して1株400円で当該募集株式を割り当てる旨の決議を行った。この払込金額は，専門的な知識を有する第三者の鑑定に基づき決定されたものであった。

以上の事実を前提とした場合，A会社は募集事項の決定を取締役会決議のみで行うことが可能だったのだろうか。あるいは，株主総会特別決議を経るべきだったのだろうか。

(東京地決平成16・6・1判時1873号159頁〔百選22，商判I-58〕を基礎とした事例)

公正な金額の判断にあたり市場価格を基準にするとしても，上記のケースのように株式の買占めがあって，一時的にその市場価格が高騰している場合もある。この場合でも，原則からいえば，その高騰した市場価格が買収による企業価値の増大を反映している限り，当該価格が公正な金額を表すものと考えるべきである。他方で，その買占めが発行会社等に対して株式を高値で買い取らせることを目的としているなど，異常な投機によって市場価格が企業価値から乖離していると認められる場合もある。この場合は，その高騰した価格を払込金額の基準から排除することを認めてよい，というのが一般的な議論の方向性である（日本証券業協会の自主ルールでは，理由を開示した上，最長6か月までさかのぼった平均価格に0.9を乗じた額以上の額を払込金額とすることも認められる）。

Column 6-2　企業買収・提携目的での第三者割当てと有利発行

有利発行をめぐる議論は，募集株式の発行の中でもとりわけ難しい論点である。かつての下級審裁判例には，次のようなものがある（東京高判昭和48・7・27判時715号100頁〔百選97，商判I-54〕）。

昭和43年当時，有力企業との提携を求めたA会社（アイワ）は，昭和44年1月10日，取締役会において普通株式1200万株の発行を決議し，全株式をS会社（ソニー）に割り当てた。その払込価額は，S会社との協議折衝により，1株70円とされたが，取締役会決議日前日の同月9日，A会社株式の東京証券取引所での終値は1株145円であった。また，本件新株発行の発表後もA会社の株価は上昇を続けた。そこでA会社の株主Xは，S会社に対し，商法旧280条ノ11（会社212条1項1号）に基づく通謀引受人の責任を追及する代表訴訟を提起した。すなわち払込金額は，取締役会決議前日の市場価格145円の5%引きの価格である1株137円75銭とするのが公正であり，S会社がその約2分の1である70円で引き受けたのは著しく不公正である，というのである。しかし，これに対して裁判所は，Xの主張を認めず，以上の株式発行は公正な金額によるものであるとした。

考えてみれば，A会社の株価上昇は，S会社との提携による企業価値の増大を織り込んでいると考えられる。すると，公正な金額がいくらかを判断するにあたっては，やはり上昇後の株価を基準とすべきではないか。他方で，上昇した株価を基準とすべきだとすると，そもそも1株70円の価値の会社を買収することを予定していたS会社としては，払込みの負担は増えてしまうし，A会社と提携する誘因が減ってしまう。ここで注意すべき点は，〈Case 6-2〉のように株式を買い占められた会社がその対抗策として株式を発行する場合と，企業提携に際して提携先の会社に株式を発行する場合とでは，前提とすべき事情が異なりうるということである。つまり，前者を，既存株主にすでに生じているシナジー（提携による相乗効果）を希釈化することが許されるかどうかという問題（基本的に許されない），後者を，企業提携により発生すべきシナジーを既存株主と新株主の間でどのように分配するか，という問題として理解する可能性がある，ということである。後者の場合，そもそもA会社にとってS会社による買収を受け入れるほか選択肢がなく，新株主であるS会社にとってもシナジーに関与できないと企業提携の意味がない。このような問題の相違が，結論の違いを導いていると考えることはできるかもしれない。

もっとも後者の場合である先の事案でも，すでに株価が上昇しており，既存株主にシナジーが実現していないといえるかどうかは疑わしい。また，企業買収・提携にあたっておよそ1社だけを検討対象とし，他の買収者の可能性を考慮に入れないという前提も考えにくい（より高い額で買収してくれる相手を探さないと，取締役の善管注意義務違反になる可能性も考えられる）。その意味では，先の下級審裁判例の考え方が，今日そのまま妥当すると考えるべきではない（なお，この問題に関する参考文献として，江頭憲治郎『結合企業法の立法と解釈』〔有斐閣，1995年〕221頁以下，数字でわかる会社法137～154頁〔松中学〕，百選97解説〔仮屋広郷〕参照）。

(4)　公示・開示

募集事項の決定を行った場合，これは株主の知りうる状態におかれなければならない。なぜなら，決定された募集事項の内容に法令や定款に対する違反があったり，あるいは不公正であったりした場合に備えて，既存株主にこれを差し止める機会を与える必要があるからである（最判平成5・12・16民集47巻10号5423頁〔百選101，商判I-61〕）。

株主総会特別決議により募集事項の決定が行われる場合，決定に先立ち株主総会の招集通知が発せられる（299条1項）。当該通知において募集事項の決定に触れられていれば，株主は当該事項について知ることができる。ただし，制度的にこれが保障されているわけではない。たとえば，非取締役会設置会社のように議題を書面により通知する必要がない場合，株主において募集事項の決定を事前に知ることができない場合もありうる（同条2項2号・4項参照）。

これに対して，公開会社のように取締役会限りで決定が行われる場合，特に株主に決定のあったことを知らせる措置が必要となる（以下については，VM 92頁以下参照）。そこで会社法は，この場合について，払込期日（払込期間の初日）の2週間前までに株主に募集事項を**通知**することを求める（201条3項）。ただし公開会社の場合，株主の数が多数になりうることにも鑑みて，**公告**をもってこれに代えることが認められる（同条4項）。さらに金融商品取引法上の開示が行われれば，会社法上の公示と同視できるものとして，これをもって足りる（同条5項，会社則40条）。

株主割当ての場合も，やはり取締役や取締役会限りで決定が行われることがあるため，募集株式の引受けにかかる申込期日の2週間前までに募集事項，割当てを受ける募集株式の数，および当該申込期日について，株主に通知しなければならない（202条4項）。

2 募集株式の申込みと割当て

募集事項が決定されると，募集株式の引受けにかかる**申込み**と**割当て**の手続を経て，当該株式の引受人が決定される。なお，以下に述べる申込み，割当て，および**総数引受契約**にかかる意思表示については，民法の心裡留保および虚偽表示の規定は適用されない（211条1項，民93条1項ただし書・94条1項）。

(1) 募集株式の申込み

株式会社は，募集株式の発行にかかる募集事項の決定を行った場合，その引受けの申込みをしようとする者に対し，会社の商号や募集事項等，一定事項の通知を行う（203条1項。変更があった場合につき，同条5項）。ただし，金融商品取引法2条10項の規定する目論見書が交付されている場合等は，すでに必要事項が周知されているものとして，以上の通知は不要である（203条4項）。

以上の通知を受けたことを前提として，募集株式の引受けの申込みをする者は，自らの氏名・名称および住所，そして引き受けようとする募集株式の数を記載した書面を会社に交付する（同条2項。会社の承諾を得て電磁的方法による場合につき，同条3項）。

以上のとおり申込みの手続に関する規定は，開示と意思確認という2つの機能を実現するための規定からなっている。

(2) 募集株式の割当て

株式会社は，以上の申込者の中から募集株式の割当てを受ける者，およびその数を定め（204条1項前段），払込期日（払込期間の初日）までに申込者に通知する（同条3項）。申込者が多数であれば，原則として誰に割り当ててもよい（いわゆる割当自由の原則。ただし，著しく不公正な方法による発行〔210条〕となる場合は別である）。また，この割り当てる数についても，申込みを受けた数よりも少ない数とすることが可能である（204条1項後段）。

割当ての決定は，取締役（取締役会設置会社であれば取締役会）が行う（348条1項・362条2項1号。非取締役会設置会社は，株主総会でも決定可能である。295条1項）。ただし，募集株式が譲渡制限株式である場合には，原則として株主総会特別決議により，そして取締役会設置会社であれば取締役会決議により，割当事項の決定を行う（204条2項・309条2項5号。定款により特段の定めを置いた場合を除く）。この定めは，割当事項の決定が「誰に」「どれだけの」募集株式を割り当てるかを決するもので，実質において譲渡制限株式の譲渡承認と類するものと考えられることによる（これは，いかなる割当て方法を採用するか，という従前の持株比率維持の問題とはさしあたり別である）。

株主割当ての場合，申込期日までに申込みがなされないと，株主は割当てを受ける権利を失う（204条4項）。

(3) 募集株式の引受け

以上の割当てを受けると，募集株式の申込者は，割り当てられた数について，募集株式の**引受人**となる（206条1号）。

Column 6-3　他人名義による株式の引受け

Bが他人Aの名義で設立時募集株式を引き受けた場合，A，Bのいずれが引受人として扱われるかは契約当事者の確定の問題であり，意思解釈などの作業により定まる。

C株式会社の募集株式発行にあたって，BがAの承諾を得て，Aの名義でC会社に募集株式の申込みをして割当てを受け，C会社もこの事情を知っていたという事案がある。これに対して最高裁は「名義人すなわち名義貸与者〔A〕ではなく，実質上の引受人すなわち名義借用者〔B〕がその株主となる」と判示した（最判昭和42・11・17民集21巻9号2448頁〔百選9，商判I-20〕)。この事案の下では，この結論についてはあまり異論がないだろう。

もっとも，Aの承諾なくBがAの名義を使用した場合や，会社が他人名義での申込み・引受けであることを知らなかった場合において，B（名義借用者）を引受人とする見解を貫けるかは明らかではない。まず，A・B間においていずれが「実質上の引受人」かが微妙な事例がありうるが，その場合には，いずれが実質的に出捐をしたのか（お金を払ったのか)，A・B間ではどのような扱いが予定されていたのか（意思の探求）などにより判断される。また，会社が他人名義での株式の申込みがなされたことを知らない場合には，会社は名義人(A)を引受人と扱えば足りる（会社が申込者に対してする通知等は申込者が交付した書面に記載された氏名・住所に宛ててすれば足りる〔203条6項。なお，設立の場合につき59条6項〕)。上記につき，百選9解説〔神作裕之〕を参照。

(4)　申込みおよび割当てに関する例外

(a)　総数引受契約に関する例外　　会社法は，株式会社が募集株式を発行するにあたって，これを引き受けようとする者がその全部を引き受ける旨の契約を結ぶことを認める。この場合，募集株式の申込み，および割当てにかかる会社法203条，および204条の規定は適用にならない（205条1項。なお，募集株式が譲渡制限株式の場合，204条2項と同様，総数引受契約のときでも株主総会特別決議〔取締役会設置会社では取締役会決議〕が必要である〔205条2項〕)。当該契約により株式の総数を引き受けた者は，当該引き受けた数について，募集株式の引受人となる（206条2号)。

このような契約を結ぶ場合として，第三者割当ての方法により募集株式を発行する場合が考えられる。また株式会社と証券会社との契約によって，証券会社が募集株式の唯一の引受人となり（もちろん複数の証券会社が関与することも可能である)，証券会社と契約をした投資家がさらに株式を購入するという方法も想定できる（いわゆる「買取引受け」。これは証券会社のみが引き受ける点で第三者割当てなのだが，その後一般の投資家に売却される点をとらえて俗に公募とも呼ばれる。しかし，厳密には公募ではない。⇨321頁 Column 6-1 参照）。

(b)　取締役の報酬等として行われる場合の例外　上場会社が取締役の報酬等として募集株式の発行等を行う場合（361条1項3号参照），当該募集株式の申込み，または総数引受契約を行えるのは，報酬の対象となっている取締役に限られる（205条3項）。

3　出資の履行

募集株式の引受人が決まると，次いで出資の履行の手続となる。なお，募集株式の引受人は，出資の履行により株主となって1年を経過した後，または当該株式について権利行使をした後は，募集株式の引受けについて錯誤，または詐欺・強迫を理由として争うことができない（211条2項，民95条・96条）。

(1)　金銭の払込み

募集株式の引受人は，払込期日，または払込期間内に，会社の定めた銀行等の**払込取扱場所**において，払込金額の全額を払い込まなければならない（208条1項）。この払込みをなすべき債務は，会社に対する債権と相殺することができない（同条3項）。また，出資の履行をすると募集株式の株主となる権利（いわゆる権利株）を得ることになるが，この権利は譲渡しても，会社に対抗することができない（同条4項。なお，株券発行会社における株券発行前の株式譲渡の場合との比較について，⇨106頁(d)）。

では，払込みがなされたとの外観はあるが，実質的に株式に見合うだけの価値が会社に拠出されない場合はどうなるか。これは，仮装の払込みと呼ばれる問題であるが（この論点をめぐる法律問題全般については，⇨36頁 Column 2-9），この場合，払込みを仮装した募集株式の引受人に既存株主から価値の移転が生じ，既存株主の利益が害される。そこで会社法は，募集株式の発行等において仮装の払込みがあった場合，当該払込みを仮装した募集株式の引受人，あるいは取締役等に端的に責任を負わせる制度を設けている（213条の2第1項1号・213条の3参照。⇨342頁(c)）。そして，当該募集株式について，株主としての権利も認めない（209条2項。⇨337頁(3)）。

払込みが仮装と評価できる場合，それは払込みがないのと同じであるから，当該払込みは無効と考えるべきである（最決平成3・2・28刑集45巻2号77頁〔百選103，商判Ⅰ-192〕。なお，この点については異論もあり得る。⇨36頁 Column 2-9 参照）。だが，これにより募集株式の引受人が当然に失権すると考えると（208条5項），同人や取締役等が責任を履行した場合，失権したはずの株式について権利行使が可能となる点は説明が難しい。この点に関しては，仮装の払込みは原則として無効であるけれども，外形上払込みの事実があることに鑑みて当然失権とはせず（発行された株式自体は有効である），ただし先の責任が履行されるまで株主権の行使ができないものとされているのだ，との考え方が示されている（野村修也「資金調達に関する改正」ジュリ1472号〔2014年〕31頁）。

(2)　現物出資の給付

現物出資の場合，募集株式の引受人は，払込期日，または払込期間内に払込金額の全額に相当する現物出資財産を会社に対して給付することになる（208条2項）。相殺の禁止，あるいは権利株の譲渡に関する制限は，金銭の払込みについて述べたことと同様である。

ただし現物出資の場合，財産価格が過大に評価されると，金銭を出資した引受人との関係で均衡を欠くほか，会社の財産的基礎を危うくする可能性がある。そこで会社は，その給付に先立ち，募集事項の決定後遅滞なく，現物出資財産の価額調査のために**検査役**の選任を裁判所に申し立てなければならない（207条1項）。裁判所によって選任された検査役（弁護士の選任される場合が多い）は，必要な調査を行い，その結果を記載した書面等を裁判所に提供して，報告を行う（同条4項）。以上の報告を受けた裁判所は，現物出資財産の価額が不当であると認めたときは，これを変更する決定を行う（同条7項。なお，870条1項4号参照）。以上の変更にかかる決定があった場合，募集株式の引受人は，決定の確定後1週間以内に限り，引受けの申込み，または総数引受契約にかかる意思表示を取り消すことができる（207条8項）。

なお，現物出資財産の給付が仮装された場合，金銭の払込みが仮装された場合と同様，その仮装を行った募集株式の引受人，あるいは取締役等は責任を負う（213条の2第1項2号・213条の3参照。⇨342頁(c)）。また，当該募集株式について株主としての権利が認められないことも同じである（209条2項。⇨337頁(3)）。さらに，現物出資財産の価額が，募集事項において定められた価額に著しく不足する場合，取締役その他の関係者に責任が発生する（212条1項2号・213条。⇨341頁(b)）。

Column 6-4 デット・エクイティ・スワップ

現物出資については，会社法207条9項において，検査役の調査を必要としない場合が5つ認められている。第1に，引受人に割り当てる株式総数が発行済株式総数の10分の1を超えない場合（207条9項1号）。第2に，現物出資財産の価額の総額が500万円を超えない場合（同項2号）。第3に，現物出資財産である有価証券が市場価格で算定される場合（同項3号，会社則43条）。第4に，現物出資財産について弁護士等による証明を受けた場合（同項4号）。そして第5に，現物出資財産である弁済期の到来した金銭債権の価額が，負債の帳簿価額を超えない場合である（同項5号）。

以上のうち最後のものは，いわゆる**デット・エクイティ・スワップ**（debt equity swap）を念頭において置かれた規定である。デット・エクイティ・スワップとは，通常，債権者が保有する弁済可能性の低下した株式会社に対する債権（デット）について，これをいわば放棄して，当該会社の株式（エクイティ）に切り替える（スワップ）ものである。これを会社法上実現するためには，債務者たる株式会社が募集株式の発行を行い，債権者は債権を現物出資して株式の割当てを受けることになる（これは，金銭の払込みを前提として債権との相殺を行うものではなく，208条3項の定める相殺禁止には抵触しないと考えるべきである）。問題は，この現物出資すべき債権をいくらと評価するか，である。

弁済可能性の低下した債権の実質価値（評価額）は，名目価値（券面額）よりも低い（倒産寸前の会社に対する100万円の債権は，100万円の市場価値を持たない）。しかし，いざ検査役を選任して，その債権の実質価値を評価するとなると時間も費用もかかり，これはデット・エクイティ・スワップをしようとしている経営状態の悪い会社にとっては負担が大きい（その間につぶれてしまうかもしれない）。そこで実務的には，検査役調査を簡便にするためにこれを名目価値で評価しようという動きが現れるようになり，さらに会社法の制定によりそもそも検査役調査が不要とされるに至った。また，評価額でデット・エクイティ・スワップを行うと，会社には債務の免除を受けた利益が発生し，ここに課税されてしまうという実際上の問題もあった。

しかし，このような名目価値による評価は，財産価格の過大な評価の危険をはらんでおり，常に有利発行類似の問題がつきまとう。会社法は，弁済期の到来した債権についてのみ名目価値による評価を認めることとして，この問題を

> 回避しようとしている。だが，弁済期の到来に関する要件については，会社が期限の利益を放棄することでこれを満たすことが可能であり，会社が恣意的にこれを利用し，有利発行類似の問題を発生させる可能性はなお残っている（この問題については，藤田友敬「新会社法におけるデット・エクイティ・スワップ」新堂幸司＝山下友信編『会社法と商事法務』〔商事法務，2008年〕117頁参照）。

(3)　募集株式の効力発生

募集株式の引受人は，払込期日に出資の履行を行うと，当該期日に当該募集株式にかかる株主となる（209条1項1号）。また，払込期間が定められた場合には，当該履行を行った日にやはり株主となる（同項2号）。さらに，上場会社が取締役の報酬等として募集株式の発行等を行う場合（361条1項3号参照）には，募集株式の割当日に株主となる（209条4項）。

この出資の履行が行われない場合，引受人は株主となる権利を失い（208条5項），募集株式の発行自体は当該履行のあった株式だけで成立する（登記につき，911条3項5号9号参照）。ただし，出資の履行が仮装された場合（これは，出資の履行がない場合〔208条5項〕とは区別して考える。⇨ 334頁(1)参照），仮装のなされた募集株式について出資の履行がなされるまで，募集株式の引受人による株主の権利の行使が認められない（209条2項。当該株式を譲り受けた者は，仮装の払込みについて善意無重過失であれば，権利行使が認められる。同条3項）。

なお，株券発行会社が自己株式の処分を行った場合，処分の日以後遅滞なく，当該自己株式を取得した者に対して株券を発行しなければならない（129条1項）。

3　募集株式発行の瑕疵を争う手続

募集株式発行等の手続または内容に何らかの瑕疵があった場合，これを争う方法としては，その効力が発生する前に法的措置をとる方法とその発生後に法的措置をとる方法がある。

(1)　事前措置――差止請求

(a)　趣　旨　　募集株式の発行に瑕疵がある場合，その効力が発生する前にその手続を差し止めてしまうのがもっとも簡便かつ合理的である。そこで，取締役の行為の差止請求権（360条）を利用したいところであるが，当該請求権を行使するには，会社に何らかの損害が生じていることが必要となる。しかし，募集株式の発行に瑕疵がある場合，株主には何らかの損害が生じることがあっても，会社には資金が入ってくるだけであるため，損害が生じているかどうかが一義的に明らかではない（有利発行の場合につき，262頁 Column 4-46）。

そこで会社法は，以上の差止請求権とは別に，株主の**募集株式発行差止請求権**を認める（210条）。この請求権は，次の2つの要件を満たすことによって発生する。第1に，募集株式の発行が**法令・定款に違反**すること（同条1号），または**著しく不公正な方法**によるものであること（同条2号）。第2に，当該株式発行により，**株主が不利益を受けるおそれ**があることである（同条柱書）。この差止請求権は，募集株式の発行を対象としたものであるが，株式分割の場合等，特殊の株式発行の場合であっても，株主の利益保護の観点から必要な場合には類推適用できるという考え方が一般的である。

なお，募集株式の発行手続においては，その決定から効力発生までの期間が短いことが通常である。そこで実務的には，この請求権を本案として，募集株式発行の差止仮処分を申し立てるという形がとられる（民保23条2項参照）。

(b) **法令・定款違反**　募集株式の発行が法令違反にあたる場合としては，募集事項の決定，募集株式の申込みと割当て，そして出資の履行の手続に違反する場合が考えられる。よく争われる例は，法の定める機関決定を経ない場合である。（たとえば，有利発行にあたるにもかかわらず株主総会特別決議を経ていない等〔⇨328頁〈Case 6-2〉参照〕）。

募集株式の発行が定款違反にあたる場合としては，たとえば定款に定めた株式の割当てを受ける株主の権利を無視する，といった例が挙げられる。

(c) **著しく不公正な方法**　募集株式の発行が著しく不公正な方法により行われる場合とは，不当な目的を達成する手段として，これが行われる場合を指す。この不当な目的とは，経営陣と株主，あるいは多数派株主と少数派株主との間で支配権をめぐる争いがあるときに，この支配権の帰趨に影響を与える目的で株式発行を行う場合を指すのが通例である。では，次のようなケースでは，この目的の点をどのように判断すべきだろうか。

〈Case 6-3〉 P会社は，情報システム関連事業を営む公開会社であり，その発行する株式を証券取引所（金融商品取引所）に上場している。P会社の株主には，Q会社が存在し，令和2年1月1日現在，P会社の総議決権の約40%を保有している。Q会社は，P会社の経営戦略にかねてより不満を表明し，自らの推薦する者を取締役とするよう求めてきた。しかしP会社は，これに対して何らの回答も行わなかった。

P会社の経営陣は，今後の事業戦略のことを考えて，R会社との業務提携を計画し，そのために外部資金1000億円の導入が不可欠であった。そこでP会社取締役会は，関係諸機関と協議を重ね，S会社に対する第三者割当てによる普通株式の時価発行によりこれを調達する旨決定した。これに対してQ会社は，P会社の事業戦略に疑義を表明するとともに，第三者割当てによる募集株式の発行は，Q会社の議決権比率を約20%に低下させ，その影響力を希薄化する意図があると考えている。果たして，このP会社による募集株式の発行は著しく不公正な方法によるものと評価できるだろうか。

（東京高決平成16・8・4金判1201号4頁〔百選98，商判I-55〕を基礎とした事例）

募集株式の発行を行う場合，会社の資金調達という経済面と新しい社員の地位の創設という支配面の双方に影響が及ぶ。その結果，このケースのように，募集株式の発行が著しく不公正な方法によるものかどうかが争われる事案では，複数の目的が問題となることが多い。すなわち，会社は資金調達という正当な事業目的を表明し，影響を受ける株主は支配権の帰趨への影響という不当な目的を指摘するということが起こるわけである。このような場合，ありうる当該複数の目的や意図のうち，いずれが優先するか（主要な目的であるか）を検討するのが下級審裁判例の立場であり（いわゆる**主要目的ルール**。前掲・東京高決平成16・8・4参照），株主は不当な目的や意図が優越することを証明（仮処分事件では疎明）すべきことになる。〈Case 6-3〉でも，事業戦略の合理性や株式発行に基づく資金調達の合理性の有無を判断し，いずれの目的が優越するかを具体的に検討することになる（前掲・東京高決平成16・8・4は不公正発行であることを否定。その他，公募の事案で著しく不公正とされなかった事案として，東京高決平成29・7・19金判1532号57頁，有利発行にかかる特別決議があるが著しく不公正と判断された事案として，京都地決平成30・3・28金判1541号51頁〔商判I-56〕参照）。

もっとも，敵対的企業買収の可能性が具体的に生じると，買収者の態様によっては，募集株式の発行（あるいは新株予約権の発行）により，これに対抗すべき必要性や相当性が肯定できる場合もある。このような募集株式発行や新株予約権発行は，正面から支配権の帰趨に影響を与えるものであるため，従来の主要目的ルールのような単純な枠組みでは適切な解決を導くことができない。そこでこれまでの裁判例においては，支配権の帰趨に影響を与える募集株式発行や新株予約権発行を原則として著しく不公正なものとしつつも，対抗策の必要性や相当性が肯定できる場合には，特段の事情があるものとして，なおこれを不公正と評価せず，差止めの対象としないという方向性が示されている（東京高決平成17・3・23判時1899号56頁〔百選99，商判I-66〕，最決平成19・8・7民集61巻5号2215頁〔百選100，商判I-67〕等参照。なお，これらはいずれも新株予約権の事案である。敵対的企業買収に対する対抗策が講じられる場合，現実に多額の資金の拠出が必要となる募集株式発行よりも，新株予約権の発行の方法が用いられるのが通常である。対抗策について詳しくは，⇨466頁(2)，472頁4の説明を参照）。

(d)　株主が不利益を受けるおそれ　募集株式の発行が行われた場合，既存株主が受けるであろう不利益として，たとえば次のようなものが挙げられる。有利発行の場合のように，株式価値の希釈化により経済的利益が損なわれる場合。あるいは，不公正発行に典型的に見られるように，議決権の希釈化により支配にかかる利益が損なわれる場合などである（その他，特殊な例として，東京高決平成17・6・15判時1900号156頁〔百選A38，商判I-68〕）。

(2)　事後措置①――民事上の責任追及

瑕疵ある募集株式の発行が差し止められることなく効力を発生した場合，これによって不利益を受ける者が救済を受ける方法には，大きく分けて2つの方向性がある。1つの方向性は，経済的な不利益を受けた者がこれを回復するという方法であり，会社法は，その責任追及のための制度をいくつか設けている（なお，有利発行と取締役の責任との関係について，東京高判平成25・1・30判タ1394号281頁のほか，262頁 Column 4-46 参照）。いま1つの方向性は，瑕疵ある募集株式の発行それ自体の効力を争うという方法であって，無効の訴えと不存在確認の訴えが認められるが，これについては(3)および(4)で後述する。

(a)　不公正な払込金額で株式を引き受けた者等の責任　募集株式の引受人は，次に述べる2つの場合，株式会社に対する責任を負う。いずれも十分な出資の履行がなされないために，既存株主の経済的利益が害される場合であって，その不利益を回復するために認められている制度である。この責任は，会社による追及を期待できない場合があるため，株主代表訴訟により追及することが可能である（847条1項。⇨251頁[2]参照）。

第1は，取締役（指名委員会等設置会社の場合には取締役または執行役）と通じて，**著しく不公正な払込金額**で募集株式を引き受けた場合である。この場合，公正な金額と払込金額との差額がその責任額となる（212条1項1号）。ここにいう「著しく不公正な払込金額」とは，実質的には「特に有利な金額」（199条3項）と同義であり，株主総会特別決議を経なかった場合，あるいは当該決議にあたり不実の理由説明がなされた場合等に「著しく不公正」との評価を受けるわけである。これは通謀が要件となっていることから，不法行為責任の特則として理解されている。

第2は，現物出資の場合において，給付した現物出資財産の価額が募集事項において定められた価額（199条1項3号参照）に著しく不足する場合である。この場合，当該不足額が責任額となる（212条1項2号）。当該責任そのものは無過失責任であって，特に法の認めた法定責任として理解することができる。ただし，現物出資財産を給付した募集株式の引受人が，当該不足について善意無重過失である場合，募集株式の引受けの申込み，もしくは総数引受契約にかかる意思表示を取り消すことができる。これは，引受人に過度の責任が課されぬよう配慮したものである。

(b)　取締役等の現物出資にかかる財産価額塡補責任　給付した現物出資財産の価額が募集事項において定められた価額（199条1項3号参照）に著しく不足する場合，これに関与した取締役等も当該不足額について責任を負う（213条1項）。ここにいう取締役等とは，募集株式の引受人の募集に関する職務を行った業務執行取締役等（同項1号。なお，会社則44条参照），現物出資財産の価額決定について株主総会決議があった場合における議案提案取締役等（213条1項2号。なお，会社則45条参照），そして当該価額決定について取締役会決議があった場合における議案提案取締役等（213条1項3号。なお，会社則46条参照）である（その他に責任を負う者として，213条3項参照）。

この責任は，特に既存株主を保護する観点から法の認めた法定責任である。

ただし，当該現物出資について検査役の調査を経ている場合，または当該取締役等が職務を行うについて注意を怠らなかった場合には，支払義務を負わない（213条2項）。

(c)　**出資の履行を仮装した者等の責任**　　募集株式の払込み，あるいは現物出資財産の給付が仮装された場合，既存株主から募集株式の引受人への価値の移転が生じうることに鑑み，この仮装を行った募集株式の引受人，そして取締役等は責任を負う。

まず募集株式の払込金額の払込みを仮装した募集株式の引受人は，当該仮装した払込金額の全額について，会社に対する支払義務を負う（213条の2第1項1号）。現物出資財産の給付を仮装した場合も同様であり，この場合には当該現物出資財産の給付義務（会社がその給付に代えて当該財産の価額に相当する金銭の支払請求を行った場合は，当該金銭の支払義務）を負う（同項2号）。これについては，引受人に関する主観的要件が設けられておらず，無過失責任とされている。

出資の履行の仮装に関与した取締役等（指名委員会等設置会社においては執行役を含む）も，以上の支払義務を負う（213条の3第1項。なお，会社則46条の2参照）。ただし取締役の場合，自ら出資の履行を仮装した者でない限り，職務を行うについて注意を怠らなかったことを証明した場合，この責任を免れる（213条の3第1項ただし書）。

以上の引受人ないし取締役等の責任は，株主代表訴訟の対象となる（847条1項）。

(3)　事後措置②——新株発行無効の訴え

瑕疵ある募集株式の発行により，支配にかかる利益が損なわれた者（自らの持株比率が大幅に低下した者等）は，民事上の責任追及の方法によっては，自らの利益を回復することができない。そこで，事後にその効力を争う方法を認める必要がある。

しかし，瑕疵があるとはいえ，いったん有効に募集株式が発行された場合，これを前提として会社の利害関係者間に法律関係が構築されていくのも事実である。それにもかかわらず，事後的にその効力を一般原則に従って争わせた場合，訴えの利益ある限り誰でもいつでも無効を主張できるし，訴訟の結果は当事者しか拘束しないなど，法的安定性を害する可能性が高い。そこで会社法は，設立無効の訴え（⇨56頁**2**），あるいは株主総会決議取消しの訴え（⇨166頁*1*）の場合と同様，事後に募集株式の発行を争う場合について，その法的安定性を確保するための制度を用意している。それが，**新株発行無効の訴え**の制度である（828条1項2号3号参照。なお，以下で新株発行の無効という表現を用いる場合，自己株式の処分や特殊の新株発行の無効の場合も含む）。

(a)　**無効事由**　　会社法は，何が無効事由となるかについて何ら規定していない。一般には，定款の授権資本を超過する株式発行，あるいは定款に定めのない種類の株式発行等，重大な法令・定款違反の場合に限って無効事由になると解されている。それは，株式発行が効力を生じて一定の法律関係が形成されているため，できる限り無効となる場合を制限しようとする配慮によるものである。難しいのは，仮装の払込みがあった場合である。この場合，株式引受人や取締役等に対する責任追及により解決できるから，無効事由に該当しないものとも考えられるが（かつての取締役の引受担保責任の制度を前提として，同様の考え方を示すものとして，最判平成9・1・28民集51巻1号71頁〔百選27，商判I-52〕，最判昭和30・4・19民集9巻5号511頁），なお議論は流動的である（この点については，36頁 Column 2-9 も参照）。

〈Case 6-4〉 Y会社は，その発行する株式を証券取引所（金融商品取引所）に上場する公開会社である。Y会社は，令和2年1月6日の臨時取締役会において，A証券会社との契約により発行株式すべてを引き受けてもらうこととして，募集株式を発行する旨の決議を行った。そして当該決議において，その払込金額は1株100円とされたところ，取締役会決議日前日の株価は150円であった。なお，Y会社において当該募集株式発行にかかる株主総会特別決議は経ていない。

Y会社株主であるXは，当該募集株式発行の効力発生後，Y会社を被告として募集株式発行無効の訴えを提起した。果たして，このY会社による募集株式の発行には無効事由があるだろうか。

（最判昭和46・7・16判時641号97頁〔百選24，商判I-51〕を基礎とした事例）

〈Case 6-4〉の問題を一般化すれば，内部的意思決定を欠く募集株式の発行が無効事由となるかということである。学説には，このような株式発行は効力の要件を欠くとして無効事由と認める，あるいは発行された株式が悪意の譲受人の下にとどまる限り当該新株を無効とする，といった考え方もある。しかし最高裁は，取引の安全を考慮してか，対外的に代表権ある代表取締役が行った株式の発行は，内部的な意思決定を欠いても無効とはならないという考え方を堅持してきた（取締役会決議を欠く場合につき，最判昭和36・3・31民集15巻3号645頁）。株主総会特別決議を欠く有利発行についても，以上と同様の趣旨から無効としない（前掲・最判昭和46・7・16。なお，有利発行の場合には民事責任の追及による救済の可能性がある）。確かに，公開会社を前提とした場合，以上の最高裁の考え方はなお維持できるといえよう。

しかし，すべての株式会社が一律に規律されていたかつての商法の規定とは異なり，会社法においては公開会社と非公開会社の区別が行われ，少なくとも後者においては取引の安全を強調すべき必要性は低い。また，非公開会社における募集株式の発行について株主総会特別決議を求めるについては，既存株主の持株比率の保護を念頭に置いており，これは非公開会社の株主にとって重大な利害を有する。したがって，非公開会社においては公開会社と別に解し，内部的な意思決定を欠く株式発行を無効としてよい（この点につき，最判平成24・4・24民集66巻6号2908頁参照〔百選29，商判I-65〕）。

Case 6-5 A会社は，その発行する株式を証券取引所（金融商品取引所）に上場していないが，会社法上の公開会社である。A会社の取締役Bは，創業以来の代表取締役で発行済み株式の過半数を有するCと不仲になり，信頼を失っていた。そこでBは，令和元年11月1日，もっぱらA会社の支配権を奪い取る目的をもって取締役会を開催し，自らを代表取締役に選任する決議を行った。さらに同日，第三者割当ての方法による募集株式の発行を取締役会において決議し，当該株式はすべてBが引き受け，保有している。なお，この取締役会にかかる招集通知は，このとき入院中であったCにはなされていない。

この募集株式発行が効力を生じた後，CはA会社を被告として募集株式発行無効の訴えを提起した。果たして，このA会社による募集株式の発行には無効事由があるだろうか。

（最判平成6・7・14判時1512号178頁〔百選102，商判I-62〕を基礎とした事例）

Case 6-5 は，著しく不公正な方法による募集株式発行の典型的な場合である。このような不公正発行は，公示がなされたことを前提として，差止めの訴えが提起されれば（差止仮処分の申立てがなされれば），問題なくその請求（申立て）が認められる。仮にその差止判決や仮処分を無視して発行を行っても，

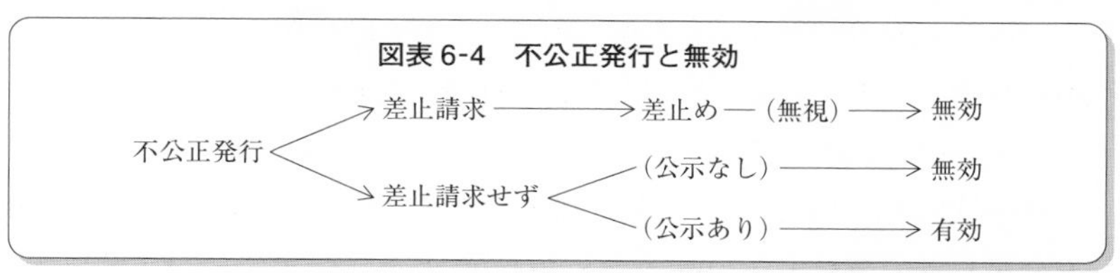

図表 6-4　不公正発行と無効

この場合は無効事由ありとするのが最高裁判例である（最判平成5・12・16民集47巻10号5423頁〔百選101，商判I-61〕）。また，差止事由があったにもかかわらず，公示がなされなかったために差止請求の機会が株主に与えられなかった場合には，判例上やはり無効事由ありとされる（最判平成9・1・28民集51巻1号71頁〔百選27，商判I-52〕）。するとこのケースのように，不公正発行がなされ，しかし差止請求がなされなかった場合というのは，公示がなされてはいたが，実際上株主が知りえないような方法で行われている場合である（たとえば官報公告）。この場合について最高裁は，実際上株主が知りえないような方法でも，法律上の公示に関する要件が満たされている限り，無効とはしない。この判例に対しては，第三者の主観的事情に応じて有効，無効を考えるべきではないかといった考えも主張され，きわめて批判の大きいところである（この判例に関しては，百選102解説〔山下友信〕も参照）。

(b)　**訴訟要件等**　新株発行無効の訴えを提起し，原告となりうる者（**原告適格**を有する者）は，株主，取締役，または清算人に限られる。監査役設置会社においては監査役，そして指名委員会等設置会社においては執行役も原告となりうる（828条2項2号3号。なお同項1号も参照）。これは，当該訴えを提起することについて，強い利害を有している者にのみこれを認める趣旨である。

これに対して，被告となる（**被告適格**を有する）のは会社である（834条2号3号）。会社こそが，決議が有効であることを最も正当に主張すべき利害関係者に他ならないからである。

新株発行無効の訴えにも**提訴期間**があり，発行の効力が生じた日から6か月以内（非公開会社においては1年以内）に提起される必要がある（828条1項2号3号）。これは，当該株式発行の効力を早期に確定して，法的安定性を確保するためである。

なお株式発行の無効は，訴えをもってのみ主張できる（828条1項柱書）。すなわち当該訴えが認容され，発行無効の判決（**形成判決**）が確定してはじめて，当該発行は効力を失う。それまでは当該発行が一応有効であることを前提とするため，その限りにおいて法的安定性が確保される。

(c)　**判決の効力**　　株式発行を無効とする判決が確定した場合，これは第三者に対しても効力を有する（838条。無効判決の場合に限って効力を拡張されることから，**片面的対世効**ともいう）。民事訴訟においては，本来，判決効は訴訟当事者にのみ及ぶのが原則であるが（民訴115条1項参照），会社法はその範囲を拡張し，法律関係の画一的な確定を図っている。これにより株式発行の効力について異なる利害関係者の間で異なる結果が導かれることが防止されるし，また登記の嘱託によりその抹消が可能となる（937条1項1号ロ）。

また，株式発行を無効とする判決については，判決の**遡及効**が制限される（839条参照）。これも，すでに構築された法律関係を覆さないこととし，その限りにおいて法的安定性を確保することを目的とするものである。

その他，株式発行を無効とする判決が確定した場合，会社は，払込みを受けた金銭等について，判決確定時の当該株式にかかる株主に対し支払を行わなければならない。また，株券発行会社である場合には，会社の側から当該株主に対して株券の返還を請求することができる（以上，840条1項・841条1項参照。なお，当該金銭の金額が判決確定時の会社財産の状況に照らして著しく不相当となった場合，裁判所は株式会社または株主の申立てによりこれを増減させることができる。840条2項・841条2項参照）。

(4)　事後措置③——新株発行不存在確認の訴え

株式の発行が実体として存在しない場合，もはやこれは新株発行無効の訴えの問題ではない。株式会社を被告として**新株発行不存在確認の訴え**を提起してもよいし（829条1号2号・834条13号14号），それ以外の方法で新株発行の不存在を主張してもよい（なお，以下では新株発行の不存在という表現を用いるが，ここには自己株式の処分や特殊の新株発行の不存在の場合も含む）。この場合，原告適格や提訴期間について，新株発行無効の訴えにおける会社法上の制約はなく，確認訴訟の一般原則に従う（提訴期間につき，最判平成15・3・27民集57巻3号312頁）。ただし，不存在を確認する判決の効力が第三者に及ぶ点で（838条），通常の確認の訴えとは異なる。

この訴えとの関係で若干問題となるのは，どのような場合に不存在となるかである。株式の発行にかかる手続が一切行われておらず，およそその実体の存在しない場合がこれにあたることは問題ない。では，株主総会決議不存在確認の訴え（⇨172頁3参照）における議論と同様，手続的瑕疵が著しいゆえに法的に株式の発行が存在したと評価できない場合（たとえば，支配権争いのある非公開会社で株式発行が行われたが，差止めの手続や無効の訴えを行えないよう，公示その他の手続が適法に行われていない場合）はこれに含まれるか。この点について判断された裁判例が乏しいこともあって議論はなお流動的であるが，差止めの手続や無効の訴えで救済しえない事案に対して不存在確認の訴えが機能すべきだとすれば，このような場合も不存在に含むと考えるべきである（松井秀征「新株発行不存在確認の訴えについて(2・完)」立教法学71号〔2006年〕39頁以下参照)。

第3節　新株予約権

1 総　　説

(1) 意　　義

新株予約権とは，株式会社に対して行使することによって，当該会社の株式の交付を受けることができる権利をいう（2条21号）。新株予約権者は，この権利を行使してもしなくてもよく，その意味で**オプション**（**選択権**）を有している。また新株予約権は，株式を「買う」権利であり，いわゆるコール・オプション（call option）の一種である（これに対して，自らの保有する資産等を「売る」権利を有する場合は，プット・オプション〔put option〕と呼ばれる。新株予約権はこのようなオプションではない）。

新株予約権を会社の側から見ると，この権利を有する者に対して，株式を交付すべき義務を負うことを意味する。会社が株式による資金調達を行いたいのであれば，端的に募集株式発行の手続によればよい。それにもかかわらず，会社法が以上のような株式から派生した権利の発行を認めるのは，会社にとっても，資金調達に付随する目的，あるいは資金調達以外の目的を実現するために有用だと考えられているからである。

(2) 利用形態

> 〈Case 6-6〉 Aは，1万円を支払うことにより，B株式会社株式1株の交付を受ける権利を有している。B会社株式は証券取引所（金融商品取引所）に上場しており，現在の株価は1株1万1000円である。
>
> (1) 仮に，現在この権利を行使できる状態にあるが，明日以降は権利行使ができなくなるとする。この場合，Aとしては，どのような行動をとることが経済的に見て合理的だろうか。
>
> (2) あるいは，現在の株価が9000円であるとする。仮に，現在この権利を行使できる状態にあるが，明日以降は権利行使ができなくなるとする。この場合，Aとしては，どのような行動をとることが経済的に見て合理的だろうか。

まず，(1)の現在の株価が1万1000円の場合，Aは1万円を支払って株式の交付を受ければ，市場でこれを売却することにより1000円の利益を得ることができる。したがってこの場合，Aとしては，当該権利を行使することが合理的になる。次に，(2)の現在の株価が9000円の場合，Aは市場において当該価格で株式を取得することができる。つまり，1万円を払って株式を買うべき必要性はない。したがってこの場合，Aとしては，当該権利を行使しない，つまり放棄することが合理的だということになる。

このように新株予約権は，権利行使の際に払い込むべき金額よりも市場の株価が高ければ，権利者にとって利益が生じるという関係にある。つまり新株予約権を取得する者にとっては，将来的に株価が権利行使時に払い込むべき金額を上回る可能性がある限り，当該権利を保有する利点がある。そして，新株予約権という金融商品が，将来的に利益を獲得できる可能性のある商品であるということは，それ自体が一定の経済的価値を有することにもなる。

たとえば社債にこれを付せば，新株予約権の経済的価値の分だけ社債の利息を低く抑えることができる。そこで会社法は，新株予約権と社債とが結合した金融商品を想定して，**新株予約権付社債**に関する規定を置いている（その定義について，2条22号。もちろん，新株予約権と社債を同一人に対して別々に発行し，これらを分離できるようにしてもよい。この場合，新株予約権付社債としての規律は受けない）。

あるいは，取締役等に対するインセンティブ報酬の一種（**ストック・オプション**）として利用することも想定できる（⇨235頁(3)参照）。この権利を保有する者は，株価が上がることについて強い期待を有することから，取締役等の経営者にこの権利を付与すれば，株価を上昇させるべく効率的な経営を行い，ひいては株主の利益になるだろう，と考えられる。

以上に述べた目的のほかにも，新株予約権は，段階的な資金調達や支配権取得のため（新株予約権であれば，資金提供者が将来の状況変化に応じて資金を提供し，また支配権を取得することができる），あるいは敵対的買収に対する防衛策のため（⇨第9章第5節464頁以下）など，さまざまに利用される可能性が広がっている。

2 募集新株予約権の発行手続

株式会社が新株予約権を提供する方法としては，募集の方法によりこれを発行する方法と，それ以外の方法がある。以下では，まず募集の方法によりこれを発行する場合について説明し，それ以外の方法については**3**で後述する。なお，**募集新株予約権**の発行手続は，募集株式の発行手続に類似することから，基本的な説明は募集株式の発行手続の部分に委ねる。そこで以下では，特に募集新株予約権の発行手続に特徴的な点を中心に説明しよう。

(1) 募集事項の決定

株式会社が募集新株予約権の発行を行うには，募集株式の発行の場合と同様，募集新株予約権について，募集事項として一定の事項を定める必要がある。この募集事項は，その募集ごとに均等に定めなければならない（238条5項）。なお，ここにいう募集新株予約権とは，当該募集に応じて新株予約権の引受けの申込みをした者に割り当てられる新株予約権を指す（同条1項柱書かっこ書）。

(a) 募集事項　会社法上，決定しなければならない**募集事項**とは，以下のとおりである（238条1項）。

第1に，募集新株予約権の**内容**と**数**である（同項1号）。会社法は，募集新株予約権の内容とすべき事項について，特に定めを置いている（236条1項）。たとえば，新株予約権の目的である株式の数（新株予約権1個を行使した場合，株式10株が割り当てられる等），新株予約権の行使に際して出資される財産の価額またはその算定方法，新株予約権の行使期間，あるいは新株予約権の譲渡制限等である（なお，組織再編時の扱いについて，⇨437頁7）。

ただし，上場会社が取締役の報酬等（ストック・オプション）として新株予約権の発行を行う場合（361条1項3号参照），新株予約権の行使に際して出資される財産の価額またはその算定方法を内容とする必要はない（236条3項前段）。その代わり，次の2点について新株予約権の内容としなければならない（同項後段）。まず，取締役の報酬等として新株予約権等を発行するものであり，当該新株予約権の行使に際してなされる金銭の払込み，または金銭以外の財産の給付を要しない旨。そして，報酬の対象となっている取締役以外の者は，当該新株予約権を行使できない旨である。

第2に，募集新株予約権と引換えに**金銭の払込みを要しないものとする場合**において，その旨である（238条1項2号）。たとえば，ストック・オプションとしてこれを発行する場合，一切の金銭の払込みなしに募集新株予約権を発行することも考えられる。この場合，労務提供の対価として，本来ならば現金が支払われるべきところ，これが募集新株予約権の付与という形態をとっていると考えるわけである。したがって，金銭の払込みを要しないということの意味は，あくまでも金銭の払込みが求められないという外形的事実を意味するにとどまる。つまりそれは，無償で発行されるということを当然に意味するものではない。

第3に，募集新株予約権の**払込金額**またはその**算定方法**である（同項3号）。この払込金額との関係では，募集株式発行の場合と同様，有利発行の問題が生じる。この点については，(c)において後述する。

第4に，**割当日**である（同項4号）。募集新株予約権を発行する場合，必ず割当日を定める必要がある。この割当日は，当該発行について金銭の払込みを要するか否かを問わず，あるいは払込みを要するとした場合に実際にこれがなされたか否かを問わず，募集新株予約権の申込者が新株予約権者となるべき日として機能する（245条1項1号。⇨352頁 Column 6-5）。

第5に，募集新株予約権と引換えに払い込まれる金銭の払込期日である（238条1項5号）。新株予約権者は，当該期日までに払込金額の全額を払い込まなければならない（246条1項）。この払込みがなされないときは，当該権利を行使することができない（同条3項）。つまり払込期日は，当該期日を期限として新株予約権者が払込みをなすことにより，権利行使条件を成就させることができる，という意味を持つ。

第6および第7は，募集新株予約権が新株予約権付社債に付された場合の規定であり（238条1項6号7号），これについては第4節の社債の部分において述べる（⇨365頁 Column 6-10 参照）。

(b)　**決定機関**　募集新株予約権の発行について，会社法は，募集株式発行の場合と同様，原則として株主総会における特別決議によるべきものとしている（238条2項）。

募集事項の決定の委任（239条），公開会社における特則（240条・244条の2），および株主に新株予約権の割当てを受ける権利を与える場合（241条）における決定機関も，募集株式の発行の場合と同様であるので，詳細は当該箇所を参照されたい（⇨324頁(2)）。また，公示・開示（299条・240条2項〜4項）に関しても，やはり募集株式の発行の場合と同様である（⇨330頁(4)）。

(c)　**有利発行をめぐる問題**　募集新株予約権の発行が**有利発行**にあたるか否かは，発行時点における新株予約権の公正な金額，すなわち合理的な評価方法に基づく金銭的評価額を著しく下回るような条件，もしくは金額となっている場合に有利発行として評価すべきだ，というのが一般的な考え方である（この点をめぐる旧来からの議論については，藤田友敬「オプションの発行と会社法（上）――新株予約権制度の創設とその問題点」商事1622号〔2002年〕22頁参照）。ここにいう合理的な評価方法として，ブラック・ショールズ・モデルが挙げられることがあるが，発行会社の経営状況や発行される新株予約権の特徴によって適切な評価方法は異なる（過去の裁判例を見ると，三項ツリーモデル〔東京地決平成17・3・11判タ1173号143頁〕や二項格子モデル〔東京地決平成18・6・30判タ1220号110頁（百選28，商判I-64）〕が用いられた例がある。なおオプション評価については，武井一浩ほか「第三者割当の有利発行適法性意見制度と実務対応(3)」商事1875号〔2009年〕45頁以下参照）。

(2)　募集新株予約権の申込みと割当て

募集事項が決定されると，募集新株予約権の引受けにかかる**申込み**（242条），および**割当て**（243条）の手続を経ることになる。また，**総数引受契約**が締結された場合，この申込みと割当てに関する規定は適用されない（244条1項）。以上の点は，募集株式の発行の場合と同様である（⇨331頁②参照。ただし，新株予約権付社債の引受けの申込みについて，242条6項参照）。

募集新株予約権の発行手続においては，割当てまでの手続が完了すると，申込者および総数引受契約を締結した者は，割当日に新株予約権者となる（245条1項。なお，新株予約権付社債の場合につき同条2項）。つまり，払込みの有無と関わりなく権利者が確定する。これは，募集株式発行の手続と大きく異なるところである。

Column 6-5　募集新株予約権の効力発生

会社法が，募集新株予約権の発行手続において，割当日をもってその効力を発生させているのは，募集新株予約権発行時における権利の扱いの精緻化，および開示の充実にある。仮に募集新株予約権の有償発行について，対価の給付があってはじめて効力を発する，つまり募集株式の発行と同様の規律を置いてみることとしよう。この場合，払込期日が到来しない段階では，当然のことながら，新株予約権はその効力を発生しない。だが，このような規律では，たとえばストック・オプションとして募集新株予約権が発行され，この払込みが報酬債権，もしくは給与債権との相殺によるよう設計される場合に不都合が生じる。つまりこの場合，その対価となる役務提供が提供されて当該債権が発生するまで，募集新株予約権が効力を発生しない。その結果，このような新株予約権については，事業報告への記載も，登記もなされないことになる。

そこで会社法は，以上のような募集新株予約権についてもその効力を発生させた上で，これに法的規律を及ぼすという態度を採用した。募集新株予約権が権利として発生しているのであれば，開示すべきことはもちろんのこと（ただし，事業年度の末日に公開会社である株式会社に限る。会社則119条4号・123条），株式交換等の組織再編行為の際に完全親会社にこれを承継し（会社236条1項8号ニホ），完全親子会社関係が崩れるのを防ぐことも可能となる。また，ストック・オプション会計において，これを用いた取引が費用として会計処理される場合にも（ストック・オプション等に関する会計基準4〜6参照），すでに権利として成立していることを前提にその計上がなされるから，会社法との抵触が生じないわけである。

(3)　募集新株予約権にかかる払込み

株式会社が，金銭の払込みを要するものとして募集新株予約権を発行する場合，新株予約権者は，**払込期日**までに，募集新株予約権の払込金額全額を払い込まなければならない（246条1項）。ここにいう払込期日とは，当該権利の行使期間の初日の前日（236条1項4号），もしくは募集新株予約権と引換えに金銭を払い込むべき期日が定められた場合にはその期日（238条1項5号）を指す。そして，これら払込期日までに払込みがなされない場合，新株予約権者は当該募集新株予約権を行使できない（246条3項）。その結果，当該権利は法律上当然に消滅する（287条）。

なお，募集新株予約権にかかる払込み等が仮装された場合については，募集株式にかかる払込みが仮装された場合とほぼ同様の規律となっているので（新株予約権行使後の株主の権利につき282条2項3項，払込み等を仮装した者等の責任について286条の2第1項・286条の3第1項），当該箇所の説明に委ねる（⇨337頁(3)，342頁(c)）。

3 募集の方法によらない新株予約権の発行

会社法は，募集の方法によらない株式発行（特殊の株式発行）を認めているように，新株予約権の発行についても募集の手続によらない場合を認めている。たとえば，取得請求権付種類株式や取得条項付種類株式の対価としての新株予約権発行（107条2項2号ハ・3号ホ・108条2項5号イ・6号イ），新株予約権無償割当てに伴う発行（277条～279条），あるいは吸収合併・吸収分割・株式交換に際しての対価としての新株予約権発行（たとえば吸収合併の場合につき，749条1項2号ハ参照）などがその例である。

以上のうち，**新株予約権無償割当て**とは，株主に対して，新たに払込みをさせることなく当該株式会社の新株予約権を割り当てるものである（277条）。当該制度の趣旨は，募集株式発行に際して払込金額を株式の時価よりも安く定める場合において，当該募集株式の割当てを受ける権利を売却・換価できるようにする点にある（江頭747頁）。

会社が新株予約権無償割当てを行う場合，株主に割り当てる新株予約権の内容および数等，およびその効力発生日等を株主総会普通決議（取締役会設置会社においては，取締役会）で決定する必要がある（278条1項3項）。そして株主に対しては，その割当てを受けた新株予約権の内容および数について，その効力発生日後遅滞なく通知を行う（279条2項。当該新株予約権の行使期間の末日が以上の通知の日から2週間を経過した日よりも早く到来するときは，行使期間が通知の日から2週間を経過する日まで延長されたものとみなし〔同条3項〕，株主に新株予約権の行使にあたっての準備の時間を確保している）。

Column 6-6　新株予約権無償割当ての利用方法

新株予約権無償割当ての実際の利用方法はいろいろである。一時期は，新株予約権の権利行使条件に差別的な条件を付して，敵対的買収に対する防衛策として用いられた（⇨472頁4参照）。

近時は，既存株主の公平な取扱いが可能となる点を念頭に置いて，新株予約権無償割当てを利用した資金調達（いわゆるライツ・オファリング）の方法も模索されている。ただしこの場合，割り当てられた新株予約権が行使されないために，資金調達の目的が達せられない可能性がある。したがって，権利行使されない新株予約権を発行者が取得し（あらかじめ取得条項を付しておく），これを証券会社に売却した後，当該証券会社は権利行使をして取得した株式を市場等で売却するといったスキーム（証券会社がコミットメントをしている点をとらえて「コミットメント型ライツ・オファリング」などという）が期待されることになる。しかし，コミットメント型ライツ・オファリングは，オファリングの期間が長くなることや投資家の需要を確認する前に条件を確定しなければならないこと等，実務的な障害もあり，わが国でのこれまでの利用例は少ない（なお，ライツ・オファリングに関する詳細は，西村あさひ法律事務所編『ファイナンス法大全〈全訂版〉(上)』〔商事法務，2017年〕72頁以下参照）。

4　新株予約権の管理・譲渡等

会社法は，株式会社によって発行された新株予約権について，会社によるその管理に関する規定のほか，譲渡および質入れ等に関する規定を置いている。これは，株式について同様の規定が置かれているのと類似する。

(1)　新株予約権の管理

株式会社は，新株予約権を発行した場合，遅滞なく，**新株予約権原簿**を作成する必要がある（249条柱書前段）。新株予約権原簿には，以下の3つの区分に応じて，新株予約権の内容，数，そして証券が発行されている場合にはその番号を記載，または記録する必要がある（同条柱書後段）。第1に，無記名式新株予約権証券が発行されている新株予約権（同条1号）。第2に，無記名式新株予約権付社債券が発行されている新株予約権付社債に付された新株予約権（同条2号）。そして第3に，以上に掲げる新株予約権以外の新株予約権（同条3号）である。

その他，新株予約権原簿記載事項を記載した書面の交付（250条），新株予約権原簿管理人（251条），新株予約権原簿の備置きおよび閲覧等の請求（252条），そして新株予約権者に対する通知等（253条）については，株主名簿の場合と同様であるので（122条・123条・125条・126条参照），当該箇所の説明に委ねる（⇨108頁**4**）。

(2) 新株予約権の譲渡

(a) 原　則　新株予約権者は，その有する新株予約権を譲渡することができる（254条1項）。なお，新株予約権付社債に付された新株予約権については，その社債が消滅しない限り，新株予約権のみを譲渡することはできない（同じくその新株予約権が消滅しない限り，社債のみを譲渡することもできない。以上につき，同条2項3項）。

新株予約権の譲渡は，原則として，当事者の意思表示のみをもって行うことができる。ただし，新株予約権証券を発行する旨の定めのある新株予約権（証券発行新株予約権）の場合（この定義について，249条3号ニ），新株予約権証券の交付を行わなければ，譲渡の効力を生じない（255条1項。証券発行新株予約権付社債の場合について，同条2項）。

また，新株予約権の譲渡について，株式会社その他の第三者に対する対抗要件を具備するには，新株予約権の取得者の氏名・名称，および住所を新株予約権原簿に記載，または記録する必要がある（257条1項）。なお，記名式の新株予約権証券が発行されている場合，新株予約権原簿への記載・記録は，株式会社に対してのみ対抗要件として機能する（同条2項。第三者に対しては証券の占有が対抗要件となる）。無記名新株予約権の場合，これは新株予約権証券が発行されていることが前提となる。この場合，新株予約権原簿に関する記載・記録が対抗要件となる旨の規定が適用とならず（同条3項），証券の占有が株式会社その他の第三者に対する対抗要件となる。

その他，自己新株予約権の処分時における証券の交付（256条），証券占有者の権利推定（258条），そして新株予約権原簿記載事項の記載・記録（259条〜261条）については，株式の譲渡の場合と同様であるので（129条・131条・132条〜134条参照），当該箇所の説明に委ねる（⇨103頁**2**，104頁**3**。自己株式の処分と株券発行につき，⇨337頁(3)）。なお，新株予約権についても，振替制度の利用対象となる（振替2条1項13号・163条以下）。その場合，振替新株予約権の譲渡については，社債株式振替法に基づく規律を受ける（これは新株予約権付社債の場合などに利用することが想定される。振替制度一般については，⇨113頁**5**）。

(b) 譲渡制限　新株予約権は譲渡可能であることが原則となっている。しかし，ストック・オプションや敵対的買収に対する対抗策として用いられる場合を考えれば分かるように，新株予約権は譲渡が行われると，かえってその発行目的を実現できなくなることが多い。そこで，実務的には新株予約権の譲渡に制限の付されることが通常である。

新株予約権の譲渡制限は，株式の譲渡制限とは異なり，特に定款の定めを要せず，新株予約権の内容として定めれば足りる（236条1項6号）。これは，新株予約権の段階においては，投下資本の回収という要請が前面に出ないことによるものである。譲渡制限の定め方としては，当該株式会社の承認を要する旨の定めを置くことになる。

その有する譲渡制限新株予約権を他人に譲渡しようとする新株予約権者，あるいは当該新株予約権を取得した者は，株式会社に対して譲渡承認請求を行う（262条・263条1項。新株予約権取得者が請求する場合は，新株予約権原簿に記載・記録された者と共同で行う。263条2項）。株式会社は，この請求を受けた場合，新株予約権の内容として別段の定めを置いた場合を除き，株主総会（取締役会設置会社においては取締役会）の決議で承認の可否について決定し，その内容を請求を行った者に通知する（265条）。

新株予約権に譲渡制限を付した場合，株式会社としては，その譲渡承認請求があっても承認しないとすることができる（新株予約権の内容として，最初から「会社は，譲渡承認請求があった場合，承認しない」と定められていることもある）。その場合，譲渡制限株式の承認請求の場合と異なり，指定買取人や株式会社による買取り等に関する制度は設けられていない（140条以下参照）。つまり譲渡制限新株予約権に関しては，事実上，譲渡禁止とすることが可能なのである。それは，特定人に取得させることでこそ新株予約権の発行目的が達成されうること，そして株式の場合と異なり投下資本回収の要請が強く現れないことによるものである。

(3) 新株予約権の質入れ

新株予約権には，質権を設定することができる（267条1項）。その対抗要件（268条），原簿への記載（269条），当該記載事項を記載した書面の交付（270条），登録質権者に対する通知等（271条），そして質入れの効果（272条）については，株式に対する質権の設定とおおむね類似するので，当該箇所の説明に委ねる（147条～151条参照。⇨117頁6）。

(4) 自己新株予約権の取得

株式会社は，一定の事由が生じたことを条件として，会社がこれを取得する旨の新株予約権（236条1項7号）を発行した場合，これを取得することができる。自己新株予約権の取得は，自己株式とは異なり，会社資産の払戻しという性格が相対的に弱いことから，そのための財源規制は存在しない（もっぱら役員の善管注意義務の問題となる）。これを処分する場合でも，特に募集新株予約権の発行手続による必要はなく，その意味で募集株式の発行の場合とは異なる。

あらかじめ定めた一定の事由が発生した場合，会社は，その事由が生じた日に取得条項付新株予約権を取得する（275条1項）。なお，一定の事由が発生した場合に新株予約権の一部のみを取得するとしていた場合（236条1項7号ハ），別段の定めのない限り，どの新株予約権を取得するかを株主総会普通決議（取締役会設置会社においては，取締役会決議）により決定する（274条1項2項）。また，一定の日の到来をもって，取得の事由が発生する旨を定めた場合，別段の定めのない限り，その一定の日は株主総会普通決議（取締役会設置会社においては取締役会決議）により定めることとなる（273条1項）。

株式会社は，取得した自己新株予約権を消却することができる（276条1項）。

5 新株予約権の行使

新株予約権者は，新株予約権を行使した場合，その行使した日に株式を取得する（282条1項。なお，新株予約権の払込み等，あるいは権利行使にあたっての払込み等が仮装された場合，株主としての権利は行使できない。同条2項）。この権利行使は，会社に対して，当該行使にかかる新株予約権の内容および数，そして行使の日を明らかにしてしなければならない（280条1項。なお行使条件に違反して新株予約権が行使された場合，当該権利行使にもとづく株式発行は無効となる。最判平成24・4・24民集66巻6号2908頁〔百選29，商判I-65〕）。また，新株予約権証券が発行されている場合，この権利行使は当該証券を株式会社に提出して行う（同条2項）。

新株予約権を行使するにあたり，金銭を出資の目的とするときは，払込みの手続が必要となる。これは，新株予約権者が明らかにした権利行使の日に，会社の定めた銀行等の払込取扱場所において，行使について出資すべき価額全額を払い込むことによって行われる（281条1項）。金銭以外の財産が出資の目的となる場合，これは**検査役**の調査にかかる現物出資手続が必要となる（284条）。

その他，払込みないし現物出資に関しては，募集株式発行の場合におけるそれとほぼ同様であるので，当該箇所の説明に委ねる（⇨334頁3）。

6 募集新株予約権発行の瑕疵を争う手続

募集新株予約権の手続または内容に何らかの瑕疵があった場合，これを争う方法としては，その効力が発生する前に法的措置をとる方法とその発生後に法的措置をとる方法がある。この点は，募集株式発行の場合と同様である。

(1) 事前措置――差止請求

まず，効力発生前の措置として，株主に**募集新株予約権発行差止請求権**が認められる（247条）。この請求権は，次の2つの要件を満たすことによって発生する。第1に，新株予約権の発行が法令・定款に違反すること（同条1号），もしくは著しく不公正な方法によるものであること（同条2号）。第2に，当該株式発行により，株主が不利益を受けるおそれがあることである（同条柱書）。

この差止請求権は，募集新株予約権発行の場合を想定した規定だが，募集の手続によらない新株予約権無償割当てのような場合でも，株主の利益保護の観点から必要な場合には類推適用を認めるべきである（最決平成19・8・7民集61

巻5号2215頁〔百選100，商判I-67〕は，類推適用を認めることを前提としている）。

以上の要件の詳細については，募集株式発行差止めの場合とほぼ同様であるから，当該箇所の説明を参照されたい（⇨337頁(1)）。

Column 6-7　募集新株予約権の不公正発行

募集新株予約権の発行が著しく不公正な方法によるものか否かの判断も，その目的の不当性によることになる。この点は，募集株式発行の場合と変わらない。しかし，募集株式発行の場合，目的の正当性・不当性判断において，少なからず資金調達目的の有無が問題とされていたのに対して，募集新株予約権発行の場合，このような枠組みはとりにくい。

募集新株予約権の発行目的は，当該募集新株予約権が新株予約権付社債に付されている場合であれば資金調達にあるということもできよう。だが，募集新株予約権が単体で発行される場合には，資金調達を目的とするとは限らない。むしろ，インセンティブ報酬や企業提携の目的等，資金調達以外の事業上の必要が伴っていることも多い。このような多様な目的で用いられる募集新株予約権の場合，その発行目的の正当性を資金調達目的を基準として論ずることはできないのであり，従前の株式発行に関してなされてきた議論だけでは不十分なのである（藤田友敬「ニッポン放送新株予約権発行差止事件の検討(上)」商事1745号〔2005年〕10頁参照）。

以上のような事情ゆえ，募集新株予約権の発行における目的の正当性・不当性の判断については，かつての新株発行に関する議論のような，資金調達目的と支配権維持・確立目的との二項対立的に把握することは困難である。募集新株予約権の発行が多種多様な目的でなされることに鑑み，一般的にいえば，当該目的実現のために募集新株予約権を発行することが会社事業遂行上の必要であること，および当該募集新株予約権の発行が当該目的を実現するために相当な方法であることをもって，その目的の正当性，不当性を判断すべきであろう。このような判断基準によった場合，インセンティブ報酬，企業提携，あるいは新株予約権付社債に付された場合における資金調達等はもちろんのこと，敵対的企業買収に対する対抗策として募集新株予約権が発行され，支配権の帰趨に影響が及びうる場合でも，なおその発行目的が正当性あるものとして認められる場合がある（敵対的企業買収に対する対抗策の場合における判断枠組みについて，⇨338頁(c)のほか，466頁**2**）。

(2)　事後措置

効力発生後の措置も募集株式発行の場合と同様，経済的な不利益を受けた者がこれを回復する方法，そして瑕疵ある募集新株予約権の発行それ自体の効力を争う方法が認められる。

経済的な不利益を受けた者の救済手段として，新株予約権が行使されていれば，次の3つの方法が規定されている。第1に，不公正な払込金額で株式を引き受けた者等の責任を追及する方法（285条）。第2に，取締役等の現物出資にかかる財産価額塡補責任を追及する方法（286条）。そして第3に，新株予約権にかかる払込み等，あるいは権利行使に際しての払込み等を仮装した者等の責任を追及する方法（286条の2・286条の3）である。

また，瑕疵ある募集新株予約権の発行それ自体の効力を争うには，**募集新株予約権発行無効の訴え**を提起する方法（828条1項4号），および**募集新株予約権発行不存在確認の訴え**を提起する方法（829条3号）がある。

以上の詳細については，募集株式発行の場合と同様であるので，当該箇所の説明に委ねる（⇨**3**(2)～(4)〔340～347頁〕）。

第4節 社　債

1 総　説

(1) 意　義

会社法は，社債の定義として，会社法の規定により会社が行う割当てにより発生する，当該会社を債務者とする金銭債権であって，676条各号の定めに従い償還されるもの，としている（2条23号）。簡単にいえば，会社法の定めに基づき，会社によって発生・償還がなされる契約上の金銭債権が社債である。これ以上に何らかの実質的な定義が置かれているわけではない。

かつて社債は，公衆に対する起債により生じた株式会社に対する債権であって，集団的，大量的，かつ長期的な性格を前提とした資金調達方法だと説明された。しかし，昭和50年代後半以降の金融自由化の流れの中で，資金調達方法が多様化し，社債という法的枠組みでなされる資金調達の実態も多様となった。すなわち，公衆に対してではなく一部の機関投資家にのみ発行される例があり，それゆえに集団的ないし大量的な取扱いが前提とならなくなった。また，コマーシャルペーパー（CP）という短期資金の調達手段が社債としての位置づけを与えられると，長期的な資金調達方法という性格づけも妥当しなくなった。会社法が社債の定義をなすにあたり，きわめて形式的な定めしか置いていない背景には，社債という法的枠組みに位置づけられる資金調達方法が多様な内容を含んでいる，ということがある。

なお会社法の下では，株式会社，持分会社を問わず社債を発行することができるが，以下では株式会社が社債を発行する場合について説明を加える。

Column 6-8　適債基準と格付け

わが国の社債発行は，第二次世界大戦後間もない頃より，日本銀行と受託銀行が毎月の起債銘柄の量と質を管理した上，金融機関がこれを引き受けるという形を取っていた。その結果，社債の発行は，当時の強固な金利規制の下，実質的には銀行貸出にほかならないという状況にあった。その後も発行市場における有力な受託銀行と引受証券会社が中心となって（起債会），人為的に社債の質と量を調整してきた（起債調整）。その際には，以上の金融機関等が適債基準といわれる基準によって有担保原則や財務制限条項などを課し，一部の優良企業にのみ社債発行が可能となるようにして，発行条件を厳しく制限してきたのである（以上について，証券取引審議会基本問題委員会「望ましい公社債市場の在り方に関する報告書(下)」商事 787 号〔1977 年〕22 頁）。

しかし，昭和 40 年代から 50 年代にはわが国における社債の発行量が増大し，また質的にも多種多様な社債が発行されるようになる中で，社債発行市場の見直しの機運が高まるようになる。そして昭和 50 年代後半に入ると，適債基準の緩和（平成 8 年に廃止）や，格付機関の設立（昭和 60 年）とそれによる**格付け**の定着が目指されるようになる。格付けというのは，会社の発行する社債をはじめとする種々の債券等について，その履行の安全性や発行体の信用力の度合いを簡単な記号によって定量的に示したものである（たとえば，格付けの高い方から AAA，AA，A，BBB，BB，B，CCC，CC，C といったアルファベットにより示す）。当初は適債基準にこの格付けが利用された結果，一般への普及が進んだ。今日では，この格付けの高低により社債発行や流通の際の利回りが決せられるなど，投資情報の 1 つとして利用されるようになっている（なお現在では，金融商品取引法上，格付機関の登録制度が設けられ，一定の規制・監督がなされている。金商法第三章の三参照）。

(2)　種　　類

社債は，契約によってその内容が定められる債権であり，実務的にその内容は多種多様である。たとえば，振替制度を利用するか否か（当該制度を利用する場合，「社債，株式等の振替に関する法律」により規律される。⇨ 113 頁 **5**)。担保を付すか否か（担保を付す場合，担保付社債信託法〔担信法〕の規律を受ける)。不特定多数の者に申込みの勧誘をするか否か（この勧誘をする場合，公募債として金融商品取引法の規律を受ける）。あるいは国内市場，国外市場いずれの市場で発行するか（その発行する市場により，市場規制の内容が異なる）等の観点から分類できる。

ただし，こと会社法の規定に着目する場合，記名式か無記名式か，そして社債に新株予約権を付すか否かという観点から分類が可能である。以下では，この観点からの分類に限定して簡単に説明する。

(a)　**記名社債と無記名社債**　　**記名社債**とは，社債原簿に社債権者の氏名・名称および住所が記載される社債であり（681条4号。社債原簿については，後述する），社債券（有価証券）は発行してもしなくてもよい。これに対して**無記名社債**とは，必ず無記名式の社債券の発行される社債である（同号）。

(b)　**普通社債と新株予約権付社債**　　**普通社債**とは，新株予約権の付されていない社債である。これが，会社法の定める社債の原則形態である。**新株予約権付社債**とは，会社法の定義によれば，新株予約権を付した社債である（2条22号）。新株予約権付社債は，新株予約権部分と社債部分とが一体として取り扱われる点に特徴があり，その発行や流通に際して，この2つの部分を分離することはできない。当該社債の発行に際しては，募集新株予約権の申込みは当該社債の申込みとみなされ（242条6項），また当該新株予約権の権利者となる日に当該社債の社債権者となる（245条2項）。また，当該社債の譲渡に際しては，新株予約権部分のみ，もしくは社債部分のみを譲渡の対象とすることもできない（254条2項3項）。

Column 6-9　**転換社債型新株予約権付社債**

転換社債とは，平成13年改正前の商法に規定が置かれていた概念で，社債を株式に転換することができる権利の付された社債として理解されていた。このような社債を保有する場合，社債権者としての地位を有する一方で，会社の業績が上がって株価が上昇する局面では転換権を行使して株主となることができる。このような地位は通常の社債権者の地位よりも有利であることから，以上の転換権がいわば「甘味剤」として機能し，普通社債よりも低い利率で発行できるものとされていた。

ただし，新株予約権の存在を前提とした場合，以上の転換社債を機能的に次のように整理することが可能である。すなわち，新株予約権付社債に付された

> 新株予約権を行使する際，当該社債権の全額を出資の目的となし，これによって社債権を消滅させるものとする，ということである。
> 　そこで現在の会社法においては，転換社債という概念は用いられず，すべて新株予約権付社債の商品設計の問題として処理される。具体的には，新株予約権付社債に付された新株予約権につき，権利行使に際してなされる出資の目的を当該社債権とし，その権利行使価額は当該社債の金額とすべきことになる（236条1項3号・676条2号参照）。ただし実務的には，このような社債を転換社債型新株予約権付社債と呼び，今日なお「転換社債」という表現を残存させている。

2 社債発行の手続

(1) 総　　説

社債の発行は，株式の発行の場合と同様，社債を引き受ける者の募集をすることによりこれを行うことができる。そして会社法676条から680条までの規定が，この募集社債の発行に関する手続を定めている。

募集の手続によらずに社債を発行することも，もちろん可能である。たとえば，取得請求権付株式・取得条項付株式の対価が社債とされている場合（107条2項2号ロニ・3号ニへ・108条2項5号イ・6号イ），あるいは組織再編時の対価が社債とされている場合（たとえば吸収合併の場合につき，749条1項2号ロニ参照）などは，募集の手続によらない社債発行の例である。

(2) 募集社債に関する事項の決定

株式会社が募集社債を発行するには，その発行の都度，当該社債に関する事項の決定を行わなければならない（なお，会社法の定める事項以外の募集社債の発行条件に関しては，VM 105頁以下参照）。

(a) 決定事項　　会社法上，募集社債に関する事項として決定するよう求められているもののうち，重要なものは以下の事項である（676条）。たとえば，募集社債の総額（1号），各社債の金額（2号），利率（3号），償還の方法・期限（4号），利息支払の方法・期限（5号），各社債の払込金額等（9号），そして払込期日（10号）である。

(b) 決定機関　　募集社債に関する事項の決定を行う機関は，募集株式発行の場合と同様，会社の機関構造のあり方によって異なる。

まず非取締役会設置会社の場合，株主総会普通決議によって決定できるほか（295条1項・309条1項），取締役限りで決定することも可能である。これに対して，取締役会設置会社の場合は，もっぱら取締役会の決定に委ねられる（362条4項5号）。また，指名委員会等設置会社の場合は，取締役会決議によりその決定を執行役に委任することができる（社債発行の決定は，416条4項ただし書に列挙された取締役会の決定事項に含まれない）。

このような会社法の規律のあり方は，株式会社における資金調達権限について，当該会社が一定の規模に至った場合には取締役会の監督を及ぼしつつも，これを機動的に行使できるように配慮していることがうかがえよう。

(3)　募集社債の申込みと割当て

募集社債に関する事項の決定がなされると，募集株式発行の場合と同様，募集社債の引受けにかかる申込みと割当ての手続を経ることになる。

(a)　募集社債の申込み　　以上の募集社債に関する事項の決定がなされた場合，会社は，当該社債の引受けの申込みをしようとする者に対して，会社の商号や当該決定事項等，一定の事項を通知する（677条1項。変更があった場合につき，同条5項）。ただし，金融商品取引法2条10項の規定する目論見書が交付されている場合等については，すでに必要事項が周知されているものとして，以上の通知は不要である（677条4項）。

以上の通知を受けたことを前提として，募集社債の引受けの申込みをする者は，自らの氏名・名称および住所，そして引き受けようとする募集社債の金額および金額ごとの数等を記載した書面を会社に交付する（同条2項。会社の承諾を得て電磁的方法による場合につき，同条3項）。

(b)　募集社債の割当て　　株式会社は，申込者の中から募集社債の割当てを受ける者，そして金額および金額ごとの数を定め（678条1項前段），払込期日の前日までに申込者に通知する（同条2項）。金額ごとに割り当てる数について，申込みを受けた数よりも少ない数とすることが可能である（同条1項後段）。

(c)　総額引受契約に関する例外　　会社法は，募集株式発行の場合と同様，株式会社が募集社債を発行するにあたって，これを引き受けようとする者との間で，その全部を引き受ける旨の契約を結ぶことを認める。この場合，募集社債の申込み，および割当てにかかる会社法677条，および678条の規定は適用しない（679条。⇨募集株式発行の場合につき，333頁(4)）。

(4)　募集社債の成立

募集社債の申込者は，会社の割り当てた募集社債につき，社債権者となる。また，総額引受契約により社債の総額を引き受けた者は，当該引き受けた募集社債につき，社債権者となる（680条）。募集社債の発行の場合，募集株式の発行の場合とは異なり（⇨337頁(3)），払込みがなくとも社債が成立する。

(5)　違法な社債発行に対する措置

募集社債の発行手続または内容に違法があった場合，会社法はこれを争う特別の手続を用意していない。したがって，社債が成立する前にこれを差し止めるには，一般規定に依拠することになる（360条・385条・407条・422条。ただし，会社に生ずべき損害の要件を充足するのはきわめて困難である）。

また，社債の成立後も，会社が金銭消費貸借契約に基づいて借入れをした場合と同様，一般原則にしたがって無効の可能性を考えることになる（新株予約権付社債については，⇨ Column 6-10 を参照）。ただし，学説では取引安全の観点から無効の可能性を制限し，もっぱら取締役・執行役の損害賠償責任に委ねるという考え方も有力である（江頭818頁）。

Column 6-10　新株予約権付社債

会社法は，募集新株予約権が新株予約権付社債に付される場合，その発行手続につき，すべて募集新株予約権のそれに依拠させる（236条2項・238条1項6号7号・242条6項・243条3項・244条2項・245条2項参照）。そして，この場合，募集社債の発行手続に関する規定を適用しない（248条）。このような規律になっている理由は，会社法の社債に関する規定（第四編）が，持分会社にも適用されることを前提に設けられていることによる。つまり新株予約権付社債については，その利用が株式会社の場合に限定されることから，その発行手続を社債一般の規定で規律せず，新株予約権の規定によるべきこととした。

募集新株予約権に関する募集事項の決定に関する238条1項をみると，その6号と7号が，募集新株予約権が新株予約権付社債に付された場合の規定となっている。すなわち募集事項として，676条各号に掲げる事項を定めるべきほか（238条1項6号），新株予約権の買取請求に関する別段の定めをする場合にはその定めをすべきことが規定されている（同項7号。以上については，VM 102頁以下の資料も参照）。

また，募集新株予約権付社債の発行手続または内容に違法があった場合については，募集新株予約権を争う特別の手続によることとなる。したがって，会社法の定める差止め（247条），無効の訴え（828条1項4号），および不存在確認の訴え（829条3号）により，これを争うことが可能となる（差止めの場合につき，東京地決平成19・11・12金判1281号52頁〔百選A32，商判I-173〕）。

なお，**新株予約権買取請求**の制度は，会社法において，株式買取請求に準じ，新たに導入されたものである（118条・777条・787条および808条参照）。そして，新株予約権付社債に付された新株予約権の買取請求をする場合には，社債の買取りと併せてこれを行うべきことが原則となる（118条2項・777条2項・787条2項および808条2項）。新株予約権付社債の概念は，新株予約権と社債との一体性にこそ意味があり（譲渡の場合も，これらを分離して一方のみを譲渡することができない。254条2項3項），このような法的規律も，当該一体性から論理的に導かれる。

3 社債の管理

(1) 総　　説

会社法は，会社が社債を発行した場合に**社債原簿**の作成を義務づけ，その管理を行わせるほか，社債の性質に応じ，管理等にかかる特別の規定を置く。

(a) **社債原簿**　　会社は，社債を発行した場合，発行の日以後遅滞なく，社債，社債権者（記名社債の場合に限られる），ないし社債券の特定に必要な事項が記載された社債原簿を作成しなければならない（681条）。社債原簿記載事項を記載した書面の交付（682条），社債原簿管理人に対する事務の委託（683条），社債原簿の備置きおよび閲覧（684条），そして社債原簿に基づく社債権者に対する通知（685条）など，制度の詳細は株主名簿の場合に準ずるので（122条・123条・125条・126条），当該箇所の説明を参照されたい（⇨ 108頁4）。

Column 6-11　社債の譲渡等

社債についても，その譲渡，ないし質入れは可能である。実務上発行される社債は，基本的に無記名社債であることから，まず無記名社債の譲渡，ないし質入れについて確認することとしよう。

無記名社債の場合，つねに無記名式の社債券が発行され（681条4号），その譲渡，ないし質入れの効力を発生させるためには，必ず当該社債にかかる社債券を交付しなければならない（687条・692条）。そして，社債券の占有者は，当該社債券にかかる社債についての権利を適法に有するものと推定されるほか（689条1項），社債券の交付を受けた者は悪意・重過失なき限り当該社債券にかかる社債についての権利を取得する（同条2項）。このような善意取得に関する規定によって，社債券の取得者の保護が図られている。なお，質入れの場合について，質権者は，継続して当該社債にかかる社債券を占有しなければ，当該質権について社債発行会社その他の第三者に対抗することができない（693条2項）。

その他，実務上発行される社債として，振替社債がある（振替66条）。この場合には社債券の発行が認められず（同67条），譲渡，ないし質入れの効力は，加入者の申請に基づき，振替口座簿に記録・記載されることにより生ずる（同73条・74条。なお，振替制度全般に関しては，株式の譲渡に関する第3章第3節**5**〔113頁〕を参照されたい）。

(b)　**社債管理者**　　会社は，社債を発行した場合，社債権者保護のため，**社債管理者**を定め，弁済の受領，債権の保全，その他社債の管理を委託する（702条前段）。社債管理者は，以上の任務を遂行する能力を有する者でなければならないから，会社法は，銀行，信託会社，およびこれに準ずる金融機関等に限って，その資格を認める（703条，会社則170条）。ただし，各社債の金額が1億円以上である場合，あるいは社債権者の数が50人以上とならない場合は，社債管理者を設置する必要がない（702条後段，会社則169条）。これらの場合は，社債管理者によって保護されるべき零細な社債権者が現れる可能性が乏しいと考えられるからである。

社債管理者は，社債権者のために社債権の弁済を受ける権限を有するほか（この場合，社債権者は，社債管理者に社債の償還額および利息の支払を請求できる），社債にかかる債権保全に必要な一切の裁判上，裁判外の行為をなす権限を有する（705条1項2項）。ただし，当該社債にかかる全額の支払猶予，当該社債の債務不履行にかかる責任免除または和解，および当該社債の全部にかかる訴訟行為または倒産手続に属する行為をなすには，社債権者集会の決議を要する（706条1項。なお，社債権者集会については後述する）。以上の行為については，社債権の内容変更を伴いうる重要な行為であることから，社債管理者限りでこれを行うのではなく，社債権者の同意を得ることとしているわけである。なお，社債管理者が設置されていても，各社債権者が発行会社に対して社債の償還および利息支払を請求することは妨げられないが（大判昭和3・11・28民集7巻1008頁〔百選84，商判I-171〕），社債管理者がすでに当該権限を裁判上行使した場合，各社債権者が当該請求を行うことは認められない。

社債管理者は，社債の管理を行うにあたり，社債権者のため公平かつ誠実にこれを行う義務を負うとともに（704条1項。「誠実義務」は「忠実義務」と同様の意味だと解されている），社債権者に対し善管注意義務を負う（同条2項）。

社債管理者が会社法または社債権者集会の決議に違反する行為をしたときは，社債権者に対してこれによって生じた損害を賠償する責任を負う（710条1項。なぜ当該規定に主観的要件が置かれていないかは必ずしもよく分からない）。また社債管理者は，社債の債務不履行，もしくは社債発行会社の支払停止があった後，あるいはその前3か月以内に，社債管理者の発行会社に対する債権等について弁済その他の利益相反行為があった場合，社債権者に対して損害賠償責任を負う（同条2項柱書本文。当該社債管理者が誠実な社債管理を怠らなかったこと，または行為と損害との因果関係のなかったことを証明した場合，責任を免れる。同ただし書。社債管理者の免責が認められた事案として，名古屋高判平成21・5・28判時2073号42頁〔百選83，商判I-170〕）。これらの責任は，いずれも社債権者保護の観点から設けられている特別の法定責任である。

(c)　社債管理補助者　　社債管理者の制度は，その権限の広範さ，あるいは義務や責任の重さもあって，実務的にはコストのかかる制度である。その結果，以上の負担を避けるべく，実際に発行される社債においては，少なからぬ場合に社債管理者が置かれていない（702条ただし書参照）。

社債管理者が置かれない社債の場合，会社による債務不履行が生ずると，各社債権者がこれに対応すべきことになる。だが，実際にそのような事例が発生すると，社債権者に混乱が生じうる可能性も否定できない（特に倒産手続に入った場合，社債権者がそれぞれ参加していくことの負担等も想定される）。そこで，社債管理者不設置債の場合であっても，倒産手続への参加可能性も含め，社債の管理に関する最低限の事務を第三者に委託することを可能にするため，令和元年の会社法改正で社債管理補助者の制度が設けられるに至った。

社債管理補助者は，社債管理者不設置債であって，かつ無担保社債の場合に置くことができ（714条の2。社債管理者が置かれた場合，社債管理補助者との委託契約は当然に終了する。714条の6），その資格は，銀行，信託会社，これに準ずる金融機関等のほか，弁護士・弁護士法人にも認められる（714条の3，会社則171条の2）。その法定権限は社債管理者に比して限定されており，倒産手続参加，強制執行・担保権実行手続における配当要求，および清算手続における債権申出に限られる（714条の4第1項）。そしてその他の権限は，社債管理補助者との間で締結される委託契約によって個別に定められる。特に，①社債権の弁済を受けること，②社債に係る債権の実現を保全するために必要な一切の裁判上または裁判外の行為をなすこと（なお，社債権者集会決議の必要な場合について，同条3項参照），③社債の全部についてする支払の猶予その他706条1項列挙の行為をなすこと，そして④社債発行会社が社債の総額について期限の利益を喪失することとなる行為をすることについては，当該委託契約に定めることで社債管理補助者が行うことが可能となる（714条の4第2項）。

社債管理補助者に関する他の制度設計は，概ね社債管理者のそれに準じる（社債管理者の義務〔704条〕や責任〔710条1項（ただし，連帯責任とならない）。また，2項は除く〕等の規定は，社債管理補助者にも準用される〔714条の7前段〕）。

(2)　社債の利払・償還

(a)　利息の支払　　募集社債に関する事項として，利率の定めのほか，利息支払の方法・期限として定期的なその支払が定められた場合（いわゆる**利付債**。676条3号5号参照），当該約定に従い，利息が支払われる。記名社債であれば，社債原簿に記載された社債権者に対して，その原簿に記載された住所・営業所において支払われる（681条4号，商516条1項）。無記名社債であれば，社債券に利札（りさつ）（利息支払請求権を表章する有価証券）が付され（697条2項），社債権者がこれを発行会社（もしくは社債管理者・指定金融機関）に呈示して利息の支払を受けるというのが通常である。社債の利息支払請求権は，行使することができる時から5年間行使しないとき，時効により消滅する（701条2項）。

なお，社債には，各社債の金額未満で発行し，期中には利息の支払をせず，償還時に当該社債金額を支払うものがある。このような債券を**割引債**と呼び，発行金額と償還金額との差額が利息としての機能を果たすことになる。

(b)　社債の償還　　社債は，約定の方法および期限に従い，償還される（676条4号）。満期に償還する場合のほか，一定の据置期間経過後，発行会社が定期的に一定額以上の社債を償還する義務を負う場合（**定時償還**），あるいは発行会社が満期前に未償還の社債の全部または一部を償還する権限を有する場合（**任意繰上償還**）がある（社債券が発行され，かつその利札が欠けている場合，当該利札にかかる利息請求権の額は償還額から控除され，当該利札の所持人がその控除額の請求権を有する。700条）。一部の社債のみを償還する場合は，その対象となる社債を抽選により決定することがある。社債の償還請求権は，行使することができる時から10年間行使しないとき，時効により消滅する（701条1項）。

なお，社債発行会社は，社債権者に対する金銭債権を自働債権とし，社債権を受働債権として相殺することもできる（最判平成15・2・21金判1165号13頁〔百選A31，商判I-169〕）。

(3)　社債権者集会

(a)　意　義　　**社債権者集会**とは，社債の種類ごとに組織される社債権者の臨時的な合議体である（715条）。社債権者集会は，会社法に規定されている事項（担保付社債の場合には，担信法に規定されている事項も含む。同法32条参照），および社債権者の利害に関する事項について決議をすることができる（716条）。

たとえば，社債の償還金額の減免等の社債権の内容変更には，社債権者の同意を必要とするが，現実には全社債権者から同意を得ることは難しい。そこで会社法は，当該同意を社債権者集会の多数決によって得ることを可能にし（706条1項），実際上の便宜を図っている。

(b)　招集および決議　　社債権者集会は，必要がある場合にいつでも招集することができ，その権限を有するのは，原則として社債発行会社または社債管理者である（717条2項。社債管理補助者が招集できる場合につき同条3項，社債権者が招集できる場合につき718条，担保付社債の場合につき担信法31条参照）。招集を行う者は，社債権者集会の日時および場所，目的事項等を定めなければならない（719条，会社則172条）。招集通知は，書面により，知れている社債権者，社債発行会社，設置されている場合には社債管理者，あるいは社債管理補助者に対して，集会の日の2週間前までに発しなければならない（720条1項。招集通知に付される社債権者集会参考書類および議決権行使書面につき，721条参照)。

議決権は，各社債権者が保有する社債の額の，当該種類にかかる社債の金額の合計額（償還済みの額を除く）に対する割合に応じて与えられる（723条1項)。無記名社債の社債権者がこれを行使しようとする場合，社債権者集会の日の一週間前までにその社債券を招集者に提示しなければならない（同条3項)。なお，議決権の代理行使，書面行使，電磁的方法による行使，および不統一行使が認められることは，株主総会の場合と同様である（725条〜728条。⇨156頁(2))。

決議は，原則として，出席した議決権者の議決権の過半数の同意によって成立する（724条1項)。ただし，社債の全部についてなす支払猶予等（706条1項各号参照)，社債管理者または社債管理補助者が当該行為をなすことに対する同意，および代表社債権者・決議執行者の選任・解任については，議決権者の議決権の総額の5分の1以上，かつ出席した議決権者の議決権の3分の2以上の同意を要する（724条2項)。なお，この後者の決議方法により，当該種類の社債の総額の1000分の1以上にあたる社債を有する社債権者の中から代表社債権者を選任した場合，この者に社債権者集会の決議事項の決定を委任することができる（736条1項・724条2項2号)。また，議決権者の全員による同意の意思表示があれば，提案事項を可決する旨の社債権者集会決議があったものとみなされる（735条の2第1項)。

(c)　**決議の認可および執行**　　社債権者集会の決議は，裁判所の認可を受けなければその効力を生じない（734条1項)。これは，社債権者集会決議が多数決によって契約内容の変更を認めるものであることから，その内容の適正さについて裁判所がコントロールを及ぼす趣旨である（したがって，議決権者全員の同意によって決議があったとみなされる場合は認可を要しない。735条の2第4項)。したがって招集者は，社債権者集会の決議があった日から1週間以内に，裁判所に対し，当該決議の認可の申立てを行う必要がある（732条。不認可事由につき733条，裁判手続につき868条〜876条参照)。この裁判所の認可により，社債権者集会の決議は当該種類の社債を有する全社債権者を拘束する（734条2項)。

効力の発生した決議は，社債管理者が設置されている場合にはこの者が，社債管理補助者が設置され，その権限にかかる行為について社債権者集会の決議があった場合には社債管理補助者が，それ以外の場合には代表社債権者が執行する（737条1項）。ただし，社債権者集会の決議により決議執行者を特に定めた場合には，この者が執行する（同項ただし書）。

Column 6-12　社債権者集会の実際

会社法は社債権者からの同意を得るための手段として，社債権者集会の制度を用意している。しかし，実際に社債権の内容変更を行う必要が生じた場合，この集会が開かれることはあまり多くない。これには，いくつかの理由がある。

第1に，社債権の内容変更が必要となるのは，通常，社債発行会社の財務状況が著しく悪化している場合だ，ということがある。このような場合，すべての社債権者の権利を縮減するため，多数決により拘束をかけることには，発行会社にとっても社債権者にとっても合理性がある（たとえば倒産手続に入ることを免れ，弁済率が上がる等）。しかし零細な社債権者は，この判断を行うことによって得られる利益は小さく（そもそも自らの権利は縮減される），コストをかけてまで社債権者集会のための判断をする必要性に乏しい（合理的無関心の問題。この点について，藤田友敬「社債権者集会と多数決による社債の内容の変更」落合誠一ほか編『現代企業立法の軌跡と展望』〔商事法務研究会，1995年〕225頁以下参照）。このような事情は，結局のところ，社債権者において社債権者集会に参加するインセンティブを失わせることになる。

第2に，かつてわが国で発行されてきた社債が無記名社債であったがゆえの問題もある（実務的には，この点の理由がきわめて大きかった）。無記名社債の場合，必ずしも現在の社債権者が社債原簿に記載されているわけではないため（社債権者は社債券を占有していればよい。⇨366頁 Column 6-11 参照），社債発行会社は社債権者集会に参加すべき社債権者を正確に把握できないのである。そして社債権者の側も，議決権を行使したいのであれば，社債権者集会の1週間前までにその社債券を招集者に提示しなければならず（723条3項。かつては供託が必要であった），非常に手間がかかるシステムとなっている。

以上のような理由から，社債権の内容変更を必要とする場合，通常は会社法の定める社債権者集会を開催するということはせず，結局のところ，倒産法上の手続に依拠することになる（倒産手続については，⇨312頁 2 参照）。すなわち会社更生手続開始決定（会更41条）か民事再生手続開始決定（民再33条）を得て，更生計画，ないし再生計画において，権利の変更を行う。そして，社債管理者が置かれている場合，当該計画案の関係人集会，ないし債権者集会における承認にあたり，社債権者の議決権は制限される（会更190条，民再169条の2参照）。

第 7 章 定款変更

本章では，株式会社の定款変更について解説し，合わせて定款類似の文書についても簡単に説明する。

1 定款の変更

定款は会社の根本規則であるが（**実質的意義の定款**。⇨ 29 頁1），会社は会社成立後にこれを変更（現在の条項の変更・削除，新たな条項の付加）することができる。たとえば，株式の譲渡制限に関する定め（107 条 1 項 1 号。⇨ 76 頁(a)）を新設・廃止したり，種類株式の定めを設けたり（108 条 1 項。⇨ 78 頁6），会社の機関設計（326 条 2 項。⇨ 135 頁4）を変更したり，発行可能株式総数（37 条・113 条。⇨ 322 頁(2)）を増加・減少させることが考えられる。定款変更には公証人の認証は不要である。

定款変更は，原則として，株主総会の**特別決議**による（466 条・309 条 2 項 11 号)。ただし，より厳格な要件が必要とされる場合がある。たとえば，株式に譲渡制限の定め（107 条 1 項 1 号）を設ける場合には，株主の保護をはかる必要性が高いことから**特殊の決議**が必要とされている（309 条 3 項 1 号。議決権を有する株主の〔頭数の〕半数以上が賛成し，かつ〔出席した株主の，ではなく〕議決権を有する株主の総議決権数の 3 分の 2 以上の賛成が必要であり，これは特別決議〔同条 2 項柱書〕の決議要件よりもはるかに厳重である。その他の場合につき⇨ 78 頁(2)）。他方，現に 2 以上の種類の株式を発行している会社でない株式会社においては，1 株を A 株（例：3 株）に**株式分割**するという際に，発行可能株式総数を現在の A 倍の数以下（例：2.5 倍）の範囲で増加させても株主の利益が害されるおそれがないことから，株主総会決議は不要である（取締役会などにより決定されることになる。184条2項。⇨127頁(b)）。単元株制度（⇨129頁(1)）を採用している会社が，単元株式数を減少させたり単元株式数の定めを廃止する場合にも，取締役の決定（取締役会設置会社においては取締役会の決議）でこれを行うことができる（195条）。

会社が2以上の種類の株式を発行している場合に，一定の事項についての定款変更がある種類の株主に損害を与える場合には，その種類の株主による**種類株主総会**の承認があることが原則として必要である（322条1項1号）。⇨85頁(b)。属人的定め（109条2項）に関する定款変更については，⇨89頁(4)。

定款変更の効力は，原則として定款を変更する株主総会決議によって生じる。書面（**形式的意義の定款**）を書き換えることは効力発生要件ではない。総会決議の際に定款変更の効力発生日を定めることもある（江頭842頁）。

定款変更に伴い，それに反対する株主に株式買取請求権が認められる場合がある。株式の内容として譲渡制限の定めを設ける場合や，種類株式の内容として全部取得条項を設ける場合などである（116条）。

2 各種規程・株主間契約

上場会社では，取締役会の決議により，**株式取扱規程**や**取締役会規程**などの文書を作成することが一般的である（文書の名称は会社により異なり，「規定」「規則」の語を用いる場合もある）。前者では株主の取扱い・株主権行使に関するルールが，後者で取締役会の運営・付議事項などが定められる（後者は内規の一種である。⇨188頁(c)，193頁(b)）。これらの文書の内容の変更は，元の文書を策定したのと同一の機関によって行われる。

これらの文書とは性質が異なるが，閉鎖的な株式会社においては，定款で株式の内容が定められることに代えて，またはそれに加えて，**株主間契約**が締結されることがある（⇨32頁 Column 2-5 ）。その内容を変更するには，原則として契約当事者となっている株主全員の同意が必要である。

第 8 章
解散・清算

本章では，株式会社の解散と清算について解説する。なお，特別清算は，第5章第4節**2**(2)（312頁）で触れる。持分会社の解散・清算は⇨499頁**9**。

第1節　総　　説

会社の法人格の消滅をもたらす原因となる事実（471条各号）を**解散**という。解散に続く，債権の取立て・債務の弁済および株主への残余財産の分配など，法律関係の後始末をする手続を**清算**という。会社の法人格は，解散によって直ちに消滅しない。

清算中の会社（条文上は「**清算株式会社**」）は，清算の目的の範囲内において権利能力を有し（476条），清算の完了（条文上は「**結了**」。⇨381頁(6)）により法人格が消滅する（以上の例外として，合併による会社の解散は，その後に清算を伴わず，合併の効力発生日に法人格が消滅する）。

なお，債務超過の疑いがある株式会社が行う**特別清算**は，倒産手続の1つであるから，本書では第5章第4節**2**(2)（312頁）で取り扱うこととし，本章では特別清算でない清算（**通常清算**と呼ばれる）についてのみ解説する。

第2節　解　　散

(1) 解散事由と効果

株式会社は次の事由によって**解散**する（471条）。①定款で定めた存続期間の満了。②定款で定めた解散の事由の発生。③株主総会の決議（特別決議。309条2項11号）。④合併。⑤破産手続の開始決定。⑥解散命令・解散判決。①の期間・②の事由は登記で公示される（911条3項4号）。

会社が①②③によって解散した場合には，代表清算人（⇨379頁(2)）は解散の登記をしなければならない（926条）。

以上のうち，①②③⑥の場合には，解散により会社につき清算手続が開始する。

会社が①②③によって解散した場合には，清算結了までは，株主総会決議により会社を継続することができる（**会社の継続**。473条。特別決議による。309条2項11号）。これによって，将来に向かって会社は解散前の状態に復帰し，清算以外の目的についても権利能力を回復する。この場合には，会社の継続の登記をしなければならない（927条）。

(2) 解散命令

公益を確保するため会社の存立を許すことができないときには，裁判所は，一定の場合に，法務大臣または株主，債権者その他の利害関係人の申立てにより，会社の解散を命じることができる（824条1項）。解散命令が可能な場合は824条1項各号に列挙されている。

(3) 解散判決

後述の①②の場合に，やむを得ない事由があるときには，総株主の議決権の10分の1以上の議決権を有する株主，または発行済株式の10分の1以上の数の株式を有する株主は，**解散判決**を求めて訴えを提起することができる（833条1項）。それが認められるためには，①会社が業務の執行において著しく困難な状況に至り，会社に回復することができない損害が生じているか，生じるおそれがあるとき，または，②会社の財産の管理・処分が著しく失当で，会社の存立を危うくするとき，のいずれかの要件が充たされなければならない（同項各号）。

解散判決の制度は，特に閉鎖的な会社で，多数派株主と少数派株主が鋭く対立し，前者が後者を不利益に扱っているなどの状況で意味を持つ制度である。上記の①について判断した事例として，東京地判平成元・7・18判時1349号148頁（百選95，商判I-175），東京地判平成28・2・1判例集未登載（平成25年（ワ）第17329号。LEX/DB文献番号25534527）がある。この制度は，解釈論・立法論の両方で重要な問題を有している（江頭991頁以下，田中705頁以下。江頭憲治郎＝門口正人編集代表『会社法大系(4)』〔青林書院，2008年〕423頁〔佐々木宗啓〕をあわせて参照）。

(4)　休眠会社のみなし解散

471条には解散事由として掲げられていないが，休眠会社について**みなし解散**の制度が設けられている（472条）。

休眠会社とは，株式会社で，当該会社に関してなされた最後の登記があった日から12年を経過したものをいう（同条1項かっこ書）。このような会社については，法務大臣が事業を廃止していないことの届出をするように官報に公告をしたのに，その届出がされない場合には，2か月の期間の満了の時に解散したものとみなされる。この場合でも，解散したものとみなされた時から3年以内であれば，株主総会決議により会社を継続することができる（473条）。

事業活動を行っている会社であれば，通常は少なくとも10年に1度は取締役を選任し，その旨の登記の申請がなされるだろう（332条2項参照）。しかし，登記簿上存在するが，長期間にわたって変更登記がなされていない会社は少なくない。このような会社であっても824条1項2号を使って会社の解散命令を得ることは容易でないことから，みなし解散の制度が設けられ，昭和49年10月以降，一定の間隔で実施され，登記を実態に近づけている。

(5)　解散会社の組織再編行為

解散した株式会社は，当該会社が存続会社となる吸収合併や，当該会社が承継会社となる吸収分割を行うことができない（474条）。法人格の消滅が予定されている会社にこれらを認めることは，法律関係を複雑にするからである。

第3節　清　　算

ここでは，株式会社の**通常清算**について解説する（特別清算については⇨312頁(2)）。

1 清算の開始

会社が解散すると，解散が合併・破産手続の開始以外による場合，会社は清算をしなければならない（475条1号）。ほかにも，会社の設立無効の訴えが提起され，請求が認容され，判決が確定した場合や，株式移転無効の訴えの認容・確定の場合に，会社は清算をしなければならない（会社の設立が遡って無効となるのではなく，将来に向けて清算の手続がとられる。同条2号3号）。

清算をする株式会社（**清算株式会社**）は，清算の目的の範囲内において**権利能力**を有する（476条）。このため，清算人が清算の目的の範囲外の行為をしたときは，その効果は会社に帰属しないとされる（最判昭和42・12・15民集25巻7号962頁。この問題の詳細については，江頭998頁を参照）。

会社が清算手続に入っても，それによって株式の譲渡が特に制限されることはない（神田333頁，江頭998頁）。清算株式会社による自己株式の取得の制限については509条3項を，特別支配株主によるキャッシュ・アウトの制度の適用がないことについては同条2項を，それぞれ参照。

2 清算株式会社の機関

清算株式会社には，株式会社の機関設計に関する326条から328条の規定は適用されない（477条7項）。代わって，477条が適用される。

(1) 清 算 人

清算株式会社には，1人以上の**清算人**を置かなければならない（477条1項）。

清算の開始により，取締役は清算人に就任する（478条1項1号。ただし同条3

項。477条1項2項により，同人は取締役の地位を失う)。そのほかに，定款で定める者や，総会決議で選任された者が清算人となる（478条1項2号3号)。このルールによっては清算人となる者がいない場合には，利害関係人の請求により，裁判所が清算人を選任する（同条2項)。

(2)　その他の機関

株主総会は，会社の清算中も存続する。

清算株式会社は定款の定めによって，**清算人会**（取締役会に相当)，監査役，監査役会を置くことができる（477条2項)。会計参与・会計監査人・指名委員会等・監査等委員会を置くことはできない。機関設計に関するルールは，477条3項4項を参照。

解散時に**監査役**であった者は，清算手続が始まっても監査役の地位にとどまる（ただし，480条1項の事由により退任する)。会計参与・会計監査人は，会社の解散時にその地位を失う。指名委員会等設置会社が清算手続に入ると，委員会は廃止され，監査委員（である取締役）は監査役となる（477条6項)。監査等委員会設置会社の場合も同様である（同条5項)。

清算の開始により取締役が清算人になった場合には，代表取締役は**代表清算人**となる（483条4項)。それ以外の代表清算人の選定の方法もある（清算人会設置会社では489条2項3号・3項4項，非清算人会設置会社では483条1項〜3項。ほかに同条5項)。

3　清算手続

(1)　清算人の職務

清算人は，解散の時点で継続中の事務を完了させ，取引関係を終了させる（**現務の結了**)。そのほか，清算人は，債権の取立て・債務の弁済，残余財産の分配を行う（481条)。もっとも，清算人の権限はこれらに限られるわけではなく（神田333頁)，事業の譲渡を予定している場合には，事業価値の劣化を防ぐため営業を継続することが許される場合がある（江頭1005頁)。

業務執行の決定および業務の執行の権限の所在は，清算人会を設置する会社とそうでない会社とで異なる。清算人会設置会社では，業務執行の決定は清算人会により，業務の執行は代表清算人・選定業務執行清算人により行われ(489条2項6項7項)，非清算人会設置会社では前者は清算人の過半数により，後者は清算人により行われるのが原則である（482条1項〜3項)。

清算人の地位・権利義務は，取締役のそれとほぼ同様である（同条4項および491条が，取締役に関する多数の規定を準用している。また483条〜490条を参照)。

(2) 会社財産の調査

清算人会設置会社では代表清算人・選定業務執行清算人が，非清算人会設置会社では清算人が，その就任後遅滞なく，清算株式会社の財産の現況を調査する。そして，清算株式会社となった日における**財産目録・貸借対照表**を作成しなければならない（492条1項)。

清算人は，作成された財産目録・貸借対照表を株主総会に提出し，その承認を受けなければならない（同条3項)。

(3) 債務の弁済

株式会社の債権者にとって会社の財産だけが責任財産であるため，清算手続における債務の弁済には一定の手続が要求される。

清算株式会社は，清算の開始原因が生じた場合には，遅滞なく，債権者に対し，一定の期間内（2か月以上でなければならない）にその債権を申し出るべき旨を官報に公告し，かつ，知れている債権者には個別にこれを催告しなければならない（499条1項)。

会社は，債権申出期間内には債務の弁済をすることができず（500条1項前段)，申出期間の経過後に，申し出た債権者と知れている債権者の全員に弁済する。それ以外の債権者は清算から**除斥**される（503条1項)。債権者は，清算から除斥されると，他の債権者にいまだ分配されていない財産についてしか弁済を請求することができなくなる（同条2項。また，一部の株主に対してすでに残余財産の分配が行われた場合には，他の株主に対してこれを同一の割合で分配するために必要な財産には請求できなくなる〔同条3項〕)。

(4)　残余財産の分配

株主に対する残余財産の分配は，会社の債務を弁済した後でなければ行うことができない。ただし，その存否・額につき争いがある債務については，その弁済に必要と認められる財産を留保して残余財産の分配を行うことができる(502条)。

残余財産の分配は各株主の有する株式数に応じてなされる（504条3項)。会社財産を換価して金銭を交付する方法のほか，金銭以外の現物を交付する方法によることもできるが（同条1項1号参照），この場合には必ず株主に金銭分配請求権を与えなければならない（505条)。

清算株式会社は，剰余金の配当を行うことはできず，また，自己株式の取得も無償で取得する場合などを除いては行うことができない（509条)。

(5)　決算報告の作成・承認

清算株式会社は，清算事務が終了したときは，遅滞なく**決算報告**を作成し，株主総会の承認を受けなければならない（507条1項3項)。承認があれば，清算人が任務懈怠により会社に対して負う賠償責任（486条）は免除されたものとみなされる（職務執行に関し不正の行為があった場合を除く。507条4項)。

(6)　清算の結了と登記

清算事務が終了し，決算報告が株主総会により承認されると，清算は**結了**し，会社の**法人格**は**消滅**する（江頭1009頁)。清算株式会社は，決算報告を承認する株主総会の日から2週間以内に**清算結了の登記**をしなければならない（929条1号)。この登記は，設立の登記とは異なり，創設的効力を持つものではなく，すでに効力が生じた事柄（法人格の消滅）を公示するものである。

(7)　帳簿資料の保存

清算人会設置会社では代表清算人・選定業務執行清算人が，非清算人会設置会社では清算人が，清算結了の登記の時から10年間，清算株式会社の帳簿および重要な資料を保存しなければならない（508条1項)。

第9章 企業の買収・結合・再編

本章は，企業の買収・結合・再編と呼ばれる経済行為に関する会社法の規律を説明する。まず，買収・結合・再編の意義や経済的機能について述べ，次にそれらの行為を行うための法律上の手法である，株式の取得，組織再編および事業の譲渡等につき，会社法の規律を説明する。最後に，近時わが国でも見られるようになった，敵対的買収と防衛策について解説する。

第1節　買収・結合・再編の意義と方法

1 買　　収

(1) 意　　義

会社は，日々の事業活動によって獲得した利益を再投資することにより，その事業を徐々に拡大していくこともできるが，他の会社（あるいは会社以外の組

図表9-1　M＆A件数と金額の推移

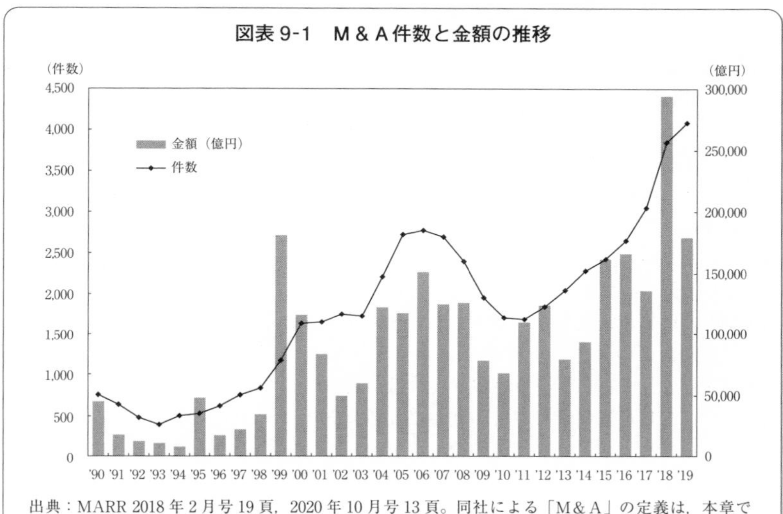

出典：MARR 2018年2月号19頁，2020年10月号13頁。同社による「M＆A」の定義は，本章で説明する「買収」と「結合」とを併せたものにほぼ相当する。詳しくは，同社ウェブサイト（https://madb.recofdata.co.jp/help/#market）参照。

織形態をとる企業）からその保有する事業の全部または一部を承継したり，あるいは合併や株式取得等により，当該他の会社（企業）それ自体を取得したりして，事業を一挙に拡大することもできる。このような，事業や会社（企業）の取得行為を**買収**（事業買収・企業買収）という。

Column 9-1　買収，結合，再編，M＆A

買収という言葉は法律用語ではなく，経済用語ないし日常用語である。後述する，結合や再編という言葉も同様である（ただし，**組織再編**というときは，第3節で説明する特定の会社法上の諸行為を指すので，注意しよう）。そのため，買収・結合・再編の明確な定義はないけれども，本章では，もっとも標準的と思われる意味を紹介している。英語では，Merger, Acquisition and Restructuring, 略してM, A & Rという。最後を省略するとM＆Aになる。わが国のM＆A件数・金額の推移については**図表9-1**参照。

買収は，事業の迅速な拡大や，事業の統合による**シナジー**の獲得（⇨ Column 9-2）を目指して行われる。また，上場会社の**MBO**（マネジメント・バイアウト。⇨391頁 Column 9-6）や**完全子会社化**のように（⇨412頁 Column 9-18），株主構成の変更（特定人への株式保有の集中）を通じて，企業価値の向上を目指すものもある。

Column 9-2 **買収・結合とシナジー**

買収や結合（その意味は⇨**2**）が行われると，買収・結合後の企業価値（企業が将来生み出すフリー・キャッシュ・フローの割引現在価値として評価できる。⇨90頁**8**，91頁**Column 3-9**）は，買収・結合前の各当事会社の企業価値の単純な合計よりも大きくなることがある。これは，事業統合による経営資源の節約（顧客が競合している店舗を統廃合したり，オフィスネットワークを共有するなど）や，一方当事会社の有する経営資源（ノウハウ・人材など）を他方当事会社の事業にも応用・転用できる，といったことから生じる。このような，買収・結合による企業価値の増大をシナジー（相乗効果）という。買収においては，対象会社の株主に多額のプレミアム（買収価格と従前の株式の時価との差額）が支払われることが多いが，これは，買収者はそのようなプレミアムを支払ってもなお，買収が買収者の利益になるほどのシナジーを生むと期待しているわけである。もっとも，その期待が外れ，買収・結合によりかえって企業価値が低下する（「負のシナジー」が生じる）ことも現実には少なくない。その場合には，いったん統合した事業を再度分割するといった再編（⇨**3**）が行われることもある。非効率に多角化しすぎたために経営不振に陥った企業が，経営再建の一環として，保有事業の一部を分割・譲渡するといったことはよく見られるところである。

※買収・結合（M&A）の目的とわが国における現状につき，森・濱田松本法律事務所編・後掲第1章参照。

(2) 買収の方法

買収は，次のようなさまざまな方法で行うことができる。なお，本章の説明においては，基本的に，買収される企業は株式会社であることを前提とし，それを**対象会社**（target company）と呼ぶ。また，買収をする側の企業（会社とは限らない）を**買収者**と呼ぶ（買収者が会社である場合，そのことを明らかにするため買収会社ということもある）。

①買収者が対象会社の株式を取得する方法。具体的には，ⓐ対象会社の株主から株式を譲り受ける方法（⇨388頁**2**），ⓑ対象会社から募集株式の発行等（199条）を受ける方法（⇨392頁**3**），ⓒ会社法上の制度である株式交付により，対象会社の株式の過半数を取得する方法，ⓓ会社法上の制度であるキャッシュ・アウト（⇨394頁**4**）または**株式交換**（⇨412頁4）により，対象会社の株式の全部を取得する方法が挙げられる。

②買収会社が対象会社と**合併**する方法（⇨407頁[2]）。これは，両当事会社が同一の法人になる点に特徴がある。

③買収者が，対象会社の事業の全部または一部を**吸収分割**により承継したり（⇨409頁[3]），または**事業の譲受け**によって取得する（⇨457頁**2**，462頁(2)）方法（前者の場合，買収者は会社でなければならない）。対象会社それ自体ではなくその保有事業を買収する方法である。

(3)　友好的買収と敵対的買収

買収の多くは，買収者・対象会社の双方の経営陣（代表取締役その他の業務執行者）の合意に基づいて行われる。これを**友好的買収**という。しかし，買収の中でも，特に対象会社の株主から株式を譲り受ける方法（⇨(2)①ⓐ）は，対象会社の経営陣の同意がなくても行うことができる。買収者が，対象会社の経営陣の反対にもかかわらず買収を試みることを，**敵対的買収**という。敵対的買収に対して，対象会社の経営陣・取締役会が何らかの対抗措置（**買収防衛策**）をとりうるか否かは，会社法の重要問題の一つである（⇨第5節464頁以下）。とはいえ現実には，敵対的買収では**デュー・ディリジェンス**（⇨ Column 9-3 ）を行えない（対象会社の同意を得られないため）ことや，買収に成功したとしても対象会社の従業員の反発を招きがちであることから，株式の取得による買収も，対象会社の経営陣の賛同を得た上で行う友好的買収であることがほとんどである。

Column 9-3　**デュー・ディリジェンスと表明・保証条項**

企業買収においては，まず買収者が守秘契約を結んだ上で，対象会社から自社の財務状態その他に関する情報を入手し，それを前提にして一応の買取価格を決め，基本合意書を作成する。その後，買収者は専門家を雇って対象会社の実地調査（デュー・ディリジェンスと呼ばれる）を行い，そこで判明した情報をもとに改めて価格交渉を行い，最終契約（合併契約や株式譲渡契約など）を締結するのが通常である。

もっとも，デュー・ディリジェンスは通常，比較的短期間にしかも対象会社の協力の得られる範囲で行うにすぎないため，買収者は，対象会社の提供する情報の真実性に確信をもてないことがままある。そこで，対象会社の主要株主等が，対象会社に関する一定の事項について買収者に提供した情報が真実かつ正確であることを表明・保証する旨の条項（表明・保証条項）を契約に置き，もしも当該条項の違反があれば，それによって買収者が被った損害を補償する旨を約すことが多い。表明・保証条項違反による対象会社株主（株式譲渡契約の売主）の責任が認められた事例として，東京地判平成18・1・17判時1920号136頁（商判I-190）参照。

参考文献：デュー・ディリジェンスや表明・保証条項を含め，企業買収の一連の過程を解説するものとして，コンメ(17)215～234頁〔三苫裕〕，森・濱田松本法律事務所・後掲第3章・第4章。

2 結　合

2つの会社が合併（⇨407頁2）をする場合，経済的・社会的には，規模や収益性の大きい方の当事会社が他の当事会社を「買収」したと評価されることが多い。しかし，規模や収益性が同程度の会社同士が合併する場合，どちらがどちらを買収したともいえず，むしろ両当事会社が対等の立場で統合した，とみえる場合もある。後者の場合，買収に代えて**結合**（企業結合）ということが多い。会社法上はどちらも合併であるが，経済的に買収と見られるか結合と見られるかは，特に税務上の処理に違いをもたらしうる（⇨450頁 Column 9-31 。なお，計算につき Column 9-30 も参照）。企業結合は，合併のほか，**共同株式移転**（共同持株会社の設立）の方法によっても行われる（⇨413頁5）。

なお，本書にいう買収と結合を併せた意味で，「(企業) 結合」という言葉を使うこともある。

3 再　編

会社が事業の一部を他人に譲渡したり，子会社を設立してそこに事業の一部を移転したり，あるいは企業グループ内の事業分野を調整する（複数の子会社が重複した事業を営んでいるときに，当該事業を1個の子会社に集中するなど）というように，さまざまな形で，会社がその事業の構成（ストラクチャー）を変更することを，**再編**という。再編は，会社分割（⇨409頁3）や事業の譲渡（⇨457頁2）によって行うことができる（これらの行為によって事業を他の会社に移転するとき，当該他の会社から見ればそれは事業の買収になる）。なお，再編という言葉は多義的に使われており，買収・結合をも含めた意味で使われることも多い。

Column 9-4　**取引保護条項（ディール・プロテクション）**

企業の買収・結合・再編の実現のためには，双方の当事会社が多くの時間と費用をかける必要がある。そこで当事会社は，取引が不成立に終わってそれらの時間・費用が無駄になるのを避けるため，一定の措置を約すことがある。このような措置を，取引保護条項（ディール・プロテクション）という。最決平成16・8・30民集58巻6号1763頁（百選96，商判I-189）では，企業買収の基本合意書の中で，両当事会社は最終契約の締結に向けて努力するとともに，合意書締結後２年間，第三者との間で基本合意書の目的と抵触しうる取引等にかかる情報提供・協議を行わないことを約した（協議禁止条項）が，これも一種の取引保護条項である。最高裁は，当該協議禁止条項の法的拘束力を認めたが，同条項に基づく協議の差止めの仮処分については，保全の必要性（民保23条２項）が認められないことを理由に否定した。

取引保護条項は，Ｍ＆Ａの実現を容易にして両当事会社の株主の利益に資する面もあるが，半面，これによって株主は，特定の相手方との契約を余儀なくされ，他のより有利な取引機会を失うおそれもある。また，敵対的買収の脅威を感じている会社の経営陣が，友好的買収者との間で強力な取引保護条項を結ぶというような利益相反の問題も懸念される。米国では，取引保護条項を一般には有効としつつ，対象会社の取締役の忠実義務の観点から一定の制限を加えている。しかしわが国では十分な議論の蓄積がなく，今後の検討課題である。

参考文献：手塚裕之「Ｍ＆Ａ契約における独占権付与とその限界」商事1708号（2004年）12頁，田中亘「RTF条項の法的効力について」金判1447号（2014年）12頁。

第２節　株式の取得による買収

1 総　　説

株式会社を買収する一つの方法は，当該会社（対象会社）の株式を取得することである。対象会社の発行済株式全部を取得することもありうるが，一部のみの取得であっても，当該会社を支配するに足りるだけの株式を取得すれば，その会社を「買収」したといいうる。株式の取得は，①対象会社の株主から株式を譲り受ける方法と，②対象会社から募集株式の発行等（199条以下）を受ける方法，③キャッシュ・アウト，すなわち，対象会社の株主の個別の同意を得ることなく，対象会社の株式全部を金銭を対価として取得する方法がある（そ

図表 9-2　日本で届出をした公開買付けの件数・金額の推移

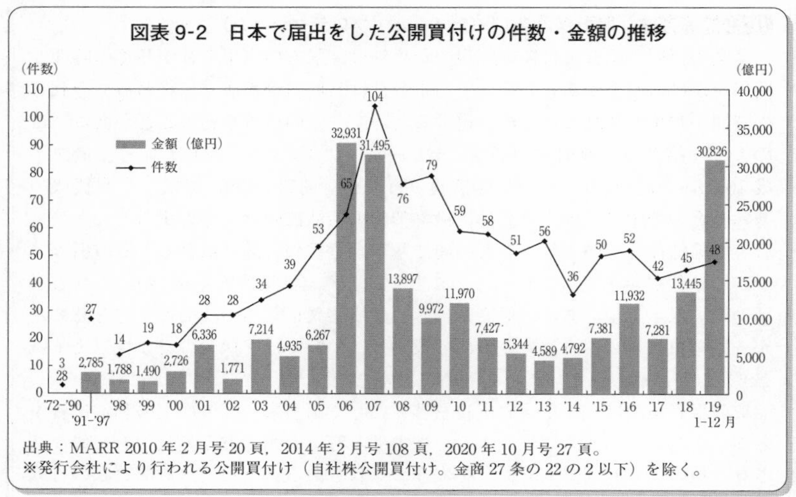

出典：MARR 2010 年 2 月号 20 頁，2014 年 2 月号 108 頁，2020 年 10 月号 27 頁。
※発行会社により行われる公開買付け（自社株公開買付け。金商 27 条の 22 の 2 以下）を除く。

のほか，組織再編の一種である株式交換による方法があるが，これについては，第 3 節で説明する〔⇨ 412 頁[4]〕)。

①は，基本的には，すでに解説した株式の譲渡の方法（⇨第 3 章第 2 節 93 頁以下，同章第 3 節 101 頁以下）によって行える。ただ，とりわけ上場会社の株式取得による買収は，**公開買付け**によって行われることが多く，一定の場合はそれが強制されることもある。公開買付けは会社法ではなく，金融商品取引法によって規制される取引であるが（金商 27 条の 2 以下），買収手法としての重要性に鑑み，本節で簡単な説明を行うことにする（⇨**2**）。②については，すでに第 6 章第 2 節（320 頁以下）で説明済みであるが，ここでは，特に買収に関係する問題を述べておく（⇨**3**）。③は，**4**で説明する。

2 公開買付け

(1) 概　　要

上場会社を株式取得により買収する場合，**公開買付け**（Tender-offer bid; Takeover bid; TOB。金商 27 条の 2 第 6 項の定義参照）を用いることが多い。株式の公開買付けとは，公告（**公開買付開始公告**。金商 27 条の 3）により，対象会社の不特定かつ多数の株主から株式を買い付ける行為をいう（同 27 条の 2 第 6 項）。

公開買付けは，対象会社の発行済株式の全部を対象に行うこともできるし（全部公開買付け），あらかじめ公開買付開始公告で定めた買付予定数の限度で買付けを行うこともできる（**部分的公開買付け**。同27条の13第4項2号参照）。ただし，公開買付けの後における買付者の株券等所有割合（同27条の2第8項1号参照。議決権を基準に算定する）が3分の2以上になるような公開買付けを行うときは，全株式の買付義務が課される（同27条の13第4項，金商令14条の2の2）。株式所有が特定人に集中すると，取引所規則により上場廃止とされる可能性があるなど，残存少数派株主の不利益になるおそれがあるため，対象会社の株主に株式の売却機会を保障する趣旨である。

公開買付者は，あらかじめ公開買付開始公告で定めた買付条件に従い，公開買付けに応募した株主から株式を買い取らなくてはならない。部分的公開買付けの場合に，買付予定株式数を上回る応募があったときは，応募した各株主の持株数に応じて**按分比例**の方法で買い取らなくてはならない（金商27条の13第5項）。「応募の先着順に買い取る」といった買付条件は，対象会社の株主に対して応募するように圧力をかける危険があるため，許されない。株主の平等を確保するため，公開買付期間中は，公開買付者は公開買付け以外の方法で株式を買い付けることは禁じられる（別途買付けの禁止。同27条の5）。

(2)　公開買付けにおける情報開示

公開買付けの対象会社の株主に必要な情報を提供するため，買付者は公開買付開始公告・公開買付届出書において一定の情報開示が義務づけられる（金商27条の3）。また，対象会社は，公開買付けに対する意見（賛同か反対か，または賛否を留保するか）を記載した書類（意見表明報告書）を監督当局に提出し，公衆の縦覧に供さなくてはならない（同27条の10）。対象会社は，意見表明報告書において買付者に対し質問をすることができ（同条2項），その場合，買付者は一定期間内に対質問回答報告書を提出しなくてはならない（同条11項）。

(3)　公開買付けをしなければならない場合

有価証券報告書の提出義務を負う会社（上場会社はみなそうである。金商24条1項1号参照）の株式を**取引所金融商品市場外**で買い付ける場合において，①買付後の買付者の株券等所有割合が5%を超えることになる場合は，公開買付けによる必要がある（同27条の2第1項1号）。もっとも，著しく少数の者（金商令6条の2第3項により，10名以下）から買い付ける場合はその必要はない。ただし，その場合でも，②買付け後の買付者の株券等所有割合が3分の1を超えることになる場合は，公開買付けによる必要がある（金商27条の2第1項2号）。買収者が一般株主を排除し，大株主のみから相対取引により高値で株式を取得するといった行為を防止し，一般株主にも平等の売却機会を保障する趣旨である。

しかし，取引所金融商品市場（東京証券取引所等の金融商品取引所が開設する市場のこと。金商2条17項参照）で株式を買い付ける限り，原則として公開買付けによる必要はない（例外的にそれが必要となる場合として，同27条の2第1項3号以下参照）。そのため，わが国の買収，特に敵対的買収は，取引所金融商品市場における株式の買い集めによって行われることが少なくない（たとえば，東京高決平成17・3・23判時1899号56頁〔百選99，商判I-66〕，東京地決平成16・6・1判時1873号159頁〔百選22，商判I-58〕の事案参照）。

Column 9-5　強制的公開買付制度の是非

取引所金融商品市場での株式の買い集めが原則自由であることは，迅速・安価な買収を可能にする面がある。ただ，その半面，対象会社の株主からすると，買収に際して株式を売る機会（それによってプレミアムを得る機会）が平等に保障されないことに加え，企業価値を毀損しそうな買収を防ぐすべがないといった問題がある。あやしげな投機家が市場で株式を買い集めていることを知った対象会社の株主は，その者に支配された会社の少数派株主になるよりは，いちはやく市場で株式を売ったほうがよいと考えるかもしれない（このように，対象会社の株主に対して買収に応じるような圧力を与える買収手法は，**強圧性**を有するという）。そのため，企業価値を毀損しそうな買収はかえって成功しがちになるおそれもある。こうした理由から，会社を支配できるほどの株式の大量取得は，常に公開買付けによるべきものとする規制（強制公開買付制度）を提唱する見解もある。

参考文献：わが国の公開買付けの実態につき，田中亘＝森・濱田松本法律事務所編『日本の公開買付け――制度と実証』（有斐閣，2016年）所収の論文参照。強制公開買付規制の導入を含めた公開買付規制の改正論として，田中・後掲② 407～448頁参照。

図表 9-3　MBO 件数と金額の推移

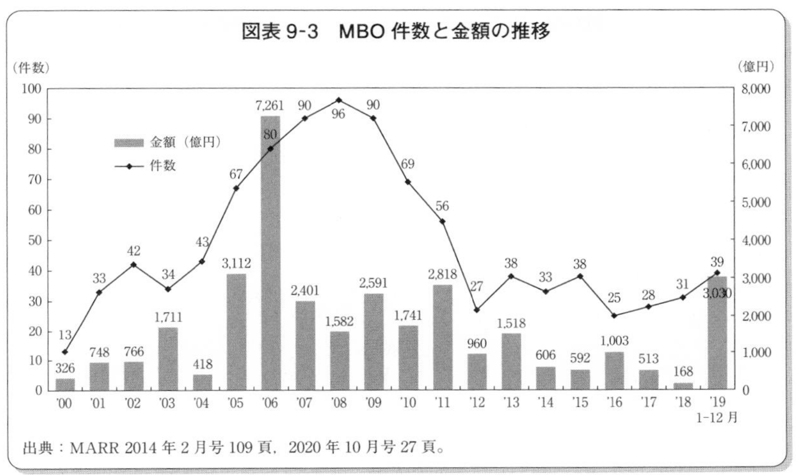

出典：MARR 2014 年 2 月号 109 頁，2020 年 10 月号 27 頁。

Column 9-6　MBO（マネジメント・バイアウト），公正性担保措置

(1)　MBO の意義および課題

会社の経営陣（ときには従業員も）が，その会社（またはその事業の一部）を買収する取引を，MBO（**マネジメント・バイアウト**）という（⇨**図表 9-3**)。特に近年は，上場会社の経営陣が，投資会社（ファンド）から資金を得て買収会社を設立し，当該上場会社の株式全部を取得するというタイプの MBO が盛んである。上場会社の MBO においては，まず公開買付けによって対象会社の株式をできるだけ多く取得し，その直後にキャッシュ・アウト（⇨**4**）を行って，対象会社の株式全部を取得することが通常である（このような二段階の手続を踏む買収手法を**二段階買収**という。⇨ 395 頁 Column 9-9 ）。また，買収会社は対象会社の資産を引当てにして買収資金を借り入れ，買収実現後は，対象会社を存続会社，買収会社を消滅会社とする吸収合併を行って，対象会社が買収会社の債務を承継することが多い（このような買収手法を，LBO〔レバレッジド・バイアウト〕という。森・濱田松本法律事務所編『M&A 法大系』〔有斐閣，2015 年〕第 2 部第 7 章)。MBO により，対象会社の株式は，事業内容に通暁した経営陣と投資会社に集中するため，株主の理解の下に大胆な事業の再編等が可能になったり，株主による経営陣の監視が容易になったりする点にメリットがあるといわれる。

もっとも，MBO については懸念も存在する。会社の内情に通じた経営陣が，その会社の企業価値と比較して株式の市場価格が割安なときを狙って（極端な場合には，わざと悲観的な情報を流して株価を下げておいて）MBO を仕掛けるなど，一般株主に不利な MBO が行われるのではないかという懸念がもたれている。実際にも，MBO を行った対象会社の取締役の義務違反による責任が認められた事例（大阪高判平成 27・10・29 判時 2285 号 117 頁〔百選 A25，商判 I-153，シャルレ事件〕⇨**5**）や，株式の取得・買取価格決定の形で，買収価格の公正さが裁判で争われた事例（最決平成 21・5・29 金判 1326 号 35 頁〔商判 I-40，レックス・ホールディングス事件〕等⇨ 434 頁(c)）が存在する。

(2)　取引の公正さを担保する措置

経済産業省の研究会である企業価値研究会は，「企業価値の向上及び公正な手続確保のための経営者による企業買収（MBO）に関する報告書」（平成 19 年 8 月 2 日付）（MBO 報告書）を公表し，これに基づき同省は，「企業価値の向上及び公正な手続確保のための経営者による企業買収（MBO）に関する指針」（平成 19 年 9 月 4 日付）（MBO 指針）を策定し，MBO の公正さを確保するためにとるべき措置について提言を行った。こうした提言を受けて，実務では，①対象会社の社外取締役・社外監査役など，経営陣から独立した者を委員とする**特別委員会**（独立委員会，第三者委員会ともいう）を設置し，取引条件の公正さをチェックさせたり，②専門性を有する独立した第三者評価機関から対象会社の**株式価値算定書**を取得し，それを基礎にして買収価格を決めることが一般化している。また，これらに加え，③第三者評価機関から取引価格が公正であるという意見（フェアネス・オピニオン）を取得したり，④経営陣よりもよい買収条件を提示する買収者候補がいないかを調査，検討したり（これをマーケットチェックという），⑤対象会社の利害関係のない株主の議決権の過半数に相当する株主が取引に賛同することを MBO 成立の条件（これを MOM［マジョリティ・オブ・マイノリティ］条件という）とするといった措置をとることもある。このような，取引の公正性を確保する諸措置（**公正性担保措置**）の実務につき，白井正和＝仁科秀隆＝岡俊子『M&A における第三者委員会の理論と実務』（商事法務，2015 年）。

経済産業省は，令和元年 6 月 28 日に，「公正な M&A の在り方に関する指針」（**公正 M&A 指針**）を策定・公表した。公正 M&A 指針は，対象となる取引を，MBO だけでなく支配株主による従属会社の買収（⇨ 412 頁 Column 9-18 ）にも拡大した上，公正性担保措置についても，MBO 報告書・同指針後の実務の進展を踏まえ，より踏み込んだ内容の提言を行っている。同指針の紹介，検討として，藤田友敬編『M&A の新たな展開──「公正な M & A の在り方に関する指針」の意義』（有斐閣，2020 年）。

3　第三者割当増資による買収

公開会社は，定款所定の発行可能株式総数（授権株式数。発行済株式数の 4 倍までは授権可能。37 条 3 項・113 条 3 項）の限度であれば，取締役会決議によって募集株式の発行等をすることができるのが原則である（201条1項・199条。⇨322頁(2)）。そのためわが国では，買収者が対象会社から募集株式の発行を受けること（第三者割当増資）により，買収を実現することが少なくない。取締役会決議だけで行えるため迅速な買収が可能であるし，対象会社が事業資金を緊急に必要とする場合は特に利点が大きい。その半面，会社が特定の者の支配下に置かれるという重大な決定であるにもかかわらず，対象会社の株主はその決定に関与できないことや，他の方法（たとえば公開買付け）で買収が行われたとすれば得られたであろうプレミアム（⇨384頁 Column 9-2 ）に株主が与れない，といった問題も指摘される。さらに，支配権争いが起きているときに行われる場合は，経営陣による支配権の維持・確保目的での発行でないかが争われることが少なくない（支配権の維持・確保目的であるとして募集株式の発行等を仮に差し止めた事例として，京都地決平成30・3・28金判1541号51頁〔商判Ⅰ-56〕，差止め否定例として，東京高決平成16・8・4金判1201号4頁〔百選98，商判Ⅰ-55〕。⇨327頁(c))。

そこで，平成26年会社法改正では，公開会社が募集株式の発行等を行う場合であって，当該発行等の後の引受人の議決権割合が2分の1を超える場合に，議決権の10分の1以上を有する株主が反対の通知をしたときは，会社は原則として，当該発行等について株主総会の決議（普通決議）を経なければならないものとした（206条の2。⇨325頁(b))。

Column 9-7　第三者割当増資と取引所の規制

会社が支配権に影響を与えるような第三者割当増資をする場合，本文に述べた会社法の規制の他，取引所の規則（上場規程）による規律も受ける。それによれば，上場会社が第三者割当増資をする場合に，割当株式が議決権の25％以上となるときまたは増資により支配権が異動する見込みがあるときは，経営者から一定程度独立した者（社外取締役や社外監査役）による意見の入手か，または株主総会の決議による株主の意思確認が求められる（東京証券取引所有価証券上場規程432条）。また，払込金額の算定根拠等を含む一定の情報開示も必要とされる（同規程施行規則402条の2）。

参考文献：渡邉浩司「東証による2009年8月制度改正後の第三者割当の開示状況」商事1906号（2010年）72頁，VM 92〜101頁。

4 キャッシュ・アウト

1 総　　説

(1) 意　　義

キャッシュ・アウトとは，ある者（買収者）が，株式会社（対象会社）の発行する株式全部を，当該株式の株主の個別の同意を得ることなく，金銭を対価として取得する行為をいう。

キャッシュ・アウトは，対象会社の事業に継続的に投資することを望む株主の意思に反して，株主を対象会社から退出させる（締め出す）という側面を有する（そのため，キャッシュ・アウトは，スクイーズ・アウトないしその和訳である**締め出し**という名称でも知られる）。平成17年の会社法制定前は，このような締め出しは不当であるという認識から，以下に説明するキャッシュ・アウトの諸方法の多くは認められていなかった。しかし，キャッシュ・アウトを行うことには経営政策上，合理性が認められる場合も多く（⇨ Column 9-8 ），一律に禁止することは適切とはいえない。そこで，会社法は，差止請求権や株式の取得（買取）価格の決定制度，および情報開示など，対象会社の株主の利益を保護するための仕組みを整備した上で，キャッシュ・アウトを許容している。

> **Column 9-8　キャッシュ・アウトのニーズ**
>
> 買収者が，対象会社を支配するに足りるだけの株式を取得するにとどまらず，対象会社の発行済株式の全部を取得することを望む場合は少なくない。たとえば，上場会社のMBOは，株式の保有を経営陣と投資会社に集中させることによって企業価値を高めることを目的としているため（⇨391頁 Column 9-6 ），買収成立後に多数の少数派株主が残存することは予定していない。それ以外の買収においても，対象会社に少数派株主を残存させることにより生じうる利益相反の問題（⇨412頁 Column 9-18 ）を回避したり，対象会社の上場維持に伴う費用（金商法や取引所の規則による情報開示の費用等）を避ける等の理由から，対象会社の株式全部の取得が望まれる場合もある。その際，対象会社が上場会社である場合のように，対象会社にきわめて多数の株主がいる場合，そのすべての株主から株式の売却の同意を得ることは，事実上不可能であるため，キャッシュ・アウトを行うニーズが生じる。

(2) キャッシュ・アウトの方法

現行の会社法上，キャッシュ・アウトの方法としては，①対象会社の株主総会の特別決議による承認を得て行うものと，②買収者が対象会社の総株主の議決権の10分の9以上の議決権を有する場合に，対象会社の株主総会の決議を経ずに行うものがある。①には，金銭を対価とする株式交換（略式以外のもの），株式の併合および全部取得条項付種類株式の取得があり，②には，金銭を対価とする略式株式交換および特別支配株主による株式等売渡請求がある。このうち，金銭を対価とする株式交換については，組織再編の一種として第3節〔404頁以下。特に Column 9-15 〕で説明することとし，ここではそれ以外の方法を説明する。

Column 9-9　二段階買収とその方法

買収者が，上場会社である対象会社の株式全部の取得を目指す場合，まず公開買付け（⇨388頁**2**）によって，対象会社の支配権を取得できるだけの株式を取得し，その後にキャッシュ・アウトを行うことが多い。こうした二段階の取引による買収を**二段階買収**という（実例として，VM 129〜140頁。なお，二段階目の取引を金銭でなく買収会社の発行する株式を対価として行う場合もある。たとえば，東京地決平成21・3・31判タ1296号118頁〔日興コーディアルグループ事件〕参照）。

こうした二段階買収において，もしもキャッシュ・アウトが，公開買付価格よりも低い価格で行われることが予定されているとすれば，対象会社の株主は，たとえ公開買付価格に不満であっても，自分が応募しない間に公開買付けが成立し，より低い価格でキャッシュ・アウトされるという結果になることを恐れて，公開買付けに応募してしまうかもしれない（こうした買収手法には**強圧性**があるという。⇨390頁 Column 9-5 ，数字でわかる会社法第9章〔飯田秀総〕）。そこで，実務上は，公開買付けにおいて，公開買付け成立後は公開買付価格と同額でキャッシュ・アウトを行う予定である旨を開示し，かつ，実際にも同額でキャッシュ・アウトを行うことが通常である。もしもキャッシュ・アウトが，公開買付価格未満で行われた場合には，株式の価格決定手続（172条・179条の8・182条の5・786条等）等を通じ，株主を保護するべきである（⇨435頁 Column 9-26 ）。

2 株主総会の決議によるキャッシュ・アウト

(1) 株式の併合

株式の併合（180条）は，投資単位の調整の手段としても用いられるが（⇨124頁2），併合の割合の分母を大きくすることにより，キャッシュ・アウトの手段としても用いることができる。たとえば，買収者が，公開買付けにより，対象会社の発行済株式100万株のうち80万株を取得したとしよう。残りの20万株は，公開買付けに応じなかった多数の一般株主が保有しているとする。この場合，対象会社において，20万株を1株とする（併合の割合が20万分の1の）株式の併合を行えば，対象会社の買収者以外の株主の保有する株式は，すべて1株未満の端数になる。そこで，端数処理の手続（235条・234条2項～5項。⇨128頁4）により，会社が端数の合計数に相当する株式を裁判所の許可を得て売却し，その全部を買収者が購入し，会社は売却代金を従前の一般株主に交付するものとすれば，キャッシュ・アウトを実現することができる。対象会社が株式の併合を行うには，株主総会の特別決議が必要である（180条2項・309条2項4号）。

平成26年会社法改正前は，株式の併合について，反対株主の株式買取請求権が存在しないなど，株主の保護が十分でなかったため，実務上，株式の併合をキャッシュ・アウトに用いることは差し控えられていた。しかし，平成26年改正により，株主保護の手続が整備されたため（⇨125頁(c)），以後は，株式の併合によるキャッシュ・アウトが増加している。

(2) 全部取得条項付種類株式の取得

キャッシュ・アウトは，全部取得条項付種類株式（108条1項7号。⇨82頁(e)）の全部取得（171条）によって行うこともできる。(1)で述べた，買収者が対象会社の発行済株式100万株のうち80万株を取得している場合を例にとると，対象会社において，①定款の変更（466条）をして2種以上の株式を発行する（種類株式発行会社になる）旨を定め，次に②発行済株式すべてを全部取得条項付種類株式とする旨の定款変更を行い，最後に③全部取得条項付種類株式を取得する株主総会決議を行い（171条・309条2項3号），取得の対価（171条1項1

号 2 号）として，「全部取得条項付種類株式 20 万株に対して，他の種類の株式 1 株を割り当てる」ものとすれば，対象会社の買収者以外の株主の有する株式は，すべて 1 株未満の端数となる。そこで，端数処理の手続に従い（234 条 1 項 2 号），会社が端数の合計にあたる株式を裁判所の許可を得て買収者に売却し（同条 2 項），売却金を買収者以外の株主に交付すれば，キャッシュ・アウトを実現できる。通常，①②③に必要な株主総会および種類株主総会（②の定款変更をするために必要。111 条 2 項 1 号・324 条 2 項 1 号）の決議は，同一日に行う（全部取得条項付種類株式を用いたキャッシュ・アウトの詳しい手順につき，VM 138〜140 頁参照）。平成 26 年会社法改正前は，この方法がキャッシュ・アウトの主流であった。

全部取得条項付種類株式の全部取得においても，株式の併合と同様の株主保護の手続（反対株主による価格決定の申立て，差止請求権，事前・事後の情報開示）がとられる（平成 26 年改正で新設。⇨ 82 頁(e)）。

(3)　キャッシュ・アウトの効力を争う方法

株式の併合および全部取得条項付種類株式の全部取得については，その効力を争う特別の訴えの制度（828 条参照）は存在しない。これらの行為に重大な法令違反がある場合（たとえば，株主総会決議を欠く場合）は，これらの行為は当然に無効になると解される。また，これらの行為に必要な株主総会決議または種類株主総会決議に取消事由（831 条 1 項）がある場合には，訴えにより決議が取り消されれば，これらの行為も無効になる。なお，平成 26 年改正により，決議取消しの訴えは，決議が取り消されることにより株主の地位を回復する者（典型は，キャッシュ・アウトされた株主）も提起できることが明文で規定された（831 条 1 項）。発行済株式を全部取得条項付種類株式とするために必要な種類株主総会決議（⇨ **(2)**②）が，招集手続の法令違反（基準日設定公告〔124 条 3 項〕の不履行）により取り消された事例として，東京地判平成 26・4・17 金判 1444 号 44 頁（アムスク事件）参照。

なお，株式の併合や全部取得条項付種類株式の取得によるキャッシュ・アウトの対価が不当に低額である場合も，株主は価格決定手続（172 条・182 条の 5）による救済を求めることができることから，原則として，これらの行為の効力には影響しないと解すべきである。ただし，買収者の議決権行使により著しく不当な対価によるキャッシュ・アウトが株主総会で可決された場合は，831条1項3号により決議は取り消しうべきものとなり，ひいてはこれらの行為の効力も否定しうると解すべきである（組織再編の場合と同様の解釈が成り立つ。⇨454頁(2)）。キャッシュ・アウトの目的の不当性が決議の取消事由となるかについては，⇨402頁 Column 9-10 。

キャッシュ・アウトの対象会社が，その後に他社に吸収合併されて消滅した場合は，キャッシュ・アウトされた株主が株主の地位を回復するためには，キャッシュ・アウトの決議取消しの訴えと併合して吸収合併の無効の訴え（⇨451頁**3**）をも提起する必要がある（大阪地判平成24・6・29判タ1390号309頁〔商判I-183〕）。

3 株主総会の決議によらないキャッシュ・アウト
——特別支配株主の株式等売渡請求

(1) 総　　説

(a) 意　義　株式会社（対象会社）の総株主の議決権の9割（これを上回る割合を定款で定めた場合はその割合）以上を有する者（**特別支配株主**）は，対象会社の他の株主（**売渡株主**）全員に対し，その保有株式全部（**売渡株式**）の売渡しを請求することができる（179条1項）。対象会社が新株予約権を発行しているときは，株式に加えて新株予約権（新株予約権付社債の場合は，それに加えて社債部分）の売渡しを請求することもできる（同条2項3項）。これを，**特別支配株主の株式等売渡請求**という。

(b) 制度創設の経緯　買収者が対象会社の議決権のほとんどを有する場合，対象会社の株主総会決議の帰趨は決まっているため，キャッシュ・アウトのために株主総会決議を要求する必要性は小さい。しかも，キャッシュ・アウトが二段階買収（⇨395頁 Column 9-9 ）の二段階目の行為として行われる場合，公開買付けから株主総会決議によるキャッシュ・アウトまでには長期間を要することになり，そのような不安定な地位に立たされることへの懸念から，対象会社の株主が心ならずも公開買付けに応募してしまう（公開買付けが強圧性を持つ。⇨ Column 9-9 ）といった問題が生じるおそれもある。

対象会社の株主総会の決議を経ずにキャッシュ・アウトを行う方法としては，金銭を対価とする略式株式交換も存するが（784条1項。⇨424頁(b)），税制上の理由から，従来，あまり利用されていなかった（⇨408頁 Column 9-15 ）。そこで，平成26年会社法改正により，対象会社の株主総会の決議を経ることなく，特別支配株主が対象会社の株式全部を買い取ることを認める，株式等売渡請求の制度が創設された。

(c)　**本制度の利用者**　本制度により対象会社の株式全部を取得できる者（特別支配株主）は，会社には限定されず，自然人や会社以外の法人であってもよい（179条1項）。また，議決権割合の算定にあたっては，その者が発行済株式全部を有する株式会社その他の法人（特別支配株主完全子法人）の保有議決権を合算できる（同項，会社則33条の4）。

(2)　売渡請求の方法

特別支配株主が株式等売渡請求をするには，対価として交付する金銭の額またはその算定方法や売渡株式を取得する日（取得日）などの一定の事項を定めて対象会社に通知し，対象会社の承認を得なければならない（179条の2・179条の3）。対象会社が取締役会設置会社の場合は，上記の承認をするには，取締役会の決議が必要である（179条の3第3項）。対象会社の取締役は，善管注意義務を尽くして，売渡請求が対象会社の株主の利益となるかどうかを判断した上で，承認の有無を決定しなければならない（⇨**5**）。

対象会社が取得の承認をした後は，特別支配株主が売渡請求を撤回するには，対象会社の承諾を必要とする（179条の6）。

(3)　売渡株主等への情報開示

対象会社は，取得日の20日前までに，売渡株主等に売渡請求に関する所定の事項の通知をしなければならない（179条の4第1項）。売渡株主等に売渡請求について知らせ，必要に応じて，**(4)**で説明するような権利を行使する機会を与えることが目的である。株主の地位を奪うという事柄の重大性に鑑み，公開会社であっても，売渡株主に対する通知は公告をもって代えることはできない（同条2項。売渡新株予約権者および登録質権者への通知は公告で代替可能）。ただし，振替法により，株主への通知でなく公告が義務づけられている振替株式発行会社（⇨117頁(5)）の場合は，公告によることになる（振替161条2項）。

また，対象会社は，株式等売渡請求に関する一定の事項を記載した書面等を，一定期間，本店に備え置き，売渡株主等の閲覧等請求に供さなければならない（**事前開示**。179条の5，会社則33条の7）。特に，対価の相当性やその支払見込みに関する事項の開示が義務づけられる（会社則33条の7第1号2号）。

(4)　売渡株主等の保護

(a)　売買価格決定の申立て　　売渡株主等は，取得日の20日前の日から取得日の前日までの間に，裁判所に対し，その有する**売渡株式等の売買価格の決定の申立て**をすることができる（179条の8）。他の方法によるキャッシュ・アウトの場合（172条・182条の4・182条の5）と同様，少数株主にキャッシュ・アウトの価格の公正さを裁判で争う権利を認めたものである（価格の決定方法に関する論点については，⇨428頁(4)～(6)）。ただし，売渡株主等への通知または公告（⇨(3)）の後に売渡株式等を譲り受けた者は，売買価格決定の申立てはできないとするのが，判例である（最決平成29・8・30民集71巻6号1000頁〔商判I-43〕）。売買価格決定の申立て制度の趣旨は，通知または公告により，その時点における対象会社の株主等であって対価に不満のある者に適正な価格を得る機会を与えることにあり，通知または公告により株式等を売り渡すことが確定した後に株式等を譲り受けた者は，同制度の保護対象として想定されていない，というのがその理由である。

(b)　差止請求権　　株式売渡請求が法令に違反する場合，対象会社が売渡株主への通知もしくは事前開示に関する規制に違反した場合，または特別支配株主が定めた売渡対価が著しく不当である場合であって，売渡株主が不利益を受けるおそれがあるときは，売渡株主は，特別支配株主に対し，株式等売渡請求に係る売渡株式等の全部の取得をやめることを請求することができる（179条の7第1項）。全部取得条項付種類株式の全部取得や株式の併合の差止め（171条の3・182条の3）と異なり，**対価の著しい不当性**も明示的な差止事由とされている。これは，略式組織再編の差止めの場合（784条の2第2号・796条の2第2号）と平仄を合わせたものである（略式組織再編の差止めの趣旨につき，⇨436頁

6）。

なお，定款の違反が差止事由とされていないのは，株式等売渡請求による株式の全部の取得は対象会社の行為ではないため，定款違反を観念しえないと考えられたためである。売渡請求等ができる特別支配株主の保有議決権要件が定款で加重されている場合に（179条1項），それに満たない者が売渡請求をした場合は，当該請求は法令違反（同項違反）になると解される。

(5) 売渡株式等の取得

(a) 取得の効力発生　特別支配株主は，売渡請求において定めた取得日に，売渡株式等の全部を取得する（179条の9第1項）。売渡株式等に譲渡制限が付されている場合，対象会社は，譲渡の承認をしたとみなされる（同条2項）。

(b) 事後の情報開示　対象会社は，取得日後遅滞なく，売渡株式の取得に関する一定の事項を記載した書面等を作成し，これを一定期間，本店に備え置き，売渡株主等であった者の閲覧等請求に供さなければならない（**事後開示**。179条の10，会社則33条の8）。

(6) 売渡株式等の全部の取得の無効

(a) 総　説　株式等売渡請求に係る売渡株式等の全部の取得の無効は，取得日から6か月以内（非公開会社では，1年以内）に，訴えをもってのみ，主張することができる（**売渡株式等の全部の取得の無効の訴え**。846条の2第1項）。売渡株式等の全部の取得は，対象会社の行為ではないことから，会社の組織に関する無効の訴え（828条1項各号）の一種とはされていないが，それと同様の手続規制に服する（846条の2～846条の9）。売渡株式等の全部の取得を無効とする確定判決は，将来に向かってのみ効力を生じ（846条の8），また，対世効を有する（846条の7）。

(b) 無効原因　どのような事情が取得の無効原因になるかについては明文の規定がなく，解釈問題である。一般論としては，売渡等請求による取得手続の瑕疵のうち重大なものが無効原因になると解される。取得者の議決権要件（179条1項）の不足や，取締役会の承認決議（179条の3第3項）の瑕疵などがそれにあたる。

取得の対価の不当性（株式の公正な価格に比して低額であること）は，原則としては，売買価格決定手続（179条の8）により争わせれば足りることから，無効原因にならないが，**対価が著しく不当**な場合は，そのような取得を一般的に抑止する必要性，および，このような場合には株主総会決議によるキャッシュ・アウトの効力も否定しうること（⇨397頁(3)）との均衡から，無効原因になると解すべきである。対価の著しい不当性は，取得の差止事由でもあるが（179条の7第1項3号），通常は仮処分手続（民保23条2項）の中で争われる差止請求においては，対価の相当性については十分な審理が期待できないため，事後的な無効主張の余地も認めるべきである。少数派株主を締め出すこと以外に**正当な事業目的**を持たないことが無効原因になるかについては，議論がある（他の方法によるキャッシュ・アウトの場合にも共通する問題である。⇨ Column 9-10 ）。

Column 9-10　キャッシュ・アウトと正当な事業目的

キャッシュ・アウトは，MBO等の買収に際して行われることが多いが（⇨394頁 Column 9-8 ），株主間の対立に起因して，支配株主が少数派株主を会社から退出させる（締め出す）目的で行われる場合もありうる。学説の中には，そのような，締め出し目的以外に正当な事業目的を持たないキャッシュ・アウトについては，①株式の併合や全部取得条項付種類株式の全部取得の場合は，特別利害関係人（少数派株主を締め出そうという目的を持つ支配株主）の議決権行使によって著しく不当な決議がされたものとして，決議取消事由（831条1項3号）となり（決議が取り消されるとこれらの行為も無効になることにつき，⇨397頁(3)），また，②特別支配株主の売渡等請求による取得の場合は，取得の無効原因になるとするものもある（米国の判例法理に範をとるものである）。

もっとも，東京地判平成22・9・6判タ1334号117頁（全部取得条項付種類株式の取得決議〔171条〕の取消しが求められた事例）は，会社法は，公正な価格であれば少数派株主をキャッシュ・アウトすることを認めているとして，単に少数派株主を排除する目的があるというだけでは，831条1項3号による決議取消事由にはならず，「少なくとも，少数株主に交付される予定の金員が，対象会社の株式の公正な価格に比して著しく低廉であることを必要とすると解すべきである」としている（結論的には，著しく低廉とはいえないとして請求を棄却）。けれども，学説上は，株主が一般に投資リターンの獲得を目的とし，持株比率の維持については強い関心を持たないと考えられる上場会社等の公開会社については，上記の裁判例の通りでよいとしても，株主が持分比率の維持に関心を持っており，株主間に経営参加に関する明示または黙示の約束があることも少なくない非公開会社においては，締め出し目的のキャッシュ・アウトは，その目的の不当性のゆえに無効と解する余地を認めるべきだとする見解も，なお有力である（江頭160頁注36）。

5 対象会社の取締役の義務

会社法の規定上，取締役の善管注意義務・忠実義務は会社に対して負うものとされ（330条，民644条，会社355条），株主は義務の相手方になっていない。しかし，営利法人である会社の利益を図るということは，基本的には，その実質的所有者である株主の利益を図ることを意味する。そのような株主の利益は，基本的には，取締役が会社の利益となるような職務執行をすることによって図られる。しかし，対象会社の取締役が，公開買付け（⇨388頁**2**），キャッシュ・アウト（⇨394頁**4**）あるいは組織再編（⇨第3節）等による買収の対価その他の買収条件について買収者と交渉ないし決定する場面では，取締役の職務執行は，会社の利益を通さず直接に株主の利益に影響を与える。このような場合，取締役は，**株主の共同の利益のために**，忠実に，善良な管理者の注意を尽くして，買収対価その他の買収条件に関する買収者との交渉や決定を行う義務（**株主の共同の利益を図る義務**）を負うと解すべきである。取締役が悪意または重過失によりこの義務に違反し，そのために，株式の公正な価値に比して不当に低額な対価による買収が行われた場合は，取締役は株主に対して429条1項による損害賠償責任を負うと解すべきである。MBOの事案で，対象会社の取締役にこのような義務があると認めた裁判例として，東京高判平成25・4・17判時2190号96頁〔百選54，商判I-152，レックス・ホールディングス事件〕参照（当該事案では，義務違反は否定）。同判決はまた，善管注意義務の一内容として，取締役が株主に対して適正な情報を開示する義務（**適正情報開示義務**）を負うことも認め，当該事件では義務違反もあったと認めた（ただし，株主に損害が生じていないとして結論としては責任を否定）。

また，MBOを公正に行うという善管注意義務に違反したことにより会社に損害（義務違反の調査のための費用支出等）を生じさせたとして，取締役の会社に対する損害賠償責任（423条1項）を認めた事例もある（大阪高判平成27・10・29判時2285号117頁〔百選A25，商判I-153，シャルレ事件〕）。

Column 9-11　対象会社の取締役の義務の内容

対象会社の取締役が株主の利益を図る義務を負うとしても，どこまで強い義務を負うと解すべきかについては議論が存する。対象会社の取締役は，もっぱら株主の利益のために最善の買収価格を得るべく合理的な努力を尽くす義務を負うという米国法の法理（同国の事件名をとってレブロン義務と呼ばれる）を日本にも採り入れることを前提に，前掲・東京高判平成25・4・17の事件では，取締役の義務違反を認めるべきだったとする見解もある（同判決の原審評釈，飯田秀総「判批」ジュリ1437号〔2012年〕98〜100頁）。

もっとも，取締役にそこまで厳格な内容の義務を課すことについては，過度な責任によりＭ＆Ａ取引を萎縮させる恐れがないかという点に加え，そもそも取締役に対し，従業員その他のステークホルダーの利益を顧みずに株主の利益のみを考慮して行動することを要求することが，わが国の実務慣行ないし社会規範に照らしてどこまで現実的であるかなど，なお検討すべき課題もあるように思われる。また，前掲・東京高判平成25・4・17が認めた適正情報開示義務についても，開示義務を負う情報の範囲が明確でないため，取締役に萎縮効果を与えないかという懸念はある（前掲・大阪高判平成27・10・29は，適正情報開示義務の違反を肯定した原判決を変更し，義務違反を否定している）。このように，取締役が負う株主の利益を図る義務の内容・程度についてはなお明らかでない点が多く，裁判例・学説の発展が強く望まれる。

参考文献：田中亘「企業買収・再編と損害賠償」法時88巻10号（2016年）21頁。

第3節　組織再編――合併，会社分割，株式交換，株式移転および株式交付

会社法第五編第二章から第五章は，合併（吸収合併・新設合併），会社分割（吸収分割・新設分割），株式交換，株式移転および株式交付について定める。本書では，これらの行為を総称して**組織再編**という。本節では，各行為の意義と基本的な法律効果について述べた後（⇨**1**），組織再編の手続について説明する（⇨**2**）。最後に，組織再編の無効の訴えについて説明する（⇨**3**）。

Column 9-12　組織再編の用語法

組織再編という言葉は会社法自体にはない。文献によっては，本節で説明する行為に加え，第4節で説明する事業の譲渡等（467条）をも含めて「組織再編」ということもある。しかし本書では，会社の組織に関する訴えの対象となる行為（828条1項7〜13号参照）のみを組織再編と呼び，事業の譲渡等は含め

ないことにする。

1 組織再編の意義

1 総　　説

組織再編（株式交付を除く）は，大別すると，組織再編の一方の当事会社が，その権利義務または発行する株式を，組織再編前から存在する他の当事会社に承継させるもの（本書では**承継型組織再編**という）と，組織再編によって新たに会社を設立し，その設立会社に権利義務や株式を移転するもの（本書では**新設型組織再編**という）とに分類できる。承継型組織再編には，吸収合併・吸収分割・株式交換が，新設型組織再編には，新設合併・新設分割・株式移転が，それぞれ含まれる。なお，株式交付は，当事会社である株式会社（株式交付親会社）が，他の株式会社（株式交付子会社）の株主から株式を譲り受けるが，当該他の株式会社は当事会社とはならない，やや特殊な組織再編である（⇨**図表9-4**，Column 9-13）。

図表9-4　組織再編の種類

	承継型組織再編	新設型組織再編
合　併	吸収合併（2条27号）	新設合併（2条28号）
会社分割	吸収分割（2条29号）	新設分割（2条30号）
株式交換・株式移転	株式交換（2条31号）	株式移転（2条32号）

特殊類型：株式交付（2条32号の2）

Column 9-13　組織再編の手段の多様化

長い間，わが国の会社が行うことのできる組織再編は合併のみであったが，平成11年商法改正で，株式交換・株式移転の制度が創設された。合併は，当事会社が合一して1つの会社になることから，各社の賃金体系を統一する必要性や，当事会社の一方が簿外債務を有している場合に他方当事会社がそれを承継させられるといったリスクが存在する。株式交換や共同株式移転を用いるとそうした問題を回避できるため，企業の買収・結合の手段として広く利用されるようになった。また，平成12年商法改正では会社分割の制度が創設された。会社分割は，事業の譲渡（⇨457頁**2**）と異なり，債権者の承諾を要せずに会社の債務を他の会社に承継させることができる点にメリットがあり，事業の買収や再編，業務提携（合弁会社の設立など）の手段として活用されている。さらに，令和元年会社法改正により，買収会社による対象会社の子会社化を容易にするための手続である，株式交付の制度が新設された。

図表 9-5　各種の組織再編を利用できる会社の種類

吸収合併（2条27号）
　消滅会社：すべての種類の会社
　存続会社：すべての種類の会社

新設合併（2条28号）
　消滅会社：すべての種類の会社
　設立会社：すべての種類の会社

吸収分割（2条29号）
　分割会社：株式会社・合同会社
　承継会社：すべての種類の会社

新設分割（2条30号）
　分割会社：株式会社・合同会社
　設立会社：すべての種類の会社

株式交換（2条31号）
　株式交換をする会社（株式交換完全子会社）：株式会社のみ
　株式交換完全親会社：株式会社・合同会社

株式移転（2条32号）
　株式移転をする会社（株式移転完全子会社）：株式会社のみ
　株式移転設立完全親会社：株式会社のみ

株式交付（2条32号の2）
　株式交付親会社：株式会社のみ
　株式交付子会社：株式会社のみ

組織再編は，異なる種類の会社間で行う場合もあるが，株式会社以外の会社は，利用できる組織再編の種類に制限がある（⇨**図表 9-5**）。ニーズの不足や，利用を認めると法律関係が過度に複雑になる等の考慮による。本章では，もっぱら，株式会社が当事会社となる（新設型組織再編の場合は，設立会社も株式会社である）場合について解説する。それゆえ，単に「会社」という場合は株式会社を指すものとする。また，会社法が「吸収合併存続株式会社」とか「株式交換完全親株式会社」といった厳密な言葉遣いをしている箇所でも，適宜，「存続会社」とか「(株式交換) 完全親会社」など，一般に慣用されている略称を使うことにする。

Column 9-14　会社法第五編の規定の仕方

会社法第五編は，条文数を抑えると同時に準用を最小限にするという起草方針により，複数の組織再編の手続をまとめて規定しているため，慣れないとかなり分かりづらく感じるかもしれない。しかし，第五編は合理的に作られている。簡単に説明しておこう（同編中，第一章と第五章第一節は組織変更〔⇨第11章第3節500頁以下〕に関する規定なので，以下では説明を省略する）。

まず，第五編の第二章から第四章の二で，合併・会社分割・株式交換・株式移転・株式交付のそれぞれについて，契約または計画で定めるべき内容，および基本的な法律効果について規定する。続いて，第五章は手続に関する規制である。ここでは，第二節で承継型組織再編について，第三節で新設型組織再編について，それぞれ規定している（第一節は組織変更）。その際，各節の第一款では，その有する権利義務またはその発行する株式を移転する側の当事会社（消滅会社等）の手続について，第二款では，権利義務や株式を承継する側の会社（存続会社等および設立会社）の手続について，それぞれ規定している。最後に，第四節では，株式交付における株式交付親会社の手続について規定している（株式交付では，株式交付子会社は当事会社ではなく，組織再編の手続はとられない。⇨6(2)・2 1）。

本節の説明の順序も，会社法の規定になるべく合わせている。その方が説明の重複を省くことができるし，また，各種の組織再編の手続を比較しながらその違いの理由を説明するのに便宜だからである。

2 合　併

(1) 意　義

合併とは，2以上の会社が合一して1つの会社になることである（⇨**図表9-6**）。当事会社のうち1社（**存続会社**）が合併後も存続し，合併により消滅する他の当事会社（**消滅会社**）から権利義務一切を承継するものを**吸収合併**という（2条27号）。これに対し，すべての当事会社が合併により消滅し，その権利義務一切は，合併により新たに設立する会社（**設立会社**）が承継するものを**新設合併**という（同条28号）。新設合併は，設立会社が新たに事業の許認可を得る必要があるなどの不便があるため，実務上は，吸収合併が多く使われている。

会社が合併をするには，当事会社間で**合併契約**を締結し（748条・749条・753

図表9-6　合　併

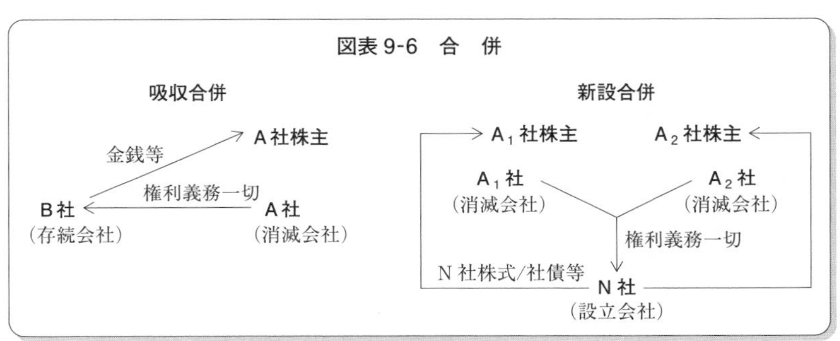

条)，原則として各当事会社の株主総会の承認を受ける（詳細は⇨416頁**2**，423頁4）。

(2) 合併の法律効果

吸収合併は，合併契約で定めた効力発生日（749条1項6号〔合意で変更可能。790条〕）に，新設合併は，設立の登記（922条）による設立会社の成立の日（49条・754条1項）に，それぞれ効力が生じ，消滅会社の権利義務一切は，存続会社または設立会社に包括的に承継される（750条1項・754条1項）。合併契約や存続会社の総会決議等で，消滅会社の義務の全部または一部を承継しないと定めたとしても無効である（大判大正6・9・26民録23輯1498頁）。消滅会社は解散し（471条4号），清算手続に入るまでもなく消滅する（475条1号参照）。

消滅会社の株主は，存続会社または設立会社から，合併契約の定めに従って対価（合併対価）を受け取る。吸収合併では，合併対価の種類には法律上の制限はない（**金銭等**〔金銭その他の財産。151条〕であればよい。749条1項2号・750条3項。⇨ Column 9-15 ）。これに対し，新設合併の対価は，設立会社の発行する株式の他は，設立会社の発行する社債等（社債および新株予約権。746条1項7号ニ）に限られる（753条1項6号〜9号・754条2項3項）。組織再編の対価について詳しくは，**2** 2(2)（421頁）。

Column 9-15　組織再編の対価

会社法制定前（平成17年改正前商法の時代）は，合併（株式交換等，他の組織再編も同様）の対価は，原則として存続会社の発行する株式に限られ，それ以外は，合併比率の調整目的の限度で金銭（合併交付金）を交付できるにすぎないと解されていた。しかし，平成17年制定の会社法は，少数派株主のキャッシュ・アウトなど，様々なニーズに対応するために，承継型組織再編（吸収合併・吸収分割・株式交換）の対価は，組織再編契約で自由に決めることができるようにした（**対価柔軟化**。749条1項2号・758条4号・768条1項2号)。ただその代わり，株式買取請求権の買取価格を「公正な価格」と改め，消滅会社等の株主が，組織再編による企業価値の増加分（シナジー等）の公平な分配を受けることができるようにした（⇨430頁(a)）。

もっとも，会社法施行後も，キャッシュ・アウトは，金銭を対価とする組織再編（株式交換）ではなく，むしろ第2節**4**（394頁）で説明した方法によって行われることが多かった。これは，金銭を対価とする組織再編は，税務上，

非適格組織再編とされ（⇨450頁 Column 9-31 ），対象会社が保有資産の評価替えを強制され，評価益に課税される（法税62条1項・62条の9）といった不利な取扱いを受けるためであった。しかし，平成29年の税制改正により，金銭を対価とする合併および株式交換も，一定の場合には適格組織再編と認められることになった（平成29年改正後法税2条12号の8・12号の17。⇨ Column 9-31 ）。このため，今後は，金銭対価の組織再編（主に株式交換）によるキャッシュ・アウトの利用が増える可能性がある（塚本英巨＝田中良「キャッシュ・アウトに関する税制改正の概要と実務への影響(上)(下)」商事2137号17頁，2138号26頁〔2017年〕）。

以上に対し，新設型組織再編（新設合併・新設分割・株式移転）では，消滅会社等の株主が受け取る対価は，設立会社の株式の他は，設立会社の発行する社債等（社債および新株予約権。746条1項7号ニ）に限られる（753条1項6号8号・763条1項6号8号・773条1項5号7号参照。⇨421頁(2)）。これは，設立会社に株主がいないと困ること，および，設立会社は成立したばかりであり，対価として交付すべき財産を他に有しないことが理由である。

また，令和元年改正で創設された株式交付は，株式を対価とする買収を容易にするために設けられた制度であるため，株式交付親会社の株式を対価の一部に必ず含めなければならないという制約がある（774条の3第1項3号。残部は他の財産でもよい）。

3 会社分割

(1) 意　義

会社分割とは，ある会社（**分割会社**）がその事業に関して有する権利義務の全部または一部を他の会社に承継させることをいう（⇨**図表9-7**）。既存の当事会社（承継会社）が，分割会社の権利義務を承継するものを**吸収分割**という（2条29号）。会社分割により新たに設立する会社（設立会社）が，分割会社の権利義務を承継するものを**新設分割**という（同条30号）。会社分割は，事業の買収

図表9-7　会社分割

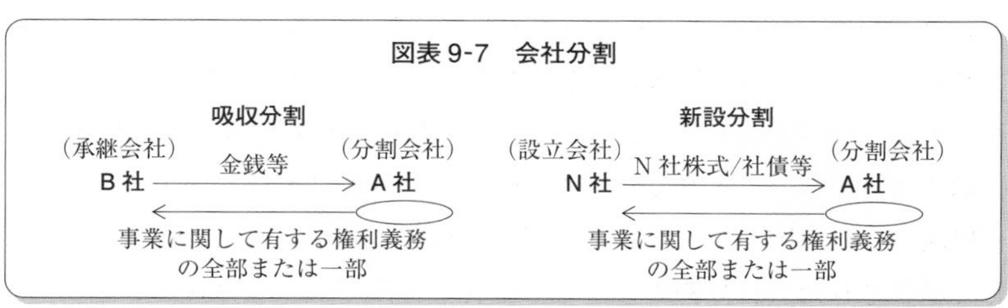

やグループ企業の再編等に活用されている。

会社が吸収分割をするには，当事会社（分割会社と承継会社）が**吸収分割契約**を締結し（757条・758条），原則として各当事会社の株主総会の承認を受ける（⇨416頁**2**，423頁[4]）。会社が新設分割をするには，**新設分割計画**を作成し（762条・763条），原則として株主総会の承認を受ける。2以上の会社が分割会社になることも可能であり（共同新設分割），その場合には，共同して新設分割計画を作成し（762条2項），原則として各会社の株主総会の承認を受ける。共同新設分割は，合弁会社の設立を通じた業務提携などに利用されている。

Column 9-16　会社分割の対象

会社法制定前は，会社分割の対象は分割会社の「営業の全部又は一部」である必要があった（改正前商373条・374条の16。「営業」とは，会社法の「事業」と同義だと理解してよい。⇨458頁 Column 9-34 ）。しかし，「営業」の意味内容が必ずしも明確でなく（その点は事業の譲渡〔467条〕に関連して説明する。⇨458頁(2)），会社分割の法的安定性を害するとの批判があった。

会社法では，会社分割は，分割会社が「事業に関して有する権利義務の全部又は一部」を承継させることと定義された（2条29号30号）。これにより，会社分割の対象は「事業」としての実質を有する必要はなくなったと解されている（立案担当181〜182頁，江頭898頁注2，神田377頁）。なお，会社の行為は事業のためにするものと推定されるため（最判平成20・2・22民集62巻2号576頁〔商判I-1〕），会社が有する権利義務は，基本的にはすべて「事業に関して有する」ものであると考えてよい。

(2)　会社分割の法律効果

(a)　分割契約または分割計画の定めに従った権利義務の承継　　吸収分割は，吸収分割契約で定めた効力発生日（758条7号・759条1項〔合意で変更可能。790条1項〕）に，新設分割は，設立会社の設立登記（924条）による成立の日に（49条・764条1項），それぞれその効力を生じ，承継会社または設立会社は，吸収分割契約または新設分割計画の定めに従い，分割会社の権利義務を承継する（759条1項・764条1項）。分割会社の債務を承継する場合も，当該債務の債権者の承諾は必要ない。これは，免責的債務引受けには債権者の承諾を要するという民法の一般原則の修正であり，事業買収・再編を円滑に進めることを目的として創設された会社分割のもっとも重要な特徴である。けれどもその半面，経営不振の分割会社が不採算事業に関する権利義務だけを分割して設立会社に移転するなど，濫用によって債権者が不利益を受けるおそれも大きい。そこで，会社分割においては，他の類型の組織再編の場合以上に，債権者の保護が重要な課題となる（⇨440頁(3)）。

(b)　**分割対価の交付**　　権利義務を承継する代わりに，承継会社または設立会社は，分割会社に対して対価（分割対価）を交付する。吸収合併と同様，吸収分割の対価の種類は吸収分割契約で自由に決められる（758条4号・759条8項）。新設分割の対価は，設立会社の発行する株式のほか，社債等に限られる（763条1項6号～9号・764条8項9項）。

Column 9-17　会社法の下での「人的分割」

会社法制定前（平成17年改正前商法時代）は，会社分割の種類として，承継会社または設立会社の発行する株式（改正前商法時代は，組織再編対価は基本的に株式のみだった。⇨408頁 Column 9-15）の全部を分割会社が受け取る物的分割と，当該株式の全部または一部を分割会社の株主が直接受け取る人的分割とが存在した（⇨図表9-8）。しかし，配当は金銭でなくてはならないと解されていた改正前商法時代と異なり，会社法は現物配当を許容したので（454条4項参照），人的分割は，「株式を分割対価とする物的分割＋受け取った株式の配当」と構成すれば足りる。そこで会社法は，分割対価は分割会社だけが受け取るべきものとし，規定上は人的分割を廃止した。もっとも，分割会社は，吸収分割契約または新設分割計画の定めにより，会社分割の効力発生と同時に，分割対価として受けた承継会社または設立会社の株式を，剰余金の配当または全部取得条項付種類株式の取得の対価として株主に交付することができ（758条8号・763条1項12号），その場合は，債権者異議手続を経る必要がある代わりに（⇨440頁(b)②），分配可能額規制（⇨295頁3）の適用は受けない（792条・812条）。これにより，改正前商法時代の人的分割の制度が実質的に維持されている。

図表9-8　人的分割

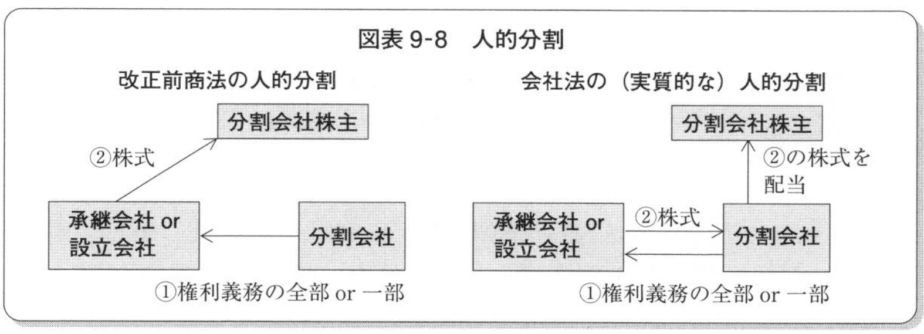

4 株式交換

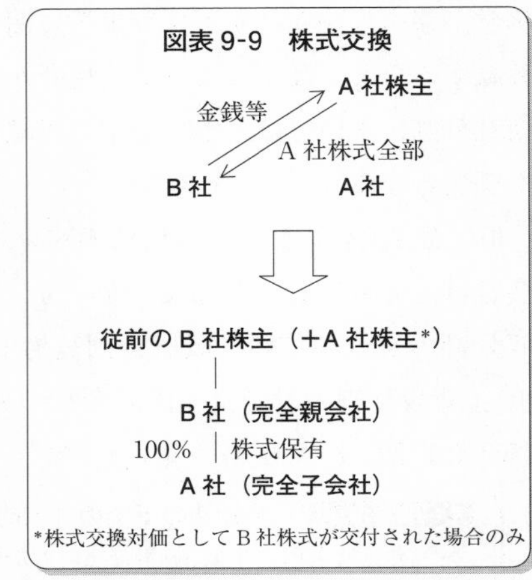

図表 9-9　株式交換

(1) 意　　義

株式交換とは，ある株式会社（**株式交換完全子会社**）がその発行済株式の全部を他の会社（**株式交換完全親会社**）に取得させることをいう（2条31号。⇨**図表9-9**）。会社が株式交換をするには，当事会社間で**株式交換契約**を締結し（767条・768条），原則として各当事会社の株主総会の承認を受ける（⇨423頁4）。

ある会社の発行済株式すべてを株主から譲り受けることは，とりわけ上場会社では，多数の株主がいるためにきわめて困難である。その点，株式交換によれば，株主総会の多数決による承認を得れば，反対する株主の保有株式を含めてすべての株式を取得できる。そのため株式交換は，他社の完全買収（完全子会社化）の手段として広く用いられている。また，金銭を対価とする株式交換は，キャッシュ・アウトの手段として用いることができる（⇨408頁 Column 9-15）。

(2) 株式交換の法律効果

株式交換は，株式交換契約に定めた効力発生日（768条1項6号〔合意で変更可能。790条1項〕）にその効力が生じ，株式交換完全親会社は，株式交換完全子会社の発行済株式全部を取得する（769条1項2項）。株式交換完全子会社の株主は，株式交換の対価として株式交換契約に定められた金銭等（768条1項2号3号）の交付を受ける（769条3項）。

Column 9-18　上場子会社の完全子会社化，公正性担保措置

わが国では，子会社（⇨第10章第1節 1 (1)）の株式の一部を親会社が一般投資家に売却するという形で上場することがしばしば見られ（これを子会社上場という），そのためもあって，親会社を有する上場会社が少なくない（2018年7月13日時点で，東京証券取引所〔東証〕上場会社のうち372社〔10.4%〕が，親会社を有している。なお，支配株主〔親会社のほか，議決権の過半数を有する株主。自然人を含む〕のいる東証上場会社は，629社〔17.5%〕に上る。株式会社東京証券取引所『東証上場会社コーポレート・ガバナンス白書2019』8頁)。親会社は，自社の役員・従業員を子会社の取締役・監査役に選任するなどして子会社の経営陣を監視・監督することができ，それは子会社の少数派株主にとっても利益になる。しかしその半面，親会社と子会社間の利益相反取引や競業等により，子会社の少数派株主が害される懸念もある（⇨231頁 Column 4-33)。

そこで近年は，株式交換または第2節 4 で説明したキャッシュ・アウト（⇨394頁）により，親会社が，上場子会社の株式の全部を取得し，完全子会社化（100％子会社化）する事例が増えている（年度毎の件数につき，西山賢吾「親子上場数は12年連続で純減」野村資本市場クォータリー2019夏号ウェブサイト版掲載論文2頁)。

もっとも，このような完全子会社化取引（より一般的には，親会社と子会社間のM&A取引）では，親会社が自己に有利な取引条件を一方的に決定し，子会社の少数派株主が害される危険もある。実務上は，その危険に対処するため，特別委員会の設置や第三者評価機関からの株式価値算定書の取得など，親子会社間のM&A取引の公正さを確保する措置（**公正性担保措置**）をとる動きが進んでいる。経済産業省の公正M&A指針（⇨391頁 Column 9-6 ）は，完全子会社化取引を含め，買収者と対象会社との間に構造的な利益相反のあるM&A取引における公正性担保措置の望ましい内容について提言を行っている。利益相反のあるM&A取引に対する法の規律については，⇨432頁(c)，454頁(2)。

5 株式移転

(1) 意　義

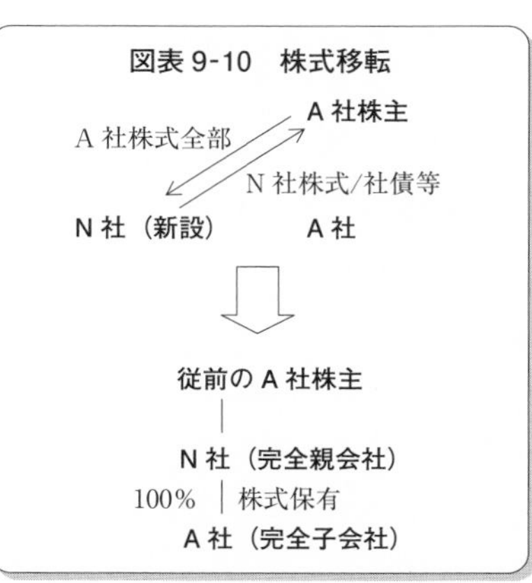

株式移転とは，1または2以上の株式会社（**株式移転完全子会社**）が，その発行済株式の全部を新たに設立する株式会社（**株式移転設立完全親会社**）に取得させることをいう（2条32号。⇨**図表9-10**）。会社が株式移転をするには，**株式移転計画**を作成し（772条・773条），原則として株主総会の承認を受ける必要がある（⇨423頁4）。2以上の会社が株式移転をするとき（これを共同株式移転という）は，共同して株式移転計画を作成し（772条2項），原則として各会社の株主総会の承認を受けることになる。

株式移転は，**持株会社**の形成に用いられる（⇨ Column 9-19 ）。また，2以上の会社が共同株式移転を行い，各会社がともに新設の持株会社（株式移転設立完全親会社）の完全子会社になるという形で，企業結合を実現することも多い。

Column 9-19　持株会社

基本的に自社では直接事業を行わず，他の会社の株式を保有・支配することを通じて収益を挙げる会社を純粋持株会社という（自社でも直接事業をすると同時に他社株式の保有・支配も行う会社を事業持株会社という。単に持株会社という場合，純粋持株会社を指すことが多い）。純粋持株会社は，財閥支配の復活につながるとして，戦後，長らく独占禁止法により禁じられていたが，平成9年に解禁された。持株会社は，統一した指揮の下で効率的なグループ経営を行えることにメリットがあるといわれ，金融業をはじめとした多くの産業で活用されている。

(2) 株式移転の法律効果

株式移転は，株式移転設立完全親会社の設立登記（925条）による成立の日に効力が生じ，株式移転設立完全親会社は，株式移転完全子会社の発行済株式の全部を取得する（49条・774条1項）。株式移転完全子会社の株主は，株式移転計画の定めに従って，株式移転設立完全親会社から株式や社債等の発行を受ける（773条1項5号～8号・774条2項3項）。

6 株式交付

(1) 意　義

株式交付とは，株式会社（**株式交付親会社**。774条の3第1項1号）が，他の株式会社（**株式交付子会社**。同号）をその子会社とするために，当該他の株式会社（株式交付子会社）の株式を譲り受け，当該株式の譲渡人に対して当該株式の対価として株式交付親会社の株式を交付することをいう（2条32の2。⇨**図表9-11**，⇨415頁 Column 9-20 ）。ここでいう「子会社」とは，会社法2条3号・会社法施行規則3条3項にいう子会社（⇨477頁(1)）のうち，会社則3条3項1号に該当するもの（議決権の過半数を所有されるもの）に限られる（2条32の2，会社則4条の2）。これは，株式交付の可否の判断を容易にするためである。

株式交付を行うには，株式交付親会社が，**株式交付計画**を作成しなければならない（774条の2・774条の3）。株式交付計画では，株式交付親会社が譲り受

図表 9-11　株式交付

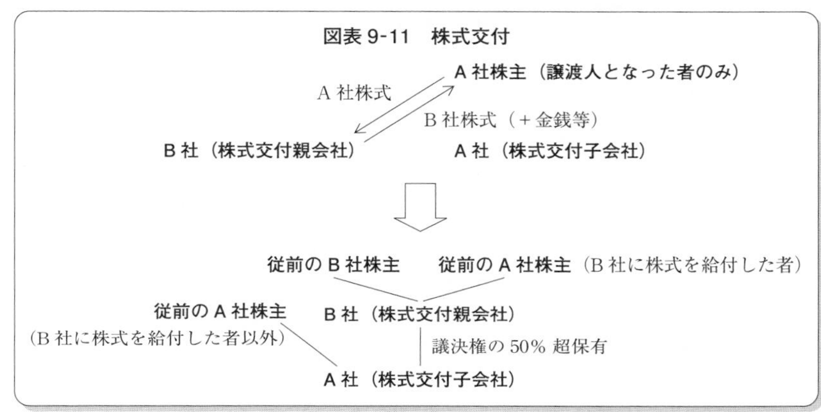

ける株式交付子会社株式の数の下限（以下，「下限」という）を定めなければならない（774条の3第1項2号）。この下限は，株式交付の結果として，株式交付子会社が株式交付親会社の子会社となるような数にする必要がある（同条2項）。株式交付計画では，株式交付の対価についても定める。対価の少なくとも一部は，株式交付親会社の株式としなければならない（同条1項3号4号。残部は，他の財産としてもよい。同項5号）。

株式交付計画は，原則として，株式交付親会社の株主総会の特別決議による承認を受けなければならない（816条の3）。これに対し，株式交付子会社は，株式交付の当事会社ではなく，同社において株主総会の承認その他の組織再編の手続はとられない。株式交付においては，株式交付子会社の個々の株主が，株式交付親会社との間で譲渡しの合意をすることにより，その有する株式を株式交付親会社に給付することになる（詳細は⇨2 9）。譲渡しの合意をしなかった株式交付子会社株主は，その有する株式を株式交付親会社によって取得されることはない。この点が，反対株主の保有分を含めて全ての株式が取得される，株式交換（⇨4）との大きな違いである。

Column 9-20　株式交付制度の創設

株式交付は，令和元年会社法改正で創設された新しいタイプの組織再編であり，買収会社が，自社の株式を対価として，対象会社を子会社（株式交換と異なり，完全子会社でなくてもよい）にするための手続である。

買収会社の株式を対価とする買収は，対象会社の株主に，その保有する株式を買収会社に現物出資（⇨335頁(2)）してもらい，当該株主に対して買収会社の株式を発行するという形で行うことも可能である。ただ，それは，①原則として検査役の調査（207条）を要し，かつ②財産価額塡補責任（212条・213条）が生じる可能性があることが障害となり，あまり行われてこなかったといわれる。株式交付では，買収会社である株式交付親会社に対して組織再編の手続規制（⇨416頁**2**）を課す代わりに，現物出資であれば課される①②の規制は課さないものとすることにより，株式を対価とした買収をより行いやすくすることを狙いとしている。もっとも，株式交付が普及するためには，株式交付による株式の譲渡について，譲渡益課税の繰延措置が設けられる必要があろう（⇨450頁 Column 9-31 ）。

(2)　株式交付の法律効果

株式交付は，株式交付計画で定めた効力発生日（774条の3第1項11号〔変更は可能。816条の9〕）に生じ，株式交付親会社は，給付を受けた株式交付子会社の株式を取得する（774条の11第1項。株式交付親会社に対し給付された株式交付子会社株式の数が，株式交付計画で定めた下限に達することが前提。そうでなければ，株式交付をすることはできない。同条5項3号参照）。株式交付子会社の株主のうち，株式交付親会社に株式を給付した者は，株式交付計画の定めに従い，株式交付親会社の株主となる（同条2項。他に株式交付の対価がある場合は，その対価も取得する。同条3項参照）。それ以外の株式交付子会社の株主は，株式交付後も，株式交付子会社の株主のままである。

2　組織再編の手続

1　総　　説

株式会社が組織再編をするには，組織再編契約を締結または組織再編計画を作成し，原則として，当事会社の株主総会の特別決議による承認を受ける必要がある。また，組織再編の種類に応じて，株主，新株予約権者，債権者といった会社の利害関係者の利益に配慮した一定の手続が必要になる。さらに，これらの利害関係者に対する情報開示も必要である。本項**2**では，それらの手続について解説する（承継型組織再編の手続の概略を示すと，⇨**図表9-12**のようになる。

図表 9-12　組織再編の手続の流れ（承継型組織再編の場合）

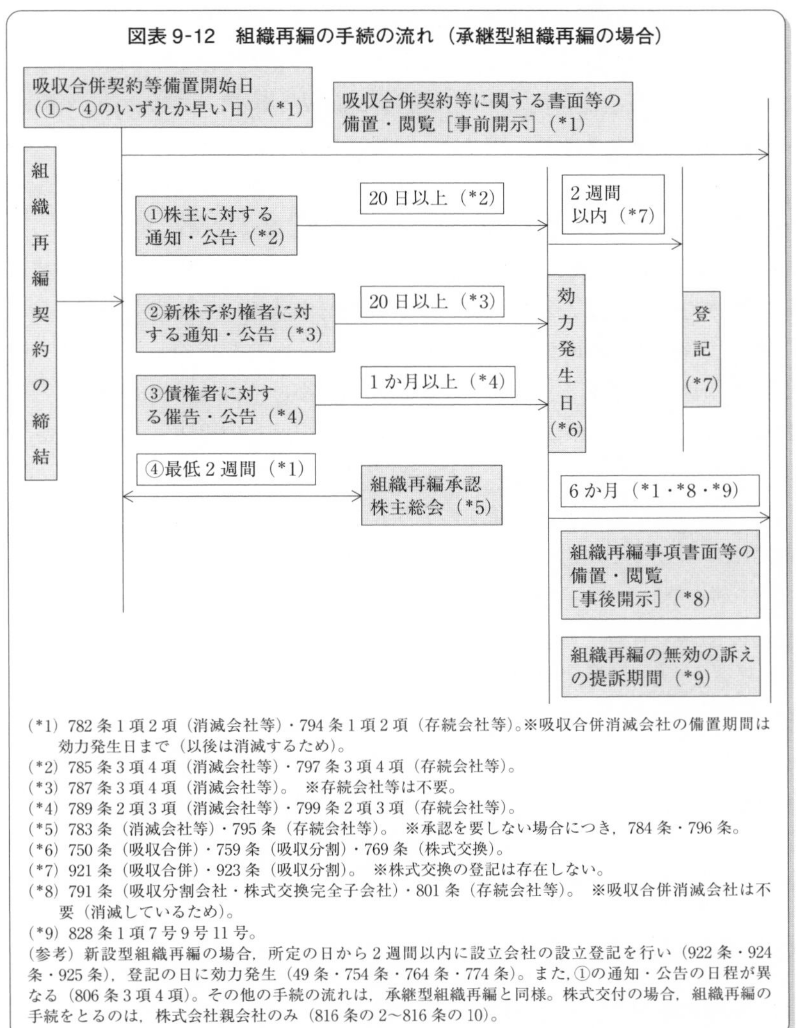

（*1）782 条 1 項 2 項（消滅会社等）・794 条 1 項 2 項（存続会社等）。※吸収合併消滅会社の備置期間は効力発生日まで（以後は消滅するため）。
（*2）785 条 3 項 4 項（消滅会社等）・797 条 3 項 4 項（存続会社等）。
（*3）787 条 3 項 4 項（消滅会社等）。※存続会社等は不要。
（*4）789 条 2 項 3 項（消滅会社等）・799 条 2 項 3 項（存続会社等）。
（*5）783 条（消滅会社等）・795 条（存続会社等）。※承認を要しない場合につき，784 条・796 条。
（*6）750 条（吸収合併）・759 条（吸収分割）・769 条（株式交換）。
（*7）921 条（吸収合併）・923 条（吸収分割）。※株式交換の登記は存在しない。
（*8）791 条（吸収分割会社・株式交換完全子会社）・801 条（存続会社等）。※吸収合併消滅会社は不要（消滅しているため）。
（*9）828 条 1 項 7 号 9 号 11 号。
（参考）新設型組織再編の場合，所定の日から 2 週間以内に設立会社の設立登記を行い（922 条・924 条・925 条），登記の日に効力発生（49 条・754 条・764 条・774 条）。また，①の通知・公告の日程が異なる（806 条 3 項 4 項）。その他の手続の流れは，承継型組織再編と同様。株式交付の場合，組織再編の手続をとるのは，株式会社親会社のみ（816 条の 2〜816 条の 10）。

また，会社法における組織再編の手続の規定ぶりについては，⇨ 406 頁 Column 9-14）。なお，株主，新株予約権者および債権者のための手続をどの順番で進めるかは問われず，同時進行させることも可能である。たとえば，事前に債権者・新株予約権者保護の手続を完了しておき，株主総会決議の直後に組織再編の効力を発生させるといったことも可能である。

なお，株式交付では，株式交付親会社だけが当事会社となり，以下の[2]～[8]で説明するような組織再編の手続がとられる（774条の2・774条の3・816条の2～816条の10）。株式交付子会社では，組織再編の手続はとられない。株式交付子会社の株主は，株式の譲渡しの申込みをして株式交付子会社の株式の譲渡人とならない限り，その地位に変動が生じることがないため，株主総会の承認（⇨[4]）や反対株主の株式買取請求（⇨[5]）のような株主保護のための措置をとる必要がないし，また，株式交付子会社の財産状態は，株式交付の前後で変動しないため（株主構成が変わるのみ），債権者保護のための手続（⇨[8]）をとる必要もないためである。株式交付では，株式交付子会社の個々の株主と株式交付親会社との間で，株式交付子会社の株式の譲渡しの申込みと承諾（割当て），および株式の給付が行われる。これらの行為については，[9]で説明する。

以下の説明では，会社法の条文の表現に即して，組織再編の当事会社のうち，組織再編によってその有する権利義務またはその発行する株式を移転する当事会社（合併の消滅会社，会社分割の分割会社，株式交換・株式移転の完全子会社）をまとめて消滅会社等と呼ぶ（782条1項・803条1項参照。株式交付子会社は組織再編の当事会社でないため，ここには含まれないことに注意）。また，承継型組織再編（株式交付を除く）において，権利義務や株式を承継する当事会社（吸収合併存続会社・吸収分割承継会社・株式交換完全親会社）をまとめて存続会社等と呼ぶ（794条1項参照。株式交付親会社は，そのまま株式交付親会社と呼ぶ）。新設型組織再編によって新たに設立される会社（新設合併設立会社，新設分割設立会社，株式移転設立完全親会社）を，設立会社と呼ぶ（814条1項参照）。

[2] 組織再編契約の締結または組織再編計画の作成

(1)　組織再編契約・計画の内容

会社が組織再編をするには，組織再編の種類に応じ，当事会社が**組織再編契約**（合併契約・吸収分割契約・株式交換契約を総称して本書ではこのようにいう）を締結し，または**組織再編計画**（新設分割計画・株式移転計画・株式交付計画を総称して本書ではこのようにいう）を作成する必要がある（⇨**1** [2]～[5]〔407～414頁〕）。

組織再編契約または組織再編計画（以下では両者の総称として，組織再編契約・

計画ということがある）で定めるべき事項は会社法に規定されている（⇨図表 9-13）。その概要は次のとおりである。①組織再編契約の当事会社の商号・住所（株式交付計画の場合は，株式交付子会社の商号・住所。それ以外の組織再編計画の場合は，作成者自身についてのことであるため，不要）。②組織再編の対価の種類・内容およびその割当てに関する事項（会社分割では割当てに関する事項は不要。⇨(2)）。③株式交付の場合またはそれ以外の承継型組織再編であって対価として存続会社等の株式を交付する場合は，株式交付親会社または存続会社等の資本金や準備金が増加するため，それに関する事項を定める（具体的にどれだけ増加させるかは会計ルールによるが，詳細は略す。簡単には，⇨ 450 頁 Column 9-30 ）。新設型組織再編の場合は，設立会社の資本金・準備金に関する事項は常に定める必要がある。④承継型組織再編では，効力発生日。⑤新設型組織再編では，設立会社の目的・商号・本店所在地・発行可能株式総数（定款の絶対的記載事項）およびその他の定款で定める事項，設立時取締役の氏名，設立時取締役以外の設立時役員・会計監査人を置くときはその氏名・名称。⑥消滅会社等または株式交付子会社が新株予約権を発行しているときは，その取扱いに関する事項（⇨ 437 頁7）。

以上に加え，会社分割では，⑦承継会社または設立会社が分割会社から承継する権利義務に関する事項，⑧分割対価として交付された承継会社または設立会社の株式を分割会社が剰余金の配当または全部取得条項付種類株式の取得の対価として株主に交付するときは（いわゆる人的分割。⇨ 411 頁 Column 9-17 ），その旨も定める。また，株式交付では，⑨株式交付親会社が譲り受ける株式交付子会社の株式の数の下限および⑩株式交付子会社の株式（新株予約権も譲り受ける場合〔⇨7(6)〕はそれも）の譲渡しの申込み（⇨9）の期日についても定める。⑨の下限は，株式交付の結果として，株式交付子会社が株式交付親会社の子会社となるような数に設定しなければならないことは，既に述べた（⇨ **1** 6(1)）。

会社法により定めるべきものとされる事項を定めないと，組織再編の無効原因（828 条 1 項 7 号～13 号参照）になる（⇨ 453 頁(1)）。

図表９-13　組織再編契約または組織再編計画で定めるべき事項

	吸収合併契約（749条1項）	新設合併契約（753条1項）	吸収分割契約（758条）	新設分割計画（763条1項）	株式交換契約（768条1項）	株式移転計画（773条1項）	株式交付計画（774条の3第1項）	備　考
①当事会社の商号・住所	1号	1号	1号		1号		1号	株式交付計画の場合は株式交付子会社の商号・住所。他の組織再編計画では不要。
②組織再編の対価の種類・内容とその割当てに関する事項	2-3号	6-9号	4号	6-9号	2-3号	5-8号	3-6号	会社分割では，「割当て」に関する事項は不要
③資本金・準備金に関する事項	2号イ	6号	4号イ	6号	2号イ	5号	3号	承継型組織再編では，対価として存続会社等の株式を交付する場合のみ
④効力発生日	6号		7号		6号		11号	承継型組織再編のみ
⑤設立会社の定款で定める事項／設立時取締役の氏名[注1]／設立時取締役以外の設立時役員・会計監査人の氏名・名称		2-5号		1-4号		1-4号		新設型組織再編のみ
⑥新株予約権の取扱いに関する事項	4-5号	10-11号	5-6号	10-11号	4-5号	9-10号	8-9号	
⑦分割会社から承継する権利義務に関する事項			2-3号	5号				会社分割のみ
⑧分割対価を分割会社の株主に対して交付する旨の定め			8号	12号				会社分割のみ
⑨株式交付親会社が譲り受ける株式交付子会社株式数の下限							2号	株式交付のみ
⑩株式交付子会社の株式等の譲渡しの申込み期日							10号	株式交付のみ

［注１］　設立会社が監査等委員会設置会社である場合は，設立時取締役は，監査等委員とそれ以外の取締役とを区別して定めなければならない（753条2項・763条2項・773条2項）。

(2)　組織再編対価の種類・内容

どの組織再編にとっても重要なのは，組織再編の対価に関する事項である。対価の内容が各当事会社の株主にとって満足できるものでないと（高額すぎたり低額すぎたりすると），組織再編がいずれかの当事会社の株主総会で承認されないおそれがある（⇨423頁(1)）。また，多くの反対株主から株式買取請求を起こされたり（⇨426頁5），場合によっては，組織再編の効力が事後に裁判で争われるおそれもある（⇨454頁(2)）。

承継型組織再編（吸収合併・吸収分割・株式交換）の対価は，組織再編契約によって自由に決められる（金銭等〔金銭その他の財産。151条〕であればよい。749条1項2号・758条4号・768条1項2号。会社法による対価柔軟化につき⇨408頁 Column 9-15 ）。存続会社等に親会社がある場合，対価として親会社の株式を交付することもできる（**三角合併**・三角株式交換などという）。この目的の限度で，存続会社等は，135条（子会社による親会社株式取得の禁止。⇨308頁4）にかかわらず，親会社の株式を取得することができる（800条）。

株式交付では，株式交付親会社の株式を必ず対価に含めなければならない（774条の3第1項3号）。対価の一部を株式交付親会社の株式とし，残部を他の財産（金銭等）にすることは可能である（同項5号）。

新設型組織再編（新設合併・新設分割・株式移転）の対価は，設立会社の株式の他は，設立会社の発行する社債等（社債および新株予約権。746条1項7号ニ）に限られる（753条1項6号8号・763条1項6号8号・773条1項5号7号。⇨ Column 9-15 ）。

(3)　組織再編対価の割当てに関する事項

(a)　合併・株式交換・株式移転・株式交付の場合　会社分割以外の組織再編（合併・株式交換・株式移転・株式交付）では，組織再編の対価を消滅会社等の株主（株式交付の場合は，株式交付子会社の株主のうち株式交付子会社の株式の譲渡人になった者）に対してどのように割り当てるかについても定める（749条1項3号・768条1項3号・773条1項6号8号・774条の3第1項4号6号）。この定めは，消滅会社等の株主の保有株式数（株式交付の場合は，株式交付子会社の株式の譲渡人が譲り渡す株式の数）に応じて対価を割り当てるという内容にしなければならない（749条3項・753条4項5項・768条3項・773条4項5項・774条の3第4項5項）。

たとえば，「吸収合併消滅会社の株主の保有株式1株につき，存続会社の株式2株および金銭10円を割り当てる」といった定めである。一定数の株式を保有する株主だけが対価を受け取るといった定めが許されないことはもちろん，「保有株式10株までは1株につき10円，それを超える保有株式については1株につき5円受け取る」といった，株式数に比例しない割当ても許されない。もっとも，株式数に応じた割当ての要求は，株主の利益保護のためであるから，株主全員が同意すれば，それと異なる取扱いも許されると解すべきである。

消滅会社等または株式交付子会社が種類株式発行会社の場合，株式の種類ごとに異なる割当ての定めをすることができる（749条2項・753条3項5項・768条2項・773条3項5項・774条の3第3項5項。⇨84頁(3)）。

なお，吸収合併消滅会社の有する自己株式など，一定の株式について対価の割当てがされない場合がある（749条1項3号第1かっこ書・753条1項7号かっこ書・768条1項3号かっこ書。その趣旨につき，藤田友敬「自己株式の法的地位」落合誠一先生還暦記念『商事法への提言』〔商事法務，2004年〕106～112頁参照）。

(b)　**会社分割の場合**　　会社分割では，もっぱら分割会社が対価を受け取るため，株主に対する対価の割当てに関する定めは不要である。ただし，会社分割においても，分割会社が，分割対価として交付を受けた承継会社または設立会社の株式を，会社分割と同時に，剰余金の配当等の形で株主に分配することがある（758条8号・763条1項12号。⇨420頁**図表9-13**⑧，411頁 Column 9-17）。その場合は，剰余金の配当等における割当てに関する規制が適用され（454条3項・171条2項），やはり，株式数に比例した割当てが要求される。

3 組織再編に関する事前開示

組織再編の各当事会社は，一定の時期から，一定期間（原則，組織再編の効力発生日から6か月を経過する日まで。合併の消滅会社は，効力発生日まで），組織再編に関する一定の事項を記載または記録した書面または電磁的記録を本店に備え置き，株主および債権者（新株予約権者も含む）の閲覧等に供しなければならない（**事前開示**。782条・794条・803条・816条の2。⇨417頁**図表9-12**）。利害関係者に対して組織再編に関する情報を提供するとともに，株主に対しては，組織再編を承認するかどうかおよび株式買取請求権や差止請求権を行使するかどうか（⇨[4]～[6]），新株予約権者に対しては，新株予約権買取請求権を行使するかどうか（⇨[7]），債権者に対しては，組織再編に対して異議を述べるかどうか（⇨[8]），それぞれ判断する機会を与えることが目的である。

開示事項は，会社法・会社法施行規則で規定されている（782条1項・794条1項・803条1項・816条の2第1項，会社則182条～184条・191条～193条・204条～206条・213条の2）。各組織再編に共通する開示事項としては，①組織再編契約・計画の内容，②組織再編対価の**相当性**に関する事項，③新株予約権の定めがあるときはその相当性に関する事項，④計算書類等に関する事項，⑤当事会社の債務の履行の見込みに関する事項（⑤については後述。⇨442頁 Column 9-27 ）が挙げられる。②として何を記載するかは各社の判断であるが，上場会社の場合，第三者である専門家（監査法人や証券会社など）の意見を徴した上で組織再編の条件を決めた等の事情が記載されることが多い。

組織再編の対価柔軟化により，外国会社の株式等を含む多種多様な財産が消滅会社等の株主に交付される可能性があることから，⑥合併および株式交換では，組織再編対価について「参考となるべき事項」として，対価の内容についての詳細な事項の開示が要求される（会社則182条1項2号・4項・184条1項2号・4項）。

⑦以上の事項について変更があったときは，それについても開示を要する（会社則182条1項6号等）。

[4] 株主総会の承認

(1) 原　則

組織再編は，当事会社の株主の利益に重大な影響を与えるため，原則として，各当事会社の株主総会の決議（原則，特別決議。⇨(4)）により，組織再編契約・計画の承認を受けなければならない（783条1項・795条1項・804条1項・816条の3第1項）。なお，種類株式発行会社において種類株主総会の承認をも受ける必要がある場合については，322条1項7号～14号参照（⇨85頁(b)，86頁(c)）。

(2) 株主総会の承認を要しない場合

組織再編であっても，(a)当事会社の規模からすると株主の利益に与える影響が小さい場合（**簡易組織再編**）や，(b)株主総会の帰趨がはっきりしていて開催する意味がないと考えられる場合（**略式組織再編**）に，総会決議を要しないことがある。

(a)　簡易組織再編　①承継型組織再編または株式交付において，存続会社等または株式交付親会社が交付する対価の額が，当該会社の純資産額の20%以下（定款で引下げ可能）の場合，当該会社の株主総会の承認は要しない（796条2項・816条の4第1項）。ただし，(i)後述する「差損」（⇨(3)(b)・Column 9-21）が生じる場合は，株主に判断させる必要が大きいため，株主総会の承認を要する（796条2項ただし書・795条2項，816条の4第1項ただし書・816条の3第2項）。また，(ii)存続会社等または株式交付親会社が非公開会社であり，組織再編対価として当該会社の発行する譲渡制限株式を交付するときは，非公開会社の株式発行は株主総会の決議を要するという原則（199条2項。⇨324頁(a)）に則り，総会決議を省略できない（796条2項ただし書・1項ただし書，816条の4第1項ただし書）。なお，①により総会決議を要しないとされる場合にも，一定期間内に反対の意思を通知した株主が総議決権の一定割合に達する場合（その要件は会社則197条・213条の6が定めるが，要するに，もし株主総会が開かれたとすれば承認決議が否決される可能性があるほどの反対がある場合である）は，株主総会を開催しなければならない（796条3項・816条の4第2項）。

②分割会社が会社分割によって承継会社または設立会社に承継させる資産の額が，当該分割会社の総資産額の20%以下（定款で引下げ可能）である場合，当該分割会社の株主総会の承認は要しない（**簡易分割**。784条2項・805条）。この場合は①と違い，反対株主が多いときに株主総会を開催させる規制は存しない（事業の一部譲渡では，同様の要件の下で事業譲渡等に関する規制の適用が排除されていること〔467条1項2号かっこ書。⇨461頁(3)〕との均衡による）。

(b)　略式組織再編　承継型組織再編をする場合において，一方の当事会社が他方の当事会社の議決権の90%以上を有する場合（その場合，当該一方の当事会社を，**特別支配会社**という。468条1項参照），当該他方の当事会社の株主総会における承認は要しない（784条1項・796条1項）。

(3) 株主総会における開示

(a) **招集手続における開示**　組織再編契約・計画を承認する株主総会においては，判断に必要な情報を株主に与えるため，一定の開示規制がとられる。すなわち，株主総会の招集通知を書面ですることを要する会社（株主に書面投票・電子投票を認める会社〔⇨158～160頁(b)(c)〕または取締役会設置会社。299条2項）では，承認議案の概要を招集通知に記載しなければならない（299条4項・298条1項5号，会社則63条7号リ～タ）。また，株主に書面投票・電子投票を認める会社は，株主総会参考書類において，組織再編を行う理由や内容の概要，および3で説明した事前開示事項の内容の概要等の開示を要する（301条・302条，会社則86条～91条の2）。

(b) **特別の説明義務が生じる場合**　①承継型組織再編または株式交付において，存続会社等または株式交付親会社に「差損」が生じる場合，株主総会でその旨を説明しなければならない（795条2項・816条の3第2項。「差損」の意味については⇨Column 9-21）。②組織再編の承継財産として存続会社等が自己の株式を取得する場合（155条11号12号参照）も，同様の説明義務が課される（795条3項）。

Column 9-21　組織再編と債務超過

承継型組織再編または株式交付で存続会社等または株式交付親会社に「差損」が生じる場合とは，(i)吸収合併・吸収分割による承継負債額が承継資産額を上回る場合（795条2項1号・会社則195条），または(ii)組織再編により取得される財産の額（吸収合併・吸収分割の場合は承継資産額と承継負債額の差額，株式交換・株式交付の場合は取得する株式の額）が，対価の額を下回る場合である（795条2項2号3号，会社則195条，会社816条の3第2項，会社則213条の4）。

たとえば，吸収合併において，消滅会社の資産の簿価（会計帳簿・貸借対照表の計上額）の合計額が負債の簿価の合計額を下回る場合（このような状態を簿価債務超過という）に，存続会社が，消滅会社の資産・負債を簿価のまま引き継ぐとき（共通支配下の取引ではそのような会計処理がされる。⇨450頁Column 9-30）は，(i)の意味での「差損」が生じる。しかし，そのような場合でも，承継資産の**継続企業価値**（会社が当該承継資産を用いて将来生み出すと予想されるフリー・キャッシュ・フローの割引現在価値）をDCF法（⇨91頁(2)）で評価すれば，承継負債額を上回ることは少なくない。そのような場合に組織再編ができることについては争いがない。会社法は，そのような差損の生じる組織再編ができることを前提に，株主の利益保護のため，差損について説明の上で株主総会の承認を受けるべきものとしている（⇨(2)(a)①(i)・(3)(b)①）。

これに対して，承継資産の継続企業価値を評価しても，なおその価値が承継負債額を下回る場合（このような状態を，実質債務超過という）に，組織再編をすることができるかどうかについては，解釈論上の争いがある。しかし，親会社が自己の評判を維持するために，実質債務超過の子会社を吸収合併するなどのニーズもあるので，このような組織再編も可能と解すべきである（江頭878頁注5，神田363頁。なお，⇨442頁 Column 9-27）。

(4) 承認決議の要件

(a) 原　則　株主総会による組織再編契約・計画の承認は，原則として，特別決議によって行う（309条2項12号）。

(b) 承認決議の要件が加重される場合　合併・株式交換・株式移転の対価として，①公開会社の株主が譲渡制限株式等（783条3項，会社則186条参照）の交付を受けるときは，株主総会の特殊の決議による承認が必要であり（309条3項2号3号），②株主が「持分等」（783条2項，会社則185条参照）の交付を受けるときは，総株主の同意が必要である（783条2項・804条2項）。ただし，種類株式発行会社の場合には，ある種類の株主が譲渡制限株式等または持分等の交付を受けるときに，当該種類の株式の種類株主総会の特殊の決議による承認または当該種類株主全員の同意が必要となる（783条3項4項・804条3項）一方，株主総会の承認決議は特別決議でよい（309条3項は，種類株式発行会社には適用されない〔同項柱書第1かっこ書〕ことに注意）。

5 反対株主の株式買取請求権

(1) 総　説

組織再編は当事会社の株主の利益に重大な影響を与えうることから，反対株主は，会社に対し，自己の保有株式を「公正な価格」で買い取ることを請求する権利が与えられる（785条・797条・806条・816条の6）。

ただし，次の場合は例外である。①組織再編に総株主の同意を要する場合（785条1項1号・806条1項1号）。この場合，「反対株主」が存在しないためである。②簡易組織再編（⇨424頁(a)）にあたるため株主総会の承認を要しない場合（785条1項2号・797条1項ただし書・806条1項2号・816条の6第1項ただし書)。この場合，株主の利益に与える影響が軽微なためである。

(2) 反対株主の範囲

株式買取請求権を行使できる「反対株主」とは，次の株主である。

(a) **当該組織再編のために株主総会の承認を要する場合**　この場合には，当該総会に先立って組織再編に反対する旨を会社に通知し，かつ総会で実際に反対の議決権を行使した株主が「反対株主」となる（785条2項1号イ・797条2項1号イ・806条2項1号・816条の6第2項1号イ)。事前の反対の通知を要求する趣旨は，株式買取請求権がどの程度行使されそうなのかを会社が事前に予測し，場合によっては組織再編を中止する機会を与えることにある。ただし，当該総会で議決権を行使できない株主は，以上の行為をするまでもなく「反対株主」になる（785条2項1号ロ・797条2項1号ロ・806条2項2号・816条の6第2項1号ロ)。具体的には，議決権制限株式（108条1項3号）の株主や，当該株主総会の基準日（124条）の後，株主総会の日までに株主となった者（全部取得条項付種類株式の取得価格決定の申立て〔172条〕についてであるが，東京地決平成25・7・31資料版商事358号148頁〔百選A34，商判I-42〕参照）が挙げられる。

(b) **当該組織再編のために株主総会の承認を要しない場合**　この場合は，すべての株主が「反対株主」になる。ただし，略式組織再編の場合の特別支配会社については，その者が組織再編に反対ということは考えられないため，例外としている（785条2項2号・797条2項2号)。

(3) 買取請求の手続

(a) **権利の行使**　反対株主による株式買取請求権は，承継型組織再編においては効力発生日の20日前の日から効力発生日の前日までに（785条5項・797条5項・816条の6第3項)，新設型組織再編においては806条3項4項による通知・公告の日から20日以内に（806条5項)，これを行わなければならない（株式買取請求権を行使する機会を与えるための通知・公告の要求に関し，785条3項4項・797条3項4項・806条3項4項参照)。反対株主が買取請求権を行使すると，会社の承諾がなければ買取請求を撤回できなくなる（785条7項・797条7項・806条7項・816条の6第7項)。とりあえず買取請求しておいて株価が上がったときは撤回するといった機会主義的行動を抑えるためである。また，反対株主が買取請求後に第三者に株式を売却してしまわないように，①株券発行会社の株主が株式買取請求をするには，会社に対して株券を提出しなければならないものとし（785条6項・797条6項・806条6項・816条の6第6項），②振替株式について買取請求するときは，当該株式について，会社が開設する買取口座を振替先とする振替の申請をしなければならないものとしている（振替155条）。さらに，反対株主が買取請求をした株式を第三者に譲渡した場合，譲受人は，株主名簿の名義書換請求をすることはできないものとしている（785条9項・797条9項・806条9項・816条の6第9項）。

(b)　**買取価格の決定**　　買取価格は，反対株主と会社間の協議で決定するが，協議が調わないときは，反対株主または会社の申立てにより，裁判所が「公正な価格」を決定する（**株式の価格決定手続**⇨(4)。786条・798条・807条・816条の7)。一定期間内に価格決定の申立てがされない場合，反対株主は買取請求を撤回できる（786条3項・798条3項・807条3項・816条の7第3項。なお，株式交換の効力発生日後に，株式交換完全子会社の反対株主が株式買取請求を撤回した場合の法律関係について，東京高判平成28・7・6金判1497号26頁参照〔商判I-176のコメント(2)〕)。会社は，価格の決定がされる前であっても，所定の期日以後は利息を支払わなければならない（786条4項・798条4項・807条4項・816条の7第4項)。会社による不当な手続の引き延ばしを防止するためである。ただ，それにより，利息目当ての株式買取請求を誘発する恐れがあるため，会社は価格決定の前に，会社自身が公正な価格と認める額を支払うことができるものとしている（786条5項・798条5項・807条5項・816条の7第5項)。会社による当該額の弁済の提供後に，当該額を上回る買取価格を裁判所が決定した場合でも，当該額の限度では，会社はそれに対応する利息の支払を免れることができる。

(c)　**株式の買取りの効力発生**　　株式買取請求権に係る株式の買取りは，組織再編の効力発生日に，その効力を生ずる（786条6項・798条6項・807条6項・816条の7第6項)。

(4)　価格決定に関する法律問題：総説

株式の価格決定手続においては，裁判所は，その合理的な裁量により，買取請求された株式の「公正な価格」（785条1項等）を決定しなければならない（最決平成23・4・19民集65巻3号1311頁〔百選86，商判I-176，楽天対TBS事件〕）。以下では，「公正な価格」の決定に関する主要な論点を解説する。

なお，組織再編以外の方法によるキャッシュ・アウト（⇨380頁**4**）の場合の株式の価格決定手続（172条・179条の8・182条の5）においても，それが少数派株主の保護のため設けられた制度である以上，裁判所は，「公正な価格」を決定するべきである（最決平成21・5・29金判1326号35頁〔商判I-40，レックス・ホールディングス事件〕の田原裁判官補足意見参照）。そこで，以下では，組織再編における反対株主の株式買取請求の場合だけでなく，キャッシュ・アウトにおける株式の価格決定の場合も含めて，解説する。

(5)　価格決定の基準日

株式の価値は，時々刻々，変動するから，いつの時点における「公正な価格」を算定すべきか（価格決定の**基準日**がいつか）が問題になる。

まず，組織再編における反対株主の株式買取請求の場合には，判例は，買取請求によって売買契約が成立したのと同様の法律関係が生じることから，買取請求の日を価格算定の基準日としている（最決平成23・4・19民集65巻3号1311頁〔百選86，商判I-176，楽天対TBS事件〕，最決平成23・4・26判時2120号126頁〔商判I-177，インテリジェンス事件〕，最決平成24・2・29民集66巻3号1784頁〔百選87，商判I-178，テクモ事件〕）。

他方，全部取得条項付種類株式の取得の場合には，判例は，取得日（171条1項3号・173条1項）を価格決定の基準日とするようである（最決平成21・5・29金判1326号35頁〔商判I-40〕は，取得日を基準日とした原決定を是認）。この場合は，取得決議によって取得日に株式が取得されることは確定しており，取得価格決定の申立て（172条1項）によって新たに売買契約が成立したのと同様の法律関係が生じるわけではないという点が，組織再編における株式買取請求の場合と解釈を異にする理由であろうか。なお，平成26年改正で創設された株式等売渡請求における株式の売買価格決定（179条の8）の基準日については，まだ判例が存在しない。

判例の立場は以上のとおりであるが，本来，基準日をいつにするかという問題は，少数派株主の投機的行動（市場株価の動向に応じて，買取請求または価格決定の申立てをするか，市場で株式を売却するかを決めること）の防止という観点をも考慮して決するべきであろう（事例408〜409頁〔田中亘〕参照）。

(6) 「公正な価格」の算定方法

(a) **総　説**　平成17年改正前商法では，組織再編における株式買取請求の場合の株式の買取価格は，組織再編を承認する株主総会決議が「ナカリセバ」（なかったならば）当該株式が有していたであろう公正なる価格（以下，**ナカリセバ価格**という）と規定していた。これに対し，会社法は，単に「公正な価格」（785条1項等）と改められた。これは，組織再編がシナジーの発生（⇨384頁 Column 9-2）等を通じて企業価値を増加させるときは，反対株主に対して，増加した企業価値の公正な分配分をも保障しようとする趣旨である。もっとも，組織再編によって企業価値の増加が生じない（ことに，企業価値が減少する）場合には，企業価値の減少分を公正に分配した価格が「公正な価格」になるのではなく，この場合は，反対株主は改正前商法時代と同様，ナカリセバ価格で株式を買い取ってもらえると解されている。

したがって，「公正な価格」とは，①組織再編によって企業価値の増加が生じる場合は，組織再編が公正な条件で行われた（それによって，当該増加分が各当事会社の株主に公正に分配された）とすれば，基準日において株式が有する価値（以下，これを**公正分配価格**という）をいい（最決平成24・2・29民集66巻3号1784頁〔百選87，商判I-178，テクモ事件〕），②組織再編によって企業価値の増加が生じない場合は，基準日におけるナカリセバ価格をいう（最決平成23・4・19民集65巻3号1311頁〔百選86，商判I-176，楽天対TBS事件〕，最決平成23・4・26判時2120号126頁〔商判I-177，インテリジェンス事件〕），ということになる。なお，企業価値の増加の有無の判定は，結果論によるのではなく，組織再編に関する意思決定がされた時点における合理的な判断を基準にして行うべきである（田中・後掲① 224頁）。組織再編以外の方法によるキャッシュ・アウト（⇨394頁 **4**）の場合に裁判所が決定すべき価格についても，同様の解釈が妥当するであろう（なお，⇨ Column 9-22）。

Column 9-22　組織再編またはキャッシュ・アウトが一連の取引（二段階買収）の一部として行われる場合

価格決定の申立ての原因となる会社法上の行為（組織再編またはキャッシュ・アウト）が，二段階買収（⇨395頁 Column 9-9）という一連の取引の二段階目の行為として行われたものである場合，企業価値の増加は，一連の取引の結果として生じるのであり，そのうちのどれだけが一段階目の公開買付けによって生じ，どれだけが二段階目の会社法上の行為によって生じるのかを区別できるものではない。そこで，この場合には，一連の取引（その一部である会社法上の行為ではなく）によって企業価値の増加が生じるかどうかに応じ，①増加が生じる場合は，当該増加分を株主に公正に分配した場合に基準日に株式が有する価値を「公正な価格」とし（二段階買収によるMBO〔⇨391頁 Column 9-6〕につき，前掲・最決平成21・5・29の田原裁判官補足意見参照），②増加が生じない場合は，一連の取引が全体として行われなかったとすれば実現する株式の価値を「公正な価格」とすべきである（田中・後掲①217～219頁）。

もっとも，組織再編（もしくはキャッシュ・アウト，またはそれらの行為を含む一連の取引〔⇨ Column 9-22〕。以下，この項では，それらの総称として「M＆A取引」という）により企業価値の増加が生じるかどうか，また増加が生じる場合には，当該増加分を各当事会社の株主にどのように分配することが公正であるかは，容易に決しがたい問題である。裁判所が常にそのような決定を独自に行うとすれば，価格決定の予測可能性が害され，M＆A取引を萎縮しかねない。そこで，実際の価格決定の手続においては，裁判所は，M＆A取引が互いに独立の（利害関係のない）当事者間で行われた場合（⇨(b)）と，MBOや親子会社間の組織再編のように，互いに独立とはいえない（利害関係のある）当事者間で行われた場合（⇨(c)）とを区別し，それぞれの場合に応じて，次のように「公正な価格」を決定すべきである。

(b)　独立当事者間の取引の場合　M＆A取引が独立の当事者間で行われる場合には，各当事会社の取締役が，あえて自社ないしその株主に不利な取引を締結したり，株主がそれを承認したりすることは考えにくい。そこで，独立当事会社間のM＆A取引の場合は，株主総会の承認に際して不実の情報開示が行われたなど，当事会社自身の判断に信頼を置くことができないことを示す特段の事情がない限り，裁判所は，当該M＆A取引は①当事会社の企業価値を増加させ，かつ②当該増加分を株主に公正に分配するような条件で行われたことを前提として，「公正な価格」を決するべきである（田中・後掲① 226〜227 頁。②については，最決平成 24・2・29 民集 66 巻 3 号 1784 頁〔百選 87，商判Ⅰ-178，テクモ事件〕。⇨ Column 9-23）。その結果，特段の事情がなければ，裁判所は，基準日において株式が現実に有していた価値（上場株式の場合は，原則として市場株価。非上場株式で市場株価がない場合は，第 3 章第 1 節 *8*〔90 頁〕で説明した株価評価手法により算定する。⇨(d)）をもって，「公正な価格」とすべきことになろう。これに対し，特段の事情がある場合には，裁判所は，(a)の①と②の区分に応じ，独自に算定した公正分配価格またはナカリセバ価格をもって，「公正な価格」とすべきである。

Column 9-23　独立の当事会社間のＭ＆Ａ取引における「公正な価格」

前掲・最決平成 24・2・29（以下，「テクモ事件決定」という）は，相互に特別の資本関係のない（独立の）上場会社同士が共同株式移転を行った事例である。原決定は，株式移転比率の公表後に，当事会社の株式の市場株価が下落したことを根拠に，株式移転比率が不公正であったとして，株式移転の計画公表前の市場株価により算定したナカリセバ価格をもって「公正な価格」とした。これに対し，最高裁は，株式移転比率が公正であるか否かについては，原則として各当事会社の取締役および株主の判断が尊重されるべきであるとし，原決定を破棄した。本決定を受け，差戻後抗告審は，株式移転比率が公正であったことを前提として，価格決定の基準日である株式買取請求の日における株式の市場株価をもって「公正な価格」とした（東京高決平成 25・2・28 判タ 1393 号 239 頁）。

テクモ事件決定は，Ｍ＆Ａ取引による企業価値の増加分を各当事会社の株主にどのように分配するかという問題については，当事会社自身の判断を原則として尊重するとしたにとどまり，そもそもＭ＆Ａ取引により企業価値の増加が生じるか否かという問題について，当事会社自身の判断を尊重するのかどうかについては立場を明らかにしていない（飯田・後掲）。とはいえ，前述のように，独立の当事者間のＭ＆Ａ取引では，取締役・株主があえて自社の企業価値を毀損するような取引をする動機はないと考えられるから，裁判所は，特段の事情がない限り，Ｍ＆Ａ取引により企業価値の増加が生じることを前提として，「公正な価格」を決定すべきであろう（田中・後掲① 226 頁）。

(c)　**利害関係のある当事者間の取引の場合**　　これに対し，当事者間に利害関係があって互いに独立とはいえない場合には，利益相反のゆえに，一方当事会社（その株主）に不利なＭ＆Ａ取引が行われる可能性は否定できない。たとえば，対象会社の経営陣や親会社が買収者の場合，対象会社の取締役に働きかけて，対象会社の株主に不利な条件でＭ＆Ａ取引を成立させる恐れがある（⇨391頁 Column 9-6 ，412頁 Column 9-18 ）。実務では，こうした利害関係のある取引の公正さを担保するため，社外役員や外部有識者からなる**特別委員会**（独立委員会，第三者委員会ともいう）に取引条件の公正さを審査（場合によっては，買収者との交渉も）させたり，中立的な株価算定機関（公認会計士や投資銀行等）による株価算定書に基づき取引の条件を決めるといった措置（**公正性担保措置**）をとっている（⇨ Column 9-6 ）。そこで，裁判所は，まず，こうした措置が実効的に機能したか否かを審査することにより，当該Ｍ＆Ａ取引が，独立当事者間の取引に比肩しうるような公正な手続を経て行われたと認められるか否かを判断するべきである。もしも取引が公正な手続を経て行われたと認められる場合は，(b)の場合と同様，基準日における現実の株式の価値をもって，「公正な価格」とすべきである（最決平成28・7・1民集70巻6号1445頁〔百選88，商判I-41，ジュピターテレコム事件〕。なお，⇨ Column 9-24 ， Column 9-25 ）。

Column 9-24　利害関係のある当事者間の取引における手続の公正さの審査

取引が公正な手続を経て行われたかどうかの判断に際しては，裁判所は，単に特別委員会の設置や株価算定機関の意見聴取などの公正性担保措置がとられたことだけでなく，それらの措置が実効的に機能したかどうかも問題にすべきである。

東京地決平成21・9・18金判1329号45頁（サイバード事件）は，公開買付けと全部取得条項付種類株式の取得によるキャッシュ・アウトとを組み合わせた二段階買収の方法によるMBOにおいて，当該MBOは公正な手続を経て行われたと認めて，当事者間で合意されたMBO価格（公開買付価格であり，かつ，キャッシュ・アウトにより残存少数株主に支払われる予定の価格と同額）をもって「公正な価格」と認めた。しかし，本件では，特別委員会の設置から12日間という短期間で取引を承認するなど，会社がとった公正性担保措置の実効性には疑問な点があり，裁判所はより慎重な判断が求められたように思われる（Wataru Tanaka, “Going-private and the Role of Courts: A Comparison of Delaware and Japan,” UT Soft Law Review, No. 3, 2011参照。なお，本件の抗告審〔東京高決平成22・10・27資料版商事322号174頁〕は，本件では「利益相反関係が全くないとはいえない」などとして，買取価格を公開買付価格よりも若干〔6万円から6万1360円に〕，引き上げた）。裁判所が手続の公正さを判断する際の考慮要素については，白井正和「利益相反回避措置としての第三者委員会の有効性の評価基準」岩原紳作ほか編集代表『会社・金融・法(下)』（商事法務，2013年）157頁以下参照。

Column 9-25　二段階買収と「公正な価格」

いわゆる二段階買収（⇨395頁 Column 9-9 ）では，二段階目の会社法上の行為（金銭対価の株式交換または第2節4で説明した方法によるキャッシュ・アウト）によって少数派株主が受け取る対価の額は，公開買付価格と同額に設定されることが通常である。ところが，もしもその対価が公開買付価格より低く設定され，しかもそのことが，公開買付け時点で対象会社の株主に予想（懸念）されていたとすると，株主は公開買付けに応じるような圧力を受けるおそれがある（1980年代の米国では実際にそのような買収が行われ，強圧的な二段階買収と呼ばれた）。こうした問題を防止するためには，株式の買取価格決定において，裁判所は，取引が公正な手続を経て行われたと認めるための条件として，①買収者が公開買付けに際して公開買付価格と同額でキャッシュ・アウトを行う予定であることを開示し，かつ②実際にもその額でキャッシュ・アウトを行ったことを要求するべきである（前掲・最決平成28・7・1参照）。二段階買収において上記①②が満たされない場合，原則として取引は公正な手続を経て行われたとは認められず，裁判所が独自に公正な価格を算定すべきである（二段階目の取引が金銭でなく，買収者の株式を対価とするものであった場合はより複雑な問題があるが，これについては，白井正和「判批」ジュリ1455号〔2013年〕116頁）。

これに対し，利害関係のあるＭ＆Ａ取引が公正な手続を経て行われたとは認められない場合（会社が十分な証拠を提出しないため，裁判所が手続の公正さについて判断できない場合も含む）には，裁判所は，上記(a)の①②の区分に応じ，独自に算定した公正分配価格またはナカリセバ価格をもって，「公正な価格」とするべきである。最決平成21・5・29金判1326号35頁〔商判I-40，原審・百選89，レックス・ホールディングス事件〕は，MBOが公正な手続を経て行われたと認められない場合において，裁判所が独自の方法（MBO公表前6か月間の市場株価に20%のプレミアムを加算）で算定した公正分配価格をもって「公正な価格」とした事例と理解できる（同決定の田原裁判官補足意見，加藤貴仁「レックス・ホールディングス事件最高裁決定の検討(下)」商事1877号〔2009年〕24頁参照）。

また，最決平成23・4・26判時2120号126頁〔商判I-177，インテリジェンス事件〕は，親子会社間の株式交換が公正な手続を経て行われたとは認められない場合に，裁判所が，市場株価の下落を根拠に株式交換が企業価値を毀損したと認めた上で，独自に算定したナカリセバ価格（⇨ Column 9-26 ）をもって「公正な価格」とした事例と理解すべきであろう（飯田・後掲30頁注10参照）。

Column 9-26　市場株価を用いたナカリセバ価格の算定

上場株式について，ナカリセバ価格をもって「公正な価格」とすべき場合に，裁判所が，M＆A取引による影響を受けない当該株式の価値を算定するため，M＆A取引の計画公表前の当該株式の市場株価を参照することは合理的である。けれども，株式の市場株価は，たとえM＆A取引がなかったとしても，計画公表から価格決定の基準日までの期間中に，経済動向その他のM＆A取引以外の価格変動要因によって変動していたはずである。そこで，裁判所がM&A取引の計画公表前の市場株価を基礎に「公正な価格」を算定する場合には，当該市場株価に対して，計画公表から基準日までの期間中の市場全体の株価動向（TOPIX等の株価指標の変化率）を反映した「補正」を行うことが合理的である（その際，TOPIX 等が1%変化したときに当該株式の市場株価は平均して何%変化するかを，過去の株価実績をもとに回帰分析を用いて推定する処理が行われる)。インテリジェンス事件の原決定（東京高決平成22・10・19判タ1341号186頁〔百選A33〕）は，そのような「補正」を行って，ナカリセバ価格を決定した。同決定は，基準日についての解釈の誤りを理由に破棄されたが（前掲・最決平成23・4・26)，市場株価を基礎とし「補正」を行うことによってナカリセバ価格を算定する手法については，最高裁もその合理性を認めている。

(d)　**非上場株式の評価・非流動性ディスカウントの可否**　非上場会社の株式について買取価格決定が申し立てられた場合，当該株式には市場価格が存在しないため，裁判所は，第3章第1節 **8** (90頁）で説明した株価評価手法によって，買取価格を決定する必要がある。

非上場株式の買取価格の決定については，非上場株式に流動性がない（売買市場がないため売りたくても容易に売れない）ことを反映した減価（**非流動性ディスカウント**）をすることが許されるか，という問題がある。最決平成27・3・26民集69巻2号365頁（百選90，商判I-38）は，反対株主に企業価値の適正な分配分を保障するという株式買取請求の趣旨から，非流動性ディスカウントは許されないと判示している。けれども，株式に売買市場がないため，少数派株式だけでなく多数派株式であっても容易には売れない（そのため価値が低い）という事情がある場合，反対株主の買取請求に係る株式についてだけそれによる減価を行わないことは，反対株主を過剰に保護することになるのではないかという疑問があり，常に非流動性ディスカウントを否定することが望ましいかについては，議論の余地があると思われる（星明男「株式買取請求手続における非流動性ディスカウントの可否――道東セイコーフレッシュフーズ事件決定を踏まえて」法教

457号92〜98頁〔2018年〕)。

6 組織再編の差止め

組織再編が法令または定款に違反する場合に，株主が不利益を受けるおそれがあるときは，株主は会社に対し，当該組織再編をやめることを請求することができる（組織再編の差止請求権。784条の2第1号・796条の2第1号・805条の2・816条の5。株主の利益に与える影響が小さい簡易組織再編の場合は例外)。略式組織再編（784条1項・796条1項。⇨424頁(b)）の場合は，法令・定款違反の場合に加え，組織再編の**対価が著しく不当**な場合も，株主の差止請求が認められる(784条の2第2号・796条の2第2号)。

略式以外の組織再編について，対価の著しい不当性が差止事由とされていないのは，対価については株主総会の承認を得ていることに鑑み，その不当性の問題は，原則として，反対株主の株式買取請求手続（⇨5）の中でのみ，争わせることとし，組織再編自体の実施を止めることはしないものとする趣旨と解される。

ただし，親子会社間の組織再編等の場合に，当事会社の一方（A社とする）が他方当事会社（B社とする）の株主総会で議決権を行使し，それによって，B社の株主にとって著しく不当な対価で組織再編が承認された場合には，B社の株主は，特別利害関係人の議決権行使によって著しく不当な決議がされたものとして，株主総会決議の取消しを請求することができると解される（831条1項3号。⇨454頁(2)）。そのことから，B社の株主は，決議の取消判決が確定する前であっても，当該決議取消訴訟，および当該訴訟が認容されることにより提起可能となる法令違反（総会決議を欠くこと）による組織再編の差止請求訴訟(784条の2第1号・796条の2第1号・805条の2）の双方を本案とすることによって，当該組織再編の差止めの仮処分（民保23条2項）を求めることができると解すべきである（田中亘「各種差止請求権の性質，要件および効果」神作裕之ほか編『会社裁判にかかる理論の到達点』〔商事法務，2014年〕27〜28頁。差止めの可否に関する解釈問題につき，松中学「子会社株式の譲渡・組織再編の差止め」神田秀樹編『論点詳解平成26年改正会社法』〔商事法務，2015年〕191頁，204〜211頁も参照)。

7 組織再編と新株予約権者

(1) 総　　説

組織再編の消滅会社等が新株予約権（新株予約権付社債も含む。以下，この項7において同じ）を発行している場合，これをどのように取り扱うかが問題になる。以下，組織再編の類型ごとに説明する。

(2) 合併の場合

合併の消滅会社が発行している新株予約権は，合併の効力発生によってその発行会社（消滅会社）とともに消滅してしまう（750条4項・754条4項）。そのため，合併契約では，当該新株予約権に代わるものとして新株予約権者に交付する対価の種類・内容とその割当てについても定める必要がある（749条1項4号5号・753条1項10号11号。750条5項・754条5項も参照）。しかし，その内容が新株予約権者の不利になる場合がありうるため，新株予約権者は消滅会社に対し，保有新株予約権を公正な価格で買い取ることを請求する権利（**新株予約権買取請求権**）が与えられている。ただし，あらかじめ新株予約権の内容として定められた条件（236条1項8号イ参照）と同一条件で，存続会社または設立会社の新株予約権の交付を受けるときには，買取請求をすることはできない（787条1項1号・808条1項1号）。

(3) 会社分割の場合

合併の消滅会社とは異なり，会社分割の分割会社は分割後も存続するから，分割会社の発行している新株予約権はそのまま残存させることができる。その場合は，新株予約権買取請求権は与えられない（ただし，次段落で述べる場合は例外）。もっとも，吸収分割契約または新設分割計画において，分割会社の新株予約権者に対して，当該新株予約権に代えて承継会社または設立会社の新株予約権を交付する旨を定めることができる（758条5号6号・763条1項10号11号。759条9項・764条11項も参照）。その場合は，新株予約権者には新株予約権買取請求権が与えられる（787条1項2号イ・808条1項2号イ）。ただし，その交付条件が，あらかじめ新株予約権の内容として定められた条件（236条1項8号ロハ）と合致する場合には買取請求できないことは，合併の場合と同様である（787条1項2号・808条1項2号）。

また，あらかじめ新株予約権の内容として，会社分割の際にはそれに代わる承継会社または設立会社の新株予約権が交付される旨が定められていたにもかかわらず，吸収分割契約・新設分割計画でその取扱いがなされない場合も，新株予約権買取請求権が与えられる（787条1項2号ロ・808条1項2号ロ）。

(4) 株式交換・株式移転の場合

株式交換・株式移転の完全子会社が発行している新株予約権についても，完全子会社に残存させることもできるが，会社分割と同様，株式交換契約または株式移転計画に定めを置けば，当該新株予約権に代えて株式交換完全親会社または株式移転設立完全親会社の新株予約権を交付することができる（768条1項4号5号・769条4項5項・773条1項9号10号・774条4項5項）。株式交換・株式移転の場合，完全子会社に残存した新株予約権が後に行使されて少数派株主が生まれることは，株式交換・株式移転を行う目的と相容れないから，上記のような定めが置かれることが通常であろう。そして，新株予約権者が新株予約権買取請求権を行使できる場面も，会社分割の場合と同様である（787条1項3号・808条1項3号）。

(5) 新株予約権買取請求の手続

新株予約権者が買取請求権を行使できる場合には，行使の機会を与えるため，消滅会社等は新株予約権者に対して必要事項を通知するか，またはそれに代わる公告をしなくてはならない（787条3項4項・808条3項4項）。買取請求権の行使や買取価格の決定等につき，株式買取請求と同様の規律が設けられている（787条5項～7項・788条・808条5項～7項・809条）。

(6) 株式交付の場合

株式交付子会社が新株予約権を発行している場合，株式交付親会社は，株式交付子会社の株式と併せて新株予約権をも譲り受ける旨を株式交付計画で定めることができる（774条の3第1項7号～9号）。そのような定めがある場合，株式交付子会社の新株予約権者は，各自，株式交付親会社に対して新株予約権の譲渡しの申込み（774条の4・774条の9）をするかどうかを判断する（⇨9）。株式交付の場合には，新株予約権者の個別の同意なく，その保有する新株予約権が株式交付親会社によって取得されることはないし，また，新株予約権の内容が変更されることもないため，新株予約権買取請求の制度は存在しない。

8 組織再編と債権者

(1) 総　　説

組織再編が当事会社の債権者の利害に与える影響は，組織再編の種類ごとにかなり異なるため，会社法も，それぞれにつき異なる規制を置いている。

(2) 合併の場合

合併では，消滅会社の権利義務のすべてを存続会社または設立会社が包括的に承継する。そのため，合併の一方当事会社の財務状態が悪いと，他方当事会社の債権者の債権回収可能性が低下し，その利益が害されるおそれがある。このため会社法は，合併の当事会社の債権者は，合併に対して異議を述べることができるものとしている（**債権者異議手続**。789条1項1号・799条1項1号・810条1項1号）。

債権者に異議を述べる機会を与えるため，当事会社は合併に関する一定の事項とともに，債権者は一定の期間内に異議を述べることができる旨を官報に公告し，かつ，知れている債権者には各別に催告をしなければならない（異議を述べることのできる期間は，1か月を下ってはならない。789条2項・799条2項・810条2項，会社則188条・199条・208条）。ただし，公告を官報のほか，定款所定の日刊新聞紙または電子公告により行った場合は，各別の催告は省略できる（789条3項・799条3項・810条3項）。

所定の期間内に異議を述べなかった債権者は，合併を承認したとみなされる（789条4項・799条4項・810条4項）。これに対し，異議を述べた債権者に対しては，会社は弁済もしくは相当の担保を提供するか，または弁済目的で相当の財産を信託しなければならない。ただし，合併が債権者を害しないときは，この限りでない（789条5項・799条5項・810条5項）。財務状態が健全な会社との合併であるため，債権の回収可能性が悪化しない場合がそれにあたる。

(3)　会社分割の場合

(a)　総　説　　会社分割では，吸収分割契約または新設分割計画の定めに従って，分割会社の権利義務の全部または一部が承継会社または設立会社に移転する（759条1項・764条1項）。そのため，経営不振の会社が，不採算事業に関する権利義務だけ（あるいは逆に，優良事業に関する権利義務だけ）を分割して設立会社に移転するなど，債権者の不利益に利用される危険が大きい。その半面，円滑な事業買収・再編のために会社分割を利用するニーズも否定できない。そこで会社法は，一定の債権者について債権者異議手続を設けるとともに（⇨(b)），一定の場合には当事会社の連帯責任を認める形で（⇨(c)），債権者の利益と会社・株主の利益との調整を図っている。さらに，分割会社が，分割会社に残存する債権者を害することを知って会社分割を行った場合は，残存債権者は，承継会社または設立会社に対し，承継された財産の価額の限度で直接履行の請求をすることが認められている（⇨(d)）。さらに，事案の個別事情によっては，信義則（民1条2項）の適用により，債権者が保護される場合もある（最決平成29・12・19民集71巻10号2592頁〔商判I-185〕）。

(b)　債権者異議手続　　会社分割に対して異議を述べることのできる債権者は，次の①～③の者である。

①分割会社の債権者のうち，会社分割後に分割会社に対して債務の履行を請求できなくなる者（789条1項2号・810条1項2号）。分割会社の債務を，承継会社または設立会社が免責的に承継するときは，債権者の利益に与える影響が大きいため，当該債権者は異議を述べることができる。逆にいうと，会社分割後も分割会社に対して債務の履行を請求できる債権者は，異議を述べることはできない（後述②の場合は例外）。会社が個別資産や事業の全部または一部を譲渡する場合も，債権者は異議を述べることができないのと同様である。もっとも，会社がこうした債権者を害することを知って会社分割をした場合には，債権者は(d)で後述する保護を受けることができる。

②分割会社が，分割対価である承継会社・設立会社の株式を株主に交付する場合における，分割会社の債権者（789条1項2号第2かっこ書・810条1項2号第

2かっこ書)。この場合は，分割後も分割会社に債務の履行を請求できる債権者も，異議を述べることができる。その代わり，当該株主への分配は分配可能額規制に服すことなく，行うことができる（792条・812条)。改正前商法における人的分割の制度を，会社法の下でも実質的に維持したものである（⇨411頁 Column 9-17)。

③承継会社の債権者（799条1項2号)。吸収分割の承継会社は，吸収分割契約の定めに従い分割会社の権利義務を承継する点で，合併の存続会社と類似の立場に立つため，債権者は異議を述べることができるものとしている。

債権者異議手続の具体的内容は，合併の場合と同様である（⇨(2))。知れている債権者に対する各別の催告が，官報に加えて定款所定の日刊新聞紙による公告または電子公告を行うことによって省略できることも，合併と基本的に同じである（平成16年商法改正前は，会社分割については各別の催告は省略できなかったが，同年の改正により，合併と同様に省略を可能にした)。ただし，**分割会社の不法行為債権者**が，（前記①②のいずれかにあたるため）会社分割に異議を述べることができる場合，その者に対しては各別の催告を省略できない（789条3項・810条3項)。これは，不法行為債権者に公告のチェック等を要求することは無理であり，また，契約債権者ならとれるような自衛策（あらかじめ契約により，債権者に無断で会社分割を行うことを期限の利益喪失事由にするとか，濫用的な会社分割を行いそうな会社とはそもそも取引しないことなど）もとりえないからである。

異議を述べた債権者に対しては，会社は弁済・担保提供・信託の設定のいずれかの措置をとらなくてはならないこと，ただし会社分割が債権者を害しないときはこの限りでないことも，合併と同様である（⇨(2))。

各別の催告をすべき債権者にそれをしないことは，組織再編の無効原因になるが（⇨451頁3)，提訴期間内に訴えが提起されず会社分割が無効とされなかったとしても，当該債権者は，次の(c)による保護を受けられる可能性がある。

(c)　**各別の催告を受けない債権者に対する連帯債務**　分割会社の債権者が会社分割に異議を述べることができる場合（⇨(b)①②）に，分割会社が当該債権者に各別の催告（789条2項・810条2項）をしなかった場合は，当該債権者は，吸収分割契約・新設分割計画の定めによれば債務を負担しないはずの会社に対しても，当該会社が分割会社の場合は，分割の効力発生日に有した財産の価額を限度とし（759条2項・764条2項），当該会社が承継会社または設立会社の場合は，承継した財産の価額を限度として（759条3項・764条3項），債務の履行を請求することができる（**連帯債務の追及**）。当該債権者が，分割会社に知れている場合であると，そうでない場合であるとを問わない。

ただし，分割会社が官報公告に加え日刊新聞紙への掲載または電子公告をした場合は，不法行為債権者以外の債権者に対する各別の催告を省略できることから（789条3項・810条3項。⇨(b)），この場合に各別の催告を受けないことを理由に連帯債務の追及をすることができるのは，分割会社の不法行為債権者に限られる（759条2項3項・764条2項3項）。

Column 9-27　会社分割における「債務の履行の見込み」

改正前商法においては，会社分割における事前開示事項の1つとして，会社分割後に各当事会社が負担する債務の「履行の見込みあることおよびその理由」の開示が必要とされていた（改正前商374条の2第1項3号・374条の18第1項3号）。この規定は，債務の履行の見込みがないような会社分割はそもそも行うことができず，行うと会社分割の無効原因になると解釈されていた（名古屋地判平成16・10・29判時1881号122頁）。これに対し，会社法・同施行規則においては，事前開示事項は「債務の履行の見込みに関する事項」と改められた（782条1項・794条1項・803条1項，会社則183条6号・192条7号・205条7号。また，同じ事項が会社分割以外の組織再編の開示事項にもなった。会社則182条1項5号等）。こうした規定ぶりの変更について，会社法の立案担当者は，会社分割の法的安定を図るため，債務の履行の見込みがないことを会社分割の無効原因とはしないことにしたものであると説明している（立案担当省令137頁）。

現行法の解釈として，会社分割には債務の履行の見込みを要求しない立場をとるとしても，会社が債権者を害することを知って会社分割をした場合には，後述する連帯債務の追及や，民法424条による詐害行為取消し，場合によっては会社法人格否認の法理の活用により，債権者を保護するべきである（⇨(d)，Column 9-28）。

(d)　詐害的会社分割に対する措置　　分割会社が残存債権者を害することを知って会社分割をした場合（**詐害的会社分割**）には，残存債権者は，設立会社または承継会社に対し，承継した財産の価額を限度として，その債務の履行を請求することができる（**直接請求権**。759条4項・764条4項）。ただし，吸収分割において承継会社が詐害性について善意の場合は，この限りでない（759条4項ただし書)。また，残存債権者が会社分割に対して異議を述べることができる場合（人的分割の場合⇨(b)②）も，残存債権者は，債権者異議手続を通じた保護を受けられることから，直接請求権は有しない（759条5項・764条5項)。

特に会社法の施行後，詐害的会社分割が頻発したことを受け，平成26年会社法改正で新設された制度である（⇨ Column 9-28)。直接請求ができる期間については，詐害行為取消しの場合（民426条）と同様の規律が設けられている（759条6項・764条6項)。

分割会社について法的倒産手続が開始された場合は，残存債権者は直接請求権を行使できなくなる（759条7項・764条7項)。この場合には，分割会社の債権者保護は，もっぱら，承継会社または設立会社に対する**否認権**の行使（破160条以下，民再127条以下，会更86条以下）によって図ろうとする趣旨である（否認権行使を認めた事例として，東京高判平成24・6・20判タ1388号366頁〔百選A36，商判Ⅰ-187〕)。

Column 9-28　詐害的会社分割に対する措置

会社分割に関する法規制は，平成16年改正により各別の催告の省略が可能とされたこと（⇨(b)）や，平成17年の会社法制定に際して債務の履行の見込みが必要ないものとされたこと（⇨ Column 9-27 ）など，もっぱら会社分割を容易にするための規制緩和を推し進めた結果，債権者を害するような会社分割をも引き起こすこととなった。

具体的には，債務超過に陥った会社（A社とする）が，優良事業に関する権利義務だけを新設分割により設立会社（B社とする）に移転した上で，A社の株主・取締役またはその親族等がB社から株式の発行を受けて，B社において実質的に同一の事業を継続する一方で，B社に移転されなかった債務の債権者（**残存債権者**）は，めぼしい資産がなくなり事業も行われなくなったA社に取り残される，といった事例が頻発した（**図表9-14**)。

そこで，このような残存債権者を害する会社分割については，民法424条の**詐害行為取消し**の対象になることが，判例により認められた（最判平成24・10・12民集66巻10号3311頁〔百選93，商判Ⅰ-186〕)。この判例に対しては，会社法上，会社分割の無効は828条1項の訴えによってのみ，主張できるものとされていること（同項9号10号。⇨**3**）と矛盾・抵触しないかという疑問がありうるが，詐害行為取消しによって会社分割の効力が全体として否定されるのではなく，単に，残存債権者が会社分割により移転した財産の返還または当該財産の価格賠償を請求できるにとどまるのであれば，828条1項との抵触は生じないと解される。また，**図表9-14**のような事例で，会社法人格否認の法

図表 9-14　会社分割が分割会社に残る債権者の不利益となる場合

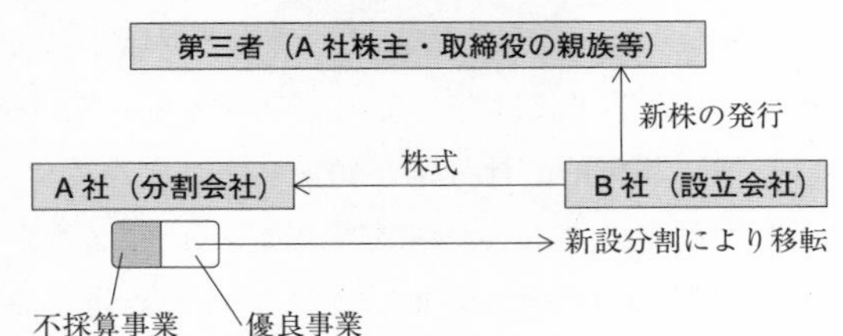

※内田博久「倒産状態において行われる会社分割の問題点」金法 1902 号（2010 年）54 頁，黒木和彰＝川口珠青「濫用的会社分割をめぐる問題点」同 63 頁を参考に作成。

理の適用により，B 社と A 社の法人格の異別性を否定し，A 社の残存債権者の B 社に対する直接請求を認めた裁判例もある（東京地判平成 24・7・23 金判 1414 号 45 頁）。さらに，B 社が A 社の商号を続用する場合は，22 条 1 項（商号続用責任）の類推適用による責任も認めうる（最判平成 20・6・10 判時 2014 号 150 頁〔百選 A37，商判 I-10〕参照）。

もっとも，残存債権者の保護のためには，上記のような一般法理にゆだねるだけでなく，会社法にも規定を設けることが適切であるとの指摘もされていたため，平成 26 年改正で，詐害的会社分割における残存債権者の直接請求権の規定を設けたものである。この改正は，残存債権者が改正前に有していた権利を否定する趣旨で行われたものではないため，改正法施行後も，残存債権者が詐害行為取消権を行使することは可能と解されている（岩原紳作「『会社法制の見直しに関する要綱案』の解説(5)」商事 1979 号〔2012 年〕4 頁，14 頁注 48)。

(e)　人的分割と否認　東京地判平成 28・5・26 金判 1495 号 41 頁（商判 I-188）は，いわゆる人的分割の場合（分割対価である承継会社・設立会社株式を分割会社株主に交付する場合。⇨ 411 頁 Column 9-17）に，分割対価の交付（現物配当）を倒産手続で否認することはできないと判示している。人的分割における債権者の保護は債権者異議手続（⇨(b)②）によって図られているから，というのがその理由である。しかし，会社法に債権者保護のための規制があるからといって，債権者保護のためのその他の法理の適用が排除されると解する理由はない（平成 26 年改正で直接請求権が創設されても，詐害行為取消権が排除されるとは解されていないことにつき，⇨ Column 9-28）。現行法の債権者異議手続は，各別の催告の省略が可能である（789 条 3 項・810 条 3 項）などその実効性に疑問があることからも，否認権（倒産手続開始前は，詐害行為取消権）の行使可能性を認めるべきである。

Column 9-29　会社分割と労働者

分割会社と労働者との間の雇用契約（労働契約）も，吸収分割契約・新設分割計画の定めにより，個々の労働者の同意なく承継会社・設立会社に移すことができる（758条2号・759条1項・763条1項5号・764条1項）。分割会社の労働者は，賃金債権の債権者として，会社分割に対して異議を述べることができる場合があるが（⇨(b)①②），それによって保護されるのは既発生かつ未払の賃金債権に限られるので，労働者にとって必ずしも十分な保護にならない。一般には，労働者の抱く継続的雇用の期待は法的にも一定の尊重を受けるが（労働契約法16条参照），会社分割においては，この種の期待権は債権者異議手続による保護の対象にはならないと解されている（継続的契約一般につき，江頭925頁）。

そこで，分割会社の労働者の保護に関しては，「会社分割に伴う労働契約の承継等に関する法律」（**労働契約承継法**）が特別の規定を置いている。同法は，①会社分割により承継会社または設立会社（「承継会社等」）に承継される事業に「主として従事する労働者」でありながら，その労働契約が承継会社等に承継される旨の定めが吸収分割契約または新設分割計画（「分割計画書等」）にない場合，当該労働者は異議を述べることができ，そして異議を述べた場合は，当該労働者の労働契約は承継会社等に移転するものとする（同法2条1項1号・4条）。逆に，②承継会社等に承継される事業に主として従事する労働者ではないにもかかわらず，その労働契約が承継会社等に承継されることが分割計画書等で定められている労働者は，一定期間内に異議を述べることができ，そして異議を述べた場合，当該労働者の労働契約は承継会社等に承継されない（分割会社に残る）ものとする（同法2条1項2号・5条）。

同法はまた，分割会社に対し，労働者の理解と協力を得る努力義務を課している（同法7条）。さらに，平成12年商法等改正附則5条1項は，分割会社に労働者との協議（いわゆる5条協議）義務を課している。その労働契約が承継会社に承継されることが計画されている特定の労働者との関係において，5条協議が全く行われなかったときや，分割会社からの説明や協議の内容が著しく不十分で，法が5条協議を求めた趣旨に反することが明らかなときは，当該労働者は，会社分割無効の訴え（⇨451頁**3**）によることなく，自己の労働契約承継の効力を争うことができる（最判平成22・7・12民集64巻5号1333頁〔百選94，商判Ⅰ-184，日本IBM事件〕，東京地判平成29・3・28労働判例ジャーナル65号2頁〔エイボン・プロダクツ事件〕）。

(4)　株式交換・株式移転の場合

株式交換・株式移転では，他の組織再編と比べ，債権者の利益を害する場面は限定的である。たとえば，完全親会社の発行する株式を対価とする株式交換の場合，まず完全子会社は，株主が入れ替わるだけでその財産状態に変動はない。また完全親会社は，新たに発行する株式を対価にして完全子会社の株式を取得するだけである（つまり，資産が増え，債務は増えない）ため，完全親会社の債権者にとっては利益にこそなれ，不利益とはならないから，債権者異議手続による保護は不要である。そこで，株式交換・株式移転において，債権者が異議を述べることができるのは，次の①～③の場面に限られる。

①株式交換の対価として完全親会社の株式（これに準ずるものとして会社則198条が定めるものを含む。主として，株式交換比率の調整目的の限度で金銭が支払われる場合を念頭に置いている）以外のものが交付される場合，完全親会社の債権者は異議を述べることができる（799条1項3号）。この場合には，対価が多額すぎると完全親会社の財産状態が悪化する可能性があるためである。

②株式交換契約の定めにより，完全子会社が発行している新株予約権付社債を完全親会社が承継する場合（⇨438頁(4)），完全親会社の債務が増加するため，完全親会社の債権者は異議を述べることができる（799条1項3号）。

③②の場合，当該新株予約権付社債は完全親会社が免責的に引き受けることになるので，当該新株予約権付社債の社債権者は，完全子会社に対して異議を述べることができる（789条1項3号）。株式移転計画の定めにより，完全子会社が発行している新株予約権付社債を株式移転設立完全親会社が承継する場合も，同様である（810条1項3号）。

債権者異議手続の内容は，合併の場合と同様である（⇨439頁(2)）。

(5)　株式交付の場合

株式交付において，株式交付親会社が，株式交付子会社から譲り受ける株式または新株予約権の対価として，株式交付親会社の株式以外の財産を交付する場合には，株式交付親会社の債権者は，異議を述べることができる（816条の8第1項）。株式交換・株式移転の場合（⇨(4)①）と同様，対価が多額すぎると株式交付親会社の財産状態が悪化する可能性がるあるためである。債権者異議手続の内容は，合併と同様である（⇨(2)）。

9 株式交付における株式交付子会社株式の譲受け

株式交付においては，株式交付親会社でのみ，2～8で説明してきたような組織再編の手続がとられる。株式交付子会社は，株式交付の当事会社ではなく，組織再編の手続はとられない。株式交付においては，株式交付子会社の個々の株主と，株式交付親会社との間で株式の譲渡しの合意（譲渡しの申込みと割当て）が行われ，その合意に基づいて，株式交付子会社株式の株式交付親会社への給付がされる。

具体的には，株式交付親会社は，株式交付子会社の株主で株式の譲渡しをしようとする者に対し，株式交付親会社の商号や株式交付計画の内容などの事項を通知しなければならない（774条の4第1項。金商法に基づく目論見書を交付する場合は，通知は不要。同条4項）。当該通知を受けて，株式交付子会社の株主が，各人の判断により，保有する株式交付子会社の株式について**譲渡しの申込み**を行う（同条2項。申込みをした者を「申込者」という。同条5項）。譲渡しの申込みをしない限り，株式交付子会社の株主が，その有する株式を株式交付親会社によって取得されることはない。

譲渡しの申込みがあった株式数が，株式交付計画で定めた下限（774条の3第1項2号）に満たない場合，株式交付をすることはできない（774条の10）。他方，譲渡しの申込みがあった株式数が下限以上となった場合は，株式交付親会社は，譲り受ける株式の合計数が下限を下回らない範囲で，申込者のうちの誰から何株の株式を譲り受けるかを定め（**割当て**の決定），申込者に譲受けの通知をする（774条の5）。募集株式の発行等の場合（⇨332頁(2)）と同様，割当ての仕方は，株式交付親会社が自由に決定できる。ただし，株式交付子会社が有価証券報告書提出会社である場合は，株式交付による株式交付子会社株式の取得は，公開買付規制に従って行わなければならない（金商27条の2第1項1号2号参照。⇨389頁(3)）。そのため，株式交付親会社は，各申込者から，申込株式数に応じた按分比例の方法で株式を譲り受ける必要がある（金商27条の13第5項。⇨388頁(1)）。

株式交付親会社から譲受けの通知を受けた者は，株式交付子会社株式の譲渡人となり，その株式を株式交付親会社に給付する義務を負う（774条の7。給付された株式の数が下限に達しない限り，株式交付の効力は生じない。774条の11第5項

3号)。なお，株式交付子会社の株式が譲渡制限株式である場合は，株式交付親会社が当該株式を取得するには，株式交付子会社の承認が必要となる（136〜139条。⇨94頁**3**)。

10 組織再編の効力発生

(1) 効力発生と登記

承継型組織再編または株式交付は，組織再編契約または株式交付計画で定めた効力発生日に（変更は可能。790条，816条の9)，新設型組織再編は設立会社の成立の日（設立登記の日）に，それぞれ効力を生じ，各組織再編契約・計画の内容に応じた法律効果が発生する（⇨408頁(2)，410頁(2)，412頁(2)，414頁(2)，416頁(2)）。

承継型組織再編のうち，吸収合併・吸収分割では，効力発生後一定の期間内に，吸収合併の登記（921条）または吸収分割の登記（923条）をする必要があるが，これらの登記は，吸収合併または吸収分割の効力発生要件ではない。株式交換・株式交付の登記は特に存在しない。もっとも，株式交換または株式交付の対価として，株式交換完全親会社または株式交付親会社が新たに株式を発行する場合には，これらの会社の資本金や発行済株式総数が増加するため，変更登記が必要になる（915条1項・911条3項5号9号参照)。

(2) 組織再編と対抗問題

(a) 合併と対抗問題　吸収合併では，効力発生日に消滅会社は解散するが，吸収合併の登記（921条）をするまでは，登記上，消滅会社は存続し，代表者（911条3項14号22号ハ参照）も存在するような外観を呈している。そのため，効力発生日後登記の日までに，消滅会社の代表者が消滅会社の所有不動産を第三者（Xとする）に売却するといったことが起こりうる。このような問題に備え，吸収合併による消滅会社の解散は，吸収合併の登記の後でなければ第三者に対抗できないことにした（750条2項)。それゆえ上の例の場合，Xに対する不動産譲渡は有効になる。

なお，上の例において，Xが当該不動産について所有権移転登記をする前に，存続会社が合併による所有権移転登記（不動産登記法62条参照）をすませると，

Xは所有権取得を存続会社に対抗できなくなりそうであるが（民177条参照），そうではない。吸収合併の存続会社は消滅会社の権利義務を包括的に承継するのであり，Xに対する所有権登記移転義務も承継する。このような一般承継人は，対抗問題における「第三者」（民177条・178条・467条等）にはあたらず（江頭854頁注6。相続人についてであるが，大判大正15・4・30民集5巻344頁参照），Xは登記なくして存続会社に対して所有権の移転を対抗できる。この点は，消滅会社の代表者が吸収合併の効力発生日前に不動産をXに譲渡し，その後に合併の効力が生じた場合も同様であり，Xと存続会社とは対抗関係に立たず，Xは登記なくして存続会社に所有権の移転を対抗できる。

(b)　**会社分割と対抗問題**　　会社分割においては，分割会社は会社分割後も存続するので，吸収合併のような対抗関係についての規定（750条2項）はない。また，会社分割の登記（923条・924条）をしたとしても，それによって承継会社・設立会社が会社分割による権利の取得を第三者に対抗できるわけではなく，当該権利の種類に応じた対抗要件を備える必要がある（民177条・178条・467条等）。会社分割の登記によっては会社分割をしたことが分かるだけで，どの権利が分割により承継されたのかは第三者には分からないからである。たとえば，吸収分割契約の定めによって承継会社が承継するものとしている不動産を，会社分割後に分割会社が第三者に譲渡した場合には，不動産の二重譲渡と同様の関係となり（民177条），承継会社と第三者との間の優劣は，当該不動産についての所有権移転登記の先後によって決まる（神田382頁）。

(c)　**株式交換・株式移転・株式交付と対抗問題**　　株式交換・株式移転・株式交付の場合には，（完全）子会社になる会社の株主構成が変動するだけで，その財産には変動がないため，対抗問題は生じない。

(3)　組織再編の事後開示

組織再編の効力発生後遅滞なく，当事会社は組織再編に関する一定の事項を記載（または記録）した書面（または電磁的記録）を作成し，効力発生の日から6か月間，本店に備え置いて，株主・債権者（新株予約権者を含む）の閲覧等に供さなくてはならない（791条・801条・811条・815条，会社則189条・190条・200条・201条・209条〜213条）。会社分割では，債権者でない者（未払賃金のない労働者等）も影響を受けうることから，「利害関係人」も閲覧等請求権を有するものとしている（791条3項・801条5項・811条3項・815条5項）。開示を通じて組織再編手続の適切な履行を間接的に担保するほか，株主や債権者が組織再編の無効の訴えを提起すべきか否かを判断する資料を提供することが目的である。

Column 9-30　組織再編の計算

組織再編の計算（企業会計）については，会社法432条1項・445条5項の委任に基づく会社計算規則の諸規定（8条・11条・35条～52条）のほか，企業会計基準委員会による「企業結合に関する会計基準」（企業会計基準第21号），「事業分離等に関する会計基準」（同7号）およびこれらの基準に関する適用指針が，詳細な規律を定めている（公正妥当な会計慣行〔431条〕として，会社は遵守が義務づけられる。⇨268頁(3)）。ここでは，買収・結合のために行われる組織再編の会計処理に限って，その基本的な考え方を説明する（詳細は，玉井裕子編集代表『合併ハンドブック〈第4版〉』（商事法務，2019年）第8章〔岩崎友彦〕，森・濱田松本法律事務所編・後掲第2章第2節参照）。

原則的な方法は，一方の当事会社が他方の当事会社を取得（買収）したと見て，それに則した会計処理をするものである（パーチェス法）。存続会社が消滅会社を取得するため吸収合併をする場合を例にとると，消滅会社の資産は，合併時点の時価に評価替えした上で存続会社に引き継がれ，合併対価の時価と消滅会社の（評価替え後の）純資産額との差額については，のれんを計上する。合併対価として存続会社の株式を発行した場合は，当該株式の時価に相当する額だけ，存続会社の資本金または資本準備金の額を増加させる。

平成20年の会計基準の改訂前は，上記のパーチェス法を原則としつつ，両当事会社がいわば対等の立場で結合（⇨386頁**2**）したと見られる場合（具体的には，組織再編後に各当事会社の株主が有する議決権比率がほぼ等しくなる場合）には，持分プーリング法という会計処理をするものとしていた。この方法では，消滅会社の資産・負債の額は，従前の帳簿価額のまま存続会社に引き継がれるほか，資本金・準備金や剰余金の額も，基本的には消滅会社の計上額が存続会社に引き継がれる。しかし，国際的な趨勢は，持分プーリング法を廃止しパーチェス法に一本化するというものであり，日本もその流れに従うことになった。ただし，①共通支配下の取引（親子会社間など同一企業グループ内の組織再編）および②共同支配企業の形成（共同新設分割によって合弁企業を設立するようなケース）の場合は，従前どおり，持分プーリング法に準じた会計処理を行うものとされている。

Column 9-31　組織再編の税務

(a)　会社レベルの課税　　税制においても，会計における持分プーリング法とパーチェス法に対応する区別があり，**適格組織再編**とそれ以外の組織再編（非適格組織再編）という区別がそれである。

吸収合併を例にとると，原則的には非適格合併となり，消滅会社の資産について評価替えが行われ，評価益は課税の対象になる（法税62条）。しかし，一定の要件を満たす場合，吸収合併は適格合併となり（法税2条12号の8），消滅会社の資産は簿価のまま存続会社に引き継がれる（法税62条の2）。

適格組織再編となるのは，①企業グループ内再編，または②共同事業を営むための組織再編と認められるものである。特に②の場合，税務では適格組織再編となる一方，企業会計ではパーチェス法が適用され（⇨ Column 9-30），税務と会計の間で処理が異なる。なお，平成29年の税制改正前は，組織再編の対価として存続会社等の株式以外の財産（たとえば金銭）を交付した場合は，当然に非適格組織再編になり，評価益課税を行うこととされていた。このことは，キャッシュ・アウトを金銭対価の組織再編（株式交換）によって行うことを避ける要因になっていた（⇨408頁 Column 9-15）。しかし，平成29年の税制改正により，金銭を対価とする吸収合併または株式交換についても，当該吸収合併または株式交換の直前に，吸収合併存続会社または株式交換完全親会社が，吸収合併消滅会社または株式交換完全子会社の発行済株式の3分の2以上を有する場合には，適格組織再編と認められることになった（平成29年改正後法税2条12号の8・12号の17）。このため，今後は，金銭対価の合併や株式交換によるキャッシュ・アウトの利用が増える可能性がある。

(b)　株主レベルの課税　　組織再編において，消滅会社等の株主に交付される対価が，存続会社等または設立会社の株式のみである場合は，株主が従前有していた消滅会社等の株式の帳簿価額が，対価として交付される株式の帳簿価額に引き継がれ，譲渡損益課税が繰り延べされる。他方，それ以外の財産を対価とする場合は，株主は，時価で消滅会社等の株式を譲渡したとみなされ，譲渡損益課税が行われる（法税61条の2，法税令119条参照）。なお，令和元年改正による株式交付の創設を機に税制改正がされ，対価の80％以上が株式交付親会社の株式の場合は，課税の繰延べが認められる見通しである（「令和3年度税制改正大綱」三2）。

参考文献：西村あさひ法律事務所編『M&A法大全(上)〈全訂版〉』（商事法務，2019年）第I部第11章第1節〔太田洋＝伊藤剛志＝園浦卓〕。

3 組織再編の無効の訴え

1 意　　義

2で説明した組織再編の手続に瑕疵がある場合，本来であれば組織再編は無効になるところである。しかし，組織再編が事実上行われると，それを前提にしてさまざまな法律関係が積み重なるから，事後的な無効主張を無制限に認めると法律関係の安定を害することになる。また，組織再編がある者との関係でのみ無効とされ，他の者との関係では有効とされることになれば，法律関係が複雑化する。そこで会社法は，組織再編の無効は，訴えをもってのみ主張できるものとし（828条1項7号～13号），提訴期間や提訴権者を制限し，かつ遡及効を否定することを通じ，**法律関係の安定**を図っている。また，無効判決に対世効を付与することで，**法律関係の画一的確定**を図っている。

2 手　　続

組織再編の無効の訴えは，①組織再編の効力が生じた日において当事会社の株主，取締役，監査役，執行役もしくは清算人（まとめて「株主等」という）であった者，または②（現存する）当事会社もしくは（新設型組織再編における）設立会社の株主等もしくは組織再編を承認しなかった債権者および破産管財人が，提起することができる（828条2項7号～13号）。たとえば，金銭を対価にした吸収合併や株式交換をした場合（いわゆる「締め出し」。⇨408頁 Column 9-15），締め出された株主は①により，無効の訴えを提起する資格がある。なお，株式交付の場合は，当事会社である株式交付親会社における上記①②の者のほか，株式交付によって株式交付子会社の株式もしくは新株予約権等を譲り渡した者が，無効の訴えを提起することができる（同項13号）。

ここにいう「組織再編を承認しなかった債権者」とは，組織再編を承認するかしないかの選択権を有する債権者，すなわち，組織再編について異議を述べることができる債権者（⇨439頁8）であって，組織再編を承認しなかった（異議を述べた）債権者をいい，そもそも組織再編に対して異議を述べることのできない債権者は含まれないと解されている（東京高判平成23・1・26金判1363号30頁。異議を述べなかった場合の承認の擬制につき，789条4項・799条4項・810条4項〔⇨439頁(2)〕参照）。もっとも，組織再編に対して異議を述べることができない債権者も，詐害行為取消し等，組織再編の無効の訴え以外の制度による保護を受けられる可能性はある（⇨442頁(d)，444頁(e)）。

無効の訴えの提訴期間は，組織再編の効力が生じた日から6か月である（828

条1項7号～13号)。被告は会社である（834条7号～12号の2)。専属管轄・担保提供命令・弁論等の併合・原告が敗訴した場合に悪意または重過失があったときの賠償責任については，他の会社の組織に関する訴え（828条1項各号）と同様である（835条～837条・846条)。

3 無効原因

(1) 総　説

どのような事情があれば組織再編の無効原因になるかについては明文の規定がなく，解釈に委ねられている。一般論としては，組織再編の瑕疵のうち重大なものが，無効原因になると解される。たとえば，組織再編契約・計画の必要的記載事項の欠歓（大判昭和19・8・25民集23巻524頁）や意思表示の瑕疵等による無効（名古屋地判平成19・11・21金判1294号60頁〔百選92，商判I-182。合併契約の錯誤無効の事例〕)，組織再編の承認総会の不存在・無効・取消し（なお，⇨ Column 9-32 参照)，債権者異議手続（⇨439頁8）の不履践，組織再編の開示事項（⇨422頁3）の欠歓あるいは重大な不実記載などである。

Column 9-32　決議取消しの訴えと組織再編の無効の訴えとの関係

一般には，株主総会の決議に取消事由（831条1項）があっても，取消判決が確定しない限り決議は有効である（⇨166頁1)。しかし，組織再編を承認する総会決議に取消事由がある場合，まず決議を取り消さないと組織再編の無効原因にならないとすれば，無効の訴えの提訴期間に間に合わなくなってしまう。そこで多数説は，組織再編の承認決議に取消事由があるときは，決議の取消判決がなくても，組織再編の無効の訴えにおいて無効原因として主張できると解する。そして，その解釈を前提に，組織再編の効力発生後は，承認総会決議の瑕疵はもっぱら組織再編の無効の訴えによって争うべきであり，原告が決議取消訴訟を提起した後に組織再編の効力が生じたときは，原告は組織再編の無効の訴えに変更すべきである（民訴143条)，と解している。いわば，決議取消しの訴えは組織再編の無効の訴えに「吸収」されるという考え方である（江頭憲治郎＝門口正人編集代表『会社法大系(4)』〔青林書院，2008年〕392頁〔佐々木宗啓〕，弥永387頁注31。ただし，それと異なる見解〔併存説〕として，江頭372頁注7参照)。吸収説をとる場合に生じる論点として，決議取消しの訴えの提訴期間が3か月とされていること（831条1項）との関係が問題になる。学説の多くは，当該規定の趣旨を重視し，組織再編の無効の訴えにおいても，決議取消事由を組織再編の無効原因として主張できるのは，決議後3か月以内に限られると解する（神田374頁，弥永・前掲）。しかし，法文（828条1項7号～13号）を重視し，組織再編の効力発生後6か月以内に主張すれば足りるとする見解もある（江頭＝門口編集代表・前掲393頁〔佐々木〕）。

(2) 組織再編条件（組織再編対価）の不公正

判例は，組織再編の条件が不公正（特に，組織再編対価が高すぎたり低すぎたりすること）であっても，それ自体は組織再編の無効原因とはならないと解している（東京高判平成2・1・31資料版商事77号193頁〔百選91，商判I-181〕〔上告棄却・最判平成5・10・5資料版商事116号196頁〕）。もっとも，この判例法理には例外を認めなくてはならない。次の設例を考えてみよう。

Case 9-1　S会社の発行済株式（議決権）の3分の2を保有するP会社は，S会社を吸収合併し，合併対価として，S会社の株式1株につき，従前のS会社の株式1株の時価の半額程度にあたる金銭を交付することを企て，他の株主の反対にもかかわらず，S会社の株主総会の承認を得て実行した。S会社の他の株主は，この吸収合併の無効を主張できるか。

この設例では，特別利害関係人（P会社）の議決権行使によって著しく不当な組織再編条件が決定されていると考えられる。この事情は，承認決議の取消事由となり（831条1項3号），そして組織再編成立後は，当該組織再編の無効原因になると解すべきである（江頭865頁。決議取消しの訴えは，組織再編の効力発生後はその無効の訴えに「吸収」されることにつき，⇨ Column 9-32）。上記の判例も，この設例のような場合に無効の主張ができることは否定していないと思われる。組織再編の一方当事会社が他方当事会社を支配しているときは，支配会社の利益のために少数派株主に不利な条件で組織再編が行われるおそれがあるので，裁判所も組織再編の条件の公正さを厳格に審査すべきである。

他方，組織再編の当事会社が相互に独立した関係にあるときは，当事会社同士の交渉によって公正な組織再編条件が定められると期待できるため，裁判所が組織再編の無効という形で事後的に干渉する必要性は乏しく，かえって法的安定を害する結果となる。それゆえこの場合は，株主は株式買取請求権や（⇨ 426頁5），取締役その他の役員等の責任を追及するといった手段

（⇨ Column 9-33 ）によるべきであり，組織再編の条件の不公正それ自体は，組織再編の無効原因とはならないと解してよいだろう。もっとも，承認決議に際して取締役が不実の情報開示（重要事実の不開示を含む）を行ったような場合は，決議方法の違法または著しく不公正（831条1項1号）として，承認決議の取消事由（組織再編の効力発生後は，その無効原因）になることはありうる。

Column 9-33　組織再編の条件の不公正と役員等に対する責任追及の方法

取締役その他の役員等の任務懈怠により，不公正な条件で組織再編が行われて一方当事会社の株主が損害を被った場合，株主がどのような方法で役員等の責任を追及すべきかは，場合を分けて考えるべきである。たとえば，存続会社の株式を対価とする吸収合併において，合併条件（合併比率）が不公正に消滅会社株主に有利（存続会社株主に不利）であったとしても，存続会社は株式を発行しているだけで財産の流出はなく，損害が生じているとはいえないから，存続会社の株主は，役員の任務懈怠責任（423条）を代表訴訟（847条）によって追及することはできないと解される（大阪地判平成12・5・31判時1742号141頁〔商判Ⅰ-179〕）。この場合，存続会社の株主は，429条1項により，役員等に対して自己の保有株式の希釈化による損害の賠償を請求すべきである。これに対し，金銭を対価とする吸収合併（株式交換その他の組織再編も同じ）において対価が不当に高額の場合には，存続会社の財産が過剰に流出しており，損害が発生していると解さざるを得ない。よってこの場合は，株主は代表訴訟による責任追及ができると解される（判例はまだない）。後者の場合，株主が429条1項の責任を追及することも許されるかどうかは，間接損害について株主が同項の「第三者」にあたるかどうかの解釈にかかってくる（⇨262頁 Column 4-46 ）。以上に対し，吸収合併の消滅会社株主に対して交付された合併対価（株式であっても金銭であっても同じ）が不公正に低額である場合は，消滅会社の株主は，消滅会社の役員に対して429条1項の責任を追及することになる。株式交換や共同株式移転の完全子会社株主に交付された対価が不公正に低額である場合も，同様である（東京地判平成23・9・29判時2138号134頁〔百選A26，商判Ⅰ-180。結論的には任務懈怠を否定〕）。

4 無効判決の効果

(1) 対世効

組織再編を無効とする判決が確定すると，その判決の効力は第三者に対しても及ぶ（838条）。

(2)　無効判決の将来効（遡及効の否定）

(a)　**総　説**　　組織再編の無効判決は，将来に向かってのみ効力を生じる（839条）。この場合，組織再編の類型に応じ，次のような「後始末」がなされる。

(b)　**合併の場合**　　合併の無効判決が確定すると，消滅会社が復活し，合併対価として株式や新株予約権を交付していた場合それらは無効となり，新設合併の設立会社は解散する（同条）。合併により移転した権利義務は，それが現存する限り，合併前にそれを有していた当事会社に復帰する。合併後，無効判決確定前に存続会社または設立会社が負担した債務は，合併の当事会社の連帯債務となり（843条1項1号2号），取得した財産は，当事会社の共有となる（同条2項）。各当事会社の負担分や共有持分の決定については，843条3項4項参照。

(c)　**会社分割の場合**　　会社分割の無効判決が確定すると，会社分割により承継された権利義務は，それが現存する限り，分割会社に復帰する。分割対価として株式や新株予約権を交付していた場合それらは無効となる。新設分割の設立会社は解散する（839条）。会社分割後，無効判決の確定前に承継会社・設立会社が負担した債務あるいは取得した財産については，承継会社のものについては分割会社と承継会社の連帯債務あるいは共有となり（843条1項3号・2項），設立会社のものについては分割会社の負担あるいは所有に帰す（共同新設分割であれば，各分割会社の連帯債務あるいは共有となる。同条1項4号・2項）。

(d)　**株式効果・株式移転の場合**　　株式交換・株式移転の無効判決が確定すると，対価として株式や新株予約権を発行していた場合それらは無効となり，株式移転設立完全親会社は解散する（839条）。株式交換・株式移転の対価として完全親会社（844条にいう「旧完全親会社」）の株式が交付されていた場合には，旧完全親会社は，判決確定時における旧完全親会社の株主に対して，旧完全子会社株式を交付する（844条）。それ以外の財産が対価として交付されていた場合は，当該財産を受け取った者（株式交換・株式移転時点の旧完全子会社株主）に対し，当該財産と引き換えに旧完全子会社株式を返還することになろう。旧完全親会社が旧完全子会社株式をすでに譲渡していた場合は，金銭により処理するしかない（江頭957頁）。

(e) **株式交付の場合**　株式交付の無効判決が確定すると，対価として交付していた株式交付親会社（「旧株式交付親会社」）の株式（新株予約権も対価としていた場合はそれも）は無効になる（839条）。旧株式交付親会社は，無効判決確定時における当該旧株式交付親会社の株式に係る株主に対し，株式交付の際に給付を受けた株式交付子会社の株式を返還しなければならない（844条の2第1項）。

第4節　事業の譲渡等

1 総　　説

買収や再編は，組織再編以外にも，事業の譲渡や譲受けといった取引行為によって行われることがある。会社法は，株式会社が行うそれらの行為のうち，一定の重要なものについて，原則として株主総会の特別決議による承認を要求し（467条1項1号～4号〔これらの行為を**事業譲渡等**という。468条1項参照〕・309条2項11号），かつ，反対株主に株式買取請求権を付与して（469条），株主の保護を図っている。以下では，事業の全部または重要な一部の譲渡（467条1項1号2号）を中心に，事業譲渡等の意義およびそれにかかる規制を説明する（⇨**2**～**4**）。また，**事後設立**（467条1項5号）についても解説する（⇨**5**）。

2 事業の全部または重要な一部の譲渡

(1) 総　　説

事業の譲渡とは，会社が取引行為として，「事業」を他人に譲渡することである。会社法は，株式会社が事業の全部または重要な一部を譲渡するときは，株主の利益に重大な影響を与えることに鑑み，原則として（例外は，⇨(3)，463頁(1)），株主総会の特別決議による承認を受けるべきものとしている（467条1項1号2号・309条2項11号）。

なお，「事業」を譲渡するといっても，それは会社法上の特別の行為というわけではなく，単に，譲渡会社が当該事業に関して有する権利・義務につき，権利は相手方（譲受人）に譲渡し，義務（債務）については相手方がこれを引き受けるという，通常の取引行為が一括して行われているにすぎない。したがって，民法の原則に従い，相手方が譲渡会社の債務を免責的に引き受けるときは債権者の承諾が必要になるし（民472条），権利の譲渡について対抗要件が定められているとき（民177条・178条・467条等）は，その要件を具備しなければ第三者に対抗できない。

事業の譲渡の対価は，金銭であることが通常であるが，それには限られず，たとえば譲受人が株式会社である場合，その発行する株式でもよい（その場合，譲受人において現物出資規制にかかる。⇨335頁(2)）。

Column 9-34　営業と事業

会社法は，平成17年改正前商法の時代に「営業」譲渡といわれていたものを，「事業」の譲渡と改めた（467条以下）。これは，商人は商号1個ごとに1つの「営業」を営むものとされていることとの関係から，1個の商号しか持ちえない会社が行うものの総体は「営業」と区別して「事業」と呼ぶことにしたという，用語の整理にすぎない（立案担当139頁）。規制の実質は変わりないので，たとえば，改正前商法における営業譲渡の意味についての判例は，会社法の「事業の譲渡」の意味についての判例と考えてよい（⇨(2)）。

(2)　「事業」の意味

ある行為が事業の譲渡として会社法の規律を受けるためには，譲渡の対象財産が「事業」としての実質を有している必要があり，その意味が問題になる。なお，会社法は，事業の重要な「一部」の譲渡についても株主総会の承認を要求するが（467条1項2号），これは，たとえば食品事業とアパレル事業を営んでいる会社が，食品事業だけを譲渡するような場合を指しており，「一部」といってもやはり「事業」の実質を備えていなくてはならないと解されている（ただし，次に述べるように反対説はある）。次の設例を見てみよう。

Case 9-2　X株式会社は，製材加工とその販売を主たる目的として設立されたが，経営不振に陥り，数年来事業を休止していた。X会社の代表取締役Aは，株主総会の承認を得ないまま，製材工場を構成する土地・建物・機械・機具類一切を，Y会社に譲渡した。Y会社は，土地・建物については，同社が従前から営んでいる別事業に使用する予定であり，機械・機具類は，これだけ残してもX会社が処置に困ることを慮って売買の目的物に加えたにすぎず，譲受後に使用する予定はなかった。X会社は後に，当該譲渡は無効であると主張して，譲渡財産の返還をY会社に請求した。認められるか。

設例の元になった判例である最大判昭和40・9・22民集19巻6号1600頁（百選85，商判I-174）は，改正前商法245条にいう「営業の譲渡」とは，同法24条以下にいう営業の譲渡（会社21条以下にいう事業の譲渡に相当）と同一意義であり，具体的には，次のような意味であるとした（⇨ Column 9-34 で述べたとおり，本判決は，467条の「事業の譲渡」の意味に関する判例としての意義ももつと考えてよい。それゆえ以下では，判決中「営業」とあるのは「事業」に置き換える）。①一定の事業目的のため組織化され，有機的一体として機能する財産（得意先関係等の経済的価値のある事実関係を含む）の全部または重要な一部の譲渡であって，②譲渡会社がその財産によって営んでいた事業活動を譲受人に受け継がせ，③それによって譲渡会社が，法律上当然に，改正前商法25条（会社21条に相当）の競業避止義務を負担することになるものをいう。

本最高裁判決によれば，〈Case 9-2〉のように事業を休止した会社は，たとえ全財産を譲渡するとしても，それは「組織化され，有機的一体として機能する」財産の譲渡とはいえないし（個別の財産を寄せ集めて譲渡したにすぎない），また，譲受人に事業活動を受け継がせてもいないから，株主総会の承認は不要となる（重要な財産の処分〔362条4項1号〕として，取締役会の承認は必要。しかしそれを欠いたときでも，善意・無過失の相手方との関係では譲渡は有効である。⇨194頁(c))。これに対し，それでは株主の保護に欠けるとして，個別の財産であってもそれがきわめて重要な価値を有する場合は，「事業の重要な一部」にあたりうるとする見解もある（本最高裁判決の少数意見）。しかし，それは「事業」という文言から離れすぎるとして，解釈論としては一般に支持されていない（江頭960頁）。

ところで，本最高裁判決は，上記①②③のいずれも，ある取引が「事業の譲渡」といえるための不可欠の要件とみなしていると理解する学説もある（百選85解説〔山部俊文〕など）。しかし，③に関する判示は，467条の事業の譲渡は21条以下の事業の譲渡と「同一意義」と解することから，事業の譲渡の譲渡会社は，明示の契約がなくても21条の適用により競業避止義務を負う結果になる，と述べたまでであり，それ以上に，当該義務の負担を事業の譲渡の要件と解したわけではないと読むべきだろう（商法百選15解説〔藤田友敬〕)。もしも競業避止義務が467条の事業の譲渡の要件だとすれば，本判決の立場からは21条以下の事業の譲渡の要件でもあるということになるが，同条は競業避止義務を事業の譲渡の効果として規定しているから，条文の適用をめぐって循環が生じてしまう（田中亘「競業避止義務は事業の譲渡の要件か」東京大学法科大学院ローレビュー５号〔2010年〕286頁参照)。いずれにせよ，競業避止義務を負担しただけでは譲渡会社の目的（27条１号）が変更されるわけでもなく，株主の利益に決定的な違いが生じるとはいえないから，③は事業の譲渡の要件ではないと解すべきであろう（江頭959〜960頁)。

他方，①と②は事業の譲渡の要件と解するのが，今日までの裁判例の立場だと考えられる。とりわけ，②事業活動の受け継ぎがあるかどうかを決定的なメルクマールにしているようである（ゴルフ場会社の所有財産のほとんど全部を譲渡したが，譲受人はゴルフ場会員を引き継がず新規に募集した場合に事業譲渡性を否定した，旭川地判平成７・８・31判時1569号115頁参照)。これに対し，学説の中には，②も不要であり，①だけで事業の譲渡の要件として十分であると説く見解も有力である（江頭959頁)。しかしその見解に立つときは，何をもって「一定の事業目的のために組織化され，有機的一体として機能する」財産といえるのかが明確にならないと，取引の安全を害するおそれがあろう。

Column 9-35　株主総会の承認を得ない事業の譲渡

判例は，会社が株主総会の承認を受けずに事業の全部または重要な一部を譲渡した場合，当該譲渡は当然無効であり（相手方の善意・悪意を問わない)，しかもその無効は，譲渡会社だけでなく相手方（譲受人）からも主張できると解している（最判昭和61・9・11判時1215号125頁〔百選6，商判I-17〕。相手方からも無効を主張できるとするのは，相手方を不安定な地位に置かないようにするためである)。もっとも，譲渡後長期間を経過してはじめて当事者の一方が無効を主張するような場合，信義則により当該主張が禁じられることはある（同最判)。

なお，学説上は，事業の譲渡に必要な株主総会の承認を欠く場合であっても，相手方（譲受人）に悪意・重過失がないときは，譲渡会社のほうから無効を主張することはできないとする見解も有力である（鈴木＝竹内249頁注8)。事業の譲渡（とりわけ，「重要な」一部の譲渡）にあたるかどうかの判定は必ずしも容易でないことから，相手方の取引の安全を図る趣旨である。しかし現行法の下では，取引の安全は簡易の事業譲渡の制度によって相当程度に図られている（⇨(3)）。逆にいうと，簡易の事業譲渡の要件にあたらないほど重要な規模の取引であれば，株主総会の承認が行われているかどうかを相手方は確認しなくてはならないとすることも不合理ではなかろう（江頭963頁注8）。

(3)　簡易の事業譲渡

譲渡する資産の帳簿価額が，譲渡会社の総資産額の5分の1以下（定款でそれを下回る割合を定めたときはその割合）であるときは，たとえ当該譲渡が事業の重要な一部の譲渡にあたるとしても，467条以下の規制の適用はない（467条1項2号かっこ書。この要件は，簡易分割〔⇨424頁(a)〕の要件とパラレルである）。つまり，株主総会の承認は不要であり，反対株主の株式買取請求権（⇨463頁(2)）もない。何が事業の「重要な」一部にあたるかの判断は必ずしも容易でないことに鑑み，一定規模以下の取引は一律に規制の適用から除外することにより，取引の迅速および相手方の取引の安全を図る趣旨である。

Column 9-36　事業の譲渡と会社分割との比較

株式会社が事業の全部または重要な一部を他の会社に譲渡することは，会社分割によって事業に関する権利義務の全部または一部を他の会社に移転することと経済的に類似の効果をもつ。そして両者とも，原則として株主総会の特別決議による承認を要し，また，反対株主に株式買取請求権が付与されることも共通する。しかし，両者には次のような違いがある。第1に，事業の譲渡の対象は（言葉の定義からして）「事業」であるのに対し，会社分割の対象は，反対説もあるものの，事業としての実質を有する必要はないと一般に解されている（⇨410頁 Column 9-16 ）。第2に，事業の譲渡においては，譲渡会社の債務を相手方が引き受けるためには，民法の一般原則に従い債権者の同意を得る必要がある（⇨457頁(1)）。これに対し会社分割の場合は，そのような個別の同意を要せずに，分割契約書または分割計画書の記載に従って債務や契約上の地位が移転する。半面，会社分割では，事業の譲渡では要求されない債権者異議手続を経る必要があり，また，一定の場合に法定の連帯責任が生じる（⇨440頁(3)）。第3に，会社分割の無効は，会社分割無効の訴えによってのみ，主張できるのに対し（⇨451頁3），事業の譲渡についてはそのような制約はなく，無効主張の利益がある限り，いつでも誰でも無効を主張できる（信義則による制約がかかることはある。⇨ Column 9-35 ）。そして第4に，事業の譲渡の相手方（譲受人）は会社である必要はないが，会社分割の相手方（承継会社）は，会社でなくてはならない。当事会社としては，これらの違いを勘案した上で，具体的な状況においてよりコストの少ない方法を選ぶことになろう。

Column 9-37　事業の譲渡の場合の法律関係

会社法第一編第四章（21条以下）は，会社が事業の譲渡をした場合の法律関係について若干の規定を置いている。たとえば，詐害的な事業譲渡において，詐害的な会社分割の場合（⇨442頁(d)）と同様，残存債権者に譲受会社に対する直接請求を認める規定が設けられている（23条の2。平成26年改正で新設）。また，譲渡会社の競業避止義務（21条），譲受会社による譲渡会社の商号続用（22条）または債務引受けの広告による責任（23条）が定められている。これらの規定は，会社以外の商人による営業の譲渡の規律（商16条～18条の2）と基本的に同じであるため，詳しい説明は商法総則の教科書に譲る。

3　事業譲渡等に属するその他の行為

(1)　重要な子会社の株式の譲渡

株式会社が子会社の株式または持分の全部または一部を譲渡する場合には，①譲渡する株式または持分の帳簿価額が株式会社の総資産額の5分の1を超えないとき，または②当該譲渡の後も株式会社が当該子会社の議決権の過半数を有するときのいずれかにあたる場合を除き，株主総会の特別決議を要する(467条1項2号の2)。このような重要な子会社の支配を手放すことは，会社が自ら行っている事業の全部または重要な一部を譲渡するのと同様の経済的効果を持つことから，それと同様の規制に服せしめることとしたものである。

(2)　他の会社の事業全部の譲受け

株式会社が，他の会社（外国会社も含む）の事業の全部を譲り受ける場合，結果として簿外債務を含む譲渡会社の全債務を引き受ける可能性が高く（仮に「簿外債務については引き受けない」旨を明示的に約したとしても，22条・23条により責任を負う危険がある），いわば吸収合併の存続会社に近い立場に立つことから，原則として株主総会の特別決議による承認を必要とする（467条1項3号・309条2項11号。例外は，⇨4(1)）。

(3) 事業全部の賃貸等

株式会社が，事業全部の賃貸，事業全部の経営の委任，他人と事業上の損益全部を共通にする契約その他これに準ずる契約をするときは，事業の全部または重要な一部の譲渡と同様，株主の利益に重大な影響を与えるため，原則として，株主総会の特別決議による承認を要する（467条1項4号・309条2項11号）。

4 事業譲渡等にかかる規制

(1) 株主総会の承認とその例外

株式会社が事業譲渡等（467条1項1号～4号の行為のこと。468条1項参照）をするときは，当該行為が効力を生ずる日までに，株主総会の特別決議による承認を受けなくてはならない（467条1項〔2項も参照〕・309条2項11号）。

ただし，①事業譲渡等の相手方が，事業譲渡等をする会社の特別支配会社である場合（総株主の議決権の90% 以上を有する場合）は，決議の帰趨が見えているため，承認決議は不要である（**略式事業譲渡等**。468条1項）。また，②他の会社の事業全部の譲受けの場合に，譲受けの対価として交付する財産の帳簿価額が，譲受会社の純資産額の20%（定款でそれを下回る割合を定めたときはその割合）を超えないときは，譲受会社の株主の利益に与える影響が小さいとみて，承認決議は不要としている（**簡易の事業譲受け**。同条2項）。②の要件は，承継型組織再編の存続会社等において株主総会決議が不要となる要件（簡易組織再編。796条2項）とパラレルである。一定期間内に承認決議を否決しうるだけの株主の反対がある場合には総会を開催しなくてはならないことも（468条3項），簡易組織再編のときと同様である（⇨424頁(a)①）。

(2) 反対株主の株式買取請求権

会社が事業譲渡等をするときは，反対株主は株式買取請求権が与えられる（469条・470条）。制度の趣旨や内容は，組織再編における反対株主の株式買取請求権と同じである（⇨426頁5）。

ただし，事業の全部の譲渡において，譲渡の承認決議と同時に会社の解散を決議（471条3号）した場合は，譲渡会社の反対株主には株式買取請求権が与えられない（469条1項1号）。これは，会社が解散・清算すれば，株主は残余財産分配の形で金銭の交付を受けられることを理由にするものと思われる。また，事業の全部の譲受けが簡易の事業譲受けに該当して譲受会社の株主総会の承認を要しない場合（⇨(1)②），株式買取請求権も生じない（同項2号）。この場合，譲受会社の株主の利益に与える影響が小さいからである。

5 事後設立

会社の設立の手続（25条以下）によって成立した株式会社が，成立後2年以内に，成立前から存在する財産で会社の事業のために継続して使用するものを取得（たとえば，工場用地の取得）するとき（これを**事後設立**という）は，株主総会の特別決議による承認を受けなくてはならない（467条1項5号・309条2項11号）。ただし，対価として交付する財産の帳簿価額が会社の純資産額の20%（定款で引下げ可能）を超えない場合は，この限りでない（467条1項5号ただし書）。

こうした財産取得を会社の設立手続中に行うとすれば，財産引受けとして定款の記載（28条2号）を要したところであり（⇨41頁(2)），会社が成立直後に財産を取得することによって，そうした規制が潜脱されることを防止することが目的である。事業譲渡等とは異なり，反対株主の株式買取請求権はない。

Column 9-38　事後設立と検査役の調査

平成2年商法改正後，会社法制定前までは，事後設立についても財産引受けと同様（33条参照），検査役の調査が要求されていた。しかしこの規制を回避するため，成立後2年を経過した休眠会社を他人から買い受けるといった行為が行われ，いたちごっこの様相を呈していた。また，検査役の調査の要求が，成立直後に会社が重要な財産を迅速に譲り受けることの妨げになっているとの指摘もあった。そこで会社法は，事後設立に対する検査役の調査は不要とし，ただ株主総会の特別決議を経ればよいものとした。

第5節　敵対的買収と防衛策

1 総　　説

(1) 敵対的買収の意義と経済的機能

本節では，敵対的買収と防衛策をめぐる問題状況を解説する。**敵対的買収**とは，対象会社の経営陣の賛同を得ていない買収をいう（⇨385頁(3)）。つまり，経営陣にとって「敵対的」な買収ということであって，必ずしも，対象会社やその株主にとって敵対的なわけではないことに注意しよう。それどころか，敵対的買収は，対象会社やその株主（あるいはより広く，社会全体）にとって利点があることが指摘されている（柳川範之『法と企業行動の経済分析』〔日本経済新聞社，2006年〕62〜65頁参照）。第1に，買収により経営が改善する可能性がある。会社の経営に問題があって株価が低迷しているときに，買収者がその会社の支配権を取得し，経営陣を交替させて業績を改善させれば，対象会社にとっても利益となろう。

第2の利点は，会社経営に対する**規律効果**である。株価が低いと敵対的買収にあうおそれがあるとすれば，経営者は日頃から，効率的な経営をして株価を高めるように動機づけられるだろう。それどころか，とりわけ上場会社では，敵対的買収の脅威がある程度存在することが，効率的な株式会社制度の維持にとって不可欠であるとさえいえるかもしれない。第3章第1節**4**（72頁）で述べたように，株主は会社から得られる取り分が契約で確定していない代わりに，取締役の選解任権等を通じて会社経営をコントロールできるというのが，株式会社の基本的な仕組みである。ところが，株式の所有構造が分散している上場会社では，個々の株主は会社経営に積極的に参与する動機をもたないことが多い（**合理的無関心**）。それゆえ，株主のコントロール権を実効あらしめるためには，普段は分散保有されている株式が，ときには特定人の下に集中し，コントロール権が実際に行使される可能性が開かれている必要がある。そうでなければ，コントロール権は絵に描いた餅となり，株式は，会社経営者にとっては「返済の必要がない借金」と同じになってしまいかねない。会社経営において株主の利益がないがしろにされ続ければ，誰も株式投資をしなくなり，長期的には株式会社制度は維持できなくなってしまうかもしれない。

(2)　敵対的買収の問題点と防衛策

しかし，敵対的買収は対象会社の利益になるとは限らない。極端な例として，上場会社の株式を買い集め，その影響力を利用してさまざまなトラブルを引き起こすことで，買い集めた株式を当該会社や役員等に高値で引き取らせることを狙う者（**グリーンメーラー**）が，従来わが国に存在したことも事実である（たとえば，最判平成18・4・10民集60巻4号1273頁〔百選14，商判I-131〕，大阪地判平成2・5・2金判849号9頁の事例参照）。こうした濫用的な買収を阻止するため，対象会社の取締役会は一定の措置（**防衛策**）をとりうるという主張はありうる。また，濫用的な買収であることは明らかでなくても，たとえば，対象会社の株主が買収に応じるかどうかを適切に判断できるようにするという目的の限度であれば，取締役会が一定の措置をとりうる，という議論もありうる。

近時，わが国でも敵対的買収が試みられるようになったことに伴い，防衛策がどこまで許容されるかをめぐり，多くの議論が行われている。本節では，とてもそのすべてを紹介することはできないので，この問題についての裁判例と，上場会社で実際に用いられている防衛策について紹介し，問題点を簡単に説明するにとどめる。関心のある読者は，引用されている裁判例や文献を読み，さらに勉強してほしい。

2 取締役会による防衛策についての裁判例

(1) 総　　説

本項では，敵対的買収に対し，対象会社の取締役会の判断で防衛策を行使することがどこまで認められるかについての裁判例を紹介する。

(2) ニッポン放送事件決定

〈Case 9-3〉　X会社は，上場会社であるY会社の買収を目指して，同社の株式約3分の1を市場で買い集め，さらに買い増しを進めていたところ，Y会社の取締役会は，同一の企業グループに属すA会社に対して新株予約権の発行を決議した。当該新株予約権は，そのすべてを行使すればY会社の総議決権の過半数を獲得するほどの規模であった。X会社は，当該新株予約権の発行の差止めの仮処分（247条，民保23条2項）を求めた。これに対しY会社は，X会社が買収後に行おうとしている事業の計画は非現実的であり，Y会社の従業員や主要取引先も買収に反対していることから，X会社による買収はY会社の企業価値を毀損するものである一方，むしろA会社に買収されればY会社の企業価値は高まる，と主張した。

〈Case 9-3〉は，東京高決平成17・3・23判時1899号56頁（百選99，商判I-

66，ニッポン放送事件）をもとにした事例である。現行法のもとでは，引受人に議決権の過半数を与えるような募集新株予約権の発行は，株主総会の決議が要求されることになるが（244条の2），本件の当時は，この規制はなかった。当該事件において，東京高裁は，「現に経営支配権争いが生じている場面において，経営支配権の維持・確保を目的とした新株予約権の発行がされた場合には，原則として，不公正な発行として差止請求が認められるべきである」という，従来の判例法理である**主要目的ルール**（⇨338頁(c)）を基本的に踏襲した。その上で，当該新株予約権発行は，株主構成の変更（現経営陣を支持する特定の第三者〔A会社〕に支配権をとらせること）を主要な目的とするものであり，たとえY会社の現経営陣が，当該第三者の経営方針のほうが敵対的買収者のそれよりも合理的だと信じていたとしても，支配権の維持・確保目的にあたるとした。「誰を経営者としてどのような事業構成の方針で会社を経営させるかは，株主総会における取締役選任を通じて株主が資本多数決によって決すべき問題というべき」だからである。

もっとも本決定は，「株主全体の利益保護の観点から当該新株予約権発行を正当化する特段の事情があること，具体的には，敵対的買収者が真摯に合理的な経営を目指すものではなく，敵対的買収者による支配権取得が会社に回復し難い損害をもたらす事情があることを会社が疎明，立証した場合」には，当該新株予約権発行を差し止めることはできないとし，主要目的ルールに例外を認めた。しかし裁判所は，この例外をかなり狭く捉えている。というのも，本決定は，新株予約権発行を正当化する事情としてY会社が主張した事情（⇨〈Case 9-3〉参照）につき，それらは皆，「株主や株式取引市場の事業経営上の判断や評価にゆだねざるを得ない」もので，「司法手続の中で裁判所が判断するのに適しない」として，「主張自体失当」として斥けているのである。本決定により示された，支配権争いの帰趨は原則として株主が決めるべきであるという考え方は，以後の裁判例の基調を形成しているといえる（取締役会決議による防衛策の差止めを命じた事例として，東京高決平成20・5・12金判1298号46頁も参照）。

Column 9-39　ニッポン放送事件決定の「4類型」

ニッポン放送事件決定は，支配権維持・確保目的の新株等の発行が例外的に適法となる「特段の事情」の具体例（いわゆる「4類型」）を呈示している。その4類型とは，買収者が，①ただ株価をつり上げて株式を高値で会社関係者に買い取らせる目的（グリーンメーラー〔⇨465頁(2)〕を想定している），②対象会社の知的財産権やノウハウ等を買収者に移譲する目的，③対象会社の資産を買収者の債務の担保や弁済原資として流用する目的，④会社経営を一時的に支配して事業に当面関係していない高額資産等を売却等処分させ，売却資金により一時的高配当させる目的で，買収をする場合である。しかしこれらのうち，③は，対象会社の資産を担保にして買収資金の融資を受ける方法（レバレッジド・バイアウト〔LBO〕と呼ばれ，MBOなどに通常利用される方法である。⇨391頁 Column 9-6 ）を，また④は，遊休資産を処分し株主に分配するという経済合理性のある行為を含むと解されかねない点で，問題がある。効率的な買収をも阻害する結果にならないよう，4類型は合理的に限定解釈するべきである（藤田友敬「ニッポン放送新株予約権発行差止事件の検討(下)」商事1746号〔2005年〕4頁，5～6頁，田中・後掲② 122～132頁）。

(3)　日本技術開発事件決定

取締役会の判断で買収自体を阻止するような防衛策は，ニッポン放送事件決定により厳しく制限されることになったが，しかし裁判所は，他のより限定的な目的で取締役会が防衛策を行使することを否定はしなかった。すなわち，同決定の約4か月後に出された，東京地決平成17・7・29判時1909号87頁（日本技術開発事件決定）は，「企業の経営支配権の争いがある場合，現経営陣と敵対的買収者……のいずれに経営を委ねるべきかの判断は，株主によってされるべきである」としつつ，「〔対象会社の〕取締役会としては，株主に対して適切な情報提供を行い，その適切な判断を可能とするという目的で，敵対的買収者に対して事業計画の提案と相当な検討期間の設定を任意で要求することができるのみならず，合理的な要求に応じない買収者に対しては，……株主全体の利益保護の観点から相当な手段を採ることが許容される場合も存するというべきである」とし，情報提供等の要求に応じずに買収者が開始した公開買付けに対抗して，対象会社の取締役会が決議した株式分割（公開買付けによる買収の実現を遅らせる効果をもっていた）を適法と認めた（田中亘「本件判批」野村修也＝中東正文『M＆A判例の分析と展開』〔経済法令研究会，2007年〕114頁参照）。

本決定は，支配権争いの帰趨は株主が決すべきだという原則を踏襲しつつも，株主がそうした判断を行うための情報提供と検討期間の確保の目的であれば，取締役会は「相当」な防衛策をとりうるとしたものである。本決定は，同年5月に，経済産業省の企業価値研究会が公表した「企業価値報告書」，および経済産業省・法務省の買収防衛指針が，一定の防衛策を許容する提言をしたこと（⇨ Column 9-40 ）とも相まって，上場会社による**事前警告型防衛策**（⇨**3**）の導入を促す効果をもったと考えられる。

> **Column 9-40　企業価値研究会と買収防衛策**
>
> 経済産業省の研究会である企業価値研究会が，平成17年5月27日に公表した「企業価値報告書」は，買収防衛策に関する考え方を整理し，一定の防衛策は企業価値の維持・向上の見地から合理性を認めうるとの見解を示した。また，同日に出された経済産業省・法務省の共同作成になる「企業価値・株主共同の利益の確保又は向上のための買収防衛策に関する指針」（買収防衛指針）は，差別的行使条件付新株予約権を用いた買収防衛策（⇨**3**で後述）が適法とされうるとの見解を示した（いずれも，別冊商事法務287号に所収）。いずれの文書も，法的拘束力をもつものではないが，上場会社による防衛策の導入に一定の影響を与えた。その後，企業価値研究会は平成20年6月30日，「近時の諸環境を踏まえた買収防衛策の在り方」を公表し，過去の裁判例を踏まえ，合理的な防衛策のあり方についての見解を述べている（商事1838号〔2008年〕53頁所収。解説として，新原浩朗「近時の諸環境の変化を踏まえた買収防衛策の在り方 ── 企業価値研究会報告書の背景と意味」商事1842号〔2008年〕15頁）。

3 事前警告型防衛策

(1) 概　　要

事前警告型防衛策とは，当該防衛策の導入会社を買収しようとする（その会社の株式を20%以上取得するか，または公開買付けをかけること，と定義されることが多い）者に対し，買収後の事業計画を含む一定の情報提供を行うこと，および導入会社の取締役会が当該提案を検討し，必要に応じて代替案を株主に提示するための期間（60日ないし90日が一般的）を確保するように求め，仮に買収者がそうした手続を履践せずに買収を試みたときは，**差別的な内容の新株予約権の無償割当て**（277条以下。新株予約権無償割当て一般については，⇨353頁**3**）等の対抗策を発動する旨をあらかじめ公表することである（防衛策導入・公表時には無償割当てを行わず，ただ将来行う可能性があることを警告するだけであることから，「事前警告型」と呼ばれる)。

ここで，差別的な内容の新株予約権というのは，買収者以外の株主のみが行使できるという条件（**差別的行使条件**），または，発行会社が買収者以外の株主からのみ，普通株式を対価として取得できる旨の条項（**差別的取得条項**）が付された新株予約権のことである。買収者は，株主である限り当該新株予約権を割り当てられるが，行使することも取得されることもできないのである。こうした新株予約権が行使または取得されると，新株の発行により買収者の持株比率が低下して買収は困難になるし，希釈化による経済的損失をも被ることになる。

Column 9-41　米国のライツ・プランと事前警告型防衛策

差別的な内容の新株予約権の無償割当てを用いる防衛策は，米国で多くの上場会社が導入している防衛策である**ライツ・プラン**（通称ポイズン・ピル）を日本に取り入れたものである。ただ，米国では，ライツ・プランの導入時に，新株予約権が全株主に実際に無償割当てされ，その後に株式が譲渡されると新株予約権も株式に随伴して移転する仕組みになっている。ところが日本では，新株予約権が株式に随伴する仕組みは作れない（会社法上許容されていない態様の株式の譲渡制限になるため）と解されている。そのため，もしも米国のように，防衛策導入時に新株予約権を実際に株主に無償割当てしてしまうと，いざ敵対的買収がしかけられたときには，その時点の株主と新株予約権者とは乖離するため，当該新株予約権が行使されれば，買収者以外の株主も損害を被ってしまう（この理由により，東京高決平成 17・6・15 判時 1900 号 156 頁〔百選 A38，商判Ⅰ-68，ニレコ事件〕は，株主割当てでの新株予約権の発行を差し止めた)。そこで，新株予約権を実際に無償割当てする時点を，防衛策の導入時ではなく発動時に延期することにより，買収者以外の株主に損害を与えないように工夫した，事前警告型防衛策が普及することになった。

(2)　事前警告型防衛策の問題点とその合理性を高める工夫

公表されている防衛策の目的を読む限り，事前警告型防衛策は，導入会社の取締役会の判断によって買収そのものを阻止するのではなく，むしろ株主が買収の是非を適切に判断できるようにするために，買収者に情報提供と検討期間の確保を求めることが目的である。それゆえ，買収者が必要な情報提供等をしたときは，原則として防衛策は発動せず，買収に応じるかどうかの判断は株主に委ねられるものとされている（ただし，買収条件が対象会社の「本源的価値」に照らして不十分である場合や，買収がステークホルダーの利益を毀損する場合には，防衛策を発動できるとしているものも少なくない。田中・後掲② 213頁）。

もっとも，たとえそうした目的であっても，差別的な内容の新株予約権を無償割当てすることは，株主平等の原則（109条1項）に反するのではないかという疑問が生じる（⇨**4**）。その点は別にしても，①少なくとも買収が公開買付けにより行われるときは，情報提供と検討期間の確保は，公開買付規制によってすでに図られているのではないか（⇨389頁(2)），②買収者に「手の内を晒す」ことを求めるような事業計画の提出要求は適切なのか，③取締役会が買収者に対して情報提供の要求を際限なく繰り返すことにより，結果として株主の判断機会を奪う危険はないのか，④少なくとも全株式の取得を目的とする買収であれば，買収後に会社がどのように経営されるかについて導入会社の株主は関心をもたないはずであり（買収価格こそが重要），その場合にも買収者に事業計画等の提出を求める必要があるのか，といった疑問も生じうる。

ともあれ，事前警告型防衛策は，それが取締役会により恣意的に発動されるリスクに対処するために，社外取締役・社外監査役あるいは外部の有識者からなる「特別委員会（独立委員会，第三者委員会ともいう）」を設け，防衛策の発動は同委員会の勧告に基づいてする旨を定めることが多い（⇨ Column 9-42 ）。また，防衛策の導入に際して（定款変更または株主総会の勧告的決議〔⇨142頁 Column 4-3 〕という形で）株主総会の承認を得るとともに，防衛策の有効期間を1年ないし3年とし，期間が満了したときは，再度，株主総会の承認を得るものとしているのが通常である。

令和元年7月末の時点で，わが国の上場会社の8.8％にあたる329社が，防衛策を導入している。防衛策は経営者に対する規律を損なうとして，株主総会で防衛策の導入・継続議案に反対する株主が機関投資家を中心に増えていることから，防衛策を採用する会社の数は，近年は減少傾向にある（茂木美樹＝谷野耕司「敵対的買収防衛策の導入状況ともの言う株主の動向――2019年6月総会を踏まえて」商事2212号〔2019年〕33～34頁）。

Column 9-42　買収防衛策・独立の社外取締役・特別委員会

すでに述べたように（⇨209頁**1**），米国の上場会社においては，取締役会の過半数は経営者から独立した社外取締役で占められることが普通である。そのため，会社が防衛策を導入していても，それは必ずしも敵対的買収を阻止するために使われるのではなく，むしろ買収者との交渉手段として使われ（防衛策の不発動と引き換えに買収者からより高い買収価格を引き出すなど），株主の利益になっているという評価もある（反対の評価もあるが）。これに対し，わが国の上場会社の取締役は，大多数が内部出身者であるため，敵対的買収に対しては，条件のいかんを問わずこれに抵抗しがちになるのではないかという懸念がある。特別委員会の設置は，そうした懸念に応えるための工夫であるが，委員が必ずしも会社法上の義務や責任を負う役員（取締役・監査役）ではないため，真に会社・株主の利益のために判断を行う十分な動機があるか疑問であることや，人選において経営陣の意向が反映しがちになるのではないかといった問題点が指摘されている。

4　株主総会の承認を得て発動した防衛策の適法性――ブルドックソース事件

(1)　事実の概要

最決平成19・8・7民集61巻5号2215頁（百選100，商判I-67，ブルドックソース事件）は，買収者（X）がその関連会社を通じて対象会社（Y社）の全株式を対象に公開買付けを開始したのに対抗してY社が行った，差別的な内容の新株予約権の無償割当てを適法と認めた（差止めの仮処分申立てを却下。なお，差別的な内容の新株予約権無償割当てについては，新株予約権発行の差止めの規定〔247条〕が類推適用されることは，本件の一審以来，認められている）。もっとも本件は，3で紹介した事前警告型防衛策と比較して，次のような特殊性があった。

第1に，本件のY社は事前警告型防衛策を採用しておらず，むしろ公開買付開始後に，事前の予告なく本件新株予約権無償割当てを決定したものである。他方，第2に，本件新株予約権は，Xおよびその関係者（X関係者）以外の株主に割り当てられる分については，Y会社が普通株式を対価にこれを取得するのに対し，X関係者に割り当てられる分については，金銭を対価としてY会社が取得することが定められていた。しかもその対価の額は，Xの関連会社自身が設定した公開買付価格を基準に決められていた。そのため，本件新株予約権無償割当ては，Xの持株比率を低下させるものではあっても，Xに経済的損失を与えるものではなかった。第3に，本件新株予約権無償割当ては，Y社の株主総会の特別決議による承認，それも議決権総数の8割以上（X関係者以外の株主の議決権の9割以上）の賛成を得て行われたものであった。

(2) 最高裁決定

最高裁は，差別的な内容の新株予約権の無償割当てに対しても，株主平等の原則（109条1項）の趣旨が及ぶと認めつつ，「特定の株主による経営支配権の取得に伴い……会社の企業価値がき損され，会社の利益ひいては株主の共同の利益が害されることになるような場合には，その防止のために当該株主を差別的に取り扱ったとしても，当該取扱いが衡平の理念に反し，相当性を欠くものでない限り，これを直ちに同原則の趣旨に反するものということはできない」と判示した。その上で，「特定の株主による経営支配権の取得」が「企業価値をき損」するか否かの判断は，「最終的には，会社の利益の帰属主体である株主自身により判断されるべき」であり，総会の手続が適正さを欠くとか，判断の前提とされた事実が不存在であったり虚偽であるといった重大な瑕疵がない限り，その判断が尊重されるべきであるとした。そして，本件新株予約権無償割当ては，X関係者以外の株主のほとんどが賛成し，手続に重大な瑕疵があるとも認められないからその判断が尊重されるべきであり，また，X関係者に経済的補償がなされていることから，当該取扱いが相当性を欠くともいえないとして，株主平等の原則の趣旨には反しないとした（著しく不公正〔247条2号〕であるとの主張も否定）。

(3) 本決定の評価と残された疑問

本決定により，防衛策が発動時に株主総会の承認（少なくとも，買収者以外の「ほとんど」の株主の賛成）を得た場合，その適法性はかなり穏やかに認められることが明らかにされた。これは，支配権争いの帰趨は株主が決することを原則とする，ニッポン放送事件決定以来の裁判例とも整合し，首尾一貫した判断に見えるかもしれない。しかし，2つの問題がありうる。第1に，本件では全株式を対象とした公開買付けが行われているのであるから，株主が買収の是非を判断すべきだとしても，その判断は公開買付けに応じるかどうかの決定を通じて行えば足りるのではないか，との疑問が生じうる。株主の判断が，公開買付けによってなされるのと株主総会でなされるのとでどのように異なるのか，その利害得失は何かの分析が本来は必要なはずである（この問題については，⇨**5**の議論を参照）。第２に，株主総会の承認を得て発動した防衛策なら基本的に適法と認められるとすると，経営陣による株式持合い・安定株主工作の動きを助長するという懸念がある。現に，本件においては，X が Y 会社の株式を取得し始めた頃から，Y 会社は株式持合いを増やしていた（胥鵬＝田中亘「買収防衛策イン・ザ・シャドー・オブ株式持合い —— 事例研究」商事 1885 号〔2009 年〕4 頁〔田中・後掲②第８章〕）。

いずれにせよ，本件は防衛策の発動時に株主総会の承認を得た事例であり，本決定の射程もそれに限定される。現在，上場会社が採用している事前警告型防衛策は，導入時は株主総会の承認を得るが，発動は取締役会が決めることになっているものが多い。その場合，どういう基準の下で防衛策の適法性が審査されるかは本決定からは明らかでなく，今後の判例に委ねられている。

もう１つ，本件が惹起した問題として，防衛策の「相当性」が認められるためには，常に買収者に経済的補償を行わなくてはならないのかという問題がある。もしも常に補償が必要だとすると，補償目当ての株式の買い集めを助長しかねない（田中・後掲② 261～264 頁）。そこで，本件後の買収防衛実務では，敵対的買収者が公開買付けを撤回した場合には差別的新株予約権無償割当てを中止するものとした上，公開買付けが撤回されないため差別的新株予約権無償割当てを行う場合も，買収者は対象会社に対する持株比率を一定割合未満に引き下げれば新株予約権を行使できるものとすることにより，対象会社が補償をすることなく，買収者が経済的損失を回避することができるように工夫がされている（最近の有事における防衛策の導入例として，太田洋＝松原大祐＝政安慶一「東芝機械の『特定標的型・株主判断型』買収防衛策について（上）（下）—— いわゆる有事導入型買収防衛策の法的論点の検討」商事 2240 号 10～17 頁，2241 号 38～47 頁〔いずれも 2020 年〕）。

5 防衛策についての考え方

防衛策をめぐる議論は多様かつ複雑であるが，本節の最後に，議論のポイントだと筆者（本章の執筆担当者）が考える点を指摘しておく。

防衛策に対してどういうスタンスをとるか決める上では，「支配権争いの帰趣は株主が決めるべきである」という原則を支持するかどうかが，重要な分岐点になる。この原則を受け入れた場合，支持できる防衛策の範囲はかなり限られる。といっても，すべての防衛策が当然に否定されるわけではない。前に述べたように（⇨ 390 頁 Column 9-5），たとえば市場における株式の買い集めといった形で買収が行われる場合には，もし対象会社の株主が，当該買収は企業価値を毀損すると信じたとすれば，かえって株式を売りがちになるおそれがある（**強圧性**の問題）。それゆえ，支配権争いの帰趨は株主が決めるべきだとしても，株主がその判断を適切に（とりわけ，強圧性を被らない形で）行えるようにするために，一定の防衛策を正当化できる可能性がある。公開買付けも，手法によっては強圧性が生じる可能性があり，そのことは，ブルドックソース事件のようなタイプの防衛策の合理性を少なくとも理論上は説明できる（田中・後掲② 248〜250 頁）。しかし，公開買付けが非強圧的な手法によって行われるときは（たとえば，公開買付成功後に残存株式を公開買付価格と同額で取得する意図を明示して行う場合），防衛策を正当化する理由は見いだしづらい（その場合にも，株主に対する情報提供や検討期間の確保のために一定の防衛策が許容されるという主張がありうるが，3 (2)の①〜④に示した理由から〔470 頁〕，筆者はその主張に懐疑的である）。また，もしも強圧的な買収手法を許さないように公開買付規制が改正されるなら，防衛策は不要であるということにもなる。筆者自身は，そのような立場をとっている（田中・後掲② 27〜36 頁，407〜448 頁）。

しかしこれに対して，「支配権争いの帰趨は株主が決めるべきである」という原則そのものを疑う立場もありうる。第3章第1節 4 (2)(b)（74 頁）で述べたように，契約が不完備となりがちな現実世界では，買収は株主の利益だけでなく，従業員その他の会社のステークホルダーの利益にも影響せずにはいられない。買収者が，従業員の取り分を減らして株主の取り分を増やす目的で買収をしようとしていたり，単純に自分の能力を過信しているときは，企業価値を損なう買収が行われるかもしれない。しかしその場合にも，対象会社の既存株主は，買収価格が高額であれば買収に応じてしまうだろう。また，買収が企業価値を毀損することが明らかであるといった「特段の事情」（ニッポン放送事件決定参照）を，経営の実情に通じない裁判所に対して主張・立証することも現実には難しい。以上の観点からは，「取締役会は，買収が企業価値を毀損すると合理的に信じたときは，（それが『明らか』であることを立証できなくても，また，株主は買収に賛成しているとしても）防衛策を行使できる」――いいかえれば，「支配権争いの帰趨は，（合理的な範囲で）取締役会が決めることができる」という主張も，ありえないわけではない。

筆者自身は，上のような主張には懐疑的である。企業価値を毀損するが株主には利益となる買収というものが，現実にどの程度存在するか疑問である一方，防衛策を広く認めることが敵対的買収の規律効果（⇨ 464頁(1)）を弱める危険は，現実的だと考えるからである（田中・後掲② 380〜383頁）。しかし，本書の共著者の中には，取締役会に防衛策を行使する裁量権限を認めることについてより積極的な者もいる（大杉謙一「株式の大量取得行為に対する法的規制のあり方」江頭憲治郎先生還暦記念『企業法の理論(下)』〔商事法務，2007年〕1頁，松井秀征「取締役の新株発行権限(2・完)」法協114巻6号〔1997年〕671頁）。本書は，この議論の対立に決着をつける場ではない。ただ，読者に知っておいてもらいたいのは，この問題は会社法の条文の形式的な解釈によって決着のつくような話ではなく，一定の政策判断を必要とする問題であること，そしてその判断の妥当性は，現実の経済社会に対する不断の観察によって，確かめられなければならないということである。

参考文献

本文中に示したもののほか，

＊買収・結合・再編の法制・実務全般につき，

□森・濱田松本法律事務所編『M&A法大系』（有斐閣，2015年）

＊「公正な価格」の決定に関する問題（第3節❷⑤(4)以下〔410頁以下〕）について，

□飯田秀総「企業再編・企業買収における株式買取請求・取得価格決定の申立て――株式の評価」法教384号（2012年）26〜36頁

□田中亘①「総括に代えて――企業再編に関する若干の法律問題の検討」土岐敦司＝辺見紀男編『企業再編の理論と実務――企業再編のすべて』（商事法務，2014年）

＊敵対的買収に対する防衛策（第5節444頁以下）について，

□田中亘②『企業買収と防衛策』（商事法務，2012年）

第 10 章 企業グループ

株式会社は，子会社や関連会社を有し，企業グループとして事業を行うことが多い。その場合，グループを構成する個別の会社よりは，むしろ，企業グループ全体で事業が適正に行われる必要があり，そのために，親会社やその株主が子会社の事業にどのように関与することができるのか（また，しなければならないのか）が問題になる。他方で，親会社は，子会社の経営を支配しており，子会社に不利益なことをさせる可能性もある。本章では，以上の点に関するルールを説明していく。

第1節　親会社と子会社

1 定　義

(1) 親会社・子会社

株式会社は，他の株式会社の株式を保有し，株主になることができる。A会社がB会社の株主として議決権の過半数を有する場合，A会社は自身の意向に沿ってB会社の経営陣を選任・解任することができ（329条1項・339条1項参照），このことを基礎にB会社の経営を支配しているといえる。以上の場合を含め，A会社がB会社の経営を支配している場合，A会社を**親会社**，B会社を**子会社**という（2条3号4号）。

親会社・子会社の定義は会社法施行規則に詳細に定められており（⇨ Column 10-1 ），親会社・子会社という概念によって様々な会社法の規定の適用の有無が決まる（たとえば，135条・433条3項）。

Column 10-1　親会社・子会社，親会社等・子会社等の定義

会社法2条3号4号には親会社・子会社の定義の輪郭が定められているだけで，実際の定義は，会社法施行規則3条に以下のとおり定められる。

子会社とは，会社（A）が他の会社等（B）の財務および事業の方針の決定を支配している場合における当該他の会社等（B）をいう（会社則3条1項）。ここで「会社」とは会社法が定める会社（株式会社，合名会社，合資会社，合同会社）をいい（2条1号，会社則2条1項），「会社等」とは会社（外国会社を含む），組合（外国における組合に相当するものを含む），その他これらに準ずる事業体をいう（会社則2条3項2号。以下の親会社の定義でも同様）。そのため，子会社（B）には，組合など，「会社」でないものも含まれる。

親会社とは，会社等（A）が株式会社（B）の財務および事業の方針の決定を支配している場合における当該会社等（A）をいう（会社則3条2項）。親会社の定義では，子会社にあたるBは株式会社に限られる。会社法は，基本的にBが株式会社である場合についての規定しか置いていないからである（ただし同条4項参照）。

以上の親会社・子会社の定義にいう「財務および事業の方針の決定を支配している場合」には，AがBの議決権の過半数を有する場合のほか，議決権の40％以上を有する場合で一定の要件が充たされる場合を含む（実質支配基準。会社則3条3項）。議決権の割合について計算するときには，Aが直接保有する分に，Aの子会社が有する分などを加える（同項1号参照）。

以上の子会社と，会社以外の者がその経営を支配している会社等を併せて，**子会社等**という（2条3号の2，会社則3条の2第1項）。また，以上の親会社と，会社等以外の者で株式会社の経営を支配している者を併せて，**親会社等**という（2条4号の2，会社則3条の2第2項）。つまり，子会社・親会社の定義の，支配する側（A）を広げた概念（Aが個人である場合などが含まれる）が，子会社等・親会社等である。

(2)　完全親会社・完全子会社

A株式会社がB株式会社の発行済株式の全部を有する場合，Aを**完全親会社**，Bを**完全子会社**という（847条の2第1項）。この場合，Bの株主はAだけである（Bに少数株主が存在しない）。完全親会社・完全子会社の定義は，会社法施行規則に詳細に定められており，たとえば，前記のBがC株式会社の発行済株式の全部を有する場合には，A・BいずれもがCの完全親会社（CはA・Bいずれもの完全子会社）とされる（会社則218条の3）。

これらの定義上，完全親会社・完全子会社は，親会社から子会社まですべての会社が株式会社である場合だけを含む。子会社の側に株式会社でない法人が含まれる場合，完全親会社・完全子会社にはならない。後者の場合を合わせて，**完全親会社等・完全子会社等**といわれる（847条の3第2項2号・3項。以上について，田中52〜54頁参照）。

2 企業グループの開示

株式会社は，親会社と子会社などから成る企業グループとして事業を行うことが多い。これを前提にした開示制度として，会社法は連結計算書類について定める。連結計算書類では，関連会社に関する情報も含めた開示が行われる（⇨281頁3）。

関連会社とは，会社（A）が他の会社等（B）の財務および事業の方針の決定に対して重要な影響を与えることができる場合における当該他の会社等（B。ただし子会社を除く）をいう（会社計算2条3項21号）。AがBの議決権の20%以上を有する場合のほか，議決権の15%以上を有する場合で一定の要件を充たす場合が含まれる（同条4項）。

金商法上の開示書類（⇨283頁(3)）では，単体の会社に関する情報よりも，企業グループに関する連結情報がむしろ主とされる。同開示書類に掲載される**連結財務諸表**等には，会社法上の連結計算書類よりも詳細な情報が含まれる。

第2節　企業グループの管理と親会社の株主

1 企業グループの管理

(1) 企業グループの管理と会社法のルール

株式会社が企業グループとして事業を行う場合，企業グループ全体で事業が適正に（過度のリスクを負担せず，適法かつ効率的に。会社則100条1項5号参照）行われる必要がある。子会社の事業が適正に行われず子会社の価値が低下すれば，親会社が所有する子会社株式の価値も低下し，これによって親会社の価値も低下する。重要な子会社に多額の損失が生じることにより，企業グループ全体が傾くこともある。子会社での不祥事が企業グループ全体のイメージを低下させ，これが親会社の事業に影響することもありうる。

子会社の業務執行の決定・実行をするのは，法律上は子会社の取締役である（348条1項2項・362条2項1号・363条1項）。親会社は子会社の大株主であり，株主として様々な権利を行使することはもちろんできる。それに加えて，親会社はそもそも子会社の経営を支配しているのであり（2条4号），企業グループ全体の事業の適正を図るために子会社の取締役に指図をすることはある。子会社の側も，そのような指図に従う法的な義務はないにせよ，通常はそれに従うだろう。親会社が子会社に指図をすることは，それ自体が違法なわけでもない。

会社法にも，企業グループ全体の事業の適正が重要であることを意識したルールは存在する。企業グループの開示（⇨479頁 2）がそうであるし，内部統制システム（⇨186頁 Column 4-19）には，当該会社のみならず，その親会社・子会社から成る企業集団の業務の適正を確保するための体制（グループ内部統制システム）が含まれる（348条3項4号・362条4項6号，会社則98条1項5号・100条1項5号）。グループ内部統制システムを構築した親会社の子会社従業員に対する義務が問題になった事例として，最判平成30・2・15判時2383号15頁（商判Ⅰ-137）がある。

Column 10-2　子会社の監視

親会社の取締役・執行役は，親会社に対する注意義務（330条・402条3項，民644条）の一内容として，子会社を監視する義務を負うだろうか。これは，子会社で違法行為等が行われたために親会社が損害を被った場合に，親会社の取締役等が同義務を怠ったことを理由に親会社に対して任務懈怠責任（423条1項）を負うかという形で問題になる。かつて，そのような義務は，親会社が実質的に子会社の意思決定を支配したと評価できるような場合にだけ認められるとする裁判例・学説もあった。しかし，現在では，より広く，子会社の株式は親会社にとっては財産であり，そのような財産の価値を維持するため，親会社の取締役等は一定の範囲で子会社を監視する義務を親会社に対して負うとする見解が有力である（子会社の監視を怠ったことについて任務懈怠を肯定した裁判例として，福岡高判平成24・4・13金判1399号24頁〔百選53，商判Ⅰ-136〕）。親会社の取締役等が子会社を監視し，是正のために指図をしたとしても，子会

> 社がこれに従う法的な義務はない。そうであるとしても，親会社の取締役等としては，事実上可能な措置はとるべきであり，子会社に対して必要な指図をしなかった場合には，親会社に対する任務を怠ったと評価されることはありうる。

(2) 完全子会社化と持株会社

親会社は，子会社の議決権の過半数（あるいは40％以上）を握っており，子会社の経営を支配している（2条4号，会社則3条2項3項）。逆にいえば，子会社の経営を支配するために子会社の発行済株式の全部を保有する必要はない。実際，子会社に親会社以外の株主（少数株主）がいる場合もある。他方で，完全子会社には少数株主がいないため，少数株主の利益に配慮する必要がなく（⇨第3節参照），企業グループとして迅速な意思決定ができる。

わが国ではこれまで，子会社上場が少なくなかったが，近年では，前記のメリットのため完全子会社化が行われる例も多い（⇨412頁 Column 9-18 ）。**持株会社**を企業グループのトップに置き，完全子会社を通じて事業を行う企業も増えている（⇨414頁 Column 9-19 ）。このような完全子会社化や持株会社設立のための各種の制度も整備されてきている（たとえば，キャッシュ・アウトのための諸制度〔⇨394頁 **4**〕，株式交換〔⇨412頁 4〕，株式移転〔⇨413頁 5〕）。これらの制度にかぎらず，株式会社の買収・結合・再編のための諸制度（⇨第9章第1節382頁以下）は，企業グループ内での事業の再編（特定の事業をある子会社から別の子会社に移転させるなど）や，異なる企業グループの間での事業の移転のために用いられることも多い。

2 親会社の株主の利益

親会社と子会社は，異なる会社である（法人格は別である）から，親会社の株主は，その権利を，親会社についてしか行使することができないのが原則である。しかし，親会社の株主の権利が常に親会社にしか及ばないとすれば，企業グループの重要な事業が子会社で行われる場合などに親会社の株主の利益が十分に保護されないのではないかとも考えられる（とりわけ，持株会社の場合。⇨ **1** (2)）。子会社を通じて違法行為が行われることもあるかもしれない。

会社法には，以上のことに配慮した規定が置かれる。たとえば，親会社社員は，子会社の書類を閲覧・謄写できることが多い。その場合，子会社の利益に配慮して，裁判所の許可（868条2項・869条参照）が要件とされる（31条3項〔定款〕・125条4項〔株主名簿〕・318条5項〔株主総会議事録〕・371条5項〔取締役会議事録〕・433条3項〔会計帳簿〕など。⇨67頁**図表3-2**）。また，親会社の検査役，監査役，会計監査人，選定監査等委員，選定監査委員は，子会社の業務・財産の状況を調査する権限を有する（358条4項・381条3項・396条3項・399条の3第2項・405条2項）。

親会社の株主は，一定の要件を充たす場合に子会社の役員等に対して責任追及等の訴えを提起できる（**特定責任追及の訴え**。多重代表訴訟とも呼ばれる。847条の3。⇨256頁(b)）。また，親会社による子会社の株式等の譲渡が一定の要件を充たす場合，親会社の株主総会の特別決議による承認を受けなければならない（467条1項2号の2。⇨462頁(1)）。

Column 10-3　株主権の縮減論

親会社株主の利益保護の問題は，平成9年に持株会社が解禁されたこと（⇨414頁 Column 9-19 ）に伴って強く意識されるようになった。持株会社は子会社の株式を保有し，子会社の経営を支配することを目的とする会社であり，子会社を通じて事業を行う。A会社が株式移転によって持株会社Hを設立し，従来のA株主はHの株主になったとしよう。従来のA株主は，これまで株主総会や様々な株主権の行使を通じてAの事業に関連して一定のコントロールを及ぼすことができたところ，Hの設立後はHについてしかコントロールを及ぼすことができない。AにはH（つまりその経営陣）がコントロールを及ぼすのであり，従来のA株主の権利の及ぶ範囲が縮小されたとも捉えられる（**株主の権利の縮減論**）。これをもとに，親会社の権利を，従来の会社法で認められていた範囲を超えて，子会社の事業に及ぼすべきなのではないかと考えられたのである。

もっとも，以上のような捉え方は，事業会社が持株会社を設立した場合の，事業会社の従来の株主についてしか当てはまらないようにも考えられる。また，持株会社の事業は子会社の株式の保有・経営の支配であり，子会社の事業について親会社株主の権利を及ぼすことは，親会社の業務執行への介入を親会社株主に認めることにほかならない。

このように，株主の権利の縮減論は，必ずしも説得力の高いものでもない。会社法が定める様々な株主権について，その趣旨からして，あるいは，制度の潜脱を防止するために，子会社にも権利を及ぼすことが望ましい場合に，そのような手当てをすれば足りるとも考えられる。本文に述べた様々なルールも，そのような観点から説明することが可能であろう。

第3節　子会社の少数株主・債権者

1 子会社取締役の責任等

親会社は子会社の経営を支配しており，親会社が子会社にとって不利益なことを子会社にさせる可能性もないわけではない（子会社にとって不利な条件で他のグループ会社と取引をさせるなど）。そこで，子会社の少数株主や債権者の利益をどのように保護するかが，これまで議論されてきた。

図表 10-1 で，Bの取締役が（Aによる指図に従ったり，明示的な指図がなくともAの意向をおもんばかって）Aの利益を図るためBにとって不利益な意思決定をそれと知りつつ行ったのであれば，Bの取締役はBに対して任務懈怠責任（423条1項）を負い，Bの少数株主はこれを追及するために代表訴訟（847条）を提起することができる。また，そのような意思決定の結果としてBが倒産した場合，Bの債権者は429条1項によってBの取締役の責任を追及することが考えられる。A・B間で取引が行われる場合には，利益相反取引に関する規制が適用されることもある（⇨231頁 Column 4-36）。A・B間でBに不利益な組織再編を行う契約がBの株主総会の決議によって承認された場合には，同決議に取消事由（831条1項3号）があるか，また，これが組織再編の無効原因になるかが問題になる（⇨168頁(c)，453頁(1)）。

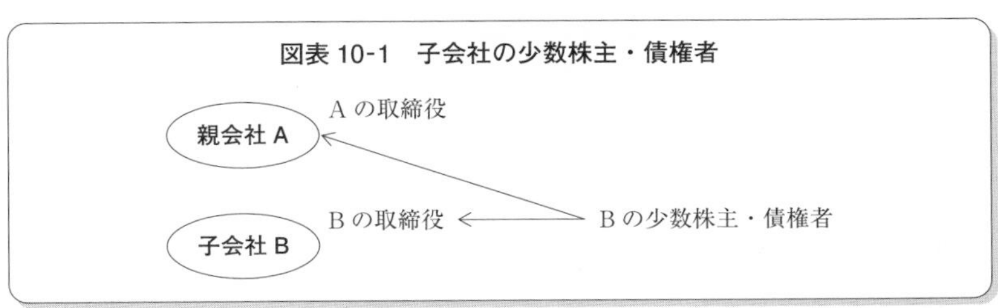

2 親会社の責任

1 に述べた措置は，子会社の少数株主や債権者が，子会社の役員等の責任の追及等を行うものである。これを超えて，子会社の少数株主や債権者が，親会社に対して損害賠償請求等ができないかが議論される。たとえば，**図表10-1**で，Bの取締役がAの利益を図るための意思決定を行ったことを，Bの株主であるAの権利の行使に関し財産上の利益を供与した（120条1項）ものと構成する見解がある。このような解釈が可能であれば，BからAに移転した利益の返還をBはAに対して請求することができ（同条3項），これについてBの少数株主は代表訴訟を提起することができる（847条1項参照）。また，Bの取締役がそのような意思決定を行ったことはBに対する注意義務違反であり，Aについては，Bの取締役によるそのような委任契約上の債務の不履行に加功したことによる債権侵害の不法行為責任（民709条）が，Bに対して生じるとする見解もある。Bの債権者は，AをBの事実上の取締役（⇨263頁(c)）として，429条1項によるAの責任を追及することができるとする見解もある（学説の詳細については，神作裕之「親子会社とグループ経営」江頭憲治郎編『株式会社法大系』〔有斐閣，2013年〕79頁参照）。

もっとも，これらの法的構成のどれが用いられるとしても，結局のところ，親会社に責任を負わせるための基準をどのように設定するかが，難しい問題になる。たとえば，子会社と親会社の利益が相反する取引によって子会社が不利益を受けた場合に，個別の取引による不利益をすべて子会社の損害と考えるべきだろうか。あるいは，そのような不利益を補償する措置が別にとられる場合，その分を子会社の損害から控除すべきだろうか。そもそも，ある取引が子会社にとって「不利益」かどうかが必ずしも明らかではない場合もある。現行法は，親会社との利益相反取引について，子会社の利益を害さないよう留意した事項等を事業報告またはその附属明細書の内容とし（会社則118条5号・128条3項），これについての意見を監査報告の内容とする（同129条1項6号・130条2項2号・130条の2第1項2号・131条1項2号）ことで，以上の問題に一定の対処をするにとどまる。

Column 10-4　子会社の保護

親会社が子会社の経営を支配しているということは，必ずしも，親会社によって子会社の利益が害されることを意味するわけではない。子会社の価値は親会社の価値に反映されるのであり，子会社の価値を低下させるだけでそれに見合う利益が企業グループに生じないことを，親会社が子会社に指図するとは考えにくい。子会社の価値を直接的には減少させる行為を行うよう親会社が指図するとすれば，その行為が企業グループ全体の価値を増加させると考えられるからであろうし，これについて子会社には何らかの形で埋め合わせが行われることもあるだろう。企業グループに属しているという事実が，子会社にとって有利に働くこともある（子会社の信用が増すなど）。本文に述べた子会社の少数株主・債権者の保護のための法的構成や基準だけでなく，そのような保護の必要性についても，学界で意見が一致しているわけではない。

親会社に責任を負わせるための基準については，従来，独立した当事者の間でならどのような条件で取引が行われたかを基準にする見解が有力であった（**独立当事者間取引基準**）。しかし，独立した当事者の間で設定される条件にも幅があるし，「独立した当事者の間でその取引が行われるとしたら」という想定が難しい取引もある。そもそも，独立当事者間取引基準は，親子会社間では独立当事者間と同様の条件で取引が行われなければならないという発想に立つものであるが，そうではないという考え方も成り立ちうる。伊藤靖史「子会社の少数株主の保護」商事1841号（2008年）27頁以下参照。

第 11 章 企業形態の選択と持分会社，組織変更

事業活動を行うための組織形態にはさまざまのものがある。本章では，第１節で会社以外の組織形態のいくつかを概観し，企業家（起業家）による組織形態の選択について説明する。そして，第２節で持分会社について，株式会社との違いを適宜指摘しつつ，その制度・ルールの概要を示す。第３節では，株式会社と持分会社の間での組織変更について解説する。

第１節　企業形態の選択

1　さまざまな企業形態

ビジネスを行う者がその器として用いる組織形態は，株式会社に限られるわけではない。会社法に定められた持分会社（合名会社・合資会社・合同会社）に加えて，**個人企業**を選択することもできるし（⇨５頁(1)），民法上の**組合**（民 667 条以下）や商法の**匿名組合**（商 535 条以下），特別法による投資事業有限責任組合なども選択肢となる。

組織が稼いだ利益を構成員に分配することに強いニーズがない場合には，**一般社団法人・一般財団法人**（たとえば大学系列の出版企業には財団法人が少なくない），

各種の協同組合組織（中小企業等協同組合法に基づいて設立されるものと，農協・生協などのように特別法に基づいて設立されるものとがある）も視野に入ってくる（これらの法人は非営利法人に分類される。⇨ 12 頁(2)）。保険事業を営むには**相互会社**（保険業法に定めがある）という企業形態を用いることができる（なお，相互会社は，各種の協同組合と同様に，利益の分配ではなく構成員の相互扶助を目的とする組織と位置づけられている。紛らわしい名称であるが，講学上は会社ではなく非営利法人〔中間法人〕に分類される）。

また，信託法によって規律される信託という仕組みは，機能的に見ると会社や組合などと類似し，利用者にとってはそれらの代替的な存在であり，近時さまざまな利用法が編み出されている。

ビジネスを始めようとする者たち（企業家，起業家）は，自分たちのニーズに適した企業形態を選択している。その意味で，さまざまな企業形態は，法が利用者のために用意したフォーマットである（⇨ 24 頁 Column 1-11）。

2 どのように企業形態を選択するか

企業家たちが企業形態を選択する際に考慮する要素として，①私法（組織法）上の要素によるもの，②租税法上の要素によるもの，③その他の理由によるものがある。

①私法（組織法）上の要素としては，たとえば**法人格の有無**，**構成員の負う責任**が無限責任か有限責任か，設立にあたりどのような規制やコストが存在するか（許認可の必要性，最低資本金制度の有無，その他設立手続に要する費用），利害関係者の間の法律関係をどの程度柔軟に設定することができるか（定款自治の範囲）などが考えられる。また，企業を上場させることを視野に入れるのであれば，上場の前にその企業を株式会社形態としておくことが事実上必要となることから，設立時に株式会社を選ぶ必要はないが，後に株式会社への変更が容易な企業形態を選んでおくことが必要となる。

②租税法上の考慮要素は多岐にわたり，ここでは詳論できないが，**法人課税**の対象となるか否かが特に重要である。わが国では，私法上の法人格の有無と法人課税の有無がほぼ連動する。そのため，多くの中小企業は，法人格のある企業形態を選ぶことによって節税をはかっている（「法人成り」と呼ばれる。所得

税が累進課税であるのに対して法人税の税率が一定であることによって，このような戦略が可能となる)。また，初期に多額の損失を計上するプロジェクトが存在し，その損失と相殺できる所得を有する者がいるとき，法人格のない企業形態（組合など）を選んで，組合の損失を組合員に帰属させ，その所得との相殺を図ることも行われている（この点に関しては，悪質な事例に対処するために，税法にさまざまな規定が置かれている)。

③その他の要因も実務上は重要である。これには，特定の事業活動に対する法規制（たとえば，公共工事を複数の建設会社が実施する際，会社間で民法上の組合として共同企業体を作ることが行政指導により慣例となっている）のほか，「株式会社のほうが合名会社よりもかっこいい」（あるいは「合同会社よりも一般の知名度が高いので，ビジネスがやりやすい」）などの感覚的な理由も含まれる。

わが国における企業形態の選択については，VM 1〜7 頁を参照。

Column 11-1　合同会社と有限責任事業組合

合同会社（いわゆる日本版 LLC）は平成 17 年制定の会社法によって導入され，**有限責任事業組合**（いわゆる日本版 LLP）は平成 17 年の特別法の制定により導入された。いずれも比較的新しい企業形態であり，内部関係を契約や定款により関係当事者間で自由に定めることができる点に特徴がある。

ベンチャー企業においては，技術開発によって事業に貢献する**起業家**（**アントレプレナー**）と巨額の資金を提供する専門の投資ファンド（**ベンチャー・キャピタル；VC**）の間で，事業の成否から生じる損益の分配や意思決定に関するパワー・バランスを精緻に定めることができれば，両者に適切に努力する動機付けを与える仕組みを作り出すことができる（この場合，出資額に応じて議決権の比率や利益の分配を行うことは，あまり合理的ではない。株式会社では，この点に対処するため種類株式が利用される。⇨ 84 頁 Column 3-7)。

また，**合弁事業**（**ジョイント・ベンチャー**）の例として，たとえば日本の商社とアメリカのレストラン・チェーン運営会社がそれぞれ資金とノウハウを拠出し，従業員を派遣して，日本でレストラン・チェーンを運営する会社を設立するという場合に，合弁に参加する 2 社の期待が異なったり利害が対立することがあるので，事前に意思決定方法（たとえば一定の重要事項について一方ないし両方が拒否権を持つ旨）を定款に定めることができると好都合である。

さらに，初期に多額の損失が生じる事業（ベンチャー企業に多い）を行うには，本文で述べたように，課税上は組合として扱われる（法人税がかからない）企業形態が望ましい。当初，合同会社はそのような課税上の取扱いを受けることが企図されていたが，わが国の徴税体制が十分ではなく（構成員に課税するやり方は租税回避に悪用されやすいが，それを抑制するには膨大なルールと行政官が必要となる），私法上の法人格のある合同会社に構成員課税を認めることには問題が少なくないため，構成員課税を可能にする組織形態として，急きょ有限責任事業組合が導入された。

実際には，設立のコストが小さいことがこれらの新しい企業形態が選択される動機となっているようであり，特に合同会社の設立社数が近時増加している。2013年末現在では清算中の会社を除く現存の合同会社は約5万7000社であったが，19年10月には約18万6000社に至っている（他の会社形態との比較は⇨14頁**図表1-1**）。利用例について，森信茂樹編著『合同会社（LLC）とパススルー税制』（きんざい，2013年），大杉謙一「合同会社の法制上の特徴と今後の活用」月報司法書士544号（2017年）4頁を参照。

第2節　持分会社

1 総　　説

(1) 序

会社法は，合名会社・合資会社・合同会社を合わせて「**持分会社**」と呼んでいる（575条1項を参照）。これは，法規定の適用関係を明確にするとともに，同一内容の規定を3種類の会社につき繰り返し定めることを避けるために，持分会社という上位概念を定めて法文を整備したことによる。

出資者（社員）が会社債権者に対して負う責任の性質に対応して，すべての社員が無限責任社員である持分会社が**合名会社**，無限責任社員と有限責任社員とが混在するものが**合資会社**，有限責任社員のみからなるものが**合同会社**である（576条2項～4項。⇨14頁**図表1-1**）。合同会社の導入の背景は⇨ Column 11-1 。

(2) 持分会社の特徴

株式会社（⇨18頁）と比較すると，持分会社には次のような特徴がある。

第1に，株式会社では，出資者である株主と業務執行を行う取締役とが概念として分離されているのに対して，持分会社では**社員**でなければ業務執行者となることができない（590条。業務執行を行わない社員がいることは可能）。株式会社は，そのほかにもさまざまな機関を置くことができる（機関の分化）のに対して，持分会社においては機関の分化は予定されていない（**所有と経営の未分離**）。

第2に，持分会社では社員の氏名が定款の必要的記載事項とされ（576条1項4号），**持分**（社員が会社に対して有する地位）の譲渡には他の社員の承諾が必要とされている（厳密には585条参照）ため，定款条項の定め方を工夫しない限り，持分が投資家によって頻繁に売買されることは考えにくい。

第3に，投資家が投資を回収する方法として，株式会社では株式の譲渡が中心であるのに対して，持分会社では，社員は**退社**して（606条），持分の経済的価値に相当する財産を会社から受け取る（**持分の払戻し**。611条）権利を認められている。

第4に，株式会社では株主の個性（誰が株主となっているか）は会社経営や他の株主の利益にはあまり影響を与えず，株主の会社に対する貢献は出資を行うことを中心とする，との考えが法律の根底にある。これに対して，持分会社では社員は原則として会社経営に関与することから，その個性が会社経営や他の社員の利益に及ぼす影響は大きいと考えられる。

第5に，株式会社においては，利害当事者の権利義務が法律に詳細に定められているのに対して，持分会社においては，法規定はそれほど詳細ではない（⇨(5)）。

(3) 持　　分

出資者が会社に対して有する地位を**持分**という。株式会社における株式は，細分化された割合的単位の形をとり（⇨63頁**1**），1人の株主が複数の株式を所有することがあり，株主の権利は一般的にその保有株式の数に比例する。これに対して，持分会社における持分は1人の社員につき1個であり，各社員の有する持分の大きさは必ずしも均等ではない。

持分には，会社に対する権利とともに，未履行の出資を会社に行う義務（合名会社・合資会社の社員は社員となるときに出資を行うことを必ずしも要しない〔合同会社に関する578条・604条3項の反対解釈〕）や業務執行社員としての権限などが含まれる。

「持分」の語は，会社の純資産額に対して社員の有する分け前を示す計算上の数額を意味する場合もある（「持分の払戻し」はこの用法。⇨ 496 頁）。

(4) 社　員

持分会社では，株式会社とは異なり，社員の氏名（名称）および住所が**定款**の必要的記載事項とされている（576 条 1 項 4 号）。持分の譲渡（585 条）や社員の加入（604 条）・退社（606 条・607 条）が行われると通常は社員に変更が生じ，そのためには定款変更の手続も必要となる（定款変更には原則として総社員の同意が必要であるが〔637 条〕，上記の規定によって例外が設けられていることがある）。

また，社員の権利義務の内容が定款規定によって定まることが多く（576 条 1 項 5 号 6 号・621 条 2 項・622 条・666 条など），定款変更には原則として総社員の同意が必要であるため（637 条。定款で別段の定めを置くことが可能），多数決により社員の権利が侵害されにくいルールとなっている。

(5) 定款自治

会社法は，株式会社については詳細なルールを定めているが，各会社が定款によって会社の組織や内部関係（会社・株主間および株主相互の間の法律関係）を定めることをある程度許容している（**定款自治**）。株式会社については，個々の規定で明文で法規定と異なる内容の定款規定を置くことができる場合やそれが可能な範囲が定められ，株主（特に少数派株主）の権利（特に拒否権的な権利）を拡大する方向での定款規定を認める法規定が多い（⇨ 21 頁 Column 1-10 ）。

これに対して，会社法が定める持分会社のルールは大まかなものにとどまる。また，法規定と異なる定款規定を明文で認める規定が随所に置かれているが，その多くは上記の株式会社のように片面的な定めではなく，少数派社員の拒否権を拡大することも縮小することも認められている（持分会社の法規定には，総社員の同意を必要とするものが多いが，それでは不都合だという会社はこの要件を緩和する定款規定を定めることになる）。

持分会社の定款に関する 577 条は，株式会社の 29 条（⇨ Column 1-10 ，76 頁 Column 3-3 ）とほぼ同じ文言の規定である。その解釈には争いがあるが，株式会社においてよりも持分会社において広く定款自治が認められることについて異論はない。

2 持分会社の設立

持分会社を設立するには，社員となる者が**定款**を作成し，全員がこれに署名または記名押印をする（575 条 1 項。公証人の認証は不要）。定款の必要的記載事項につき，576 条を参照。合名会社と合同会社では社員は 1 人でもよい（合資会社では，無限責任社員と有限責任社員がそれぞれ 1 名以上必要なので，社員数は 2 人以上となる）。

合同会社では，定款の作成後，設立の登記までに，社員になろうとする者は出資の全部を会社に払込み・給付しなければならない（578 条）。その他の持分会社では，（合資会社の有限責任社員も）**出資の履行**は会社の成立後に行ってもよい。持分会社では，株式会社における払込取扱機関や検査役調査の制度は定められていない。

無限責任社員は，**労務**や**信用**などを**出資**することも可能である（576 条 1 項 6 号かっこ書の反対解釈）。その場合であっても，出資されるもの（目的）とその評価額（評価の標準）を定款に記載することが必要である（同号）。有限責任社員の出資は，金銭等（金銭その他の財産。151 条柱書）でなされなければならない。

持分会社は，本店所在地で設立の**登記**をすることによって成立する（579 条）。登記事項は，912 条（合名会社），913 条（合資会社），914 条（合同会社）を参照。

3 社員の責任

持分会社の社員は，一定の場合に，会社債権者に対して，持分会社の債務を弁済する責任を負う（詳細は 580 条 1 項）。有限責任社員の負う責任は，会社に出資すべき価額（576 条 1 項 6 号）からすでに履行した出資の価額を差し引いた金額を限度とする（580 条 2 項）。もっとも，合同会社では社員は会社の社員となる前に出資のすべてを履行しなければならないから（578 条・604 条 3 項），社員となった後に会社債権者に対して社員が責任を負うことはない（580 条 2 項が問題となるのは合資会社である）。

有限責任社員が自己を無限責任社員と誤認させる行為をしたときの当該社員の責任については 588 条を，持分会社の社員でない者が自己を社員と誤認させる行為をしたときのその者（**擬似社員**）の責任については589条を，それぞれ参照。

4 持分の譲渡

社員の氏名や出資の目的は定款の絶対的記載事項であるので（576条1項4号6号），**持分の譲渡**は定款変更（637条）に該当するが，次のように特則がある。

持分会社の社員は，他の社員の全員の承諾がなければ，その持分の全部または一部を他人に譲渡することができない。もっとも，有限責任社員であり業務執行社員でない者は，業務執行社員全員の同意があれば持分を譲渡できる。これらのルールについては，定款で別段の定めを行う（たとえば要件を緩和する）ことができる（585条）。

持分の全部を譲渡して**社員でなくなった者**も，その旨の登記をするまでに持分会社に生じた債務については，従前の責任の範囲内で責任を（無限責任社員は無限責任を，有限責任社員は有限責任を）負う。登記後，2年を経過すると，この責任は原則として消滅する（この期間内に債権者が元社員に対して請求をするか，請求の予告をすれば，この限りでない）（586条）。

持分会社が社員から自己の持分を取得することについては，譲受けは禁止され，譲受け以外の方法で取得した持分は取得時に消滅するものと定められている（587条）。

5 会社の運営

(1) 業務の執行

社員のうち，業務を執行する社員（**業務執行社員**）を定款で定めない場合（この場合には，全社員が業務執行社員に該当する）には，各社員が持分会社の業務を執行し，業務の決定は社員の過半数（頭数多数決）によって行われる（いずれも，定款に異なる定めを置くことは可能。590条1項2項）。もっとも，**常務**（日常の業務。会社事業の通常の経過に伴う業務）は各社員が単独で行うことができる（同条3項）。

業務執行社員（1人でもよい）を定款で定めた場合には，業務の決定は業務執行社員の過半数によって行われるが，この場合も支配人の選解任は社員の過半数で決定する（これらにつき定款自治が可能）。もっとも，常務は各業務執行社員が単独で行うことができる（591条）。

業務を執行しない社員にも，**業務・財産状況調査権**が認められている（592条）。

(2) 業務執行社員の義務と責任

業務執行社員は，**善管注意義務・忠実義務**を負う（593条1項2項）。業務執行社員と会社の関係については民法の委任の規定が準用されるが（同条4項），定款で別段の定めを置くこともできる（同条5項。善管注意義務や忠実義務を定款で軽減・免除することは許さないとの趣旨を含む）。

業務執行社員の行う**競業**や**利益相反取引**については規制があり，前者については他の社員全員の承認が，後者については他の社員の過半数（頭数多数決）の承認が必要である（594条・595条。定款自治が可能）。

業務執行社員は，任務懈怠により会社に損害を与えたときには，会社に連帯して賠償責任を負う（596条）。また，業務を執行する有限責任社員が，その職務を行うについて悪意・重過失があったときには，それによって第三者に生じた損害を賠償する責任を負う（597条）。有限責任社員であっても業務執行を行うことは妨げられないことに鑑みて，この規定が設けられたのであろう（持分会社と取引した者はこの規定により救済される場合がある）。

法人である社員も業務執行社員となることができる。この場合には，当該法人は，職務を行うべき者（自然人〔**職務執行者**〕）を選んで，他の社員に通知しなければならない。職務執行者には，業務執行社員の義務・責任に関する諸規定が準用される（598条）。

(3) 会社の代表

業務執行社員は，持分会社を**代表**する（定款自治が可能。詳細は599条）。

持分会社と社員の間の訴訟においては，会社を代表する者について特則がある（601条・602条）。

6 社員の加入・退社

会社成立後に持分会社の社員でない者が社員として加わることを**社員の加入**，

会社の存続中に特定の社員が（持分の譲渡によらずに）その地位を失うことを**社員の退社**という。社員の氏名等は定款の絶対的記載事項であるので（576条1項4号），社員の加入・退社は定款変更（637条）に該当するが，次のように特則がある。

持分会社は，定款を変更し，合同会社の場合には出資の全部を履行させて，新たな社員を加入させることができる（604条）。会社成立後に加入した社員も，加入前に生じた会社の債務についてこれを弁済する責任（580条と同じ）を負う（605条。合名会社・合資会社の場合のみ問題となる）。

持分会社の存続期間が定款で定められていない場合や，ある社員の終身の間持分会社が存続することが定款で定められている場合には，各社員は，事業年度の終了の時に退社をすることができる（**任意退社**）。このとき，6か月前までに会社に退社の予告をしなければならない（606条1項。予告退社）。定款自治が可能である（同条2項）。しかし，やむを得ない事由があるときは，社員はいつでも退社することができる（同条3項。即時退社。この権利は定款で制限することができない）。任意退社は，社員が持分の払戻しにより投下資本を回収したり（611条），会社債権者に対する責任を免れるために認められている重要な権利であるが，これを無制限に認めると会社や他の社員が不測の損害を被るおそれもあるため，「やむを得ない事由」の有無は社員の利益と会社の利益を衡量して事例ごとに判断されることになろう。

また，一定の事由によって退社の効果が生じることがある（607条。**法定退社**）。法定退社事由には，訴訟により特定の社員を退社させる**除名**が含まれる（同条1項8号，859条）。社員の死亡も退社事由である（607条1項3号）。この場合，相続人が持分の払戻しを受ける（ただし，相続人が被相続人の持分を承継する旨を定款で定めることもできる。608条）。

社員の債権者は，社員の持分を差し押えて，事業年度の終了時に当該社員を退社させる（609条）ことにより，持分の払戻しから債権の満足を受けることができる（持分の差押えを受けた社員は，差押債権者に対して弁済するか相当の担保を提供して退社予告の効力を失わせることができる〔同条2項〕。相当の担保を提供したとは，差押債権者との間で担保物権を設定しまたは保証契約を締結した場合をいい，差押債権者の承諾を伴わない担保物権設定・保証契約締結の単なる申込みはこれにあたらない。最判昭和49・12・20判時768号101頁〔百選80，商判Ⅰ-194〕。なお，差押債権者は，利益配当請求権・出資の払戻請求権を行使することもできる。621条3項・624条3項)。

以上のいずれかにより社員が退社するときには，**持分の払戻し**が行われる(611条。ここで「持分」の語は，会社の純資産額に対して社員の有する分け前を示す計算上の数額を意味する)。出資の目的が労務である場合でも，払戻しは金銭で行うことができる（同条3項。金銭以外の財産でもよいと解される)。払戻しは，出資の額をそのまま返還するのではなく，退社の時における持分会社の財産の状況に従って金額が決定される（同条2項)。出資から退社までの間の会社の事業の成功・失敗を織り込んで払戻しの額が増減することは当然であるが，「退社の時における持分会社の財産の状況」が資産・負債を時価評価した時価純資産（清算価値）により算定する意味か，会社の将来収益を予測しその割引現在価値を計算することによって算定すべきかについて，争いがある（株式の場合⇨90頁**8**。宍戸善一「合同会社の退社員の持分評価」出口正義ほか編『企業法の現在』〔信山社，2014年〕427頁を参照)。合資会社の社員が，会社の請求により出資義務の履行期を迎えることなく退社した場合に，出資義務が消滅するとともに会社に対する持分払戻請求権も成立しないとした裁判例があるが（最判昭和62・1・22判時1223号136頁〔百選81，商判Ⅰ-196〕)，いくつかの疑問がある（大杉謙一「持分会社・民法組合の法律問題」岩原紳作ほか編集代表『会社・金融・法(上)』〔商事法務，2013年〕77頁以下)。

近時の判例によれば，持分会社を退社した無限責任社員が負担すべき損失の額が当該社員の出資の価額を超える場合には，定款に別段の定めがあるなどの特段の事情のない限り，当該社員は，当該会社に対してその超過額を支払わなければならない（最判令和元・12・24民集73巻5号457頁)。

退社した社員は，退社後も，持分全部の譲渡により社員でなくなった者(586条。⇨493頁**4**）と同様の責任を負う（612条)。

7 計　算

(1) 会計帳簿・計算書類

持分会社の会計帳簿・計算書類の作成・保存義務につき，615条・617条を参照。

計算書類は，株式会社の場合と異なり，公告の義務はないが，持分会社の社員は計算書類の閲覧・謄写の請求をでき（618条），合同会社においては，会社債権者も計算書類の閲覧・謄写を請求できるものとされている（625条）。

(2)　利益配当・出資の払戻し

持分会社では，会社の資本金・資本剰余金・利益剰余金は，各社員の資本金・資本剰余金・利益に分かたれる（社員別にその内訳が記録される）。合同会社では会社の資本金は登記で公示されるが（914条5号），合名会社・合資会社においては資本金の額は登記事項ではない（912条・913条参照）。

持分会社の事業活動から得られた利益・損失は，各社員に分配され，その利益の額を増減させる。これを**損益分配**という（622条。ここでの「分配」は，配当とは異なり，社員に現実に金銭等が支払われるのではなく，帳簿上の数字の割り振りを意味する）。損益分配の割合は，定款に定めがなければ，各社員の出資の価額（定款に記載がある。576条1項6号）に比例する（622条1項）。

以下，合名会社・合資会社における**利益配当**・出資の払戻しについて説明する（合同会社については⇨ Column 11-2 ）。

持分会社の社員は，自己に分配されている利益について，会社に配当を請求することができる（621条1項。社員の多数決による配当の決定などは不要）。定款自治が可能（同条2項）。

有限責任社員に対する配当の額が「利益額（*1）」を超える場合には，配当を受けた有限責任社員は，配当額に相当する金銭を会社に返還する義務を負い（連帯責任。623条1項），会社債権者に対しては超過額について直接責任を負う（同条2項）。

持分会社の社員は，履行済みの出資につき**出資の払戻し**を請求することができる（624条1項）。出資の払戻しとは，社員の地位を維持したまま，出資した財産またはそれに相当する金銭を会社から取り戻すことをいう（「持分の払戻し」〔⇨**6**〕との違いに注意）。

有限責任社員が出資の払戻しを受ければ，未履行の出資額が増加し，その結果，会社債権者に対して直接責任を負う金額が増加することになる（580条2項）。

(＊1)「利益額」＝「(会社全体の) 利益剰余金の額」と「当該社員に分配された利益の額から，当該社員に分配された損失の額および当該社員に対してすでに利益配当により交付された金額を控除した額」のいずれか少ない額 (623条，会社計算163条)。

Column 11-2　合同会社における利益配当・出資の払戻し・持分の払戻し

合名会社・合資会社においては，無限責任社員・有限責任社員が会社債権者に直接責任を負うことがあり，それによってある程度債権者が保護されているのに対して，合同会社では社員が債権者に直接責任を負うことがなく，会社財産のみが会社債権の引当てとなっていることから，利益配当などについて以下のような規制が置かれている。

合同会社においては，社員が**利益配当**を請求 (621条1項) しても，それが「利益額 (＊2)」を超える場合には，会社は配当をすることができない (628条)。これに違反して配当がなされた場合には，当該配当に関する業務を執行した社員と配当を受け取った社員は連帯して，配当額に相当する金銭を会社に支払う義務を負う (業務執行社員は，無過失を証明して責任を免れる。詳細は629条)。

合同会社においては──合名会社等と同様に損失のてん補のために資本金の減少を行うことができる (620条) ほか──出資の払戻し・持分の払戻しのためにも資本金を減少することができる (626条)。合同会社が資本金減少をするには，債権者保護手続をとることが必要である (627条)。

合同会社が**出資の払戻し**をするには，定款を変更して当該社員の出資の価額 (576条1項6号) を減少することが必要である (632条1項)。また，債権者保護のため，払戻しの額は「剰余金額 (＊3)」の範囲内で行うことを要し，剰余金額が不足するときには，資本金の減少 (その際に債権者保護手続がとられる) により必要な剰余金額を確保してからこれを行うことになる (同条2項)。これに反する出資の払戻しについては，業務を執行した社員と受け取った社員が会社に支払責任を負う (633条)。

合同会社においては，**持分の払戻し**についても債権者保護の観点からの制限がある。払戻額が「剰余金額 (＊4)」を超える場合には，債権者保護手続を踏まなければならない (635条)。

持分会社，特に合同会社における利益配当・出資の払戻し・持分の払戻しについて，百問93〜97頁，大杉・前掲「持分会社・民法組合の法律問題」53頁以下を参照。

(＊2)「利益額」＝先の本文の「利益額」と同じ (623条1項，会社計算163条)。

(＊3) (＊4)「剰余金額」＝626条2項から4項および会社計算164条により，それぞれ定まる。

8 定款変更

持分会社の**定款変更**は，総社員の同意によって行われる（定款自治が可能。637条）。

定款変更を行い，たとえば合名会社の全社員を有限責任社員とすれば，それにより会社は合同会社となる（638条1項3号）。このように，持分会社のカテゴリーの中で会社の種類が変更されることがあり，定款変更の一種と位置づけられている（これは743条以下の「組織変更」にはあたらない）。638条・639条を参照（なお，610条・639条の「**定款のみなし変更**」とは，退社のための手続がとられてその効力が生じたときに，定款変更のための手続をとらなくてもその効果が当然に生じるという意味である）。

9 解散・清算

持分会社は，法定の事由によって**解散**する（641条）。解散事由には，定款で定めた事由の発生や，総社員の同意による解散の決定，解散判決（同条7号。やむを得ない事由がある場合には，社員は**持分会社の解散の訴え**を提起できる。833条2項）などが含まれる（会社の業務は一応困難なく行われているものの，社員間の対立の原因が多数派社員の不公正かつ利己的な行為にあり〔少数派社員に利害対立につき特段の帰責事由が認められず〕，少数派社員が多数派の行為により恒常的な不利益を被っているという事例で，少数派社員による解散請求を認容した裁判例がある。最判昭和61・3・13民集40巻2号229頁〔百選82，商判I-195〕。持分会社の内紛の解決についての事例問題として，事例422頁〔伊藤雄司〕参照）。

持分会社が解散すると，**清算人**の下で**清算**（財産関係の後始末）をしなければならない（644条・646条・649条）。会社債権者に対する債務の弁済が行われ（660条以下），その後に残余財産が社員に分配される（666条）。以上を**法定清算**という。合名会社・合資会社は，一定の条件の下では**任意清算**（債務の弁済手続をとらないで社員に会社財産を分配する）を利用することもできる（646条から667条は適用されない。668条）。

清算後も清算人は**清算結了の登記**（929条）から10年間，持分会社の**帳簿資料**を保存しなければならない（672条）。社員の責任は，**解散の登記**（926条）の後5年間残る（673条）。

10 会社法上の訴え

持分会社の設立については，**設立無効の訴え**（828条1項1号）のほか，**設立取消しの訴え**（832条）が定められている。設立取消しの訴えは，社員が民法等の規定により設立にかかる意思表示を取り消すことができるときには当該社員が，社員が債権者を害することを知って持分会社を設立したときには当該債権者が，前者の場合には持分会社を被告として，後者の場合には持分会社およびその社員を被告として（834条18号19号），提起するものである。

そのほか，持分会社には，**社員の除名の訴え**や，業務執行社員の**業務執行権・代表権の消滅の訴え**の制度がある（859条・860条）。

第3節　組織変更

1 総　　説

組織変更とは，**法人格の同一性**を保ちながら，①株式会社が持分会社に変わること（744条・745条），②持分会社が株式会社に変わること（746条・747条），のいずれかをいう（⇨**図表11-1**。例：①株式会社→合名会社，②合同会社→株式会社）。

これに対して，持分会社のカテゴリーの内部で種類の変更が行われること（例：合名会社→合資会社）は「**持分会社の種類の変更**」と呼ばれ，組織変更ではない（⇨499頁8）。

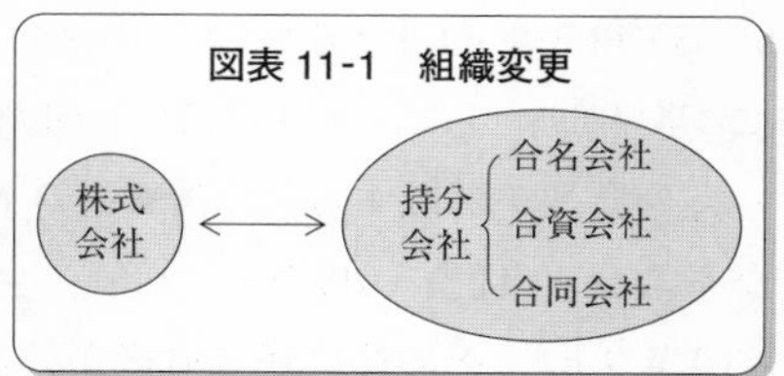

2 手　　続

組織変更は次の手続を経て行われる。これは社員および会社債権者を保護するためであるが，手続の内容は合併などの組織再編行為の場合（⇨416頁2）と類似している。

(1) 組織変更計画の作成

組織変更計画には法定の事項を定めなければならない（①株式会社→持分会社：744条，②持分会社→株式会社：746条）。

(2) 開示書面の備置き

株式会社が持分会社に組織変更する場合には，組織変更計画その他の法定事項を記載した書面を本店に備え置き，株主・会社債権者の閲覧に供しなければならない（①：775条）。持分会社が株式会社に組織変更する場合には，このような規制は置かれていない。

(3) 株主・社員の同意

株式会社が組織変更を行うには**総株主の同意**が（776条1項），持分会社が組織変更を行うには**総社員の同意**が（781条1項）必要である。

(4) 新株予約権の扱い

新株予約権を発行している株式会社が組織変更を行うと，効力発生日に新株予約権は消滅する（745条5項）。

新株予約権者は自己の有する新株予約権を公正な価格で買い取ることを会社に請求することができる（**買取請求権**。777条）。新株予約権者と会社の間で買取価格について協議が調（ととの）わない場合には，いずれの側も裁判所に対して価格決定の申立てをすることができる（778条2項）。

(5) 債権者保護手続

組織変更をする会社は，その旨を官報に公告し，かつ原則として知れている債権者には個別に**催告**しなければならない（①：779条2項，②：781条2項）。会社債権者は，会社に対して**異議**を述べることができ，この場合には，会社は原則として当該債権者に対して弁済を行うか，または相当の担保を提供するなどの措置をとらなければならない（①：779条1項5項，②：781条2項）。

(6) 効力の発生と登記

以上の手続を経て，組織変更計画に定められた**効力発生日**に組織変更の効力が発生する（①：745条1項，②：747条1項）。

組織変更をした会社は，効力が生じた日から2週間以内に，本店所在地において，変更前の会社について解散の登記をし，変更後の会社について設立の登記をしなければならない（920条）。しかし，解散・設立の登記は形式上のものであり，組織変更の前後で会社の法人格は同一性を維持することから，組織変更前の権利関係は――会社と株主・社員の関係に変更が生じることや，新株予約権が消滅することなどを除いて――変更後の会社に引き継がれる。

3 組織変更の無効の訴え

組織変更に瑕疵がある場合には，その無効を主張するための訴えの制度が用意されている（828条1項6号）。組織変更の無効は，訴えによらなければ主張することができない。

提訴期間（同号），原告適格（同条2項6号），被告（834条6号）などについて定めがある。無効の訴えが認容され，確定しても，判決に遡及効はなく，将来に向かって効力を生じる（839条）。

参 考 文 献

＊起業に役立つ実践的知識を得るために，

□磯崎哲也『起業のファイナンス〈増補改訂版〉』（日本実業出版社，2015年）

□磯崎哲也『起業のエクイティ・ファイナンス』（ダイヤモンド社，2014年）

＊合同会社の定款自治を実践するために，

□江頭憲治郎編著『合同会社のモデル定款』（商事法務，2016年）

第 12 章 国際会社法

ここまではわが国の会社法にしたがって設立された会社（内国会社）が，主として国内で事業を行う場合を想定して説明を行ってきた。しかし内国会社は，国内でのみ事業活動を行うとは限らないのであり，国外に支店（事業所）を設置して当該活動を行う場合もある。その裏返しとして，他国の法律にしたがって設立された営利団体が，わが国において事業活動を行うという場合も考えられる。

本章では，会社が国境を越えて活動する場合に生じる私法上の問題（渉外的私法関係）のうち，特に会社法に関わる問題（国際会社法）について，簡単に説明を加える。

第１節　抵触法と実質法

1 抵触法上の考え方

事業活動を行う団体を設立する場合，まずある特定の国の会社法の規定に準拠して，設立手続を進めることになる。つまり営利団体の設立を意図する者は，公法的な規制を別にすれば，どこの国で設立するかを自由に決められる。

では，ある国における設立手続によって営利団体が成立した後，当該団体をめぐる法人としての法律問題は，どこの国の法により規律されるのだろうか（この営利団体をめぐる法人としての法律問題を規律する法を**会社従属法**という）。わが国の法の適用に関する通則法にはこの点について直接定めた規定がないことから，検討が必要となる。日本で設立され，法人格を付与された会社ならば，会社従属法は日本法になると当然に考えてはいけない。なぜなら，日本で設立された会社が外国で活動することはいくらでも考えられるのであり，この場合，法人としての当該会社を規律するのが日本法であると当然には言い切れないからである。

以上の問いに対する一つの考え方は，会社従属法は，あくまでも設立時に選択した国の法である，とする考え方である（いわゆる**設立準拠法主義**）。これは，非常に明快な考え方であり，法の適用関係が一義的に決まる点で有益である。ただし，ある営利団体の主たる事業活動が，設立時に選択された国とは別の国で行われている場合，当該事業活動を行っている国において適切な規律を及ぼせない，すなわち法規制の回避という問題が生じる。

そこでいま一つ考えられるのが，その主たる事業活動が行われている（経営管理地が置かれている）国において改めて営利団体の設立がなされなければならず，この際に利用する国の法が会社従属法である，とする考え方である（いわゆる**本拠地法主義**）。これは，事業活動の実質に合わせて法の適用関係が決まることから，より実態に沿った法的規律を及ぼせる点で有益である。しかし，何をもって主たる事業活動が行われているかという評価が必要となることから，法の適用関係が一義的に決まらないという問題がある。

従前の議論には，以上のとおり一長一短があるのだが，わが国では一般に設立準拠法主義をとっていると理解されている（この点については，最判昭和50・7・15民集29巻6号1061頁参照）。そして，これにより生ずる法規制の回避に関する問題は，後述するとおり，擬似外国会社の規定を置いて別途対応する，という法政策を採用している。

Column 12-1　**会社従属法の適用範囲**

設立準拠法主義であれ，本拠地法主義であれ，いずれかの立場により会社従属法が決せられたとしよう。しかし，会社従属法が会社に関係する法律問題のどこまでを決するか，というのは別途考えなければいけない問題である。一般に，権利能力の有無のほか，会社の内部組織に関する事項，そのほか法人固有の問題は会社従属法によるものとされてきた（前掲最判昭和50・7・15は，設立手続中，営業準備のために発起人が第三者と行った契約について，これが成立後の会社に帰属するか否かは会社の行為能力の問題であるとして，旧法例3条1項〔法適用通則法4条1項〕を類推適用し，会社従属法により判断した)。

もっとも，会社の内部組織に関する事項を会社従属法によらしめるといっても，事はそう簡単ではない。会社にどのような機関を置くことを認めるかといった問題は会社従属法に依拠するとしても（役員報酬や役員権限の問題について会社従属法によるとしたものとして，東京地判平成26・8・26判例集未登載〔平成23年(ワ)第15352号，LEX/DB文献番号25521049〕)，会社機関の責任などの問題を会社従属法によらしめるべきかどうかは議論の余地がありうる。たとえば，会社機関が会社外の第三者（債権者等）に責任を負うべき場合などは，本当に法人の問題として性質決定し，会社従属法によらしめるべきなのだろうか。むしろ，不法行為の問題として性質決定し，加害行為の結果発生地の法（法適用通則法17条）によらしめる方が適切かもしれない（会社代表者の関与した商標権侵害事案として，東京地判平成23・3・25裁判所ウェブサイト〔平成20年(ワ)第27220号〕)。

あるいは，国境を越えて親子会社関係（企業結合関係）が生じている場合を考えてみよう。この場合，問題となる事項をどう性質決定するかによって，親会社に連結するのか子会社に連結するのかが変わり，適用される法律が完全に変わってしまうということもありうる。たとえば，外国子会社の役員の責任を親会社の株主が追及しようとする場合を考えてみる。これは親会社従属法によるべきとも（親会社による子会社管理の問題であって親会社の事項として性質決定する)，それとも子会社従属法によるべきとも（子会社役員の義務違反の問題であって子会社の事項として性質決定する)，どちらも考えられる（この場合，たとえば親会社が日本法人，子会社が米国デラウェア州法人だとすると，親会社従属法によれば代表訴訟によって子会社役員の責任を追及することはできない。逆に子会社従属法によれば，それが可能となる)。

この点に関する研究は，まだわが国でも発展途上である。結局のところ，問題となる事項ごとにその性質決定を慎重に行い，会社従属法の適用範囲に入るか否かを判断していく必要があるだろう（この点については，藤田友敬「会社の従属法の適用範囲」ジュリ1175号〔2000年〕9頁，同「国際的な企業結合関係」商事1706号〔2004年〕33頁参照)。

2 実質法上の考え方

わが国の法が前提とする設立準拠法主義による限り，わが国の会社法が定める手続に依拠して設立された会社の会社従属法は日本法である。したがって実質法の問題として，わが国で設立された会社については，わが国の会社法がこれを規律する。また，外国で設立された同種の団体については，当該国の会社法がこれを規律すると考えればよい。特にわが国の会社法は，内国会社と外国会社の区別を定義上明確にしているから（2条1号2号参照），基本的な考え方は以上のとおりである。

ただし，わが国で設立された会社をめぐる法律問題について，わが国会社法の条文解釈を行う場合であっても，それが国内問題として完結しない場合がある。このようなことは，わが国会社法の子会社概念がその定義に外国会社を含むことから（2条3号，会社則3条1項・2条3項2号），とりわけ親子会社関係をめぐる法律問題において生じやすい。具体的には，以下に述べる兼任禁止に関する例のほか，定義上子会社概念を含んでいる，社外取締役や社外監査役の場合に問題となりうる（2条15号16号参照）。

たとえば，日本法を従属法とする株式会社の監査役は，子会社の取締役を兼任することができない（335条2項）。では，この子会社がアメリカ合衆国デラウェア州法人であった場合，具体的にはいかなる地位を兼任することが禁じられるのだろうか。デラウェア州法を会社従属法とするbusiness corporationにはdirectorと呼ばれる者がいる。わが国では，一般にこれを取締役と訳しており，このdirectorという地位を兼任することが禁じられると解することも考えられる。しかし，デラウェア州のbusiness corporationにおいてdirectorは，主にofficerの地位にある者が行う業務執行の監督を行うのであって，監査役設置会社におけるわが国の取締役とはいささかその果たす役割が異なる。そうだとすると，訳語はともかく，実質的に日本法を従属法とする株式会社の監査役は，むしろofficerとの兼任が禁じられると考えるべきであろう。

第2節　外国会社

1　外国会社の認許

わが国の会社法は，同法の定める手続に依拠して設立され，その会社従属法を日本法とする会社のみを「会社」と呼ぶ。そして，外国の法令に準拠して設立された法人その他の団体であって，以上の意味での会社と同種のもの，または類似するものは「**外国会社**」として区別している（2条2号）。

一般論として，わが国において外国法人に権利能力が認められるためには，日本法の観点から，法人として**認許**（法人として活動することを認めること）される必要がある。わが国の民法は，外国会社について，国および国の行政区画と並んで，外国法人としてその成立を認許することを許容する（民35条1項）。その成立が認許された外国会社は，日本において成立する同種の会社と同一の私権を有するが，会社法の特別の規定による制限がある（同条2項参照）。

2 外国会社に対する規律

日本法上，法人として認許された外国会社は，わが国で設立された同種の会社と同一の私権を有する（民35条2項）。また実質法の問題として，当該外国会社は，その設立された国の会社法により規律がなされる。

だが，わが国において取引を行うことが想定される以上，わが国の利益保護の観点から，独自の規律を及ぼす必要性もある。それが，わが国の会社法に存在する外国会社の規定であり，これは会社従属法が何であるかにかかわらず，わが国と一定の関連を有する外国会社について，当該関連性に基づき適用されるものである（いわゆる「**外人法**〔**外国人法**〕」の問題）。

(1) 一般的規律

外国会社は，日本において取引を継続してしようとする場合，会社法の外国会社に関する規定の適用を受ける。なお，他の法律の適用については，わが国の同種の会社，または最も類似する会社とみなされる（823条）。

わが国の会社法は，外国会社に対し，代表者を定めること（817条1項。なお，代表者の1人以上は日本に住所を有する必要がある），そして外国会社の登記を行うべきことを求める（818条1項）。また，当該外国会社がわが国の株式会社と同種ないし類似のものである場合，貸借対照表に相当するものを公告しなければならない（819条）。その他，日本に住所を有する代表者が退任する場合には，債権者保護手続を要する（820条。その他，清算について822条参照）。

(2) 擬似外国会社

わが国は設立準拠法主義を採用し，また外国会社を認許するという態度をとっていることから，会社に関する法的規律の緩やかな国で営利団体を設立し，もっぱら事業活動をわが国で行うということも可能である。しかしこれをそのまま認めると，わが国会社法の適用の潜脱を容認することにもなる。

そこでわが国会社法は，日本に本店を置く外国会社，または日本で事業を行うことを主たる目的とする外国会社（**擬似外国会社**）は，日本において取引を継続してすることができないこととしている（821条1項）。いうまでもなく，これは日本法の適用回避を防止するための規定である。そしてこれに違反して取引を行った場合，当該取引によって生じた債務について，実際の取引行為者（通常は外国会社の代表者であろう）は，外国会社と連帯して，相手方に弁済の責任を負うものとした（同条2項。当該取引が無効となるわけではない）。

このような擬似外国会社は，しばしばわが国の事業者が資産流動化のために用いる例がある。ただしこの場合は，わが国において取引を継続してすることが想定されていないため，特に法律上の問題を生じさせることはない，と考えられている。

参考文献

□「《特集》国際的な企業組織・活動と法律問題」ジュリ1175号（2000年）
□「《日本私法学会シンポジウム資料》国際会社法」商事1706号（2004年）

会社法の学習に役立つウェブサイト

［法令・判例］

○法令データ提供システム：施行されている法令を全文閲覧・検索できる。
http://elaws.e-gov.go.jp/

○議案（衆議院のウェブサイト）：国会に提出された議案や審議経過を見ることができる。
http://www.shugiin.go.jp/Internet/itdb_gian.nsf/html/gian/menu.htm

○裁判所：最近の最高裁判例・下級審裁判例の一部を見ることができる。
http://www.courts.go.jp/

［省庁および統計］

○法務省：会社法改正（法制審議会経由）の情報など。
http://www.moj.go.jp/
├http://www.moj.go.jp/shingi1/housei02_00297.html〔法制審議会会社法制（企業統治等関係）部会〕
├http://www.moj.go.jp/shingi1/shingi_index_old02_01.html〔過去の議事録〕
└http://www.moj.go.jp/MINJI/index.html〔民事局。商業登記に関する通達や解説など〕
http://e-koukoku.moj.go.jp/〔電子公告システム〕
http://www1.touki.or.jp/〔登記情報提供サービス〕

○財務省：法人企業統計調査など。
http://www.mof.go.jp/
└http://www.mof.go.jp/pri/reference/ssc/index.htm

○金融庁：金融商品取引法の改正情報・EDINET（後掲）・「責任ある機関投資家」の諸原則《日本版スチュワードシップ・コード》など。
http://www.fsa.go.jp/
└http://www.fsa.go.jp/news/29/singi/20170529/01.pdf〔日本版スチュワードシップ・コード〕

○経済産業省：企業価値研究会，CGS研究会の報告書等を掲載。

http://www.meti.go.jp/

└http://www.meti.go.jp/report/whitepaper/index.html

○総務省統計局：事業所・企業統計調査（産業別経営組織別・資本金階級別の事業所数従業者数など）。

http://www.stat.go.jp/

└http://www.stat.go.jp/data/index.html

○統計情報（国税庁ウェブサイト内）：会社標本調査結果など（組織別・資本金階級別法人数など）。

https://www.nta.go.jp/publication/statistics/kokuzeicho/tokei.htm

［証券・会計］

○EDINET：有価証券報告書・公開買付届出書等の金融商品取引法上の開示資料を閲覧できる。

http://disclosure.edinet-fsa.go.jp/〔EDINET〕

（http://www.fsa.go.jp/search/index.html：EDINETの入り口および使い方）

○日経会社情報DIGITAL：適時開示検索・株主優待情報検索など。

https://www.nikkei.com/nkd/

○日本取引所グループ：有価証券上場規程（東京証券取引所），株式分布状況調査・従業員持株会状況調査等の統計，コーポレートガバナンスコードなども見ることができる。

http://www.jpx.co.jp/

├http://jpx-gr.info/

├http://www.jpx.co.jp/markets/statistics-equities/examination/index.html

└http://www.jpx.co.jp/equities/listing/cg/index.html

○東京証券取引所：コーポレート・ガバナンス情報サービス

https://www2.tse.or.jp/tseHpFront/CGK010010Action.do

○証券関連機関等のリンク（日本証券業協会ウェブサイト内）：証券取引所や業界団体など，証券関係の機関・会社へのリンク。

http://www.jsda.or.jp/link/kanlen.html

○（株）証券保管振替機構（ほふり）：振替法（第3章第3節5参照）上の振替機関。振替制度に関する説明がある。

http://www.jasdec.com/

○企業会計基準委員会：企業会計基準など。

https://www.asb.or.jp/

［各種協会・機構］

○日本経済団体連合会：意見書や，計算書類・附属明細書・決算公告・参考書類・議決権行使書面・監査報告書のひな型など。

http://www.keidanren.or.jp/

└http://www.keidanren.or.jp/policy/2016/017.pdf

○日本取締役協会

https://www.jacd.jp/

○指名委員会等設置会社リスト

https://www.jacd.jp/news/opinion/200803_post-152.html

○日本監査役協会：監査役制度の概要など。

http://www.kansa.or.jp/

○日本公認会計士協会：公認会計士制度の概要など。

http://www.hp.jicpa.or.jp/

［その他］

各会社のウェブサイトでは，投資家向けの書類やプレス・リリースを閲覧できる。株主総会の模様を動画で配信している会社もある（Google で「株主総会」「動画」といった用語を入力して検索すればよい）。

なお，ハイブリッド型バーチャル株主総会の実施ガイド（2020年2月26日策定）は下記を参照されたい。

https://www.meti.go.jp/press/2019/02/20200226001/20200226001-2.pdf

商事法務メルマガ（無料）に登録すれば，企業法務に関するウェブ情報（法改正，裁判例，官庁や企業により提供・開示される情報など）へのリンクを盛り込んだメールマガジンの配信を受けることができる。株式会社商事法務ウェブサイトから登録可能。

https://www.shojihomu.co.jp/shojihomu-mm

事項索引

す

せ

ち

つ

て

と

な

に

ま

み

る

れ

ろ

わ

判例索引

〈大審院・最高裁判所〉

〈高等裁判所〉

〈地方裁判所〉

条文索引

〈会社法〉

1条～99条

100条〜199条

200条～299条

300条～399条の14

400条～499条

500条〜599条

600条〜699条

700条〜799条

800条〜899条

900条～

〈会社法施行規則〉

〈会社計算規則〉

会社法　第5版

2009年4月10日　初　版第1刷発行
2011年3月30日　第2版第1刷発行
2015年4月1日　第3版第1刷発行
2018年4月10日　第4版第1刷発行
2021年3月25日　第5版第1刷発行
2024年1月20日　第5版第6刷発行

著　者　伊藤靖史
　　　　大杉謙一
　　　　田中　亘
　　　　松井秀征

発行者　江草貞治
発行所　株式会社　有斐閣
郵便番号101-0051
東京都千代田区神田神保町2-17
https://www.yuhikaku.co.jp/

印刷・大日本法令印刷株式会社／製本・牧製本印刷株式会社

ISBN 978-4-641-17946-2